Dieter Schickling

Abschied von Walhall

Dieter Schickling

Abschied von Walhall

Richard Wagners erotische Gesellschaft

Deutsche Verlags-Anstalt

CIP-Kurztitelaufnahme der Deutschen Bibliothek

SCHICKLING, DIETER:
Abschied von Walhall: Richard Wagners
erot. Gesellschaft / Dieter Schickling. –
Stuttgart: Deutsche Verlags-Anstalt, 1983.
ISBN 3–421–06143–2

Typografische Gestaltung: Brigitte Müller
Gesamtherstellung: Friedrich Pustet, Regensburg
Printed in Germany

Inhalt

Vorwort

Richard Wagners Werk soll nach der Bibel die umfangreichste Interpretationsliteratur hervorgerufen haben. Mag der Rekord auch ungesichert sein (Goethe? Shakespeare?) – jedenfalls muß es jeden neuen Schreiber eines Wagner-Buchs schrecken, diese Literatur um einen weiteren Titel zu vermehren.

Mein Schreck trat erst ein, als ich mich schon tief in die Sache hineinbegeben hatte. Ist nicht wirklich schon längst alles gesagt? Bedarf es immer noch eines neuen Gesichtspunkts? Nein: es ist nicht, und ja: es bedarf. Wer sich wie ich Wagner nach langer Distanz, ja Abneigung nähert, gewappnet mit den politischen Vorbehalten der Nachkriegsgeneration, aufgewachsen mit anderer Musik (Mozart und Bach und dann Mahler) und mit anderer Literatur (Brecht zum Beispiel und Kafka und dann Grass und Walser) – wer also solche ganz anderen Voraussetzungen hat, der steht plötzlich einigermaßen fassungslos vor diesem Werk, irritiert von den Problemen, die da vor mehr als hundert Jahren thematisiert sind und die er als die eigenen begreift, als die der eigenen Zeit. Wagner als historisches Phänomen mag zum Gegenstand von Dissertationen werden (bisher ist er es übrigens auffällig selten geworden) – dieses Buch geht davon aus, daß er *uns* betrifft, er und sein Werk.

Weil Wagner aber wiederum vieles betrifft, zielt der Gedankengang des Buchs nicht auf eine bestimmt formulierbare These. Wagner wird vielmehr interpretiert aus einem besonderen, wenn auch für zentral gehaltenen Gesichtspunkt, den der Titel bezeichnet. Es ergibt sich daraus deshalb natürlich auch keine neue Biographie, sondern eher ein »Leitfaden« zum Verständnis des Werks, des literarischen wie des musikalischen, – und des Menschen Wagner. Dabei ist die Absicht nicht Verteidigung, sondern kritische Aufschlüsselung einer nach wie vor problematischen Gestalt der neueren deutschen Kultur- und Geistesgeschichte. Der häufigen Widersprüchlichkeit dieser Gestalt versuche ich insofern gerecht zu werden, als ich mich mit ihren Themen und deren Windungen in immer neuen thematischen Ansätzen beschäftige. Nicht eine gerade Linie also war zu ziehen, sondern – um im Bild zu bleiben – eine Vielzahl von Kreisen, die denselben Mittelpunkt haben.

Wagners Werk wird in diesem Buch vor allem durch den »Ring des Nibelungen« repräsentiert – mit Seitenblicken auf die übrigen Stücke –, weil der monumentale Vierteiler textlich und musikalisch seinen Kosmos ziemlich komplett formuliert. Die meisten Interpretationen von Handlungen, von Personen und von Vorgängen in der Musik beziehen sich auf den »Ring«, wobei keine genaue Bekanntschaft mit dem Stück vorausgesetzt wird, eine grobe Kenntnis für den Leser aber zumindest hilfreich wäre. Denn die Geschichte (und ihre umfangreiche Vorgeschichte) ist so kompliziert, daß sie nicht immer wieder im Detail dargestellt werden kann.

Wer sich mit Wagner ausführlich beschäftigt, hat zu berücksichtigen, was Vertraute und Forschende in jahrzehntelanger Arbeit über ihn ans Licht brachten. Insofern verdanke ich denen viel, die sein Leben und sein Werk genauer beschrieben und untersucht haben. Irgendwann bei gründlicherer Beschäftigung kommt der Punkt, wo man nicht mehr genau sagen kann, woher Anregungen für den einen oder anderen Gedanken stammen. Im Text, in den Anmerkungen und im Literaturverzeichnis habe ich mich bemüht, alle Quellen zu bezeichnen. Ich weiß, daß das nicht vollständig sein kann. Zu vieles ist unbewußt eingesickert, und darüber läßt sich mit Titeln und Seitenzahlen keine Rechenschaft geben. Ich habe deshalb auch auf umfangreichere Quer-Verweise verzichtet und – soweit nicht ausdrücklich zitiert wird – mich auf die notwendigsten Literaturangaben beschränkt.

Verzichtet habe ich auch auf Notenbeispiele. Dem Laien werden sie wenig sagen – weshalb der Text, wo er Musik beschreibt, ohnehin so anzulegen war, daß das Gemeinte auch ohne den präsenten Klang und ohne das abstrakte Notenbild zu begreifen ist; und der Fachmann kann die Stellen leicht in den Partituren nachschlagen. Dagegen habe ich es für wichtig gehalten, einige Bilder als »sinnliche« Reize einzufügen, weil solche durch einen Text nur unvollkommen vermittelt werden können und weil Sinnlichkeit ein Hauptgegenstand dieses Buchs ist.

Schließlich muß ich drei Quellen besonderer Art besonders hervorheben, gerade weil sie im folgenden selten genannt werden (und eine überhaupt nicht wieder).

Klaus Theweleits unter dem Titel »Männerphantasien« veröffentlichte Untersuchung über deutsche Freikorps-Literatur und die daraus entwickelten Einsichten haben mir fühlbar gemacht, daß man sich einem Thema wie dem dieses Buchs nur nähern kann, indem man seine eigenen Erfahrungen einbringt. Ihm verdanke ich einen großen Teil des kritischen Instrumentariums, das ich auf Wagner angewendet habe.

Patrice Chéreaus Bayreuther »Ring«-Inszenierung der Jahre 1976 bis 1980 (ich habe sie in ihrem letzten Jahr gesehen) hat einen Schleier weggerissen, der mir Wagners aktuelle Bedeutung trotz manchen Interesses bis dahin verbarg. Vor dieser Aufführung habe ich nicht gewußt, daß man von einem Bühnenstück heute noch so tief getroffen werden kann: weil es so richtig ist. Die Figuren-Abbildungen am Ende jedes Kapitels stammen aus Chéreaus Inszenierung (Bühnenbild: Richard Peduzzi, Kostüm: Jacques Schmidt). Sie mögen als Geste der Dankbarkeit verstanden werden.

Zuletzt und vor allem Franziska, mit der ich verheiratet bin. In nächtelangen Gesprächen mit ihr ist der Gedanke dieses Buchs entstanden. Wir wollten es einmal gemeinsam schreiben, aber sie hatte Gründe, das nicht zu tun. Das hängt auch mit dem Gegenstand zusammen und mit seinen vielfältigen Facetten. Jedenfalls hat sie mir geholfen, Theweleit und Chéreau und Wagner und mich besser zu verstehen. Ohne sie gäbe es dieses Buch nicht. Es ist ihr deshalb gewidmet.

RICHARD WAGNER 1877
Auf dem Höhepunkt des Ruhms: der Meister im Jahr nach der Einweihung des eigenen Festspielhauses und nach der Uraufführung des vollständigen »Rings«. Die Photographie entstand während eines Dirigier-Gastspiels in London.

Nachtmahre: 16. November 1877

Mein Freund, das grad' ist Dichters Werk,
daß er sein Träumen deut' und merk'.
Glaubt mir, des Menschen wahrster Wahn
wird ihm im Traume aufgetan:
all Dichtkunst und Poeterei
ist nichts als Wahrtraum-Deuterei.

Die Meistersinger von Nürnberg,
3. Aufzug, 2. Szene

Bayreuther Novembernächte sind kalt und feucht. Auch heute. Vom Hofgarten ziehen Nebelschwaden gegen das angrenzende Haus Wahnfried.

Seit Stunden findet Wagner keinen Schlaf: Geldsorgen, Körperqualen, Liebesnöte, Kompositionsprobleme. Gestern erst hat er wieder an Judith Gautier geschrieben, vor über einem Jahr während der ersten Festspiele hat er sie schwärmerisch geliebt, und er liebt sie noch immer. Beinahe jede Woche schreibt er ihr jetzt. Sehnsüchtige Liebesschwüre verknüpfen sich sonderbar mit Bestellungen Pariser Stoffe und Parfums. Aber Judith ist weit weg: »Warten wir aufs Telephon!« – und seine Frau Cosima schläft nebenan.

Heute ist auch ein Brief seines Agenten Batz angekommen, der die Aufführungsrechte verwertet; aber er fordert viel für seine Dienste, viel mehr als Wagner ihm zugestehen will. Seit Jahren geht dieser Streit nun schon. Schlimm genug gerade jetzt, da das anspruchsvolle und teure Festspiel-Unternehmen wieder einmal vor dem Konkurs steht. Der Ärger schlägt ihm auf Magen und Darm. Jedesmal Verdauungsstörungen, die Brustkrämpfe und Herzbeschwerden hervorrufen.

Und die Komposition stockt. Nach zwei Monaten Arbeit ist er noch immer so ziemlich am Anfang des ersten »Parsifal«-Akts, bei der langen Erzählung des Gurnemanz. Der Text redet von der Notwendigkeit heiliger Reinheit:

»Die seinem Dienst ihr zugesindet
auf Pfaden, die kein Sünder findet,
ihr wißt, daß nur dem Reinen
vergönnt ist, sich zu einen
den Brüdern, die zu höchsten Rettungswerken
des Grales Wunderkräfte stärken«.

Er hat Schwierigkeiten mit der Stimmführung: Probleme eines Kanons, für den er gerade zwei Arbeitstage gebraucht hat. Aber das war nur scheinbar ein technisches Problem: es ist schwer, die Balance zu finden zwischen dem schlichten Gang des Textes und der Raffinesse der Musik, die einfach wirken soll, »rein«, und die gerade deshalb so kompliziert ist.

Man spürt den November-Nebel im Schlafzimmer von Haus Wahnfried. Kein Klima für einen alten kranken Mann, dessen Leben noch ein bißchen mehr als fünf Jahre dauern wird. Diese Zeit wird Tage des Glücks haben, voller Ruhm und Anerkennung, aber auch immer wieder diese qualvoll durchwachten Nächte.

Heute kann er endlich schlafen, ein paar Stunden gegen Morgen. Er träumt. Am nächsten Tag schreibt Cosima den Traum auf: »Er sei im Wagen mit mir gewesen, immer mehr Leute seien hinzugekommen, endlich seien wir allein gewesen, da seien immer mehr gehörnte Tiere auf uns zugekommen; eines sei so seltsam gewesen, ein riesiges Geweih und dabei ein Gestrüpp zum Körper, ich bloß in Angst, R. aber beobachtend – plötzlich ein großes Haus, wo ein Fest, R., darin fêtiert, soll Galopp tanzen mit Hansen's Mutter eine Treppe hinunter, er meint, Walzer könne er besser – plötzlich großer Durst, er ruft: Georg Georg – Bier; niemand versteht den Ruf – da kommt ein Krokodil, artiges Tier, auf ihn zu und [ruft] mit einer quäkigen Blech-Stimme: ›Du hast meinen *Kox* mir gestohlen‹, worauf Erwachen. – –« »In der komischsten Weise«, notiert Cosima, habe Richard »den unsinnigen Traum« erzählt.

Unsinnig? Alles andere als das. Tatsächlich steckt er voller Bilder, die Wagners Situation in dieser Nacht aufs Genaueste bezeichnen, und nicht nur in dieser Nacht: seine intime, aber auch isolierte Verbindung mit Cosima (»im Wagen«); die Bedrohung dieser Gemeinsamkeit von außen (»immer mehr Leute«); die Ängste, die das gewaltsam erzwungene Idyll (»endlich ... allein«) färben: »immer mehr gehörnte Tiere«, und eines trägt gar »ein riesiges Geweih« – das ist eine ganz unverhüllte Anspielung auf den Betrug Richards und Cosimas an ihren einstmals angetrauten Ehepartnern. Zwar ist die eine, Minna, inzwischen längst gestorben, der andere, Hans von Bülow, rechtmäßig geschieden; aber als »Opfer« sind sie offenbar ständig präsent. Das »Gestrüpp zum Körper« mag die sexuelle Sphäre verdeutlichen, in der diese Vielfach-Beziehungen sich bewegen. Mit Hans von Bülows Mutter, einer in diesem Zusammenhang gesellschaftlich besonders peinlichen Verwandten, soll Richard tanzen, was ihm »Durst« verursacht, ohne daß irgendein Außenstehender diese Not begreifen kann. Schließlich das Krokodil, Inbegriff bedrohlicher Animalität: »artiges Tier« wird es geradezu beschwörend genannt im schroffen Gegensatz zu den traumatischen Vorstellungen, die es eigentlich bezeichnet: »Du hast meinen *Kox* mir gestohlen«. Was mag das heißen? Cosima hat nicht einmal den Versuch unternommen, den sonderbaren Ausdruck zu erklären, der vulgär schillert zwischen Geld, Rauschgift und englisch-sprachigem Sexualorgan.

Cosimas Tagebücher überliefern derlei sexuell besetzte Angstträume in Fülle. »Feigheits-Träume« hat Wagner sie gelegentlich genannt, und sie beschreiben finanzielle, gesellschaftliche und erotische Ängste gleichermaßen. Da tauchen »große Vögel« auf, »denen die Augen in den Höhlen fehlten«; da träumt er, Cosima habe ihn zunächst mit ihrem Vater verlassen, kehrte dann zwar »sehr ernst und still« zurück, doch »R. traurig« fand »in den Betten aber lauter Gießkannen und Blechzeug!«

Nachts, wenn es kalt und unheimlich ist in der tagsüber so feudalen Bayreuther Villa, nachts holen ihn die Ängste ein, die Gewissensbisse seines Lebens, die Schuldgefühle des Mannes vor den Frauen, die sein Werk erst möglich und sein Leben angenehm gemacht haben.

Angenehm? Anfang 1874 – es ist schon einmal eine Zeit der absehbaren Festspiel-Pleite, und er arbeitet an der Partitur des zweiten Akts der »Götterdämmerung«, an jenen Passagen also über Verrat, Betrug, Raub und Mord – Anfang 1874 also schreibt Cosima in ihr Tagebuch: »R. hatte eine üble Nacht, wilde Träume, unter andrem, daß Frau Wesendonck ihm ein jüngst geborenes Kind zeigte, bei ihr höre das nicht auf, bemerkend; dann, mit der größten Naivität, gab sie dem Kind, welches einen seltsamen Kopf-Putz hatte und frühreif war, daß R. vermeinte, es habe weißes Haar, die Brust – ›so naiv geht das hier her‹, sagte R., da kam ein großmächtiger Geier auf Mutter und Kind zu, R. verscheuchte ihn zuerst, er kam aber wieder auf sie losgestürzt. – Da erwachte er. – Dann traf er mich schwarz gekleidet, sehr blaß und traurig aussehend, auf der Straße in Paris, wollte mich heimführen, ›Herr Gott, aber Minna lebt ja noch – sie wird auch sagen, sie hat nichts gekocht. Dieser Unsinn muß doch aufhören‹. Still haltend hätten wir uns dann aufgemacht, uns in den immer verirrter werdenden Straßen verloren. –«

Heiliger Freud, der du erst 18 Jahre alt bist: da kommt fast alles zusammen, was eine Traum-Analyse spannend machen kann. Nicht nur die für Wagner wichtigsten Frauen: die tote erste Gattin Minna (die hinter dem Kochtopf), die heftigst Geliebte Mathilde Wesendonk (die die Liebes-Ekstasen von »Tristan und Isolde« inspiriert hat) und die nur wenig aber doch genug vorwurfsvolle und zugleich beruhigende zweite Gattin Cosima (deren Nähe für Richard manchmal auch so etwas wie Einsamkeit vermittelt). Da taucht schließlich der alte Wagner selbst auf als groteskes Baby an der skandalös bloßen Brust der Geliebten, die zugleich die Mutter ist. Und ein Aas fressender Raubvogel mit dem selben Namen wie Wagners Stiefvater, für dessen leiblichen Sohn er sich lange hielt, bedroht das problematische Zusammensein.

In seinen nächtlichen Träumen holt Wagner die Ängste herauf – und bemerkenswert genug: er erinnert sie am nächsten Tag noch –, die sein Leben geprägt und sein Werk erzeugt haben: die Auseinandersetzung mit einer ganzen Welt, in Hochspannung zwischen menschlichen Bedürfnissen und gesellschaftlichen Zwängen. Richard Wagners erotische Gesellschaft, die seines Lebens und seines Werks, bringt vieles ins

Licht, was ein Jahrhundert lang sich verstecken wollte hinter sonderbar fremden, scheinbar vergangenen Geschichten und Mythen.

Der 17. November 1877 wird ein glücklicher Tag, alles in allem. In der nächsten Nacht schläft Wagner gut. Kein Traum ist überliefert. Von seinen Ängsten kann man sich befreien – so oder so. Zum Beispiel durch das Erzählen von Geschichten, die man nachts erlebt oder am Tag erfunden hat.

Siegfried von Ernst Seeger (1925)
Illustration für ein deutsches Mißverständnis: Wagners Sexualprotz und Gewaltmensch als »positive« Figur – sein Schöpfer dachte ganz und gar anders darüber.

I.
KAPITEL

Sex and Crime

Geschichten von der universalen Gewalt

Wie schauerlich! Welch ein Tedeum?
Uns faßt ein Grauen, – welche Töne!

Rienzi, 4. Akt, 2. Szene

»Das *absolute Kunstwerk,* das ist: das Kunstwerk, das weder an Ort und Zeit gebunden, noch von bestimmten Menschen unter bestimmten Umständen an wiederum bestimmte Menschen dargestellt und von diesen verstanden werden soll, – ist ein vollständiges Unding, ein Schattenbild ästhetischer Gedankenphantasie.« So steht es in der Einleitung zum autobiographischen Rechenschaftsbericht »Eine Mitteilung an meine Freunde«. Und im gleichen Text ein paar Seiten später noch einmal: »[Die dichterische Kraft] sondert sich nicht vom Leben ab, sondern vom künstlerischen Standpunkte aus strebt sie, ihm selbst gestaltend beizukommen.«

Das hat Wagner 1851 geschrieben, als Erklärung seines bisherigen Werks und als Ankündigung für sein noch kommendes. Zu diesem Zeitpunkt sind – neben den Jugendwerken – komponiert und aufgeführt: »Rienzi«, »Der fliegende Holländer«, »Tannhäuser«, »Lohengrin«. Fertig sind die Textbücher der beiden künftigen Schlußteile des »Rings«, noch unter den ursprünglichen Titeln »Der junge Siegfried« und »Siegfrieds Tod«. Die Erweiterung nach rückwärts, zur »Walküre« und zum »Rheingold«, hat Wagner bereits im Sinn. Es stehen noch aus: »Tristan und Isolde«, »Die Meistersinger«, »Parsifal«. Wagner in der Mitte seines Lebenswerks also und an der Schwelle des bedeutenderen Teils.

Zwanzig Jahre später, als er Cosima die große Autobiographie »Mein Leben« diktiert, verlegt er die Zäsur noch ein bißchen zurück, ins Revolutionsjahr 1848. Da sei sein Plan, ein Drama über Friedrich Barbarossa zu schreiben, vom Nibelungen-Thema verdrängt worden, und damit habe er sich »gänzlich« abgewandt »von der Neigung zur Behandlung eines historischen Stoffes«.

Auf den ersten Blick liest sich das in höchstem Maß erstaunlich. Ist denn nicht alles, was von nun an folgt, ebenso »historischer Stoff« wie das, was vorausgeht? Wagner jedenfalls fand das nicht. Für ihn war der »Ring« keine sonderbare Intrige zwischen germanischen Göttern und unterirdischen Dämonen einer Vorzeit, behandelte »Tristan« keinen Ehebruch bei sagenhaften keltischen Seefahrern, stellten die »Meistersinger« nicht eine Liebesgeschichte im mittelalterlichen Nürnberg dar, beschäftigte sich »Parsifal« nicht mit moralischen Problemen frühchristlicher Ritter. Nein: das alles waren für ihn Geschichten von heute: vom bestimmten Menschen Wagner unter den bestimmten Umständen der zweiten Hälfte des 19. Jahrhunderts für die Menschen dieser Tage dargestellt, damit sie sie verstehen. Dem Leben, seinem Leben, ihrem Leben »gestaltend beizukommen« – das sollte der Sinn all dieser scheinbaren Räuberpistolen sein – weg mit der Historie, her mit der Gegenwart, und diese vorsichtshalber im mythischen Kostüm einer fiktiven Vergangenheit: das war Wagners Plan. Und so werden die Ungeheuerlichkeiten auf der Opernbühne zu den Ungeheuerlichkeiten von Wagners Zeit – ja: immer dann auch von unserer Zeit, wenn wir sie heute im Theater betrachten.

Wagners Bühnenwerke, Wagners theoretische Schriften, Wagners private Äußerungen beschreiben die Welt, die Geschichte, die Gesellschaft als Ausdruck von allgegenwärtiger Gewalt. Das hat mit ökonomischen Verhältnissen zu tun und mit Herrschaftsverhältnissen – in extremer Zuspitzung schließlich: mit erotischen Beziehungen. Aber allemal mit Wagners Vorstellung davon, was die Welt im Innersten zusammenhält.

1.

Besitz und Herrschaft: Staatsphilosophie

Im zweiten Akt des »Siegfried« bewacht der in einen Drachen verwandelte Riese Fafner den ihm teils durch Arbeit, teils durch Mord zugefallenen Nibelungenschatz. Alberich, der ehemalige Schatz-Besitzer, der ihn durch Entsagung gewonnen und dann durch göttliche List und Erpressung wieder verloren hatte, versucht Fafner zur Herausgabe des Goldes zu überreden. Doch der antwortet lapidar mit insgesamt sieben Wörtern auf vier Tönen, die in zwei Schritten tief nach unten steigen:

»Ich lieg' und besitz: –
laßt mich schlafen!«

Im musikalischen Gestus dieser Fafnerschen Grundformel von zufriedener Sicherheit hat Wagner den Begriff umschrieben, der sozusagen das negative Zentrum seines Werks und auch seines Lebens bildet: Besitz. Wie ein Leitmotiv zieht das Thema sich durch Wagners Äußerungen, von den Schriften der Revolutionsjahre 48/49 bis zu Bemerkungen, die Cosima in den letzten Wochen vor seinem Tod festgehalten hat. Seine Einstellung dazu hat sich nie geändert. Der bankrotte Dresdner Hofkapellmeister hat darüber nicht anders gedacht als der wirtschaftlich saturierte Meister von Bayreuth. Letzteres ist besonders zur Kenntnis zu nehmen; denn bis zur erst ein paar Jahre alten Veröffentlichung der Cosima-Tagebücher und des zeitlich ungefähr parallelen sogenannten »Braunen Buchs«, das für Cosima niedergeschriebene Gedanken und Texte enthält, hat die Forschung ein Bild gepflegt, das bürgerlichem Entwicklungsdenken so recht entspricht: danach wäre die schroffe Kapitalismus-Kritik den sozialen Verhältnissen des 35jährigen Brausekopfs von 1848 zuzurechnen, während er sich später auf den Boden wirtschaftlicher Vernunft begeben und die Segnungen des Reichtums unbedenklich angestrebt und genossen habe.

Inzwischen ist das erheblich differenzierter zu betrachten. Daß Besitz Grundlage und Fluch der gegenwärtigen Gesellschaft sei, ist nicht nur die Anschauung des an der Revolution beteiligten Halb-Bohemiens, sondern auch des etablierten Protegés von Ministern und Königen, der bis zuletzt immer wieder betonte, wie sehr Besitz ein Verbrechen sei.

Die frühesten Belege für solche Ansichten stehen im Entwurf zu dem nicht ausgeführten Drama »Jesus von Nazareth« von Anfang 1849: »Wer Schätze häufte, die die Diebe stehlen können, der brach zuerst das Gesetz, indem er seinem Nächsten nahm, was ihm nöthig ist. Wer ist nun der Dieb: der dem Nächsten nahm das, dessen er bedurfte, oder der dem Reichen nahm das, deß er nicht bedurfte?« Und so geht das bald darauf weiter in den Aufsätzen »Die Kunst und die Revolution« (»unser Gott aber ist das Geld, unsere Religion der Gelderwerb«) und »Oper und Drama« – in einer Interpretation des Ödipus-Mythos: »als den Keim aller Verbrechen erkennen wir die *Herrschaft* des Laios, um deren ungeschmälerten Besitzes willen dieser zum unnatürlichen Vater ward. Aus diesem zum *Eigentum* gewordenen Besitze, der wunderbarerweise als die Grundlage jeder guten Ordnung angesehen wird, rühren alle Frevel des Mythos und der Geschichte her.«*

Das ist der Wagner in den Wirren der Revolution und der anschließenden Flucht ins Schweizer Exil. Aber er hat sich zumindest zu diesem Punkt nie korrigiert. Auch in den Mauern der großbürgerlichen Bayreuther Villa hat er bis in seine letzten Jahre derlei frühsozialistische Überzeugungen gepflegt, und gelegentlich hat Frau Cosima sie in ihrem Tagebuch festgehalten. Alles sei unnütz, sagt er Ende 1880, »so lange der Besitz da sei«, und ein Vierteljahr drauf: »Mit Geld läßt sich nichts Gutes anfangen, man kann die Menschen damit nicht verändern; vernichten muß man es.« Er lobt den Sturm-und-Drang-Dichter Heinse dafür, daß der in seinem »Ardinghello«-Roman die Besitzlosigkeit als Prinzip seines utopischen Inselstaats festgesetzt habe. Und diesen immer wieder gelesenen Heinse erwähnt er zum selben Thema noch einmal eine Woche vor seinem Tod, als er mit Cosima in der Gondel an den unbewohnten und verschlossenen venezianischen Palästen vorbeifährt. Die Stelle beginnt mit dem Ausruf: »Das ist Eigentum! Der Grund alles Verderbens«. Ebenfalls aus den letzten Monaten in Venedig stammt seine Äußerung, der Kampf der »Nicht-Besitzenden gegen die Besitzenden« sei »der allergerechtfertigtste«.

---

* Alle Hervorhebungen in Zitaten stammen vom jeweiligen Autor, soweit in den Anmerkungen (S. 324ff.) nichts anderes angegeben ist.

Am gesellschaftspolitisch schärfsten und durch die eigenhändige Niederschrift besonders authentisch – auch ohne die in den früheren Aufsätzen gelegentlich etwas weinerliche Plakativität – hat Wagner seine Haltung in einer Notiz des »Braunen Buchs« formuliert, 1881, knapp eineinviertel Jahre vor seinem Tod: »Wenn das Eigenthum und dessen unantastbarer Besitz als die Bedingung für das Bestehen einer sittlichen Gesellschaft gelten soll, so wird es doch ersichtlich, dass diess nur dann der Fall sein kann, wenn Niemand von ihm ausgeschlossen und Jeder dessen theilhaftig ist. Eroberer verstanden es auch so bei der Vertheilung des Landbesitzes unter sich, nur schlossen sie die ursprünglichen Besitzer davon aus. Unsere Staatstheorien nehmen den hieraus hervorgegangenen Zustand als ein nothwendig Gegebenes an, und lügen nun zusammen was sie können!«

Sonderbarerweise im Umkreis der »Parsifal«-Komposition niedergeschrieben, liest sich die Stelle wie ein präziser Kommentar zum »Ring«. Der hat ihn tatsächlich um diese Zeit noch immer beschäftigt, womöglich wegen der Sorge, das vor fünf Jahren uraufgeführte und inzwischen weithin bekannt gewordene Hauptwerk könne nicht richtig verstanden werden. So spricht er im selben Jahr 1881 vom »verhängnisvollen Ring des Nibelungen als Börsenportefeuille« und wünscht sich eine Interpretation des Zyklus »nach der Bedeutung des Goldes und des Unterganges einer Race daran«.

Daß der ideologische Hintergrund der Nibelungen-Tetralogie nichts anderes ist als die Entstehung und die Wirkung von Besitz, ist keine spätere modernistische Unterstellung. Schon Wagners allererste Beschäftigung mit dem Gegenstand macht das deutlich: die seltsam verworrene Schrift »Die Wibelungen«, die den Untertitel trägt »Weltgeschichte aus der Sage«. Er verwendet darin eine einigermaßen abstruse Mühe auf die Zeichnung einer Entwicklungslinie, die vom mythischen Nibelungen-Hort über die Verklärung des Schatzes im heiligen Gral zum »realen Besitz« führt, also auch zu den bösen Folgen des Eigentums, zu Rache und Mord.

In der »Götterdämmerung« steht seit dem ersten Prosaentwurf und bis in die endgültig komponierte Fassung eine Stelle, die das entsetzliche Hinwegschwemmen aller menschlichen Loyalitäten durch die Sucht nach Besitz zeigt. Hagen und Brünnhilde, aus unterschiedlichen Gründen an Siegfrieds Tod interessiert, versuchen Gunther ins Komplott zu ziehen. Der widersteht mit Hinweis auf seine Blutsbruderschaft und die brüderliche Hilfe, die Siegfried ihm geleistet hat, und an dessen Verrat er – zu Recht – zweifelt. Als aber Hagen die »ungeheure Macht« erwähnt, die ihm der durch den Mord zu gewinnende Ring bringe, ist Gunthers Meinung schnell geändert, sind seine Bedenken dahin. In einem für Wagners kompositorischen Stil nur ironisch zu nehmenden Verschwörer-Terzett wie vom mittleren Verdi – so etwas kommt im »Ring« nirgendwo sonst vor – besiegelt Gunther sein Einverständnis mit dem Weg zu Macht und Reichtum.

Die Stelle mit ihrer gebrochenen musikalischen Ironie verweist auf Wagners auch privat äußerst problematisches Verhältnis zu dem von ihm immer so bekämpften Besitz. Empfindsamere Seelen, die ihr Gesellschaftsbild aus der Schwarz-Weiß-Moral einer offiziellen Wohlanständigkeit beziehen, mögen in der Tat schockiert sein von Wagners unverhülltem Streben nach Ruhm und vor allem nach Geld. Die Bayreuther Verfasser von Heiligenlegenden haben diesen Charakterzug immer wieder entschuldigt als eine auf die Finanzierung vorbildlicher Werk-Interpretationen gerichtete äußere Notwendigkeit. Doch diese Erklärung ist allzu harmlos. Zu offenkundig ist Wagners lebenslange Prunksucht und Geldgier, jenes noch am Rand des Abgrunds behauptete Verlangen nach Luxus. Aus der Zeit, als Wagner auf der Flucht vor seinen Wiener Gläubigern sich bei einer Gönnerin am Zürichsee versteckt, berichtet diese den folgenden Ausspruch: »Ich bin anders organisirt, habe reizbare Nerven, Schönheit, Glanz und Licht muß ich haben! Die Welt ist mir schuldig, was ich brauche! Ich kann nicht leben auf einer elenden Organistenstelle, wie Ihr Meister Bach! – Ist es denn eine unerhörte Forderung, wenn ich meine, das bißchen Luxus, das ich leiden mag, komme mir zu? Ich, der ich der Welt und Tausenden Genuß bereite!«

Das Zitat bringt Wagners private Haltung zum Besitz auf den Punkt: in einer Welt, in der Bezahlen und Verdienen die zentralen Kategorien sind, gebührt dem Unterhaltungskünstler sein angemessener Teil, ein Rechtsanspruch geradezu. Das ist nicht Mittel-Beschaffung fürs Werk, sondern Entgelt für eine Leistung. Wagners Klage kurz vor seinem Tod, daß Rothschild ihm nicht eine Million geschenkt habe, ist durchaus nicht ironisch gemeint. Und seine Kriegsangst im Jahr 1878 ist ganz ernsthaft hauptsächlich bestimmt von der Sorge, daß dann seine Tantiemen »futsch« seien – so wörtlich in Cosimas Tagebuch. Wahrhaftig: bei Wagner dreht sich so viel ums Geld und besonders um die Angst, keines zu haben, daß er schwer einzureihen ist in die Ruhmeshalle deutscher Geistesheroen, denen derlei Menschliches fremd zu sein hat. Die Heuchelei aber ist dabei nicht auf seiner Seite, sondern auf der der Gesellschaft, die – kapitalistisch bis auf die Knochen – ihren kulturellen Aushängeschildern das gelebte Bekenntnis zur Armut abverlangt. Wagner hat dagegen als einer der ersten offen dargetan, daß mit den gesellschaftlichen Wölfen zu heulen kein moralischer Defekt sein muß, sondern eine Notwendigkeit, um der

Botschaft überhaupt Gehör verschaffen zu können. Wer Utopien entwirft, kann nicht deshalb schon selbst in der Utopie leben.

Im Verhältnis zum eigenen Geld war Wagner immerhin konsequent: er brauchte es nicht zum Horten, sondern zum Ausgeben. Er hat insofern aufs Genaueste begriffen, wie sich aus Geld Macht gewinnen läßt. Und der Drache Fafner ist eben nicht der agile Bankier der Neuzeit, sondern der spießige Sparer, den nicht einmal der Zinssatz interessiert: »Ich lieg' und besitz: – laßt mich schlafen!« So war Wagner nicht. Er hat sein Geld zirkulieren lassen – sei es im großen Stil mit dem anfangs defizitären Unternehmen Festspielhaus (der junge Romain Rolland hat den Bau so treffend wie symbolträchtig mit einem Industriepalast verglichen), sei es in eher privatem Rahmen, wo er bei überraschenden Einnahmen sofort mit Scheinen um sich wirft und sogar in knapperen Zeiten großzügige Geschenke in bar macht, was die sorgende Haushälterin Cosima zu vorsichtiger Kritik veranlaßt, worüber wiederum Richard »bis auf's äußerste« verstimmt ist. Der groteskeste Vorgang: dem Sänger des Amfortas schenkt er nach einer der ersten »Parsifal«-Aufführungen zehn Mark, weil der seine Anweisungen so gut ausgeführt habe. Verschwendungssucht sagen seine Feinde, Großzügigkeit seine Freunde – aber es ist weder das eine noch das andere. Wagner hat vielmehr auch in seinem privaten Gebaren immer wieder deutlich gemacht, daß Geld etwas Verachtenswertes ist, geeignet nur zum Ausgeben.

Es ist nicht zu übersehen, daß diese Maxime für den jahrzehntelang mittellosen Wagner auch außerordentlich praktisch war und daß er sie zu seinem Vorteil genutzt hat. Es wirkt nachgerade komisch, wenn er Mathilde Wesendonk, der verlassenen Geliebten und zugleich der Frau seines damals wichtigsten Mäzens, das Bettlertum buddhistischer Mönche als kostbare Möglichkeit für die Besitzenden darstellt, durch Almosen sich verdient zu machen. Pumpen ist ein quasi religiöser Gnadenerweis der Bettler gegenüber den Reichen – es fällt schwer, angesichts der durchsichtigen Parallele nicht schallend zu lachen.

Aber festzuhalten bleibt, daß Wagners antikapitalistische Maxime tatsächlich zuerst da war, *vor* den wirklich schlimmen Existenz-Sorgen. Er konnte sich in denen deshalb treu bleiben, und er ist es sich eben auch dann geblieben, als er ein königlich dotierter Großbürger geworden war. Gewiß: Wagner ist der Revolutionär im Porsche, aber das erscheint denn immerhin noch sympathischer als der Möchtegern-Kapitalist auf dem Fahrrad.

Besitz und Besitzkritik sind für Wagner allerdings kein isoliertes Phänomen, nicht sozusagen ein Problem der Wirtschaftswissenschaft. Vielmehr hat er es immer zusammengebracht mit einer gesellschaftspolitischen Fragestellung. Der Verweis auf die »Staatstheorien« in dem zitierten Aphorismus des »Braunen Buchs« macht das deutlich. Und auch hier bleibt die Argumentation durch Wagners ganzes Leben gleich. Nämlich: daß Besitz und Herrschaft aufs engste zusammenhängen. Die »Wibelungen«-Schrift – seine früheste Annäherung an den großen Stoff, der fast die nächsten dreißig Jahre seiner Arbeit beherrschen wird – enthält bereits den Kern des Arguments. Erläutert wird dies an der Sage von den Nibelungen, in merkwürdigem Durcheinander von historisch unhaltbaren Hypothesen und mythologischen Phantasien. Aber darauf kommt es nicht an, sondern auf den Gedankengang. Der Hort (also materieller Besitz) bedeute unmittelbar »unermeßliche Macht«, ja er sei geradezu der »Inbegriff aller irdischen Macht«, und ihn »besitzen« heiße »durch ihn gebieten«.

In Wagners Opern-Tetralogie wird dieser Aspekt des Besitzes dann der entscheidende: im Kampf um den Hort geht es eigentlich immer nur um die Macht, die sich mit Hilfe des Rings ausüben läßt, und fast gar nicht um die Kaufkraft, die die übrigen Berge von Gold bedeuten.

Interessanterweise aber wird von dieser Macht im ganzen »Ring« nichts offenkundig sichtbar. Wie mächtig man durch ihn werde, davon wird immer geredet, aber das ist es dann auch schon. Kein Ring-Besitzer (und das sind nacheinander: Alberich, Wotan, Fafner, Siegfried, Brünnhilde, wieder Siegfried, wieder Brünnhilde, schließlich die Rheintöchter) übt damit wirkliche Macht aus. Sein quasi magischer Charakter wird ihm nur zugesprochen, in Wahrheit aber ist er eben als Besitz höchster »Inbegriff« von Macht, Symbol von Herrschaft. Beide Bereiche fallen zusammen: Besitz ist nicht ein bloßes Instrument der Herrschaft, sondern mit ihr identisch.

Ebenfalls schon in den »Wibelungen« erklärt Wagner die Herausbildung der personalen Träger von Herrschaft auf ähnliche Weise: die Entstehung des erblichen Stammeskönigtums aus der Rolle des Familienvaters. Der habe nicht nur alles Leben der Sippe erzeugt, sondern sei auch der Inhaber jeglicher Kenntnis und Weisheit. Hier also führt der Besitz von Wissen zusammen mit dem Recht am eigenen Produkt zum legalen Herrschaftsanspruch.

Die Analogie zwischen Mythos (wie Wagner ihn verstand oder jedenfalls erklärte) und Gegenwart ist schnell hergestellt: die Verkörperung von Besitz und Herrschaft im modernen Staat und in seinem dafür geschaffenen Gesetz. Den Zusammenhang hat er immer wieder betont. Und eben auch dann noch, als er selbst längst Teil des staatlich-bürgerlichen Establishments geworden war. Als er von einem Attentat auf den Kaiser erfährt – 1878, mitten im blühendsten Wilhelminismus –, fällt ihm dazu diese Definition ein: »Der Staat, einzig organisiert zum Schutz der Besitzenden«. Und mit fast der gleichen Formulierung kehrt der Jahrzehnte alte Gedanke 1880 noch einmal wieder: »der Staat bedeute Garantie des Besitzes«. Über den führenden Macht-Repräsentanten des gegenwärtigen Staats erlaubt er sich gar einen etymologischen Witz: »der Name Bismarck käme von: jeder Bissen eine Mark!« – Geld und Gewalt also werden in einem Wort zusammengeschmolzen, als sei es ein Gesetz der Sprache. Kein Wunder, daß Wagner am sonst so geliebten Platon dessen »Verherrlichung des Staates« auszusetzen hatte. Für ihn war das aus urtümlichen Besitz- und Herrschaftsverhältnissen entstandene gesellschaftliche Gebilde des Staats eben kein Gegenstand der Vaterlandsliebe, sondern: »Eigentlich ist ein jeder Staat ein Verband von Denunzianten, die Angst vor dem Denunziertwerden bedingt allen Verkehr.«

Die im Staat Fleisch gewordene Macht ist der eigentliche kritische Zielpunkt Wagners. Das Hauptwerk, der »Ring«, nimmt das folglich am schärfsten ins Visier, in immer neuen Brechungen des finsteren und lebensbedrohenden Charakters von Macht und Herrschaft. Der französische Philosoph André Glucksmann – er scheint übrigens der wichtigste Inspirator für die »Ring«-Inszenierung von Patrice Chéreau gewesen zu sein – hat die in solchem Denken enthaltenen Konsequenzen eindrucksvoll formuliert: »Das zentrale Problem ist nicht das Gold, sondern Wotan ... Hinter dem Ringdiebstahl das Unternehmen Wotans. Hinter dem Phantasmus des Kapitals die Machtfrage. Die gewinnsüchtigen Götter brauchen Endkämpfe. Wenn Walhalla, die Macht, die Verbotene Stadt, der Palast des Zentralkomitees in Brand stehen, dann brennt alles. Ich oder das Chaos. ›Tabula rasa‹ als Regierungsmethode. Hiroshima mon désir. Die Macht will nicht überzeugen, sie will abschrecken. Warum affirmiert sie sich in der Planifizierung der Katastrophen? Warum kennt sie nur eine Geschichte, die eines nicht endenwollenden ›Count-down‹? Warum stellen die Staaten ihre Uhren nach der Zeit der Apokalypsen? Warum werden die Götter zur Dämmerung geboren? Der Wotan-Staat hatte seine eigene Monstrosität verborgen, indem er allen Haß auf das ›Gold‹ richtete.«

Wagners Re-zept gegen sein Kon-zept vom Staat hieß: Revolution. Er hat dieses Ideal – nein: nicht seiner Jugend, sondern seiner mittleren Mannesjahre, 1848 war er immerhin schon ein Mittdreißiger – bis ins hohe Alter bewahrt. Noch 1880 sagt er vom Kaiser, »er könne in den Enthusiasmus für sein Wohlwollen schon deshalb nicht einstimmen, weil er wisse, daß er zu den Unerbittlichsten gegen die Revolutionäre gehört habe«. Und zwei Jahre davor äußert er sich so, daß er, wäre derartiges publik geworden, aus dem öffentlichen Dienst seines königlich bayerischen Gönners Ludwig als Radikaler hätte entfernt werden müssen: »R. betont, daß die Kraft dieser Bewegung [des Sozialismus] nur in der Zerstörung liegen könne, alles Konstruktive sei immer kindisch . . . er wolle schon froh sein, wenn in unserer Gesellschaft noch so viel Kraft läge, das Bestehende zu vernichten«.

Solche Sätze spricht der alte, der gesellschaftlich etablierte Wagner natürlich nur noch hinter den schützenden Mauern der Privatwohnung, so etwas steht nicht mehr wie noch dreißig Jahre früher in seinen öffentlichen Schriften. Die progressiven Wagner-Kritiker haben ihm das immer übel genommen. Mit einigem Recht, wenn auch oft ohne ausreichende Kenntnis aller Tatbestände, die widersprüchlich genug sind, um das gängige Bild von Wagner zu irritieren.

Wagner und die Politik also – eine knappe Skizze zum biographischen Hintergrund. Im gärenden Klima des vorrevolutionären Dresden schloß der Hofkapellmeister sich dem republikanischen Vaterlandsverein an und hielt dort eine krause Rede, die sich gegen den Adel richtete, aber zugleich den König zum ersten Republikaner machte. Die bei Hof darob entstehende Empörung suchte er durch einen unterwürfigen Brief an den König zu besänftigen. Nach seiner Mitwirkung an dem Dresdner Mai-Aufstand 1849 und der Flucht ins Schweizer Exil schrieb er 1856 ein Gnadengesuch, das in seiner kriecherischen Haltung kaum zu unterbieten ist. In beiden Fällen handelte es sich für ihn buchstäblich ums Überleben, zumindest um die materielle Existenz. »Es hat mich viel – sehr viel gekostet«, schreibt er dazu an den Freund Franz Liszt, und er meint damit den öffentlichen Verzicht auf die Integrität seiner politischen Ansichten; er glaubte sie zurücknehmen zu müssen hinter den Kotau vor Fürstenthronen.

Man mag das charakterlos nennen; aber Wagner hat seine Integrität jedenfalls bewahrt: offen im Werk und heimlich hinter den verschlossenen Türen von Haus Wahnfried. Dort sagte er immer wieder, daß er den Sieg des Sozialismus erwarte; dort kritisierte er die Pariser Commune, weil sie nicht radikal genug gewesen sei, und verteidigte die russischen Anarchisten; dort höhnte er über Bismarcks Sozialistengesetze. Doch das alles ist im wahrsten Sinn des Wortes Salon-Sozialismus, getränkt auch von der räsonierenden Politik-Verachtung des bürgerlichen Stammtischs. Der Dresdner Mit-Revolutionär August Röckel, der 1849 nicht so gut davonkam wie Wagner (er saß 13 Jahre im Zuchthaus), hat in einem Brief an den alten Freund die Differenz zwischen Wagners Politisieren und konkreter Politik deutlich formuliert: »*Dir* steht es zu, aus Deiner Zeit zu leben, zu fühlen, zu denken; Du wirkst doch *für* Deine Zeit und für alle späteren Zeiten. Wem aber nicht das Gleiche gegeben ist, wem vielmehr eine ganz concrete Aufgabe ward, der hat sie zu erfassen und zu erfüllen, und wenn er sie vernachlässigt, weil er sich über die Gegenwart erhaben wähnt, der sinkt tief unter sie hinab, der ist keiner Beachtung werth, vielmehr des Gegentheils. Die von Dir so verachtete Politik bestimmt das Loos von mehreren hundert Millionen Lebender und ungezählten Millionen Kommender; das ist denn doch nicht so gleichgültig.«

Nur einmal noch ließ der Revolutionär Wagner sich nach dem 49er Fiasko aktiv mit der Politik ein: 1865 versuchte er seinen Einfluß auf Ludwig II. zu nutzen, um das bayerische Kabinett zu stürzen. Der Vorgang ist so grotesk wie charakteristisch für Wagners geradezu opernhafte Vorstellung von politischem Handeln. Er schreibt an den König: »Kühn wie Sie sind und wie ich Sie so liebe, möchte ich fast, Sie schwängen sich auf Ihr Pferd, ritten lustig nach München ... und brächten Alles sofort, wie ein Held, in das richtige Geleise!« Das ging natürlich völlig schief, und Wagner mußte Bayern verlassen. Es gab keinen Putsch von oben, das Kabinett stürzte nicht, wohl aber bot Ludwig seinen Rücktritt an, wenn Wagner dies wünsche! Das war aber selbstverständlich das letzte, was der wollte, hätte es ihm doch die wirtschaftliche Basis entzogen: er wehrte erschrocken ab, und sein Antwortbrief ist ein Meisterstück erpresserischer Diplomatie. Er brauchte diesen König und die Könige überhaupt, weil nur die Wagners Existenz als erfolgreicher Künstler garantieren konnten.

Er hatte sich längst in dieser Welt eingerichtet und selbst den Gestus des Herrschers angenommen. Die Beschreibung, die sein eher devoter Anhänger Peter Cornelius vom Wagner der Wiener und Münchner Jahre gegeben hat, ist die eines hemmungslosen Egoisten, der in einem heftigen Ausbruch nicht einmal davor zurückschreckt, ein Christus-Wort für sich in Anspruch zu nehmen: »Wer nicht für mich ist, der ist gegen mich!« In Bayreuth ist die Sitzordnung bei Tisch auf ihn ausgerichtet, »unser König« nennt Cosima ihn ohne jede Ironie. Und die schwüle Pracht seines letzten Wohnraums im venezianischen Palazzo Vendramin hätte auch dem Schloß Neuschwanstein gut angestanden.

Man wird sich alles in allem wohl nicht der Wahrheit eines Nietzsche-Fragments verschließen können, das lautet: »Es ist ein Glück, dass Wagner nicht auf einer höheren Stelle, als Edelmann, geboren ist und nicht auf die politische Sphäre verfiel.«

Er »verfiel« auf sie allerdings genug in seinem Werk, das von Anfang an die Welt beschreibt als eine von Besitz und Herrschaft bestimmte Welt und damit als eine Welt von Gewalt und Verbrechen. Er lebte mitten drin, und das hat wiederum ihn bestimmt. Ihn und die Geschichte seines Lebens und die Geschichten seiner Opern. Denn Gewalt ist schließlich eine Sache zwischen Menschen.

2.

Das Verbrechen der Ehe

Der Amateur-Politiker und Amateur-Ökonom Wagner hat seine Theorie von Besitz und Herrschaft auf ein Gebiet übertragen, auf dem er unstreitig zu den Profis gehört: der Bereich der Beziehungen zwischen Menschen beiderlei Geschlechts. »Der Fluch seines Lebens sei Armut und Ehe«, hat er einmal zu Cosima gesagt – da lebten sie schon zusammen, waren aber noch nicht miteinander verheiratet. Der Satz schließt die beiden Komplexe zusammen, das Materielle und das Erotische, und zwar in ihrer jeweils negativen Form: kein Geld haben und verehelicht sein – beides ist in gleichem Maß schrecklich, Un-Werte in Wagners Gedankenwelt.

Wagners Werk kennt außerordentlich wenige Ehepaare, extrem wenige im Vergleich zur Normalität seiner und unserer Zeit. Und wo sie vorkommen, befinden sie sich in ziemlich unordentlichen Situationen: Elsa und Lohengrin trennen sich noch in der Hochzeitsnacht; Ortrud und Telramund in derselben Oper sind ein Verbrecherpaar als Zweck-Gemeinschaft; Isolde und Marke in »Tristan« haben nicht einmal die Ehe vollzogen, da ist er schon der Betrogene; Sieglinde und Hunding in der »Walküre« sind nur durch brutalen Frauen-Raub zueinander gekommen; Fricka und Wotan im »Ring« stellen das Prinzip der Ehe dar und leben im ständigen Streit darüber. Aber quer durch Wagners Werk gibt es eine Unmenge von Witwern oder aus sonstigen unausweichlichen oder unerklärten Gründen frauenlose Männer aller Altersklassen, während männerlose Frauen nur als alte Vetteln, noch unerweckte Jungfrauen oder Huren erscheinen.

Der Sinn dieser auffälligen Abweichung vom statistischen Durchschnitt ist offenkundig: für Wagner war die Ehe entgegen der gesellschaftlichen Norm eine wahrhaft unnormale Veranstaltung, nichts anderes als eine Spezialform der Besitz-bestimmten Gewalt. Bei der schon erwähnten Gondelfahrt an den venezianischen Palästen entlang stellt er ausdrücklich den Zusammenhang her: »das Eigentum bedingt die Ehen in Rücksicht darauf und dadurch die Degeneration der Race. Das hat mir gefallen von Heinse in seinen ›Seligen Inseln‹, daß er sagt: Sie hatten kein Eigentum, um den vielen Übelständen vorzubeugen, die damit verbunden sind.«

Ehe also als einer der »Übelstände«, die durch Eigentum geschaffen werden: das ist noch harmlos ausgedrückt. Denn die in der rechtlichen Form der Ehe verbundenen Paare im Werk Wagners leiden an dieser Form aufs äußerste. Sie bedeutet als Gesetz den schroffsten Gegensatz zur wahren inneren Beziehung zwischen Menschen, zur Liebe. Damit aber, so Wagners Argument in allen einschlägigen Opern und Aufsätzen, wird Legalität illegitim. An einer für diesen Gegensatz besonders wichtigen Stelle formt das gesellschaftsmoralische Problem geradezu die Musik. In der »Walküre« fordert Fricka, die Hüterin der Ehe, von ihrem Gatten Wotan die Bestrafung der Zwillinge Siegmund und Sieglinde, weil die gleich zweimal gegen das Gesetz verstoßen haben: durch blutschänderischen Inzest und durch Ehebruch. Frickas Klage über den entsetzlichen und unerhörten Vorgang wird in rezitativischem Stil vorgetragen – infolge des Alla-breve-Takts ziemlich rasch trotz der Tempo-Bezeichnung »mäßig« – fahle Bläser-Akkorde markieren die Höhepunkte. Vor Wotans Antwort wechselt nahezu unmerklich der Takt nach ¾, die Vorschrift heißt nun »mäßig langsam«, was insgesamt zu einer erheblichen Verringerung des Tempos führt. Unterstützt wird dieser Eindruck durch die Deklamation von Wotans Worten »Heut' hast du's erlebt« mit zunächst einem langen und dann immer kürzeren Notenwerten auf den einzelnen Silben. Und darunter tönt in den Violoncelli das Thema von Siegmunds Liebeslied, das nur hier und später noch ein einziges Mal im ganzen »Ring« wieder auftaucht. Wotans anschließendes Plädoyer für das Geschwisterpaar ist eine der wenigen Stellen überhaupt, wo die Musik auch in der Gesangsstimme melismatisch fließt, wie immer wenn von Liebe die Rede ist – im schroffen Gegensatz zu Frickas harter Diktion der Gesetzestreue.

Das ist nicht von Gleich zu Gleich gesprochen, da reden nicht zwei auf tragische Weise Ebenbürtige miteinander. Sondern die Musik nimmt offen Partei für die Freiheit vom Gesetz der bürgerlichen Ehe. Ein paar Monate bevor er die Stelle komponierte, hat Wagner ausgerechnet diese Szene (zusammen mit dem anderen Ehestreit der Obergötter gleich bei ihrem ersten Auftritt) zum Ausgangspunkt ihres Untergangs erklärt: »Alberich und sein Ring konnten den Göttern nichts schaden, wenn diese nicht bereits für das Unheil empfänglich waren. Wo liegt nun der Keim dieses Unheils? Siehe die erste Szene zwischen Wodan und Fricka – die endlich bis zu der Szene im 2. Acte der Walküre führt.«

Also: Ehekrach, Lieblosigkeit zwischen gesetzlich Verbundenen wird zur Quelle weltumfassenden Unglücks. Dabei sind solche Partnerschaftsprobleme nicht zufällig, sondern unausweichlich und andauernd mit der Partnerschaft selbst verbunden, ihre notwendige Begleiterscheinung: *alle* Ehepaare Wagners sind miteinander unglücklich. Das liegt nicht an ihnen, sondern an der Institution der Ehe, die sie zusammenzwingt – naturwidrig, aus bloßer gesellschaftlicher Konvention.

Wagner hat dieses Konventionelle komponiert: als Fricka ihre aus dem Ehegesetz hergeleitete Forderung zusammenfaßt, daß nämlich die Sünder Siegmund und Sieglinde bestraft werden müssen, schmückt sie diese Forderung zum einen mit den traditionellen Begriffen: »ew'ge Gattin«, »heilige Ehre«, »mein Recht«. Zum anderen nimmt die Musik den Charakter eines Chorals an: bedingungsloser Ausdruck unbefragter Gläubigkeit und eine musikalische Form der Tradition, längst nicht mehr zeitgemäß, nur noch als historisches Zitat zu verwenden und verstehbar.

Wagner fühlte sich während der Arbeit am »Ring« vom Fluch der Ehe auch privat besonders bedrückt. Gerade als er die »Walküre« komponierte, brach die Liebe zu Mathilde heftig aus, zur Frau seines Hauswirts und Mäzens Otto Wesendonk. Keine Frage, daß in die Figur und den Charakter der Fricka Verhaltensweisen seiner eigenen Frau Minna eingegangen sind, die das verliebte Treiben ihres Mannes am Zürichsee mit begreiflich tiefem Mißvergnügen beobachtete.

Anderthalb Jahrzehnte später reflektiert er seine damalige Situation noch einmal, die private wie die sozusagen ideologische. Eines Abends – er wohnt inzwischen in Tribschen am Vierwaldstätter See, nicht weit weg vom seinerzeitigen Kompositionsort – wird im Freundeskreis wieder einmal diese selbe Wotan-Fricka-Szene vom Anfang des zweiten »Walküren«-Akts gespielt, und darauf sagt Wagner zu Cosima, mit der er schon lange unverheiratet zusammenlebt: »Du wirst begreifen, daß ich das Bedürfnis hatte, wie ich diese Nibelungenteile geschrieben hatte, dieses furchtbare Element zu verlassen und ›Tristan und Isolde‹ zu schreiben, das gleichsam nur eine Liebesscene war.«

Die ehebrecherische Ekstase des »Tristan« ist ihm also Befreiung von jenen »furchtbaren« Teilen des »Rings«, und die gelten ihm natürlich deshalb als furchtbar, weil sie die bürgerliche Argumentation für die Ehe enthalten und ihren Sieg über das utopische Ideal der gesetzesfreien Liebe. Doch Wagner – wie theoretisch klar auch immer der gewalttätige Charakter der Ehe ihm erschien – war genug bürgerliches Kind seiner Zeit, um in der Praxis seine Kompromisse zu schließen mit den Forderungen dieser Gewalt-Gesellschaft. Kurz vor der geschilderten Abend-Unterhaltung in Tribschen ruft er Cosima einmal scherzhaft zu: »ich schreibe ein neues Werk, es beginnt mit dem zweiten Akt von Tristan und endigt mit Hans Sachsen's Hochzeit.«

Tristan-Wagners gesetzloser Liebesrausch, der in die konventionelle Ehe des altgewordenen Sachs-Wagner mündet: da ist nicht nur Resignation im Spiel und schon gar nicht in erster Linie, sondern vor allem auch Sehnsucht nach Geborgenheit im bürgerlichen Gesetz, und sei es noch so falsch. Ein halbes Jahr später hat er Cosima dann geheiratet und äußerlich seinen Frieden gemacht mit der Gesellschaftsmoral.

Im Zwist mit ihr zu leben war ihm längst unangenehm genug gewesen. Auch der Geschäftserfolg verlangte die offizielle Einhaltung der Etikette und ganz und gar der königliche Freund Ludwig von Bayern, der um so mehr darauf bestand, als er selbst seine Homosexualität zu verbergen hatte. So hat Wagner sich bemüht, in der für den König geschriebenen Autobiographie seinen tiefen Haß auf die Ehe zu kaschieren, indem er solche Gedanken seinem Revolutions-Freund Röckel zuschreibt und sein eigenes Einverständnis mit leise ironischer Distanz färbt.

Aber die Stelle ist verräterisch. Sie heißt so: »[Röckel] wollte in der Zukunft von der Ehe, wie wir sie kannten, nichts mehr wissen. Ich frug dagegen, wie er sich nun vorstelle, daß wir uns bei dem stets wechselnden Umgange mit jedenfalls sehr bedenklich sich ausnehmenden Frauenzimmern befinden würden? Mit wohlwollender Entrüstung ließ er sich da vernehmen, daß wir uns ja gar keinen Begriff von der Reinheit der Sitten im allgemeinen wie namentlich auch der Beziehung der Geschlechter zueinander eine Vorstellung machen könnten, sobald wir nicht die vollkommene Befreiung von dem Druck des Gewerbs-, Zunft- und sonstigen Zwangs-Wesens uns zu verdeutlichen vermöchten.«

An dieser Passage ist mancherlei bemerkenswert. Einmal daß Rökkel die »Reinheit der Sitten« und die richtige »Beziehung der Geschlechter« abhängig machte von einer Veränderung der politischen Verhältnisse: von ihm hat Wagner also seine Verknüpfung zwischen Erotik und Gesellschaft. Zum anderen daß Wagner auf Röckels Ehekritik spontan mit einer Vorstellung von Vielweiberei reagiert, und zwar mit einer sittengeschichtlich eindeutigen: die diesbezüglichen Frauen sind Huren; denn auf nichts anderes zielen die Ausdrücke vom »wechselnden Umgange« und von den »jedenfalls sehr bedenklich sich ausnehmenden Frauenzimmern«. Kein Wunder, daß der so bezeichnend mißverstandene Röckel mit »Entrüstung« antwortete, wenn auch mit »wohlwollender«.

Beim Versuch, sich für den oberflächlichen Leser moralisch reinzuwaschen, deckt Wagner erst recht seine Abgründe auf: die Angst vor der Freiheit sowohl wie die Sehnsucht nach dem Bordell. Er hat beidem von Zeit zu Zeit nachgegeben und beides in allerlei Sublimierungen besonders in seinem Werk gestaltet, wovon noch öfter im einzelnen die Rede sein wird. Wie sehr der gesellschaftliche Druck der Ehe aber immer weiter auf ihm lastete – auch nach der äußeren Beruhigung im Zusammenleben mit Cosima –, das zeigt eine Stelle in einem späten Brief an König Ludwig: »Neulich aber erhielt ich aus Paris meine Wahl zum ›membre honoraire de la société des amis du *divorce*‹ zugesandt: das war nun sehr hübsch: ›*amis* du divorce!‹«

Die gespielt scherzhafte Mitteilung einer Kuriosität – nämlich: er sei zum Ehrenmitglied der Gesellschaft der Ehescheidungsfreunde gewählt worden (wichtig genug, daß es der König erfahren muß) – enthüllt einen Abgrund von Wahrheit: daß Wagner sich auch da noch – zwei Jahre vor seinem Tod, scheinbar jenseits von Gut und Böse und im Glück mit Cosima – als Opfer der Ehe fühlte.

In einem seiner hellsichtigsten Momente hat er das Problem präzise analysiert, das Problem und was es für sein Leben bedeutete und für sein Werk. Cosima berichtet: »Wir sprachen von seiner ersten Ehe. ›Gott‹, sagt R., ›es war kein üppiger Trieb, sondern ein recht solider, der mich dazu trieb, und wirklich hat mich diese Ehe vor allen aufregenden Beziehungen bewahrt und nur mein künstlerisches Wesen in mir entwickelt; ich war 40 Jahre geworden, ohne an die Möglichkeit von ernsteren Beziehungen zu Frauen . . . nur zu glauben; während deines Vaters [= Franz Liszts] Seelenkräfte von frühester Zeit an in solchen Verhältnissen angespornt wurden, blieben die meinigen einzig auf meine künstlerische Entwickelung gerichtet! Freilich‹, sagt er lachend, ›habe ich diese Konservation etwas teuer bezahlt.‹«

Wenn da auch manches um Cosimas Seelenfrieden willen ein bißchen verharmlost erscheint – im großen Ganzen trifft er wohl die Sache: Wagner hat den von der Ehe gedämpften Trieb ins Werk gelenkt. Dort spricht sich aus, was hier hätte sein können. Die Verbiegungen, die an ihm angerichtet worden sind und die er auch ganz gern an sich anrichten ließ, renkt das Werk wieder zurecht: das Verbrechen der Ehe hat Wagner produktiv gemacht. Sein Unglück ist uns zum Glück ausgeschlagen.

3.

Erotik und Sadismus

In der vierten Szene des »Rheingold« geschieht eine denkwürdige Transaktion. Die Riesen Fafner und Fasolt haben für den Bau des neuen Göttersitzes Walhall die Rechnung präsentiert: Freia, die Göttin der Liebe, ist der vereinbarte Preis. Da die auftraggebenden Götter statt dessen Gold angeboten, aber noch nicht damit gezahlt hatten, haben die Riesen Freia als Geisel genommen. Nun bringen sie diese ewige Jugend garantierende Göttin zurück und verlangen, daß sie mit dem Gold quasi aufgewogen wird: der inzwischen von Wotan mit List und Tücke errungene Nibelungenschatz soll so um Freias Körper aufgeschichtet werden, daß die Göttin nicht mehr sichtbar ist. Zu diesem Zweck verabreden die gegnerischen Parteien, Götter und Riesen, ein gemeinsames Maß: die Höhe von Freias Körper, und die wird von den Riesen mit ihren »Pfählen« markiert, mit denen sie laut Regieanweisung »bewaffnet« sind.

Nun geht es los. Fasolt verlangt, das Gold müsse so dicht gehäuft werden, daß er den Blick der von ihm hoffnungslos sehnsüchtig geliebten Göttin nicht mehr sehen könne. Sein Bruder Fafner fordert, daß das Maß »nicht so leicht und locker gefügt«, sondern »fest und dicht« gefüllt werden müsse. »Er beugt sich, um nach Lücken zu spähen«, sagt die Regieanweisung, und er selbst sagt:

»Hier lug' ich noch durch:
verstopft mir die Lücken!«

Worauf Loge, einer der Götter, protestiert:

»Zurück, du Grober!
greif mir nichts an!«

Was Fafner aber überhaupt nicht von seinem Ziel abbringt:

»Hieher! die Klinze verklemmt!«

Selbst als die Götter so tun, als hätten sie ihren letzten Besitz geopfert, ist es Fafner noch nicht genug:

»An Wotans Finger
glänzt von Gold noch ein Ring:
den gebt, die Ritze zu füllen!«

Die ganze Szene ist so ungewöhnlich aktionsreich für Wagner, daß sie leicht in der Gefahr ist, rasch übergangen zu werden. Dabei hat sie es faustdick hinter den Ohren. Der Text steckt (vielleicht nur unbewußt, aber doch deutlich genug) voller Assoziationen aus dem Sexualbereich: die Pfähle der Riesen stehen ganz unverkennbar für männliche Penisse, die »Lücke« und die »Ritze« bedeuten ebenso offensichtlich die weibliche Vagina. Loges Verbot, nichts anzugreifen, ist so eindeutig wie die dazwischengestreuten Götterklagen:

»Eilt mit dem Werk:
widerlich ist mir's!«

und:

»Tief in der Brust
brennt mir die Schmach.«

»Die Klinze verklemmt« ist nur auf den ersten Blick eine von Wagners oft abstrusen Stabreim-Erfindungen – hier macht sie wahrhaft abgründigen Sinn. Die Musik schließlich mit dem aus dem stampfenden Motiv der Riesen entwickelten punktierten Rhythmus beschwört aufs Plastischste den Gestus eines Geschlechtsverkehrs. Dabei handelt es sich um den Vorgang des Tauschs einer Frau gegen Gold – die Szene beschreibt in Situation, Wort und Musik zugleich Prostitution und Vergewaltigung.

Der deprimierende Zusammenhang zwischen sexueller Lust und Brutalität ist selten so deutlich gemacht worden. Mögen die zuschauenden Götter auch noch so sehr Abscheu und Empörung äußern: sie sind an dem schrecklichen Vorgang eher noch mehr beteiligt als die scheinbar handelnden Riesen. Denn die fordern schließlich nur ihren gerechten und vereinbarten Lohn für schwere Arbeit, um den die Götter sie zu prellen hofften. Freias Körper bedeutet für die Götter, die ihn behalten wollen, ewige Jugend – nichts anderes als für die Riesen, die ihn haben und allenfalls zu tauschen beabsichtigen gegen Gold: und beides zielt auf Macht. Eigentum an Personen und an Sachen, das fällt mit einem Mal zusammen, und der gemeinsame dritte Begriff heißt: Sadismus.

Die Riesen begehren Freia
Wie Gewalt sich auch auf der Bühne abbilden läßt: die Szene aus Patrice Chéreaus Bayreuther »Ring«-Inszenierung.

Es nimmt nicht Wunder, daß ein Autor, der Grausamkeit im Werk so eindrucksvoll darzustellen weiß, auch selbst anfällig ist für ihre kitzelnde Lust. Sie vermag in einer Art von abstraktem Wohlgefallen hinwegzuschwappen über jedes Empfinden dafür, daß sie eine Fülle von konkretem menschlichen Leid in Kauf nimmt.

Wie anders wäre zu erklären, daß der unaufhörliche Prediger der Menschenliebe so kalt reden konnte über Katastrophen, die ihm in der Zeitung begegneten? Bezeichnend hierfür sind seine Äußerungen über den Brand im Wiener Ringtheater am 8. Dezember 1881, kurz vor Beginn einer Aufführung von »Hoffmanns Erzählungen«, wobei einige hundert Menschen ums Leben kamen. Die Katastrophe war bei den Wagners tagelang Gesprächsthema; es muß dabei wohl auch kontrovers zugegangen sein, denn Wagner fühlte offenbar eine Notwendigkeit zur Rechtfertigung seiner Haltung, und die ist so: »Das nichtsnutzigste Volk säße in einem solchen Operntheater; wenn in einer Kohlengrube arme Arbeiter verschüttet würden, das ergriffe und empöre ihn, aber solch ein Fall berühre ihn kaum.« Sechs Tage später »ergeht sich R. über seinen Mangel an Anteil an der Katastrophe von Wien. ›Es klingt hart und geht fast über die Natur hinaus, aber die Menschen sind zu schlecht, um daß es einem nahegehen kann, wenn Massen untergehen. Wie gesagt, wenn in Kohlengruben Menschen verschüttet werden, da kommt mich das Entsetzen an über eine Gesellschaft, die sich mit solcher Hülfe Heizung verschafft; und ob so oder so viele, die einer Offenbach'schen Operette beiwohnen, aus dieser Gesellschaft dabei umkommen, wobei sich auch nicht ein Zug von moralischer Größe zeigt, das läßt mich gleichgültig.‹«

Festzuhalten ist aus beiden Stellen zunächst, daß für Wagner nicht der tragische Tod von Massen selbst wichtig ist, sondern der Anlaß ihres Todes. Er macht Unterschiede im Grad seines Mitleids: wer aus Not einen gefährlichen Arbeitsplatz hat und dort verunglückt, hat solches Mitleid verdient; wer freiwillig und zur Ergötzung ein schlechtes Theaterstück besucht, ist an den Folgen selber schuld.

Unübersehbar enthält diese Position sogar ein Element von Genugtuung, erst recht, als er erfährt, *wer* da in Wien verbrannt ist: »Daß 416 Israeliten bei dem Brand umkamen, steigert R.'s Teilnahme für das Unglück nicht.« Als sie am nächsten Tag über Lessings »Nathan« sprechen, erschrickt anscheinend selbst Cosima vor Richards grausiger Verknüpfung: »Er sagt im heftigen Scherz, es sollten alle Juden in einer Aufführung des ›Nathan‹ verbrennen.«

Klar: da tritt der Antisemit Wagner hervor. Aber solcher Rassismus hat wenig oder nichts mit biologischen Erwägungen zu tun. Da sucht sich vielmehr kaum noch verdeckter Sadismus ein Ventil und findet es erleichtert in einer Menschengruppe, die ohne Verlust an gesellschaftlicher und moralischer Reputation für geächtet erklärt werden kann, als sei es gefährliches Ungeziefer.

Dieser Mechanismus ist bei Wagner häufig zu beobachten: die Lust an Grausamkeiten, soweit sie nicht individualisiert sind, sondern gewissermaßen einem Prinzip gelten. An der Pariser Commune kritisiert er, sie sei zu »kleinlich« gewesen: »wenn sie Kirchen und Klöster verwüstet, Rothschilde gehängt, hätte es etwas zu bedeuten gehabt, aber nur den armen Erzbischof, gleichsam: ›Wir sind futsch, nun wollen wir wenigstens den noch murksen‹, das sei erbärmlich.« Und am Beginn des deutsch-französischen Kriegs sagt er, »er hoffe, daß Paris, ›diese Femme entretenue der Welt‹, verbrannt würde ... der Brand von Paris würde das Symbol der endlichen Befreiung der Welt von dem Druck alles Schlechten«.

Da tritt beides offen zueinander: die sadistische Lust an der Grausamkeit und die erotische Angst; denn Paris wird als die »femme entretenue« bezeichnet, die ausgehaltene Frau, die Mätresse also, und ihre Vernichtung würde vom »Druck alles Schlechten« befreien. Sehr eindringlich verknüpft die Äußerung die aus dem Eros stammende Befreiungs-Sehnsucht mit einem abstrakt-prüden Reinheits-Ideal, das die Vernichtung konkreter erotischer Freiheit geradezu verlangt.

Daß Wagner solche Spannungen nur im Wortschwall seiner Aufsätze scheinbar gelöst, in Wahrheit aber lebenslang mit sich herumgeschleppt hat, kommt an solchen Stellen zum Vorschein. Mehr noch gilt das für ganz spontane Gedankenverbindungen, die Cosima notiert hat, weil sie wie Richard ihre Tragweite kaum durchschauen konnte. Etwa diese: »Nach Tisch, indem er seine Cigarette erdrückt und sieht, daß sie ersticke, gedenkt er Othello's und Desdemona's, ... nur schön, daß D. noch in ihrer vollen Reinheit stirbt.«

Da ist es wieder: Hauptsache die »Reinheit« – damit erscheint der Mord schon fast gerechtfertigt. Aber die Geste der Tötung ist eine sadistische, eben wie das Ausdrücken einer Zigarette, und im Wort »ersticken« wird das menschliche Schicksal einem physikalischen Vorgang angenähert.

Nur selten kommen erotische und sadistische Lust so ungetrennt aus Wagners Unterbewußtsein nach oben. Meistens hat er sich viel mehr in der gesellschaftlich geforderten Gewalt. Da bezeichnet er ganz bewußt, »was er seine Sünden nennt, nämlich in der Jugend das grausame Behandeln von Tieren, auch eines Knaben«. Gerade aus dem klassischen Sadismus der Tierquälerei hat er (im Anschluß an Schopenhauer) – abwehrend – ein ganzes Lehrgebäude errichtet. Die

Geschichten von seiner Tierliebe sind Legion, oft erscheinen Tiere in seinen Äußerungen als die besseren Menschen; es wird davon noch ausführlicher die Rede sein. Da die Weltgeschichte für ihn immer nur die Geschichte der Gewalt bedeutet, ist die folgende Äußerung in diesem Zusammenhang voller Konsequenz: »Die Weltgeschichte beginnt von da an, wo der Mensch Raubtier wird und das erste Tier umbringt.«

Auch hier ist der Abgrund nahe. Eines Abends zieht die ganze Familie samt Kindern und Hunden in einen Bayreuther Bierkeller. Es geht äußerst heiter zu, und beim Rückweg im Mondschein sind alle glücklich: daß sie sich hier »heimisch« fühlen, notiert Cosima, und daß »ein unsägliches Dankgefühl« sie erfülle »bei der übersprudelnden Laune R.'s«. Doch in diese Glücksschilderung ist ganz beiläufig in Klammern eingefügt »Brange tötet eine Katze«. Und kein Bedauern darüber, keine Einschränkung des Glücks. Wie Mensch nicht gleich Mensch ist, so ist Tier nicht gleich Tier. Wenn Brange, Wagners geliebter Hund, eine anonyme, gleichsam massenhafte Katze tötet, so dient das eher dem Wohlbefinden als daß es dieses gefährden könnte. So ist die Welt: lustvoll und grausam, und nicht zuletzt dann lustvoll, wenn sie grausam ist.

Die abgründigen Erfahrungen mit seinen eigenen grausamen Lustgefühlen hat Wagner an vielen Stellen in sein Werk eingebracht. Nachdem Wotan im »Siegfried« dem Zwerg Mime verkündet hat, daß er nun nicht mehr lange leben werde, weil sein Kopf dem töricht furchtlosen Siegfried verfallen sei, heißt die Regieanweisung: »Er lacht und geht in den Wald.« Wotans Todesbotschaft ist vom Verlauf der Geschichte her unausweichlich, sein Lachen jedoch ein für die Geschichte ganz unnötiger Sadismus, und die Musik zu Mimes folgender Schreckensvision gerät denn auch völlig aus dem Häuschen: der Alptraum eines Menschen, der hilflos solch höherem Sadismus ausgeliefert ist.

Ähnlich nimmt sich eine Stelle in der »Walküre« aus. Da verkündet wieder Wotan die von ihm vorgesehene Strafe für Brünnhildes Ungehorsam: schutzlos soll sie dem ersten besten Mann gehören, der sie will. Wie in der »Rheingold«-Szene wird also die Vorstellung einer Vergewaltigung präsentiert: das Ineins von Erotik und Sadismus in seiner extremsten Form. Und diese Absicht ruft bei denen, die sie erkennen, Brünnhildes Walküren-Schwestern, schauderndes Entsetzen hervor. Sie brechen in ein Schreckens-Ensemble aus, dessen in kleinen Intervallen geführte und rhythmisch immer enger verschachtelte Stimmen als eine einzige schrille Dissonanz wirken, obwohl der harmonische Verlauf vergleichsweise einfach ist. Nebenbei sei darauf hingewiesen, daß die hier so entsetzten Walküren selbst einen Job haben, der sadistisch genug ist und erotisch auf eine ganz besondere Art: sie sammeln Männer-Leichen, die Wotans Streitmacht verstärken sollen.

In seinen dramatischen Bildern und in seiner Musik hat Wagner am ehesten die Beziehungen aufgedeckt, die zwischen Liebe und Gewalt bestehen. Seine frühen Anhänger haben das kaum gesehen und seine späteren noch weniger. Das beschränkt sich auf beinahe blitzartige Bemerkungen wie die von Nietzsches adligem Gutsbesitzer-Freund Gersdorff, der über seinen »dionysischen Rauschzustand« beim Anhören des Walküren-Ritts berichtet, »der mich in weniger gesetzten Jahren zur Zerstörung von Laternen, zur Umarmung von Menschen hätte treiben müssen«.

Die heikle Zusammenfügung, Zerstörung *und* Liebe, deckt mehr vom Sinn der Wagnerschen Szene und ihrer Musik auf, als es dem Zeugen selbst wohl bewußt war. Ein einziger der Zeitgenossen, gewiß noch stärker als Wagner von einem kaputten Verhältnis zu seinen erotischen Bedürfnissen und Sehnsüchten gezeichnet, hat erkannt, was sich da offenbarte: Friedrich Nietzsche, der unter dem Werk Wagners und unter dem Menschen Wagner am meisten litt und doch auch sogar dann nicht von ihm los kam, als er ein Pamphlet gegen ihn schrieb. Zieht man die moralistischen Wertungen ab, so hat Nietzsche ihn genau getroffen: »Ist Wagner überhaupt ein Mensch? Ist er nicht eher eine Krankheit? Er macht Alles krank, woran er rührt, – *er hat die Musik krank gemacht* – ... In seiner Kunst ist auf die verführerischste Art gemischt, was heute alle Welt am nöthigsten hat, die drei grossen Stimulantia der Erschöpften, das *Brutale*, das *Künstliche* und das *Unschuldige* (Idiotische).«

In die Schlußszene des »Siegfried« hat Wagner all das eingebracht an Sexual- und Gewalt-Symbolik, was ihn bedrängte – eben diese Mischung von Krankem, Brutalem und Unschuldigem. Zum ersten Mal begegnen sich Brünnhilde und Siegfried, und sie begegnen sich in einem schließlich ekstatisch auftrumpfenden Liebesduett. »Wie zwei Tiere«, hat Wagner später über diese Stelle gesagt (wir erinnern uns an die Zwiespältigkeit seiner Tierliebe), und er hat hinzugefügt: »Da ist kein Zweifel, keine Sünde.«

Aber das Duett ist angefüllt nicht nur von unbekümmerter und unschuldiger Lust, sondern entgegen Wagners eigener Interpretation eben auch von Angst vor dem Sadismus, der mit der Lust sich immer wieder verbindet. Als Brünnhilde nach ihrem ersten Überschwang bemerkt, daß Siegfried, bevor er sie aufweckte, ihr den Helm abgenommen und mit dem Schwert die Rüstung zerschnitten hat (schon dies eine bezeichnende Geste in der Nähe des Sadismus), da erschrickt sie zutiefst, und Siegfrieds Liebesschwüre können sie ganz und gar nicht beruhigen: »sie springt auf, wehrt ihm mit der höchsten Kraft der Angst und entflieht nach der andern Seite«, lautet die Regieanweisung. In ihrem folgenden Text heißt es:

»Verwundet hat mich,
der mich erweckt!
Er erbrach mir Brünne und Helm:
Brünnhilde bin ich nicht mehr!«

In der vorletzten Zeile bewegt die Stimme sich neun Noten lang chromatisch in dem quälend engen Tonraum einer kleinen Terz, um dann auf die letzten Worte (»nicht mehr«) mit einem schrillen Sprung über eine Dezime nach oben in offenem Entsetzen zu enden. Als ihre Angst sich steigert:

»aus Nebel und Graun
windet sich wütend
ein Angstgewirr!
Schrecken schreitet
und bäumt sich empor!« –

da nimmt das Orchester die gleiche Gestik an wie in der Schreckensvision Mimes im ersten Akt – es ist hier wie dort die gleiche Furcht, Opfer eines Sadisten zu werden.

Auf dieser Furcht entsteht die Gebärde flehentlicher Unterwerfung. Die Musik macht das deutlich, indem das hier erstmals erscheinende idyllische Liebesthema unterlegt ist mit Worten der Abwehr:

»Lasse von mir!
Nahe mir nicht
mit der wütenden Nähe!
Zwinge mich nicht
mit dem brechenden Zwang!
Zertrümmre die Traute dir nicht!«

Die Liebesidylle der Musik, verknüpft mit verbalen Begriffen von Gewalt, macht die Situation nur bedrohlicher. Und sie kann ohne weiteres auch bei dem, der Angst hat, ins Gegenteil umschlagen: er wird selbst zum Sadisten. So drückt Brünnhilde wenig später ihren Entschluß zur Hingabe mit ähnlich aggressiven Worten aus, wie sie sie in ihrer vorigen Aggressions-Furcht benutzt hat:

»Wie mein Blick dich verzehrt,
erblindest du nicht?
Wie mein Arm dich preßt,
entbrennst du mir nicht?
Wie in Strömen mein Blut
entgegen dir stürmt,
das wilde Feuer,
fühlst du es nicht?
Fürchtest du, Siegfried,
fürchtest du nicht
das wild wütende Weib?«

Schließlich fällt das alles zusammen, Liebe, Angst, Sadismus, Masochismus, Untergang:

»Lachend muß ich dich lieben;
lachend will ich erblinden;
lachend laß uns verderben –
lachend zugrunde gehn!«

Und über die Schlußworte

»leuchtende Liebe,
lachender Tod!«

hämmert die Musik bis zum Ende ihren eindeutigen Kommentar: Erotik und Sadismus sind eins auf dieser gewalttätigen Welt. Noch hat sie, haben ihre Götter und Menschen nichts Besseres verdient.

4.

Phallus-Phantasien

Gegen Ende des großen Aufsatzes »Das Kunstwerk der Zukunft«, geschrieben 1849 im Schweizer Exil, findet sich die folgende Passage: »Der starren, nur durch äußeren Zwang erhaltenen staatlichen Vereinigung unserer Zeit gegenüber werden die *freien* Vereinigungen der Zukunft in ihrem flüssigen Wechsel bald in ungemeiner Ausdehnung, bald in feinster naher Gliederung das zukünftige menschliche Leben selbst darstellen, ... während das gegenwärtige Leben in seiner modisch-polizeilichen Einförmigkeit das leider nur zu getreue Abbild des modernen *Staates,* mit seinen *Ständen, Anstellungen, Standrechten, stehenden Heeren* – und was sonst noch alles in ihm *stehen* möge – darstellt.«

Die vielen Ableitungen von dem Wort »stehen« werden mit offensichtlichem Genuß ausgebreitet: man spürt förmlich Wagners Freude an der Entdeckung. Unüberhörbar ist die Gedankenverbindung vom »Stehen« zum Glied des Mannes. Und dieser Phallus wird dem gesellschaftlichen Gebilde zugeordnet, das das »gegenwärtige Leben in seiner modisch-polizeilichen (!) Einförmigkeit« bestimmt: dem Staat. Der Satz davor schildert demgegenüber die ersehnte Zukunft: die »freie Vereinigung« in »flüssigem Wechsel« von »ungemeiner Ausdehnung« und »feinster naher Gliederung«. Wie die phallische Sprache den Staat, so charakterisiert die andere Wortwahl – frei, flüssig, Ausdehnung, fein, nah – in gleichsam pulsierender Gestik eine vom harten Joch des Phallus (oder erst recht: vom Joch des harten Phallus) befreite Situation: Zärtlichkeit.

Daß diese deutliche Stelle nicht eine Episode ist – erklärbar aus der wütenden Verzweiflung des gerade gescheiterten und vom »Staat« zur Flucht gezwungenen Revolutionsteilnehmers – das zeigen viel spätere Äußerungen, die immer wieder den Staat unterschwellig als Phallus vorstellen. Es sei frevelhaft, »an dessen Organisation zu *rütteln*«, sagt er in einer »gedrückten« Stimmung zu Cosima – mehr als ein Vierteljahrhundert später. Und dann: Bismarck entdecke »immer neue Gefahren«, »um die Armee zu *kräftigen*«. Oder: »Betrachtungen über dieses Militär-Wesen, ob nicht das Mark des Volkes dadurch *ausgesogen* werde?«

Ganz ausdrücklich hat Wagner das alte Sprachbild aufgenommen in der kleinen Schrift »Über Staat und Religion«, die er 1864 im Frühling seiner frischen Freundschaft mit König Ludwig verfaßte und die zunächst nur für diesen und nicht zur Veröffentlichung bestimmt war. Sie sollte eigentlich den noch immer an Wagner haftenden Geruch des Revolutionärs tilgen und den Monarchen von der Harmlosigkeit überzeugen, mit der Wagner in die aufrührerischen Zustände geschlittert sei. Doch ein späterer Leser kann anders als der gläubige Ludwig schon aus der Wortwahl des scheinbar systemtreuen Texts entnehmen, daß hier im Schafspelz noch der alte Wolf redet: »*Stabilität* ist daher die eigentliche Tendenz des Staates: und mit Recht; denn sie entspricht zugleich dem unbewußten Zwecke jedes höheren menschlichen Strebens, über das erste Bedürfnis wirklich hinauszukommen, nämlich: zur freieren Entwickelung der geistigen Anlagen, welche stets gefesselt wird, sobald Hinderungen für die Befriedigung dieses ersten Grundbedürfnisses eintreten. Nach Stabilität, nach Erhaltung der Ruhe strebt naturgemäß demnach alles . . . und dasjenige Gesetz, welches, auf die Möglichkeit steter Abhilfe dringender Bedürfnisse berechnet, zugleich die stärkste Versicherung der Stabilität enthält, muß demnach das vollkommenste Staatsgesetz sein. Die verkörperte Gewähr für dieses Grundgesetz ist der *Monarch.* Es gibt in keinem Staate ein wichtigeres Gesetz, als welches seine Stabilität an die erbliche höchste Gewalt einer besonderen, mit allen übrigen Geschlechtern nicht verbundenen und nicht sich vermischenden Familie heftet.« In dieser »Staatsverfassung« liege die »Gewähr für die Stabilität«.

So Wagnerisch kraus das formuliert ist – es ist in mehrfacher Hinsicht interessant genug. Als »Stabilität« kommt das Stehen diesmal daher, in lateinisch verschleierter Gestalt, aber es bleibt dennoch dasselbe. Das schillernde Herumspielen am Begriff des »Bedürfnisses«, dessen »stete Abhilfe« mit »stärkster Versicherung der Stabilität« zusammengebracht wird; der »erbliche« Monarch, jenes immer aufrecht abgebildete Symbol der Stabilität, hervorgegangen aus der »nicht sich vermischenden« Tätigkeit der Familie, also aus der neigungsfreien phallischen Bewußtheit seiner Väter: das alles wiederholt Wagners frühe Überzeugung, daß Staat und Phallus bis zur Identität zusammengehören, daß die Macht und das harte Glied des Mannes sich gegenseitig garantieren.

Folgerichtig sind die Macht-Symbole in Wagners Werk immer zugleich auch Phallus-Symbole: der Stab in der Hand des Papstes, wovon der sündige Tannhäuser erzählt; Siegmunds und Siegfrieds Schwert; Wotans Speer; die Grals-Lanze, die Parsifal dem bösen Klingsor abgewinnt.

Gerade in diesem letzten Werk, das der traditionellen Wagner-Gemeinde so rein ist, daß sie in Bayreuth sogar lange das Klatschen geächtet hat – gerade da hat Wagner am offensten über die Macht des Phallus phantasiert. Die Vorgeschichte der auf der Bühne sichtbaren Handlung hat nämlich mit nichts anderem zu tun. Die gewundenen Verse trachten das zwar zu verschleiern; aber Wagners erster Entwurf, den er für den homosexuellen König niederschrieb, läßt keine Zweifel: Klingsor, einst ein frommer Einsiedler, hat sich selbst kastriert, »um die sinnliche Sehnsucht in sich zu ertödten, welche zu bekämpfen durch Gebet und Busse ihm nie vollständig gelungen sei«. Das aber sei der falsche Weg: »Entsagung und Keuschheit« dürften nur »aus innerster Seele fliessen, nicht aber durch Verstümmelung erzwungen sein«. Klingsor, der sich das Schmerzlichste zugefügt hat, was einem Mann geschehen kann, geht sozusagen auf die andere Seite: sein Ziel ist von nun an die Verführung der hochmütig-reinen Gralsritter und danach ihre Kastration, besonders die ihres Königs. Der wird zwar gerade noch gerettet, aber er ist »bereits verwundet«, und das heißt ja wohl: er hat eine Beschädigung am Penis. Das und nichts irgendwie geheimnisvoll Unklares ist die Wunde des Amfortas.

Noch in seinem Entwurf hat Wagner einen Satz gestrichen, der dieses Faktum ganz ausdrücklich symbolisieren sollte: dem Amfortas »wird eine hochaufgerichtete Lanze mit blutiger Spitze nachgetragen«. Gestrichen hat er das aus angeblich dramaturgischen Gründen. Aber der erste Gedanke zeigt, wie es gemeint war: das aufgerichtete Glied des Amfortas ist an der Spitze verletzt – Folge seiner sexuellen Verbindung mit Kundry, dem »ewigen Weib«, die Klingsor ihm zur Verführung untergeschoben hat.

Wagner hat das Thema früher schon einmal angetippt, und zwar in einer Episode des »Lohengrin« (der ja im selben stofflichen Umkreis spielt: Lohengrin, Parsifals Sohn, ist vom Gral zur Rettung Elsas von Brabant ausgeschickt). Da rät die heidnische Ortrud ihrem Mann Friedrich von Telramund, wie er Lohengrins Macht brechen könne:

»Jed' Wesen, das durch Zauber stark,
wird ihm des Leibes kleinstes Glied
entrissen nur, muß sich alsbald
ohnmächtig zeigen, wie es ist.«

Ludwig II. von Bayern

Ein König hat ein aufrecht stehender Mann zu sein, auch wenn er noch sehr jung ist und zum Aufrechtstehen ziemlich wenig Lust besitzt.

Das wird dann zwar als »eines Fingers Glied« konkretisiert, aber das ist nur Verdeckung des zutiefst Gemeinten, das im Text sich kaum verbirgt, erst recht, als Friedrich Elsa auffordert, ihm in ihrer bevorstehenden Hochzeitsnacht mit Lohengrin Zugang zum Schlafzimmer zu verschaffen:

> Laß mich das kleinste Glied ihm nur entreißen,
> des Fingers Spitze, und ich schwöre dir,
> was er dir hehlt, sollst frei du vor dir sehn, –
> dir treu, soll nie er dir von hinnen gehn . . .
> Ich bin dir nah zur Nacht, –
> rufst du, ohn' Schaden ist es schnell vollbracht.«

»Parsifal« ist also samt seinem Vorläufer »Lohengrin« auch ein Stück über Kastrationsängste. Ängste derer, die kastrationsfähig sind, also akut noch im Besitz von Macht. Das ist ein Problem mächtiger Männer, ihrer Beziehungen zu Frauen und ihrer Angst vor deren »absorbierenden« Fähigkeiten. Im »Ring«, der solche Konflikte subtiler darstellt als der bemerkenswert ausdrückliche »Parsifal«, erscheint der Drache Fafner im Text als die weibliche Bedrohung des knäbischen Mannes Siegfried. Der wird von Mime so gewarnt:

> »Siehst du dort
> den dunklen Höhlenschlund?
> Darin wohnt
> ein greulich wilder Wurm:
> unmaßen grimmig
> ist er und groß;
> ein schrecklicher Rachen
> reißt sich ihm auf;
> mit Haut und Haar
> auf einen Happ
> verschlingt der Schlimme dich wohl . . .
> Giftig gießt sich
> ein Geifer ihm aus;
> wen mit des Speichels
> Schweiß er bespeit,
> dem schwinden wohl Fleisch und Gebein.«

Das sind, kaum verhüllt, Angst-Geographien über die weibliche Vagina, und als Fafner dann selbst auftritt, verwendet er das gleiche Phallusbedrohende Vokabular:

»dich zu verschlingen
frommt der Schlund.«

Die danach im Text noch enthaltene Regiebemerkung: »Er droht mit dem Schweife« hat Wagner nicht in die Partitur übertragen; sie hätte mit ihrer männlichen Assoziation das Bild gefährdet: das Bild Fafners als vaginale Drohung gegen Siegfrieds phallisches Schwert.

Siegfried, der Phallus, gewinnt: er ersticht den Drachen. Doch Text und Musik fügen sogleich Bedauern hinzu: eine solche Gewalt-Lösung war nicht eigentlich Wagners Programm. Siegfrieds Schwert, das hier siegt und das kurz darauf das andere Phallus-Symbol zerschlagen wird: Wotans Speer – dieses Schwert hat schon einmal gekämpft: in Siegmunds Hand, und da ohne Erfolg, da ist es an dem selben Speer Wotans zersprungen. Und das heißt: Phallus-Symbole sind untereinander wettbewerbsfähig, der »Sieg« hängt nicht von dem Glied ab, das man herumträgt, sondern von dem Bewußtsein, mit dem man es trägt. Phallus-Gewalt ist flüchtiger Siege fähig, aber sie bleibt Gewalt, und Gewalt ist als solche immer kriminell: menschenfeindlich.

Wagners gigantische Geschichten vom Sex und von der Gewalt – was zugleich heißt: von der Sexualität der Gewalt und von der Gewalt der Sexualität – beschreiben seine eigenen Qualen. Das wäre nicht besonders interessant, wenn es nicht auch die Beschreibung seiner gesellschaftlichen Welt wäre und unserer. Die Faszination von Wagners Werk besteht bis heute darin, daß es solche Beziehungen offenlegt. Und zwar so, daß man sie verstehen kann, ohne es aussprechen zu müssen: das sind wir selbst, begreifen wir, und schließen vor Erregung die Augen.

»SIEGFRIED«, 2. AKT, BAYREUTH 1952
Die Bedrohlichkeit des Drachenschlunds läßt (zumindest in allen durchdachten Inszenierungen) seit langem an Deutlichkeit nichts zu wünschen übrig: so sah der Schlund schon in Wieland Wagners erster »Ring«-Interpretation aus.

5.
Wotan

Ein deutscher Jurist hat zusammengezählt, daß 17 der handelnden Personen des »Rings« (das ist einschließlich aller Nebenfiguren die Hälfte der überhaupt auftretenden) im Verlauf der Tetralogie schwere Straftaten begehen. Am meisten tut sich dabei Wotan hervor: Freiheitsberaubung, Erpressung, Beihilfe zum Totschlag, Totschlag, Nötigung, Brandstiftung. Von diesem Mann hat Wagner geschrieben: »sieh Dir ihn recht an! er gleicht *uns* auf's Haar; er ist die Summe der Intelligenz der Gegenwart ...«

Wotan also ist für Wagner – man muß es immer noch und immer wieder betonen – kein mythischer Gott und schon gar kein alter Germane, sondern innigster Ausdruck der eigenen Zeit, er besitzt jegliche Aktualität: der Mensch als Verbrecher. Der Gesetzgeber, Herrscher und Richter in einer Person garantiert den Bestand der universalen Gewalt. Wotan ist gerade *kein* wild gewordener Despot, sondern die legale Verkörperung von Macht, Gesetz und Ordnung. Alle Versuche etwa, ihn in Aufführungen als eine Art Hitler zu präsentieren, sind falsch und auch allzu harmlos: Wotan ist der Normalfall und nicht die Ausnahme.

Bei ihm geht alles ganz korrekt zu: seine Macht verdankt er Verträgen. Die hat er geschmiedet, und auf ihnen beruht seine Stellung. Das musikalische Motiv, das dieser Vertragsthematik zugeordnet ist, charakterisiert in seiner Einfachheit den schlichten Tatbestand: in gleichmäßigen Schritten, jede Stufe der Tonleiter benutzend, wandert es über anderthalb Oktaven nach unten; klare Gewißheit drückt das aus: hier sind wir auf sicherem Boden.

Doch schon Wotans erste Szene, sein Gespräch im »Rheingold« mit seiner Frau Fricka, problematisiert diese Sicherheit. Sie reden über den Bau Walhalls und die daraus sich ergebende Verpflichtung, die Göttin Freia den Riesen als Baupreis zu überlassen. Fricka wirft das Wotan vor, und vor allem wirft sie ihm vor, die neue Burg diene nur zur Vermehrung seiner »Herrschaft und Macht«. Als Wotan darauf erläutert, er brauche diese Macht, um der familiären Enge zu entkommen, bricht es aus Fricka hervor:

»Liebloser,
leidigster Mann!
Um der Macht und Herrschaft
müßigen Tand
verspielst du in lästerndem Spott
Liebe und Weibes Wert?«

Wotan verteidigt sich mit dem Hinweis, schließlich habe er um Frickas willen erhebliche Opfer gebracht:

»Um dich zum Weib zu gewinnen,
mein eines Auge
setzt' ich werbend daran:
wie törig tadelst du jetzt!
Ehr' ich die Frauen
doch mehr als dich freut!«

Eine schwierige Stelle. Denn die Geschichte mit dem verlorenen Auge wird bei Wagner nicht recht klar. In der Mythologie gab Odin (= Wotan) sein Auge als Bezahlung dafür, daß er aus der Quelle der Weisheit trinken durfte, und so erzählen es auch später rückblickend die Nornen am Beginn der »Götterdämmerung«. Hier aber bietet Wagner eine andere und nicht weiter erläuterte Version: irgendwie soll das Auge der Preis für Fricka gewesen sein.

Der Widerspruch ist jedoch nicht sehr entscheidend; denn die Folgen der Verstümmelung stellen sich als identisch heraus: die eine Version (Erwerb der Weisheit) bedeutet mythologisch, so Robert Donington, »daß die Sicht zur Hälfte nach innen – fort von der Außenwelt – gewandt wurde«, Verlust der Hälfte des Instinkts also, »der der Instinkt ist für gegenseitige Liebe und Gemeinschaft«. Daß die andere Version (Erwerb Frickas) ebenso zu verstehen ist, dafür gibt die Musik einen Hinweis: zu Wotans Worten ertönt in den Bässen wieder das Vertragsmotiv als einzige Orchesterstimme und zum ersten Mal »nicht gebunden« zu spielen, damit der streng schreitende Charakter noch deutlicher wird.

Ein Geschäft also war auch dies, durch Vertrag abgesichert, nichts da von Liebe. Das aber – ein Leben aus Verträgen und für Verträge – hat natürlich seinen Preis. Ausgerechnet Fasolt, der sich selbst einen »dummen Riesen« nennt, weist Wotan darauf hin:

»Was du bist,
bist du nur durch Verträge«.

Wotans ganze Existenz also besteht aus nichts als Verträgen: ein menschliches Monstrum.

Wotan selbst wird dieser Zusammenhang erst viel später bewußt: als er in der »Walküre« den geliebten Sohn Siegmund, den er für große Pläne vorgesehen hatte, opfern muß, weil das von ihm selbst geschaffene Vertragsrecht (das »Gesetz«) es so verlangt. Nun entdeckt er, daß durch Verträge zu herrschen zugleich Fesselung durch Verträge bedeutet. Der Text verwendet interessanterweise ein berühmtes Hegelsches Begriffspaar:

»der durch Verträge ich Herr,
den Verträgen bin ich nun Knecht«.

Was den dialektischen Charakter dieser Vertragswelt Wotans besonders ausdrücklich bestätigt.

Wotan also als Gefangener seines eigenen Systems, eines Systems, das zur Macht-Schöpfung und Macht-Erhaltung erfunden wurde. Und zwar schon bevor der »Ring« beginnt. Was sich da in grauer Urzeit abgespielt hat, erzählen wieder die Nornen am Anfang der »Götterdämmerung«: Wotan brach, nachdem er aus dem Weisheits-Quell getrunken hatte, einen Ast der Weltesche ab, um sich seinen Herrscher-Speer daraus zu schneiden – offenbar der erste Einfall der neu gewonnenen Weisheit: Wissen ist Macht.

Aber die mythische Umweltsünde hatte Folgen, und die hören sich sehr modern an:

»In langer Zeiten Lauf
zehrte die Wunde den Wald;
falb fielen die Blätter,
dürr darbte der Baum:
traurig versiegte
des Quelles Trank«.

Die Musik läßt dabei keinen Zweifel, daß der scheinbar begrenzte Flurschaden der Anfang vom universalen Ende ist: durch das Orchester huscht rhythmisch verkürzt das Motiv, das alle Untergangs-Anspielungen im »Ring« begleitet – bis hin zum Brand Walhalls am Schluß.

Der »Ring«, der bereits von der Welt *nach* dieser Tat handelt, zeigt Wotan im stolzen Bewußtsein seiner Macht. Er zieht alle Fäden, arrangiert alle Katastrophen. Man hat davon auszugehen, daß die vielen »Zufälle«, die das Geschehen zu dem Ende treiben, das der

Spannung, die sie allein interessant macht. Wotan verkörpert kein abstraktes Prinzip, sondern einen Menschen, mag er auch Gott genannt werden, in allen seinen Möglichkeiten, wozu die Machtgier ebenso zählt wie die Sehnsucht nach Liebe. Beides voll auszuleben, als zwei Seiten einer Medaille – das ist Wotans Defekt, der Defekt, mit dem er »*uns* auf's Haar« gleicht, der ihn zur »Summe der Intelligenz der Gegenwart« macht: der Machtmensch für eine machtbesessene Zeit, dem aber das berüchtigte »Menschliche« nicht fremd ist. Schließlich bevölkern elf uneheliche Kinder Wotans den »Ring« (eheliche hat er, wie Wagner mit Minna, gar keine): Brünnhilde, die acht anderen Walküren sowie die Zwillinge Sieglinde und Siegmund. Sie stammen von mindestens drei (aber eher mehr) verschiedenen Müttern, und wenn man davon ausgeht, daß nicht jeder göttliche Ehebruch gleich Kinder zur Folge hatte, so kann man Frickas Vorwürfe angemessen würdigen.

Eine bemerkenswerte Strecke, die der Herr Kommerzienrat Wotan vorzuweisen hat: Imperialismus nicht nur an vielen militärischen Fronten, sondern auch in erklecklichen Betten. Denn häufig dürfte es auch da mit Gewalt zugegangen sein; von seiner Beziehung zur Urmutter Erda, woraus Brünnhilde hervorging, gibt Wotan das selbst zu:

»mit Liebeszauber
zwang ich die Wala«.

Einmal allerdings scheint eine Liebesaffäre Wotan länger beschäftigt zu haben, die nämlich mit einer namenlosen Menschenfrau, der Mutter Sieglindes und Siegmunds. Einige Jahre müssen es immerhin gewesen sein, die er sich der Zweitfamilie widmete. Als die durch die Ermordung der Mutter und die Entführung der Schwester auf Siegmund und Wotan zusammengeschrumpft ist, bringt er sogar noch »lange Jahre« mit seinem illegitimen Sohn allein zu. Zwar diente dieser Ehebruch Wotans Plan, einen »freien Helden« zu zeugen, der die Götter vor der drohenden Vernichtung bewahren sollte, und die ausführliche erzieherische Tätigkeit ließe sich so erklären. Aber doch nicht nur so. Denn der politische Plan hätte die lange Begleitung Siegmunds nicht erfordert. Dahinter steckt mehr: das *einmal* erlebte Glück einer wahrhaft menschlichen Beziehung, die Wotan so lange ausdehnte, wie es (bei seinen sonstigen Verpflichtungen) nur ging.

Nach den Kriterien von Macht und Herrschaft ist solches Verhalten natürlich eine Panne: Erfolgs-Typen dürfen sich das nicht gestatten. Und erst recht nicht dürfen sie zulassen, daß andere, Untergebene gar, derart pflichtvergessen handeln. Wotan muß Brünnhilde dafür strafen, daß sie sich befehlswidrig auf Siegmunds Seite schlug. Doch nachdem er die schwere Strafe ausgesprochen hat, die Wegnahme der Göttlichkeit, gerät sein Abschied von der Lieblingstochter zu seinem schönsten Gesangsstück. Zum einzigen Mal im ganzen »Ring« nimmt eine andere Männerstimme als die Siegmunds über eine längere Strecke ariosen Charakter an. Dieses Lied »Der Augen leuchtendes Paar« schwingt sich ungewohnt melodiös über das nur in ganz dunkler Farbe begleitende Orchester, das dem Gesang eine Coda mit vibrierender Violoncello-Kantilene nachschickt: so schön könnte es sein, wenn der Mächtige abließe von seiner Herrschsucht, wenn er sich immer dem menschlichen Gefühl hingäbe.

Doch für Wotan ist es zu spät. Zu den letzten Worten seines Lieds:

»Denn so – kehrt
der Gott sich dir ab:
so küßt er die Gottheit von dir«,

ertönt in Horn und Englischhorn das Thema, das seit dem Anfang des »Rheingolds« für den Liebesverzicht steht.

»Nur wer der Minne
Macht versagt,
nur wer der Liebe
Lust verjagt,
nur der erzielt sich den Zauber,
zum Reif zu zwingen das Gold«,

hieß es dort, und mit dem selben Motiv hatte gleich darauf Wotans Gegenspieler Alberich seinerzeit die Liebe verflucht. Wotans Schicksal also ist unabänderlich: er kann nicht mehr zurück zu der Liebe, der er selbst um der Macht willen abgeschworen hatte. Auch er hat sie – nicht ausdrücklich zwar, aber durch sein Handeln – verflucht, und der Fluch rächt sich an ihm selbst: sein Untergang ist nur noch eine Frage der Zeit.

Es bleibt schon hier in der »Walküre« nicht bei diesem vergeblichen Traumbild. Auf den schwärmerischen Nachgesang der Violoncelli antwortet Wotan mit heftiger Geste, die die Musik durch wild herausfahrende Figuren der tiefen Streicher nachzeichnet. Und dazu spielt der kräftige Posaunenchor das Vertragsmotiv – jede Note stark zu markieren: Wotan ist wieder auf seinem sicheren Boden angekommen. Alles kann weitergehen, wie es vorher schon war: Mord, Betrug, Neid und Tücke, nur um das bißchen Macht zu bewahren, das ihm die Welt bedeutet, eine Welt der Gewalt und eine Welt brutaler Erotik.

WOTAN (BAYREUTH 1976–1980: DONALD MCINTYRE)
Der Macht-Mensch von Angesicht zu Angesicht mit sich selbst: ein Bild aus dem 2. Akt der »Walküre« in Chéreaus »Ring«-Inszenierung.

RICHARD-WAGNER-DENKMAL
VON GUSTAV EBERLEIN, BERLIN 1903
Wie die Deutschen den Ruhm zu bilden pflegen, jedenfalls den Ruhm des Mannes – aber die Denkmäler sind so falsch wie der Gegenstand, den sie abzubilden vorgeben.

II.
KAPITEL

Irrwege zu Kraft und Schönheit

Richard Wagner
und seine Männer

Tristans Ehre –
höchste Treu':
Tristans Elend –
kühnster Trotz.

Tristan und Isolde,
1. Aufzug, 5. Szene

»Das ›ewig Weibliche‹ wird besprochen, R. meint aber, die Frauen würden sich nicht in dieser Weise hervortun, wenn die Männer nicht erbärmlich wären.« Der alte Wagner hat das gesagt, nicht lange vor seinem Tod. Die Bemerkung komprimiert seine Lebensansichten zu diesem Thema. Und die heißen:

1. Die gegenwärtigen Männer sind schlecht.
2. Deshalb ist notwendig auch die Haltung der Frauen falsch.
3. Männern und Frauen kommt in Wahrheit eine andere Rolle zu, als beide sie historisch und aktuell spielen.
4. Wären die Männer »gut«, wäre alles bald in Ordnung.

Immer bezieht Wagner beide Geschlechter aufeinander, sie sind der Maßstab füreinander; wenn er von den Männern redet, dann selten ohne auch die Frauen zu erwähnen. Schwer also und ein bißchen künstlich, beide getrennt zu behandeln. Aber wie die aufgezählten Ansichten zeigen, kennt Wagner doch eine Art Stufenleiter: ausgehend vom handelnden Mann über die duldende Frau zum gemeinsamen Leben in idealer Ergänzung. Da mag es denn doch der Einfachheit halber erlaubt sein, das nacheinander darzustellen – die Männer zunächst, die gesellschaftlich Aktiven also in Wagners Welt und in Wagners Werk.

»Männertaten
umdämmern mir den Mut«,

sagt Erda, als Wotan sie ratsuchend aus ihrer Weisheits-Höhle hervorzieht am Beginn des dritten »Siegfried«-Akts – verhaltene und doch deutliche Kritik am männlichen Handeln, das das Wirken der Weisheit nicht gerade begünstigt: immer müssen diese Männer etwas »tun«, aktivistisch die Weltgeschichte hin und her bewegen, statt einfach einmal still zu sein, zuzuhören, auf die Frauen (zum Beispiel) zu hören, vor allem aber in sich selbst hinein zu lauschen, damit sie ihre eigenen Bedürfnisse wahrnehmen und nicht lautstark übertönen. In einem Gespräch über ein Märchen aus »Tausendundeine Nacht« bemerkt Wagner, der Mann nehme »sich darin nicht gut aus«, und Cosima weiß auch gleich, warum: »Es wird immer eine Heldentat seinerseits vorangeschickt, durch welche er diese Hingebung der Frauen verdient.«

Die Taten also, die man von ihm verlangt, bestimmen seine Rolle, und *daß* man sie von ihm verlangt, macht ihn offenbar gar nicht glücklich. Aber wer ist »man«? Die Gesellschaft? Er selbst? Die Frauen? Letztere, so Wagner, jedenfalls nicht. Also er selbst, befangen in Irrtümern, die unbegreiflich sind, blickt man nur genauer hin.

In der Schlußszene des zweiten »Meistersinger«-Akts hat Wagner das groteske Mißverhältnis von äußerem Anlaß und männlichem Handlungs-Zwang in den kurzen Dialogen Walthers und Evas dargestellt, die in die Auseinandersetzung zwischen Sachs und Beckmesser eingestreut sind. Eva hat ihre liebe Not, den Ritter von seinen permanenten Rauf-Gelüsten abzubringen:

»WALTHER: und ich ertrüg' es, sollt' es nicht wagen,
gradaus tüchtig dreinzuschlagen?
(Man hört den starken Ruf eines Nachtwächterhornes. Walther legt mit emphatischer Gebärde die Hand an sein Schwert und starrt wild vor sich hin.)
Ha! . . .
EVA: (faßt ihn besänftigend bei der Hand)
Geliebter, spare den Zorn!
's war nur des Nachtwächters Horn. – . . .
WALTHER: Nun denn: durch die Gasse!
EVA: Der Schuster muß erst vom Fenster fort.
WALTHER: Ich zwing' ihn, daß er's verlasse.
EVA: Zeig' dich ihm nicht: er kennt dich!
WALTHER: Der Schuster?
EVA: 's ist Sachs!
WALTHER: Hans Sachs? Mein Freund?
EVA: Glaub's nicht!
Von dir zu sagen Übles nur wußt' er.
WALTHER: Wie, Sachs? Auch er? – Ich lösch' ihm das Licht! . . .
EVA: (Walther zurückhaltend).
Tu's nicht! . . .
WALTHER: Der Merker! Er? in meiner Gewalt?
Drauf zu! Den Lungrer mach' ich kalt!
EVA: Um Gott, so hör'! Willst du den Vater wecken?
Er singt ein Lied, dann zieht er ab.
Laß dort uns im Gebüsch verstecken. –
Was mit den Männern ich Müh' doch hab'! . . .
Mich schmerzt das Lied, ich weiß nicht wie! –
O fort, laß uns fliehen!
WALTHER: (das Schwert halb ziehend).
Nun denn: mit dem Schwert!
EVA: Nicht doch! Ach halt!
WALTHER: Kaum wär' er's wert!
EVA: Ja, besser Geduld! O lieber Mann!
Daß ich so Not dir machen kann!«

Aber nicht sie macht ihm »Not«, sondern er ihr, sich selbst und aller Welt mit seinem männlichen Getue, während es doch völlig genügen würde, sich ruhig im Gebüsch zu verstecken, um den gewünschten Erfolg zu erzielen. Wagners Ironie gegenüber Walther war auch eine schmerzliche gegen sich selbst. Mit Rührung liest man einen Satz voller Resignation – gesprochen am Beginn der Arbeit an der »Götterdämmerungs«-Partitur: »unsereiner muß immer erhaben sein«.

»Unsereiner«: das sind wir alle – wir Wagners, auch wenn wir nicht so schöne Opern komponieren, die das alles ausdrücken. Aber selbst dann: Männer bleiben wir allzumal. Auch Wagner ist natürlich einer geblieben. Jedoch immerhin einer, der gelernt und weitgehend verstanden hat, wovon er redete.

1.

Die großen Herren

Der wilde Walther gehört zu den besseren Kreisen, er ist von Adel, der Nürnberger Handwerker-Gesellschaft gegenüber ein großer Herr. Und die besonders sind es, auf deren Konto für Wagner die schlimme Rolle des Mannes geht. Sie sind seine eigentlichen Negativ-Figuren. Von Anbeginn – schon seit der Jugendoper »Das Liebesverbot« – tragen sie im besten Fall komische Züge, solche der Begriffsstutzigkeit und der Hilflosigkeit. Im schlimmeren Fall verursachen sie alles Übel. Höhepunkt: der »Ring«; der Kern der Botschaft, die der Zyklus übermittelt, ist in aller Einfachheit: die großen Mächtigen sind schuld am Untergang der Welt.

Unzählige Äußerungen Wagners, vor allem im politisch sicheren privaten Bereich, belegen diese Haltung, die so gar nichts zu tun hat mit dem auch in Bayreuth dann offiziell gepflegten Heroenkult. Seine Verdikte treffen die hehrsten Helden des deutschen Nationalbewußtseins – ein Glück für die rechten Wagner-Fanatiker, daß so etwas erst 1976 aus Cosimas Tagebüchern ans Licht kam.

Über Bismarck zum Beispiel muß Wagner ganz furchtbare Dinge geäußert haben; denn als Cosima einmal Richards Ausspruch notiert: »ich schäme mich, daß so viele gegen mich recht behielten und wußten, daß ein pommerscher Junker die Kultur Deutschlands nicht verstehen würde«, da schreibt sie an den Rand: »nicht ganz so wörtlich, verlor die Fassung«. Man darf annehmen, daß der Satz in Wirklichkeit noch viel schärfer war.

Vom alten Fritz heißt es: »R. sagt, es werde ihm förmlich Fr. d. Große zuwider, daß er die preußische Monarchie gegründet, von welcher so viel Elend auf uns gekommen. Auch sei er nur individuell begreiflich interessant, sonst eine Art Karikatur!« Ein späterer Leser des Originals hat versucht, die Stelle mit Tinte unkenntlich zu machen. Auch sein gerade regierender Nachfolger, das Heldendenkmal Wilhelm I., bleibt nicht verschont: »Er schäme sich ..., daß er von Menschen wie diesen deutschen Fürsten, diesem Kaiser etwas erwartet habe; ›sieh ihn dir nur an‹.« Die »Schlechtigkeit der deutschen Fürsten« ist ihm schon aufgegangen, als er im Reichsgründungsjahr 1871 bei Gustav Freytag über die Zeit der Freiheitskriege las, »immer wieder sich erfreuend an dem deutschen Volk«.

Erst recht unten durch sind für ihn exotische Despoten wie der russische Zar. Als der einem Attentat zum Opfer fällt, sagt Wagner, »die Dummheit wäre hier getroffen worden; als Dramatiker interessierten ihn die Mörder«. Ein paar Tage später entspinnt sich über diesen Gegenstand eine aufschlußreiche Kontroverse zwischen Richard und der staatsfrommen Cosima. In ihrer wie immer fairen Wiedergabe liest sich das so: »leider erregt meine Äußerung, daß die Nihilisten dem Volke ferner stünden als wie der Zar, sein heftiges Mißfallen. Wie ich meine, daß diese Verschwörer keine Berechtigung hätten, im Namen der Bauern aufzutreten, ruft R. aus: ›Berechtigung! Hat denn der Zar Berechtigung? Hier handelt es sich um Kräfte ...; seitens der Herrschenden gibt es keine Kraft, seitens dieser Verschwörer aber eine.‹«

Wagners verachtungsvolles Verhältnis zu den Herren seiner Zeit ist besonders pikant, wo es sich auf den König von Bayern bezieht. Dieser Jüngling Ludwig war schließlich nicht nur sein mächtiger Gönner und Finanzier, sondern er schwärmte ihn auch regelrecht an. Wagner hatte diese Inbrunst in der gebührenden Form zu erwidern, und er tat es. Die Tagebücher bezeugen, welche Qualen das hervorrief. Denn nach einem sehr kurzen ernsthaften Frühling ihrer Beziehung hatte Wagner schnell erkannt, wie es um Ludwig bestellt war. Er bedient ihn zwar weiterhin mit hymnischen Ergüssen, aber Cosima hält gleichzeitig fest, »wie seltsam das Schicksal, das gerade *diesen* unfähigen König so begeistert für R.'s Werke macht, wie seltsam schrecklich!« Mit einem »Phantasten« setzt er ihn auch gleich, einem »Crétin«, und offen sprechen sie davon, daß Wagner aus politischen Gründen gezwungen war, Ludwigs Vorgänger zu »idealisieren«, obwohl sie »falsche Gebilde« gewesen seien.

Warum dieser Schwindel stattfindet, diese eingestandene Heuchelei, ist klar. Wagner hat es selbst offen genug formuliert: »Bei Gelegenheit des Königs sagt er von den Fürsten, daß man eigentlich mit ihnen allen umgehen müsse wie mit Wahnsinnigen, dies und jenes im Gespräch vermeiden.« Denn er brauchte sie, weil sein Erfolg von ihnen abhängig war. Wagners Einsicht in diese Verflechtung hat gelegentlich etwas Zynisches, aber solcher Zynismus gewährleistet gerade Ehrlichkeit: »man schämt sich, mit diesen Räubern zu tun zu haben, welche die Welt organisieren.«

Zwei Monate vor dem Tod ist das eine deprimierende Feststellung; denn in der Tat: er hatte mit ihnen zu tun, die er sonst so sehr verachtete und denen er alles Böse zutraute. Aber er war selbst auch nicht frei davon – kein Wunder –, sich so wie sie zu verhalten. Cosima: »Abends hatten wir eine andre Tisch-Ordnung, R. wünschte nicht in der Mitte und mir gegenüber, sondern am Ende neben mir zu sitzen, wir machen es nach seinem Wunsch, aber es mißfällt ihm, und er will wieder als unser König in die Mitte kommen.« Irgendwie wäre er eben doch gern so etwas gewesen, ein König, ein Gleicher, dem Gleiche eine angemessene Behandlung schulden. Klage nach den ersten Bayreuther Festspielen: »Nicht eine von den Fürstlichkeiten, nachdem sie Orden an alle Ausübende verteilt, hat R. gefragt, was für ihn zu tun sei, wie ihn zu unterstützen oder [ihm] beizustehen!«

Peter Cornelius, gar kein schlechter Komponist für diese Zeit (»Der Barbier von Bagdad«) und doch oder vielleicht gerade deshalb von Wagner als Verehrer und Bewunderer brutal ausgenutzt, hat seinem Tagebuch anvertraut, wie den großen Herren entsetzlich ähnlich Wagner sich benahm, sogar als er noch ohne deren Protektion war: »Er braucht die Menschen nur für sich, ohne ihnen im Herzen etwas zu sein, ohne ihnen den Zoll reiner Pietät dafür zu geben. Er hat sich innerlich zu sehr darauf gerichtet, daß seine geistige Größe alle sittlichen Schwächen decken soll und ich fürchte, die Nachwelt nimmt es genauer.«

Die Nachwelt hat es lange genug nicht sehr viel genauer genommen. Sie hat sich zum Beispiel an den Wagnerschen Satz gehalten, in seinem Wotan erkenne er »den rechten Gott der Arier«, und an ein Mißverständnis seines gesamten Werks, das höchstens in frühesten Formen, in den abgestandenen Resten der »Großen Oper«, die Weltgeschichte betrachtet als ein Produkt der Aktivität einzelner Helden. Im ganzen übrigen jedoch sind Wagners Geschichten von großen Herren Geschichten der Hilflosigkeit und des Scheiterns. Das gilt schon für den Volkstribunen Rienzi und davor für den lächerlichen Statthalter des »Liebesverbots«, dann für den »Tannhäuser«-Landgrafen, für »Lohengrins« König Heinrich und für »Tristans« König Marke, für den Gibichungen-König Gunther in der »Götterdämmerung«, zuletzt auch für die Gralskönige Titurel und Amfortas im »Parsifal«. Ganz und gar gilt das für den Obergott Wotan, der ja nichts anderes ist als ein symbolischer Weltenkönig. Daß er der »rechte Gott der Arier« sei, ist kein würdevolles Kompliment (wie törichte Nationalisten es wohl verstanden haben), sondern ein boshaft ironischer Spruch, der Wotan so sehr trifft wie die »Arier«: beide passen gut zusammen, ein Gewaltherrscher hat da sein gewalttätiges Volk gefunden.

Auch eine hierarichische Stufe tiefer geht es nicht glücklicher zu: alle die Schiffskapitäne, Ritter, Edlen, Helden, Göttersöhne und -enkel, die Wagners Bühne bevölkern, leiden an vielfältigen Defekten, sie sind verflucht, verlassen, ausgestoßen, verwundet, verwaist, verraten, voller Sehnsucht und ohne Hoffnung. Wagner hat gewußt, wovon er dabei redet: von sich nämlich. Denn immer wieder hat er sich mit ihnen verglichen und Analogien hergestellt, hinter denen sich Abgründe auftun, auch dann, wenn der Wortlaut scheinbar Glück bezeichnet. Der Unterschied zwischen Wotan und Siegfried sei, daß Wotan Minna geheiratet habe (Wagners erste Frau) und Siegfried Cosima, sagt er einmal zu dieser, und die freut sich. Drei Tage davor hat er versucht, den knapp dreijährigen Sohn Siegfried auf einen anderen Weg zu lenken, auf einen menschlicheren: »›Du wirst ein Doktor, so gescheit bist du.‹ ›Nei Kaiser‹, antwortet Fidi.«

Am Sohn wiederholt sich, was schon dem Vater als Lebensplan vor Augen stand, und dem ist er mit monomanischer Energie nachgelaufen, bis er ihn erfüllt hatte – aber um welchen Preis? »R. kommt häufig an mein Bett und erzählt unter andrem, wie in der Jugend doch immer seit der frühesten Kindheit ... [in ihm] der Gedanke gelebt hätte, nur etwas Großes zu sein; ... und wie er den Rienzi und den Fliegenden Holländer geschrieben hatte, frug er sich mit Zweifel, wirst du wirklich zu den auserwählten Großen gehören. Dieses Gefühl sei immer mehr geschwunden, er könne sich aber denken, daß bei gewissen Menschen es anhaltend bleibe und sie zu allem, selbst ohne Beruf, triebe: nur keine Null sein.«

Seine Geschichten setzen die Großen seit langem ins Unrecht; Erlösung geschieht da auf ganz andere Weise als durch herkömmliche Heldentaten: nämlich durch Gesetzesbruch (»Tristan und Isolde«), durch Überredung (»Meistersinger«), durch weibliche Verweigerung (»Ring«), durch unmännliche Reinheit (»Parsifal«). An einem zeitgenössischen Roman, den er gerade liest und der das Schicksal des mexikanischen Kaiserpaars behandelt, kritisiert Wagner denn auch diese konventionelle Fixierung auf die Großen: »es fehlt diesen gräßlichen Katastrophen doch die wahre Tragik, Szepter und Kronen, um die es sich dabei handelt, sind keine ewigen Dinge, und wenn der Mensch dafür noch so sehr in's Unglück kommt, so läßt es uns im Grunde kalt.«

Was uns nicht kalt läßt, das ist eben das »ewige Ding« des Menschlichen und nicht die Pseudo-Tragik der Großen Oper und des »historischen« Romans. Im Abschieds-Terzett der Mozartschen »Zauberflöte« »wie überhaupt im ganzen Sarastro« rühmt Wagner »den Ton einer männlichen Würde und Gemütlichkeit«. Und wenn man über die Bewertung des Beispiels auch streiten mag – was er damit meint, ist deutlich: hier ist ein großer Herr Mensch geworden, ein Mann hat sich vom unangenehm »Männlichen« befreit: »In seiner Jugend habe ihm dieses Scheidetrio als das allerseligste geklungen, wehmütig und trostreich zugleich.«

Doch vor das Ziel haben die Götter noch manche Hürde gesetzt. Es ist ein weiter und schwieriger Weg, den Mann von seiner Herren- und Heldenrolle zu befreien. Wagner ist diesen Weg in seinem Werk gegangen, weil er in seinem Leben genug Erfahrungen gesammelt hatte mit seinem eigenen Dasein als Mann. Und die waren ziemlich schlimm.

2.
Männerkrankheiten

»*Anfortas,* der Hüter des Grals, siecht an einer unheilbaren Speerwunde, die er in einem geheimnissvollen Liebesabenteuer empfangen.« So beginnt 1865 der erste Prosa-Entwurf zu »Parsifal«. Wir haben gesehen, wie wenig »geheimnisvoll« dieses Liebesabenteuer war und was die unheilbare Wunde ausmacht: Kastration oder zumindest doch fast dies, auch wenn nur von einer Wunde in der »Seite« die Rede ist (wäre sie wirklich dort, sie müßte wohl leichter heilbar sein).

Als Wagner über ein Jahrzehnt später aus dem alten Entwurf Verse zum Komponieren machte, schmolz die im Prosatext sehr ausführlich und eindeutig dargestellte Selbstverstümmelung Klingsors, die wiederum die Voraussetzung für die ganze Geschichte mit Amfortas ist, auf zwei Zeilen zusammen:

»Ohnmächtig, in sich selbst die Sünde zu ertöten,
an sich legt er die Frevlerhand«.

Vor der Öffentlichkeit wollte Wagner wohl nicht mehr so offen von der Krankheit sprechen, die des Mannes schlimmste ist, die Krankheit zum Tode geradezu, zum Tod des Mannes als Mann. Doch nie ist Wagner der Ausdruck der Qual, des unstillbaren Schmerzes eindringlicher gelungen als in den Versen des leidenden Amfortas im ersten »Parsifal«-Akt und nie eine schmerzlicher fließende Musik: Klage um den Verlust männlicher Kraft.

Es ist bezeichnend, daß die Heilung nur durch ein anderes Phallus-Symbol bewirkt werden kann:

»Nur eine Waffe taugt: –
die Wunde schließt
der Speer nur, der sie schlug.«

Und nachdem Parsifal des Amfortas Wunde mit dem Speer berührt und geschlossen hat, fließt Blut aus der Waffe: »heil'ges Blut« natürlich, aber es ist doch auch eine Art Verwundungsaustausch: die Summe der Männerkrankheiten bleibt konstant. Hat vielleicht Parsifal damit sich selbst verletzt, sich (seinem Speer) die Wunde eingehandelt? Sehr dunkel ist das, erst recht, wenn der Chor darauf die rätselhaften Worte singt (die sich ja nur auf Parsifal beziehen können): »Erlösung dem Erlöser!« Hat er die nun selbst nötig? Ist das die Folge seiner Weigerung, Kundrys Verführung nachzugeben? Eine Weigerung, die ihn zunächst stark macht, Klingsor bezwingen und den Speer erobern läßt, mit dem er wiederum Amfortas heilen kann.

Das also hieße dann: Parsifals Verzicht auf sexuellen Genuß, *seine* Selbst-Kastration, macht ihn zwar »rein« und zu allerlei »Gutem« fähig, ist aber schließlich doch auch eine Verletzung, eine Krankheit, die wieder der Erlösung bedürfte.

Zugegeben: Wagner hat das nicht so dargestellt; auf der Oberfläche des Stücks spielt eine ganz andere Handlung, nämlich die Erlösung eines Schuldigen durch Mitleid. Aber unter der Haut fließt doch viel Blut. Und ob es nun lebensspendend aus dem Gral strömt oder in der Wunde des Sünders tobt: es bleibt immer Blut. Daß die Sexualität, vor allem die des Mannes, krank macht, sagt die Oper deutlich genug; doch am Ende sagt sie möglicherweise eben auch, daß ohne diese Krankheit leben zu müssen selbst eine Krankheit ist.

Martin Gregor-Dellin hat bezweifelt, daß Wagner »unter einem Fluch des Sexus litt«: »Es hat der ungelenkte Trieb ihn bestenfalls irritiert.« Mag sein. Man muß nicht um Worte streiten. Jedenfalls litt Wagner sein Leben lang an Krankheiten, die seine Sexualität entschieden berührten. Schon das Kind, schwächlich und körperlich unproportioniert, hatte einen »hartnäckigen Hautausschlag, der periodisch wiederkehrte und sich gelegentlich zur Gesichtsrose verschlimmerte.« Das Leiden behielt er immer, bis ins hohe Alter. Seit dem ersten Aufenthalt in Paris (1839–42) kamen »Unterleibsbeschwerden« hinzu, die er jahrzehntelang durch Badekuren bekämpfte. Erfolglos: sein venezianischer Hausarzt führte den tödlichen Anfall auf »qualvolle Störungen in der Herzaction« zurück, »sowohl durch directe mechanische Beengung des Brustraumes in Folge der massenhaften Gasentwicklung in Magen und Gedärmen, als durch Reflex von den Magen- auf die Herznerven«.

Wagner hat sich über dieses »Leiden zum Tode« verständlicherweise nicht präzise geäußert, und nach dem Zeugnis dieses letzten Arztes scheint es sich vor allem um Verdauungsstörungen gehandelt zu haben. Aber wo Wagner davon spricht, geschieht das mit dem Ausdruck wütender Verachtung. Für ihn waren es gewiß nicht nur Blähungen, sondern erniedrigendste Einschränkungen der männlichen Potenz. Zum ersten Mal erwähnt er die Krankheit in einem Brief an die Schwester Cäcilie Avenarius: »Hämorrhoidal-Leiden haben sich bei mir auf das Heftigste eingestellt; mein Unterleib ist gänzlich ruinirt u. ewiges Unbehaglichfühlen u. Andrang des Blutes nach dem Kopfe ist davon die Folge.«

Acht Jahre später – Wagner macht gerade eine seiner Kuren in der schweizerischen »Wasserheilanstalt« Albisbrunn – knüpft er sein Leiden schon mit dem Zustand der Welt zusammen. An Franz Liszt: »wahrlich, diese ganzen Schmarotzergewüchse unsres heutigen Lebens haben keinen andren Grund und Boden, aus dem sie wachsen, als – unsre ruinirten Unterleibe! Ach! wollte und könnte mich jeder verstehen, dem ich dieß – fast lächerlich klingende – und doch so entsetzlich wahre Wort zurufe! – –«

Noch einmal zwölf Jahre später drückt er es der Freundin Mathilde Maier gegenüber noch »symbolischer« aus – schließlich versuchte er um diese Zeit sie zu überreden, als Geliebte oder Frau oder Haushälterin oder als das alles zusammen zu ihm zu ziehen: »Mein Unterleibsleiden verstimmt mich immer mehr u. meine Verstimmung verschlimmert wieder mein körperliches Leiden, wo, so physisch es endlich quält, Alles doch wieder seinen metaphysischen Grund deutlich erkennen läßt. –«

Schlichter kann man es nicht sagen: diese Krankheit ist kein Fall für die Medizin, sondern für die Psychologie. Sie hat ihren Ursprung nicht im Darm oder im After, sondern in den Anforderungen, denen der Mann in dieser Potenz-Gesellschaft ausgesetzt ist und die er zu erfüllen hat, will er erwartungsgemäß mithalten. Natürlich tabuisiert die Gesellschaft gerade die Zonen, in denen der Körper sich für das überspannte Verlangen rächt: darüber darf nicht gesprochen werden, das ist unrein. Wagners Hilferuf gleichsam in dem Brief an Liszt ist ein Schrei gegen dieses Tabu: »entsetzlich wahr« sei es, daß alles Unheil aus dem Unterleib stamme, aber das auszusprechen werde als lächerlich empfunden. Alle sagen: das sei doch eine zu bescheidene Erklärung, und doch sei es die einzig richtige. Der Leidensdruck aus dem Unterleib und aus der Gesellschaft ist derselbe.

Aber der Anpassungszwang an die Vergötzung des sauberen Unterleibs durch die männerbestimmte Gesellschaft ist zu stark, und er führt konsequent zu Verdrängungen, die Wagners Leben rundum geprägt haben. Statt sich auf seinen Körper mit all seinen Nöten einzulassen und daraus zu erfahren, was er braucht, bekämpft er die Nöte, die Symptome. Als er dem väterlichen Dresdner Freund Wilhelm Fischer mitteilt, er wolle bald mit der Komposition der damals vorgesehenen

Siegfried-Teile des »Rings« beginnen, da fügt er hinzu: »Zuvor aber bin ich entschlossen, mich vollkommen gesund zu machen, damit ich auch eine recht gesunde Musik schreibe. Ich gehe zu diesem Zwecke am 15ten dieses in eine nahe gelegene Wasserheilanstalt: dort will ich mir meinen Unterleib reinwaschen, wie ich mir jetzt mit meinen schriftstellerischen Arbeiten den Kopf reingewaschen habe.«

Kein Wunder, daß das nichts half. Es dauerte noch zwei Jahre, bis ihm der erste Einfall zur »Ring«-Musik kam, als er von Durchfall und Seekrankheit erschöpft in einem Hotel in La Spezia lag. »Recht gesunde Musik« ist das dann ja auch nicht geworden.

Was Wagner sich angetan hat, seinem Körper angetan hat, bis er zum Schluß »viele und starke Arzneimittel ... in großen Mengen durcheinander« fraß, das ist natürlich nicht von ihm erfundene selbstzerstörerische Grausamkeit, das hat man ihm anerzogen – und allen Männern seiner Zeit und früherer Zeiten und späterer Zeiten. Er hat das kaum gewußt, aber doch – verständnislos – preisgegeben in knappen Berichten über die Ängste seiner Jugend: »Die Erregungen des Grausens und der Gespensterfurcht bilden einen ganz besonderen Faktor der Entwicklung meines Gemütslebens. Von zartester Kindheit an übten gewisse unerklärliche und unheimliche Vorgänge auf mich einen übermäßigen Eindruck aus; ich entsinne mich, vor leblosen Gegenständen als Möbeln, wenn ich länger im Zimmer allein war und meine Aufmerksamkeit darauf heftete, plötzlich aus Furcht laut aufgeschrien zu haben, weil sie mir belebt schienen. Keine Nacht verging bis in meine spätesten Knabenjahre, ohne daß ich aus irgendeinem Gespenstertraum mit fürchterlichem Geschrei erwachte ... Das heftigste Schelten, ja selbst körperliche Züchtigung erschienen mir dann als erlösende Wohltaten.«

Keinem Kind fällt so etwas von selbst ein: die Angst können ihm nur gefühllose Erwachsene beigebracht haben, und ihre Reaktion auf die Reaktion des Kindes treibt die Gefühllosigkeit zum äußersten: »körperliche Züchtigung«. Daß die als vergleichsweise harmlos angesehen wird, ja als Wohltat, vermag zu erklären, warum der Erwachsene (der *Erwachsene?)* später genau so mit sich umgeht: als Flagellant des unbotmäßigen Körpers.

Eine ganz ähnliche Jugenderinnerung stellt den Bezug der Ängste zu den frühen sexuellen Verbiegungen des Mannes her. Der neunjährige Wagner lebt für ein paar Tage bei Onkel und Tante und genießt deren altertümlich-prunkvolle Wohnung. Und dann kommt die Geschichte: »Nur an einem Schmuck dieser Räume hatte ich sehr zu leiden: das waren die verschiedenen Porträts, namentlich der vornehmen Damen im Reifrock mit jugendlichen Gesichtern und weißen (gepuderten) Haaren. Diese kamen mir durchaus als gespenstige Wesen vor, die mir, wenn ich allein im Zimmer war, lebendig zu werden schienen und mich mit höchster Furcht erfüllten. Das einsame Schlafen in einem solchen abgelegenen großen Gemach, in dem altertümlichen Prachtbett, in der Nähe eines solchen unheimlichen Bildes, war mir entsetzlich; zwar suchte ich vor der Tante, wenn sie mich des Abends mit einem Licht zu Bett brachte, meine Furcht zu verbergen; doch verging nie eine Nacht, ohne daß ich in Angstschweiß gebadet den schrecklichsten Gespenster-Visionen ausgesetzt war.«

So entstehen Neurosen: Angst – Zwang zur Verdrängung – Fixierung an den Gegenstand, an den die Angst sich ursprünglich geheftet hatte: die vornehmen Damen, die alterslos sind (jugendliche Gesichter und weiße Haare), also für jegliche Frau einstehen. Und das »namentlich« enthüllt verschämt, daß es nur um *sie* ging, die Frauen, nicht um irgendwelche alten Gemälde.

Da hat der künftige Mann schon seinen Knacks weg. Und er gibt ihn weiter. Mit zwanzig spannt er einem Würzburger Musiker die Verlobte aus: »Daß der Bräutigam beim Gewahrwerden der zärtlichen Unbefangenheiten, welche Friederike mir zuwendete, sich traurig aber nicht eigentlich verhindernd in sein Los fügte, erweckte mir zum ersten Male in meinem Leben ein schmeichelhaftes Selbstgefühl.« Das Motiv tritt hier zum ersten Mal in Wagners Leben auf, und es wird dafür und für das Werk noch eine erhebliche Bedeutung erhalten: einem anderen Mann die Frau wegnehmen. Freud hat die »Bedingung des ›Geschädigten Dritten‹« später als sexualpsychotischen Defekt beschrieben.

Als Cosima einmal an Richard rühmt, »er sei der einzige Mann, der Liebe eines Weibes verdiene, er sei treu und zart, er glaube an die Liebe« – was ja nun für Wagner über lange Strecken seines Lebens ganz und gar nicht gilt, nicht einmal für seine Beziehung zu Cosima, aber da immerhin am ehesten –, da sagt er: »Den meisten Männern fehlt die Sammlung. Dadurch sind sie zynisch.« Der Satz enthält eine Menge Selbstkritik, denn zynisch war auch er, in vielerlei Zusammenhängen, und »Sammlung« hat er Frauen gegenüber kaum gekannt. Er war und blieb der Mann, dem man frühzeitig die Stärken beigebracht hatte, die seine Krankheiten sind. Aber nachdenklich hat er sie sich doch spät ins Bewußtsein gehoben. Auf Cosimas Frage, »ob er meine, daß ein jeder Knabe eine wilde wüste Jugendzeit haben müsse« (Sohn Siegfried ist gerade acht Wochen alt), da antwortet er: »Ja, schon um der heilsamen Sehnsucht willen, wieder zu sich zu kommen ... Freilich braucht diese Periode nicht so kleinlich wie bei mir auszufallen«.

Eine Bestätigung für Cosimas Frage und eine umständliche Distanzierung zugleich. Denn die Sehnsucht, zu sich zu kommen, ist wohl das genaue Gegenteil dessen, was mit »wilder wüster Jugendzeit« gemeint ist. Irgendwo wußte er, daß gerade eine solche Jugend und die aus ihr angeblich zu gewinnende »Stärke« dem Mann nicht zum Guten ausschlägt, sondern ihn krank macht an Körper und Seele. Ihm wird abverlangt, was er nicht leisten kann: immer ohne Zögern alles zu wissen, alles zu können, alles richtig zu machen. Das muß ja auf den Magen schlagen. In einem Brief an Theodor Uhlig, den besten Freund seiner mittleren Jahre, klagt Wagner denn auch einmal über die »unbeirrbaren« Männer und fährt fort voller Hohn: »O die *starken* Männer! die schwachen frauen sind allerdings leichter zu beirren. –«

Da sind sie wieder, die Opfer der Männerkrankheiten: die Frauen. »Für euch ist die Sehnsucht zum Edeln der Quell vieles Ekeln«, sagt er einmal zu Cosima, als die ihn darauf hinweist, »wie viele Männer den Frauen bloß durch Unsauberkeit unerträglich sein müssen«. Am Tag darauf dichtet er dann die Verse über den Hand an sich legenden Klingsor. Da geht der zuvor ganz hygienisch-äußerlich gemeinte Begriff der Unsauberkeit ins Metaphysische über: »Ohmächtig, in sich selbst die Sünde zu ertöten . . .« Und das folgende »an sich legt er die Frevlerhand« bedeutet zwar Klingsors Selbstentmannung, die absichtsvoll undeutliche Formulierung läßt jedoch auch an eine andere Handlung denken: Onanie.

Das ist eines der männlichen Groß-Tabus in Wagners Zeit, herüberreichend bis in unsere Tage, gesellschaftlich viel stärker geächtet als etwa außerehelicher Geschlechtsverkehr, selbst als Homosexualität. Onanie ist geradezu der Inbegriff von Unsauberkeit und von Schwäche, wird verantwortlich gemacht für körperliche Krankheiten und für geistige Umnachtungen. Wagner, der den Fetischismus der Stärke und seine Tabus immer akzeptierte, obwohl er sie längst durchschaut hatte, war gerade in diesem sexuellen Bezirk besonders empfindlich, was auf verständliche eigene Nöte hindeutet. Seine Übernahme des Onanie-Tabus geht so weit, daß er es in zwei Fällen sogar zur rücksichtslosen Diffamierung von Freunden verwendet.

Der junge Karl Ritter, Sohn der mütterlichen Mäzenin Julie Ritter, war einer von Wagners ersten glühenden Verehrern. Im Zürcher Exil lebte er einige Zeit mit Wagner zusammen. Er war auch einer der ersten, den Wagner ohne Hemmungen für seine Zwecke ausnutzte: Ritter hatte den Sekretär zu spielen, den Boten und vor allem den Anbeter. Das ging lange gut, aber doch nicht immer. Und da läßt Wagner ihn sofort fallen. In einem Brief an Uhlig attackiert er den damals 22jährigen Ritter, weil der sich ihm nicht mehr fügen wolle. Die Erklärung für dieses unerhörte Sakrileg liefert er gleich mit: »allein er ist – *Onanist!*«

Wagner hat diesen Tiefschlag, der den Getroffenen als »Mann« unmöglich machte, Jahre später einem anderen Freund gegenüber wiederholt: Friedrich Nietzsche. Nietzsche war wegen starker Augen- und Kopfschmerzen von dem Frankfurter Arzt Dr. Eiser untersucht worden, und der ließ Wagner seine Ergebnisse wissen. Wagner antwortet: »Ich trage mich, für die Beurteilung des Zustandes N.'s, seit lange mit den Erinnerungen von gleichen und sehr ähnlichen Erfahrungen, welche ich an jungen Männern von großer Geistesbegabung machte. Diese sah ich an ähnlichen Symptomen zu Grunde gehen, und erfuhr nur zu bestimmt, daß Folgen der Onanie vorlagen. Seitdem ich N., von jenen Erfahrungen geleitet, näher beobachtete, ist an allen seinen Temperamentszügen und charakteristischen Gewohnheiten meine Befürchtung zu einer Überzeugung geworden.«

Dr. Eiser konnte das aus seiner Untersuchung zwar nicht bestätigen; aber seine eigene Verehrung für Wagner brachte ihn dazu, sich in seinem Antwortbrief dessen Diagnose zu eigen zu machen und gleich noch ein paar Details aus Nietzsches Sexualleben (und -leiden) mitzuliefern: dessen jugendliche Tripper-Infektion und jüngste Dirnen-Erlebnisse. Der Briefwechsel, auf beiden Seiten unerhört indiskret, wurde Nietzsche ein paar Jahre später bekannt, und Gregor-Dellin vermutet darin sogar den tiefsten Grund für Nietzsches haßvolle Abkehr von Wagner.

Der Onanie-Komplex führt zurück zum Anfang: zum Problem des Mannes mit seinem Glied. In der Schlußszene der »Meistersinger« hat Wagner – wohl kaum bewußt (oder vielleicht doch?) – in vielfachen verbalen Anspielungen diesen Ursprung aller Männerkrankheiten thematisiert. Beckmesser, der gealterte Junggeselle (Hagestolz nannte man das früher), wirbt im Preisgesang vor allem Volk um die Hand Evas, die ihn natürlich nicht will. Sein Wettbewerbslied hat er bei Hans Sachs mitgenommen, im Glauben, es handle sich um ein Gedicht des angesehensten der Meistersinger und verspreche deshalb den Sieg. Tatsächlich aber ist es die von Sachs mitgeschriebene träumerische Vision des Ritters Walther, die dieser dann als Beckmessers erfolgreicher Konkurrent um Eva auf der Festwiese singen wird. Beckmesser hat den fremden Text weder verstanden noch kann er sich ihn merken, so daß sein Vortrag zu einem grotesken Nonsens-Auftritt gerät.

Doch nur scheinbar. Denn Beckmessers Lied und das, was sich drumherum tut, assoziiert in Sprache und Situation, hinter dem Oberflächen-Jux verborgen, Phallus-Symbolik. Es beginnt mit Sachsens Anrede an Beckmesser: »Herr Merker! Sagt, wie steht es? Gut?« Dann muß der Sänger auf ein Podest steigen; das ist kein Holzgerüst, wie man es in dieser Situation wohl erwarten müßte, sondern ein

»kleiner Hügel«, den die Lehrbuben »schnell von Rasenstücken ... aufgeworfen, festgerammelt und reich mit Blumen überdeckt« haben, in Wort und Bild die Beschreibung eines weiblichen Unterleibs. Die Gedankenverbindung liegt nahe – schließlich handelt es sich bei dem ganzen Vorgang darum, daß hier eine Frau als Preis ausgesetzt ist bei einem Sängerwettbewerb.

Beckmesser besteigt also diesen (Venus-)Hügel, »er strauchelt darauf, tritt unsicher und schwankt«:

»Zum Teufel! Wie wackelig! Macht das hübsch fest!
(Die Buben lachen unter sich und stopfen an dem Rasen.)«

Worauf das Volk beginnt, den Sänger für seine offensichtliche Schwäche zu verspotten, die eine Schwäche seines Penis ist:

»Er kann nicht 'mal stehn:
Wie wird's mit dem gehn? ...
Gott, ist der dumm!
Er fällt fast um! –«

Und nun kommt Beckmessers Lied, das keines Kommentars bedarf, wenn man sich seine sexuelle Bedeutung vergegenwärtigt – ein heimlicher subtiler Porno vor der Kulisse des mittelalterlichen Nürnberg:

»Morgen ich leuchte in rosigem Schein,
voll Blut und Duft
geht schnell die Luft; –
wohl bald gewonnen,
wie zerronnen, –
im Garten lud ich ein –
garstig und fein. –

Wohn' ich erträglich im selbigen Raum, –
hol' Gold und Frucht –
Bleisaft und Wucht: –
mich holt am Pranger –
der Verlanger, –
auf luft'ger Steige kaum –
häng' ich am Baum. –

Heimlich mir graut –
weil hier es munter will hergehn: –
an meiner Leiter stand ein Weib, –
sie schämt' und wollt' mich nicht besehn.

Bleich wie ein Kraut –
umfasert mir Hanf meinen Leib;
Die Augen zwinkend –
der Hund blies winkend –
was ich vor langem verzehrt, –
wie Frucht, so Holz und Pferd –
vom Leberbaum. –«

Beckmesser soll mit diesem Lied lächerlich wirken, und das tut er natürlich auch. Doch alle Veränderungen, die Wagner zu diesem Zweck an dem ursprünglichen Text Walthers vorgenommen hat, Beckmessers Mißverständnisse und Lesefehler, zielen in eine Richtung: sie bezeichnen Mannes-Nöte um sein wertvollstes Stück und Furcht vor seiner Bedrohung. Potenz-Angst als die eigentliche Männerkrankheit, Alpträume von den sexuellen Pflichten.

Als Wagner am zweiten Akt des »Parsifal« komponiert, der von Verführung handelt und von Verweigerung, fragt ihn Cosima eines Tages, ob Siegfried, der neunjährige Sohn, nicht »zu zart« sei. Darauf meint Richard, »es hindere die Energie des Charakters gar nicht, ›muß er denn ein Rüpel sein‹, und diejenigen, welche ohne diese Zartheit nur Energie hätten, seien finstere unfreie Menschen«. Da ist der Traum vom zukünftigen Mann als *Mensch,* das wichtigste Ziel: der Mann, der nicht hart sein muß an Körper und Seele, um als Mann zu gelten.

Doch die Gegenwart holt Wagner am selben Abend noch ein: »Er ermahnte sich zum Geradegehen, man habe so die Neigung, sich zu bücken, namentlich wenn man über etwas nachsänne.«

3.

Die elternlose Gesellschaft

Am Heiligen Abend des Jahres 1882 führt Wagner im venezianischen Teatro La Fenice seine C-Dur-Sinfonie auf, ein fünfzig Jahre altes Jugendwerk, vor allen Opern entstanden. Er selbst ist inzwischen fast siebzig, noch sieben Wochen hat er zu leben. An einem Probe-Abend zuvor redet er im Familienkreis voller Rührung von dem alten Stück, das nicht viel wert sei, aber ganz interessant, unausgesprochen: eben auch ein Zeugnis des kommenden Genies. Der Schwiegervater ist dabei: Franz Liszt, der große alte Klavier-Virtuose, Lebemann, Liebhaber vieler Frauen, inzwischen fromm geworden und mit den niederen Weihen eines Abbé versehen, weltläufig allemal. Beim Abendessen überwältigen Wagner alle diese Eindrücke: das Zusammensein zweier Berühmtheiten, der eine abgeklärt und voll weiser Ruhe, der andere noch immer chaotisch und im Bewußtsein seiner wenig versprechenden Anfänge. Da sagt er zu Liszt, alles, was der schreibe, »sei schön gesagt, ›das kann ich nicht‹, fügt er hinzu, ›dazu gehört Noblesse, Anstand, die habe ich nicht‹.«

Neid ist das, doch auch Wehmut, Sehnsucht nach respektabler Haltung, nach vorzeigbarer Geschichte. Dem greisen Wagner fehlte noch immer das gelassene Selbstbewußtsein, obwohl längst alle Welt sich nach ihm drängte. Wagner ist nie ganz erwachsen geworden, und das hat natürlich mit seinen Anfängen zu tun. Buchstäblich mit seinen Anfängen: als Kind.

Viele Wagner-Biographen, Nietzsche wohl als erster, haben den bemerkenswerten Umstand hervorgehoben, wie unauffällig der junge Wagner schien, ja wie unbegabt – ein nahezu einmaliger Fall in der Geschichte musikalischer Genies. Dafür ist etwas anderes um so auffälliger an dieser Kindheit: der »ständige Wechsel der Bezugspersonen«, verbunden mit ständigem Wechsel der Wohnorte.

Als Richard zwei Wochen alt ist, zieht die Familie von Leipzig ins nahe Stötteritz, den achtwöchigen Säugling nimmt seine Mutter mit zur Kur nach Teplitz, dem halbjährigen stirbt der Vater. Ein Jahr später zieht er schon wieder um: mit Mutter und Schwestern zum neuen Vater Geyer, dem Stiefvater, nach Dresden. In Wagners erstem Lebensjahr sind neben dem Vater auch die Großmutter und die vierjährige Schwester Theresia gestorben. Mit gut sieben Jahren kommt er in die Obhut eines Pastors bei Dresden, ein Jahr darauf stirbt der geliebte Stiefvater, Richard wird von dessen Bruder in Eisleben aufgenommen, dann folgt für kurze Zeit Leipzig, dann wieder Dresden: der nun fast zehnjährige besucht zum ersten Mal eine »richtige« Schule. Vier Jahre später ziehen Mutter und Schwestern nach Prag, Richard bleibt in Kost und Logis bei einer befreundeten Dresdner Familie. Nach einem Jahr vereinigt die Familie sich wieder in Leipzig, nachdem Richard eine Zeitlang sogar allein in einer möblierten Dachkammer gelebt hat.

Nun schreiben wir 1828, er ist fünfzehn, und von jetzt an genießt er mit mäßigem Erfolg eine »ordentliche« Schulbildung und – nebenbei – eine ziemlich gründliche musikalische Lehre. Aber das menschliche Chaos dieser Kindheit und ihre Irritationen sind kaum mehr gut zu machen. Schließlich handelte es sich nicht nur um ein äußerliches Durcheinander. Wagner hat später aus dieser Zeit erwähnenswert gefunden, daß man bei zwei Gelegenheiten »zärtlich« zu ihm war: einmal von seiten einer Schwester und vorher beim Tod des Stiefvaters; da sei er von Mutter und Schwestern »mit einer in der Gewohnheit meiner Familie nicht heimischen Zärtlichkeit empfangen und wieder entlassen worden«.

Das Trauma des Zärtlichkeitsmangels und des Liebesentzugs hat sich Wagner unauslöschlich eingeprägt. Es sei ihm nur darauf angekommen, »jemand zu haben, ... welchem ich nach Herzenslust mein Inneres ausschütten konnte, ohne darauf zu achten, was davon auf ihn überging«. Und daraus sei »der Typus der allergrößten Mehrzahl meiner späteren Lebensbeziehungen« zu erklären: es habe sich »nie ein dauerndes persönliches Freundesverhältnis in meinem Leben« hergestellt.

Noch in diesen fast vier Jahrzehnte später diktierten Erinnerungen zittert das Gefühl der Entbehrung nach. Wagner ist selten physisch geschlagen worden (jedenfalls findet sich kaum ein Hinweis darauf in den Quellen, die im wesentlichen seine eigenen Berichte sind), aber die harte Welt, der das Kind rücksichtslos ausgesetzt wurde, hat ihm schärfere Schmerzen zugefügt, als Ohrfeigen oder Rohrstöcke es vermögen. Die Abwesenheit von Zärtlichkeit, von mütterlicher, schwesterlicher, überhaupt: freundlicher Zuwendung verwüstet ein für alle

Mal die Körperlichkeit des kindlichen und des jungen Mannes. Abstand und Zurückhaltung heißen die Gebote der Erziehung.

Die Vater- und Mutterlosigkeit des Kindes zieht als überwältigendes Leitmotiv durch Wagners Werk. Schon das Trauerspiel »Leubald und Adelaide« des 15jährigen geht aus von einem »gemordeten Vater«. In der ersten Oper, »Die Feen«, stirbt ein königlicher Vater aus Gram um den verschwundenen Sohn, die nie erwähnte Mutter muß ohnehin schon lange tot sein. Der dramatische Knoten des »Rienzi« entsteht unter anderem aus dem Konflikt eines Sohnes zwischen der Liebe zu seiner Freundin und der Pflicht gegenüber seinem grausamen und verschwörerischen Vater. Rienzi selbst übrigens und seine Schwester Irene (eben jene Freundin) sind ganz ohne Vater und Mutter. Im »Fliegenden Holländer« hat Senta keine Mutter, dafür aber eine »Amme«. Die Elisabeth des »Tannhäuser« lebt elternlos bei ihrem Onkel. Vollwaise ist auch Elsa im »Lohengrin«, für immer unbekannt wird Lohengrins Mutter bleiben, dessen Vater schließlich der »reine« Parsifal ist. Die Waise Tristan (sein Vater starb vor, seine Mutter bei der Geburt) hat ihre Heimat wieder bei einem Onkel gefunden. Eva in den »Meistersingern« kennt wie Senta keine Mutter, sondern nur eine Amme, ihr Ritter Walther hat beide Eltern verloren. Siegmunds Mutter starb in seiner Kindheit, der Vater machte sich davon. Er selbst stirbt unmittelbar nach der Zeugung seines Sohnes Siegfried, dessen Mutter wieder bei der Geburt, und Siegfried hat eine männliche Amme. Das Gibichungen-Paar Gunther und Gutrune hat keine Eltern mehr, ihrem Halbbruder Hagen fehlt die Mutter. Parsifals Vater ist vor seiner Geburt gestorben, die Mutter (ein Rückgriff auf die allererste Oper) aus Gram über den Weggang des Sohnes.

Keine Frage: bei dieser Häufung kann von Zufall nicht die Rede sein. Wagner hat zudem den Stellen besonderes musikalisches Gewicht gegeben, wo von Vater- und/oder Mutterlosigkeit ausdrücklich die Rede ist: in der ersten Szene des dritten »Tristan«-Akts etwa und am bewegendsten im großen Monolog des zweiten Akts von »Siegfried«, wo der Titelheld darüber nachdenkt, wie Vater und Mutter wohl ausgesehen haben.

Die Sache hat übrigens, wie so oft, ihre zwei Seiten. Die überschwengliche Sehnsucht nach den unbekannten oder verlorenen Eltern geht zusammen mit dem Gefühl, an ihrem Fehlen Schuld zu sein – daher auch so überraschend oft das Motiv der bei der Geburt gestorbenen Mutter. Im »Siegfried« wird das ganz ausdrücklich zum Thema. Schon im ersten Akt fragt Siegfried über dunklen Streicherakkorden seinen Ziehvater Mime: »So starb meine Mutter an mir?« Im dritten Akt dann hebt das von Wagner selbst so genannte Waldweben an: ein raunendes Orchestergemurmel, zu dem Siegfried seine Gedanken formuliert: wie schön die Mutter gewiß gewesen sein muß. Und wieder stellt sich die alte Frage ein:

»Sterben die Menschenmütter
an ihren Söhnen
alle dahin?
Traurig wäre das, traun! – –«

An dieser Stelle verstummt geradezu das Orchester: ein gehaltener Klarinettenton, kurze Pizzicati der Violoncelli, ein tiefer Hörnerakkord. Doch dann belebt sich das karge Klangbild: Gesangsmelodien in allen Streichern und in den Hörnern zu den Worten:

»Ach! möcht' ich Sohn
meine Mutter sehen! – –
Meine – Mutter!
Ein Menschenweib!«

Sehnsucht und Schuldgefühl aufeinandergetürmt. Die Summe heißt Orientierungslosigkeit. Und darin gehen das Werk und die Erfahrungen seines Autors wieder zusammen. Wer nie die erwachsene Zärtlichkeit des »ur«-menschlichen Kontakts gespürt hat, der trauert darüber, klagt sich zugleich selbst dafür an (ein irgendwie schlechtes Gewissen) und – verhält sich zu anderen genauso: die Verbiegungen des Körpers und der Seele werden als selbstverständlich weitergegeben. Wagners Werk – wir haben es gesehen und werden es immer wieder sehen – und Wagners Leben liefern Beispiele dafür in Fülle. Beispiele für eine Existenz, die nicht natürlich reifen konnte, weil ihr die reife Zuwendung vorenthalten wurde, und die deshalb auf einem fatalen Stadium von Kindischkeit zurückblieb.

Bei Männern – jedenfalls fällt mir das als Mann besonders auf – konzentriert das Problem sich offenbar vor allem auf den Muttermangel, auf die fehlende Zärtlichkeit gerade dieser Person. Ebenso offenbar wird die dann immer wieder gesucht. Und das hat Folgen. Wagners häufige Klagen, ihm fehle das Glück der wahren Liebe, hören sich oft etwas literarisch an, pathetisch, weinerlich, Mitleid heischend. Aber die Sache treffen sie wahrhaftig. Sein Verhältnis zu Frauen mußte für immer gestört bleiben, da seine erste Frau, die Mutter, ihn nicht befriedigte. Daß er so viele besaß (die ihn wohl auch liebten), ist nicht nur kein Gegenbeweis, sondern belegt das gerade: er war zu keiner dauerhaften inneren Bindung fähig, weil er sie als Kind nie kennengelernt hatte. Die gängigen Erklärungen vieler Wagner-Interpreten, das alles sei um höherer Dinge willen geschehen, etwa weil er »begierig nach übermenschlicher Liebe« gewesen sei, sind nichts als absurde Verzerrungen ins Symbolisch-Idealistische. Gregor-Dellin hat das besser gesehen, und er hat Wagners Selbstzeugnisse auf seiner Seite: »Seine Liebe bestand beinah immer aus Wille und Vorstellung. Er wollte lieben, was er sich vorstellte.«

Im Grund wollte er *sich* lieben und niemanden sonst. Er hatte es so gelernt: von anderen geliebt zu werden und also auch andere wieder zu lieben – das konnte nur eine Täuschung sein. Ganz spät, knapp vier Jahre vor dem Tod, spricht er einmal »von den Männern, die früh heirateten, die seien verloren, Schröder-Devrient [die seit seiner Jugend hochverehrte ältere Sängerin] habe eine völlige Verachtung für ihn deshalb gehabt und ihn den ›Ehekrüppel‹ genannt«. Er hat den Ausdruck, in dem Liebe und körperlicher Mangel sich verbinden, über vierzig Jahre nicht vergessen – wie sehr muß er ihn betroffen haben.

Er rächte sich an den Frauen, deren erste ihn verschmäht hatte. Er ließ sie spüren, was er von ihnen hielt. Schon eines der frühesten Liebeserlebnisse frappiert durch die Kälte, mit der es endet. Es ist die schon geschilderte Würzburger Geschichte mit dem kaltgestellten Bräutigam. Sie hat nämlich eine Nachgeschichte: »Zwei Jahre später besuchte ich auf einer kurzen Durchreise wiederum Friederike: das arme Kind näherte sich mir in äußerster Beschämung. Ihr Oboist war ihr treu geblieben; ohne jedoch noch die Heirat mit ihm ermöglichen zu können, war sie Mutter geworden. Dann habe ich nie wieder etwas von ihr erfahren. – Unter all diesen Lebenserregungen arbeitete ich fleißig an meiner Oper ...« Recht so. Die gesellschaftliche Ächtung übernimmt die Rolle der Rachegöttin für den einst durch Wagner betrogenen Bräutigam. Und der Meister hat schließlich anderes zu tun, als sich um die Folgen einer alten Liebschaft zu kümmern: es wartet das wichtigere Werk. Es handelt sich dabei übrigens um die »Feen«, wo eine Frau in Stein verwandelt wird, weil ihr Mann kein Vertrauen zu ihr hat.

Auch nach der wohl heftigsten Affäre, die Wagner je erlebte, der mit Mathilde Wesendonk, mißt er den »Gewinn« nur sich zu. Einen Monat nach der erzwungenen Trennung schreibt er in sein Mathilde anredendes Tagebuch, was diese Beziehung bewirkt habe: »Und dies eine weißt Du auch, daß ich seitdem nie mehr im Zwiespalt mit mir war. Verwirrung und Qual konnte über uns kommen; selbst Du konntest vom Trug der Leidenschaft hingerissen werden: – ich aber – das weißt Du! – ich blieb mir nun stets gleich ...« Eine Ohrfeige noch für die verlassene Geliebte: wie dumm du bist, aber ich wenigstens habe bei dir viel gelernt und dafür warst du gut.

Im Juni 1864 – Wagner ist seit ein paar Wochen schon der Günstling des Königs von Bayern – schreibt er einen Brief an die Mutter von Mathilde Maier, seiner letzten Liebe vor der Vereinigung mit Cosima. Darin bittet er um die Hand ihrer Tochter für »den Fall des Todes meiner Frau« (! – Minna lebte da noch, wenn auch seit einiger Zeit von ihm getrennt). Und selbst in diesem empfindlichen Zusammenhang bringt er den folgenden Satz zu Papier: »Ich *muß* mit aller Sorgfalt darauf ausgehen, ein jüngeres weibliches Wesen zu finden, dem ich unter dieser oder jener Form die Befriedigung meiner Bedürfnisse übertrage, in welche sich die Sinnlichkeit in keiner Weise mehr zu mischen haben soll.« Kein Wunder, daß die Mutter ablehnte wie zuvor schon die Tochter selbst. Sie mögen Wagners Offerte für schamlos gehalten haben. Aber sie war das nicht. Die »Befriedigung meiner Bedürfnisse« ohne »Sinnlichkeit«: das ist noch einmal die Beschwörung der nie erlebten mütterlichen Zärtlichkeit. Bezeichnend genug, daß er das der *Mutter* des Liebchens schreibt. Bei ihr – so muß der ungeheuerliche Brief wohl gelesen werden – glaubte er auf Verständnis zu treffen für das, was er seit fünfzig Jahren entbehrt hatte. Er hat die brave Frau damit überfordert, und er hat das selbst in seinem oben liegenden Bewußtsein begriffen, auch wenn es unten weh tat.

Jedenfalls konnte er über seine Mangelgefühle auch ganz gut spotten. An dieselbe Mathilde Maier schreibt er ein halbes Jahr später anläßlich einer Beschreibung seiner Wohnung: »Wenn Du zum Frühjahr meine *intime* Etage einmal besuchen wirst, sollst Du Dich doch wundern, und studiren, wie es Einer anfängt, durch Instrumentirung zu ersetzen, was ihm an Melodie abgeht. Es ist ein wahres Kunststück. –«

Das musikalische Bild beschreibt die Situation präzise. Die Melodie ist das »Ursprüngliche«, die Instrumentierung das »Gemachte«. Und Wagners Kunststück besteht darin, seine »intime Etage« wie eine Melodie erscheinen zu lassen, den Ausdruck von Leidenschaft als wahres Gefühl auszugeben. So hat er es einmal bewundernd von Bach gesagt: »Planeten, die umeinander kreisen, kein Gefühl, und doch alles Leidenschaft, Willen, gar kein Intellekt, die Beeth. Kunst dagegen ist das tanzende Paar.« Ein rechthaberisch getarnter Hilferuf: man möchte das tanzende Paar sein und weiß, daß man in der kalten Leere des Raums lebt, ein »leidenschaftlich« aussehender Planet, dem das Gefühl unzugänglich bleiben muß. Aber so tapfer das immer behauptet wird: die Trauer ist oft genug beigemischt. In dem für Cosima geschriebenen »Braunen Buch« steht ziemlich am Anfang ihrer endgültigen Vereinigung der Satz: »Aber – ich liebe Dich doch mehr, als du mich! – diesen traurigen Stolz musst du mir lassen! – Ach! –«

Wagners früh erzeugte Unfähigkeit, sich lieben zu lassen, ist nicht auf Frauen beschränkt. Doch wie er immer Frauen sucht, die an die Stelle der Mutter treten können, so zieht er fast magisch Männer an, die in der gleichen Situation sind. Die seien »ausnahmslos sexuell gestörte Jünglinge« gewesen, meint Gregor-Dellin ohne jede Einschränkung. Das klingt übertrieben, aber auch bei sorgfältigem Nachdenken läßt sich kein überzeugend widersprechendes Beispiel finden. Nietzsche, selbst einer der prominentesten Gestörten, hat einmal in der stillen Kammer über Wagner notiert: »Er lernt den Mann zu begreifen, und lernt dieß sehr spät.« Nietzsche setzt dabei Hans Sachs und Wotan gegen alle anderen Wagnerschen Opern-Männer, aber da war (1874) »Parsifal« noch nicht geschrieben. Es gab eben keinen sogenannten Reifeprozeß bei Wagner, und es konnte ihn nicht geben. Mit der einen Ausnahme des Sachs (und selbst da ein bißchen) hat Wagner immer wieder in seinen Männern seine eigenen Entbehrungsprobleme als Jüngling beschrieben, die (wie wir wissen) auch den anscheinend alterslosen Wotan angehen.

Frauen und Männer hin oder her: Wagner hat den früh erlebten Liebesentzug konsequent in die Eigenliebe umgelenkt. Das ist seine Reaktion auf die angetroffene Lieblosigkeit, und darin trifft er sich mit all den Männern vor ihm und nach ihm und vielleicht (ich kann es nicht recht beurteilen) mit den ebenso, nur umgekehrt, leidenden Frauen. Seine notorische Sprechlust ist ein Symptom: der unaufhörliche Drang, sich mitzuteilen, was zugleich ja auch bedeutet, allen anderen die Luft zum Reden zu nehmen: »Von *sich* sprechen, lesen, singen muß unser großer Freund, sonst ist ihm nicht wohl.« Das tut er sogar noch in Briefen. Als er seiner Frau Minna zum ersten Mal mitteilt, sie müßten sich trennen (weil er gerade eine – dann bald unglücklich endende – Liebschaft mit der Weinhändlersgattin Jessie Laussot unterhält), da nimmt das Schreiben den Charakter eines Operntextes an: eine Orgie in Abschiedsfloskeln, wie sie zwei Jahre später wirklich in das »Walküre«-Finale eingehen werden: »Leb wohl! Leb wohl! Mein Weib! Meine alte, liebe Leidensgefährtin!« und so weiter und so weiter. Hier wie anderswo wird Wagner überwältigt von der Bewunderung für sich selbst, da sonst niemand ihm das bietet.

Von sich selbst war er immer am meisten berührt. Als er eine Rede hält anläßlich der von ihm veranlaßten Überführung der Gebeine Carl Maria von Webers von London nach Dresden, ist er von den eigenen Worten so gerührt, daß er eine Weile sich selbst zuhört und den Faden verliert.

Wagner, keine Frage, war ein Narziß. Er interessierte sich vor allem für sich, und er mußte von sich begeistert sein; er wußte warum, und wir wissen es jetzt auch. Die rabiat egoistischen Züge sind das andere Gesicht der Entbehrung. Die verständnisinnige Cosima notiert einmal über den 68jährigen: »Mir geht es immer tiefer auf, daß, wenn er (R.) zuweilen Dinge sagt, die kränkend und sehr verletzend sind, er vollständig unschuldig dabei ist und mit dämonischem Instinkt das Richtige trifft. Daß man wehrlos dagegen ist, das ist es, was einen so unbehaglich stimmt.« »Mit dämonischem Instinkt«: Cosima konnte nicht wissen (oder wollte es vielleicht nicht wissen), daß Wagners hartnäckige Rechthaberei eine Art Selbstschutz war, eine natürlich rundherum »unbehaglich« stimmende Reaktion auf seine menschlichen Defizite, ebenso natürlich »vollständig unschuldig«, denn dazu konnte er zunächst ja nichts. Ein anderer der gestörten Jünglinge, Peter Cornelius, hat voller Irritation zwischen Zuneigung und Abneigung das haßgeliebte Objekt ganz richtig analysiert: »Wagner denkt nicht einen Augenblick ernstlich an einen andern als sich.«

Er hat auch danach gehandelt. Die Verlobte Minna, die eine begabte Schauspielerin gewesen zu sein scheint und der Wagner einige seiner ersten Kapellmeister-Engagements verdankte, wird von ihm dennoch gezwungen, ihre Bühnenkarriere aufzugeben. Den wahren Grund dafür versteckt er hinter moralischen Erörterungen über die »schmutzigen Theaterverhältnisse«, aber einmal kommt er doch zum Vorschein: »es ist viel schöner, wenn ich mein gutes Weibchen nur für mich u. nicht für die Theater-Gaffer habe. Du bist dann viel heiliger!«

Offene Eifersucht also, und auch ihre Wurzel wird bloßgelegt: Besitzdenken. Natalie Planer, Minnas uneheliche Tochter, die sie der Welt und auch ihr selbst gegenüber als jüngere Schwester ausgab (eine künstlich hergestellte Schein-Mutterlosigkeit also), diese Natalie hat später berichtet, daß Minna beim Nähen nicht einmal am Fenster sitzen durfte, »wegen Richards unsinniger Eifersucht«, und sie hat wüste Szenen geschildert, die Wagner aufführte, wenn Minna allzu viel Beifall auf der Bühne erhalten hatte.

Das sind Vorgänge aus der Verlobungszeit und aus dem ersten Ehejahr. Wagner hat bald erkannt, daß Eifersucht als Teil des Besitzdenkens verachtenswert ist, sogar ganz besonders verachtenswert, weil es sich dabei um den Besitz eines lebendigen Menschen handelt. Und dennoch ist er nie ganz losgekommen von der Sache und von einer doppeldeutigen Einstellung zu ihrem Begriff. 1881 steht in Cosimas Tagebuch: »Bei Tisch kam das Gespräch . . . darauf, ob die Liebe ohne Eifersucht sein könne; R. sagt: ›Es ist ein entsetzlicher Gedanke, und die Basis, die Wurzel von allem wird einem entwunden, wenn man annimmt, ein andrer kann es mitgenießen – da sieht man, was für ein kühnes Ding der Liebes-Bund ist.‹« Ein Jahr davor hat Cosima schon einmal notiert: »Hier verurteilen sie zu 12 Jahre Zuchthaus einen Mann, der aus gerechtfertigter Eifersucht seine Geliebte umgebracht, als ob es eine ehrlose Tat wäre!« Gewiß darf man hinter dem Kommentar Richards Meinung vermuten. Trotz aller theoretischer Erkenntnis bleibt auch der alte Wagner dabei: Frauen haben sich zum Eigentum des Mannes zu fügen, sie haben bedingungslos darzubieten, was sie dem Kind vorenthielten.

Der nicht zu Ende gebrachte Reifeprozeß macht auch den scheinbar erwachsenen, ja den alten Mann immer wieder zum Kind. Das ist zugleich eine Art Selbstschutz, die entschuldigende Behauptung, man sei schließlich nicht verpflichtet, irgendeine Verantwortung zu übernehmen. Der 65jährige nennt sich einmal lachend »ein Gemisch von Hamlet und Don Quixote« und bringt damit den unfreiwillig komischen Hagestolz und den verzweifelt Vaterlosen zusammen, der seine Mutter liebt und haßt. Die beiden Bereiche hat er schon einen Tag vorher vereint, und zwar ganz ausdrücklich in ihrer Funktion als Schutzpanzer vor der Umwelt wie vor sich selbst: »Ach! das ist meine Rettung, daß mir diese Fähigkeit gegeben war, augenblicklich das Ernsteste in Unsinn umzuschlagen, so konnte ich mich an dem Abgrund erhalten.«

Wagners Fluchtbewegungen, die vielen buchstäblichen wie die andauernden innerlichen: vor dem Ernst, vor der Verantwortung, vor der Männerfreundschaft, vor den Frauen, haben immer wieder mit seinem typischen Männer-Anfang zu tun: mit dem Gefühl, denn doch nie geliebt zu werden. Sehnsüchtig hat er das formuliert in einem Brief an den Dresdner Freund Ferdinand Heine, geschrieben am Beginn des Zürcher Exils, auf einer Flucht also auch: »*Ich habe keine Kinder:* dieß ist der Unterschied zwischen mir und Dir: Als *Familienvater* beginnst Du ein neues, unabsehbar langes Leben in der neuen Welt: das meinige würde dort mit meinem Tode vollkommen erloschen sein; so hast Du dort Zukunft, ich keine; mir muß die Kunst ausschließlich das sein, was Dir Deine Familie ist: Du *mit ihr* bist überall ein Ganzes, ich *ohne meine Kunst* bin ein miserabler Egoist, der nur für seinen Magen noch zu sorgen hätte, nicht für die Zukunft.«

Die Kunst als Liebesersatz und als Lebensersatz: der übliche banale Gedanke. Aber er gibt Sinn. Tatsächlich sind die kindlichen Verwirrungen und Mangelerlebnisse, die den Mann für immer geprägt haben, tief in Wagners Kunst eingeflossen, nicht nur in die Geschichten und in das Personal seiner Stücke, sondern auch in ihre Musik. Aber da muß man genauer hinhören.

Am Schluß der zweiten Szene des ersten »Götterdämmerungs«-Akts, als Gunther und Siegfried – in einer fatal blutigen Bruderschaft vereint – aufbrechen, um mit Gewalt Brünnhilde zu Gunthers Frau zu machen, zur Frau eines elternlosen und liebesbedürftigen Junggesellen, wobei ihm der andere Elternlose hilft: Siegfried, dem Brünnhilde doch schon in Liebe verbunden gewesen war – wüstes Getue von Männern, also, denen mehr Liebe fehlt als sie je gewinnen können – am Schluß dieser Szene also bleibt Hagen zurück, der mutterlose Sohn Alberichs, »den unfrohen Mann« nennt ihn Gunther, in dem das Blut »störrisch und kalt« stockt, ein Einsamer auch er, aber einer, dem seine Einsamkeit aufs Schmerzlichste bewußt ist. Hagen beschließt die Szene mit einem Monolog, dessen Text den anderen möglichen Ersatz für die entzogene Liebe nennt: Herrschaft, Gewalt, ins Politische gekehrte Macht über Menschen.

Die Musik stockt wie Hagens Blut. Fast über das ganze Stück hin begleiten die Streicher den Gesang mit dumpfen Akkorden, die rhythmisch kompliziert gegen die Singstimme und die Bläser verschoben sind: ein 12/8 gegen einen 4/4-Takt, wodurch quasi Triolen entstehen, die auch noch synkopisch, also jeweils auf dem schwachen Taktteil betont werden. Auch die Bläserfloskeln haben immer wieder triolischen und synkopischen Charakter. Es entsteht so ein musikalisches Gebilde ohne festen metrischen Grund: Auflösungsfelder der rhythmischen Syntax, wie sie viel später die neue Musik kennt. Der Hörer wird orientierungslos, weil er ohne Partitur eigentlich nicht mehr feststellen kann, in welchem Taktsystem er sich befindet. So spiegelt die Musik die menschliche Orientierungslosigkeit des singenden Mannes: gezeugt von einem Vater, der ihm die Mutter genommen und ihn zum Verbrecher erzogen hat. Was dem Kind angetan wurde, wirkt im Mann fort: er gibt die erfahrene Lieblosigkeit an die anderen weiter. Zum Monstrum gemacht, muß er allen auch als Monstrum erscheinen. In Wahrheit ist er ein Kranker, ein Not leidender Mensch.

Wagner hat seiner Musik die Zeichen eingeschrieben, die die elternlose und geschundene Menschheit vor sich her trägt wie ein Banner. Mit dem sich aber nicht bannen läßt, was einen bedrängt.

4.

Angst, Abwehr, Härte

Richard Wagners Männer sind krank an sich selbst, vor allem aber sind sie krank an ihrem Verhältnis zu Frauen. Und da dieses Verhältnis – wie im Leben, so erst recht in der Oper – alle Handlung bewegt, bedarf es als ein Kernelement der Wagnerschen Geschichte und Geschichten einer genaueren Betrachtung.

Die typische erste Reaktion von Wagners Männern auf die Begegnung mit Frauen ist Angst. Der Knabe Siegfried, einsam im Wald aufgewachsen, kennt zunächst beides nicht: keine Frauen und keine Angst. Von seinem Ziehvater Mime verlangt er, »das Fürchten« beigebracht zu bekommen, das er für eine ihm noch unbekannte Kunst hält. Mime will ihm die deshalb erklären – übrigens auch aus ganz selbstsüchtigen Gründen, hat ihm doch der Wanderer Wotan prophezeit, daß er von dem getötet werde, »der das Fürchten nicht gelernt«. Mime also beschreibt es ihm so:

»Fühltest du nie
im finstern Wald,
bei Dämmerschein
am dunklen Ort,
wenn fern es säuselt,
summt und saust,
wildes Brummen
näher braust,
wirres Flackern
um dich flimmert,
schwellend Schwirren
zu Leib' dir schwebt, –
fühltest du dann nicht grieselnd
Grausen die Glieder dir fahen?

Glühender Schauer
schüttelt die Glieder,
(wirr verschwimmend
schwinden die Sinne,)*
in der Brust bebend und bang
berstet hämmernd das Herz? –
Fühltest du das noch nicht,
das Fürchten blieb dir noch fremd.«

Das hört sich an wie die Gefühlbeschreibung eines übersensiblen und etwas hysterischen Jünglings vor dem Gang zur Tanzstunde. Der finstre Wald und der Dämmerschein am dunklen Ort assoziieren wie so häufig bei Wagner vaginale Körpergegenden. Bald darauf, bei der oben bereits zitierten Warnung vor dem Drachen Fafner (S. 47), werden diese Assoziationen noch intensiver: der dunkle Höhlenschlund, der schreckliche Rachen, der einen mit Haut und Haar verschlingt, der giftige Geifer, der Fleisch und Bein zerstört. Beides, die Beschreibung der Furcht und die des Drachen, beeindruckt Siegfried wenig, denn er kann noch nicht ahnen, wohin das zielt. Das erläutert aber die Musik: an beiden Stellen ertönt nämlich das Motiv von Wotans Schlaflied, mit dem er Brünnhilde am Ende der »Walküre« auf den feurigen Felsen verbannt hat. Dort erst wird Siegfrieds Ort der Angst sein, in der Begegnung mit der ersten Frau seines Lebens. Als ihm ihr Name zum ersten Mal genannt wird, von der für ihn allein verständlichen Stimme des Waldvogels, da bricht Siegfried in ganz unbegreiflich hektische Erregung aus. In der höchsten Lage seiner Partie, in synkopierten gleichen Vierteln gegen den Versrhythmus, ahnt er endlich, was Frauen dem Mann zu sein pflegen:

»Was jagt mir so jach
durch Herz und Sinne?«

Das hat bei aller Beklommenheit einen Duktus von freier Freude, denn noch kennt er ja weder Frauen noch Angst. Das ändert sich, als er das Feuer um den Felsen durchschritten und die schlafende Brünnhilde gefunden hat. Er hält sie – in Helm, Panzer und Waffen – natürlich für einen Mann, zerschneidet den Panzer, »so daß nun Brünnhilde in einem weichen weiblichen Gewande vor ihm liegt«, und schon ist die so lange vergebens gesuchte Angst da, mit allen nun bereits gewohnten Formeln des Texts und der maßlosen Hektik der Musik in den herabstürzenden Triolen-Kaskaden der Geigen:

* Die beiden Verse in Klammern sind nicht komponiert.

»Das ist kein Mann! – –
Brennender Zauber
zückt mir ins Herz;
feurige Angst
faßt meine Augen:
mir schwankt und schwindelt der Sinn! –
Wen ruf' ich zum Heil,
daß er mir helfe? –
Mutter! Mutter!
Gedenke mein!«

Die Anrufung der Mutter, »zum Heil« (!), sagt besser noch als die nun folgende Beschwörung des Schwebens, Schwankens, Schwirrens, Sehrens, Sengens, Zagens und Zitterns, was hier passiert ist: ein instinktiver Ausbruch der männlichen Ur-Angst. Und gleich noch einmal:

»O Mutter! Mutter!
Dein mutiges Kind!
Im Schlafe liegt eine Frau: –
die hat ihn das Fürchten gelehrt!«

Das Erlebnis der Angst vor der Frau macht den Mann erst zum Mann. Einerseits. Andererseits aber prägt diese Angst von nun an die männliche Existenz. Mann sein und Angst vor der Frau haben sind identische Erscheinungen. Die Rolle der Mutter dabei wird noch ausführlicher zu behandeln sein. Hier nur so viel: sie ist zwar des Mannes erste Frau, zugleich aber auch keine, da sie für die gesellschaftliche Rolle der Frau ausfällt: sie ist als Ehefrau und Geliebte unerreichbar. Deshalb stellt sie offensichtlich auch keine Bedrohung dar: sie ist nicht der schwarze Höhlenschlund, der den Mann verschlingen will, sondern vielmehr der, aus dem er selbst hervorgegangen ist. Im Fall Siegfried (und einiger anderer Wagner-Helden) ist die Sache aber noch etwas komplizierter. Schließlich starb seine Mutter bei der Geburt. Was auch bedeutet: der Sohn hat sie getötet. Diese Mutter also ist zugleich eine auf unüberbietbare Weise besiegte Frau. Wenn der Mann gerade sie »zum Heil« herbeiruft, dann weil sie ein Beispiel dafür abgibt, wie er das weibliche Unheil zu überwinden im Stand war (und wieder sein will): durch Vernichtung, Mord.

Das Ausliefern der Frau an finstere oder zumindest unbekannte Mächte – ebenfalls eine verschleierte Form ihrer Vernichtung – zieht als bemerkenswert häufiges Motiv durch viele Wagnersche Stücke. Im »Liebesverbot« schon ist Isabellas Bruder bereit, sein Leben zu retten um den Preis einer Liebesnacht seiner Schwester mit dem Tyrannen. Im »Fliegenden Holländer« bietet Daland seine Tochter nach wenigen Minuten dem fremden Seefahrer an, weil der ihm Gold und Diamanten verspricht. Im »Lohengrin« wird Elsa einem unbekannten Ritter vermählt, der sogar noch verbietet, nach seinem Namen zu fragen. Isolde wird von Tristan mit Gewalt aus ihrer Heimat geraubt als künftige Gemahlin des bislang kinderlosen Königs Marke. In den »Meistersingern« setzt Pogner seine Tochter Eva als Preis für einen Sängerwettbewerb aus. Freia im »Rheingold«, Sieglinde und Brünnhilde in der »Walküre«, Gutrune und wieder Brünnhilde in der »Götterdämmerung« – sie alle werden Männern überlassen oder geradezu angeboten, die sie nicht kennen. Und Kundry im »Parsifal« ist die ständige Prostituierte des Zuhälters Klingsor, dem sie sündige Gralsritter als Stundenlohn abzuliefern hat – die offenste und krasseste Form des Motivs ausgerechnet im Spätwerk, im Hohelied der Reinheit.

In all diesen Vorgängen kristallisiert sich die männliche Angst vor der Frau und der tief versteckte Wunsch, sie gegen andere »Werte« zu tauschen. Klaus Theweleit hat – mit eindringlichen Beispielen – davon gesprochen, daß »die jeweiligen Götter« ihre Frauen opfern, »um an der Macht zu bleiben«. Der Mann, der sich auf Frauen einläßt, sie als Menschen nimmt, als Partner gar, als Teil seiner eigenen Existenz, ist verloren. Mit beinahe sprichwörtlicher Weisheit hat der alte Wagner einmal gesagt, »daß man nie der Sache beikommen könne, indem man sich in sie begäbe.« Da meinte er die Politik, aber es klingt wieder verräterisch nach dem dunklen Höhlenschlund, der den liebenden Mann verschlingt, weil diese körperliche Hingabe »unrein« ist.

Wagner hat den Gedanken einmal ausdrücklich formuliert, aber interessanterweise dann offiziell verworfen. In der Ur-Fassung des »Lohengrin«-Textes heißen die Abschiedsworte an Elsa:

> »O Elsa! Was hast du mir angetan?
> Als meine Augen dich zuerst ersah'n,
> fühlt' ich zu dir in Liebe schnell entbrannt
> mein Herz, des Grales keuschem Dienst entwandt.
> Nun muß ich ewig Reu und Buße tragen,
> weil ich von Gott zu dir mich hingesehnt,
> denn, ach, der Sünde muß ich mich verklagen,
> daß Weiberlieb' ich göttlich rein gewähnt!«

Von der vierten Zeile an hat Wagner vor der Komposition den Text völlig geändert und dabei den Gedanken entfernt, daß »Weiberliebe« zum Verderben führe. Schließlich steckte darin – von der Handlung des

Stücks her – auch keinerlei Logik; unzweifelhaft drängte hier Unterbewußtes herauf, und Wagner war klug genug, das rasch wieder in der Versenkung verschwinden zu lassen.

Aufschlußreich überhaupt ist die Mühe, die ihm der Ausgang des »Lohengrin« gemacht hat. Ein Dresdner Freund »fand die Bestrafung Elsas durch Lohengrins Scheiden verletzend« und schlug vor, entweder Lohengrin sterben zu lassen oder am Fortgehen zu hindern. Wagner überlegte darauf, statt dessen »Elsa mit Lohengrin fortziehen zu lassen, zu irgendwelcher Buße, welche sie ebenfalls der Welt entrückte.« Eine befreundete Frau dagegen setzte sich für die ursprüngliche Lösung ein, und dabei blieb es dann auch. Wagner fand offenbar keinen Sinn in »irgendwelcher Buße«. Aber bei der Gelegenheit und beim Überdenken der Geschichte änderte er eben Lohengrins Schlußverse, die vermutlich gerade die ganze Unzufriedenheit ausgelöst hatten. Denn warum, so mußte Wagner sich fragen lassen, und so fragte sich der angehende liberale Revolutionär wohl selbst, warum sollte Liebe Sünde sein?

Das waren die Taggedanken anno 1846: die Diskussion der Reinheitsfrage wurde für dreißig Jahre aufgeschoben, bis zum »Parsifal«. Nach außen entwirft Wagner in dieser Zeit ein Bild der Frau, wie Feministinnen es sich nicht schöner wünschen könnten. So schreibt er an den Freund Uhlig über die Tochter seiner Gönnerin Julie Ritter: »dieses mädchen ist Dir weit voraus, – und woher? Durch ihre geburt, – weil sie ein weib ist. Sie ist als *mensch geboren,* – Du, und jeder mann, wird heut zu tage als *philister* geboren, und langsam und mühvoll gelangen wir ärmsten erst dazu, menschen zu werden. Die frauen, die ganz das geblieben sind, was sie von geburt sind, können uns einzig lehren, und wären sie nicht, wir männer gingen rettungslos im Dütendrehen zu grunde.«

Taggedanken, wie gesagt. Aber die Nachtgedanken blieben dennoch. Und sie produzierten ein so sonderbares wie uns allen vertrautes Bild von der Frau als der (weil unvermeidlichen) eben milden, nachsichtigen, dienenden Gefährtin des Mannes, die dafür ein Anrecht auf dessen freundliche Fürsorge erwirbt. So hat Wagner sein Verhältnis zu Minna gesehen, aber auch nur er. Nach seiner Liebesaffäre mit Jessie Laussot, mit der er nach Griechenland oder Kleinasien fliehen wollte, schrieb Wagner an seine so gut wie vollständig informierte Frau Minna einen erklärenden Brief, den sie mit empörten Randbemerkungen versehen hat. Dieser Brief gipfelt in den Sätzen: »so viel Dir möglich ist – gieb Dir Mühe, solches Unglück für die Zukunft von uns Beiden fern zu halten. Es liegt in Deiner Hand! Sei unbefangener gegen mich, und bemühe Dich überhaupt etwas mehr und freundlicher auf mein ganzes Wesen u. Denken einzugehen!«

Es ist kein Wunder, daß Minna und andere Frauen in solchen Zumutungen nur selten ihr reines Glück und ihre wahre Bestimmung zu sehen vermochten. Das Zusammentreffen von angstvoller Abwehr der Frau und grotesken Ansprüchen an sie führt zu explosiven Gefühlsmischungen, die sich dann auch immer wieder mit einem fürchterlichen Krach entladen, der keinen unbeschädigt läßt. Kein Wunder auch, daß alle Wagnerschen Ehepaare alles andere als miteinander zufrieden sind: sie geraten notwendig in Streit. Dabei »unterliegen« immer die Männer, weil die Stärke, die Wahrheit, das Recht (sei es des Gesetzes, sei es der Menschlichkeit) auf der Seite der Frau sind: Elsa, Sieglinde, Fricka, Brünnhilde, Isolde – was allerdings den Frauen wenig hilft: auch sie gehören schließlich zu den Verlierern. Trotzdem hat Wagner für sich selbst an dem konventionellen Konzept festgehalten, das den Mann als Beschützer der hilflosen Frau empfindet: »Hoffnung, für Siegfried ein Haus zu bauen, dabei aber bestimmen, daß die Mädchen immer darin eine Zuflucht haben.«

Überhaupt Siegfried, der Sohn. In seiner Erziehung bildet sich beispielhaft ab, wie man den Mann in die Angst vor der Frau treibt. Als der dreijährige (!) »Fidi« (so der Kosename) einmal »sehr launisch« ist, bemerkt Wagner, »daß er ihm gern einen Spielkameraden wüßte, um ihn aus dem beständigen Frauenumgang zu bringen«. Cosima hat das Urteil nicht kritisiert, und sie hat wohl das Ihre beigetragen, denn mit sechs Jahren hat der Kleine schon seine rechte Haltung zur Sexualität: »wie die kleinen Hunde sich an die Hündin Brange machten, sagte Fidi ruhig: ›Das ist Schweinerei.‹« Als ein paar Jahre später Siegfrieds Hauslehrer vorschlägt, im Biologieunterricht »auch das Innere des Menschen in plastischen Abbildungen« zu zeigen, meint Wagner: »später; zuerst ihm Freude an der Erscheinung gönnen, an dem nackten Körper, wie ihn die Griechen dargestellt und wie er ihn entzückt, und erst, *wenn der Dämon sich in ihm rege,* ihm das Innere dieser Erscheinung zeigen. Jetzt könnte er vielleicht Grauen davor empfinden. Er spricht dann von Fidi's willigem Wesen, wie er leicht und nicht schlaff sei«.

Willig und nicht schlaff – nein, eher hart, ein richtiger Mann, dem der Körper abschreckend erscheinen muß, wenn der Dämon sich regt, und die Frau schmutzig, wenn er mit ihr das tut, was beiden gut tun sollte. Die Sphäre des Geschlechtlichen wird in der Familie Wagner entschieden tabuisiert – da unterscheidet sie sich nicht von den anderen zeitgenössischen und wohl auch kaum von den meisten heutigen Familien. Solche Prüderie hat hier wie immer die gleichen Gründe: Furcht vor dem (im doppelten Sinn des Worts) ungeheuerlichen Vorgang der geschlechtlichen Vereinigung, Furcht auch, dem menschlichen Anspruch dieses Vorgangs nie und nimmer gerecht werden zu

Richard Wagner mit seinem Sohn Siegfried
1880 ließ der alte Mann sich in Neapel so mit seinem elfjährigen Stammhalter photographieren – Wiederholung eines falschen Stolzes ins immer neue Falsche?

können. Als Cosima noch die Frau Hans von Bülows war, wollte der sie vor Wagner verbergen wegen ihrer Schwangerschaft im achten Monat, weil Wagner »ihm einmal mit Beziehung auf eine andere Frau unserer Bekanntschaft meine damals empfundene Abneigung davon zu erkennen gegeben hatte«. Das auffälligste Attribut von Weiblichkeit als Objekt der Abneigung: es hat sich bis zu den Umstandskleidern von heute nichts daran geändert. Aber die Tabuisierung findet auch umgekehrt statt: Cosima erscheint die Tatsache, daß Richard »so gut wie keine Augenbrauen hat, ... wie die gänzliche Abwesenheit des Tierischen in seinem Wesen«.

Die Angst des Mannes vor der Frau erzeugt auch ein ganz bestimmtes Bild vom Mann selbst, dem möglichst viele natürliche Züge ausgetrieben worden sind. Die Angst bestimmt, was als männlich zu gelten hat. Daß die Rokoko-Männer einen Zopf trugen, um »den abgehenden Schwanz zu ersetzen«, scheint Wagner noch »drollig« – wobei der zusammenhanglos »plötzlich lachend« gesprochene Satz den immer gefühlten Abgrund offenbart. Daß er aber »die Geige als Soloinstrument« unmännlich und lächerlich nennt, kommt ihm gar nicht komisch vor, so willkürlich da auch Attribute einer angeblichen Männlichkeit festgelegt werden.

Es überrascht nicht, daß Wagners Auffassung von dem, was männlich sei, weit zurück reicht bis in die früheste Kindheit. Da verkehrte ein italienischer Kastrat im Hause Wagner, »ein ungeheurer, rundbäuchiger Koloß«, der den kleinen Richard »durch seine hohe Weiberstimme« entsetzte, und zwar »trotz seiner großen Gutmütigkeit«. Über die fremde Sprache des »gespenstisch widerwärtigen« Eunuchen übertrug das Kind seine Abneigung auch auf Mozarts italienischen »Don Giovanni«, dessen Musik ihm »tändelnd und unmännlich« erschien – eine Oper immerhin gerade über allerlei Probleme der Männlichkeit. Und ausdrücklich nennt Wagner dann Zerlinas Arie »Batti, batti, ben Masetto« »weichlich und weibisch«: der Text dieses Lieds schildert die Bereitschaft der (schlitzohrigen) jungen Frau, sich von ihrem ehelichen Tölpel verprügeln zu lassen. Wenn das »weibisch« ist, dann ist es also »männisch«, eben auch zuzuschlagen – und Wagner, der beim Niederschreiben der Kindheitserinnerung längst über fünfzig war und seinen Mozart genau kannte, mag da gefühlt haben, daß die Unterwerfung der Frau der schmutzigste Trick ist, den Mann zu besiegen: die Angst potenziert sich, und sie lauert überall.

Wagner hat zusammen mit seiner jeweiligen Umgebung sich einen Bereich erschlossen, in dem ohne Angst zu lieben möglich war, und auch da trifft er bis heute auf viele verwandte Seelen: die Liebe zum Tier. Hunde sind es fast immer, von ein paar Vögeln abgesehen.

Hunde, die scheinbar wie Menschen reagieren, die verstehen, gehorchen, treu sind, keine Fragen stellen, aber die gewünschten Antworten geben, immer nur die Ansprüche haben, die der »Herr« ihnen zubilligt – ein patriarchalisches Verhältnis klassischen Ausmaßes: du liebst mich, und dafür schütze ich dich und sorge für deine Bedürfnisse. Als Minna mit Tochter, Hund und Papagei Wagner ins Schweizer Exil folgt, nach mehr als drei Monaten Trennung, da wirken bei der Begrüßung die Tiere »besonders freundlich« auf ihn, seine Frau jedoch »erkältete meine Empfindung«. Über Tiere kann das Ehepaar sich noch am ehesten verständigen, selten wird so gefühlvoll zwischen ihnen geredet, wie wenn es um Tiere geht. Deren Tod wird in der Autobiographie noch viel später so schmerzlich beschrieben, wie es bei keinem Menschen der Fall ist. In der Ehe mit Cosima setzt sich das fort – da tritt die Sorge um die Kinder allerdings gleichberechtigt neben die um die Tiere. Schließlich ist das Thema sogar ins Werk eingegangen: in die späten Artikel gegen die Vivisektion und in die Klage um den toten Schwan im ersten »Parsifal«-Akt.

Ersatzhandlungen sind das alles. Ersatz des Mannes für die mit der Frau nicht mögliche Unschuld der Liebe. Von der frühesten Kindheit spannt sich das Thema bis in Wagners letzte Tage. Einen Monat vor seinem Tod sagt er zu Cosima, er schäme sich früherer Beziehungen; als Cosima sie als »großherzige Täuschungen« entschuldigt, fährt er fort: »Ich habe immer wenig sprechen lassen«. Mag da um Cosimas willen zunächst so etwas wie Verschleierung mitspielen, der Nachsatz holt die Wahrheit ein: die Angst, etwas von sich wegzugeben an die Frau, Männliches zu verlieren an die Liebe. Daß aber wahrhaftig nicht Höflichkeit gegen Cosima sein Beweggrund war, so spät noch einmal darüber zu reden, zeigt der Nachtrag von Cosimas Tochter Daniela zu den Tagebüchern, unmittelbar nach Wagners Tod geschrieben. Da steht: »Einer der Träume in den zwei letzten Nächten war, daß er Briefe von Frauen erhalten hat, einen von Frau Wesendonck, [einen von] einer von Papa oder Mama vergessenen Frau; daß er die beiden nicht aufmachte, sondern zu beiden Seiten auf den Tisch hinlegte und sich sagte: Wenn nun Cosima eifersüchtig wird.«

Die unerfüllte Liebe bedrängt ihn bis zum Tod. Auch das Eifersuchtsthema bleibt und die Grausamkeit dabei: das geträumte Hinlegen der Briefe scheint gerade dazu zu dienen, *daß* Cosima davon erfährt und eifersüchtig wird. Gregor-Dellin hat einmal aus anderem Anlaß festgehalten: »Er hatte eine seltsame und wohl auch nur psychoanalytisch zu erklärende Neigung, alle seine Frauen voneinander wissen zu lassen.« Weil die Neigung aber psychoanalytisch erklärbar ist, verliert sie ihre Seltsamkeit: die Grausamkeit des männlichen »Betrugs« bannt ein wenig die universale Angst vor der Frau, setzt ihr eine Art von Überlegenheit entgegen, indem sie die gefürchteten Frauen in die Konkurrenz zueinander treibt.

Wie grausam Männer in ihrer Angst sind, zeigt die Schlußszene des ersten »Götterdämmerungs«-Akts. In Gunthers Gestalt hat der vom Vergessenstrunk umnebelte Siegfried den Felsen bestiegen, um seine eigene Geliebte Brünnhilde als Frau für den neuen Blutsbruder zu erobern. Die entsetzliche Absicht (denn trotz dem Trank handelt es sich schließlich um das gewaltsame Gefügigmachen einer widerstrebenden Frau, um eine Vergewaltigung also wieder einmal) läßt Brünnhilde die berechtigte Frage stellen:

»Wer bist du, Schrecklicher?
Stammst du von Menschen?«

Siegfried gibt seine Erklärungen, wer er sei und was er vorhabe, mit verstellter Stimme ab; aber das geschieht nicht nur, weil die Geschichte, der Rollentausch mit Gunther, es so verlangt. Die ganze Person ist »verstellt«: der Tarnhelm verdeckt das Gesicht bis auf die Augen, die Stimme ist die tiefere Gunthers, und sie spricht stockend und unnatürlich zerdehnt. Wider die Natur der Sätze schieben sich unregelmäßige Pausen in den Text, und wider dessen Wortlaut ist in die sonderbare Rhythmik der Singstimme Angst einkomponiert – man betrachte etwa den Satz »den dein Feuer nicht geschreckt«, der ungefähr so rhythmisiert ist: ⏑ ⏑ – – / – /⏑ –.
Im Stockenden dieser Redeweise spricht sich Angst vor der Frau wie Gewalt gegen sie in gleicher Weise aus. Das kontrastiert zu den weit schwingenden Entsetzens-Kantilenen Brünnhildes, in knappster Form eine musikalisch faszinierende Zustandsbeschreibung des Verhältnisses von Mann und Frau. Als Siegfried Brünnhilde dann niederringt, tönt aus der zusammenstürzenden Musik des Orchesters in den Klarinetten ein verzerrtes Fragment der Liebesthematik aus ihrem »Siegfried«-Schlußduett: die angstbewehrte Grausamkeit des Mannes hat die Liebe vernichtet.

Noch viel später in der Oper, als Siegfried, von Hagen tödlich getroffen, zum letzten Mal von Brünnhilde spricht, nimmt seine Stimme wieder jenen Duktus des zerrissenen Stockens an. Obwohl der Text scheinbar etwas ganz anderes bedeutet, nämlich eine Art Hymnus auf Brünnhilde, erinnert die Musik an den hinter allem verborgenen Grundtatbestand: die unauslöschliche Angst des Mannes, die ihm alle Natürlichkeit in der Liebe zur Frau nimmt, weil ihm und seinesgleichen ein für allemal die menschliche Natur ausgetrieben worden ist.

5.

Siegfried

Wohl kaum eine Figur Wagners ist so oft mißverstanden worden wie Siegfried. Das will etwas heißen, gibt es doch über alle Figuren Wagners Mißverständnisse genug. Im Fall Siegfried aber hat dieses Mißverständnis die Haltung ganzer Generationen zu Wagner überhaupt geprägt, sei es die Heldenverehrung des Faschismus, sei es die empörte Ablehnung der Antifaschisten. Siegfried der Held, das war (und ist?) den einen Verheißung, den anderen Barbarei. Sie hätten recht, wenn Siegfried »der Held« wäre. Mit Abscheu müßten alle, denen an einer menschlicheren Welt gelegen ist, von ihm sich abwenden und von seinem Schöpfer, der so etwas als Ideal präsentiert. Doch Siegfried ist nicht dieser Held, und Wagner hat ihn nicht so geschaffen. Allerdings hat er ihn anfangs ein bißchen wohl so gemeint. Aber auch nur ein bißchen.

In seiner »Mitteilung an meine Freunde«, geschrieben 1851 nach der Dichtung der beiden letzten »Ring«-Teile und noch vor der Erweiterung um »Rheingold« und »Walküre«, schildert Wagner die gerade ausführlich entworfene Figur: »Ich war mit der Konzeption des ›Siegfried‹ bis dahin vorgedrungen, wo ich den Menschen in der natürlichsten, heitersten Fülle seiner sinnlich belebten Kundgebung vor mir sah; kein historisches Gewand engte ihn mehr ein; kein außer ihm entstandenes Verhältnis hemmte ihn irgendwie in seiner Bewegung, die aus dem innersten Quelle seiner Lebenslust jeder Begegnung gegenüber sich so bestimmte, daß Irrtum und Verwirrung, aus dem wildesten Spiele der Leidenschaften genährt, rings um ihn bis zu seinem offenbaren Verderben sich häufen konnten, ohne daß der Held einen Augenblick, selbst dem Tode gegenüber, den inneren Quell in seinem wellenden Ergusse nach außen gehemmt oder je etwas anderes für berechtigt über sich und seine Bewegung gehalten hätte als eben die notwendige Ausströmung des rastlos quillenden inneren Lebensbrunnens. Mich hatte ›Elsa‹ diesen Mann finden gelehrt: er war mir der männlich verkörperte Geist der ewig und einzig zeugenden Unwillkür, des Wirkers wirklicher Taten, *des Menschen* in der Fülle höchster, unmittelbarster Kraft und zweifellosester Liebenswürdigkeit. Hier, in der Bewegung dieses Menschen, war kein gedankenhaftes Wollen der Liebe mehr, sondern leibhaftig lebte sie da, schwellte jede Ader und regte jede Muskel des heiteren Menschen zur entzückenden Betätigung ihres Wesens auf.«

Ich habe diese Stelle so ausführlich zitiert, weil ihre enorme Geschwätzigkeit auch etwas mit der beschriebenen Figur zu tun hat. Wagner braucht unglaublich viele Worte für einen eigentlich einfachen Sachverhalt: Siegfried kennt keine der gesellschaftlichen Einengungen, er ist der freie Mensch. Wagners gewundene Sätze zielen übrigens in diesem Zusammenhang groteskerweise auf die Begründung der Notwendigkeit einer natürlichen Sprache, in der »einst das Volk selbst dichtete«, womit er den Stabreim meint, dem er dann ja auch nicht gerade natürliche Einfachheit abgewonnen hat. Doch zurück zum Text.

Daß der schlichte Sinn so schwer auszudrücken ist, versinnbildlicht auch die Unwahrscheinlichkeit der Figur Siegfried in dieser Zeit. Wagner kam ja gerade aus der Dresdner Revolution und hatte das Scheitern der zarten Freiheitssehnsucht an den starren (und starken) Machtstrukturen des aufgeklärten Feudalismus am eigenen Leib erlebt. Siegfried sollte sein Gegenentwurf sein, die Heilung für die Krankheiten dieser Welt. Daß er selbst einer Wasserkur bedürfe, um die beiden Siegfried-Opern nur als Gesunder zu komponieren, vervollständigt das Bild.

Doch er hat nicht zu komponieren begonnen. Statt dessen verlängerte er sein Drama nach vorn, und die Siegfried-Musik gar mußte noch sehr lange warten: 1856 erst, ganze fünf Jahre später, schreibt er die ersten »Siegfried«-Noten. In der Zwischenzeit bestätigt er mehrfach die alte Konzeption. Siegfried sei »der von uns gewünschte, gewollte Mensch der Zukunft«, »der aber nicht durch uns gemacht werden kann, und der sich selbst schaffen muß durch *unsre Vernichtung*«. Da klingt schon ein resignierter Ton mit; bald darauf spricht er vom jungen Siegfried als »dem schönsten meiner Lebensträume«.

Siegfried – ein Traum. Der Traum von einem Menschen, der aufräumt unter den schlimmen Herrschern der Welt, der selbst weder herrschen will noch kann, alles andere als ein Gewaltmensch. Aber eben doch nur ein Traum. Es gibt ihn weder in der Wirklichkeit noch in Wagners Werk; denn dort ist aus ihm etwas ganz anderes geworden.

Sein erster Auftritt gleich ist ein Sturmlauf von Aggressivität gegen

Mime. Der ist ein alter und schwacher Mann, sehr klein, denn er ist ein Zwerg, kein Gegner für den jungen und starken Siegfried. Aber dieser nutzt hemmungslos seine körperliche Überlegenheit, um den verachteten Ziehvater zu quälen. Er läßt einen Bären auf Mime los:

»Hoiho! Hoiho!
Hau' ein! Hau' ein!
Friß ihn! Friß ihn,
den Fratzenschmied!
(Er lacht unbändig.)«

Das sind Siegfrieds erste Worte. Kindisches Geplärre, aufgeladen mit Brutalität. Die ganze folgende Szene besteht aus heftigen Aggressionen gegen Mime, im Text und in der Musik, Beleidigungen für Mimes kümmerlichen Körper, Hohn über seine Schmiedekunst, Verachtung für das Essen, das er gekocht hat. Mit kindlicher Ungezogenheit ist Siegfrieds Verhalten viel zu harmlos bezeichnet, es ist grausame Gewalttätigkeit. So benimmt sich kein »freiester Mensch«, auch nicht wenn er im Wald aufgewachsen und erst ein Teenager ist, knapp jenseits der Pubertät. Peter Wapnewski hat ihn den »schönen Unmenschen« genannt, der hier dem »häßlichen Untermenschen« Mime propagandistisch gegenüber gestellt sei.

Das ist eine prä-faschistische Figur, und nicht anders ist sie gemeint. Auch seine erste eigene Arbeit steckt voller Gewalt: Siegfried schmiedet aus den Bruchstücken des väterlichen Schwerts sein eigenes. Diente es einst seinem waffenlosen Vater Siegmund zur Verteidigung gegen seine Feinde, so soll es nun das Mordwerkzeug gegen den Drachen Fafner werden, der jedenfalls Siegfried überhaupt nichts getan hat und ihn auch eigentlich gar nichts angeht.

Dem Profi Mime war es trotz aller Kunst und Mühe nicht gelungen, die Stücke zusammenzuschmieden, der Amateur Siegfried schafft es, und zunächst sagt Mime, warum er es schafft:

»Hier hilft kein Kluger,
das seh' ich klar:
hier hilft dem Dummen
die Dummheit allein!«

Und dann sagt es die Musik. Seit seinen frühesten Versuchen hat Wagner nicht wieder so primitiv komponiert; auch der geübte Wagner-Kenner braucht einige Anstrengung, um aus Siegfrieds Schmiedeliedern die Absichtlichkeit ihrer Banalität herauszuhören. Dummheit und

Primitivität: das sind die Haupteigenschaften des jungen Siegfried. Im Text erscheint dann eine Wendung, die hinweist auf die Hintergründe einer solchen Existenz:

»nun schwinde die rote Scham;
werde kalt und hart wie du kannst!«

In der »roten Scham« wird mit Blut und Vagina unbewußt die gefürchtete Frau assoziiert, »kalt und hart« ist ihr gegenüber der Mann mit seinem männlichen Schwert.

Schon dieser erste »Siegfried«-Akt entwickelt ein ganz anderes Bild, als Wagner es von seinem jungen Helden ursprünglich geben wollte. Der heutige Mann tritt auf und eben nicht der »freie furchtlose Mensch«, als den Wagners erster Prophet, Friedrich Nietzsche, ihn sehen wollte. Diese Nietzschesche Interpretation steht im vierten Stück seiner »Unzeitgemäßen Betrachtungen«: »Richard Wagner in Bayreuth« von 1876, und zeigt Nietzsche auf dem Weg zu seinem eigenen Konzept des Übermenschen. Kein Wunder, daß er in scheinbarer Harmlosigkeit Siegfried als utopische Idealfigur beschreibt: »Im Anblicke seines herrlichen Werdens und Aufblühens weicht der Ekel aus der Seele Wotan's, er geht dem Geschicke des Helden mit dem Auge der väterlichsten Liebe und Angst nach. Wie er das Schwert sich schmiedet, den Drachen tödtet, den Ring gewinnt, dem listigsten Truge entgeht, Brünnhilde erweckt, wie der Fluch, der auf dem Ringe ruht, auch ihn nicht verschont, ihm nah und näher kommt, wie er, treu in Untreue, das Liebste aus Liebe verwundend, von den Schatten und Nebeln der Schuld umhüllt wird, aber zuletzt lauter wie die Sonne heraustaucht und untergeht, den ganzen Himmel mit seinem Feuerglanze entzündend und die Welt vom Fluche reinigend, – Das alles schaut der Gott ...«

Ein Mißverständnis das alles, das Wagner Nietzsche eingeredet haben mag. Siegfried ist nicht der Erlöser Wotans und der Welt – längst hatte Wagner seine ursprüngliche Vorstellung in Dichtung und Musik überholt. Aber dieses Mißverständnis wurde ungemein folgenreich. Es prägte ganze Geschlechter von Interpreten, Illustratoren, Bildhauern. Ihre Lichtgestalt namens Siegfried reckt sich aus Büchern, von bemalten Wänden und auf Denkmälern. Sie haben ihn sich bis ins Dritte Reich und zum Teil bis heute nicht ausreden lassen, obwohl schon immer manche Autoren, und zwar die besseren, die Wahrheit gesehen und geschrieben haben. Für George Bernard Shaw war Siegfried schon 1898 »ein völlig amoralisches Geschöpf, der geborene Anarchist, das Idealbild von Bakunin, eine Vorahnung von Nietzsches ›Übermensch‹.

Er ist ungeheuer stark, erfüllt von Leben und Übermut, gefährlich und zerstörerisch gegenüber allem, was er nicht mag ...« Und Thomas Mann nannte ihn 1933 »Hanswurst, Lichtgott und anarchistischer Sozialrevolutionär auf einmal«. Wegen des Vortrags, in dem das stand, wurde Thomas Mann unter dem Applaus berühmter Musiker (Knappertsbusch, Pfitzner, Richard Strauss) von den Nazis ausgebürgert.

Hätten sie Cosimas Tagebücher schon gekannt, sie hätten vor Scham erröten müssen; denn ihnen läßt sich entnehmen, daß der spätere Wagner über seinen einstigen Helden ähnlich dachte wie der dafür aus der deutschen »Volksgemeinschaft« verstoßene Thomas Mann. Unmittelbar nach dem Abschluß der »Parsifal«-Komposition sagte Wagner zu Cosima: »Eigentlich hätte Siegfried Parsifal werden sollen und Wotan erlösen, auf seinen Streifzügen auf den leidenden Wotan (für Amfortas) treffen – aber es fehlte der Vorbote, und so mußte das wohl so bleiben.« Siegfried verlasse Brünnhilde, »um auf Raub zu gehen, ›nun müssen sie sich ernähren, er muß einige Könige tributpflichtig machen‹« – so realistisch hatte Wagner schon während der Arbeit die überraschend schnelle Trennung der beiden interpretiert und da auch schon Siegfried »nicht tragisch« genannt, »weil er nicht zum Bewußtsein seiner Lage kommt, ein Schleier ist über ihm, seitdem er Brünnhilde für Gunther geworben, aber alles unbewußt ...«

Unbewußt – ein wichtiges Stichwort. Denn aus ihm erklären sich Siegfrieds bemerkenswerte Taten. Nur wer so dumm ist – oder sagen wir: unschuldig –, kann den starken Drachen besiegen, den schlauen Mime und endlich selbst Wotan, dessen Speer gerade an dem Schwert zerbricht, das er früher schon einmal in Stücke geschlagen hat. Siegfried ist sogar stärker als die mit dem Ring bewaffnete Brünnhilde, obwohl dieser angeblich unermeßliche Macht verleiht. Es ist die bedenkenlose weil bewußtlose Geste des »Was-kostet-die-Welt«, die das alles für Siegfried möglich werden läßt. Viel Torheit steckt darin, mutwilliger Unfug, der die anderen schreckt oder lächeln macht, je nach ihrem seelischen Zuschnitt. Er weiß es eben nicht besser. Seine ersten Worte an Gunther lauten:

»Dich hört' ich rühmen
weit am Rhein;
nun ficht mit mir,
oder sei mein Freund!«

Die gleiche unsinnige Gewaltgebärde verwendet er gegenüber den Rheintöchtern, als er sich sagt, wenn er nicht Gutrune treu sein müßte, dann:

»der zieren Frauen eine
hätt' ich mir frisch gezähmt!«

Völlig unnötig auch dies, denn die Rheintöchter haben sich ihm gegenüber mehr als aufgeschlossen gegeben, es hätte keiner Zähmung bedurft, wenn er nur gewollt hätte.

Aber Siegfried braucht das: die ständige Bestätigung seiner körperlichen Kraft, das einzige, was der Mann besitzt und was ihm als wertvoll dargestellt worden ist. In einer rührenden Passage der ersten Begegnung mit Gunther und seinen Geschwistern erzählt er, daß er den riesigen Nibelungen-Schatz als »müß'ges Gut« betrachtet, das er achtlos in Fafners Höhle zurückließ, nur Tarnhelm und Ring mitnahm, ohne ihre Kraft zu kennen; er besitze nur eins:

»einzig erbt' ich
den eignen Leib;
lebend zehr' ich den auf.«

Und dieser Leib wird immer mißbraucht: von Mime, um Fafner zu töten; von Gunther, um Brünnhilde zu gewinnen; von Wotan, um den Ring wieder an die Rheintöchter gelangen zu lassen. Siegfried ist ein Werkzeug, nicht Natur, sondern Maschine, Körpermaschine, der kriegerische Mann. Ihm ist alles vorenthalten worden, was sein Leben erst zum Leben machen könnte. Stattdessen wurden ihm Geist und Körper verbogen, damit er für richtig hält, was falsch ist; damit er anderen Gewalt antut, als müsse das so sein; und damit er nicht merkt, wie er dabei sich selbst Gewalt antut. Wie fast alle Figuren Wagners ist Siegfried ein Opfer, aber das traurigste, weil er es zwar spürt und doch nichts davon begreift.

Am Beginn der »Siegfried«-Schlußszene, als er das Feuer durchschritten hat und auf der Höhe von Brünnhildes Felsen ankommt, hat Wagner eine der eigenartigsten Stellen seines ganzen Werks komponiert: eine dreißig Takte lange einstimmige Kantilene aller ersten Geigen, wozu die nur in der Partitur erscheinende Regieanweisung gehört: »Siegfried ... zeigt sich dort zuerst nur mit dem Oberleibe ...« und dann sein Satz:

»Selige Öde
auf wonniger Höh!«

Erst als es heißt: »Er steigt vollends ganz herauf ...«, tritt das volle Orchester ein. Ich will der Stelle keine überinterpretierende Gewalt antun – aber das Zusammentreffen des musikalisch sozusagen Unvollständigen mit der optischen Halbierung des Körpers scheint mir doch auffällig genug: ein merkwürdiges und schwer in Worte zu fassendes Bild der Trauer über das verlorene Ganze. Auch der Sinngegensatz der Worte selig – Öde – wonnig (in der Dichtung steht »sonnig«) paßt zu solcher Zerrissenheit. Nimmt man hinzu, daß Wagner nur wenige Monate nach der Partiturniederschrift dieser Stelle von der »unmännlichen« und »lächerlichen« Geige als Soloinstrument gesprochen hat und sie hier gerade so verwendet (wenn auch sechzehnfach, so doch einstimmig), dann fügt sich alles zu einem, zugegeben: dunklen Zusammenhang des Mannes mit seinen Körper- und Bezugsnöten.

Siegfried also ist nicht der Held, für den er ausgegeben und als der er benutzt wurde, auch und gerade von den Nazis, die dem Verständnis Wagners damit verhehrenden Schaden zugefügt haben. Selbst wenn der amerikanische Kritiker Peter Viereck 1939 Recht gehabt hätte mit der These, das »böse Genie« Richard Wagner sei »die wohl wichtigste Einzelquelle, ja schlechthin [der] Urquell der Nazi-Ideologie« – dann wäre es eine Quelle, der man Jauche statt Wasser entnommen hätte. Nur durch krasse Mißdeutungen (die ihre Geschichte haben) oder durch bewußte Manipulation und Unterdrückung von Texten ließen Siegfried und Wagner sich zu dem machen, was sie für gewisse Kreise dann waren. Es steckt schon ein hohes Maß an Perversion darin, daß während des Zweiten Weltkriegs die Bayreuther Festspiele nur noch vor Soldaten und Rüstungsarbeitern stattfanden – zur Stärkung des Wehrwillens.

Daß aber Wagner seinen Sohn, der ja ironischerweise ausgerechnet Siegfried hieß, vor dem Wehrdienst bewahren wollte, darüber dachte er schon laut nach, als dieser gerade elf Jahre alt war. Nein, Wagner war selbst als Erfolgreicher nicht auf der Seite der Sieger. Das ist schnell nicht mehr verstanden worden, schon nicht von seiner engsten Umgebung. Und erst recht nicht von denen, die ihn dann später zielstrebig ausschlachteten für das, was noch kommen sollte. Bernhard Diebold, Kritiker der liberalen »Frankfurter Zeitung«, hat die Zuschauer der Bayreuther Festspiele der späten zwanziger Jahre so gesehen: »Sie erkennen nur Siegfrieds Geste mit dem Schwert und nicht seinen naiven Anarchismus. Sie erleben im ›Parsifal‹ einen Pazifismus, der selbst das Töten eines Schwanes verbrecherisch schilt, geschweige, daß er den Bau von Panzerkreuzern billigte. Sie weiden ihre Augen fromm an soldatischen Gebärden und christlichen Zeremonien, und sie ... wissen nicht, was sie tun.«

Es ist zu befürchten, *daß* sie es wußten. Wagner wußte es wohl auch, denn er hat den Fehldeutungen seines Siegfried zumindest Vorschub geleistet und ihnen nicht widersprochen, obwohl er in ihm nichts anderes dargestellt hat als den armen mißgebildeten Menschen als Mann.

Musikalisch immerhin hat er sich auch offen so ausgedrückt. Auf dem Höhepunkt des deutschen Siegestaumels nach der Schlacht von Sedan sagt er, »er möchte die Trauermusik für die Gefallenen schreiben, ... keine Siegeshymne, das verstünde er nicht«. Er bekam keinen Auftrag, aber eineinhalb Jahre später hat er diese Musik komponiert, den sogenannten Trauermarsch aus der »Götterdämmerung«, die Klage um den ermordeten Siegfried. Für Wagner-Gegner war dieses Stück immer besonders anstößig, für die sensibleren unter Wagners Freunden zumindest peinlich. Das hat jedenfalls zu tun mit seiner historischen Nutzung als schallender Höhepunkt bei offiziellen Trauer-Akten – vor allem im Dritten Reich, wo es perverserweise auch anläßlich von Staatsbegräbnissen für ermordete Hitler-Gegner gespielt wurde. Das Verlogene solcher Umstände schlug notwendig auf die Musik zurück: auch sie erhielt von da aus den Charakter einer gleisnerischen Fassade. Hinzu kommt – wenn es nicht gar unmittelbar damit zusammenhängt –, daß das Stück bei Aufführungen gern zur orchestralen Prunk-Nummer aufgeplustert wird, was Wagners Komposition eigentlich strikt zuwiderläuft.

»Ausdrucksvoll« heißt die häufigste Vortragsbezeichnung, selbst für die schweren Blech-Instrumente. Die Sechzehntel-Schläge des Anfangs sinken zweimal vom kurzen fortissimo wieder zum piano zurück, und wenn dann das Orchester anschwillt, sollte die Solo-Trompete mit dem Motiv des Schwertes nicht herausplatzen; denn ihr ist das gleiche forte vorgeschrieben wie allen anderen Instrumenten, die die Begleitharmonien synkopisch verschoben spielen und damit den schlichten Fanfaren-Charakter der Trompete irritieren. Der Höhepunkt im Ausbruch des vollen Orchesters ist sehr eigenartig rhythmisiert: in die Pausen zwischen den Akkord-Schlägen der starken Instrumente ist jeweils ein Achtel der Pauke eingeschoben; das gibt der scheinbar heldischen Passage eine Art hinkenden Charakter, was noch dadurch verstärkt wird, daß die Bläser nur das jeweils letzte Viertel der Takte aushalten – als ob jemand beim langsamen Schreiten ein Bein nachzieht. Ohne Ende gleichsam, schließlich verlöschend wie es begonnen hat, realisiert das Stück entgegen der falschen Tradition keine stolze Trauer, sondern schmerzliche Klage. Da wird nicht für einen hehren Helden aufgespielt, sondern für einen hinterrücks Erschlagenen; kalt, trocken, immer wieder stockend konstatiert die Musik das Scheitern von Wotans hochfliegenden Weltherrschafts-Plänen. Aber auch das Scheitern dessen, der kein Mensch werden durfte, sondern blieb, was er war: ein Mann.

SIEGFRIED (BAYREUTH 1976–1978: RENÉ KOLLO)
Chéreaus Inszenierung läßt in Siegfried den erkennen, der hilflos und einsam sich in die Gesten eines Kraftprotzes zu flüchten gezwungen sieht.

Wagner-Karikatur von
Ernst Benedikt Kietz, um 1840
Der Maler-Freund aus Pariser Notzeiten skizzierte ein abgründiges Bild: Menschen ziehen Wagners Wagen, aber die Zügel hält Minna, die Gattin.

III.
KAPITEL

Weiberphantasien

Richard Wagner und seine Frauen

Erhebe dich,
Genossin meiner Schmach!

Lohengrin, 2. Akt, 1. Szene

Im Sommer 1851, zwei Jahre nach der Flucht aus Dresden, schreibt Wagner in Zürich seinen autobiographischen Rechenschaftsbericht »Eine Mitteilung an meine Freunde«. Er steht am Ende einer Zeit, in der die großen theoretischen Schriften zur Kunst entstanden sind, und soll die angeblichen oder tatsächlichen Differenzen zwischen diesen und den bisherigen Bühnenwerken erklären, deren letztes, »Lohengrin«, gerade vor einem Jahr in Weimar uraufgeführt worden war. Wagner hatte sein Stück nicht hören können, da dem politischen Flüchtling der Weg nach Deutschland versperrt war: er wurde dort noch immer steckbrieflich verfolgt.

Dabei wollte er gerade den »Lohengrin« einmal auf der Bühne erleben; denn er glaubte, damit etwas ganz Neues geschaffen und sein künftiges Werk auf den Weg gebracht zu haben. Die »Mitteilung« erläutert ausführlich, worum es sich da handelt, und sie erläutert Dinge, die aus der Oper selbst ohne weiteres nicht zu entnehmen sind. Die eigentlich wichtige Figur, sagt Wagner im Zürcher Exil, sei nämlich gar nicht der Titelheld, sondern Elsa, die Lohengrin als anonymer Ritter vor ihren Feinden rettet, gleich darauf zur Frau nimmt und nach der Hochzeitsnacht (die übrigens nur aus einem im Streit endenden Gespräch besteht) wieder verlassen muß, weil sie verbotenerweise nach seinem Namen fragt.

Elsa also: in ihr habe er den Gegensatz zu Lohengrin gesehen, »natürlich jedoch nicht den diesem Wesen fern abliegenden, absoluten Gegensatz, sondern vielmehr das *andere Teil* seines eigenen Wesens, – den Gegensatz, der in seiner Natur überhaupt mit enthalten und nur die notwendig von ihm zu ersehnende Ergänzung seines männlichen, besonderen Wesens ist. *Elsa* ist das Unbewußte, Unwillkürliche, in welchem das bewußte, willkürliche Wesen Lohengrins sich zu erlösen sehnt ...« Der (überirdische) Mann Lohengrin ist also unvollkommen, erlösungsbedürftig, und die Erlösung kann nur die Frau vollbringen. Nicht Lohengrin weiß alles, wie es in der Oper scheint, sondern Elsa; ihr Verhalten, ihre verbotene Frage ist der Weg zur Erlösung, und Lohengrin muß wieder entschwinden, weil er die Frau »aus seiner besonderen Natur nicht verstehen konnte«. Mit dieser Erkenntnis sei er, Wagner, »dem *wahrhaft Weiblichen*« auf die Spur gekommen, »das mir und aller Welt die Erlösung bringen soll, nachdem der männliche Egoismus, selbst in seiner edelsten Gestaltung, sich selbstvernichtend vor ihm gebrochen hat«.

Und nun folgt ein überschwenglicher Hymnus: »Elsa, das Weib, – das bisher von mir unverstandene und nun verstandene Weib, – diese notwendigste Wesenäußerung der reinsten sinnlichen Unwillkür, – hat mich zum vollständigen Revolutionär gemacht.«

Diese Deutung ist nicht nur angesichts des Stücks selbst überraschend. Sie befindet sich auch in ziemlichem Widerspruch zum zeitgenössischen Frauenbild und zu manchen Äußerungen Wagners selbst aus späteren Jahren. Aber sie legt von nun an die sozusagen offizielle Linie fest. Wagners Frauen, die im Werk und einige in seinem Leben, haben für das 19. Jahrhundert einigermaßen sensationelle Züge. Sie sind der offene Gegensatz zu den Männern, die Wagner gekannt und geschaffen und die das vorige Kapitel beschrieben hat, ein Gegensatz, aus dem Wagner geradezu die Dynamik der Weltgeschichte ableitet, indem er die Liebe zwischen Mann und Frau zum Prüfstein der Menschlichkeit macht. An dem so verehrten Schopenhauer hat er später ausdrücklich kritisiert, »daß er das Männliche und Weibliche, worin alles auf dieser Welt zerfällt, nicht genügend beachtet habe«.

Wenn der Mann ist, wie er ist, und wenn kaum zu sehen ist, wie er sein soll, wie sind dann die Frauen, und wie sollen sie sein? Wagner hat das Fragezeichen durch viele Ausrufezeichen aufgelöst. Sie bekräftigen selten eine Wirklichkeit, sondern bezeichnen oft ein Gemisch von Erwartungen, Hoffnungen und Ängsten, das selbst wieder der Psychoanalyse bedürfte. Aber es bleibt dabei: die Frauen sind Wagners eigentliches Thema.

1.

Die Frau in der Männergesellschaft

Friedrich Nietzsches Abrechnung mit dem einst unsäglich verehrten Übervater, sein Pamphlet »Der Fall Wagner« von 1888, beschäftigt sich über weite Strecken mit dem Frauenbild in Wagners Werk. Der haßerfüllte Widerspruch des zwar abgesprungenen, aber doch besten zeitgenössischen Wagner-Kenners bringt am klarsten hervor, was die Frau in Wagners Welt bedeutet. Liebe, so Nietzsche, sei ein »feinerer *Parasitismus,* ein Sich-Einnisten in eine fremde Seele, mitunter selbst in ein fremdes Fleisch«, der Mann sei »feige vor allem Ewig-Weiblichen«, sich einlassen mit dem Weib sei Abstieg zu ihm, »erlöst« werden bedeute »verdorben« werden. Wagner, der Experte für »alle Femininismen aus dem Idiotikon des Glücks«, »raubt uns die Jünglinge, er raubt selbst noch unsre Frauen und schleppt sie in seine Höhle«. In einem ein paar Jahre früheren Fragment hat Nietzsche gar formuliert: »Bei den eigentlichen ›Mänaden‹ der Wagner-Anbetung darf man unbedenklich sogar auf Hysterie und Krankheit schließen; irgend Etwas ist in ihrer Geschlechtlichkeit nicht in Ordnung; oder es fehlt an Kindern, oder, im erträglichsten Falle, an Männern.«

Der sexuell schwer gestörte Nietzsche scheint seine Philosophie des Weibes gerade am Gegenbild Wagners entwickelt zu haben. In ihrer krassen Frauen- und Emanzipationsfeindlichkeit ist sie jedoch nur ein zugespitzter Ausdruck dessen, was in der Zeit gang und gäbe war. Wagner hat diesem Denken im häuslichen Umkreis von Villa Wahnfried oft selbst Worte verliehen, angeregt wohl auch von der Tagebuchschreiberin Cosima, die – so »emanzipiert« sie selbst war – gern ein konventionelles Frauenbild pflegte. Schwer zu unterscheiden, wie weit Wagner dabei philiströse Banalitäten nachplapperte, denen nur das Gewicht zukommt, das Cosima ihnen durchs Aufschreiben verlieh, oder wie weit er solche Aussprüche ernsthaft überlegt hat.

Da rät er zum Beispiel Cosima ab, selbst Schopenhauer zu lesen:

»durch den Mann, durch den Dichter solle die Frau zur Philosophie kommen«; auch hätten Frauen keine Nation, sondern »das Vaterland ihres Mannes«; zu schreiben sei gegen die Natur der Frau, sie habe nur zu lieben oder zu hassen; eine Frau gar mit eigenem Atelier sei ihm »greulich«. Die »Frauen-Befreiung« verabscheuen beide als »›jetztzeitlichen‹ Unsinn«, durch den Frauen sich zur »Mannsperson« machen wollten; sie brauchten zum Beispiel kein Wahlrecht, weil sie »nichts mit der äußeren Welt zu tun« hätten. Die Frauen seien »ganz passiv, und nur, was der Mann hineinlegt, kommt heraus«. »Wenn sie eine gewisse ängstliche Bescheidenheit verlieren, etwas andres sein wollen als Gattinnen und Mütter, wie unangenehm steif werden sie da.«

So hat er auch Cosima behandelt, die es sich in einer seltsamen Mischung aus Klugheit und unterwürfiger Demut bieten ließ. »Stolzes Frauchen freue dich, dein Richard komponiert für dich«, sang er ihr morgens zum Frühstück vor. Es ist die Haltung zur Frau, wie er sie vor dem »Lohengrin«-Umbruch dargestellt hat. In dem Dramen-Entwurf »Jesus von Nazareth« von 1849 – nach »Lohengrin« geschrieben, aber interessanterweise eben vor der »Lohengrin«-Interpretation – umkreist er in langen Wiederholungen das »Wesen des Weibes«: ». . . so ist das Weib in sich unvollkommen, und kann nur in der Erwiderung der Liebe des Mannes zur Thätigkeit gelangen: in seinem Aufgehen in den Mann, dessen Liebe es empfängt, findet es die einzige Möglichkeit der Mitentäußerung seines Egoismus an die Allgemeinheit, nämlich in den Kindern . . .« und so weiter und so weiter. Noch in der letzten Schrift vor der »Mitteilung an meine Freunde«, am Schluß von »Oper und Drama«, überträgt er das konventionelle Bild auf die Musik: »*aller musikalische Organismus ist seiner Natur nach aber – ein weiblicher,* er ist ein nur *gebärender,* nicht aber *zeugender;* . . . *Die Musik ist ein Weib.* Die Natur des Weibes ist die *Liebe*: aber diese Liebe ist die *empfangende* und in der Empfängnis rückhaltslos *sich hingebende* . . . was für ein Weib soll die *wahre Musik* sein? Ein Weib, *das wirklich liebt,* seine Tugend in seinen *Stolz,* seinen Stolz aber in sein *Opfer* setzt . . .« wiederum und so weiter und so weiter.

Man sieht: davon ist manches geblieben auch bei dem späteren Wagner. Aber die Umkehr in der neuen Deutung der Elsa-Figur und also der Frau überhaupt hat doch gelegentlich seine privaten Äußerungen gefärbt. Da wird auch einmal zugestanden, daß Frauen »Männerrechte« fordern, wenn sie ihre Familie ernähren und wie die Männer arbeiten müssen. Da werden zwar die Frauen kritisiert, weil sie rauchen (auch Cosima tat das übrigens), aber auch entschuldigt, weil die Männer ihnen ein schlechtes Beispiel geben, und überhaupt: das alles liege an »der unrichtigen Stellung der Frauen«.

Den Gedanken hat er ein paar Monate später präzisiert: »wie falsch die Stellung der Frau bei uns sei, einerseits die Form ritterlicher Anbetung, und dabei die geringschätzigste Meinung von ihr.« (Das klingt durchaus auch selbstkritisch. Denn er hat für beides genügend Beispiele geliefert; manchmal betreffen sie dieselbe Person.) Die Zusammenfügung der beiden Haltungen bringt zum Ausdruck, daß sie nur scheinbar gegensätzlich sind, in Wahrheit aber gleicherweise die »falsche Stellung« bezeichnen. Hier wird die Frau beschrieben, die in der Männerwelt benötigt und benutzt wird, und der deshalb »ritterlich« ein hoher Rang zugesprochen werden muß, damit sie ihre tatsächliche Wertlosigkeit nicht bemerkt. *Weil* sie nicht bemerkt, wie sie belogen wird, und weil ihr Nutzen außerdem mit dem sexuellen »Schmutz« zusammenhängt, wird sie zugleich geringgeschätzt, verachtet. Von der Frau wird erwartet, das Herzchen zu sein, das das harte Leben verschönt, aber eben nicht mehr: irgendein menschlicher Anspruch steht ihr nicht zu. Die Folgen davon hat Wagner wohl gespürt, die Gefahr des Umschlags der so behandelten Frauen ins ebenso Negative, wie es der Mann schon darstellt: »das Wesen des Weibes sei das Mitleid mit dem alles nach außen verfechtenden Mann. Wenn nun der Mann verkomme, höre das Mitleid auf, und die Frau würde hart.«

Die »Vermännlichung« der Frau in der Männergesellschaft schien ihm wohl zu recht als der falsche und gefährliche Zielpunkt der »gewöhnlichen« Emanzipationsbewegung, was auch sein hektisches Eifern dagegen erklärt. Als Cosima einmal meint, »daß die Frauen nicht für alles verantwortlich zu machen sind«, ruft er aus: »doch, die Männer sind elende Soldaten, die Frauen repräsentieren noch das einzige, woran man sich wenden kann in idealen Sachen; wenn man da auch nur auf Leder trifft, ist es entsetzlich.« Das Leder-Bild hat er schon einmal über dreißig Jahre früher verwendet – so gleichbleibend empfand er die Gefahr: »Mit frauenherzen ist es meiner kunst immer noch ganz gut gegangen, und das kommt doch wahrscheinlich daher, daß bei aller herrschenden gemeinheit es den frauen doch immer noch am schwierigsten fällt ihre seelen so gründlich verledern zu lassen, als dieß unsrer statsbürgerlichen männerwelt zu so voller genüge gelungen ist.« Und dann wieder ganz spät, ein Vierteljahr vor dem Tod, gibt er dem »Weiblichen« vor dem »Männlichen« »durchaus den Vorzug«, denn: »der Mann muß sich immer so stellen, als empfände er nichts, muß die Wärme vermeiden, und da ist es nichts.«

Der wie sinnlos angehängte Nachsatz ist, traurig verstummend, die Feststellung des Preises, den die Männergesellschaft zahlt: Wärme vermeiden, und dabei die zugleich angebeteten und mißachteten Frauen noch als Opfer mitnehmen. Immer wieder hat Wagner Shakespeares

»Othello« gelesen, hin und her gerissen zwischen Bewunderung und Abscheu. Einmal faßt er seine Lektüre so zusammen: »Die Frauen sind besser als die Männer, das habe ich heute wohl eingesehen und an vieles gedacht, was mich sehr rührte. Aber die Dichterei mag ich doch gar nicht, diese Realistik zerwühlt einen förmlich, es ist furchtbar.« Und dann, als Cosima Desdemona eine »Gans« nennt: »Er findet die Desdemona die reinste, vollendetste unter den weiblichen Gestalten Shakespeare's und erwähnt ihres Ausrufes: ›O die Männer, die Männer.‹«

Natürlich ist da Angst im Spiel, Angst, was die Frauen mit diesen Männern anstellen könnten, Angst um die eigene Rolle, die zwar bedenklich erscheint, aber ausweglos festgelegt. »Herrliche Weiber giebts hier im Oberland«, schreibt er einmal an den Freund Uhlig, »aber nur für's Auge; alles ist angefressen von wüthender Gemeinheit.« Außen hui, innen pfui: die grundlose Beschimpfung ist ein Sinnbild der Angst des Mannes vor den Möglichkeiten der Frau, wenn sie einmal darauf verzichtete, *ihre* festgelegte Rolle in der Männergesellschaft zu spielen.

Diese Angst wird besonders deutlich in der lebenslangen Abwehr gegen das »politische Weib«. So bezeichnet er Ortrud, die Gegenspielerin Elsas im »Lohengrin«, 1852 in einem Brief an Franz Liszt. Ortrud kenne nämlich die Liebe nicht: »Hiermit ist Alles, und zwar das Furchtbarste, gesagt. Ihr Wesen ist Politik. Ein politischer *Mann* ist widerlich, ein politisches *Weib* aber grauenhaft ...« Hans Mayer hat zu der Stelle mit Bezug auf Hebbel angemerkt: »Das politische Weib ist ihnen die Frau mit der Waffe.« Und noch ein Vierteljahrhundert danach sagt Wagner angesichts der »Medea«-Oper von Cherubini: »Ich kann diese wütenden Weiber nicht leiden«, obwohl es im Duett zwischen Medea und Creon »gewiß schöne Züge« gebe, »ihr Flehen und seine Härte«.

Die Angst überwiegt noch die »schönen Züge«, und »Frauen mit der Waffe«, hat Wagner nur ausnahmsweise auf die Bühne gebracht. Die Ausnahme aber ist bezeichnend. Es sind die Walküren. Patrice Chéreau hat sie charakterisiert als »Mädchen, die erst dann Beziehungen zu Männern haben, wenn diese Männer tot sind«. Man kann es auch so herum sagen: bewaffnete Frauen bedingen tote Männer. Ihrer Anführerin schließlich, Brünnhilde, werden die Waffen genommen (sie behält nur Rüstung, Helm und Schild, keine Angriffswaffen also), nachdem und weil sie sich für die Liebe und gegen das kriegerische Gesetz entschieden hat. Die waffenlose Frau kann dann zur »normalen« Partnerin des Mannes werden, was aber (wie im Leben) zu nichts Gutem führt.

Die bewaffnete Frau, die dem Mann gleich sein will, und die Gesellschaftsfrau als seine Gespielin: beides ist nichts. Was aber dann? Thomas Mann hat von Wagners »Heldinnen« gesagt, es kennzeichne sie »ein Zug von Edelhysterie, etwas Somnambules, Verzücktes und Seherisches, das ihre romantische Heroik mit eigentümlicher und bedenklicher Modernität durchsetzt«. In der Tat entfernen sie sich damit von der klassischen Rolle der Frau in der Männergesellschaft. Senta, Elisabeth, Elsa, Sieglinde, Brünnhilde, Isolde, Eva, Kundry: sie alle zeigen entschiedene Abweichungen vom Frauenbild des 19. Jahrhunderts; sie handeln und sprechen für ein neues, anderes, allerdings auch diffuses. Ihre »Modernität« äußert sich im Widerstand gegen die ihnen zugedachte Rolle als brave Ehefrau und Mutter. Vor allem Mutter: mit der einen Ausnahme Sieglindes bekommt keine ein Kind. Nietzsche hat sich als erster Gedanken darüber gemacht, höhnisch und treffsicher: »Sie *können's* nicht ... Die Verzweiflung, mit der Wagner das Problem angegriffen hat, Siegfried überhaupt geboren werden zu lassen, verräth, *wie* modern er in diesem Punkte fühlte. – Siegfried ›emancipirt das Weib‹ – doch ohne Hoffnung auf Nachkommenschaft. – Eine Thatsache endlich, die uns fassungslos lässt: Parsifal ist der Vater Lohengrin's! Wie hat er das gemacht? – Muss man sich hier daran erinnern, dass ›die Keuschheit *Wunder* thut‹?«

Weiß Gott, ja. Wagners Frauen ist mit der Mutterrolle auch die Lust ausgetrieben worden (immer mit der einen Ausnahme der Sieglinde). Senta entschwindet mit ihrem Holländer sofort in der ewigen Erlösung; Elisabeth stirbt, ohne mit Tannhäuser mehr gepflogen zu haben als ein längeres Gespräch in der »teuren Halle«; Elsa fragt Lohengrin im Brautgemach gleich nach seinem Namen, und alles ist aus; Brünnhildes Begegnung mit Siegfried findet – jedenfalls *auf* der Bühne – ebenso nur in Diskussionsform statt wie die Evas mit Walther und erst recht die des Super-Paars Isolde/Tristan, das vor lauter Reden in kompliziertesten Wendungen und akademischen Distinktionen über die Liebe für diese keine Zeit findet.

Ohne Zweifel steckt nicht zuletzt bürgerliche Prüderie in dieser szenischen Lustfeindlichkeit, während nur (nur?) die scheinbar unverfänglichere Musik von der Sache selbst redet. Zweimal hat Wagner Bilder entworfen, die deutlich ans Bordell erinnern: den Venusberg im »Tannhäuser« und Klingsors Zaubergarten im »Parsifal«. Adorno hat richtig bemerkt, diese »geträumten Bordelle« würden »zugleich diffamiert als Ort, den keiner heil verläßt«, ein Angsttraum sozusagen des Bürgers und sein Traum zugleich, der Frau als sexueller Emanze zu begegnen, die sich jeden Mann ohne liebesvolle Entschuldigung nimmt. Die Bewohner des einen Bordells, die Blumenmädchen, hat

Wagner als Erfindung immer selbst bewundert, und ihre Darstellerinnen bei der »Parsifal«-Uraufführung 1882 ganz besonders. Aus seiner Loge hat er ihnen bei jeder Vorstellung »Bravo! Bravo!« zugerufen, mitten in ihre Szene hinein. Und nach den Aufführungen sagte er noch, »er habe Sehnsucht nach den Blumenmädchen, er habe ihnen nicht genügend seine Freude an ihnen zeigen können ...«

Verlockung durch die sexuelle Frau und ihre Diffamierung zugleich: die bürgerlich-männliche Mentalität kommt immer wieder auf den selben Zwiespalt zurück und auf ihre geheime Neigung zum ersteren. Wie anders ist Wagners Ausspruch zu verstehen, »Weibchen« zu sagen sei viel mehr als »Engel«? Wie seine Klage, Frauen spielten Liebesszenen auf der Bühne nicht intensiv genug: »sie denken, sie kriegen dann keinen Mann« (so bei den Proben zur Uraufführung des »Rings«)? Und wie die Überschwemmung gerade des »Rings« mit dirnenhaften weiblichen Wesen, die wie die Blumenmädchen im »Parsifal« und das Gefolge der Venus im »Tannhäuser« keine richtigen Menschen sind? Sowohl die Rheintöchter nämlich (das hat Chéreaus Inszenierung schön gezeigt) wie die Walküren und sogar den Waldvogel im zweiten »Siegfried«-Akt umgibt eine Aura von lockender, ja vulgärer Verführungslust – bis in ihre Musik hinein, deren Motive eng miteinander verwandt und voneinander abgeleitet sind. Das ist etwas, was den Menschenfrauen verboten ist. »Leider«, sagt Wagners Werk, wenn nicht er selbst.

Aber es sagt auch das bedauerliche andere: daß die Frauen in der Männergesellschaft deren herrischen Prinzipien unterworfen sind, unterworfen *worden* sind. Sie haben lernen müssen, das Gesetz über die Liebe zu stellen. Daß beides aber eigentlich unvereinbar ist, hat Wagner schon früh formuliert: die Jugendoper »Das Liebesverbot« trägt den Konflikt bereits im Titel und handelt von nichts anderem, und die theoretische Begründung liefern dann 1849 die Notizen zu dem geplanten Jesus-Drama: »das Gesetz ist die Lieblosigkeit, und selbst da, wo es die Liebe gebieten würde, würde ich in seiner Befolgung nicht Liebe üben, denn die Liebe handelt nur nach sich selbst, nicht nach einem Gebot. Die Versöhnung der Welt ist daher nur durch Aufhebung des Gesetzes zu bewirken ...« »Sehr auszuführen« hat Wagner an dieser Stelle notiert, und er hat den Vorsatz bald anderswo befolgt: im »Ring« wie im »Tristan« und in den »Meistersingern«. Überall erscheinen Liebe und Gesetz als Gegensatz, und die jeweiligen Liebespaare müssen das Gesetz aufheben, um ihre Liebe zu verwirklichen. Daß übrigens das Gesetz als Fundament des modernen Staats zurückzuführen ist auf mythische Herrschaftsverhältnisse zwischen den Geschlechtern, stand für Wagner fest, seit er in seiner ersten Beschäftigung mit dem Nibelungen-Stoff dargelegt hatte, wie das Königtum aus dem Familien-Patriarchat hervorgegangen sei.

Die große Szene zwischen Wotan und Fricka am Anfang des zweiten »Walküren«-Akts steht für die inzwischen erreichte und gefestigte Macht des Patriarchats. Fricka ist der »Typ der Weiblichkeit«, »der schon so lange mit dem Patriarchat versöhnt ist, daß er es fälschlich als die natürliche Ordnung der Dinge auffaßt«. Aber dem ist nicht so. Die Natur kehrt zurück, untergründig untergräbt sie die Ordnung der Dinge, die eben keine natürliche ist. Und das Werkzeug der Natur ist gerade die Frau, die von der Männergesellschaft denaturierte Frau.

2.
Die Rache der Frauen

»Denn wenn die Frauen eintreten, die werfen alles untereinander – was bis dahin gut ging.« So zitiert Wagner seinen Freund Georg Herwegh über die Dichtung des »Rings«: Georg Herwegh, den wie Wagner aktiv an der 48/49er Revolution Beteiligten, den Sozialisten, den linken Poeten, den Marx-Kenner. Offenbar macht es für das Verhältnis zu Frauen keinen wesentlichen Unterschied, auf welcher politischen und gesellschaftlichen Seite der Mann sich befindet. Theweleit hat aus unserem Jahrhundert einige hübsche Beispiele dafür angeführt, und er folgert: »So stehen wir vor der bemerkenswerten Erscheinung, daß es Äußerungen über Prostituierte und über Frauen überhaupt sind, in denen sich ›reaktionäre‹ und ›revolutionäre‹ Männer in gewisser Weise nahe kommen. Eine eingefleischte Gemeinsamkeit ›Mann‹ überwindet, so scheint es, noch am ehesten die im übrigen unüberwindlichen politischen Klassengegensätze zwischen verschiedenen Männern. Diese Gemeinsamkeit stützt sich auf eine Angst, auf die tief ins männliche Unbewußte eingegangene Angst vor Rache der Frauen, seit die Männer über sie herrschen.«

Wagner mit all den vielen Frauen seines Lebens ist erfüllt von solcher Angst. Noch in den letzten Jahren, in der idyllischen Atmosphäre des sizilianischen Ferienwinters, während der Arbeit am idyllischsten Stück des »Parsifal«: der Blumenaue des dritten Akts, sagt er einmal plötzlich, »er würde gern einen begabten jungen Mann kennenlernen, aber keine Frau, die machten immer Unruhe«. Es ist da erst ein paar Wochen her, daß Judith Gautier, die letzte große Geliebte, ihn in Bayreuth besucht hat. Aber selbst das, die Erinnerung an ihren Liebessommer während der ersten Festspiele 1876, hat offenbar eher Abwehr geweckt als Freude. Die Angst wirft Schatten auf die Liebe, weil man immer an einen Hinterhalt glaubt. Und zwar zu Recht.

Der zweite »Parsifal«-Akt enthält den Hinterhalt gleich doppelt:

das Motiv wird durch Steigerung intensiviert. Parsifal begegnet in Klingsors Garten zunächst den Blumenmädchen. Sie sind die Geliebten der von Klingsor verführten ehemaligen Gralsritter, die nun seine Truppen bilden, gesammelt gegen den Gralskönig Amfortas. Die Mädchen, deren Männer Parsifal beim Eindringen in die Burg verwundet oder erschlagen hat, beginnen sofort, ihn zu umgarnen, und das im Wortsinn, denn sie sind wirklich eine Art Blumen, pflanzliche Wesen von menschlichem Aussehen. Aber doch auch wirkliche Frauen; Gurnemanz hat sie im ersten Akt so beschrieben: »drin [im Garten] wachsen teuflisch holde Frauen«, wozu Klarinetten, Hörner und Streicher »weich« und »zart« zu spielen haben. Das enthält in einem Satz alle wichtigen Zutaten: sie sind »hold« (= verführerisch), sie »wachsen« (= unmittelbar natürlich), sie sind »teuflisch« (= gefährlich), und alles wird »weich« in eins geschmolzen. Die Gefahr nämlich besteht darin, daß die Mädchen ihre körperlichen Mittel einsetzen, um dem Knaben Parsifal Lust zu bereiten, also ihn zum Bösen zu verführen.

Nachdem Parsifal ihnen widerstanden hat, taucht die nächste und noch größere Gefahr auf: Kundry, ein sonderbares Frauenwesen, zugleich Botin des Grals und Klingsors Große Hure, die einst auch Amfortas verführt und damit dessen unheilbare Wunde verursacht hat. Eine Art Grenzgängerin, die um so gefährlicher ist, weil man sie nicht so eindeutig dem Bösen zuordnen kann. Aber auch sie will nur an Parsifals »Reinheit« heran, täuscht ihn durch Berufung auf seine Mutter, in deren Namen sie ihm »der Liebe – ersten Kuß« gibt, und behauptet, eine Stunde mit ihm würde sie erlösen. Die Verlockung kleidet sich also in ein scheinbar moralisches Gewand, stellt als Pflicht dar, was in Wahrheit nur verhängnisvolle Lust ist.

Parsifal widersteht natürlich dennoch auch hier, was in diesem Zusammenhang aber nicht besonders wichtig ist. Vielmehr geht es in beiden Szenen darum, daß Frauen sich für die von Männern erfahrenen Mißhandlungen rächen. Die Blumenmädchen sind wehrlose Geschöpfe Klingsors (»im Lenz pflückt uns der Meister«), Kundry wird von ihm gegen ihren Willen zur Prostitution gezwungen, und die Gralsknappen behandeln sie wie den letzten Dreck. Wenn sie also von den Männern so zugerichtet worden sind, dann zahlen sie es ihnen schließlich auch heim, verlocken sie mit dem, was sie haben, und vernichten sie dabei.

Im »Ring« nimmt die ganze Geschichte davon ihren Ausgang. In der ersten »Rheingold«-Szene begehrt Alberich die Rheintöchter. Sie spielen ihm nacheinander Zuneigung vor, daß er vor Lust sich nicht mehr zu fassen weiß, und entziehen sich ihm, sobald er glaubt, von einer geliebt zu werden. Sie laden den Mann sexuell auf und stürzen ihn durch körperlichen Entzug sogleich in tiefste Frustration – ein Urbild der männlichen Angst vor der Rache der Frau – die Angst dann umgelenkt in Machtgier, weil menschliche Liebe nicht mehr zu haben ist.

Die »Rheingold«-Szene wird gegen Ende des »Rings« gespiegelt in einem weiteren Auftritt der Rheintöchter. Am Beginn des letzten Akts der »Götterdämmerung« begegnen sie Siegfried und versuchen ihn zur Herausgabe des Rings zu überreden. Er will das nicht tun, weil seine Frau ihm dann zürne. Darauf verspotten sie ihn mit einer Mutmaßung, gegen die Männer immer besonders empfindlich sind: er stehe unter dem Pantoffel seiner Frau:

»Flosshilde: Sie ist wohl schlimm?
Wellgunde: Sie schlägt dich wohl?
Woglinde: Ihre Hand fühlt schon der Held!
(Sie lachen.)«

Das kann Siegfried sich nicht nachsagen lassen, und schon ist er zu allem bereit:

»Lass' ich so mich schmähn? –
Kämen sie wieder
zum Wasserrand,
den Ring könnten sie haben. –
He he! Ihr muntren
Wasserminnen!
Kommt rasch: ich schenk' euch den Ring!«

Nun aber stellt sich heraus, daß es darauf gar nicht abgesehen war. Die Rheintöchter warnen Siegfried vor dem Unheil, das der Ring seinem Besitzer bringe, und sie wissen, daß gerade diese Warnung den stolzen Angeber dazu bewegen wird, den Ring doch zu behalten; denn Furcht glaubt er sich nun erst recht nicht leisten zu können. Aber in seiner Antwort kommt auch heraus, was seine wahre Angst ist, nämlich die vor der Frau:

»Traut' ich kaum eurem Schmeicheln,
euer Drohen schreckt mich noch minder.«

Und mit einer Geste, die so männlich-hochmütig wie traurig ist, trennt er sich von dem, was menschlich und natürlich an ihm ist, weil Fiktionen ihm die Werte verschoben haben:

»Denn Leben und Leib
– sollt' ohne Lieb'
in der Furcht Bande
bang ich sie fesseln –
Leben und Leib –
seht! – so
werf' ich sie weit von mir!
(Er hat eine Erdscholle vom
Boden aufgehoben und mit
den letzten Worten sie
über sein Haupt hinter
sich geworfen.)«

Den Einschub (die Zeilen 2–5) hat Wagner übrigens bei der Komposition weggelassen, ein deutlicher Hinweis darauf, daß er das Mißverständnis vermeiden wollte, Siegfried werfe Leben und Leib um der Liebe willen weg. Der Text war nur als floskelhafte Phrase gemeint; in Wahrheit wirft Siegfried mit Leben und Leib eben gerade auch die Liebe weg. Die Rheintöchter sagen ihm nun, woran er wirklich krankt:

»Eide schwur er –
und achtet sie nicht;
Runen weiß er –
und rät sie nicht;
ein hehrstes Gut
ward ihm gegönnt –
daß er's verworfen,
weiß er nicht:
nur den Ring, der zum Tod ihm taugt –
den Reif nur will er sich wahren!«

Absichtlich lassen sie ihn ins Verderben rennen, weil er sich vergangen hat an der Natur der Frauen: die Rache der Rheintöchter dafür, daß er um sogenannter männlicher Werte willen – Macht, Besitz, Furchtlosigkeit – die Frau verraten hat: die Rache der Frauen.

Für Siegfried waren Frauen längst gesellschaftlicher Umgang geworden, trotz der kurzen Zeit, die er sich in dieser Welt aufgehalten hat (die Handlung der »Götterdämmerung« umfaßt höchstens vier Tage). Eine Bemerkung kurz vor seiner Ermordung durch Hagen zeigt die Wandlung an vom ursprünglichen Naturbezug zu den liebesentleerten Höflichkeitsfloskeln der Gesellschaftswelt; als Hagen ihn fragt, ob er wirklich den Gesang der Vögel verstehe, da antwortet er:

»Seit Frauen ich singen hörte,
vergaß ich der Vöglein ganz.«

An Siegfried als dem beispielhaften Mann äußert sich ganz besonders die Rache der Frauen. Und vor allem die seiner eigenen Frau Brünnhilde. Es ist zutiefst auch eine sexuelle Rache. Brünnhilde nämlich hat durch »Zauberspiel« ihn unverwundbar gemacht, doch nur vorn, nicht im »Rücken« – dort, den primären Geschlechtsorganen abgekehrt (»nie reicht' er fliehend ihm [dem Feind] den Rücken«), kann er getroffen werden: »an ihm drum spart' ich den Segen.« Die Frau hat den Mann also da geschützt, wo er ihr Liebespartner ist, und sie gibt den Verräter rächend da preis, wo er sich von ihr abkehrt.

Auch die vorangehende Szene, in der Brünnhilde Siegfried seinen Verrat vorwirft, steckt voller untergründiger sexueller Anspielungen. Siegfried beruft sich darauf, daß er Gunther treu geblieben sei, indem er nach der gewaltsamen Brautwerbung sein Schwert zwischen sich und Brünnhilde gelegt habe, um jeden Liebesverkehr zu verhindern:

»mich trennte seine Schärfe
von diesem traur'gen Weib.«

Traurig ist dieses Weib aber gerade deswegen, gerade darin ja muß für sie der Verrat liegen. Aus dem komplizierten Mißverständnis, dem natürlich auch die Zuschauer zum Opfer fallen, erzeugt Wagner im textlichen Bild von Schwert und Scheide und in den musikalisch erregend weiten Septim- und Oktavsprüngen von Brünnhildes Stimme eine Aura von Sexual-Verrat des Mannes an der Frau:

»Du listiger Held,
sieh, wie du lügst, –
wie auf dein Schwert
du schlecht dich berufst!
Wohl kenn' ich seine Schärfe,
doch kenn' auch die Scheide,
darin so wonnig
ruht' an der Wand
Notung, der treue Freund,
als die Traute sein Herr sich gewann.«

Die anschließenden Eide – Siegfried: er sei treu gewesen, Brünnhilde: er habe einen Meineid geschworen – spielen wiederum dunkel mit Assoziationen an das männliche Glied. Siegfried:

»Bei des Speeres Spitze
sprech' ich den Eid:
Spitze, achte des Spruchs! –
Wo Scharfes mich schneidet,
schneide du mich;
wo der Tod mich soll treffen,
treffe du mich«.

Brünnhilde (nach dem gleichen Anfang):

»Ich weihe deine Wucht,
daß sie ihn werfe;
deine Schärfe segne ich,
daß sie ihn schneide«.

Die Worte »Speeres Spitze« sind jeweils komponiert als eine Art Anlauf (»Speeres«) mit folgendem kurzen Stoß nach unten (»Spitze«). Brünnhilde verflucht den Penis, und sie rächt sich an ihm, indem sie dem Mörder Hagen die todesanfällige Kehrseite zeigt.

In Brünnhilde weigert sich die Frau, das frauenverachtende Spiel der Männer weiter mitzumachen, und sie trifft sie an ihrer wahrhaft verwundbarsten Stelle. Sie trifft sie da auch deshalb, weil die Männer ihrerseits sich weigern, die Frau als geschlechtliches und der körperlichen Liebe bedürftiges Wesen zu akzeptieren. Indem die Männer sich selbst die Lust verboten und sie als Unreinheit diffamiert haben (obwohl sie danach lechzen), haben sie die Frau um ihre Lust gebracht und suggerieren ihr diese wiederum als schmutziges Begehren, das im Widerspruch stehe zu den sittlichen Idealen.

Wagner spricht einmal davon, daß der weibliche Körper kein Gegenstand für die Malerei sei, »weil er die Natur-Bestimmung zu deutlich ausdrückt; er gedenkt der Tizianischen Venus; höchstens könnte das Verhältnis des Kopfes mit Schmuck zum Körper anmutig wirken, der Schlangenkopf, der seine Füllhörner sehnsüchtig ausstreckt«. Da ist wieder einmal alles beisammen: die Körperlichkeit als Negatives – das will der Mann nicht sehen, höchstens hinter den diskreten Türen des Bordells –, der Schmuck, der die Körperlichkeit mildert, und dann doch auch die Sehnsucht nach dem Körper, der ihm und der Frau verboten ist – Schlangenkopf schließlich als Angst und Beleidigung gleichzeitig.

Die Frauen reagieren auf solche Abwehr mit Verweigerung. Diese Rache trifft tief. »Ich lebe wie eine Art Tier«, sagte Wagner eine Woche vor seinen Überlegungen zum Frauenkörper, und Cosimas Antwort muß ihm wie Hohn geklungen haben: »Ja, in der Unschuld.« Manchmal bricht es heftig aus ihm heraus: sie glaube wohl, sie »sei die Tugend selbst«. Denn auch Cosima hat sich ihm wohl verweigert. Ihr Tagebuch macht einen großen Bogen um das heikle Thema, das sie gern umgedeutet hat: in eigenen Verzicht, in Sühne für ihren Ehebruch gegenüber Hans von Bülow, in gerechtes Leiden. Aber manchmal ist es wie mit Händen zu greifen. Als sie ein »einsames Reh so jammervoll« schreien hört: »Die Klage, die furchtbare Klage der Sünde, der Ruf, der schreckliche Ruf des Verlangens«. Oder: »Gewiß muß ich etwas verabsäumt haben in der Zeit, daß R. so eifersüchtig bleiben kann«. Oder, fast schon offen: ». . . wie ich schon lange dem sinnlichen Ausdruck der Liebe entsag«.

Cosima hat ihre Gründe angegeben. Einmal schickt Felix Dahn Gedichte, »unter welchen auch seine ganze Liebesgeschichte von ihm und seiner Frau dargestellt wird – unbegreiflich ist der jetzige Mangel an Zartgefühl, ich begreife die Frau nicht, welche diese Geheimnisse preisgibt«. Nur nicht davon reden, wenn überhaupt: dann heimlich, wie die Männer es tun. Das Bett ist ein Ort der Sünde, und die Männer mögen es spüren; was dort geschieht, ist Pflicht, und allzu oft, zur Buße, soll es auch dort nicht geschehen.

Wenn Wagner solches schon bei Cosima passiert ist, der lebenslustigen Tochter aus einem nicht legitimierten Liebesverhältnis des Bohemiens Liszt, um wieviel mehr erst bei Minna, seiner ersten Frau. Die war zwar Schauspielerin, und das sprach für lockere Sitten. Aber sie hatte ein uneheliches Kind und war von dessen Vater sitzengelassen worden, als sie Wagner traf. Sie hatte also besonderen Grund zum Mißtrauen und zur Rache, nachdem die erste Leidenschaft vorüber war. Die furchtbaren Ehekräche zeigen an, daß sie ihre Rache geübt hat – mehrmaliges Verlassen des Verlobten und Gatten eingeschlossen. Das Verhältnis, das bald keins mehr war, hat sich dennoch über Jahrzehnte hingeschleppt. Aber wie es wirklich beschaffen war, was Minna selbst schließlich von der Liebe hielt und was sie Männern davon zu geben bereit war, zeigt ihr Kommentar zu ihres Mannes Meisterstück in Opernliebe, zu »Tristan und Isolde«: »Es ist und bleibt auch ein gar zu verliebtes und ekliges Paar.«

So haben sich Wagners Ehefrauen am Mann gerächt. An einem Mann immerhin, der oft wußte, daß ihre Rache gerecht ist. Und wo er es mit dem Hirn nicht wußte, da hat er es um so intensiver seinem Werk einverleibt, das wieder und wieder vom Recht der Frau spricht. Er wußte, wovon er redete: denn er kannte die Frauen. Nicht nur die beiden, sondern viele, viele andere. Sie waren ihm, sieht man von seinen Opern einmal ab, das Wichtigste auf der Welt – und das Liebste.

3.

Wagners Ehefrauen und Geliebten

Kurz nachdem Wagner im Sommer 1851 die »Mitteilung an meine Freunde« beendet hat, die jene hymnische Beschwörung der »neuen« Frau am Beispiel Elsas enthält, schreibt er einen Brief an den Freund Theodor Uhlig. »Ich bin zu schrecklich ohne Nahrung aus meiner Umgebung. Mit den Männern geht's nun vollends gleich gar nicht – und – ein Weib! – Ja – ein Weib!«

Man kann »Nahrung« natürlich als harmloses Bild für »Anregung« verstehen. Doch Bilder haben ihren eigenen Sinn. Und Nahrung ist eben etwas zum Verspeisen. Wagner verzehrte sich nicht nur nach Frauen, er verzehrte auch *sie.* Um diese Zeit hatte er keine, die dafür geeignet war. Die kargen Verhältnisse des Zürcher Exils waren nicht dazu angetan, der nun schon fünfzehn Jahre dahinsiechenden Ehe mit Minna aufzuhelfen. Erst ein halbes Jahr später ist Hoffnung da. Wieder an Uhlig: ». . . schilt mich nicht eitel, wenn ich Dir auch gestehe, daß die wunderbaren Wirkungen, die ich um mich verbreite, mir ab und zu ein wohliges bewußtsein meines Dasein's wieder geben; es ist immer wieder das ›ewig weibliche‹ was mich mit süßen täuschungen und warmen Schauern der Lebenslust erfüllt. Ein feuchtglänzendes frauenauge durchdringt mich oft wieder mit neuer Hoffnung.« Da war er gerade Mathilde Wesendonk begegnet, und Wagners Ehe trieb von nun an der Katastrophe entgegen.

Doch dazu nachher. Trotz der später alles überstrahlenden Cosima: länger als mit ihr war Wagner mit Minna verheiratet, fast dreißig Jahre, zweieinhalb Jahre kannten sie sich vorher, die letzten drei Jahre haben sie sich nicht mehr gesehen. Eine bemerkenswerte Frau war Minna in all ihrer »Normalität«, die sie sich trotz widrigster Umstände erkämpfte. Die Wagner-Literatur hat ein schlimmes Bild von ihr entworfen: sie sei ungebildet gewesen, leichtfertig, ohne Gefühl für Wagners Kunst, zänkisch und störrisch.

Doch das Bild ist ungerecht, und es läßt sich leicht erklären, warum. Wagners Autobiographie war lange Zeit die Hauptquelle für die Beurteilung Minnas. Diese Erinnerungen sind zwar nicht gerade gefälscht, aber ziemlich stark gefärbt. Schließlich wurden sie Cosima in die Feder diktiert, und der neuen Frau wollte Wagner eine zu positive Schilderung der alten verständlicherweise nicht zumuten. Auch mußte dem eigentlichen Adressaten von »Mein Leben«, dem anstandsbewußten König Ludwig, erklärt werden, weshalb die Ehe so unglücklich war und weshalb sie in den letzten acht Jahren trotz gelegentlichen Begegnungen praktisch nicht mehr bestand. Das durfte natürlich nicht an dem reinen Genie Richard Wagner liegen, sondern mußte Schuld der Frau sein. Und doch geht selbst aus Wagners eigenen Worten genug hervor, was Anlaß für eine gerechtere Zeichnung Minnas geben kann. Erst recht gilt das für später bekannt gewordene Dokumente, vor allem ihre Briefe an Wagner und seine an sie, die seit 1953, seit der Veröffentlichung der Sammlung Burrell, auch in ihren interessanteren Exemplaren zugänglich sind.

Minna hatte eine schwere Kindheit, schon früh war sie gezwungen, mit Arbeit zum Unterhalt der Familie beizutragen. Mit fünfzehn Jahren wurde sie von einem Offizier verführt, ihr Kind galt bis zu ihrem Tod und darüber hinaus als ihre Schwester. Aber sie ging nicht zu Grund: die hübsche junge Frau schaffte es, eine recht bemerkenswerte Theater-Karriere zu machen. Und dort, als »erste Liebhaberin« einer Bühnentruppe, lernte sie 1834 den vier Jahre jüngeren Wagner kennen, der als Musikdirektor engagiert war. Es war nicht Liebe auf den ersten Blick, sondern eine Eroberung, auf beiden Seiten, Minna gehörte »als Trophäe in Wagners irdisches Paradiesgärtlein«, schließlich war sie nicht die erste Frau in Wagners Leben. Wagners frühe Briefe an Minna sind voller Feuer und Verliebtheit, jedoch auch schon voller Vorwürfe, die spielerisch klingen sollen, aber durchaus ernst gemeint sind: »Sieh, ich liebe Dich so, und Du mich gar nicht, – gar nicht!« Und voller Eifersucht. Und voller Zeigefinger-Pädagogik – ein 21jähriger an eine 25jährige, ein Anfänger an einen immerhin: Provinz-Star!

Als sie im November 1835 die Chance eines Gastspiels in der Metropole Berlin wahrnimmt, versteigt der in Magdeburg zurückgebliebene Wagner sich gar zu Drohungen. »Oeffne Dein Herz, Minna; – u. wenn nicht, so will ich Dich zwingen; – bei Gott, ich komme nach Berlin, u. reiße Dich mit Gewalt fort; . . . verschmähst Du sie [unsre Verbindung], so sollst Du die Gewalt meiner Liebe *noch* anders erfahren.« Jeden Tag wird so ein Brief geschrieben. Wagners Drängen ist nahezu körperliche Gewalt: »nicht *entweder – oder;* – sondern nur das *Eine,* – nämlich, Du sollst mich wählen.« Minna gibt Wagner nach und

Minna Planer 1835

Wagners erste Frau im Jahr vor der Hochzeit – selbst wenn Gemälde zu schmeicheln pflegen: eine Schönheit.

wird seine Frau. Ein mutiger und ganz und gar nicht berechnender Entschluß. Denn sie war eine erfolgreiche und begehrte Schauspielerin, er ein unbedeutender und schlecht verdienender Kapellmeister, der gerade zwei dürftige Opern komponiert und eine davon ganze zweimal aufgeführt hatte, die andere überhaupt nicht. Wagner hat ihr »Opfer« auch eingestanden: »Du bist mein Weib geworden, als ich in der unglücklichsten Lage meines Leben's war, Du trugst Unglück u. die peinlichste Noth mit mir, das war herrlich u. schön von Dir.« Und doch im selben Brief gleich die üblichen Vorwürfe: »Du sahst es auf ein gewaltsames Zertreten meiner Liebe ab, – es ist Dir nicht gelungen, – müßte es Dir aber nicht endlich gelingen? – Liebes Weib, besiege Dich, – nochmals, werde wieder ein Weib!«

Wagner hat es Minna immer wieder eingebleut: sie sei wenig wert, und nur seine Liebe zähle. Es spricht um so mehr für sie, mit welch überlegtem und überlegenem Anstand sie auf Wagners hysterische Forderungen reagierte. Das wird besonders deutlich nach seiner Flucht 1849. Aus Chemnitz, wo sie mittellos zurückgeblieben ist, schreibt sie an den Mann, der ihre Übersiedlung nach Zürich wünscht: »Du sprichst ... nur immer von *meiner Lieblosigkeit gegen Dich,* ich begreife Dich in der That nicht, ich habe es Dir wahrlich bewiesen, aber was hab ich denn für einen Beweis von Liebe von Dir? Du hättest mir müssen mit guten Beispiel vorangehen, das hast Du aber nicht, sonst hättest Du meine Bitten erhört und mir auch einmal ein Opfer gebracht, doch es ist vorbei, und dies soll kein Vorwurf sein ... denn ich liebe Dich, trotz Allem, was Du mir gethan, doch immer noch.«

Wagner vergleicht sich darauf mit einem edlen Roß, das sich vom Reiter Minna nicht zähmen lasse; doch die ist ihm selbst im Bild noch gewachsen: »Das Gleichnis mit dem edlen Roß und Reuter ist sehr schön und erhaben, aber es ließ sich doch manches dagegen einwenden. Du thust mir zu allernächst zu viel Ehre an, wenn Du mich über die Alltagsphilister stellst; etwas Muth besaß ich früher wohl, doch wenn der Reuter *wiederholt* von seinem übermüthigen Roß abgeworfen worden, zwar den Hals noch nicht dabei gebrochen hat, aber doch so schmerzhaft dadurch verletzt wurde, daß sein *Muth* gebrochen ist, so scheut er sich, dieses unbändige Roß endlich doch wieder zu besteigen und zieht es vor, ein minder Edles zu besteigen wo er sein Ziel etwas später zwar, doch umso sicherer und ohne halsbrechende Gefahr erreicht.«

Minna wäre besser bei dieser klugen Erkenntnis geblieben. Denn kein Zweifel: ihre Nüchternheit vertrug sich nicht mit der schamlosen und genialen Tollkühnheit, mit der Wagner noch im ärgsten Elend an seine Zukunft glaubte und konzessionslos Stücke schrieb, die für die nächsten Jahrzehnte unaufführbar bleiben mußten. Das war nicht Minnas Fall; sie wußte, wie man kämpfen muß, um nach oben zu kommen, und welche Konzessionen das Leben einer Bürgersfrau abverlangt: »Nur darfst Du mir es nicht übel deuten, wenn ich für unsere Existenz besorgt bin, ich kann ja das nicht noch einmal erleben, was ich schon mit Dir ertrug. Denke ich an die kleinlichen Nahrungssorgen, wo ich manchmal nicht wußte, was ich in das kochende Wasser schütten sollte, weil ich nichts hatte, so graust mir allerdings für meine Zukunft, wo Ähnliches zu erwarten steht; ich verhehlte es Dir nicht, ich bin kleinmüthig geworden.«

Und doch gab sie wieder nach. Ihre Liebe zu Wagner war kein leeres Wort. Sie verehrte und bewunderte ihn, obwohl sie alles über ihn wußte. »Du erschienst mir wie ein Gott, der alle mächtigen Elemente regierte und die Menschen bezauberte«, steht in dem selben skeptischen Brief über ihren Eindruck von Wagner als Dirigent. Also macht sie sich per Bahn, Kutsche und Schiff auf nach Zürich und bringt außer Kind, Hund und Papagei auch Wagners »Musikalien und Manuskripte« mit: ganz so unverständig kann sie also doch seiner Kunst gegenüber nicht gewesen sein.

Aber sie rennt prompt in ihr Wagnerisches Unglück. Kaum hat sie einen bescheidenen Haushalt hergerichtet, verschwindet Wagner nach Paris, wird von einer Mäzenin nach Bordeaux eingeladen und verliebt sich dort Hals über Kopf in deren Tochter, die 22jährige Jessie Laussot, die Frau eines Weinhändlers. Wagner und Jessie schmieden den romantischen Plan einer Flucht aus ihren unglücklichen Ehen. Er teilt Minna die »endgültige« Trennung mit, die reist ihm aber nach, er läßt sich verleugnen, doch dann scheitert die liebliche Entführungsaffäre am gefühllosen Ehemann Laussot: der hetzt Wagner die Polizei auf den Hals. Ende einer Episode, die nur zwei Monate gedauert hat.

Es gibt darin viel Bemerkenswertes. In einem langen Rechtfertigungsbrief an Julie Ritter, die andere Mäzenin, hat Wagner die Angelegenheit dargestellt – aus seiner Sicht. Danach trägt natürlich nicht etwa er die Schuld am tragikomischen Ausgang, sondern Jessies Umgebung und vor allem sie selbst. Sie sei zu schwach gewesen, um ihn so zu lieben, wie es ihm zukomme, sie habe nicht genug Glauben an ihn gehabt, und deshalb sei sie eigentlich beklagenswert, ihr Verzicht auf Wagner sei ihr »tiefer fall«. Sie habe sich dem »todfeind« der Liebe zugewandt, dessen Mittel »erziehung, ehe, anstand, geschäft« hießen. »Empörerin« hätte sie sein müssen und nicht »vertrag und übereinkunft« suchen dürfen.

Das klingt sehr nach dem, was er an Minna und allen anderen (Ehe-)Frauen auszusetzen hatte. *Er* sollte ihr einziger Bezugspunkt sein, und wenn sie einen eigenen sich herausnahmen, so war das verächtlich. Umgekehrt galt das allerdings nicht: für Wagner waren *sie* nie ein Bezugspunkt, sondern auch immer nur wieder er selbst. Eliza Wille, auch eine der Freundinnen, auch eine der verheirateten, deren Männer ihren Umgang mit Wagner mit berechtigtem Argwohn verfolgten, erinnerte sich später an einen Satz Wagners zu Minna: »Arme Frau, die mit einem Ungeheuer von Genie sich zurechtfinden sollte!« Das war schon das Weitestgehende, wozu er sich bereitfand: Verständnis für Frauen, die den großen Richard Wagner nicht begreifen konnten.

Meistens fehlte ihm selbst das; da warf er ihnen vor, mit ihm wie Gleiche mit einem Gleichen umzugehen. Ebenfalls zu Eliza Wille hat er gesagt: »Unter meiner Frau und mir hätte Alles gut gehen können! Ich hatte sie nur zu heillos verwöhnt und ihr in Allem nachgegeben. *Sie fühlte* nicht, daß ein Mann wie ich, nicht mit gebundenen Flügeln leben kann! Was wußte *sie* von dem göttlichen Rechte der Leidenschaft ...« Verblüffend daran ist eigentlich nicht die Ansicht selbst (sie dürfte weit verbreitet sein), sondern die kühne Unverschämtheit, mit der Wagner so etwas offen aussprach und erwartete, daß keiner ihn auslachte.

Zurück zu Minna. Als es vorüber war mit der göttlichen Leidenschaft für Jessie Laussot (sie hat ihn dennoch weiter verehrt, sie kam zur Uraufführung der »Meistersinger«, und Wagner besuchte sie mit Cosima 1877 in Florenz), war Wagner so gerührt von Minnas Suche nach ihm in Paris, daß er reumütig zu ihr nach Zürich zurückkehrte, wo »sich bald eine erträgliche Heiterkeit über unser häusliches Leben« ausbreitete. Zwar blieb es dabei, daß Minna weiterhin »meistens Alles was ich ergreife – für übertreibung und dummes zeug« hielt und Wagner sie für eine nicht ebenbürtige Gefährtin. Aber er brauchte sie doch. Es muß mehr gewesen sein als die Bequemlichkeit des von ihr ordentlich geführten Haushalts, eine neurotische Bindung vielleicht, aber immerhin eine Bindung. Er brauchte sie, vielleicht auch als Objekt für seine Quälereien und zu seiner eigenen, ja doch »wonnigen« Qual.

Immer wieder in den nächsten Jahren, die die Entfremdung steigern, macht er ihr auch Hoffnungen, bemüht sich, sie wieder zu sich zu ziehen. Als er sich schon mit Cosima duzt und wenige Monate bevor die beiden sich erklären, »uns einzig gegenseitig anzugehören«, teilt er noch der Stieftochter Natalie mit: »... sie [Minna] soll *immer meine Frau bleiben.* Ich werde *nie daran denken, mich von ihr scheiden zu lassen.* Ich werde allein bleiben, und Niemand soll ihren Platz einnehmen.« Man darf glauben, daß es ihm ernst damit war, als er es schrieb.

Auch Minna hing an ihm mit geradezu manischer Hartnäckigkeit.

Eine Liebe, tiefer als sie manchen schien, und ebenso krankhaft – bei allem, was er ihr angetan hatte. Er diffamierte sie gar einer anderen Frau, Julie Ritter, gegenüber mit einer Erklärung für ihr Verhalten, die jede Frau tief schmerzen muß: »ihr fehlt eben ein Kind!« Wahrscheinlich war Minna unfruchtbar. Nach einem Bericht ihrer Tochter Natalie soll ein Unfall bei der gemeinsamen Flucht vor den Gläubigern aus Riga 1839 (Wagners erster Flucht von vielen) eine begonnene Schwangerschaft unterbrochen haben, was zu dauernden Folgen geführt haben könnte. Wagner erzählt den Vorgang ohne dieses Detail; aber er gebraucht unmittelbar vorher das Wort »Reue«, die er seiner Frau gegenüber wegen der »ungeheuerlichen Umstände« der Flucht empfunden habe. Wie auch immer: die beleidigende Indiskretion gegenüber Frau Ritter wäre auch ohne Wagners Mitschuld an der Sache selbst schlimm genug.

Als Wagner Minna so kränkte, lag ihre schwerste Krise noch nicht lange zurück: seine große Affäre mit Mathilde Wesendonk. Als die aufgeflogen war, versuchten Minna und Richard noch einmal ihr Verhältnis zu kitten, auf *seine* Weise: »Vieles Ernste, was ich bei dieser Gelegenheit meiner Frau über den ganzen Charakter unsres verflossenen Zusammenlebens zu Gemüte zu führen hatte, schien sie, namentlich bei dem Innewerden davon, daß sie an dem Einsturze des letzten mühsamen Aufbaues unsres bürgerlichen Lebens Schuld trage, heftig zu erschüttern, so daß ich sie hier, zum ersten Male in unsrem Leben, in eine weiche und würdige Klage ausbrechen hörte. Zum ersten und einzigen Male gab sie mir das Zeichen einer liebevollen Demut, indem sie mir, als ich in tiefer Nacht von ihr mich zurückzog, die Hand küßte.«

Nein, das klingt nicht nach Minna. So war sie bestimmt nicht. Aber so hätte Wagner sie gern gewollt. Die nächste Frau hat ihm das geboten: eben Mathilde. Er hatte die 23jährige Gattin des reichen Seidenhändlers Otto Wesendonk Anfang 1852 in Zürich kennengelernt, und sie fügte sich schnell in den allmählich entstehenden Kranz der ergebenen Wagnerianerinnen. Otto griff für das teure Hobby der Gemahlin tief in die Tasche. Er finanzierte für Wagner Konzerte und Reisen, übernahm seine Schulden, stellte ihm für einen symbolischen Spottpreis ein Haus (das »Asyl«) neben seiner eigenen Villa zur Verfügung und kaufte ihm schließlich die Rechte am »Ring« ab (von dem zu dieser Zeit erst die Hälfte fertig war). Wagner revanchierte sich: für Mathilde schrieb er ein paar Gelegenheitskompositionen: eine Sonate und noch das eine oder andere Stückchen, er vertonte fünf ihrer belanglosen Gedichte und – er nutzte sie als Muse.

Otto hat zu all dem Haltung bewahrt. Seine größten Dotationen stammen aus der Zeit, als auch ihm klar war, daß Mathilde und Richard nicht nur ideale Interessen verbanden. Schon 1853 steht auf der Reinschrift der Klaviersonate für Mathilde die Frage aus dem Nornen-Terzett der »Götterdämmerung«: »Wißt Ihr wie das wird?« Es wurde eine schwärmerische Liebesgeschichte, während der überschwengliche Briefe von Haus zu Haus gingen – und während der Wagner die »Walküre« komponierte: die Affäre ist das Modell für Siegmunds und Sieglindes Liebesrausch. Oder umgekehrt?

Manches spricht dafür, daß Wagner auch hier wieder eine Frau »verzehrt« hat, eine Beziehung benutzte als Nahrung für die eigenen Gefühle, die er dann im Werk sublimierte. Die Konzeption des »Tristan«, der erste Akt und ein großer Teil des zweiten entstehen im Haus neben den Wesendonks. Wagner beschaffte sich seinen Rausch, den er für die Arbeit brauchte, indem er sich privat ekstatisch auflud. Mathilde war die (fast) ideale Partnerin dafür. Sie bot den Rausch ohne wenn und aber. Anders als Jessie Laussot und erst recht als Minna dachte sie wenig an bürgerliche Rücksichten. Erst Wagners Auszug, unvermeidlich geworden, nachdem Minna von der Sache erfahren hatte, brachte sie auf den Boden zurück. *Er* ist geflohen, nicht sie. Acht Jahre noch verweigerte sie sich ihrem Mann. Wagner hätte sie haben können, aber er wollte nicht.

Daß eine Frau so an ihm hing, wie er es noch nie erlebt hatte, hat er ihr lebenslang gedankt. Wenn er später Cosima gegenüber bestritt, daß »hier eine ernste Beziehung gewesen« sei, dann war das eine (vielleicht mildtätige) Lüge. Die Wahrheit steht in einem Brief an Eliza Wille, und da war er schon auf dem Weg zu Cosima: »sie ist und bleibt meine erste und einzige Liebe! Das fühl' ich nun immer bestimmter. Es war der Höhepunkt meines Lebens: die bangen, schön beklommenen Jahre, die ich in dem wachsenden Zauber ihrer Nähe, ihrer Neigung verlebte, enthalten alle Süße meines Lebens.« Aber dann fährt er fort: gerade deshalb dürfe er sie nicht wiedersehen, die Liebe könne nur im Abstand weiter bestehen, nur als Sehnsucht und Erinnerung – die Geliebte wird nur dadurch unsterblich, daß man sie fern weiß: zu groß wäre sonst der Anspruch einer solchen Liebe.

Das ist Wagner wie er leibt, lebt und liebt. Und das betrifft die Frauen, die er bis dahin kannte, und fast alle, die er noch kennenlernen sollte: Sängerinnen und Schauspielerinnen, Hausmädchen und Putzmacherinnen; denn die in diesem Kapitel mit Namen genannten sind längst nicht der vollständige Katalog seiner Liebschaften. Robert Gutman hat zu Recht gemeint, Minna, Jessie und Mathilde seien »viel zu passiv und weiblich gewesen für Wagner«. Eine andere wartete, die das nicht war.

Auf ihrer Hochzeitsreise mit Hans von Bülow kam Cosima am 5. September 1857 nach Zürich. Ein denkwürdiges Datum, denn da sitzen Wagners wichtigste Frauen an einem Tisch zusammen: Minna, Mathilde, Cosima. Sie war Franz Liszts Tochter aus seiner Liaison mit der Gräfin Marie d'Agoult, knapp 16, als Wagner sie zum ersten Mal sah. Es scheint, daß ihre zwei Jahre ältere Schwester Blandine Wagner einige Zeit stärker beschäftigt hat, aber das änderte sich bald. Cosimas Heirat mit Bülow war fast so etwas wie eine Stellvertreter-Tat: der exzentrische junge Musiker lebte nur für Wagners Werk. Im Jahr nach ihrer Hochzeitsreise waren sie noch einmal Gast im Zürcher »Asyl«, und da gerieten sie mitten hinein in die Wesendonk-Krise. Am Tag, bevor Wagner das Haus für immer verließ, nahmen auch die Bülows Abschied, »Hans in Tränen aufgelöst, Cosima düster schweigend.« So steht es in Wagners Autobiographie, aber in einem Bericht an Mathilde (der lange unterdrückt und erst viel später bekannt wurde) schildert Wagner das anders: Cosima schien ihm schon vorher »auffallend erregt, und dies äußerte sich namentlich in krampfhaft heftigen Zärtlichkeiten gegen mich. Noch beim Abschied am folgenden Tage fiel sie mir zu Füßen, bedeckte meine Hände mit Tränen und Küssen, so daß ich erstaunt und erschrocken dem Rätsel nachblickte, ohne es deuten zu können«.

Cosima hatte gewählt. Mit bewundernswerter Beharrlichkeit machte sie sich auf den Weg, nicht Wagners erste, aber für immer seine einzige wirkliche Frau zu werden. In einem Brief Wagners, einem der wenigen, die der absichtlichen Vernichtung entgangen sind, taucht vier Jahre später zum ersten Mal das »Du« auf, das sich bald wieder scheu zum »Sie« wandelt, und dann folgt, 28. November 1863, ein danach immer gefeierter Tag, die »Verlobung«: »Unter Tränen und Schluchzen besiegelten wir das Bekenntnis, uns einzig gegenseitig anzugehören.«

Wagner muß das weniger ernst gemeint haben als Cosima. Überraschend enthält ein Einladungsbrief an die Bülows im Sommer 1864 wieder das »Sie«. Und das war gewiß nicht nur Vorsicht gegenüber dem Ehemann. Denn inzwischen hatte Wagner mancherlei andere Fühler ausgestreckt. Ein halbes Jahr lang beschäftigte ihn 1862 die Schauspielerin Friederike Meyer. Er hat das Verhältnis in »Mein Leben« als belanglos heruntergespielt, aber es muß doch ziemlich intensiv gewesen sein. Schließlich reiste er mit ihr zusammen nach Wien, und noch im Nachtrag zu Cosimas Tagebuch vermutet deren Tochter Daniela, die andere der Frauen, von denen Wagner im Traum seiner letzten Nächte Briefe erhielt (die eine war Mathilde Wesendonk), sei »vielleicht« diese Friederike gewesen, »von welcher Papa noch in den letzten Tagen

Die manchmal mehr, manchmal weniger heiß Geliebten (aber doch immer: Geliebte) aus zweieinhalb Jahrzehnten.

JESSIE LAUSSOT ALS ÄLTERE FRAU

MATHILDE WESENDONK

MATHILDE MAIER

JUDITH GAUTIER 1875

sprach«. Und immerhin enthält das Tagebuch auch die von Wagner bestätigte Bemerkung Cosimas, Frau Meyer sei »die interessanteste unter seinen Frauen-Bekanntschaften« gewesen.

Weniger dunkel, aber kaum weniger bedeutsam war seine Beziehung zu einer anderen Maier, die (um die Verwirrung komplett zu machen) auch noch Mathilde hieß, und diese Beziehung ragt tief hinein in die Verbindung mit Cosima. Wagner lernte die 29jährige Tochter eines früh verstorbenen Notars ebenfalls 1862 in Mainz kennen und schrieb ihr eine Fülle sonderbarer Briefe, die zwischen väterlichem Schulterklopfen und verhaltener Leidenschaft schwanken. Sie muß mehr von Typ Jessie Laussots gewesen sein, denn ihr »Anstand« hielt sie davor zurück, Wagners verlockenden Angeboten zu folgen. Das interessanteste an diesem Verhältnis ist, daß Wagner sie noch im Januar 1864, ganze zwei Monate nach dem Treueschwur mit Cosima, zur Geduld auffordert und dazu, ihn »unwandelbar lieb« zu behalten. Ein Jahr vorher hatte er ausdrücklich um sie geworben, und im Sommer 1864 hält er dann gar noch einmal bei der Mutter um ihre Hand an, wenn auch einstweilen für eine Form des Zusammenlebens, »in welche sich die Sinnlichkeit in keiner Weise mehr zu mischen haben soll.« Das ist immerhin geschrieben wenige Tage, bevor er mit Cosima ihr erstes gemeinsames Kind zeugt.

Die erst, Cosima, war die Frau seines Lebens. Bei aller Sorgfalt, mit der sie ihre Verbindung betrieb, und vielleicht gerade deswegen war sie die erste Frau, die sich Wagner nicht unterwarf, und nur deshalb konnte er sie achten. Nietzsche hat in seiner Wagner-Kritik bemerkenswerte Sätze über dessen und aller Künstler Mißverständnis der Liebe geschrieben: »Sie glauben in ihr selbstlos zu sein, weil sie den Vortheil des andren Wesens wollen, oft wider ihren eigenen Vortheil. Aber dafür wollen sie jenes andre Wesen *besitzen.*« Bis auf Cosima hat er damit für alle Frauen Wagners Recht, *sie* aber ließ sich nicht besitzen.

Robert Gutman vermutet bei Cosima ein ungewöhnlich starkes sexuelles Bedürfnis, wofür nicht allzu viel spricht, es sei denn, man sähe es in äußerst subtilen Formen, etwa in der leidenschaftlichen Neigung, »Opfer« zu sein – was aber wohl auch geprägt ist von den Opfer-Hymnen in Wagners Opern. In ihre nahezu religiöse Geste der Opferbereitschaft mischt sich bei Cosima immer das schlechte Gewissen wegen ihres Ehebruchs – schließlich verließ sie nicht nur einfach ihren Mann, sondern sie tat sich auch vor aller Welt offen mit Wagner zusammen; als sie nach vier Jahren endlich von Bülow geschieden wurde, waren alle drei Wagner-Kinder schon geboren. Ihr Tagebuch jedenfalls bezeugt beide Gefühle, Opferbereitschaft und schlechtes Gewissen, an kaum zählbaren Stellen.

Cosima Wagner 1879

Die immer Geliebte, weder mehr noch weniger heiß, dafür aber überhaupt: Franz von Lenbach, der berühmte zeitgenössische Porträtist, hat sie so gemalt.

Eine Sex-Bombe aber war sie nicht, weder äußerlich noch in ihrem Verhalten. Ihre Kraft und ihren Einfluß auf Wagner gewann sie vielmehr aus einer eher unbewußt raffinierten Mischung von Demuts-Gesten, wie sie keine der anderen Frauen aufgebracht hatten, und inspirierender Sicherheit. Sie hat ihm wirklich die Hand geküßt, aber gleich danach ein Calderón-Zitat aufgeschrieben, an dem sie dann wieder, irritiert über seine Offenheit, herumkorrigierte: »es ist kein Vernünftiger und kein Mann, der vom Weib sich nicht läßt bewegen«. Gelegentlich küßt sie ihm sogar die Füße; sie will ihm als Klostermagd dienen und gesteht, die Welt sei ihr »nur erkennbar in ihm und durch seine Vermittlung«. Aber wenn sie »du göttlicher Mann« zu ihm sagt, da hat sie ihn schon dazu gebracht, »Nein du« zu antworten und hinzuzufügen: »Die unausgesprochene Extase!«

Indem Cosima Richard ihre Verehrung geradezu handgreiflich spüren ließ, machte sie ihn abhängig, wie er es von keiner Frau je gewesen war, ja süchtig. Die heikle Balance war nicht immer zu halten. Sie selbst mußte sich oft dazu zwingen, und sie war es, die sie hielt – was er nie konnte. Einmal, noch in den gemeinsamen Jahren vor der offiziellen Heirat, fragt sie ihn, ob er katholisch geworden wäre, um sie zu heiraten, wie sie für ihn ihre Konfession wechseln wolle. Sie ist zuerst »verdutzt«, weil er sich das nicht vorstellen kann und sich umständlich windet: »dann aber verstand ich ihn. Die Frau darf und soll alles dem Geliebten aufopfern, der Mann aber kann und soll einen Punkt haben, wo er nicht weicht noch wankt.« Das ist die offizielle Fassade; doch der Konflikt hat sie weiter beschäftigt: »Dieses ganze Kapitel aber stimmte mich sehr ernst; es ist schwer, sofort die Einsicht der Dinge zu erlangen, die uns über einen schmerzlichen Anschein des Unterschiedes der Liebe beim Mann und beim Weib emporhebt; und da bei mir alles langsam geht, habe ich wohl den ganzen Nachmittag an dem Fall laboriert.«

Sie war eine kluge Frau, die wußte, wie man mit dem »Ungeheuer von Genie« zurecht kommt. Denn das hatte bald wieder seine Ausbruchsneigungen. Von Reisen um die ganze Welt träumt er. Sie: »Gern lenke ich ihn von diesen Betrachtungen auf unser Heim, und es ist mein Triumph, wenn er dann wiederum ausruft: ›Ich glaube, ich habe es zu gut.‹« Das ist Fricka, die Wotan an die goldne Kette legt. Wenn er an dieser Kette zerrt, dann hat sie sich auf fast übermenschliche Weise in der Gewalt: »Das Leid, vor welchem ich bangte, blieb nicht aus; von außen brach es herein! Gott helfe mir! ... Schmerz, du mein alter Geselle, kehre nun wieder ein und wohne bei mir; wir kennen uns beide, wie lange willst du jetzt bei mir ausharren, treuester, einzig sicherer Freund?«

Das ist ihr einziger Hinweis auf Wagners letzte größere Liebesgeschichte, sieht man einmal von einigen Techtelmechteln seiner späten Tage ab, die auch noch recht ungewiß sind. Hier geht es um Judith, die Tochter des Dichters Théophile Gautier. Sie hat einen sehr symbolischen Geburtstag: den 25. August 1845, der Tag, an dem auch Ludwig von Bayern auf die Welt kam. Wagner begegnete ihr in Paris, als sie noch ein Kind war, und dann ausführlicher 1869, 24 ist sie da (das ist Wagners Alter!) und unglücklich verheiratet mit dem Schriftsteller Catulle Mendès. Sie besucht Wagner für mehrere Tage zusammen mit ihrem Mann und einem Freund in Tribschen bei Luzern, wo er mit Cosima zusammen wohnt, und alle fahren dann zu den »Rheingold«-Proben nach München. Schon in diesen Wochen haben die beiden sich gegenseitig angeschwärmt. Aber die richtige Romanze fand erst 1876 statt, während der ersten Bayreuther Festspiele. Judith Gautier, inzwischen von ihrem Mann getrennt, wohnte ganz in der Nähe von Haus Wahnfried. Dort besuchte sie Wagner, er lag zu ihren Füßen und an ihrem Busen und bedeckte sie mit Küssen.

Es ist schwer, ihrer eigenen Behauptung und den edlen Beteuerungen der Biographen zu glauben, mehr sei es nicht gewesen. Wagners spätere Briefe sprechen eine deutliche Sprache, wenn Worte überhaupt einen Sinn haben sollen. Der Briefwechsel dauerte eineinhalb Jahre, Liebesbeteuerungen mit Bestellungen von Stoffen und Parfums mischend. Aber das ist bei dem Kleider-Fetischisten Wagner nur auf den ersten Blick sonderbar; Gregor-Dellin hat Recht: »Nichts verrät seine sexuelle Bindung mehr.« Dann bricht Wagner die Korrespondenz, die er so lange vor Cosima geheim hielt, auf sehr bezeichnende Weise ab: er teilt Judith mit, von nun an werde Cosima sich um seine Bestellungen kümmern. Zwei Tage später schreibt sie dann ihr »Leid« und ihren »Schmerz« ins Tagebuch.

Mag sie alles zufällig entdeckt oder Richard es ihr von sich aus gestanden haben, im Ergebnis bleibt es sich gleich: Wagner kehrt zurück zu der Frau, die nicht nur gesetzlich, sondern auch sinnlich die seine ist, jedenfalls: um ihretwillen gibt er die andere auf, ohne daß ein allzu schweres Zerwürfnis vorausgegangen wäre oder noch folgte. Das macht den Unterschied aus zur früheren Ehe und zu früheren Affären. Auch Judith übrigens bleibt der Familie verbunden: sie kehrt noch manches Mal, als »gute Freundin«, zurück.

Cosima-Fricka hatte sich an Richard-Wotan bewährt. Sie hat diese Rolle perfekt gespielt, aber auch noch zwei andere aus dem selben Stück. Wagner singt einmal »das Thema von Sieglinde an Brünnhilde und sagt mir: ›Das bist du —‹« Es ist jenes wichtige Thema aus dem dritten Akt der »Walküre« zu den Worten »O hehrstes Wunder!

Herrlichste Maid!«, das dann in einmaliger Wiederkehr die letzten Takte der »Götterdämmerung« beherrscht. Es verknüpft die beiden anderen weiblichen Typen des »Rings« miteinander: die überschwenglich und rücksichtslos Liebende mit der durch Liebe die Welt verändernden Frau.

Wie Wagner das Thema mit Cosima identifiziert, ist sie ihm beides – und alles in einem, was er schon geschrieben und gewußt hatte, bevor er sie überhaupt kannte: Weib, Herrin, Geliebte, Beschützerin, Magd, Mutter: die Frau für die Zukunft der Menschheit.

4.

Die Große Mutter

Die »Götterdämmerung« beginnt mit der Szene der drei Nornen, Töchter der Ur-Mutter Erda, die die bisherige Weltgeschichte des »Rings« reflektierend noch einmal erzählen, während sie am Schicksalsseil spinnen. Das Seil reißt schließlich, und nach einem dreimaligen »Es riß!« fassen die Nornen »die Stücken des zerrissenen Seiles und binden damit ihre Leiber aneinander«. Im Unisono verkünden sie:

»Zu End' ewiges Wissen!
Der Welt melden
Weise nichts mehr«.

Und nacheinander, in müde abfallenden Intervallen, beschließen die Nornen ihren einzigen Auftritt:

»Hinab!
Zur Mutter!
Hinab!«

Wo keine Weisheit mehr zu verkünden ist, hilft nur noch eines: die Vereinigung der Leiber mit der Mutter, und die ist drunten, tief, zu ihr muß man hinab. Die knappe Stelle mit ihrer abwärts zielenden Musik veräußerlicht ein für Wagner und sein Werk höchst bedeutsames Moment seines Weltbilds und vor allem seines Frauenbilds: die Sehnsucht nach der Mutter.

Der Psychologe Peter Dettmering hat darauf aufmerksam gemacht, daß bei Wagner immer ein Spannungsfeld bestehe zwischen »einem in der ›Tiefe‹ und ›innen‹ lokalisierten weiblich-mütterlichen« und einem »in der ›Höhe‹ und ›draußen‹ gelegenen männlich-väterlichen Objekt«. Man kann das nachvollziehen durch eine Betrachtung der Spielplätze seiner Opern, die bemerkenswert häufig höhlenartige Orte sind, Inbegriff geradezu des »weiblich-mütterlichen« Innen.

Die erste Oper »Die Feen« hat eine Szene in der »furchtbaren Kluft des unterirdischen Reiches«; hier, wo der Weg »zum höchsten Heiligtum« führt, will Arindal seine in einen Stein verwandelte Frau erlösen. Das ist zwar eine epigonale Kopie der Orpheus-Geschichte, aber eine bezeichnende für den 20jährigen Wagner. In der »Seebucht« des dritten Akts des »Fliegenden Holländers« wird der umgekehrt von Senta erlöst. Der Venusberg im »Tannhäuser« und das Brautgemach im »Lohengrin« sind gleichfalls Höhlenbilder und natürliche Orte der Liebe, Orte, an denen auch durch das beharrliche Verhalten der Frauen die Wahrheit zum Vorschein kommt: die Männer fliehen vor ihrem Anspruch. Im Schiffszelt des ersten Akts von »Tristan und Isolde« vollzieht sich bei geschlossenen Vorhängen beider Geschick: sie verfallen einander in besinnungsloser und tödlicher Liebe – am Schluß, als der betrogene König Marke naht, werden die Vorhänge »weit auseinandergerissen«, die Höhle öffnet sich, draußen warten der Tag und die Vernichtung. Im ersten »Meistersinger«-Akt werden wieder Vorhänge zugezogen, um die Liebe zwischen Eva und Walther im abgeteilten Chorraum der Kirche sich entfalten zu lassen; im zweiten verbergen sie sich hinter einem Gebüsch »unter der Linde«; im dritten werden die Weichen fürs Happy-End in Sachsens enger Schusterwerkstatt gestellt. Wagners letzte Höhlen-Imagination, im »Parsifal«, ist das »innere Verließ eines noch oben offenen Turmes«, wo Klingsor Kundry (auch eine Art Ur-Frau) zur Prostituierten-Liebe zwingt.

Voll von Höhlenbildern ist vor allem der »Ring«: die Tiefe des Rheins, die Fabrikhöhle (und -hölle) Alberichs und der Nibelungen, die Schmiedehöhle Mimes, die Schatzhöhle des Drachen Fafner, die Höhlengruft der Allmutter Erda. Im Ineinander von Bedrohlichem und Bergendem dieser Höhlen versinnbildlichen sich Wagners Ängste und Sehnsüchte zugleich, die der Mutter gelten und ihrem Schoß. Was er als kleines Kind und heranwachsend vermißt hatte, das brachte er um so stärker ins Werk ein, die Sucht beschwörend und sie damit wie magisch auch bannend.

Denn er hatte nicht die Mutter, die er gebraucht hätte und die er wollte. In der Autobiographie hat er sie beschrieben, mit der gehörigen Liebe des erwachsenen Sohnes (»drolliger Humor und gute Laune«). Aber in die Schilderung schleichen sich kritische Töne ein, stärker beinahe, als es dem königlichen Adressaten (der die hehre Weihe bevorzugte) zuzumuten war. Er habe »den Eindruck einer jugendlichen und anmutigen Mutter nicht mehr von ihr erhalten«, weil sie wegen eines »Kopfleidens« immer eine Haube trug. Da war sie schließlich

Johanna Rosine Wagner 1813
Wagners Mutter, gemalt im Geburtsjahr des berühmten Sohnes von Ludwig Geyer, ihrem zweiten Mann, den Wagner lange für seinen leiblichen Vater hielt.

keine dreißig Jahre alt. Schlimmer noch: äußere Nöte »ließen nicht jenen behaglichen Ton mütterlicher Familienzärtlichkeit bei ihr aufkommen; ich entsinne mich kaum je von ihr geliebkost worden zu sein, wie überhaupt zärtliche Ergießungen in unsrer Familie nicht stattfanden; wogegen sich ein gewisses hastiges, fast heftiges, lautes Wesen sehr natürlich geltend machte«. Er erzählt dann eine ganz belanglose Episode, wo die Mutter »mit Wohlgefallen« auf ihn blickte – das war so ungewöhnlich, daß es ihm fünfzig Jahre lang gegenwärtig blieb.

Es gibt einen Brief des 22jährigen Wagner an seine Mutter, der wie eine Beschwörung seiner nicht erfüllten Sehnsüchte klingt: »jetzt, – da ich von Dir fort bin, überwältigen mich die Gefühle des Dankes für Deine herrliche Liebe zu Deinem Kinde . . . so sehr, daß ich Dir in dem zärtlichsten Tone eines Verliebten gegen seine Geliebte davon schreiben und sagen möchte. Ach, aber weit mehr, – ist denn nicht die Liebe einer Mutter weit mehr – weit unbefleckter als jede andre?« Das ist nur auf den ersten Blick das konventionelle Getue aus dem Briefsteller des spießbürgerlichen Jahrhunderts. Das Bild vom Liebespaar und die sofortige ängstliche Zurücknahme der sexuellen Assoziation zugunsten einer vorgeblich höheren Reinheit sagt, was ihm fehlte: die durch die Mutter als Liebesobjekt gesellschaftlich gerechtfertigte Körperlichkeit der Liebe des kleinen Kindes.

Als er diesen Brief schrieb, hatte er schon Minna kennengelernt. Sie hatte ihn ein paar Monate zuvor gepflegt, während er an einer Gesichtsrose litt, und ihn trotz des Ausschlags auf den Mund geküßt. In der Autobiographie heißt sein Kommentar dazu: »Dies alles geschah ihrerseits mit einer freundlichen Ruhe und Gelassenheit, die fast etwas Mütterliches an sich hatte und keineswegs auf Leichtfertigkeit oder Gefühllosigkeit deutete.« Noch Jahre später, 1874, rechtfertigt er die Ehe mit Minna Cosima gegenüber trotz der »Differenz der Intelligenz«, trotz den »verschiedenen Charakteren« genau damit: »Auch fehlte mir das mütterliche Haus, darin ich gern zurückgekehrt wäre, meine Heirat war eine Art von Emanzipation.«

In der Autobiographie steht ein Satz, bei dem man zunächst an einen Druckfehler oder an einen Irrtum der das Diktat aufnehmenden Cosima glaubt. Er heißt: »Am deutlichsten drängte sich mir die große Veränderung . . . auf, als Minna auf ihrer Durchreise sich einige Tage mir zuliebe in Leipzig aufhielt und durch ihre trauliche, liebenswürdige Erscheinung mich daran gemahnte, daß die Zeiten der patriarchalischen Familienabhängigkeit für mich erloschen wären.«

»Patriarchalische Familienabhängigkeit«? Im Jahr 1835, wo die Familie von Richard abgesehen nur aus Frauen bestand? Sollte es nicht »matriarchalisch« heißen? Nein: Wagner meinte, was er diktierte.

Denn in dieser Familie, mögen da noch so viele Frauen gewesen sein, fehlte ihm gerade die Mutter. So mußte sie ihm in sonderbarer Verkehrung als Patriarch erscheinen und die »trauliche, liebenswürdige« Minna als die gesuchte Mutter. Ernst Benedikt Kietz, der Freund des ersten Pariser Aufenthalts, hat dort 1841 Wagner konsequenterweise als Säugling gezeichnet, in Minnas Armen, und damit drastisch ins Optische übersetzt, was Wagner nie offen als Wunsch hätte aussprechen können. Noch dreißig Jahre später unterschreibt der bald 60jährige einen Brief an Cosima (zu der er eigentlich ein ganz anderes Verhältnis hatte) mit der verzweifelt sehnsüchtig klingenden Formel »Dein Grosser Fidi« (was bekanntlich der Kosename für den gemeinsamen Sohn Siegfried ist).

Auch in Cosima also suchte Wagner die Mutter, wie in Minna, wie wohl in allen seinen Frauen. Sie sollten ihm beistehen in seinen Lebensnöten, mit ihm leiden, ihm Mut machen, ihm versichern, daß alles schon gut werde, und ihm körperliche Wärme vermitteln, die in einem weiteren Sinn und auf vielleicht intensivere Weise sexuelle Lust ist als der »pure« Geschlechtsakt. Immer wieder auch waren es gerade Frauen, die ihm finanziell halfen. Nur drei Männer, Franz Liszt, Otto Wesendonk und Ludwig II., drängen sich in diese beachtliche Phalanx, und mit denen war er, auf verschlungenen Wegen, »weiblich« genug verbunden. Wagner brauchte vor allem Frauen, um seinen Lebensunterhalt absichern zu lassen. Die erste unter ihnen, Julie Ritter, redete er denn auch immer wieder in den Briefen als »liebe Mutter« an. Er sehnte sich nach dem Matriarchat, nach der Herrschaft der Großen Mutter, da die Väter für ihn längst abgewirtschaftet hatten.

Das alles beschreiben heißt auch eine Krankheit beschreiben. Das infantile Festhalten an einer zu kurz gekommenen Hoffnung verhindert die Entwicklung zum erwachsenen Menschen. Es bedingt ein Bild von der Frau, das sie durch mythische Erhöhung überfordert und in der notwendigen Enttäuschung grausam erniedrigt. Denn die Große Mutter kommt im Leben nicht vor. Sie ist eine Fiktion, die allen Männern die wirkliche Frau verstellt, so lange die Fiktion besteht oder zumindest (da sie wohl immer in gewisser Weise bestehen bleibt) so lange sie nicht als Fiktion begriffen wird. Die Mutterbindung tut dann schließlich jeglicher Frau Gewalt an, indem sie sie ins neurotisch-narzißtische Liebesleben einbezieht.

In seinem Aufsatz »Über einen besonderen Typus der Objektwahl beim Manne« (1910) hat Sigmund Freud die »Bedingung des ›Geschädigten Dritten‹« als erste der »Liebesbedingungen« dieses Mannes beschrieben: »ihr Inhalt geht dahin, daß der Betreffende niemals ein Weib zum Liebesobjekt wählt, welches noch frei ist, also ein Mädchen

Richard Wagner als Säugling
auf dem Arm von Minna
Noch einmal eine bezeichnende Karikatur des Freundes Ernst Benedikt Kietz aus der Pariser Zeit (ca. 1841).

oder eine alleinstehende Frau, sondern nur ein solches Weib, auf das ein anderer Mann als Ehegatte, Verlobter, Freund Eigentumsrechte geltend machen kann.« Tatsächlich erscheint dieser Umstand so häufig in Wagners Werk, daß an Zufälle zu glauben die einfachsten Anfangsgründe der Psychologie mißachten hieße. In der ersten Oper, der Fragment gebliebenen »Hochzeit« von 1832, taucht das Motiv bereits auf, und da hat der knapp 20jährige Wagner schon die entsprechenden Erfahrungen im eigenen Leben: die Jugendliebschaften waren allesamt mit anderen Männern befreundete oder gar verlobte Mädchen.

So geht es weiter. Rienzi nimmt seine eigene Schwester ihrem Verlobten weg, damit sie ihn in den gemeinsamen Tod begleitet; der Holländer entführt Senta dem designierten Bräutigam Erik; Tannhäuser gewinnt Elisabeth, die bereits von Wolfram geliebt wird; Lohengrin kommt zwar ein bißchen zu spät, denn Telramund hat sich schon anderweitig verheiratet, aber ursprünglich war Elsa ihm versprochen; Siegmund bringt Hunding um seine Frau Sieglinde; Alberich verführt Gibichs Frau, um Hagen zu zeugen; Siegfried erwirbt – eine komplizierte Schürzung des Knotens – Brünnhilde von sich selbst für Gunther; Tristan zieht seinem König Marke die Frau Isolde weg, für den er sie erobert hat; Eva ist irgendeinem Meistersinger zugedacht, aber der Außenseiter Walther tritt erfolgreich in den Wettbewerb ein.

So ist auch Wagner sein ganzes Leben hindurch verfahren: Minna, Jessie, Mathilde, beide Friederiken, Judith, Cosima und manche andere: sie alle »gehörten« anderen Männern, als Wagner ihnen begegnete oder kurz davor. Den anderen die Frau wegnehmen – das war sein infantiles Trauma, seit gleich zwei Väter ihm die Mutter wegnahmen und diese ihm keine Entschädigung geboten hatte.

Doch man muß bei dem, was Jeder-Mann passiert, noch etwas anderes bedenken. Die »gebundene« Frau begehren und besitzen bedeutet auch eine Art »Sicherheit«. Wie man die Mutter lieben darf, ohne gegen gesellschaftliche Konventionen zu verstoßen – selbst körperlich, so lange es nicht zum offenen Inzest kommt –, so ist die Frau des anderen durch die Verbindung mit diesem zunächst vor dem Verdacht gesellschaftlich unzulässiger Beziehungen geschützt – so lange der Ehebruch nicht öffentlich wird. Der ehebrechende Mann kann sich also, ist er nur geschickt genug, lange verstecken hinter der anderen Beziehung. Insbesondere braucht er keine Verantwortung für die Frau zu übernehmen. Worin auch wieder die Fixierung auf die Mutter zum Vorschein kommt, denn die ist die einzige Frau, mit der der Mann – als Kind – direkt und in Liebe verbunden sein darf, ohne für sie verantwortlich zu sein, weil ja schon ein anderer, der Vater, die Verantwortung trägt.

So stellt die lebenslange Fixierung auf die Mutter sich nicht nur als Mangelerscheinung und Sehnsuchtsgeste dar, sondern auch als Flucht vor der eigenen Verantwortung, vor den menschlichen Verpflichtungen des erwachsenen Mannes, die ihn erst zur Liebe befähigten. Die Mutterbindung hindert ihn, sich den wirklichen Problemen zu stellen.

Nicht nur in der Liebe. Am 8. April 1849 veröffentlicht Wagner in den »Volksblättern« seines Freundes Röckel anonym einen hochekstatischen Artikel mit dem Titel »Die Revolution«, einen Monat, bevor sie dann schon wieder zu Ende war. Darin feiert er die republikanisch-demokratische Schimäre als »Mensch gewordenen Gott«, singt einen Hymnus auf Freiheit, Gleichheit und Brüderlichkeit und nennt die Revolution »die ewig verjüngende Mutter der Menschheit«. Damit ist ihr, nach allem was wir jetzt schon kennen, die Kraft genommen. Eine »Göttin« soll die politische Wende bewirken, nicht Richard Wagner, sondern die *Mutter* Revolution. Rückzug in ihre Geborgenheit und aus der eigenen Verantwortung fürs Leben. Wenn dann die Mutter versagt, was kann man da machen?

Das Söhnchen rettet sich in seine Entschuldigungsbilder. Mit ihnen war er nie wählerisch. Dem Freund Liszt, der ihn gleich nach seiner Flucht eine ganze Weile über Wasser hielt, schreibt er: »Ich weiß daß ich in Dir geborgen bin, wie das kind im mutterschoße«. Und einem anderen, späteren Freund gegenüber, Peter Cornelius, wünscht er sich »jetzt ein freundliches weibliches Wesen, das mich sanft in sich aufnähme!!«

Dieser achselzuckende Defätismus der Großen Mutter ist auch in sein Werk eingegangen. Tristan, verwundet im Bett liegend, sehnt sich nach Isolde:

»mit hell erschloßnen Augen
muß ich der Nacht enttauchen, –
sie zu suchen,
sie zu sehen,
sie zu finden,
in der einzig
zu vergehen,
zu entschwinden
Tristan ist vergönnt.«

Was ist das für ein »der Nacht enttauchen«, wenn er gleich wieder *in* Isolde vergehen und entschwinden will, im Mutterbild? Als sie erscheint, stirbt er dann auch sofort, wartet nicht erst die Heilung durch die Frau ab und die Verzeihung des Königs Marke, die diese ihm bringen wollen. Tristan kann zu nichts etwas, er ist das Opfer, dem die

Mutter unglücklicherweise zu spät kam. Wie es ja auch »der Mutter Künste« waren, diesmal Isoldes Mutter, die ihn in das alles hineingebracht haben: denn ihr Zaubertrank hat beider Liebe ausgelöst.

Wotan bezieht sein Wissen auch von dorther. Nicht von irgendeiner Mutter natürlich, sondern von der Ur-Mutter gar, von Erda. Doch sein Bericht darüber, was die ihm verkündete, das angeblich noch aufhaltsame Ende der Götter nämlich, beginnt recht überraschend. Der Text lautet:

»Da verlor ich den leichten Mut;
zu wissen begehrt' es den Gott:
in den Schoß der Welt
schwang ich mich hinab,
mit Liebeszauber
zwang ich die Wala,
stört' ihres Wissens Stolz,
daß sie Rede nun mir stand.«

Die Musik kündigt anfangs Erwartbares an. Die beiden ersten Zeilen sind als absteigende Linien komponiert: das Wissen ist unten, bei der Mutter. Die beiden nächsten Zeilen jedoch, die gerade von der Bewegung in die Tiefe sprechen, haben eine ganz andere Gestik: in schmerzlich kleinen chromatischen Schritten zielt die Melodie nach oben; die gleiche Tendenz haben die beiden letzten Zeilen, während die dazwischen liegenden, den Zwang beschreibenden Verse wieder in genau gleich gebauten Phrasen abwärts stoßen. Das ist deutlich gegen die Außenfassade des Textes komponiert. Verlust des Muts und Wissensbegehren werden mit der Mutter »unten« in Verbindung gebracht, der »Schoß der Welt« aber wird in der aufsteigenden Melodie sozusagen verfehlt; nur die Gebärde der Vergewaltigung der Mutter – infantiles Wunschbild des Mannes – geht abwärts, die »Störung« ihres Wissens und der Zwang, Rede zu stehen, – Handlungen, die der Mutter gegenüber sich nicht geziemen – führen wieder nach oben.

In ihrer musikalischen Bewegung übt die Stelle auf subtile Weise Kritik an Mutters angeblicher Weisheit. Erda liefert Wotan ja auch ein paar Kenntnis-Brocken, aber eben nicht die Wahrheit. Die vordergründige Lösung, mit Hilfe der Walküren gegen Alberich aufzurüsten, erweist sich als falsch. Der Untergang der Götter *ist* unaufhaltsam. Die Mutter hat gelogen oder zumindest: sie wußte nichts und hat nur so getan als ob.

Wenig später, im selben zweiten »Walküren«-Akt, erscheint eine ähnliche Situation. Die vor Erschöpfung auf der Flucht zusammengebrochene und eingeschlafene Sieglinde wird durch die Stierhörner des sie verfolgenden Ehemanns Hunding und seines Gefolges aufgeweckt, und noch halb im Traum erinnert sie sich an den einstigen Überfall, bei dem sie ihre Familie verlor und Hundings Beute wurde. Leise ruft sie nach der Mutter, »mir bangt der Mut«. Aber als sie das wirkliche Ausmaß der Gefahr erkennt, da bricht sie im Hilfeschrei aus: »Bruder! Siegmund! Siegmund!« Nicht die Mutter also ist es, von der wahre Hilfe kommen kann, sondern der Bruder, der Geliebte. Doch Sieglinde ist eine Frau, und das mag etwas anderes sein, zumal sie eine besondere Frau ist und ihr Bruder ein besonderer Mann. Aber immerhin.

So versteckt hat Wagner die Abnabelung betrieben, ihm selbst gewiß unbewußt, doch eindrucksvoll genug. 1854 in der keimenden Liebe zu Mathilde Wesendonk hat er das komponiert und zwölf Jahre nach der einzigen offenen Kritik, die er je an der eigenen Mutter geübt hat. Die war dafür um so schärfer. »Wirklich gränzenlose Charakterlosigkeit u. gänzlich aufgelöste Launenhaftigkeit« bescheinigt er ihr da unter anderem in einem Brief an die Schwester Cäcilie. Ganz spät bricht es indirekt noch einmal aus ihm heraus. Die britische Königin Victoria, die »dumme Büchse« nennt er sie, solle endlich abdanken und den Kronprinzen damit von seinem »absurden Leben« befreien: »früher wären die Söhne, wenn majorenn [das heißt volljährig], Vormünder ihrer Mütter geworden«. In der offenen Schmähung einer anderen Mutter, die ihn gar nichts angeht, will er alle Mütter treffen für das, was sie ihren Söhnen antun, und vor allem die eigene.

Doch ein solcher quasi emanzipatorischer Ausbruch ist selten. Es überwiegt auch noch beim alten Wagner die Angst, die der Mutter zur Heilung bedarf. Ende 1875 – die Sorgen um die Festspielfinanzierung häufen sich zum befürchteten Zusammenbruch – träumt er einmal, Cosima sei wahnsinnig geworden und wolle ihn verlassen. Und in der nächsten Nacht: »die Königin von Preußen gäbe sich ihm als seine Mutter zu erkennen!« Im Tagebuch folgen drei Punkte – und dann völlig unvermittelt ein »auf einmal lachend« gesprochener Scherz-Reim: »Gerechtigkeit ein schönes Wort, Geschlechtlichkeit wirkt immer fort«. Sonderbar unverständlich ist das, ihm selbst wohl auch, und doch meint man einen tiefen Zusammenhang zu spüren, etwa: den Wunsch nach der Befreiung von der Mutter und das Gefühl zugleich, geradezu physisch an sie gefesselt zu sein.

Die Frau als Große Mutter hat in Wagners Werk ihren gewichtigsten Ausdruck in der Schlußszene des »Siegfried« gefunden, im Duett Brünnhildes und Siegfrieds. Das wurde 1869 komponiert, in den letzten Wochen von Cosimas Schwangerschaft mit dem Sohn Siegfried, ihrer beider drittes und letztes Kind. Die Parallele ist zufällig, denn die Verse, in denen Brünnhilde sich als Siegfrieds mythische

Mutter beschreibt, stehen schon in der Urfassung und sinngemäß bereits im Prosaentwurf des »Jungen Siegfried« von 1851. Doch die häusliche Situation mag Wagner bei der Komposition inspiriert haben. Und diese Situation war ihm nicht nur angenehm. Eine Woche vor der Geburt beklagt er sich, Cosima »sei nur noch Mutter«, er verliere sie ganz.

Dabei arbeitete er gerade an einem Preislied auf die Mutter, Siegfrieds »O Heil der Mutter, die mich gebar«. Brünnhilde singt das umformulierend nach und fährt dann fort:

»O wüßtest du, Lust der Welt,
wie ich dich je geliebt!
Du warst mein Sinnen,
mein Sorgen du!
Dich zarten nährt' ich,
noch eh' du gezeugt;
noch eh' du geboren,
barg dich mein Schild:
so lang lieb' ich dich, Siegfried!«

Das sind die Worte einer Mutter. Siegfried mißversteht sie denn auch und glaubt, die eigene leibliche Mutter vor sich zu haben, von der er bisher nur gehört hatte, sie sei bei seiner Geburt gestorben. »Leise und schüchtern« fragt er:

»So starb nicht meine Mutter?
Schlief die minnige nur?«

Nun muß sie ihn aufklären: doch, seine Mutter kehre nicht wieder. Sie aber sei etwas anderes, Mutter und Geliebte zugleich, und das eine die Bedingung des anderen:

»Du selbst bin ich,
wenn du mich Selige liebst.
Was du nicht weißt,
weiß ich für dich:
doch wissend bin ich
nur – weil ich dich liebe.«

Die Frau, die »du selbst« ist: das ist die frühkindliche Form des Mutter-Erlebnisses, die Mutter als eigener Körperteil. Aber, so Brünnhilde, diese ersehnte Wiedervereinigung mit dem Körper der Mutter ist für

Siegfried nur möglich durch Liebe, wie ihre mütterliche Fürsorge für ihn nur möglich ist durch *ihre* Liebe. Zusammen mit dem weiteren Verlauf ist auch klar, was diese »Liebe« meint: körperliche, sexuelle Liebe.

Der komplizierte Zusammenhang schlägt auf die Musik durch. Brünnhildes Erklärung ist in den beiden ersten Zeilen auf höchst komplizierte Weise rhythmisiert, mit kaum exakt singbaren Sechzehntel-Triolen auf die Worte »bin« und »mich«. Auch der melodische Verlauf ist äußerst schwierig, was auf andere Art Siegfrieds hilfloses Staunen im voraus rechtfertigt:

»Wie Wunder tönt,
was wonnig du singst;
doch dunkel dünkt mich der Sinn ...
deiner Stimme Singen
hör' ich süß:
doch was du singend mir sagst,
staunend versteh' ich's nicht.«

So weit ist der Mann eben noch nicht. Denn die Vereinigung Siegfrieds mit Brünnhilde ist die Liebe zur Großen Mutter, nicht zur zufälligen kleinen leiblichen, die einen auf die Welt gebracht und dann enttäuscht hat. In der »neuen« Frau hebt Wagner seine Mutterkomplexe auf. Er beschwört die Frau als Über-Mutter, Gefährtin und Sexualpartnerin, mit der der Mann im permanenten Super-Inzest lebt. Was ihm Cosima im Leben war, ist im Werk Brünnhilde: das Weib der Zukunft.

5.

Brünnhilde

Vom »Weib der Zukunft« spricht Wagner meines Wissens zum ersten Mal im Zusammenhang mit der Senta des »Fliegenden Holländers«. Der ersehne »als Ende seiner Leiden« den Tod, und er könne die Erlösung gewinnen durch »*ein Weib*, das sich aus Liebe ihm opfert«: »dies Weib ist aber nicht mehr die heimatlich sorgende, vor Zeiten gefreite Penelope des Odysseus, sondern es ist das Weib überhaupt, aber das noch unvorhandene, ersehnte, geahnte, unendlich weibliche Weib, – sage ich es mit einem Worte heraus: *das Weib der Zukunft*.«

Es ist eine nachträgliche Interpretation wie die der »Lohengrin«-Elsa und ebenfalls in der »Mitteilung an meine Freunde« von 1851 enthalten. Und ebenso wie im anderen Fall tut die zehn Jahre ältere Oper wenig, um das zu rechtfertigen. Wagner hat denn auch bald darauf in seinen »Bemerkungen zur Aufführung der Oper ›Der fliegende Holländer‹« eine Warnung nachgeschoben: Sentas »träumerisches Wesen« dürfe »nicht im Sinne einer modernen, krankhaften Sentimentalität aufgefaßt werden«; sie sei vielmehr »durchaus *naiv*«.

Denn inzwischen war viel geschehen. Er hatte die komplette »Ring«-Dichtung beendet und brauchte Senta nicht mehr. Die neue Frauen-Figur war entstanden, die alles leistete, was er vorher mühsam der anderen, älteren zugeschrieben hatte: Brünnhilde. Als Wagner nach der Dichtung des »Jungen Siegfried« dem wegen der Revolution im Gefängnis sitzenden Freund Röckel die Schlußszene des Stücks beschreibt, jene erste Begegnung Siegfrieds mit Brünnhilde, da schließt er: »nicht eher sind wir das, was wir sein können und sollen, bis – das *Weib* nicht *erweckt* ist.« Und ein Vierteljahr später schildert er Liszt diese neue Brünnhilde so: »Du hast z. B. nicht mehr darüber Dich zu ängstigen, was diese Leute zu dem ›Weibe‹ sagen werden, die unter ›Weib‹ immer nur ihre Frau, oder – wenn sie sich hoch versteigen – ein Bordellmädchen denken können!«

Die negativen Gegenbilder sind charakteristisch: die Ehefrau und die Hure. Beide kommen im »Ring« *auch* vor, aber eben nur als Folie, damit »diese Leute« erkennen sollen, was das andere ist an Brünnhilde, das neue: das heroische Weib, das den Männern zeigt, wo's lang geht.

Brünnhilde wird im »Ring«, im zweiten Akt der »Walküre«, ziemlich harmlos eingeführt und beinahe unfreiwillig komisch. Sie ist eine der neun Walküren, die alle Wotans Töchter sind, aber sie ist ihm die liebste: sie ist das »Pfand« seiner gewaltsamen Verbindung mit Erda. Ihre ersten Worte heißen »Hojotoho« und »Heiaha«, die sie, weil's so schön ist, gleich vierzehnmal äußert, nicht gerade eine Demonstration sprachlicher Gewandtheit oder zukünftiger Intelligenz. So wird auch Siegfried in seinen ersten Sätzen lallen, und aus ihm wird ja dann auch nicht viel. Hier ist es der Kriegsruf der Walküren, die in die Schlachten der Menschen-Männer eingreifen und nach Wotans Entscheidung dem einen oder anderen zum Sieg verhelfen. Sie bringen die Toten nach Walhall, die dort Wotans Reservearmee gegen den befürchteten Angriff Alberichs bilden sollen.

Eine sehr untergeordnete Aufgabe also hat Brünnhilde: Sendbote, Schutzengel, Leichentransporteur. Die Sonderstellung bei Wotan aber verschafft ihr auch gewisse Rechte. Wotans »Wille« nennt sie sich, und das ist denn schon beträchtlich mehr, als einer Tochter oder einer Frau überhaupt sonst zusteht. Es klingt so, als bestimme *sie,* was Wotan entscheidet. Doch das Verhältnis ist noch etwas komplizierter. Wotan sagt:

»mit mir nur rat' ich,
red' ich zu dir.«

Sie ist also geistig, ja beinahe körperlich ein Teil Wotans. Wie die Über-Mutter später ein Teil des sie liebenden Sohnes wird, so ist sie hier noch selbst Teil des sie liebenden Über-Vaters. Aber die Befreiung davon beginnt schnell.

In Wotans langer Erzählung vom Zustand und den Problemen dieser Welt lernt Brünnhilde, die nur mit kurzen Zwischenbemerkungen und Fragen beteiligt ist, die Zwänge kennen, unter denen auch der bisher mit bedingungsloser Treue verehrte Vater steht. Als er von ihr verlangt, um der Heiligkeit der Ehe und der Verträge willen den Ehebrecher Siegmund zu töten, und damit seine ursprüngliche Weisung widerruft, da lehnt sie sich zum ersten Mal auf: »zwiespältig« sei sein Befehl, denn er liebe ja gerade Siegmund, seinen Sohn, den er gezeugt hat, damit er die Götter vor Alberich rette. Wotan aber hat sich entschieden, wenn auch widerwillig, und dabei bleibt's: Brünnhilde hat zu gehorchen, und nach dem kurzen Protest fügt sie sich auch wieder.

Dann aber begegnet sie Siegmund vor seinem Kampf mit Hunding, und alles wird anders. Sie verspricht ihm zunächst, was dem normalen Mann nur verlockend erscheinen kann: den ruhmreichen Heldenhimmel und das Bordell – denn das, obwohl es nie sichtbar wird, stellt offenbar auch Walhall dar, nimmt man Brünnhildes Mitteilung »Wunschmädchen walten dort hehr« ernst. Sie verspricht sogar sich selbst:

»Wotans Tochter
reicht dir traulich den Trank.«

Siegmund aber, der zu Brünnhildes Verblüffung nur an Sieglinde interessiert ist, dem »armen Weib«, sagt ihr, was er von derlei göttlichen Werten hält:

»So jung und schön
erschimmerst du mir:
doch wie kalt und hart
kennt dich mein Herz!«

Es ist die bitterste Anklage des »Rings« gegen eine Existenz, die der Menschlichkeit entbehrt, weil sie sich von Idealen der Äußerlichkeit leiten läßt, von Ruhm, Macht, Ansehen, Besitz: Jugend und Schönheit dieser Existenz werden als gleichbedeutend mit Kälte und Härte entschlüsselt.

An dieser Erkenntnis, die ein anderer ihr beibringt, entscheidet sich Brünnhildes Leben. Sie ändert Wotans Entscheidung eigenmächtig ab und spricht, als wäre sie der Gott selbst:

»Beschlossen ist's;
das Schlachtlos wend' ich:
dir, Siegmund,
schaff' ich Segen und Sieg!«

Die Musik gerät darüber in heftige Erregung: in höchstem Tempo jagen Streicher-Skalen auf und ab, tremolieren die Bläser. Ein Durchbruch hat sich ereignet: zum ersten Mal widersteht Liebe offen dem Gesetz. Motivisch bezieht sich die Musik auf das Thema der Liebesgöttin Freia aus dem »Rheingold«, die ebenfalls Opfer eines Wotanschen Vertrags werden sollte und darüber auflehnungslos nur klagte. Hier aber ist das anders, hier wendet sich die Welt.

Brünnhildes Ungehorsam macht sie frei. Sie scheidet sich damit von ihren Walküren-Schwestern, die fassungslos von ihrer zunächst vergeblich scheinenden Tat hören, denn Wotan hat Siegmunds Sieg selbst verhindert, indem er mit dem Speer sein Schwert zerschlagen und ihn damit wehrlos Hunding ausgesetzt hat. Strafe für Brünnhildes Ungehorsam ist nun sein erstes Ziel. Seine Beschreibung ihres Vergehens zählt auf, was alles sie begangen hat: sämtlich Taten gegen Wotans Macht. Und die Folge:

»Wunschmaid bist du nicht mehr;
Walküre bist du gewesen: –
nun sei fortan,
was so du noch bist!«

»Was so du noch bist« – Wotan meint damit die Menschen-Hausfrau am Herd, dem »herrischen Manne« unterworfen.

Aber Brünnhilde unterwirft sich nicht. Sie hat den entscheidenden Schritt getan, und sie geht den Weg weiter. Als sie Wotan fragt, was denn ihr Verbrechen gewesen sei, da sie – gegen das Gesetz, gegen die starren Regeln der Lieblosigkeit – für Siegmunds Liebe sich eingesetzt habe, da instrumentiert Wagner die rezitativische Linie der Singstimme mit einem zerbrechlichen Holzbläsersatz aus dunklen Farben, dem nur raunend ebenso dunkle Figuren der Violoncelli unterlegt sind und über den sich einsam eine Oboenstimme erhebt: Trauer über die vom herrischen Gesetz regierte Welt der Lieblosigkeit.

Sich selber, so wagt Brünnhilde zu sagen, sei Wotan damit zum Feind geworden, und da sei es eben ihre Aufgabe, das Richtige zu tun, die Aufgabe der frei gewordenen Frau für eine noch unfreie Welt. Wotan erkennt nun durch Brünnhilde, was sie voneinander trennt. Er kann seinen eigenen Wünschen nicht folgen, weil das Gesetz ihn bindet, während sie sich an »seliger Lust« »süß labte«. In Liebe hat sie seine Zwänge abgeworfen, das Glück einfach genommen, das er sich in Härte und Kälte meint versagen zu müssen. Er entzieht ihr die Gottheit mit einem Kuß auf die Augen, die von nun an »dem glücklichern Manne« glänzen sollen und nicht mehr ihm, »dem unseligen Ew'gen«, und er verschließt sie im Feuer, das um den Walküren-Felsen lodert.

Dort schläft sie so an die zwanzig Jahre, bis der herangewachsene Knabe Siegfried kommt. Die rebellischen Erkenntnisse der Frau sind einstweilen kaltgestellt, aber das Feuer hält sie anscheinend am Leben. Als Siegfried sie küßt – die erste Berührung, die sie wieder spürt, ist auch die letzte, die sie noch empfand –, erwacht Brünnhilde, und während sie sich langsam aufrichtet, und »mit feierlichen Gebärden der erhobenen Arme ihre Rückkehr zur Wahrnehmung der Erde und des Himmels« begrüßt, erscheint eine neue, so noch nie dagewesene Musik im »Ring«. »Sehr langsam« spielt das Orchester; Oboen, Klarinetten und Hörner blasen stark einen sofort verklingenden fahlen Akkord an; Flöten, Englischhorn, Trompeten und Posaunen übernehmen ihn verschoben pianissimo, steigern ihn zum forte, das in allen Bläsern wieder verlöscht; darunter spielen sechs Harfen ein zartes Tongespinst, das in einen extrem hohen Tremolo-Akkord der dreigeteilten ersten Violinen mündet; die klettern in Achteln dann noch höher; in ihre Unterbrechungen schieben sich wieder hohe Harfenakkorde – lange Pause. Das ganze wiederholt sich, mit kleinen Abweichungen, einen Ton höher, dann schwillt das Orchester zum fortissimo an, das von einer in Tonhöhe und Lautstärke absinkenden Kantilene aller Violinen aufgefangen wird. Nun tritt Brünnhildes Stimme dazu, die einzelnen Verse jeweils unterstrichen und getrennt durch die aufsteigende Pracht der immer wiederholten Orchester-Zeilen.

Wagner hat viel später einmal zu Cosima gesagt: »Du wirst dich wundern, wie ich in meiner nächsten Arbeit das deute, daß die Sonne weiblich ist.« Hier ist es sozusagen schon komponiert, doch in einer neuen musikalischen Sprache, in rhythmisch und harmonisch vertrackten Brechungen, die betonen, daß hier etwas Neues erwacht: nicht einfach eine schlafende Frau, sondern »das Weibliche«.

Im Gespräch mit Siegfried aber wird das alles, auch musikalisch, wieder reduziert. Schon Brünnhildes nächste Worte preisen Werte, die in ihren vorigen Handlungen und in ihrer Musik überwunden schienen:

»Heil euch, Götter!
Heil dir, Welt!
Heil dir, prangende Erde!«

Die Musik dazu kehrt zurück in den gewohnten rezitativischen Tonfall des »Rings«.

Siegfried hat Brünnhilde zwar erweckt, er hat das Feuer bezwungen, aber er ist in seiner männlich-kindischen Befangenheit nicht der, der das Feuer aus ihr herausschlägt. Wagner wußte das und hat es so ausdrücken wollen. Zwar nennt er später einmal das »höchste Glück« in diesem Schlußduett des »Siegfried« die »Verbindung zweier vollendeter Wesen«. Aber das ist nicht so positiv gemeint, wie es klingt. Sie sind nur jeweils für sich »vollendet«, Siegfried ist ja tatsächlich der vollendete Inbegriff des Mannes, und wir wissen, was das heißt! Wagner fügt deshalb an der selben Stelle auch hinzu, ihre Liebe bringe »keine erlösende Welttat« hervor. Der Grund: »Siegfried weiß nicht, was er verschuldet; als Mann, einzig der Tat zugewendet, erkennt er nichts, er muß fallen, daß Brünnhilde zur höchsten Erkenntnis gelangt.«

Ihre Liebe zu Siegfried ist im Grund ein Irrtum. Wie einen Fremdkörper hat Wagner dem alten Text eine musikalische Passage unterlegt, die nicht recht paßt. Zu den Worten

»Ewig war ich,
ewig bin ich,
ewig in süß
sehnender Wonne –«,

die eigentlich zur Schilderung ihrer Angst vor dem Mann Siegfried gehören, hat Wagner ein Thema verwendet, das er schon Ende 1864, also fast fünf Jahre vor dem dritten »Siegfried«-Akt, niedergeschrieben hatte. Es steht in enger Verbindung zu der intimen Vereinigung mit Cosima und eröffnet später das ihr gewidmete orchestrale »Siegfried-Idyll«. Als er dieses Thema in die Opern-Komposition einfügte, war Cosima kurz vor der Entbindung, und der Sohn sollte schließlich Siegfried heißen. Die Assoziation also lag nahe – Cosima = Brünnhilde –, aber Wagner muß das Unpassende empfunden haben, denn er setzte eine neue Regieanweisung in die Partitur: »Brünnhilde's Miene verräth, dass ihr ein anmuthiges Bild vor die Seele tritt, von welchem ab sie den Blick mit Sanftmuth wieder auf Siegfried richtet.«

Die Musik hat also beinahe ausdrücklich nichts mit ihrer Beziehung zu Siegfried zu tun. Denn nicht das im wiegenden Fluß des Idyll-Themas sich verwirklichende Glück des »ewigen« Weibes bestimmt diese Beziehung, sondern Angst, die sich schließlich im taumelnden Jubel ihrer sexuellen Vereinigung löst. Darin geht auch Brünnhildes Erkenntnis vorläufig unter. Ihre Schlußworte »leuchtende Liebe, / lachender Tod!« sind eine trügerische Alternative und klingen, als stammten sie aus dem anderen Stück, dem von »Tristan und Isolde«, obwohl sie tatsächlich viel länger schon im »Siegfried« stehen. Danach reißt das Orchester schnell ab.

Ihr erster neuer Tag zeigt denn auch einen vom vorigen ganz verschiedenen Aufgang der Sonne. Zwar klingt auch hier, im Vorspiel der »Götterdämmerung«, das Orchester voller Pracht; aber die unruhigen Triolen, zu denen die Streicher Brünnhildes dunkles Thema entwickeln bis hin zu zwei komplizierten synkopischen Takten, signalisieren, daß sich mit Siegfried alles anders entwickelt hat, als Brünnhilde gedacht haben mag: der verläßt sie nämlich gerade, markig blasen die Hörner seinen Aufbruch. Sie hat sich hingegeben, und er geht »zu neuen Taten«. Um eines Mannes willen hat sie ihre Stärke und ihr Wissen zurückgestellt und hält das zunächst noch für einen Gewinn. Im Gespräch mit ihrer einstigen Walküren-Kollegin Waltraute erläutert sie, wie die Liebe sie von ihrem einstigen Leben abgebracht und befreit habe. Aber sie irrt hier noch immer, vom stürmischen Mann Siegfried überredet zur Lust, die die ihre nur sein könnte, wenn sie auch die seine wäre. Sie besitzt Liebe, aber die gilt dem falschen Objekt.

Wagner hat das gerade an dieser Stelle wahrgenommen, die beim flüchtigen Hören wie der reine Lobpreis des fernen Geliebten klingt. Zu ihrem »Versunkensein« in dessen »Liebespfand«, den Ring, hat er bemerkt: »So muß es wohl den Frauen sein, wenn sie einsam sind.« *Einsam* hat er gemeint, nicht gerade einmal kurz allein. Die Einsamkeit wird schließlich um so furchtbarer, als Siegfried wieder erscheint, aber in Gunthers Gestalt, zu der uns schon bekannten Gewalt-Szene. In ihrer Überwältigung durch den Mann wird Brünnhilde sich ihrer Schwäche bewußt, so lange sie auf die Liebe der anderen baut und nicht wie früher auf sich selbst und ihre eigene:

»Was könntest du wehren,
elendes Weib?«

Diese Erkenntnis, die sich zur alten über den Unwert der starren Gesetze addiert, läßt sie erst zur Frau werden, die das »Weib der Zukunft« ist. Siegfried, der Mann, der sich an ihr stellvertretend für alle Frauen vergangen hat, muß untergehen und mit ihm alle, die sind wie er. Zu Gunther sagt sie:

»Dich verriet er,
und mich verrietet ihr alle!
Wär' ich gerecht,
alles Blut der Welt
büßte mir nicht eure Schuld!
Doch des *einen* Tod
taugt mir für alle:
Siegfried falle –
zur Sühne für sich und euch!«

Sie bedient sich dazu der Mittel der Männer, als da sind Hinterlist, Verrat, Mord. Sie ist *auch* das »politische Weib« geworden, die Frau mit der Waffe in der Hand, die der Mann Wagner so fürchtete.

Den Untergang der Welt, die ihren Charakter von Herrschsucht und Lieblosigkeit offenbart hat, führt sie bewußt herbei. Sie läßt Siegfried umbringen, seinen Mörder Hagen im Rhein versinken und die Götter samt Walhall an ihrem eigenen Scheiterhaufen verbrennen. Ihr Schlußgesang resümiert in Text und Musik die zentralen Themen des »Rings«, dessen Geschichte darauf hinausläuft, »daß wissend würde ein Weib«:

»Alles! Alles!
Alles weiß ich:
alles ward mir nun frei!«

Ihre schmerzlich gewonnene Freiheit vermag auch die Welt zu befreien und ihre Menschen, nicht mehr die, mit denen sie lebte, sondern die der neuen Welt, die nun heraufdämmert und der alten etwas Wichtiges voraus hat: sie kennt ihre Fehler. Zu den tief hinabsteigenden Worten »Ruhe! Ruhe, du Gott!« begraben die Klänge der miteinander verschmelzenden Tuben und Posaunen die alte Welt.

Brünnhilde, die alles erfahren mußte, was einer Frau blühen kann, hat durch Liebes- und Geistesarbeit sozusagen in sich selbst die neue Frau erzeugt, deren Wirken Liebe sein kann, weil auch die Liebe nun nicht mehr entstellt ist.

In einer später wieder verworfenen Variante von Brünnhildes Schlußworten hat Wagner das ausdrücken wollen. Die Fassung beginnt mit der Anrede »Ihr, blühenden Lebens / bleibend Geschlecht« und endet:

»Nicht Gut, nicht Gold,
noch göttliche Pracht;
nicht Haus, nicht Hof,
noch herrischer Prunk;
nicht trüber Verträge
trügender Bund,
nicht heuchelnder Sitte
hartes Gesetz:
selig in Lust und Leid
läßt – die Liebe nur sein.«

Diese Verse versuchten jedoch, so meinte Wagner dann, »in sentenziösem Sinne die musikalische Wirkung des Dramas im voraus zu ersetzen«. Er hat sie deshalb nicht für die Komposition verwendet; die wortlose Musik des Schlusses verkündet jetzt die Botschaft. Aber dem Textbuch sollte der alte Wortlaut, so wünschte er, immer beigefügt werden, weil da eben die Musik fehlt. Deshalb sind diese Worte tatsächlich Brünnhildes Vermächtnis: das Wissen der Frau, das diese Welt nötig hat, um eine andere Welt zu werden:

»selig in Lust und Leid
läßt – die Liebe nur sein.«

Brünnhilde (Bayreuth 1976–1980: Gwyneth Jones)

Eine Sängerin, die Chéreaus »Ring«-Inszenierung zum Bild der emanzipierten Frau geprägt hat, also der Frau, wie Wagner sie wollte.

Cosima und Richard Wagner 1872

Die Photographie sagt die Wahrheit und täuscht: Cosima schaute zu Richard auf, aber er war kleiner als sie, wenn sie nur aufgestanden wäre. Dennoch: ein reales Liebespaar des letzten Jahrhunderts von bis heute seltener Harmonie, ein Liebespaar, glücklicher als die meisten.

IV.
KAPITEL

Love Story

Was den Menschen gut tut

In vollen Zügen trink' ich Wonnen,
in die kein Zagen je sich mischt:
denn unversiegbar ist der Bronnen,
wie mein Verlangen nie erlischt.

Tannhäuser, 2. Aufzug, 4. Szene

In der Not des Exils war Wagner nicht immer nur zielstrebig auf dem Weg zum Werk. Das riesige Panorama, das er vor sich sah, der noch unförmige »Ring«, schreckte ihn auch. Welchen Sinn sollte das alles haben? Was nützte es denn für das Leben? War es nicht nur Ersatz, Verschleierung der unaufhebbaren Differenz zwischen Ästhetik und Realität?

In einem Brief an Uhlig Anfang 1852 schafft solche Verzweiflung sich Luft: »Meist kann ich mich nicht erwehren zu finden, daß, hätten wir das *Leben*, wir keine *Kunst* nöthig hätten. Die Kunst fängt genau da an, wo das Leben aufhört: wo nichts mehr gegenwärtig ist, da rufen wir in der Kunst, ›ich wünschte‹. Ich begreife gar nicht, wie ein *wahrhaft glücklicher* Mensch auf den gedanken kommen soll, ›kunst‹ zu machen: nur im Leben ›*kann*‹ man ja, – ist unsre ›kunst‹ somit nicht nur ein Geständniß unsrer Impotenz?«

Das ist nicht nur banale »Anfechtung« des Künstlers, die Versuchung des heiligen Antonius, das ist Ernst. Ein glücklicherer Wagner hätte den »Ring« wohl nicht zu Ende gebracht, nicht ein Vierteljahrhundert lang festgehalten an der Idee, dieses Monumentalstück über die Welt aus sich herauszuschreiben als Bewältigung seines Unglücks. Nietzsche, Wagners scharfsichtiger Psychologe, hat in einem Fragment von 1871 der griechischen Kunst »jenes *satte Lächeln*« bescheinigt, »welches wir *griechische Heiterkeit* nennen«. Etwas anderes hingegen sei: »In ungünstigen Verhältnissen ist das *sehnsüchtige Lächeln* das Höchst-Erreichbare, z. B. bei Wolfram von Eschenbach und bei Wagner.«

»In ungünstigen Verhältnissen«: das in der Tat waren Wagners Verhältnisse, vorsichtig ausgedrückt. Sie haben ein Werk hervorgebracht, das diese Verhältnisse spiegelt. Und weil es auch mehr oder weniger unsere Verhältnisse geblieben sind, besitzt das Werk Modernität, weit mehr als alle »satt lächelnde« Kunst. Die Sehnsucht des »Rings« ist aber eben auch die Sehnsucht nach einer anderen Welt, in der nicht mehr nur gelächelt werden dürfte, und zwar sehnsüchtig, sondern hellauf gelacht.

Wagner war der Rückzug ins sozusagen Unpolitische unmöglich. Wo er sich diesen anderen Weg geleistet hat, ist er bis zur Peinlichkeit schwach. Er war zu klug, um das nicht selbst zu sehen, aber auch zu eitel, um es einzugestehen. Daß sein erschreckend schlechtes »Lustspiel in antiker Manier«, das unter dem Titel »Eine Kapitulation« 1870 das geschlagene Frankreich billig verhöhnt, »gar nicht verstanden worden sei«, bemerkt er zwar, führt das aber zurück auf den »Mangel an Freiheit, welcher jetzt so empfindlich vorherrschte«. Die 1879 gesprochene Bemerkung, so falsch sie argumentiert, macht deutlich, worauf es ihm da ankam; denn er fährt fort, er würde gern noch einmal eine Komödie schreiben, in der alle Freunde mit Namen auftreten sollten, »alles unschuldig, aber voller Unsinn«. Es sollte ein Ausbruch sein aus dem Zwang, immer ernst bleiben, immer Wichtiges bewegen zu müssen – Flucht ins Private, in die Harmlosigkeit.

Als Wagner 1863 eine Schrift zur Reform der Wiener Hofoper verfaßt, da lobt er am Ende als »zwei der originellsten und liebenswürdigsten Erscheinungen auf dem Gebiet der öffentlichen Kunst: die *Raymundischen Zauberdramen* und die *Straußischen Walzer*«. Für die brauche man zwar keine Reform, aber das stehe doch »an und für sich bereits wahrlich nicht tief«; und er führt das für den Walzerkönig (gemeint ist vermutlich noch der Vater) näher aus, dessen Kompositionen alles mögliche andere überragten – ein Lob, das er einem musikalischen (Fast-)Zeitgenossen sonst kaum zukommen ließ.

So hätte er manchmal tatsächlich auch gern komponieren wollen. Aber so komponierte er nicht. Seiner Welt verbot sich das. Zu vieles in ihr stand dagegen, zu vieles blieb zu verändern, als daß er beschwingt zum Tanz hätte aufspielen können. *Seine* Tänze finden nicht im Ballsaal statt, sondern auf Felsenhöhen. Sie sind keine abgezirkelten Ringelreihen, sondern wilde Orgien, sie schlagen die Liebe nicht in gesellige Formen, sondern entfesseln sie zum Schrei der Lust.

Immer weiter laboriert Wagner an dem Problem, wie dem Menschen ernsthaft zur Liebe zu verhelfen sei – in einem Werk, das in einer lieblosen Welt spielt und in ihr entsteht. Und immer weiter problematisiert er dabei das Verhältnis von Mann und Frau, bis in die letzten Tage. Als der zweite Akt von »Parsifal« abgeschlossen ist, schreibt er diesen Gedanken ins »Braune Buch«: »Bei der Vermischung der Racen verdirbt das Blut der edleren Männlichen durch das unedlere Weibliche: Das Männliche leidet, Charakter geht unter, während die Weiber so viel gewinnen, um an die Stelle der Männer zu treten. (Renaissance) Das Weibliche bleibt somit die Erlösung schuldig: hier Kunst – wie dort in der Religion; die unbefleckte Jungfrau gebiert den Heiland.«

Das sind Parsifal-Gedanken, das ist die alte Angst vor der Emanzipation der Frau und ihre Abwehr, aufgepfropft auf die Rassentheorien des Grafen Gobineau, dessen Buchtitel »La Renaissance« er ausdrücklich nennt. Die »befleckte« Frau hat ihn in Wahrheit aber viel mehr interessiert, die unbefleckte Jungfrau kannte er im Leben gar nicht. Der letzte Aufsatz, Fragment geblieben durch seinen Tod, trägt dann auch nicht mehr den Titel vom Jahr zuvor: »Über das Männliche u. Weibliche in Kultur u. Kunst«, sondern programmatisch einen neuen: »Über das Weibliche im Menschlichen«. Danach hat er sich gesehnt, von da sollte die Erlösung kommen.

1.

Lieber eine Frau sein

Ein merkwürdiger Satz Nietzsches aus dem Epilog seiner Anti-Wagner-Schrift lautet: »denn Wagner war in alten Tagen durchaus feminini generis«. Feminini generis – weiblichen Geschlechts. Viele Interpreten haben das Stichwort aufgenommen und je nach Standort ausgewertet.

In der Wagner-freundlichen mythologisch-symbolistischen Schule wird daraus ein Wesens-Element, das er zu überwinden hatte. So meint Donington, in den Schlußszenen des »Holländers«, des »Tristan« und des »Rings« mit dem freiwilligen Opfertod von Frauen kehre »die verbrauchte Gestalt der Anima in ihr ursprüngliches Element des Unbewußten« zurück: »Durch jede dieser unvergeßlichen Szenen lernte Wagner vielleicht, ein wenig mehr von jenem unreifen Element seiner eigenen inneren Weiblichkeit fahrenzulassen, das ihn fesselte. Die letzte und vielleicht die am ehesten bewußt erlebte dieser Szenen ist Kundrys Verwandlungstod im ›Parsifal‹, und diese Oper wird im Gegensatz zu den anderen nach dem symbolischen Opfer weit genug fortgesetzt, um etwas von den fruchtbaren Konsequenzen aufzuzeigen, wozu auch eine stärkere Annäherung an die Ganzheit gehört.« Vernichtung der Frau also gewissermaßen, um die Frau in sich selbst zu überwinden – ein Konzept eher von C. G. Jung als von Richard Wagner.

Die Wagner-kritische und oft sympathisch respektlose Schule addiert dagegen allerlei Züge von Schwäche zu einer angeblich »weiblichen Komponente seines Charakters«: sein Selbstmitleid, seine Putzsucht, sein zänkisches Wesen. Ein männliches Klischee stilisiert unangenehme Eigenschaften zu typisch weiblichen Besonderheiten – wir erinnern uns an Theweleits Feststellung, wie link gerade auch »linke« Männer sich der Frau gegenüber verhalten.

Beide Interpretationen laufen letzten Endes aufs selbe hinaus:

solche bei Wagner festgestellten »weiblichen« Symptome gelten als minderwertig, verächtlich, überwindenswert für den ordentlichen Mann. Aber Nietzsches Satz sagt etwas ganz anderes, und der brillante Formulierungskünstler wußte, wie er ihn sagte: nicht Wagner habe weibliche *Züge* besessen, sondern er *sei* weiblichen Geschlechts gewesen. Da geht es nicht um Teile, sondern ums Ganze. Nietzsche sprach vom alten Wagner. Aber da er zu den wenigen gehörte, die Wagners Autobiographie hatten lesen dürfen (er betreute den Privatdruck der beiden ersten Bände), konnte er auch wissen, wo es her kam.

Mit halb ironischer Abwehr, aber doch immer noch heimlicher Zuneigung schildert Wagner 1865 seine ersten häuslichen Theaterspiele. Zwölf Jahre war er da: »während ich mit Altersgenossen Aufführungen des ›Freischütz‹ nachzuahmen suchte und mit großem Eifer hierbei mich der Herstellung der Kostüme und Gesichtsmasken durch groteske Malerei hingab, übten die zarteren Garderobengegenstände meiner Schwestern, mit deren Herrichtung ich die Familie häufig beschäftigt sah, einen fein erregenden Reiz auf meine Phantasie aus; das Berühren derselben konnte mich bis zu bangem, heftigem Herzschlag aufregen. Trotzdem daß, wie ich erwähnte, in unserem Familienverkehr keine, namentlich in Liebkosungen sich ergehende Zärtlichkeit herrschte, mußte doch die stets nur weibliche Umgebung in der Entwicklung meines Empfindungswesens mich stark beeinflussen. Vielleicht gerade, weil dieser Umgang meist unruhiger, ja heftiger Art war, übten die sonstigen Attribute der Weiblichkeit, namentlich soweit sie mit der phantastischen Theaterwelt zusammenhingen, einen fast sehnsüchtig stimmenden Reiz auf mich aus.«

Man kann das nicht nur vordergründig interpretieren, wie Wagner es offenbar suggerieren will: als frühe Sehnsucht nach der Frau. Zu sehr spielt die Geschichte auf den Gegensatz an zwischen der eigenen groben Männlichkeit und dem zarten, fein erregenden Weiblichen. Man meint, Bedauern darüber herauszuhören, daß er selbst nicht so eine Frau war. Die körperliche Empfindung dieses Zarten wird drei Seiten später noch einmal ausdrücklich aufgenommen: »Andere Male entsinne ich mich besinnungslose Schläfrigkeit geheuchelt zu haben, um von den Mädchen unter Bemühungen, welche dieser Zustand nötig zu machen schien, zur Ruhe gebracht zu werden, weil ich einst zu meiner aufregenden Überraschung bemerkt hatte, daß ein ähnlicher Zustand mich in eine mir schmeichelnde unmittelbare Berührung mit dem weiblichen Wesen brachte.«

Bis in die Wortwahl zeigt die Passage an, daß hier nicht die gewöhnlichen Empfindungen jedes x-beliebigen Knaben gemeint sind. Der Text will etwas verdecken und deckt es dabei auf. »Berührung mit dem weiblichen Wesen« ist weniger als »mit der Frau« und mehr zugleich: körperliche Identifikation beinahe anstelle von Hand-Anlegen. Mit »aufregender Überraschung« hat der junge Wagner das bemerkt und seine Folgerungen gezogen. Lebenslang.

Ein einziges Mal, soweit ich sehe, hat er dieses Gefühl offen ausgesprochen, mit 28 Jahren in einem Brief an die Mutter: »Ich bin gewiß keiner von den starren, unbeugsamen Characteren, im Gegentheile wird mir mit Recht eine zu weibliche innere Beweglichkeit vorgeworfen.« Es sei dahingestellt, ob seine Selbsteinschätzung richtig ist – jedenfalls belegt sie, daß er sich eher und lieber als Frau sah denn als Mann. Sie belegt auch noch einmal, mit welchen Attributen für ihn Männlichkeit versehen war: starr, unbeugsam – der erigierte Penis. Dagegen die Frau: Beweglichkeit, das Flüssige, Fließende, keine Härte.

Im Leben hat Wagner seine Weiblichkeit konkret durch das ausgedrückt, was seine Biographen Putzsucht nennen. Je älter er wurde, um so stärker wurde sein Bedürfnis nach kostbaren weichen Stoffen, die sich anschmiegten an den Körper, die wärmten, verhüllten, schmückten. Man kann wie Gutman kopfschüttelnd darüber lachen: »Sein Verlangen nach Seide, Satin, Pelzwerk und Parfums grenzte ans Fetischistische. Ein merkwürdiger Zwang trieb ihn an, sich auf das absurdeste zu verkleiden. Daß seine Haut äußerst empfindlich war, mag die Halstücher und Unterwäsche aus Seide erklären, aber kaum diese gesteppten, gekräuselten und gerüschten Roben mit Schleifchen, Spitzen, Blümchen, Fransen und Pelzbesatz, in denen er durch seine Privatgemächer schlurfte.«

Fetischismus ist für so was zwar der gängige Fachausdruck, aber er erklärt gar nichts. Alles, was Wagner da trug, womit er sich umgab, wonach es riechen sollte – all das diente ihm dazu, die Aura des Weiblichen verfügbar zu machen, in sie einzutauchen, um wenigstens so zu empfinden, als sei man eine Frau, wenn man schon nicht »wirklich« eine werden konnte. Seine »Briefe an eine Putzmacherin« – von Gegnern noch zu seinen Lebzeiten veröffentlicht (1877), um ihn lächerlich zu machen – waren ihm, etwas überspitzt gesagt, so wichtig wie Äußerungen zu seiner Kunst, wie die Kunst selbst. Denn in ihnen drückte er aus, was er brauchte, um sich als Mensch zu fühlen. Auch die Stoff- und Parfum-Bestellungen bei Judith Gautier: sie sind weder »merkwürdiger« Zwang noch dienen sie »absurdester« Verkleidung. Sie sollen ihm zu einem Körper verhelfen wie Judiths Körper, zum weiblichen Körper. Lange suchte er einen schwer zu findenden Farbton, ein »sehr blasses und zartes« Rosa; es ist die Farbe der Haut.

Der befreundete Maler Joukowsky teilte Wagners »Neigung für das Weiche«. (Joukowsky war bezeichnenderweise homosexuell und lebte mit einem italienischen Knaben namens Pepino zusammen; er konzipierte die »Parsifal«-Bühnenbilder.) Zu ihm scherzt Wagner einmal während der Arbeit am zweiten »Parsifal«-Akt, und es ist wieder nur vordergründig ein Scherz: »Das Unbegreifliche, hier wird's getan, das angenehm Weichliche zieht man gern an«. Daß Wagner ausgerechnet die ihm fast heiligen Schlußverse des »Faust« parodiert, zeigt, wie ernst ihm die Sache war, erst recht, wenn »das angenehm Weichliche« an der Stelle des originalen »Ewig-Weiblichen« steht. Einen Tag drauf verschärft er den Beziehungsreichtum noch und formt den Satz so um: »Das sanft Bestreichliche hat's uns getan, das angenehm Weichliche zieht man gern an!« Alles Vergängliche, wie wahr, ist nur ein Gleichnis. Was Wagner unbeschreiblich war und unzulänglich schien, zog ihn hinan, das Ewig-Weibliche, und sei es nur in Form seiner Kleidung.

Aber dabei blieb es nicht. Von der ersten Oper an sind es immer wieder die Frauen, die die Männer aus zaudernder Lethargie reißen. Das gilt für die »Feen«, für das »Liebesverbot« und für das nicht komponierte Libretto »Die Sarazenin« in ganz drastischer und vordergründiger Weise, subtiler schon für den »Fliegenden Holländer«, den »Tannhäuser«, den »Lohengrin«, für manche Vorgänge im »Ring«, schließlich bis hin zur düsteren Variante des »Parsifal«, wo erst die »schlimme« Kundry den Helden dazu bringt, seine wahre Bestimmung zu erkennen. Häufig sind es übrigens Geschwister, an denen Wagner die Überlegenheit der Frau zeigt, besonders in den frühen Stücken, wo die kindliche Biographie den Stoff noch sehr unmittelbar prägt, die Erinnerung an die geliebten und »ranghöheren« Schwestern, in die er sich so gern verwandelt hätte. Erst mit dem offenen Inzest des Wälsungenpaars in der »Walküre« löste Wagner sich von dem mächtigen Thema.

Sogar in dem ausführlichen Entwurf »Jesus von Nazareth« spielt eine Frau eine besondere Rolle: Maria Magdalena; es scheint, als hätte sie so etwas wie die zweite Hauptfigur werden sollen. In Gutmans Worten: »Wagner mußte selbst Jesus ein Ewig-Weibliches an die Seite stellen.« Vielleicht war die Unmöglichkeit, das angesichts der überragenden Gottessohn-Gestalt dramaturgisch zu bewältigen, auch ein Grund für Wagner, den Stoff fallenzulassen, der ihm im übrigen 1849 politisch schließlich sehr entgegen kam. Der Entwurf verschwand in der Versenkung. Nur die politische Botschaft ging ins weitere Werk über. Und das neueste Motiv: die Umdeutung von Jesu Opfer in die Todessehnsucht des Mannes; sie färbt Wotan, Siegmund, Siegfried, Tristan, Amfortas. Aber die Kraft der Frau war am Jesus-Stoff kaum zu zeigen, *der* Mann war *zu* stark, und das interessierte Wagner nicht.

Er suchte weiter nach Frauen, die die Verantwortung trügen. Er selbst wollte für nichts verantwortlich sein. Es schien ihm zu schwer, was vom Mann erwartet wurde. Frauen waren nicht verantwortlich in dieser Gesellschaft, sie lehnten sich an die starke Schulter des Mannes, so wollte er es auch tun. Er hat »den Mann« gesucht, und weil er selbst einer war, mußte die Verantwortung für ihn von Frauen übernommen werden, von Julie Ritter bis zu Cosima.

Mit den Männern, die diese Rolle zeitweise spielten, hat er oft Streit bekommen: im Grund billigte er ihnen dieses Recht und diese Macht nicht zu. Die Ausnahme ist König Ludwig, aber nur scheinbar. Mit ihm durfte er keinen Streit bekommen, und das war auch nicht schwer; denn Ludwig wollte alles andere sein als ein Mann, in seiner Homoerotik wies er sich selbst die Rolle der Frau zu, seine Männer waren Stallknecht oder Offizier. Die sonderbare Existenz hat Wagner in den privaten vier Wänden zu heftigen Ausfällen gegen den König veranlaßt: der leistete sich ziemlich offen die Weiblichkeit, nach der Wagner sich nur sehnen durfte.

Sogar die Revolution, von der er sich die Lösung vieler seiner Probleme mit einem Schlag erhoffte, ist bei ihm Göttin, Mutter, also Frau – mit allen schon erörterten bedenklichen Konsequenzen. Auch dies aber, weil er sich alles von den Frauen erwartete, nichts von den Männern. 1863 schreibt er an die Freundin Mathilde Maier: »Im Ganzen bin ich nicht gut auf das Mannsvolk zu sprechen; es taugt heut zu Tag nicht viel, und rechten Ernst kennen so wenige, so wenige! – Ich fühle mich unsäglich einsam unter Männern, – und Frauen machen doch auch gleich schreckliche Noth – aber doch liebere!« Wagner war und blieb ein kaum verkappter Softie: er verachtete die herkömmlichen Attribute der Männlichkeit und erzwang sich damit förmlich die fürsorgliche Zuwendung der Frauen.

Ein Fragment des Frauenfeinds Nietzsche sagt es wieder einmal besonders hellsichtig: »Seine Fehler als Tugenden auszudeuten versteht niemand besser als Wagner. Eine tiefe *Verschlagenheit seines Künstler-Sinnes* zeigt sich hier. Alle Künstler haben etwas davon, die *Frauen* auch.«

Nietzsche hat seine Erkenntnis von Wagners weiblichem Geschlecht auch auf dessen Musik übertragen, und zwar in kritischem Sinn, nach seinem Abfall von Wagner. Und doch oder vielleicht gerade deshalb trifft er ihren Kern. In den »Vermischten Meinungen und Sprüchen« von 1879, später Teil des zweiten Bandes von »Menschliches, Allzumenschliches«, beschreibt er die »neuere Musik« mit dem Bild dessen, der »in's Meer geht, allmählich den sichern Schritt auf dem Grunde verliert und sich endlich dem wogenden Elemente auf Gnade und Ungnade übergiebt: man soll *schwimmen*«. Wagners sogenannte

»unendliche Melodie« sei bestrebt, »alle mathematische Zeit- und Kraft-Ebenmässigkeit zu brechen«: »Er fürchtet die Versteinerung, die Krystallisation, den Uebergang der Musik in das Architektonische«. Das sind Begriffe aus dem Bereich der Männlichkeit, während das »Schwimmen«, die Begrifflichkeit des Fließenden, Beweglichen, der Frau zugeordnet ist. Nietzsche spricht denn auch, während er die »Gefahr« solcher Musik leise andeutet, ausdrücklich vom *»allzu weiblichen* Wesen der Musik«, der das »Maass« fehle.

In der sieben Jahre später geschriebenen Vorrede schildert er seinen Vorbehalt dann offen: »Ich begann damit, dass ich mir gründlich und grundsätzlich alle romantische Musik *verbot,* diese zweideutige grossthuerische schwüle Kunst, welche den Geist um seine Strenge und Lustigkeit bringt und jede Art unklarer Sehnsucht, schwammichter Begehrlichkeit wuchern macht. ›Cave musicam‹ ist auch heute noch mein Rath an Alle, die Manns genug sind, um in Dingen des Geistes auf Reinlichkeit zu halten; solche Musik entnervt, erweicht, verweiblicht, ihr ›Ewig-Weibliches‹ zieht *uns* – hinab!«

Was Distanzierung sein will, bringt die Wahrheit hervor: ja, Wagners Musik ist »weibliche« Musik, vor der sich hüten muß, wer »Manns genug« sein will, »Reinlichkeit«, die der Sexualneurotiker Nietzsche meinte, ist ihre Sache nicht, auch nicht und schon gar nicht im »Parsifal«, wo so viel von Reinheit geredet wird. Diese Musik zieht »hinab«, und sie zielt hinab, in Körpergegenden, die lange tabuisiert waren, weil man sich vor ihren Ansprüchen fürchtete.

Eine kurze Abschweifung von Wagner weg sei an dieser Stelle erlaubt, weil sie möglicherweise aufschlußreich ist. Die beiden prominentesten Vertonungen der Goetheschen »Faust«-Schlußverse, in Robert Schumanns »Szenen aus Goethes Faust« (1844–53) und in Gustav Mahlers achter Sinfonie (1906), zeigen beim letzten Wort, »hinan«, interessanterweise eine musikalische Bewegung nach *unten.* Beide Komponisten waren Intellektuelle; sie wußten gewiß, was sie da taten: im hinabschreitenden Duktus ihrer Vertonungen fügen sie dem dunkel optimistischen Text eine realistischere Deutung bei, es geht nicht »hinan« zu idealen Höhen des Ewig-Weiblichen, sondern »hinab« zur wirklichen Frau.

Zurück zu Wagner. Es ist bemerkenswert, wie früh die erotischweibliche Komponente seiner Musik erkannt worden ist und dann sofort wieder verdrängt und nie fruchtbar gemacht für die Interpretation des Wagnerschen Werks. Schon anläßlich der »Meistersinger«-Uraufführung hat 1868 der bedeutendste Musikkritiker der Zeit, Eduard Hanslick, Wagners Musik eine »knochen- und muskellose Gestaltung« vorgeworfen; sie »fließe« »ins Unabsehbare fort«, »sich immer wieder aus sich selbst erneuernd«; »wie in einer Spinnfabrik« (da arbeiten vorwiegend Frauen), sagt er noch. Das sind allesamt wieder Attribute des Un-»Männlichen«, wenn nicht des »Weiblichen«. Wäre er nicht bei jeder Kritik so empfindlich gewesen, Wagner hätte sich daran freuen müssen. Denn was Hanslick und Nietzsche beschreiben, war seine Absicht: eine Musik für den Unterleib, für den weiblichen und, wenn's geht, auch für den männlichen. Aber der müßte zuvor von seinen Verklemmungen und Neurosen befreit werden, damit er nicht weiter nur starre Paßform wäre für das weibliche Gegenstück, sondern zu dessen Teil würde: nicht Gegensatz, sondern Einheit im Menschlichen durch Liebe.

2.

Musik des menschlichen Körpers

Kurz vor dem Ende des »Siegfried«-Schlußduetts erscheint ein neues musikalisches Motiv, zunächst nur im Orchester, dann von Siegfried übernommen zu den Worten:

»Sie ist mir ewig,
ist mir immer,
Erb' und Eigen,
ein und all«.

Im ersten Teil besteht das Motiv aus gleichen Vierteln, die Quartsprünge nach unten bilden, jeweils einen Ton tiefer beginnend. Im zweiten Teil steigt die Melodie in zwei Anläufen zur lang gehaltenen Dominante. Die Gestik des Motivs mit der stoßenden Bewegung seines Anfangs und dem nach Auflösung verlangenden Anhalten seines Schlusses ist die des Coitus.

Nach Wagners eigener Mitteilung kam ihm der Einfall 1859, als er an der Hirtenmelodie des dritten »Tristan«-Akts arbeitete. Dafür war die Stelle ursprünglich bestimmt, doch dann erkannte Wagner, »daß diese Melodie nicht dem Hirten Tristans zugehöre, sondern dem leibhaftigen Siegfried«. Es ist das einzige Mal, daß er während der langen Kompositionspause am »Ring« (1857–1868) von dessen Musik spricht. Der Eindruck muß so stark und eindeutig gewesen sein, daß er das Thema sofort der fernen Stelle zuordnete, unmittelbar vor dem Beischlaf Siegfrieds und Brünnhildes.

Feinfühligeren Interpreten wie Donington geht solche Drastik etwas zu weit; »ein wenig aufdringlich« nennt er diesen »Siegfried«-Schluß. Schon Marie Muchanoff, Wagners Verehrerin und gute Freundin, war einigermaßen fassungslos, als er ihr zum ersten Mal das Duett vorspielte. Es breche »in eine Art von leidenschaftlichem Jodeln«

aus, meinte sie, kein ganz genau passender Vergleich, aber doch ziemlich treffend, indem er die empfundene Peinlichkeit (gerade für eine Dame von Stand!) im Jux beiseite schiebt. Aber es ist kein Zweifel, wovon die Musik tatsächlich spricht.

Es gibt von da an mehrere Stellen, die solche sexuelle Drastik zeigen. Am Anfang der »Götterdämmerung«, als Siegfried und Brünnhilde sich verabschieden, sagt sie:

»Willst du mir Minne schenken,
gedenke deiner nur,
gedenke deiner Taten!«

Dazu tragen die Bläser ein ziemlich neues Siegfried-Motiv vor, aber nun in einer als »zart gestoßen« bezeichneten Fassung, was hier nicht nur eine musikalische Spielanweisung darstellt, sondern im Wortlaut und im Klang an die Taten der Nacht erinnert, die hinter den beiden liegt.

Krasser noch ist die Szene Hagens und der »Mannen« im zweiten Akt gestaltet. Hagen ruft die Krieger herbei unter dem Vorwand, es drohe Gefahr. In Wahrheit geht es aber um die Begrüßung des zurückkehrenden Gunther und seiner gewaltsam geworbenen Frau Brünnhilde. Hagens Text wird dadurch doppelsinnig:

»Wehe! Wehe!
Waffen! Waffen!
Waffen durchs Land!
Gute Waffen!
Starke Waffen,
scharf zum Streit!
Not ist da!
Not! Wehe! Wehe!«

Der wahre Zusammenhang läßt das leicht zu männlichen Taten assoziieren, die nicht auf dem Schlachtfeld geleistet werden, sondern im Bett. Dazu spielen Stierhörner, häßlich und banal klingende Instrumente, scharf dissonierende Sekund-Intervalle (c-des und c-d) zu stampfenden Schritten der Streicherbässe und der Kontrabaßtuba. Eine Klangszene von äußerster wilder Männlichkeit: hier wird das Glied gereckt. Als Hagen dann den Auftrag erteilt, Schafe für die Göttin Fricka zu schlachten, »daß gute Ehe sie gebe«, setzt er auf das Wort »gebe« einen Triller und einen Vorschlag, wieder die Nachahmung von Coitus-Bewegungen.

Man mag das primitiv nennen, und gewiß zeigen alle diese Beispiele Wagner nicht gerade auf einem Höhepunkt von Subtilität. Es sind auch nur die krassesten Erscheinungen musikalischer Sexualität, die Wagner hervorgebracht hat. Seine Vorstellung davon oder eher: sein Gefühl dafür ist vielfältiger und differenzierter, als es auf den ersten Blick scheint. Es hat sich entwickelt an der Musik zu »Tristan und Isolde«, die wieder ihren Anlaß hatte in der heftigen Liebe zu Mathilde Wesendonk.

Wer »Tristan« hört, vergegenwärtigt sich bald nicht mehr, daß das Titelpaar gar keine Zeit findet, seine Liebe zueinander sexuell zu vollziehen. Im ersten Akt stört sie die Ankunft im Hafen, im zweiten werden sie vom zurückkehrenden König Marke unterbrochen, im dritten stirbt Tristan, als Isolde gerade eintrifft. Und doch meint man sicher zu sein, daß sie ihre Liebe bis zum letzten auskosten. Es ist allein die Musik, die diesen Eindruck bewirkt. Im zweiten Akt vor allem glaubt man einer fast ununterbrochenen Folge von Orgasmen beizuwohnen, musikalischen Dauer-Ekstasen. Nirgendwo sonst ist Wagners berühmter Ausdruck mehr gerechtfertigt, seine Dramen seien »ersichtlich gewordene Taten der Musik«. Die merkwürdige Bezeichnung »Handlung in drei Aufzügen«, für ein Stück, das ja kaum Handlung kennt, fehlt in der Buchausgabe – sie steht nur in der Partitur, und das bedeutet: die *Handlung* ist die Musik, diese erotisch hochgetriebene Erzählung von der Lust bis zum Tod.

Was die Musik überhaupt bedeutet, hat Wagner ausgerechnet während der Arbeit am zweiten »Tristan«-Akt an Mathilde Wesendonk geschrieben. Da vergleicht er sich mit früheren Dichtern, denen eben die Musik gefehlt habe, aber dafür seien sie »glücklicher ohne die Musik« gewesen: »Der Begriff gibt kein Leiden; aber in der Musik wird aller Begriff Gefühl; das zehrt und brennt, bis es zur hellen Flamme kommt, und das neue wunderbare Licht auflachen kann!« Wieder und wieder bestimmen sexuell gefärbte Bilder Wagners Beschreibung dessen, was seine Musik leisten soll, die »tiefe Kunst des tönenden Schweigens«, wie er den »Tristan« einmal nennt.

Wo seine Musik offener denn je geworden war, machte er sich die größten Sorgen, diesmal nicht um ihre Verständlichkeit, sondern gerade darüber, daß sie *zu* gut verstanden würde: »Dieser ›Tristan‹ wird was *Furchtbares!* Dieser letzte Akt!!! – – – – – – Ich fürchte, die Oper wird verboten – falls durch schlechte Aufführung nicht das Ganze parodiert wird – : nur mittelmäßige Aufführungen können mich retten! Vollständig *gute* müssen die Leute verrückt machen, – ich kann mir's nicht anders denken.« Nach den vier ersten Vorstellungen will Wagner ein Verbot weiterer Aufführungen selbst erwogen haben, und zwar, wie er in seinem Gedenkaufsatz für den ersten Tristan-Darsteller, den früh verstorbenen Ludwig Schnorr von Carolsfeld, ausdrücklich sagt, nicht wegen der physischen Anstrengung für den Sänger des Tristan; er sagt nicht richtig, was sein Grund war: »Wohl dürfte es schwer sein, den Sinn meiner Empfindung hierbei klar verständlich auszudrücken«; aber es läßt sich nach allem denken, besonders wenn man eine Seite vorher seine Beschreibung der Musik liest: »die rastlos auftauchenden, sich entwickelnden, verbindenden, trennenden, dann neu sich verschmelzenden, wachsenden, abnehmenden, endlich sich bekämpfenden, sich umschlingenden, gegenseitig fast sich verschlingenden musikalischen Motive«. Es ist auch die Beschreibung eines Liebesakts. Es sei ihm ein Bedürfnis gewesen, sagt er viel später zu Cosima, »sich auszurasen musikalisch, weil er in den Nibelungen durch das Drama gezwungen gewesen war, sehr oft den musikalischen Ausdruck einzuengen«.

»Tristan« ist aber nicht einfach nur musikalische Raserei, so sehr man Wagners Eindruck teilen kann. Es ist auch ein Aufbruch in musikalisches Neuland, zu einer bis dahin ungeahnten »Sprach«-Fähigkeit der Musik, wofür es allenfalls bei Berlioz das eine oder andere Vorbild gibt. Diese Musik schwemmt in ihrem hemmungslosen Fluß alle abgezirkelte Künstlichkeit hinweg, die der mathematischsten der Künste immer ein wenig innewohnt. Es sei »die Musik für die Aufhebung aller Schranken«, hat Cosima einmal gesagt. Sie bezog das auf die Rassen, aber es sind auch die Schranken der Gesellschaft gemeint, der Konvention, selbst der Geschlechter.

Die Freiheit der »Tristan«-Musik ist vor allem eine erotische Freiheit, und der Widerstand gegen sie – in ihrer Entstehungszeit und bis weit in unser Jahrhundert – ist ganz begreiflich ein Widerstand aus »selbstgerechter Reinheit«, wie Adorno es in seinem bedeutenden Vortrag »Wagners Aktualität« dargelegt hat.

In der Autobiographie erzählt Wagner, daß eine russische Großfürstin das »Tristan«-Vorspiel sehr hoch schätzte. Und er zitiert zustimmend einen Freund, der daraufhin ausrief: »Diese Frau kennt die Liebe!« Nur wenn man die Liebe kennt, heißt das, kann man »Tristan« verstehen; denn es ist Liebesmusik und in ihrer Raserei Sexual-Musik, erotische Ekstase.

Der Begriff wurde wichtig für den alten Wagner. Am Tag, als er die Orchesterskizze des zweiten »Götterdämmerungs«-Akts beendet, sagt er: »mein Musik-Machen ist eigentlich ein Zaubern, denn mechanisch und ruhig kann ich gar nicht musizieren, da stört mich selbst der Sopran-Schlüssel in einer fünfstimmigen Sache Bach's, ich möchte es mir umsetzen, während ich in der Extase die tollsten Stimmführungen ohne eine Spur von Schwanken ausführe, es kommt wie aus einer Maschine so sicher heraus; ruhig aber kann ich nichts.« Zugleich kritisiert er aber auch den Begriff der Naivität für ein solches Schaffen und setzt ihm den Ausdruck »Besonnenheit« entgegen. Das ist jenseits der klassischen Genie-Vorstellung die Erlösung der Musik sowohl von der Mathematik wie von dem absurden Gedanken, sie ließe sich – mit all ihren Regeln, Kniffen und Zwängen – gleichsam unbewußt hervorbringen. Die Bedingung aber ist die Ekstase, der »entzückte Zustand des produktiven Künstlers«, wie Wagner das am selben Tag nennt. Musik also gewissermaßen aus dem Körper heraus, der dabei den Kopf regiert; der eine braucht den anderen, aber es verhält sich so herum, nicht umgekehrt.

Das hat nichts mehr zu tun mit der reaktionären Behauptung, Musik müsse »gefühlt« werden – was meist nichts anderes meint als: man verstehe sie nicht. Fühlen und verstehen fallen in Wagners Vorstellung aber zusammen, weil sein »Gefühl« nicht eine vage Empfindung ist, sondern auf intensivste Weise Körperlichkeit besitzt. Als er einmal den Plan entwickelt, Beethovens Missa solemnis aufzuführen, da verbindet er das mit räumlichen Überlegungen zur Körperlichkeit der Musiker und der Hörer: »er wolle das Orchester in der Mitte des Saales aufstellen und den Chor ringsherum circusartig, alles müsse mitsingen ..., denn diese Musik sei nicht zum Zuhören, den eigentlichen Eindruck habe nur, wer mit rase, er habe das bei der 9ten Symphonie in Dresden erfahren; überhaupt sei alle Musik für die Ausübenden gemacht«.

Musik als Teil des eigenen Befindens, nicht mehr Unterhaltung, sondern Naturereignis. Die Musiker stünden der Natur näher als die Maler, erklärt er dem überraschten Malerfreund Kietz, denn: »bevor das Kind sieht, schreit es, und wir hören diesen Schrei«. Ursprung der Musik im Naturlaut, und zwar in einer krassen menschlichen Gestalt: nicht Künstlichkeit ist ihr Wesen, sondern der Schrei, die ungetrennte Äußerung von Angst, Jubel, Sehnsucht, Befreiung.

Der Ausspruch stammt aus der Zeit, als er mit der Komposition der »Götterdämmerung« begonnen hatte, des noch fehlenden »Ring«-Schlusses. Es liegt nahe, eine Verbindung zu sehen zwischen der Betonung des Schreis und dem von den Zeitgenossen (auch noch von vielen unserer Zeitgenossen) als fremdartig und merkwürdig empfundenen Deklamationsstil des »Rings«, vor allem in seinen späten Teilen. Wagner hat offenbar versucht, die ihm in ihrem konsonantischen Klang hinderlich erscheinende deutsche Sprache musikalisch so zu artikulieren, daß ihre Nachteile sich in Tugenden verkehren; das gerät dann leicht in die Nähe des Schreis, der die wenigen Vokale überbetont, oder des Sprechgesangs, dessen Gefahr Wagner durchaus gesehen hat. Manchmal meint man, bei Wagner eine Sehnsucht nach dem italienischen Melisma herauszuhören, selbst wenn er den »energisch sprechenden Akzent« des deutschen Gesangs als »ganz vorzüglich für den dramatischen Vortrag geeignet« preist. Schließlich hat er es anfangs sogar für möglich gehalten, den »Tristan« als italienische Oper zu komponieren.

Natürlich stellte sich das schnell als Irrtum heraus. Aber es ist bezeichnend, daß es gerade dieses Stück war, mit dem er den Gedanken verknüpfte. In ihm hatte Wagners Melodie eine zuvor nur in den Liebesliedern der »Walküre« gekannte Freiheit gewonnen. Ansonsten hatte seinen melodischen Künsten bis dahin immer etwas Nachgemachtes angehaftet, etwas Gewaltsames auch, ein Gestus des »Nun-wollen-wir-uns-einmal-aufschwingen«. Nach »Tristan« erst feierte er in seiner kleinen Schrift zu Beethovens hundertstem Geburtstag dessen »Melodie«, der dieser »die höchste Natureinfachheit wiedergewonnen« habe, und dann kommt der Kernsatz: »die Melodie ist durch Beethoven von dem Einflusse der Mode und des wechselnden Geschmackes emanzipiert, zum ewig gültigen, rein menschlichen Typus erhoben worden.«

Ausdrücklich steht es da: *emanzipiert.* Und das erhebt zur Menschlichkeit. Die Melodie, die frei schwingende Linie des Gesangs, vokal oder instrumental, die Stimme, die sich hinwegsetzt über Mode und Geschmack, ungebunden sich selbst ausspricht: das ist das Herzstück der Wagnerschen Musik-Ästhetik von nun an. Immer aber hängt das auch mit dem Gegenstand zusammen, dem sie sich anschmiegt – sogenannte absolute Musik konnte Wagner nie schreiben. Immer mußte sie einen »Inhalt« haben, auch mit Worten formulierbar sein – über die paar Gelegenheitsstücke, Albumblätter fürs Klavier ihm geneigter Damen zumeist, hat er nur gespottet; aus dem Cosima versprochenen Streichquartett und aus den am Lebensende erträumten Sinfonien ist nichts geworden.

Die Befreiung der Melodie zielt auch auf den menschlichen Körper. Wagner fühlte sich darin bestätigt, seit das Publikum bei der Münchner »Walküren«-Uraufführung 1870 seiner anstößigsten Passage, dem Geschwister-Inzest des ersten Akts, jubelnd applaudiert hatte, »während, wo die Moralität der Sache vorgetragen wird, es sich gelangweilt hätte«. Und dann: diese Vereinigung von Siegmund und Sieglinde erscheine »wie eine Naturnotwendigkeit«. Wo die Natur das Sagen hat, wird es interessant für die Menschen, begreifen sie plötzlich, wie gut es tut, wenn Musik mit dem Körper denken lernt.

Denn auch das ist eine der »ersichtlich gewordenen Taten der

Musik«: der erste »Walküren«-Akt. Noch vor der Kompositionspause am »Ring« geschrieben, erklingt hier zum ersten Mal Wagners neuer Ton, vereinzelt noch vor dem »Tristan«, aber biographisch mit diesem verbunden durch die Liebe zu Mathilde Wesendonk. Im Gespräch des sich allmählich erkennenden Paars trumpft die Musik nie heldisch auf, sie ist sanft, äußerst sparsam instrumentiert, fast ganz ohne Beteiligung des schweren Blechs, die Gesangsbögen schwingen sich mit vielfältigen triolischen Vorschlägen verziert über die Grenzen des scheinbar noch vorhandenen Metrums hinweg: die Taktstriche scheinen manchmal nur dazustehen, damit die Musik für die Musiker leichter spielbar ist. Tatsächlich aber ist das starre Gerüst, an dem fast alle vorher geschriebene Musik sich festhielt, zerbrochen.

Nietzsche hat das als erster bemerkt, auch die Gefühle, die sich damit verbinden. Als Wagner-Freund noch schreibt er sich 1871 die Stichworte auf »Rhythmische Befreiung durch Wagner« und »Entfesselung des Rhythmus«. Im Kampf um seine Freiheit von Wagner heißt es dann 1874: »Das Aufhören der grossen rhythmischen Perioden, das Übrigbleiben der Taktphrasen, macht allerdings den Eindruck der Unendlichkeit, des Meers: aber es ist ein Kunstmittel, nicht das reguläre Gesetz, zu dem es Wagner stempeln möchte. Wir haschen zuerst darnach, suchen uns Perioden, werden immer wieder getäuscht, und endlich wirft man sich in die Wellen.« Und dann 1878, als heimlicher Gegner schon, ein fragmentarischer Satz: »Das Wogende Wallende Schwankende im *Ganzen* der Wagnerischen Musik«.

»Endlich wirft man sich in die Wellen«: das beschreibt das Erlösende dieser Musik und ihre Verführungskraft. Sie will zur Freiheit überreden, und davor hatte nicht nur Nietzsche Angst. Die Wagner-Kritik hat aus dem Fließenden, sich immer neu Anpassenden, aus der »Konkretheit des Unregelmäßigen«, wie Adorno sagte, den Vorwurf der Formlosigkeit hergeleitet, ein Vorwurf, der gern gegen jegliche Freiheit gerichtet wird. Aber es ist die Unregelmäßigkeit des Körperhaften, die Form seines Atmens, seiner Gesten und seiner Bewegung, noch einmal Adorno: »jenes eigentümliche Gefühl des Schwebenden, daß die Musik gleichsam keinen festen Boden unter den Füßen hat«.

Das ist natürlich keine Frage eines unbestimmten Gefühls, sondern bestimmter technischer Mittel, die sich analysieren lassen. In der anderen Siegmund-Sieglinde-Szene der »Walküre«, als sie im zweiten Akt auf der Flucht erschöpft innehalten, findet sich eine Stelle, die durch Instrumentierung die Formelemente absichtlich unkenntlich macht, aus denen sie gefügt ist. Die Regieanweisung, auf die die Musik sich bezieht, heißt: »Sieglinde blickt ihm mit wachsendem Entzücken in die Augen; dann umschlingt sie leidenschaftlich seinen Hals und verweilt so.« Ein kleines sich aufschwingendes Streichermotiv ist dazu abwechselnd so in die Stimmen der beiden Violinen und der Bratschen gelegt, daß es wie eine Linie wirkt, ohne daß die immer andere orchestrale Quelle heraushörbar würde. Am Schluß der Passage führt eine steigernde und wieder abnehmende Geste der einstimmigen Violinen zu einem Nachsatz, der wiederum ein kurzes Motiv auf mehrere Stimmen verteilt, und zwar so, daß das neue Instrument (nacheinander: Violinen, Klarinette, Oboe, wieder Klarinette) jeweils auf dem dritten Viertel des über vier Viertel gehaltenen Schlußtons des vorigen eintritt und immer mit dem gleichen Ton. Der Satz steht formal im Dreivierteltakt, was durch die Überbindung der Taktgrenzen jedoch völlig verwischt wird, ebenso wie die unterschiedliche Instrumentalfärbung durch die Art des Einsatzes wie schon zuvor bei den Streichern beinahe verschwindet.

Wagner betreibt einen hohen Aufwand an Instrumentierungskunst, um die Intensität der Melodie zu entfalten und zugleich ihren sozusagen technischen Ursprung zu verbergen. Die Musik soll leben wie ein Körper, damit sie atmen kann, frei schwingen. Ja: sie und die sie hervorbringenden Stimmen und Instrumente sind selbst ein einziger großer Körper, dessen Glieder sich wie unwillkürlich bewegen, nacheinander und miteinander, ohne daß es »künstlich« wirkt.

Dem Körper seine Natur zurückzugeben, eben seine Körperlichkeit, seine Erotik, seine Sexualität – das ist das gleiche, wie der Musik solche Natur zu gewinnen. Die Verfeinerung von Wagners musikalischem Stil zielt darauf ab, bis in die subtil-spröden Klänge des späten »Parsifal«. Der kluge Eduard Hanslick, von Wagner zur Feindschaft gereizt und dann mit einer nervösen Mischung von Abwehr und Bewunderung jedes neue Stück betrachtend, hat die Szene zwischen Parsifal und Kundry im zweiten Akt nach der Uraufführung »im tiefsten Grunde unwahr« genannt, »die Musik äußerlich glühend, innerlich kalt«. Da hat ihn sein kritisches Vermögen verlassen, und er ist ins Klischee geflüchtet: innere Kälte kann man einer äußerlich glühenden Musik gewiß nicht anhören.

Aber Hanslick hat noch ein Bild dafür nachgeschoben: »gebackenes Eis«. Im Zusammenfall der Gegensätze deckt er ein wenig auf, warum er das für »im tiefsten Grunde unwahr« hielt: ihn störte die offene Körperlichkeit dieser Musik, die in ihrer ganzen Gestik dem Menschen gilt, seinen Nöten und Sehnsüchten.

In seiner Musik hat Wagner tatsächlich das menschliche Eis backen wollen. In der Hoffnung, ihm damit die Wärme zuzuführen, die ihm gut tut und die er zum wirklichen Leben braucht.

3.

Liebe als Zentrum

In seinem leider unvollendet gebliebenen Kommentar zum »Ring« hat Deryck Cooke nachgewiesen, daß das seit Ernst von Wolzogen »Fluchtmotiv« genannte Thema der Göttin Freia im »Rheingold« überhaupt nichts mit Flucht zu tun hat, sondern alles mit Liebe. Es kehrt unter anderem als Hauptmotiv in den Siegmund-Sieglinde-Szenen wieder und mehrmals bei der Verbindung Siegfrieds mit Brünnhilde, »einer der zentralen und fruchtbarsten Gedanken im ›Ring‹«.

Daß so viele Wagner-Interpreten das Motiv falsch bezeichnet haben, liegt natürlich an der szenischen Situation, in der es zum ersten Mal erscheint: Freia auf der Flucht vor den Riesen. Erstaunlicher ist schon, daß sie es bei seinem späteren Auftauchen nicht identifizieren konnten und ihm da deshalb neue Namen gaben. Der Grund dafür liegt darin, daß das Motiv keine sehr ausgeprägte Gestalt besitzt; es besteht nur aus vier Noten: ein Sekund- und ein Quartschritt abwärts und dann eine Terz nach oben, in einem punktierten Rhythmus. Ein Minimum an Melodie, die beinahe floskelhaft wirkt, belanglos, unauffällig, würde sie nicht den ganzen »Ring« über an Stellen der Erregung wiederholt, in den verschiedensten rhythmischen Formen, aber eben immer im selben »Wortlaut«. Es ist ein musikalischer Atomkern sozusagen, um den die »Ring«-Musik kreist und der dem Atomkern der Menschlichkeit entspricht. Und das war für Wagner die Liebe.

Sein Denken bewegt sich von Anfang an um diesen Begriff und seine Sache. Sie hat vielfältige Erscheinungsweisen und Ausdrucksformen, die Wagner immer wieder beschäftigten. Beschwörend verwendet er den Begriff, als er Minna durch ihre Tochter Natalie bittet, nach seiner Flucht zu ihm nach Zürich zu kommen: »nur die Liebe kann Alles das überwinden, was jetzt zu überwinden ist, nur die Liebe kann vertheidigen, entschuldigen, erkennen u. versöhnen.«

Das klingt etwas konventionell und ist es wohl auch. Aber die

Formulierung enthält schon fast alle Elemente, die Wagner am Begriff der Liebe wichtig sind: gemeinsamer Kampf nach außen gegen die lieblose Umwelt, Mitleid, Geschlechtlichkeit (die schamhaft im Wort »erkennen« unterkriecht, bei Minna war ihm das nicht mehr *so* wichtig). Cookes aus dem »Ring« abgeleitete Formel dafür heißt: Liebe ist für Wagner »eine aktive *soziale* Kraft, zugleich sexuell, mitleidend, sich aufopfernd und schöpferisch«.

Natürlich mußte ihn auch dieser Kern im Christentum interessieren, mit dem er im übrigen recht wenig im Sinn hatte. Aber daß da die Liebe als Zentrum des Lebens und einer Religion zum ersten Mal so radikal gefordert worden war, das bewegte ihn schon. »Das eine Gebot Jesus: liebe Deinen Nächsten wie Dich selbst« hebe alle anderen Gebote auf, die somit weltlich und nicht göttlich seien, im Unterschied eben zu diesem einzigen Gebot – so sagt es ein später Aphorismus von 1881. Den »Nächsten« dachte er dabei sehr konkret und setzte das so für sich um: »Daß man die Menschheit als solche nicht lieben könne, man müsse bei der Familie anfangen.«

Wagner war kein geschwätziger Prophet einer hehren Abstraktion, sondern ein Realist der Liebe, der sie mit ihren Höhen und Tiefen kannte und der wußte, daß sie immer eines konkreten Anderen bedarf, der dabei mitmacht: »Was man andren sein kann, das sind sie einem; von der und der möchte ich geliebt sein, möchte ich Einfluß üben, das ist eigentlich die Liebe, in einem Schönes zeugen, sagt Diotima, d. h. den andren von sich erfüllen; aber um jeden Preis begehren, auch wenn man nicht geliebt wird, da sind bestialische Leidenschaften.«

Der letztere Bereich ist am stärksten Angst-besetzt; wir wissen, »wie das ward«. Denn es ist der intensivste, in dem Liebe sich äußert und in dem die Gefahr ihrer Deformation am größten ist. Dabei hat Wagner gerade diesen Bereich, die Geschlechtsliebe, immer ausführlich gepriesen. Sie ist die Triebkraft des ganzen »Rings« und eigentlich auch aller anderen Stücke, sogar in der prüden Brechung des »Parsifal«. Ohne die sexuelle Liebe zwischen Mann und Frau bewegt sich nichts, von der ersten Oper bis zur letzten, wo nur die ausdrückliche Verweigerung dieser Liebe den guten Schluß herbeiführt (wobei sich aber bekanntlich sehr fragt, ob es ein guter ist). 1854, »Rheingold« mit seiner Verfluchung der Sexualität – was alles Unheil in Gang setzt – ist gerade komponiert, schreibt Wagner an den Freund Röckel als Teil der Interpretation des entstehenden Hauptwerks: »Die Liebe in vollster Wirklichkeit ist nun bloß innerhalb des Geschlechtes möglich: nur als *Mann* und *Weib* können wir Menschen am wirklichsten lieben, während alle andere Liebe nur eine von dieser Liebe abgeleitete, von ihr herrührende, auf sie sich beziehende, oder ihr künstlich nachgebildete ist ... allein der wirkliche Mensch ist Mann und Weib, und nur in der Vereinigung von Mann und Weib existirt erst der wirkliche Mensch, erst durch die Liebe wird daher der Mann wie das Weib – Mensch.«

Alberichs Fluch am Anfang des »Rheingolds« gilt eben dieser Liebe, was die Voraussetzung dafür ist, daß er das Gold rauben und ungeheure Macht gewinnen kann. Der Verzicht auf Menschwerdung durch Liebe setzt einen universalen Schrecken frei, zum ersten Mal hat Wagner eine geradezu panische Musik komponiert, zu Alberichs Versen:

»Das Licht lösch' ich euch aus;
entreiße dem Riff das Gold,
schmiede den rächenden Ring:
denn hör' es die Flut –
so verfluch' ich die Liebe!«

Die Liebesverfluchung genügt Wagner, um die ganze ungeheuerliche Handlung des »Rings« in Gang zu setzen. Es ist die denkbar größte Untat, *seine* »Sünde wider den Heiligen Geist«. Daß Alberich die Flut zum Zeugen anruft, das Fließende, Strömende, Schwebende, das nicht nur Wagnerische Medium der Liebe, steigert noch das Ausmaß des Verbrechens.

Wagner war stolz auf die Erkenntnis, daß es die sexuelle Liebe ist, die die Welt bewegt. Damit, so meinte er, erweitere und berichtige er sogar die Philosophie Schopenhauers, die er doch so tief verehrte. Denn der »Heilsweg zur vollkommenen Beruhigung des Willens durch die Liebe« sei »von keinem Philosophen, namentlich auch von Schopenhauer nicht« erkannt worden. Dabei rede er aber nicht von »einer abstrakten Menschenliebe, sondern der wirklich aus dem Grunde der Geschlechtsliebe, d. h. der Neigung zwischen Mann und Weib keimenden Liebe«. »Der Gegenstand ist ungemein wichtig«, setzt er noch hinzu, und: »Die Darstellung führt sehr tief und weit«.

Er hat sie nicht geschrieben, was vielleicht gut war; denn die eindringlichen Situationen seiner Opern hätte er mit Schopenhauerscher Begrifflichkeit kaum einholen können, zumal in seinem schwer lesbaren Stil, der in immer neuen Verschachtelungen gern immer das gleiche sagt. Es sind eher die privaten Verhältnisse, in Cosimas Tagebuch festgehalten, die blitzartig den Wert, den er der Liebe beimißt, beleuchten und ihre Probleme. Zum Beispiel: Fünf Jahre nach der heißen Liebesaffäre mit Judith Gautier ist diese zu Besuch in Wahnfried. Sehr zu Cosimas Mißbehagen, das er mit der vorgeschobenen Behauptung, Judith sei ihm eher »peinlich«, kaum auszuräumen vermag. Das Ehepaar gerät in Differenzen, und Wagner sagt dann: »Kunst und Liebe gehen nicht zusammen.«

Das kann er nicht ernst gemeint haben; denn bei ihm gehen Kunst und Liebe in Wahrheit immer zusammen, sowohl im Werk wie auch in dessen biographischen Auslösern. Der Satz soll in dem Zusammenhang wohl etwas anderes sagen, was Cosima nicht ganz nachvollziehen konnte: er war an diesem Tag nicht fähig, an der »Parsifal«-Partitur zu arbeiten, weil die neu entflammte Liebe zu Judith oder wenigstens die Erinnerung an die alte ihm bewußt machte, wie die (Liebes-)Ehe mit Cosima ihn bei der Verwirklichung seines momentanen Liebesgefühls behinderte – eine Verwirklichung, die sonst nahtlos ins kompositorische Werk eingegangen wäre, wie es im Fall der Mathilde Wesendonk bei der »Walküre« und beim »Tristan« geschehen war.

Denn das war – neben den »bestialischen Leidenschaften« – für ihn die andere große Bedrohung der Liebe: daß sie in der Gefahr ist, in Besitz überzugehen und damit ihren Wert als Befreiung zum Menschsein zu verlieren. Schon die Notizen zu dem Jesus-Drama umkreisen ständig das Thema des Gegensatzes von Liebe und Besitz: »Liebe deinen Nächsten wie dich selbst, d. h. auch: trachte nicht Schätze zu sammeln, dadurch du deinem Nächsten entziehest und ihn darben machst; denn so du durch der Menschen Gesetz dein Gut lässest hüten, reitzest du deinen Nächsten zu sündigen wider das Gesetz ... Thuet nach der Liebe Gottes, das heißt: liebet euren Nächsten, so wird euch alles übrige zufallen, denn Gott schuf die Welt zu eurer Ehre und zu eurem Reichthum, und was sie enthält ist zu eurem Genuß, einem jeden nach seinem Bedürfniß. Wo aber gegen die Menschenliebe Schätze gesammelt werden, da sammelt ihr auch die Diebe, gegen die ihr das Gesetz erlasset: so macht das Gesetz die Sünder, und der Mammon machet die Diebe.«

Besitz also ist der krasse Widerspruch zum Gebot der Liebe, ein Gedanke, den nicht nur der Wagner des revolutionären Jahrs 1849 formulierte, sondern den er bis in seine spätesten Tage bewahrte. Ein Aphorismus, den er am selben Tag notierte, als er noch einmal über das Liebesgebot Jesu nachdachte, lautet: »Negersklavenhalter u.s.w. als äusserste Consequenz des über das Thier weit hinaus verwilderten Eroberers ...«

Die unzähligen Träume, in denen er erlebt, daß Cosima ihn verlassen will, bezeugen, wie tief der Zusammenhang von Liebe und Besitz auch in ihm selbst wurzelte und wie er ihn als Bedrohung empfand: da Liebe und Besitz sich ausschließen, darf er Cosima, wenn er sie liebt, nicht besitzen; also muß er sie verlieren. Ein Traum dieser Art lautet in Cosimas Nacherzählung: »Wiederum ging ich fort, und Siegfried, der sich zu ihm drängte, sagte er: ›Geh! Ich mag euch jetzt alle nicht‹, worauf Siegfried, sich entfernend, zusammengesunken sei, er ihn aufgehoben, ganz federleicht gefunden, worauf er einen heißen Atem auf seinem Mund und ganzen Untergesicht gefühlt habe, das war Brange, die ihn leckte, worauf er zu ihr sagte: Marke ist ja tot!«

Der Traum hat viele Elemente. Zunächst den Entzug des Cosima-Besitzes; dann die liebende Zuwendung des Kindes Siegfried, die zurückgestoßen wird, weil der Knabe auch Teil Cosimas ist und deshalb nicht besessen werden darf; er wiegt jedoch leicht und kann deshalb wieder angenommen werden; die nächste Zuwendung geschieht durch Brange, den Hund, auch ein Wesen, das ihm als Besitz gehört und das er zugleich liebt; und dann »Marke ist ja tot« – Marke, der betrogene König aus »Tristan« (Brange ist übrigens eine Abkürzung für Brangäne, Isoldes Dienerin und Warnerin in der Oper): mit dem Namen Marke wurde früher Otto Wesendonk assoziiert, jetzt Hans von Bülow, Cosimas betrogener erster Mann, dem Wagner seinen »Besitz« weggenommen hat, um ihn in den eigenen zu überführen, was wiederum – schlechtes Gewissen – die Schuld des Besitzes an der geliebten Partnerin auslöste.

Es ist, das macht der Traum deutlich, eine nahezu unaufhebbare Bedrohung der Liebe, daß sie notwendig auch immer mit Besitz verbunden ist. Wer den anderen liebt, besitzt ihn auch und gehört ihm zugleich. Darin steckt Wehrlosigkeit. Bevor im Schlußduett des »Siegfried« Brünnhildes Angst vor dem starken Mann ausbricht, gestehen sich beide in einem rührenden Dialog ihre Ungeborgenheit und Angreifbarkeit:

»SIEGFRIED: Eine selige Maid
versehrte mein Herz;
Wunden dem Haupte
schlug mir ein Weib:
ich kam ohne Schild und Helm!

BRÜNNHILDE: Ich sehe der Brünne
prangenden Stahl:
ein scharfes Schwert
schnitt sie entzwei:
von dem maidlichen Leibe
löst' es die Wehr: –
ich bin ohne Schutz und Schirm,
ohne Trutz ein trauriges Weib!«

Die Musik stockt in den jeweils letzten Versen, signalisiert Furcht vor der Auslieferung als Besitz an den geliebten anderen, wogegen die Waffen fehlen. Was da jedoch fehlt, sind Waffen der Abwehr: Liebe macht ungeschützt, aber sie braucht auch gerade diese Schutzlosigkeit.

Das wiederum ermöglicht ihren Mißbrauch. Als Brünnhilde im zweiten Akt der »Götterdämmerung« Siegfrieds Verrat begreift, erkennt sie, daß sie alles um der Liebe willen weggeben mußte, was sie jetzt schützen könnte, und zwar an ihn, dessen Besitz sie damit geworden ist:

»Wo ist nun mein Wissen
gegen dies Wirrsal?
Wo sind meine Runen
gegen dies Rätsel?
Ach Jammer! Jammer!
Weh! ach wehe!
All mein Wissen
wies ich ihm zu:
in seiner Macht
hält er die Magd;
in seinen Banden
hält er die Beute,
die, jammernd ob ihrer Schmach,
jauchzend der reiche verschenkt!«

Auch hier zerreißen in den beiden letzten Versen wieder unregelmäßige Pausen die Musik. Es ist die gleiche Gestaltung wie bei der vorigen Passage. Aber jetzt ist das dort Befürchtete wirklich eingetreten: der Besitzende hat seinen durch Liebe gewonnenen Besitz mißhandelt. So nahe liegen Glück und Schrecken der Liebe beieinander, verbunden durch den politisch-moralisch schillernden Begriff des Besitzes.

Anders als der Besitz aber, den man teilend verringern kann, ist Liebe unteilbar. Sie ist ein auch nicht im Kleinsten antastbares Ganzes, ein Treueverhältnis, dessen Bruch endgültige Folgen hat. »Fluch u. Schande in alle Ewigkeit, wer die Treue bricht!« hat Wagner noch vor der Heirat an Minna geschrieben; die hat sich den Satz angekreuzt, weil sie wohl sagen wollte: das hat *er* später getan – seine theoretischen Überzeugungen nahm er in der Praxis nicht so besonders ernst.

Als der jahrelange Förderer und baldige Schwiegervater Franz Liszt 1865 in den geistlichen Stand trat, machte Wagner sich in einer wütenden Notiz des »Braunen Buchs« Luft: »[Ich] werde endlich den Freund vollständig hassen lernen! Ich glaube schon nicht an seine

Liebe. Er hat nie geliebt. Wer liebt, kann klagen, und tritt in kein besonderes Verhältnis zum lieben Gott. Der Fromme liebt nicht: ihm liegt nur am Herrschen.« Wagner konnte es nicht aushalten, mit anderen in der Liebe zu teilen, nicht einmal mit der Kirche und dem lieben Gott, obwohl die doch recht abstrakte Liebespartner sind und zur Eifersucht selten Anlaß geben, schon gar nicht beim alternden Weltmann Liszt.

Aber Liebe war für Wagner eben eine Einheit. Die Alternative zu dieser welt- und existenzumfassenden Super-Liebe hieß nicht: ein bißchen weniger Liebe, sondern Haß. Auch der liegt immer ganz dicht nebendran. In der frühen Zeit seiner Freundschaft mit Liszt schreibt Wagner ihm einmal: »Ohne uns so zu lieben hätten wir uns nur furchtbar hassen können!« Ein Drittes gibt es nicht. Schon in dem kindlichen Schauerdrama »Leubald und Adelaide« (da war er knapp fünfzehn) verliebt sich der Held in eine Frau, die zugleich seine Todfeindin ist, da sie zur verhaßten feindlichen Familie gehört. Als er das erkennt, tötet er sie und sich – Haß und Liebe fallen als eigentlich Gleiches zusammen. Sie sind die identische Kraft als Zentrum der Welt.

In seinen späten Jahren hat Wagner die alte Liebesvorstellung umgedeutet. Die überwältigende Rolle, die die Sexualität ursprünglich darin spielte, wird zwar nicht aufgegeben, aber durch ein neues oder zumindest stärker hervorgehobenes Moment ergänzt: Mitleid. Theoretisch hat er das im Umkreis der »Parsifal«-Komposition entwickelt, der ja mit vorgeblich christlichen Gedanken spielt. In einem Nachtrag zu dem Aufsatz »Religion und Kunst« von 1880 stellt er zunächst die christlichen Tugenden zu der Reihenfolge »Liebe, Glaube und Hoffnung« um. Das Gebot der Liebe aber sei eine »fast übermäßige Anforderung an den natürlichen Menschen«. Denn: »Woran geht unsere ganze Zivilisation zugrunde als an dem Mangel der Liebe?« Wie könne man deshalb diese Welt lieben? Nur indem man ihre Lieblosigkeit »als ihr *Leiden*« erkenne und »Mitleiden« erwecke; das heiße, »den Ursachen jenes Leidens der Welt, sonach dem Begehren der Leidenschaften, erkenntnisvoll sich zu entziehen, um das Leiden des anderen selbst mindern und ablenken zu können.«

Das ist, so sehr sich Wagner um den Nachweis des Gegenteils bemüht hat, eine Abkehr von früheren Vorstellungen. Mit ihr wird unausgesprochen die Szene zwischen Kundry und Parsifal erläutert, die – auf beiden Seiten – ihren Ausgang nimmt von der Sehnsucht nach sexueller Liebe. Als Parsifal Kundrys Absicht erkennt, ihn sexuell zu verführen und dadurch zu vernichten, stößt er sie zunächst von sich, zeigt ihr dann aber den neuen Weg:

»Auch dir bin ich zum Heil gesandt,
bleibst du dem Sehnen abgewandt.«

Doch seine Erlösungsverheißung endet in verzweifelten Versen:

»Oh, Elend! Aller Rettung Flucht!
Oh, Weltenwahns Umnachten:
in höchsten Heiles heißer Sucht
nach der Verdammnis Quell zu schmachten!«

Die alte Liebe mit ihren Nöten und Glücksgefühlen, nur programmatisch und vordergründig abgelöst durch das »Mitleiden«, steigt weiterhin von unten ins Bewußtsein. Parsifals und Wagners Mitleids-Ideologie ist eine Fassade, hinter der es bedrohlich gärt. Denn mit christlich-schopenhauerischer Ethik ließ sich die Liebe nicht verdrängen, die dem Menschen gut tut.

4.

Mitleid

Die Trennung von Mathilde Wesendonk im Sommer 1858 löste in Wagner tiefe Depressionen aus. Mit dem halb fertigen »Tristan«, an dem er nicht mehr recht vorankam, saß er in Venedig und schrieb sein Unglück in ein für Mathilde bestimmtes Tagebuch. Am 1. Oktober notiert er Seiten lang Gedanken über das Mitleid. Und die haben es in sich.

Sie gehen aus von einem Erlebnis auf der Straße. Wagner sah, wie ein Geflügelhändler einem lebenden Huhn den Kopf abriß: »Der gräßliche Schrei des Tieres ... drang mit Entsetzen in meine Seele.« Die Beobachtung führt Wagner zu der Überlegung, »auf welchen bodenlosen Abgrund des grausamsten Elendes unser, im ganzen genommen, doch immer genußsüchtiges Dasein sich stützt!« Er geht nun zu seiner eigenen Existenz über und meint den »gerechten Grund aller meiner Leiden« darin zu erkennen, »daß ich Leben und Streben immer noch nicht mit Bestimmtheit aufgeben kann«. Das ist Schopenhauer, mit dem er sich seit ein paar Jahren und von da an immer intensiv beschäftigte.

Der Dichterfreund und Exil-Schicksalsgenosse Georg Herwegh hatte ihn 1854 auf den Philosophen aufmerksam gemacht, dessen Jahrzehnte altes, aber fast ungelesenes Hauptwerk »Die Welt als Wille und Vorstellung« plötzlich in Mode gekommen war. Fasziniert entdeckte Wagner, der das Buch gleich viermal hintereinander las, wie viele Gedanken des längst fertig gedichteten »Rings« Parallelen bei Schopenhauer fanden. Durch dessen Philosophie erst habe er sein Stück richtig verstanden, schrieb er später in der Autobiographie.

Der Schopenhauersche Gedanke von der Notwendigkeit, sein »Leben und Streben« aufzugeben, ist jedoch bei Wagner pure Theorie, wo immer er als angeblich notwendiges Prinzip für das eigene Leben auftaucht, und das tut er oft. In Wirklichkeit dachte er nicht im entferntesten an so etwas, sondern trieb im Gegenteil die Vollendung seines Werks samt den beachtlichen Voraussetzungen seiner Aufführung zielstrebig vorwärts. Heuchelei kann man es auch nennen oder positiv: den Versuch, wenigstens philosophisch mit sich ins Reine zu kommen und die Problematik im Werk zu gestalten. Wagner selbst jedoch hat nie ernsthaft an einen Schaffens-Verzicht gedacht oder gar an Selbstmord.

Der venezianische Text fährt zunächst fort mit derartigen Beispielen einer zumindest unbewußten Selbsttäuschung. Sein »nicht selten dem Liebsten bitter begegnendes Benehmen« etwa oder sein »instinktiver Haß gegen Reiche« beruhten darauf, daß er »entschiedenes Behagen oder die Tendenz, sich ein solches zu bereiten«, aus diesen philosophischen Gründen ablehnen müsse; denn das, um mit Schopenhauer zu sprechen, ist Bejahung des Willens zum Leben und somit falsch. Er hingegen fühle sich »zu jener andren Seite« des Elends hingezogen. Und nun kommt das entscheidende Stichwort: das erwecke in ihm »Mitgefühl, das ist Mitleiden«: »Dieses Mitleiden erkenne ich in mir als stärksten Zug meines moralischen Wesens, und vermutlich ist dieser auch der Quell meiner Kunst.«

Das ist starker Tobak. Auf die Idee konnte nur Wagner selbst kommen. Von Cosima vielleicht abgesehen hätte wohl jeder Zeitgenosse ihm alle Eigenschaften eher zugetraut als ausgerechnet Mitleid – und auch noch als »stärksten Zug«. Wenigstens hat er hinzugesetzt: seines *moralischen* Wesens; das war offenbar aber in seinem anderen Wesen selten anwesend.

Seine Beispiele, die eigene Lieblosigkeit und der Reichtum, zielen übrigens offen auf die Adressatin. Sie sollen sein Verhalten rechtfertigen gegenüber der Geliebten und ihrem reichen Mann. Beide, ihn vor allem, hat er auch später noch schäbig genug behandelt und das hier im voraus und ein für allemal erklärt. Immerhin muß man festhalten, daß der Gedankengang für Wagner nicht ganz neu ist. Schon fast zehn Jahre früher, vor der Bekanntschaft mit den Wesendonks und mit Schopenhauers Philosophie, hat er in den »Ausführungen« zu dem »Jesus«-Entwurf bereits ähnlich argumentiert. Da ist es noch nicht das Mitleid, sondern die Liebe selbst, die sogar einen moralisch scheinbar so unantastbaren Begriff wie Dankbarkeit kritisch aufhebt: »Dankbarkeit ist keine Liebe, sondern eine durchaus unbefriedigende, in sich unwahre Empfindung; sie kann nur Belobigung der Liebeshandlung eines Andren sein, die Rechtfertigung einer mir erwiesenen Wohlthat: selbst Liebe könnte sie nur sein, wenn sie das Empfangene erwiderte, denn die Liebe ist gebend, nicht empfangend: eine vollgültige Erwiderung des Empfangens könnte aber nur eine Zurückgabe des Empfangenen sein, mithin also die Aufhebung der mir erwiesenen Liebesthat: die wirkliche Befriedigung des Dankgefühles müßte also in der Vernichtung der Ursache der Dankesverpflichtung liegen: sie wäre also das reine Gegentheil der Liebe, nämlich die Verneinung ihrer That ... Dankbarkeit ist daher einer der leeren Begriffe, welche in einer egoistischen Gemüthsschwäche beruhen und in ihrer Unproductivität die mannichfaltigsten Täuschungen herbeiführen, denn sie hebt zugleich die Freiheit des Handelns auf, ohne welche die Liebe undenkbar ist.«

Man kann sich dieser sophistischen Suada kaum entziehen. Aber es läßt sich durchschauen, daß auch hier Wagners raffinierte Dialektik am Werk ist: indem er dem Geben das Wort redet, rechtfertigt er das eigene Nehmen.

Zurück zum 58er Text. Nach seinem überraschenden Selbstbekenntnis als eines Mitleidigen enthüllt Wagner den Grund dafür, warum dieser Begriff so wichtig für ihn ist. Charakteristisch für die Liebe sei die Mit*freude*, und dazu bedürfe es der Sympathie und Homogenität mit dem anderen. Das Mit*leid* dagegen könne sich auch dem »gemeinsten und geringsten Wesen« zuwenden, denn: »Es handelt sich hier nicht darum, was der andere leidet, sondern was ich leide, wenn ich ihn leidend weiß.« Je tiefer man anderes Leid fühle, um so tiefer sei man selbst. Deshalb könne man mit »niedreren Naturen« mehr Mitleid haben als mit höheren, weil diese selbst schon etwas mit ihrem eigenen Leid anfangen könnten, jene jedoch nur »das absolute, erlösungslose Leiden, ohne jeden höheren Zweck« kennen, das der höhere Beobachter »mit eigener, qualvoller Verzweiflung« betrachte. Deshalb auch habe er mehr Mitleid mit dem Tier als mit dem Menschen – womit sich der argumentative Kreis zum Anfangserlebnis schließt.

Das ist ein eindrucksvolles Beispiel für Selbstbefriedigung. Liebe, die stärkste Form der Mitfreude, ist außerordentlich anstrengend. Mitleid dagegen bestätigt einem den eigenen Wert, ohne daß der Gegenstand des Mitleids irgendeine Forderung stellen dürfte. Mitleid wird zum resignativen Schmerz, in dem man seiner selbst gewahr wird und sich seiner eigenen Gefühle angenehm versichert. Je stärker des anderen Leid, um so stärker das eigene Selbstgefühl.

Der hier konstruierte Begriff des Mitleids ist geradezu das Gegenteil der Liebe, was der Text ja auch ausdrücklich bestätigt. Und so ist der Ersatz der sexuellen Liebe durch Mitleid in der Szene zwischen Kundry und Parsifal eben auch keine Weiterentwicklung dieser Liebe, sondern die Abkehr von ihr, ihre Verneinung. Es wird begreiflich, warum diesem Erlöser am Ende Erlösung gewünscht werden muß. Der Schluß des Tagebuch-Eintrags bekräftigt mit seiner Anrede an Mathilde und mit einer nochmaligen Wendung ins Autobiographische, wie sehr das

Wagnersche Mitleid Lieblosigkeit ist: »So schmähe mein Mitleiden nicht, wo Du mich es ausüben siehst, da ich Dir nun nur noch Mitfreude schenken darf! O, diese ist das Erhabenste; sie kann nur bei vollster Sympathie erscheinen. Dem gemeineren Wesen, dem ich Mitleid schenkte, muß ich mich schnell abwenden, sobald es von mir Mitfreude fordert. Dies war der Grund der letzten Zerwürfnisse mit meiner Frau.«

Mitleid als eigenes Geschenk, Mitfreude (= Liebe) als fremde Anforderung und *auch* als Geschenk, wo man ihr nachkommt: Wagner hat seine krasse Selbstsucht selten so deutlich formuliert. Die Welt und ihr Leid als Objekt seiner eigenen Gefühle: das ist auch der »Quell« seiner Kunst. Und somit hat er mit dieser »Vermutung« in dem Text anders als er wollte Recht: er beschreibt, wie die Menschen dieser Welt sich verhalten, indem er ihnen seine eigenen Beweggründe einverleibt. Wo sie Wagners Theorie des Mitleids folgen, mißachten sie den anderen als geringeres Wesen. Ihr Mitleid ist Hochmut wie das ihres Schöpfers. Die Bedeutung seines Werks besteht nicht zuletzt darin, daß es diesen Widerspruch bewahrt hat, den Wagner sich selbst gar nicht bewußt machen konnte. In den dunklen Worten gegen Ende der Parsifal-Kundry-Szene und am Schluß des letzten Akts meldet sich die Menschlichkeit, die gegen das Mitleid als Handlungsprinzip protestiert. Sie deuten an, was Wagner nicht wegdisputieren konnte, weil er es nicht glaubte: seine Mitleids-Lehre ist menschenfeindlich.

Wagner muß das aber doch manchmal gespürt haben. Während er in den Mitleids-Orgien des »Parsifal« schwelgt, erzählt er Cosima einmal von der Verzweiflung des ersten Pariser Aufenthalts, als er vergeblich versuchte, mit Liedkompositionen Geld zu verdienen. Dabei habe Minna sich so verhalten: »Ach Gott; sie sorgte wohl für Radieschen oder so etwas; sie hatte Mitleid mit mir.« Soll heißen: sie hatte keine Liebe, wie Wagner sie in dieser Situation gebraucht hätte. Im Mitleid erhebt der Mensch sich über den anderen und gibt ihm in Wahrheit nicht das, was er braucht. Vielleicht ist es kein Zufall, daß der Sohn Siegfried *nicht* Arzt geworden ist, wie es die Eltern ihm lange zugedacht hatten: »helfen, helfen, dies sei der Beruf unsres Sohnes in dieser furchtbaren Welt«. Statt des Mitleidsberufs, dem auch ein Element von Herrschaft über Menschen innewohnt, wählte er wie der Vater den des Komponisten.

Vielleicht ist es *auch* kein Zufall, daß Wagner den Mitleidigen gelegentlich in Verbindung mit dem Begriff Gottes bringt, also dessen, der über die Menschen herrscht. Gott erschien ihm immer als ein eher negatives Gebilde; und so hat es auch einen negativen Nebensinn, wenn er vom »Menschen, ›der Mitleid hat‹«, einmal sagt, »da fängt der

Gott an«. In den Aphorismen vom Oktober 1881 hat er notiert: »Nicht das Licht, welches von aussen die Welt beleuchtet, ist Gott, sondern das Licht welches wir aus unserem Inneren auf sie werfen: d. i. Erkenntniss durch Mitgefühl.« Der Mensch macht sich zum Gott, indem er mitleidet, statt zum Menschen zu werden, der liebt: das ist eine Interpretation, die Wagner zu dieser Zeit sicher so nicht geteilt hätte; aber aus seinem Unterbewußtsein drängen eben doch Assoziationen nach oben, die die eigene offizielle Theorie heimlich ins Unrecht setzen.

Dieses sich göttlich wähnende Hinweggehen über menschliche Gefühle erscheint in den sonderbaren Toten-Gedenkzeilen, die Cosima manchmal in ihr Tagebuch schreibt. Da stehen Mensch und Tier, nahe Freunde und unbekannte Handwerker unterschiedslos nebeneinander: indem die Trauer vorgibt, zwischen Hund, Maurer und Pfarrer nicht zu unterscheiden, hebt sie sich über alle hinweg, setzt an die Stelle der Zuwendung zum anderen das eigene »edle« Gefühl – Mitleid enthüllt sich als selbstgefällige Egozentrik.

Von hier fällt ein Licht in den dunkelsten Schacht der Wagnerschen Biographie: auf seinen Antisemitismus. Es ist der wirkungsgeschichtlich heikelste Komplex seines Werks. Dessen Kern sei eben der Antisemitismus, haben seine alldeutsch-völkischen Verehrer, angeführt von seinem Schwiegersohn Houston Stewart Chamberlain (den er aber selbst nicht mehr gekannt hat), schon früh behauptet. Hitler hat die These aus begierigem eigenen Interesse aufgenommen, und sie hat viele Nazi-Feinde, vor allem in der Bundesrepublik und in Israel, auch zu rigorosen Wagner-Gegnern gemacht.

Es wäre albern zu behaupten, Wagner sei kein Antisemit gewesen, und die milde Entschuldigung, das alles beruhe auf biographischen Übertragungsmechanismen (Stichwort: der Haß auf die erfolgreicheren Kollegen Meyerbeer und Mendelssohn), und so schlimm sei es ja auch gar nicht gewesen, weil Wagner schließlich einmal eine bösartige antisemitische Resolution nicht unterzeichnet habe – diese Entschuldigung wohlmeinender Fans geht an dem Thema einigermaßen vorbei. Ohne wenn und aber also: Wagner *war* ein Antisemit, und zwar ein vehementer.

Doch die neuere Wagner-Kritik begibt sich auf einen Holzweg, wo sie vor lauter Juden Wagner nicht mehr sieht. Die Behauptungen, das Judenproblem sei »*das* zentrale Problem seines Lebens«, sein Geldbegriff sei »ohne den Begriff des Juden« nicht zu denken, der Brand von Walhall beziehe sich »nicht auf den Kapitalismus, nicht auf den Imperialismus, sondern auf sein Bild vom Juden« – diese Behauptungen Hartmut Zelinskys sind so fragwürdig wie andere seiner Mitstreiter unhaltbar sind, etwa: Wagners Antisemitismus sei »wohl nahezu einzigartig auch in dieser Zeit«. Vielmehr lohnt sich vor der raschen Katalogisierung ein zweiter Blick; denn die Sache ist in Wahrheit verhältnismäßig kompliziert. Sie kann hier nicht gründlich oder gar erschöpfend dargestellt werden, aber doch womöglich ein wenig aufgehellt.

Wagners Antisemitismus ist aufs engste verknüpft mit seiner um den Begriff des Besitzes sich rankenden Philosophie. Berücksichtigt man nicht nur die offiziellen Schriften zum Thema (vor allem das gräßliche Pamphlet »Das Judentum in der Musik«), sondern auch die privaten Äußerungen, so erkennt man, daß Wagners Juden-Feindschaft keineswegs primär auf rassistischen Vorstellungen beruhte, sondern zunächst auf soziologischen. »*Die* Juden«: das war für ihn der Inbegriff der Besitzenden und damit der zu Unrecht Macht Ausübenden. Alle Maßnahmen gegen die Juden, so erläutert der alte Wagner es einmal Cosima, seien unnütz, »so lange der Besitz da sei«. Und in seiner bekannten Dialektik von Verachtung und Bewunderung des Besitzes fährt er fort: »Sie [die Juden] seien die einzigen wirklich Freien«. Zwei Jahre später dann, ein paar Monate vor seinem Tod, zitiert er einen ungarischen Minister, der gesagt habe, »der Kampf der Juden sei der der Nicht-Besitzenden gegen die Besitzenden«; aber dann kehrt Wagner diesen anti-jüdisch gemeinten Ausspruch ins Positive und sagt: »als ob dieser Kampf nicht der allergerechtfertigtste sei«.

Wagners von frühsozialistischen und anarchistischen Vorstellungen beeinflußte Besitz-Kritik im weitesten Sinn suchte sich nachträglich eine reale Verkörperung: eben *den* Juden – was ganz offensichtlich nur scheinbar eine konkrete Figur ist, in Wahrheit aber eine neue Abstraktion. Neben dem Neid auf jüdische Erfolgskomponisten wie Meyerbeer, dem er sich zu allem Überfluß auch noch zur verhaßten Dankbarkeit verpflichtet fühlte, gingen in diese Abstraktion tiefe Ängste ein. Da er lange für möglich hielt, Ludwig Geyer, der zweite Mann seiner Mutter, sei sein leiblicher Vater, konnte er befürchten, selbst jüdischer Abstammung zu sein, was übrigens ein Irrtum gewesen wäre: Geyer war trotz seines Namens kein Jude.

Es hat fast beschwörenden Charakter, wenn Wagner bei abendlichen Hausmusiken gelegentlich gern die Partie des Mime übernimmt. Das ist voller Pikanterie: der alte Wagner stellt den geld- und machtgierigen Mime dar, in dem der Inbegriff des Juden karikiert werden soll. In der Schicht der Musik hebt die Karikatur sich übrigens schnell im Ernst auf: der reife Wagner konnte da keine Unterschiede machen, seine kompositorischen Mittel übersteigen die albernen Witzeleien in der Schicht des Textes, verschmelzen Ernst und Spaß ununterscheidbar in eins. An Wagners anderer Juden-Karikatur, dem Beckmesser in den

Hitler am Fenster des
Bayreuther Festspielhauses

Wagners Antisemitismus (neben seinem scheinbaren Germanentum) hat ihn zu dem Komponisten der Nazis werden lassen. Hitler war schon vor 1933 und danach erst recht in Bayreuth ein gern gesehener Gast.

»Meistersingern«, ließe sich demonstrieren, wie dessen Musik in die Nähe der neuen gerät, mit all ihrem grell zerbrochenen Überschlag, wie sonst nur noch wenige Passagen der spätesten Stücke.

Nietzsche, der sich am intensivsten und schmerzlichsten mit Wagner eingelassen hat, hat in einem Fragment – niedergeschrieben bereits nach dem Zerwürfnis – Wagner geradezu zum Komponisten für Juden gemacht; die Stelle ist nicht kritisch, sondern eher positiv gemeint: »Furchtbare Wildheit, das Zerknirschte Vernichtete, der Freudenschrei, die Plötzlichkeit, kurz die Eigenschaften, welche den Semiten innewohnen – ich glaube, semitische Rassen kommen der Wagnerischen Kunst verständnissvoller entgegen als die arische.«

Wagners gebrochener und für ihn selbst problematischer Antisemitismus erhält seine schlimmsten Züge im Zusammenhang mit seiner späten Mitleidstheorie. Die programmatische Schrift »Das Judentum in der Musik« von 1850 ist im wesentlichen noch eine Ansammlung nachgeredeter Vorurteile. Ihre Wiederauflage 1869 mit einem neuen Vorwort steht bereits unter einem anderen Zeichen. Wagner, seit langem von begeisterten Jüngern jüdischer Rasse umgeben, hat sich aufgemacht zur Erlösung dieser Rasse. Was vorher der banale Ausdruck unsinniger Ängste war, wird nun zur angeblich fundierten Lehre. Er wendet den Juden sein »Mitleid« zu, schwingt sich damit zu ihrem edlen Herren auf und begründet jetzt erst eigentlich den rassistischen Charakter seines Antisemitismus. »Juden« werden wie alle »niedrigeren« Wesen, Tiere eingeschlossen, zu »erlösungslos Leidenden«. Ihnen wird das »höhere« Menschsein verschlossen; sie werden zugleich aber von den »höheren« Menschen dringend benötigt, damit diese ihre besseren Gefühle empfinden können. Man darf, man muß sie geradezu schlecht behandeln, damit sie sich des Abstands bewußt bleiben; man muß ihnen aber auch immer wieder tröstendes Mitleid zuwenden, weil man nur dadurch ja seinen eigenen höheren Wert sichtbar machen kann. Das Spiel, das Wagner mit dem Münchner Kapellmeister Hermann Levi aufführte, den er beleidigte, tröstete, davontrieb und wieder als Uraufführungs-Dirigent des »Parsifal« einsetzte, ist ein beispielhafter Ablauf solchen Denkens und zeigt Wagner auf der Höhe seines Mitleids-Sadismus.

Zwar: nie wäre Wagner auf den Gedanken gekommen, alle Juden müßten buchstäblich vernichtet werden. Vielmehr wollte er sie »taufen«, von ihrem Judentum »erlösen«. Den Begriff des Volksschädlings hat er nicht erfunden, und er hätte ihn sogar ablehnen müssen, da er die Juden als menschliche Vertreter der niederen Wesen (wie seine Tiere) für seine Mitleids-Ideologie brauchte. Aber durch den Bezug auf rassische Merkmale hat er Ausreden für andere Endlösungen bereitgestellt. Wagner hat Auschwitz nicht geschaffen und nicht verlangt, er hätte es auch nicht gebilligt; in einem moralischen Sinn bleibt er jedoch mit-verantwortlich für die Konsequenzen, die seine schrecklichen Erben und Epigonen aus dem trüben Gebräu dann destilliert haben.

Daß Mitleid die Leiden der Welt nicht heilt, ist ihm in seinen späteren Jahren doch einmal wieder aufgegangen. Zusammen mit Cosima sieht er, wie ein Hund auf der Straße überfahren wird: »ein Schrei, ein Zusammenkauern, dann ein rasendes Schnellen in die Luft und ein Zurückfallen, um dann bei Seite weggeworfen zu werden ... wie ein alter Fetzen ... Wir sind sehr trübgemut; ›der Mensch soll gar nicht mitleidig sein‹, – sagt R. – ›die Natur will es nicht, er soll grausam sein wie die Tiere; der mitleidige Mensch paßt nicht in die Welt‹. Ich meine [das ist Cosima], daß man das Mitleiden nicht aussprechen, nur betätigen müsse. R. ist sehr gedrückt, er kann diesen Sprung in die Luft des sterbenden Tieres nicht vergessen.« Am selben Tag noch nennt Wagner den »Faust« und die Neunte Sinfonie und die Matthäus-Passion »barbarische Werke«. Es sind für ihn die höchsten Beispiele literarischer und musikalischer Weltanalyse, und da ist er wieder beim eigenen Werk, dem »Kunstwerk der Zukunft«, das die Wahrheit der zu verändernden Welt nicht verrät an den falschen Schein des Mitleids. »Barbarisch« hat das Werk zu sein, damit es wirklich ausdrückt, wie diese Welt beschaffen ist, und damit es der Welt den richtigen Weg zeigt.

Er wußte es eben doch und hat es im Werk formuliert: diese Welt bedarf der Kritik, der Kritik aus Liebe, und nicht des erbärmlichen Mitleids.

5.

Heldentod und Liebestod

Seit seinen frühesten Opern spielt Wagner mit dem Gedanken des Todes als Opfer, das den erlöst, für den man sich opfert, und zugleich einen selbst. Andeutungsweise taucht das schon in den »Feen« und im »Liebesverbot« auf, in voller Klarheit und tatsächlich ausgeführt dann im »Fliegenden Holländer« und im »Tannhäuser«. Senta und Elisabeth erlösen durch ihren Tod den Holländer und Tannhäuser, auf denen ein Fluch lastet, aber sie werden selbst auch zu selig Entrückten: Senta erscheint am Schluß »in verklärter Gestalt«, und »Heilige Elisabeth, bitte für mich!« heißt es ausdrücklich am Ende des »Tannhäuser«.

Den unüberbietbaren Höhepunkt dieser thematischen Linie bildet »Tristan und Isolde«. Hier ist der Tod zunächst als Isoldes Rache an ihrem Entführer Tristan gedacht, der ihren Verlobten getötet hat. Vergiften will sie ihn und dann am selben Gift sterben. Doch die Dienerin Brangäne vertauscht absichtlich die Mittel und reicht nicht den Todes-, sondern den Liebestrank. Der hat zur Folge, daß beide von nun an gemeinsam sterben wollen, in Liebe statt wie vorher geplant aus Haß. Die absichtliche Verwechslung ändert also nichts am schließlichen Ergebnis, aber das Motiv hat sich völlig verändert, und das ist das Entscheidende. Im Liebesduett des zweiten Akts stellt die Todessehnsucht sich heraus als eine Geste des Vergessens:

»O sink hernieder,
Nacht der Liebe,
gib Vergessen,
daß ich lebe;
nimm mich auf
in deinen Schoß,
löse von
der Welt mich los!«

Der gewünschte Liebestod soll alle Angst aufheben:

»Nun banne das Bangen,
holder Tod,
sehnend verlangter
Liebestod!«

Der Schluß des Duetts, vor der Entdeckung durch den Ehemann und sein Gefolge, verkündet in schwer verständlichen und wohl auch absichtlich nicht ganz verstehbar formulierten Versen die Einheit von Tod und Lust:

»Du Isolde (Tristan du),
Tristan ich (ich Isolde),
nicht mehr Tristan,
nicht mehr Isolde;
ohne Nennen,
ohne Trennen,
neu Erkennen,
neu Entbrennen;
endlos ewig
ein-bewußt:
heiß erglühter Brust
höchste Liebeslust!«

Im Zweikampf mit dem Freund und Verräter Melot schafft Tristan dafür die Voraussetzungen: er läßt sich ohne Gegenwehr verwunden und siecht im dritten Akt an der Verletzung dahin. Als die sehnlich erwartete Isolde eintrifft, stirbt er in ihren Armen. Eine Art Selbstmord also, herbeigeführt, um im Tod eins zu werden, was im Leben nur unvollkommen gelingen kann.

Ist Tristans Tod noch durch die Wunde realistisch gerechtfertigt, so bringt Isolde erst den eigentlichen Liebestod zustande. Ähnlich wie Kleists Penthesilea verschafft sie sich ein tödliches Gefühl; doch ihre letzten Verse sagen auch, daß sie sich im Tod, der keine äußere Ursache hat, nicht nur mit dem geliebten Tristan vereinigt:

»In dem wogenden Schwall,
in dem tönenden Schall,
in des Weltatems
wehendem All –
ertrinken –
versinken –
unbewußt –
höchste Lust!«

Die Liebes-Assoziationen des Fließens und Schwebens verbinden sich mit der hier erklingenden Musik (Wagner hat den ursprünglichen Text »in der Duftwellen tönendem Schall« dafür bei der Komposition sinnreich verkürzt) und mit der Welt als Ganzem: Liebe, Musik und Welt, Tristan, Wasser und Lust – das alles verschmilzt zu einem untrennbaren Gemenge, dessen Zusammensetzung den Liebestod ausmacht.

Wagner hat diese Oper »einen Ergänzungsakt des großen, ein ganzes Weltverhältnis umfassenden Nibelungenmythus« genannt. Die Verhältnisse Tristan-Isolde und Siegfried-Brünnhilde, so sagt er in seinem »Epilogischen Bericht« zum »Ring«, seien von den Männern her in ihren Voraussetzungen, die zum jeweiligen Untergang führen, gleich: nämlich das Freien einer Frau für einen anderen. Aber: »Während der Dichter des *Siegfried,* den großen Zusammenhang des ganzen Nibelungenmythus vor allem festhaltend, nur den Untergang des Helden durch die Rache des mit ihm sich aufopfernden Weibes in das Auge fassen konnte, findet der Dichter des *Tristan* seinen Hauptstoff in der Darstellung der Liebesqual, welcher die beiden über ihr Verhältnis aufgeklärten Liebenden bis zu ihrem Tode verfallen sind. Hier ist nur breiter und deutlicher gefaßt, was auch dort unverkennbar sich ausspricht: der Tod durch Liebesnot, welche in der einseitig des Verhältnisses sich bewußten Brünnhilde zum Ausdrucke gelangt.«

Wer sich über alles im klaren ist, sagt diese Passage, der sucht den Tod als höchste Form der Liebe: Tristan, Isolde, Brünnhilde. Nur der die Zusammenhänge nicht durchschauende Siegfried sucht diesen Tod nicht – er muß einfach ermordet werden, um dann den nachträglichen Liebestod der Frau zu ermöglichen. Aber ganz stimmt das nicht. Tristan und Isolde versprechen sich zwar sozusagen den gemeinsamen Selbstmord, aber sie begehen ihn gar nicht. Daß Tristan sofort stirbt, als Isolde erscheint (worüber sie sich übrigens heftig beklagt), ist doch auch eine Art Flucht vor der gemeinsamen Verantwortung im Tod. Tristan sucht sich eine leicht zu erhaltende Wunde und überläßt Isolde die ganze Arbeit. Zum Liebestod ist in Wahrheit bei Wagner immer nur die Frau fähig, gerade auch hier, in seiner eindringlichsten Gestalt.

Um den Sinn des Liebestods besser zu verstehen, muß man auf einen viel früheren Text zurückgreifen, wieder einmal auf die Ausführungen zu »Jesus von Nazareth«. Dort wird der Tod zunächst definiert als »das letzte Aufgehen des Einzellebens in das Gesammtleben«, als »letzte und bestimmteste Aufhebung des Egoismus«. Der »Proceß des Lebens« sei »der unaufhaltsame Fortschritt zum Tod«. Dann wird die Verbindung hergestellt zur Liebe: »Die Liebe ist die nothwendigste Äußerung des Lebens: wie in ihr aber materiell der selbstige Lebensstoff sich seiner entäußert, so geht in ihr auch der sittliche Proceß der Entäußerung des Egoismus vor, und die vollendete Entäußerung desselben ist der Tod, das Aufgeben des Leibes, der eigentlichen Heimat des Egoismus, des letzten Hindernisses meines Aufgehens in die Allgemeinheit.«

Die Liebe, und gemeint ist ausschließlich die geschlechtliche, ist also der unmittelbare Gegensatz zum Egoismus. Dieser *nimmt*, während jene *gibt*. Das Geben aber ist »Entäußerung«, letztlich der Tod. Liebe und Tod hängen so direkt zusammen, die eine führt notwendig zum anderen. Das alles muß jedoch gewollt sein; gemeint ist nicht der banale Zufall des Sterbens, sondern der bewußt in Liebe angestrebte Tod, mit dem man sich vom egoistischen Weltzusammenhang löst.

Das alles hat auch etwas mit Rückzug zu tun ins Private, ist doch die Folge von »Entäußerung« eben Verinnerlichung. Es ist kein Zufall, daß Wagner diese Gedanken Anfang 1849 formuliert hat, mitten im Gären der Revolution, deren Scheitern sich abzeichnete. Die Folgen des Scheiterns werden hier unterbewußt vorweggenommen. Die Unmöglichkeit, die Welt, wie sie ist, politisch zu verändern, wird ideologisch zum eigentlichen Wert erhoben: man muß sich radikal aus der Welt zurückziehen, um moralisch gerechtfertigt zu sein. Wagners Motiv des Liebestods ist so eine der frühesten Erscheinungen der bürgerlichen Rückzugsbewegung ins Innerliche, wie sie für die Zeit nach 1849 typisch wurde. In Analogie zu Goethes Feststellung, die christliche Religion sei eine »intentionierte politische Revolution, die, verfehlt, nachher moralisch geworden ist«, hat Gregor-Dellin das so formuliert: »Wagners Krypto-Theologie ist eine intentionierte politische Revolution, die, verfehlt, nachher kunstphilosophisch geworden ist.«

Denn Wagner wendet seine Liebestod-Lehre tatsächlich nur auf sein Werk an, nicht etwa aufs reale Leben von Menschen – sicher nicht nur deshalb, weil Liebestod-fähige Situationen im 19. Jahrhundert nur noch selten vorkommen. Vielmehr ist es ein hoch-symbolisches Motiv, das nur in der Form von Kunst vollständig und verständlich darstellbar ist. Es hängt wiederum eng zusammen mit Wagners gesamter Liebesvorstellung und also mit dem Verhältnis von Mann und Frau.

Über »Tristan und Isolde« hinaus reicht das Motiv sogar bis in den »Parsifal«. Wenn Kundry am Ende des Stücks »mit dem Blicke zu ihm auf, langsam vor Parsifal entseelt zu Boden« sinkt, so ist das auch ein Tod um der Liebe willen, die Parsifal ihr gegenüber nicht erfüllt hat – weshalb er ja am Leben bleibt, und das spricht (Wagnerisch) nicht unbedingt für ihn. Jedenfalls ist Kundry durch ihren Tod erlöst, während für den Erlöser Parsifal die Erlösung dem Text zufolge durchaus noch nicht gewiß ist. Wagner bildet da die gleiche Situation nach, die schon der »Lohengrin«-Schluß darstellte: Elsa in unerfüllter Liebe »entseelt«, Lohengrin unerlöst »in der Ferne«, lebend.

Der Liebestod ist das Endgültige, das Sichere, vor allem aber: die Befreiung der Welt. Nach dem Tod dieser Frauen kann die Welt nicht mehr so sein wie vorher. Senta im »Fliegenden Holländer« hat bewiesen, daß die Ehe keine auf Gold und Perlen errichtete Zweckgemeinschaft ist; Elisabeth im »Tannhäuser« hat das erbarmungslose Verdammungsgesetz der Kirche widerlegt; Brünnhilde im »Ring« hat die machtbesessenen Götter vernichtet und den Menschen die Freiheit zur Zukunft geöffnet; Isolde im »Tristan« hat den Absolutheitsanspruch der Liebe gegenüber den Normen der Gesellschaftsmoral errichtet; Kundry im »Parsifal« hat gezeigt, daß man trotz scheinbar hoffnungsloser Verstrickung in ein sündiges Dasein sich selbst retten kann. Die diese Vorgänge erlebt haben, werden ihr Leben ändern müssen, um den neuen Erkenntnissen gerecht zu werden, die der Liebestod der Frauen vermittelt. Insofern behauptet Wagners Werk entgegen der politischen Realität auch die Möglichkeit, ja Notwendigkeit der politischen Veränderung. Es sind immer die Frauen, die diese Einsicht bewirken. Ihnen wird die Verantwortung übertragen, die Welt durch Liebe zu erlösen, Liebe, die zum befreienden Tod führt, aber eben auch zu jenem Tod, der die Welt befreit.

Bei den Männern ist das ganz anders. Sie bleiben am Leben (Lohengrin, Parsifal), oder sie sterben auf ungeklärte Art (Tannhäuser), werden erschlagen (Siegfried) oder lassen sich töricht verstümmeln (Tristan). Das Modell des Heldentods spielt untergründig hinein in solche Handlungskonzepte. Der Gegensatz von weiblich und männlich wird gespiegelt im Gegensatz von Liebestod und Heldentod. Wagner wertet die Werte um, die seine Alltagswelt bestimmen: nicht der Heldentod des Mannes ist das vorbildliche Ideal, sondern der Liebestod der Frau. Dieser ist Stärke, jener Schwäche. Dieser bewirkt etwas, jener ist eine Torheit.

Wagners daraus konsequent folgender Antimilitarismus ist von seinen Freunden und Feinden gleicherweise geflissentlich übersehen worden. Beide Gruppen hielten sich lieber an seine Tiraden aus der Zeit des 70/71er Kriegs und machten ihn damit zum deutschnationalen Chauvinisten. Dabei sind diese Stellen nichts anderes als monomanischer Ausdruck seines auf fatale Weise ästhetischen Verhältnisses zum Land Frankreich und zu dessen Hauptstadt Paris. Beide haßte er als Ort einer verachteten Kultur, aber zugleich liebte er sie sehnsüchtig als Metropole der Musik.

Aus dieser Zeit – das neue Kaiserreich war noch nicht drei Wochen alt und Deutschland im Begeisterungstaumel von Ruhm, Ehre und

Stolz – berichtet Cosima folgende Episode: »Luise Bülow schreibt einen schönen gefaßten Brief an Loulou. Ihr Sohn fiel, indem er rief: ›Lieb Vaterland magst ruhig sein‹, so muß denn immer das Erhabene mit einem Gran von Albernheit vermischt sein, sagt R.«

Bemerkenswert: kaum ein deutscher Sozialdemokrat mag im Februar 1871 so gedacht haben wie der großbürgerliche Komponist und Freund des Königs von Bayern. Seine Abneigung gegen das »Soldatische« reichte bis hinein in die Musik. »Diese Blechmusik«, sagt er beim Anhören einer Schweizer Militärkapelle, »ist mir die allerunerträglichste, sie ist die welttragende Gemeinheit.« »Welttragende Gemeinheit« – das Wort hat sein Gewicht erst recht dadurch, daß es vom Autor des »Rings« stammt, der ein Epos ist über den Charakter dieser Welt. Von Wagners vorletztem Abend berichtet die Stieftochter Daniela, er habe zu Cosima gesagt, nach dem Artikel, an dem er gerade arbeite – er heißt »Über das Weibliche im Menschlichen« –, wolle er »höchstens noch über italienische Kirchenmusik und deutsche Militärmusik« schreiben – Daniela, der wohl nicht gegenwärtig war, wie er beides verachtete, mußte die Ironie des Zusammenhangs verborgen bleiben.

Als er des Sohnes Siegfried Befreiung vom Wehrdienst erwog, scheint ein Zuhörer mit dieser Überlegung nicht einverstanden gewesen zu sein, denn Cosima erzählt: »wie einer sagt, für den Ruhm stürben die Soldaten, ruft er aus: ›Weil sie sich mehr vor dem Unteroffizier als vor der Kugel fürchten, eine Kugel ist manchmal gnädig. Fragen Sie mal, ob die Soldaten bei Spichern für den Ruhm gestorben sind.‹« Die gleiche Vermutung äußerte er schon einmal zwei Jahre vorher, und da bringt er die Angst der »Helden« auch gleich in einen militärtechnischen Zusammenhang: »R. erinnert an Garibaldi, welcher sich nicht genug habe wundern können, daß unter den Granaten die Deutschen im ›passo di scuola‹ [Gleichschritt] vorwärts gingen, ›mit solchen Eseln kann man keinen Krieg führen‹, muß er sich gesagt haben, ›die sind gar nicht nervös‹.«

Daß Wagner hier ausgerechnet Garibaldi, den italienischen Freiheitskämpfer, zum Zeugen ruft für seine Abneigung gegen das pseudoheldische Gebaren des Militärs, hat seinen tieferen Hintersinn. Denn mit der Abneigung gegen das Soldatische verband er die gegen das national Deutsche. Auch dies sei gesagt, um dem anderen beliebten Mißverständnis zu widersprechen. Schon in der 1850/51 entstandenen Schrift »Oper und Drama« argumentiert er, daß das »Nationale« in der Musik nicht Revolution bedeute, sondern Restauration. Mag das noch erklärbar sein als die Kritik des Emigranten an den gegenwärtigen deutschen Zuständen, so verhält sich doch auch der zurückgekehrte und von einem König hofierte Wagner nicht anders.

Für das 1871 errichtete neue Deutsche Reich hatte er zumindest in seinen privaten Äußerungen nur Spott übrig, und die oft zitierte Tagebuch-Notiz »ich bin der deutscheste Mensch, ich bin der deutsche Geist« ist im Zusammenhang tiefer Depression über die politische Entwicklung geschrieben und ganz offensichtlicher Sarkasmus. Andere Länder fand er viel schöner als Deutschland, Italien vor allem, wo er in seinen letzten Jahren so lange lebte, wie es sich eben einrichten ließ. Von dort aus rät er seinem königlichen Gönner, dem bayerischen Ludwig, das Land zu besuchen, schon allein um »des Einathmens dieses germanischen Unteroffizier-Dunstes enthoben zu sein«. Und von dem in den »Meistersingern« als Inbegriff deutschen Landes scheinbar so verklärten Nürnberg meint er: »Alles schön und gut, aber es sagt einem nicht viel, wenn man italienische Städte gesehen hat.«

Daß Wagner schon zu Lebzeiten und später dann immer schlimmer für den »germanischen Unteroffizier-Dunst« in Anspruch genommen wurde, hängt allein am thematischen Stoff seiner Stücke. Aber seine Götter und Helden haben mit Germanen weiter nichts gemein als die Namen, die sie führen. Und so unterscheidet sich die von Wagner als lächerlich empfundene Bitte, er möge die Musik zu einem pantomimischen »Germanen-Zug« komponieren, höchstens durch den entschuldbar frühen Zeitpunkt von den Absurditäten, die 1976 der damalige Bundesinnenminister Maihofer anläßlich des Wiederaufbaus von Haus Wahnfried von sich gab: »Das Werk Richard Wagners ist ein nicht nur urtümliches, sondern urgewaltiges Ereignis unserer Musikgeschichte, entsprungen aus dem Drang, sich des germanischen Ursprungs unserer Kultur als der einzigen in den eigenen und nicht fremden Boden getriebenen Wurzeln unserer nationalen Kultur bewußt zu werden.«

Ein später ähnlich wie Wagner Mißbrauchter, Friedrich Nietzsche, hat im Unterschied zu solchem Ur-Geraune Wagners Abneigung gegen das Germanische geteilt, das er definierte als »Gehorsam und lange Beine«, und er hat Wagner gegen die frühe nationalistische Besitzergreifung in Schutz genommen: »So wie ich bin, in meinen tiefsten Instinkten Allem, was deutsch ist, fremd, so dass schon die Nähe eines Deutschen meine Verdauung verzögert, war die erste Berührung mit Wagner auch das erste Aufathmen in meinem Leben: ich empfand, ich verehrte ihn als *Ausland*, als Gegensatz, als leibhaften Protest gegen alle ›deutschen Tugenden‹ ... Wagner ist das Gegengift gegen alles Deutsche par excellence, – Gift, ich bestreite es nicht«. Das hat der zum Gegner Wagners gewordene Nietzsche geschrieben, und er hat auch schon anläßlich der ersten Bayreuther Festspiele den Übergang dargestellt, der von Wagner zu seinen Folgen führte: »Ich erkannte Nichts wieder, ich erkannte kaum Wagner wieder ... *Was war geschehn?* –

WAGNERS SCHWESTER ROSALIE
In ihrer Zeit wurde jemand wie sie eine alte Jungfer genannt, weil sie erst mit 33 Jahren heiratete. Sie starb dann auch bald darauf: ihre Rolle ist die einer Schwester, nicht die einer Ehefrau.

Man hatte Wagner ins Deutsche übersetzt! Der Wagnerianer war Herr über Wagner geworden! – Die *deutsche* Kunst! der *deutsche* Meister! das *deutsche* Bier!« Und schließlich, in einem späten Fragment, bereits nach Wagners Tod: »Jenen Richard Wagner, welchen man heute in Deutschland verehrt und mit all dem prahlerischen Plunder der schlimmsten Deutschthümelei verehrt: jenen Richard Wagner kenne ich nicht, ja – daß ich einen Verdacht ausspreche – den hat es nie gegeben: das ist ein Phantom.«

Was als Abschweifung erscheinen könnte, gehört in Wahrheit eng zu unserem Thema. Denn fast immer und überall gehen Nationalismus und Militarismus eine tiefe Verbindung ein, sind Stolz und Stärke nicht zwei Seiten, sondern die selbe Seite einer Medaille. In seiner Distanz zu beidem bekennt Wagner wieder den Vorrang des anderen: der Liebe und der »Schwäche«, die sich endlich aber als die wahre Stärke erweist. Das Aufsatz-Fragment »Über das Männliche u. Weibliche in Kultur u. Kunst« vom Frühjahr 1882 läuft in eine stichwortartige Notiz aus: »Genau: vorsichtige Ausbeutung der Gewalt-Macht zum Genuss des Besitzes. (Männlich). Scheinbar: Correction der – wiederum doch nur anscheinend – zwecklos bildenden Natur; zugleich aber Unverständniss des wahren Zweckes der Natur, der auf Befreiung aus sich selbst zielt: (Weiblich.)«

Hier wird es noch einmal gegenübergestellt: die männliche gewalttätige Naturausbeutung unter dem Vorwand, es gebe gar keine Absicht in der Natur, und das weibliche wahre Naturverständnis zum Zweck der »Befreiung aus sich selbst.« Nicht durch Stärke werden Menschen glücklich, sondern durch die Öffnung für das natürlich Fließende. Der sogenannte Heldentod bedeutet fortdauernde Knechtschaft, der Liebestod Freiheit, die durch bewaffnete Gewalt nicht zu gewinnen ist. Was den Menschen gut tut, muß gewonnen werden im Widerstand gegen das, von dem uns allen eingeredet worden ist, es sei die natürliche Ordnung der Dinge, während es in Wahrheit die Unnatur ist. Wagners Werk lehrt die Liebe als Fingerzeig künftigen Glücks.

6.

Sieglinde

Am 12. Oktober 1837 stirbt Wagners älteste Schwester Rosalie im Kindbett, fünf Tage nach der Niederkunft, nicht einmal 35 Jahre alt. Ein halbes Jahr später schreibt Wagner das Textbuch des »Rienzi«. Darin sagt Rienzis Schwester Irene sich von ihrem Geliebten Adriano los, um mit dem Bruder zusammen im römischen Kapitol zu verbrennen, nachdem sie ein veritables Liebesduett gesungen haben.

Irene ist ein Denkmal, das Wagner der eigenen Schwester gesetzt hat. Rosalie hatte erst ein Jahr vor ihrem Tod geheiratet; bis dahin war sie seit Ludwig Geyers Tod der eigentliche Ernährer der Familie gewesen, von ihren Gagen als Schauspielerin hatten Wagner und seine Geschwister und seine Mutter überwiegend gelebt. Und sie war der gute Geist des jungen Richard; sie hatte mit mildem Spott seine ersten Arbeiten gelesen, aber auch Verbesserungsvorschläge gemacht, an ihn geglaubt, wenn die anderen sich kopfschüttelnd abwandten. Die Heirat mit Minna und die ersten Eheprobleme hatten Wagner in seiner abgöttischen Verehrung für Rosalie eher bestärkt: die Schwester war die bessere Frau, Rienzi und Irene trennt am Ende nicht mehr viel vom gemeinsamen Orgasmus, der Inzest ist ganz nahe.

Erst fünfzehn Jahre später hat Wagner aus der versteckten Andeutung die offene Handlung gemacht. Sieglinde in der »Walküre« vereinigt sich mit ihrem Bruder Siegmund. Als einzige von Wagners Heldinnen bekommt sie ein Kind, Siegfried, und sie stirbt kurz nach dessen Geburt. Doch nicht der biographische Bezug ist es, dessentwegen die Figur der Sieglinde Interesse beansprucht. In ihr entfaltet sich vielmehr eine Frau, die anders als die nahezu übermenschliche Brünnhilde (und die ist ja auch tatsächlich göttlicher Herkunft) dem wirklichen Menschen seine Möglichkeiten vermitteln kann, zeigen kann, was ihm gut tut.

Sieglinde ist die Tochter Wotans mit einer Menschenfrau, mit ihrem Bruder zusammen gezeugt. In ihrer Kindheit wurde sie geraubt und dann Hunding geschenkt, der sie zur Ehe zwang. Als die Handlung der »Walküre« einsetzt, kommt der ihr inzwischen unbekannte Bruder Siegmund auf der Flucht vor Feinden in ihr Haus und bricht in Ohnmacht zusammen. Sieglindes erstes Interesse wird durch Siegmunds Schwäche geweckt:

»Müde liegt er
von Weges Mühn: –
schwanden die Sinne ihm?
wäre er siech? – «

Mit den beiden letzten Zeilen wandelt sich in der Musik die d-moll-Szenerie nach Dur, auf das letzte Wort »siech« fällt der stärkste musikalische Akzent: die Stimme steigt zum cis, ihrem bisher höchsten Ton. Der Takt hat nach ¾ gewechselt, was von nun an Sieglindes und Siegmunds rhythmisches Maß ist, in weiten Bögen fließend anstelle des gleichförmig schreitenden »männlichen« Viervierteltakts.

Daß Sieglinde nicht den gewohnten »starken« Mann antrifft, sondern einen erschöpften, verschafft ihr einen bisher kaum gekannten Reiz. In ihrer Welt gab es zuvor nur die starken und das hieß zugleich: die brutalen und grausamen Männer. Vor ihnen hat sie sich kalt und finster verschlossen; erst die Schwäche eines Mannes bewirkt die in der Musik sich ausdrückende Aufhellung ihrer Gefühle. Sie bewertet diesen Fremden nun gerade auf Grund seiner Schwäche:

»mutig dünkt mich der Mann,
sank er müd auch hin.«

Das meint einen anderen Mut als die ihr sonst vertraute männliche Kampflust: an der Müdigkeit liest sie ihn ab, nicht am üblichen waffenklirrenden Getue.

Mit Wasser erfrischt sie den Erwachenden, der sie fragt, wo er denn hier hingeraten ist. Für ihre Antwort kehrt die Musik in den Viervierteltakt zurück; die auch schon bisher in sanftem Gesang begleitenden mehrfach geteilten tiefen Streicher rücken in gezupften Einzelakkorden mit der Singstimme wieder nach Moll – mit Stockungen, wie sie uns von manchen problematischen Stellen bekannt sind, die sich auf gewalttätigen Besitz beziehen. Sieglindes Text dazu heißt:

»Dies Haus und dies Weib
sind Hundings Eigen«.

Bei der Erinnerung an die Realität kehrt in Sieglinde die Starre zurück, die die männliche Besitzwelt ihr beigebracht hat.

Als Siegmund aber dann von seiner Waffenlosigkeit und von seinen Wunden spricht, bricht die Hoffnung und die Sehnsucht erneut aus ihr hervor: »Die Wunden weise mir schnell!« Es ist nicht nur Sorge, sondern auch »Hast«, wie die Regieanweisung in der Partitur gegenüber dem Urtext ausdrücklich ergänzt. Sie will die Wunden nicht nur pflegen, sondern gerade auch *sehen,* sie sich sinnlich vergegenwärtigen. Die heftige Erregung in hoher Stimmlage zeigt an, daß gerade die Verletzlichkeit des Mannes ihr Zuflucht verspricht, Hoffnung signalisiert, daß hier nicht einer der Starken und Starren vor ihr liegt. Doch Siegmund springt auf und bagatellisiert seine Verletzungen:

»Gering sind sie,
der Rede nicht wert;
noch fügen des Leibes
Glieder sich fest.«

Mit bemerkenswerter Konsequenz hat Wagner in der ganzen Passage die gegensätzlichen Gefühlswerte musikalisch formuliert. Der ständige Wechsel der symbolischen Taktarten zeigt an, wo wir uns jeweils befinden: $3/4$ bei Siegmunds Dank für das Wasser, $4/4$ bei Sieglindes Angaben über die Besitzverhältnisse von Haus und Weib, $3/4$ wieder bei Siegmunds Erwähnung von Wunden und Waffenlosigkeit und bei Sieglindes Frage nach den Wunden, $4/4$ bei Siegmunds Herunterspielen der Verletzungen, bei der Betonung der Festigkeit seiner Glieder und der Beschreibung seines Kampfs und seiner Flucht. Hier erhält die Musik auch wieder den in kurzen Notenwerten und Pausen stockenden Duktus, der die männliche Härte charakterisiert. Erst als Siegmund von der jetzt gewonnenen Ruhe spricht, kehrt der Dreivierteltakt zurück, um bis zu Hundings Auftritt zu bleiben, und die Musik gerät wieder ins Fließen.

Einmal noch rafft Siegmund sich auf »wie ein Mann« und will nun nach gehabtem Trunk gehen. Da greift Sieglinde zum ersten Mal energisch ein: »So bleibe hier!« »In heftigem Selbstvergessen«, sagt die Regieanweisung, ruft sie ihm das nach, zum ersten Mal hält die Stimme das hohe f, das sie nur in den späteren Ekstasen und Ängsten gelegentlich überschreitet. Was Sieglinde hier »selbstvergißt«, das sind die moralischen Zwänge, denen sie ausgesetzt ist in der Welt, in der sie lebt: verheiratet ist verheiratet, auch wenn es unter Gewaltanwendung geschah; Recht muß Recht bleiben, und sei es nur das Recht des Stärkeren. Das alles vergißt sie nicht nur: sondern in ihrem Ausruf,

Siegmund solle bleiben, übernimmt sie die Initiative. Wenn der Mann die Zeichen der Hoffnung nicht begreift, dann muß eben die Frau ihm den Weg zum Glück zeigen. Es ist nicht Mitleid mit dem Verletzten, sondern eine Forderung an ihn, Liebe, und die ist in höchstem Maß aktiv und vergißt eben sich selbst, indem sie dem anderen sich zuwendet.

Die erste Möglichkeit, die so neu gewonnene Kraft zu beweisen, erhält Sieglinde, als Hunding erscheint. Der ist so etwas wie eine Karikatur des starken Mannes, ohne Wotans Skrupel, ohne Siegfrieds Tölpelhaftigkeit, ohne Hagens düstere Trauer: ganz geradeaus dumm und bösartig. Aber mit der häufigen Hellsicht der Bosheit erkennt er schnell so einiges: die Ähnlichkeit zwischen Sieglinde und Siegmund und die Feindschaft, die ihn von dem Zufallsgast trennt. Sieglinde gegenüber benimmt er sich, wie man es vom Mann erwartet: er scheucht die Ehefrau, das Essen aufzutragen: »Rüst' uns Männern das Mahl!« Er jagt sie ins Schlafzimmer, wo sie ihm den Nachttrunk bereiten soll: »und harre mein zur Ruh'.« Doch zum ersten Mal wohl in ihrer Ehe wagt Sieglinde Hunding zu widersprechen. Der Anblick eines anderen, eines unbewaffneten und schwachen Mannes hat sie mutig gemacht. Als Hunding Siegmund versteckt droht, unterbricht sie – unerhört! – »etwas lebhaft«:

»Feige nur fürchten den,
der waffenlos einsam fährt!«

Die Musik setzt ihre unbegleitete kurze Melodie zwischen die Blech- und Pauken-bewehrte, rhythmisch akzentuierte und abgehackte Sprache Hundings.

Der verbalen Auflehnung läßt Sieglinde die Tat folgen: sie betäubt Hunding mit einem Schlafmittel, entzieht sich so dem angekündigten ehelichen Verkehr (der – siehe den verlangten »Nachttrunk« – von Hunding im allgemeinen wohl besoffen ausgeübt wird) und kehrt zu Siegmund ins Wohnzimmer zurück. Wie vorher, als sie seine Wunden sehen wollte, spricht sie nun mit »Hast«, und zwar mit »geheimnisvoller«: »Nütze die Nacht dir zum Heil!« Zum zweiten und dritten Mal also ergreift sie die Initiative: sie räumt Hunding aus dem Weg und fordert Siegmund offen auf zur sexuellen Verbindung. Deren symbolischer Ausdruck ist das Schwert, das in einer mitten im Raum stehenden Esche steckt. Dort hinein hat es Wotan vor einiger Zeit gestoßen, in sorgsamer Vorbereitung der kommenden Ereignisse. Nur Siegmund und kein anderer kann es herausziehen – was zeigt, daß es hierbei nicht um körperliche Kraft geht, sondern um das richtige Bewußtsein. Wenn

Sieglinde den Wert dieses Schwerts beschreibt, dann handelt es sich um andere Stärken als die von Männern normalerweise ausgeübten:

»Eine Waffe laß mich dir weisen –:
O wenn du sie gewännst!
Den hehrsten Helden
dürft' ich dich heißen:
dem Stärksten allein
ward sie bestimmt.«

Das Heil der Nacht liegt für Siegmund sowohl im Gewinn der Waffe, mit der er sich verteidigen kann, als auch im Gewinn Sieglindes, wozu er die Waffe benutzen soll – und die ist überdeutlich sein Penis. Das wird am Schluß des Akts zu allem Überfluß noch einmal versichert, wenn Siegmund das Schwert tatsächlich aus dem Stamm zieht (»heraus aus der Scheide zu mir!«) und es als »Brautgabe« bezeichnet. Sieglinde antwortet ihm da:

»die eigne Schwester
gewannst du zueins mit dem Schwert!«

Siegmund stürzt sich mit den Worten »so blühe denn Wälsungenblut!« in den Coitus, von dem die Musik noch bis ins Vorspiel des nächsten Akts tönt.

Gehen wir noch einmal ein Stück zurück. Wotans und nun bald Siegmunds Schwert ist also Waffe des wahrhaft starken Mannes und körperliches Organ seiner Liebe zugleich. Nachdem Sieglinde die Geschichte des Schwerts erzählt hat, bricht sie ekstatisch in den Wunsch aus, in Siegmund den Mann zu finden, für den die Waffe bestimmt ist. Denn in der Liebe dieses Partners würde alles ausgelöscht, »was je ich gelitten ... was je mich geschmerzt«. Das Verlangen nach »süßester Rache« an den anderen, den falschen Männern, verschmilzt mit dem Liebesantrag an den richtigen:

»fänd' ich den heiligen Freund,
umfing' den Helden mein Arm!«

Wieder ist es *sie*, die den aktiven Part spielt: *sie* findet, *sie* umfängt, nie wäre Siegmund von sich aus darauf gekommen. Sieglinde treibt ihn geradezu in die Liebe.

Eine merkwürdige Konstellation: nicht der Mann, der schon einiges von der Welt gesehen hat, sondern die abgeschirmt und isoliert lebende

Frau entwickelt aus sich heraus das Gefühl, das die Liebe erzeugt. Sie geht weit hinaus über die Konventionen, die sie in ihre herkömmliche Rolle gezwungen haben; aus eigener Kraft gewinnt sie die Menschlichkeit, die von dieser Welt zum Unkenntlichen entstellt wurde. Der ungeheure Schritt nach vorn macht aber auch Angst. Als die Tür aufspringt und den Blick nach draußen frei gibt, auf die »herrliche Frühlingsnacht« und den Vollmond, als die Natur hereindrängt und den umgrenzten Raum sozusagen zur Welt weitet, als das Paar »so sich plötzlich in voller Deutlichkeit wahrnehmen kann«, da erschrickt Sieglinde vor dem Ausmaß ihrer Tat. Wie ein Wortspiel mit dem Vorgang des beinahe begonnenen Coitus klingt ihr Ruf: »Ha, wer ging? wer kam herein?«

Doch die Angst dauert nur Sekunden. Die folgende Idylle von Siegmunds Liebeslied bestimmt noch einmal den neuen Charakter, den diese Liebe annimmt gegenüber der alten Gewaltsamkeit: von »zarter Waffen Zier« ist die Rede, mit der der »Lenz« als Bild der Liebe die Welt »bezwingt«; dieser »starken Wehr« mußten »Winter und Sturm« weichen, die symbolischen Formen der männlichen Kälte und Starrheit; die Enge des Raums der Konvention ist gesprengt, die Tür geöffnet, die »trotzig und starr« von der freien Natur draußen trennte.

Der sich daran knüpfende Dialog ist angefüllt mit Textbezügen zu anderen Stellen des »Rings«, ja sogar des »Tristan«, Querverweise, die hin und her charakteristische Momente der liebenden Verbindung betonen: Sieglinde spricht vom »tönenden Schall« (»Tristan«), der an ihr Ohr schlug, als sie Siegmund zuerst erblickte; »mein Auge sah dich schon!« sagt sie wie später Brünnhilde zu Siegfried und:

»Im Bach erblickt' ich
mein eigen Bild«

– davon wird dann Siegfried reden. Sogar das Motiv des Liebestods taucht schon auf, wenn Siegmund singt:

»Heiligster Minne
höchste Not,
sehnender Liebe
sehrende Not
brennt mir hell in der Brust,
drängt zu Tat und Tod!«

Aber diese beiden sind ein anderes Paar. Sie nehmen weder Brünnhilde und Siegfried vorweg noch Isolde und Tristan. Ihre von Sieglinde ins

Werk gesetzte Liebe bedarf nicht des Todes, sie ist nicht Auslöschung der Welt, sondern ihre Verwandlung. Zwischen Menschen ist etwas geschehen, das Menschlichkeit ermöglicht. Sie haben ihre halb göttliche Herkunft abgeschüttelt, sie sind nicht mehr Wotans Kinder, sondern nur noch Kinder einer menschlichen Mutter. Sie sind Mann und Frau, indem sie einander Bruder und Schwester sind.

Es bleibt ihnen keine Zeit, um die Welt mit dieser neuen Wahrheit anzustecken. Siegmund lebt nur noch ein paar Stunden, Sieglinde noch neun Monate. In der dritten Szene des zweiten Akts wird sie sich der wirklichen Ungeheuerlichkeit bewußt. Die besteht nicht in dem inzwischen vollzogenen Ehebruch, dessen Frucht sie bereits in sich trägt, sondern umgekehrt in der vorigen Ehe:

»Grauen und Schauder
ob gräßlichster Schande
mußte mit Schreck
die Schmähliche fassen,
die je dem Manne gehorcht,
der ohne Minne sie hielt! –
Laß die Verfluchte,
laß sie dich fliehn! –
Verworfen bin ich,
der Würde bar! . . .
Schande bring' ich dem Bruder,
Schmach dem freienden Freund!«

Die Scham dieser Frau entsteht daraus, daß sie so spät erst die Liebe als einzige Voraussetzung der gegenseitigen sexuellen Hingabe erkannt hat, als einzige, aber auch unbedingt notwendige. Ihre »Sünde« ist, daß sie sich zur körperlichen Liebe zwingen ließ, nicht daß sie sich jetzt dem Beischlaf mit dem amtlichen Ehemann verweigert. Sieglinde ist moralisch geworden, das gesellschaftliche Gesetz, um dessentwillen Fricka Hundings Sieg fordert und Wotan ihn beschließt, ist unmoralisch. Die Musik angesichts dieser Erkenntnis rast vor Aufregung.

Der nun anhebende Zweikampf mit den konventionellen Waffen der Männer, in den sich auch noch Wotans übermächtiger Speer des starren Gesetzes mischt und der deshalb zu Siegmunds Tod führen muß, ruft bei Sieglinde helles Entsetzen hervor. Es ist der Rückfall in Praktiken, die sie durch Liebe überwunden wähnte. Doch noch immer sind die Männer auf ihr schreckliches Spiel verpflichtet, nur in ihr hat sich die Welt verändert, im übrigen ist sie geblieben, wie sie vorher war:

»Haltet ein, ihr Männer!
Mordet erst mich!«

Der richtige Begriff für das angeblich männlich-ehrliche Duell: Mord, herausgeschrien mit dem ganz seltenen hohen a, das sie bald nur noch aus wichtigstem Grund um einen halben Ton übersteigen wird.

Nachdem Siegmund tot und Sieglinde von Brünnhilde gerettet worden ist – vor Wotan, der voller Verzweiflung über seine Zwänge nun sein ganzes Wälsungengeschlecht ausrotten will –, verlangt Sieglinde den Tod, den sie mit Siegmund zusammen nicht finden durfte. Brünnhilde soll sie erstechen. Es ist das Liebestod-Motiv, aber doch nicht ganz. Denn als Brünnhilde ihr mitteilt, daß sie von Siegmund schwanger ist, weicht die Todessehnsucht sofort dem Lebenswunsch. Zu den Worten »schirmt (mich)« und »rette« erklingt der höchste Ton von Sieglindes Partie: b (beziehungsweise das gleiche ais). Schirm und Rettung sind wichtiger als der Liebestod, damit die Liebe unter den Menschen weitergegeben werden kann. Es ist nicht Sieglindes Schuld, daß der in ihr entstehende Siegfried diese Hoffnung nicht erfüllen können wird, daß es schließlich der Zerstörung der Welt durch den Liebestod Brünnhildes bedarf, um das Prinzip Liebe gegen die alten Mächte wirklich durchzusetzen.

Aber mit Sieglinde ist das Prinzip zum ersten Mal ins Leben getreten. Es ist die »Schwester«, die den »Bruder« geliebt hat, und es ist, so sagt der Text, die »Mutter«, die gerettet werden soll. Begriffe die nicht nur vordergründig Wagners eigene geschlechtliche Sehnsüchte spiegeln, sondern auch den übertragenen menschlichen Sinn ausdrükken: alle Menschen als Brüder und Schwestern verbunden in der Liebe, die als Mutter sie alle bewahrt. Zur Rettung dieser Liebe hat Sieglinde aufgerufen. Sie hat den Weg zur Freiheit eingeschlagen, sie hat die Emanzipation gesucht; aber es bleibt ihr keine Zeit, sie zu finden. Sie stirbt an Siegfried, dem Mann, nachdem sie trotz aller vorausgegangenen Schmach mit Siegmund, dem anderen Mann, leben gelernt hat. Zum Beginn ihrer letzten Worte:

»Du hehrstes Wunder!
Herrliche Maid!«

ertönt zum ersten Mal im »Ring« das sogenannte Erlösungsmotiv – und zum einzigen Mal, bevor es am Schluß der »Götterdämmerung« dann die Befreiung der Welt verkünden wird. Es ist Sieglindes letzte Musik, ihr Vermächtnis. Ihr kurzes Leben hat gezeigt, daß den Menschen die Befreiung von ihren Zwängen möglich ist. Sieglinde ist Wagners menschlichste Frau.

SIEGLINDE (BAYREUTH 1979–1980:
JEANNINE ALTMEYER)
Ein Opfer der Männer und mit einem aufkeimenden Bewußtsein davon, daß Frauen nicht nur Opfer sein müssen: Chéreaus Sieglinde verkörpert Wagners Entwurf einer »einfach« liebenden Frau.

WAGNER AM 12. FEBRUAR 1883

Paul von Joukowsky, der Freund (und erste »Parsifal«-Bühnenbildner), hat Wagner am Vorabend seines Todes so skizziert: Bildnis eines alten Mannes, der von vielem befreit ist – auch von den eigenen Problemen?

V.
KAPITEL

Emanzipation

Wie man ein Mensch wird

Weilt' ich bisher *in trügerischen Räumen,*
brach des Erwachens *Tag heut an?*

Der fliegende Holländer,
2. Aufzug, 3. Szene

Zwei Tage vor seinem Tod beginnt Wagner den Aufsatz »Über das Weibliche im Menschlichen«. Vielleicht wollte er ihn auch »Das Ewige im Weiblichen« nennen. Jedenfalls fand er den Anfang »so stark gepfeffert, daß wohl Wolz[ogen] es wohl nicht würde drucken wollen«. Darin wird zunächst ein alter Gedanke aufgenommen, daß nämlich die »auf Eigenthum und Besitz berechneten Konventions-Heirathen« Ursache für den »Verfall der menschlichen Racen« seien – die Ehe also wieder als Verbrechen gegen die Natur. Als »sündliches Uebel« wird sie bezeichnet, »welches im Geleite der zur Civilisation fortschreitenden Kultur uns von den Vortheilen ausschloß, welche die thierischen Geschlechter in ihrer Fortsetzung unentstellt erhalten«. Was aber beim Tier auf den Gattungserhalt gerichtete »gegenseitige Brunst« sei, richte sich beim Menschen »als leidenschaftliche Zuneigung auf das Individuum« und verringere dadurch den »Gattungs-Instinkt«. Nur in der Frau und zwar in der Mutter sei der Instinkt noch erhalten, beim Mann jedoch ganz verändert: seine »Leidenschaft« werde »der gefesselten Mutter-Liebe gegenüber jetzt zur Treue«.

Versteht man die gewundenen und zum Teil ja noch nicht fertig formulierten Gedankengänge richtig, so taucht hier erstmals bei Wagner ausdrücklich der Gedanke auf, daß der Mann in der geliebten Frau immer nur die Mutter sucht und die (gefesselte!) Liebe zu ihr durch Treue zur Ehefrau ersetzt. Wagner preist nun diese Treue, indem er die Monogamie zur Voraussetzung der Zeugung eines »bedeutenden Individuums« erklärt. Aber schwach klingt das, und mühsam setzt er sich mit der These auseinander, die Vielweiberei sei der »natürlichere Zustand«. Es fällt ihm nicht mehr dazu ein, als daß »bei Eroberern sogleich Polygamie (Besitz)« auftrete.

Darauf wollte er wohl hinaus: Vielweiberei und Untreue sind zwar natürlich, nehmen beim Menschen jedoch die Form des Besitzdenkens an; Einehe und Treue stellen »die Macht des Menschen über die Natur« dar, dürfen jedoch nicht in die derzeitig gängige Form der konventionellen Ehe münden, die selbst wieder Besitzdenken repräsentiert.

Das Fragment verliert sich dann in skizzenhaften Stichwörtern, die immer interessanter werden, deren Absicht und Stellenwert aber nur noch zu ahnen ist: »Idealität des Mannes – Naturalität des Weibes – (Buddha) – nun – Entartung des Mannes – u.s.w.« Das soll anscheinend eine Entwicklungslinie sein, die einen Weg von der Natur zur menschlichen Gegenwart beschreibt. Und dann der letzte Satz seines Lebens, danach hat er nichts mehr geschrieben und kein Wort mehr gesagt: »Gleichwohl geht der Prozeß der Emanzipation des Weibes nur unter extatischen Zuckungen vor sich. Liebe – Tragik.«

Sonderbar dunkel – was heißt das? Von der Erhebung der Frau

»selbst über das natürliche Gattungsgesetz« ist kurz davor die Rede, Emanzipation also von ihrer Natur, die Fortpflanzung heißt? Ist Liebe tragisch, weil der emanzipierten Frau das rechte Gegenstück fehlt, der emanzipierte Mann? Weil der »entartet« ist? Sind die »extatischen Zuckungen« etwas Positives, Rausch? Oder etwas Negatives, Torheit?

Es scheint, als habe Wagner in seinen letzten Tagen doch noch der Emanzipation das Wort reden wollen, und nicht nur der Emanzipation der Frau: Emanzipation von einem Naturgesetz, das beim Menschen skandalös verkommen mußte, weil er ein anderes Wesen hat als das Tier. Das meint nicht mehr den von Wagner früher so häufig kritisierten Emanzipations-Begriff, mit dem sich für ihn die Vorstellung einförmiger Massenhaftigkeit verband, sei es in der Gesellschaft, sei es in der Kunst. Schon 1850/51 heißt es in dem Aufsatz »Oper und Drama«: »In dem heutzutage so berühmt gewordenen ›Unisono‹ enthüllt sich ganz ersichtlich der eigentliche Kern der Absicht der Massenanwendung, und *im Sinne der Oper* hören wir ganz richtig die Massen ›emanzipiert‹, wenn wir sie, wie in den berühmtesten Stellen der berühmtesten modernen Opern, die alte, abgedroschene Arie im hundertstimmigen Einklange vortragen hören. So hat unser heutiger Staat die Masse ebenfalls emanzipiert, wenn er sie in Soldatenuniform bataillonsweise aufmarschieren, links und rechts schwenken, schultern und präsentieren läßt: wenn die Meyerbeerschen ›Hugenotten‹ sich zu ihrer höchsten Spitze erheben, *hören* wir an ihnen, was wir an einem preußischen Gardebataillon *sehen.* Deutsche Kritiker nennen's – wie gesagt – Emanzipation der Massen.«

Emanzipation jetzt, 32 Jahre später, heißt für Wagner statt dessen Vielstimmigkeit, Freiheit von Zwängen, die einmal »naturgemäß« gewesen sein mögen, aber es längst nicht mehr sind. Nicht Emanzipation der Massen – was immer das heißen mag, es wird im nächsten Kapitel noch einiges dazu zu sagen sein –, sondern Emanzipation des einzelnen, des Menschen, der dadurch erst ein Mensch wird.

1.

Der »Ring« als feministische Geschichte

Am Anfang der Welt steht das Matriarchat, die Herrschaft der Mütter. Die in ihrem Namen die Herrschaft ausüben, sind ebenfalls Frauen. So erlebte es der junge vaterlose Wagner, der nur die mächtige und ziemlich unnahbare Mutter kannte und seine ihn »bemutternden« Schwestern. Tief hat sich ihm diese Erfahrung eingegraben, die auch eine Erfahrung ist von der Bedeutungslosigkeit des Vaters und des Mannes überhaupt.

Seine Geschichte des »Rings«, die eine Geschichte der Welt ist, beginnt deshalb auch bei den Müttern, lange bevor sich der Vorhang zum »Rheingold« hebt. Dieser Zug der nordischen Mythologie muß Wagner besonders fasziniert haben, als er sich dem Nibelungen-Stoff näherte. Erda ist die Urmutter, die alles weiß, die da ist seit undenklichen Zeiten, alterslos, nicht geboren und nicht sterblich, aber mit der entscheidenden Eigenschaft der Frau: sie kann Kinder kriegen. Eines bekommt sie noch, während der »Ring« handelt, Brünnhilde. Sie besitzt aber auch schon andere, die ihr offenbar ähnlicher sind: die drei Nornen, die an der Weltesche das Seil des Schicksals weben. Und noch eine Drei-Schwestern-Gruppe taucht im »Ring« auf: die Rheintöchter. Wie ihre Verwandtschaftsverhältnisse sind, wird nirgendwo gesagt. Sie sprechen in ihrer ersten Szene vom »Vater«, der ihnen den Auftrag gegeben hat, das Gold zu bewachen – womit auf keinen Fall Wotan gemeint sein kann, denn der ist für sie ja nicht der Besitzer des Goldes, sondern später sein Räuber, den sie am Schluß anklagen. Bei ihrem Vater ließe sich eher an Erdas Mann denken, den sie ja zumindest für die Zeugung der Nornen brauchte – wie man überhaupt immer ein bißchen das Gefühl hat, die Rheintöchter seien *auch* Erdas Töchter. Ähnlich gilt das für den Waldvogel, der weiblich ist (er singt Sopran), auch alles weiß und dessen Musik eng zu der der Nornen und der Rheintöchter paßt.

Jedenfalls gehören sie alle in den Bereich der vorgeschichtlichen Natur, der nur Frauen als herrschend und agierend kennt. Als der »Ring« beginnt, hat sich das schon seit einiger Zeit geändert: Wotan hat die Macht übernommen, indem er die Weisheit des Welteschen-Urquells sich einverleibte. Der »Ring« spielt also unter dem Patriarchat. Zwar weben die Nornen noch immer, aber das Seil reißt ihnen schließlich; den Rheintöchtern wird das Gold geraubt, was nur durch Verfluchung der Liebe möglich ist, also durch einen offenen Verstoß gegen das mütterliche Ur-Prinzip; Erda ragt wie ein Fossil aus dem Boden, dem sie nur »bis zu halber Leibeshöhe« entsteigt, und weiß keinen rechten Rat mehr außer düsteren Warnungen.

Unter dieser Vater- und Männerherrschaft haben die Mütter nichts mehr zu bestellen. Ein paar Reste des Matriarchats leben immerhin weiter: in Fricka, die in der Ehe den weiblichen »Gattungs-Instinkt« verteidigt; in Freia, deren goldene Äpfel den Göttern die ewige Jugend garantieren; in den Walküren, die den Männern Sieg oder Niederlage im Kampf bescheren. Aber sie alle sind untergeordnete Wesen, den Männern und vor allem dem Über-Familienvater Wotan verpflichtet, der Richtung und Tempo der Entwicklung bestimmt. Die neue patriarchalische Gesellschaft stellt nichts Urtümliches dar, sondern sie ist eine geschichtlich gewordene Stufe des Weltgeschehens, in vielfacher Weise zwar abhängig vom alten Matriarchat, aber ihm nicht mehr unterworfen. Ihre Macht haben die Männer durch ein Ur-Verbrechen errungen: Wotans Beschädigung der Weltesche. Was zugleich den Keim ihres Untergangs schon enthält: mit dem Beginn ihrer Herrschaft ist klar, daß sie sie wieder verlieren müssen.

Aber an wen? Diese für die Weltgeschichte entscheidende Frage ist das eigentliche Thema des »Rings«. Die Handlungen, die er vorführt, sind vor allem Handlungen von Männern: Alberich raubt das Gold; Wotan läßt sich eine Burg bauen von den männlichen Riesen; Loge kommt auf die Idee, sie dafür mit dem Rheingold statt mit Freia zu bezahlen; Wotan und Loge nehmen Alberich den Schatz ab; Fafner ermordet im Streit um den Ring seinen Bruder Fasolt; Wotan verhilft Hunding zum Sieg über Siegmund; Siegfried schmiedet sich sein Schwert, mit dem er Fafner und Mime tötet und Wotans Speer zerschlägt; Siegfried erweckt Brünnhilde und freit sie dann für Gunther; Hagen ermordet Siegfried;

»Männertaten
umdämmern mir den Mut«,

summiert Erda die finsteren Geschehnisse, die sie da noch nicht einmal alle kennt, voller Resignation.

Immer stehen die Frauen »umdämmert« dabei, fassungslos darüber, was die Männer sich alles leisten; oft sind sie sogar die Opfer. Die Rheintöchter können den Raub des Goldes weder verhindern noch können sie irgendetwas tun, um es wieder zurückzugewinnen. Fricka ist hilflos gegenüber dem Bauherrn Wotan. Freia kann sich, obwohl die Götter von ihren lebenserhaltenden Äpfeln eigentlich abhängig sind, nicht dagegen wehren, Spielmaterial beider männlichen Seiten zu sein beim Feilschen um den Baupreis. Sieglinde wird Hunding mit Gewalt zur Frau gegeben, Brünnhilde von Wotan in hilflosen Dauerschlaf versenkt. Siegfried erobert sie dann im Sturm und verschachert sie gleich wieder an Gunther. Seine zweite Frau Gutrune versteht rein gar nichts von dem, was sich um sie herum tut.

Doch das alles ist nur die oberste Schicht, die Fassade des Patriarchats: Männer handeln, Frauen dulden, diese ein bißchen zornig, jene ein bißchen töricht, aber es bleibt, wie es ist. So sähe ein Gesellschaftsstück aus, das die Geschlechterrolle im 19. Jahrhundert zum Thema hätte oder meinetwegen die bürgerliche Geschlechterrolle bis in unsere bürgerlichen Tage. Wagner beschreibt das zwar auch so, aber er bricht damit nicht ab. Sein Stück geht weiter, und es enthält Störungen, die kenntlich machen, daß es nicht so bleiben kann, wie es ist.

Von Anfang an ist moralisch klar, daß die Männertaten im »Ring« überwiegend Verbrechen sind. Sogar und gerade die Götter werden von vornherein offen als Verbrecher gezeigt. »So rate, wie?« fragt Wotan, als er wissen will, auf welche Weise er in den Besitz des Rings kommen könne; und Loge antwortet:

»Durch Raub!
Was ein Dieb stahl,
das stiehlst du dem Dieb:
ward leichter ein Eigen erlangt?«

Sprechen hier die Täter selbst noch deutlich davon, wie sie dem männlichen Ziel der Vermögensbildung näherkommen wollen, nämlich durch Raub und Diebstahl, so ist ihnen später nicht so sehr bewußt, welche schrecklichen Folgen das Festhalten an anderen männlichen Werten hat. Aus Ehre wird Zweikampf und Totschlag (Siegmund) aus Gehorsam Folter (Wotan am Ende der »Walküre«), aus Stolz Menschenverachtung (Siegfried gegenüber Mime), aus Blutsbrüderschaft Frauenraub (Siegfried-Gunther) aus Furchtlosigkeit Mord (Siegfrieds Tod). Rundum wird alles, was Männern heilig zu sein hat, als dumm, böse oder gefährlich gebrandmarkt. Die traditionellen männlichen Ziele: Besitz, Macht, Stärke, Ruhm, erscheinen als trügerische Irrtümer, wenn nicht als Verlogenheit, die Unmoral zur Tugend fälscht.

In einer hoch-ironischen Szene des »Siegfried« hat Wagner den Gegensatz zwischen männlichen Schein-Idealen und der Wirklichkeit des Lebens auf engem Raum zusammengezogen. Ausgerechnet Mime ist es, die Karikatur eines Mannes (aber deshalb so ernst zu nehmen), der den Standpunkt des Lebens vertritt gegen den törichten Knaben Siegfried. Mime hat von Wotan erfahren, daß nur der das Schwert Notung schmieden könne, der das Fürchten nicht kennt, und der werde ihn dann auch töten. So einer, das weiß er, ist Siegfried, und folglich richtet sich seine ganze Mühe nun darauf, Siegfried das Fürchten beizubringen. Das fällt ihm aber enorm schwer, da er selbst gar nicht begreift, wie man sich nicht fürchten kann:

»Zu weise ward ich
für solches Werk!«

Gerade Weisheit hindert also sowohl am Schmieden des Schwerts, des verhängnisvollen: dazu braucht man rohe Kraft; als auch am Nicht-Fürchten: dazu braucht man Dummheit. Mime gibt auch zu, daß er selbst *dem* ausweichen würde, aus Klugheit, »der's Fürchten kennt«: ihm geht es immer um seinen Kopf, und sicher ist sicher.

Wagner hat das nicht als Feigheit diffamiert. Mimes lebenskluge Bemerkungen kommen in der Musik trocken, selbstverständlich, in einem einfachen Sinn tatsächlich »weise«. Siegfrieds Einwürfe dagegen sind »lachend«, »heftig«, »ungestüm«, »ungeduldig« – rechte Mannesart, wie Wagner sie verachtete. Mimes Weisheit geht so weit, daß er das fundamentale Wagner-Thema formuliert, wenn auch natürlich auf seine Art – und man erinnere sich, wie gern Wagner den Mime gesungen hat:

»Ich Dummer vergaß,
was einzig gut:
Liebe zu mir
sollt' er lernen; –
das gelang nun leider faul!
Wie bring' ich das Fürchten ihm bei?«

Hätte Siegfried die Liebe gelernt, so läßt sich das auch formulieren, dann wüßte er, was Furcht ist. Oder anders herum: nur wer sich fürchtet, also eine der wesentlichsten Männertugenden nicht besitzt, ist zur Liebe fähig. Mime findet dann schließlich die Formel, die immer im symbolischen Ineinander von Waffe und Sexualorgan ans Zentrum des Mannes rührt:

»Was frommte das festeste Schwert,
blieb dir das Fürchten fern?«

Siegfried, der tumbe Tor, begreift hier natürlich nichts davon. Aber er wird erfahren, was Mime gemeint hat, wenn er bald darauf seiner ersten Frau begegnet. Da wird er erschrecken und wissen, was fürchten heißt. Allerdings wird er es auch kaum verstehen und schnell wieder vergessen, und damit ist ihm sein Untergang dann endgültig gewiß.

Es steckt eine gehörige Portion Ironie darin, daß Wagner die verzweifelt-kühle Attacke auf die männliche Dummheit von Mime vortragen läßt, der im herkömmlich männlichen Sinn eben eine Memme ist, von seiner Funktion und seinem Gehabe her eher ein Weib: Siegfrieds »Amme«, ängstlich und immer besorgt um sich und seine »Brut«. Doch das alles ist kein Zufall.

Die Moral im »Ring« ist immer bei den Frauen, bei den Rheintöchtern, bei Fricka (zum Teil wenigstens) und Freia, bei Sieglinde, Gutrune und Brünnhilde, bei der alten Erda. Sie beschwören die Männer, von ihrem Getue abzulassen, endlich zu erkennen, daß die wahren Werte eher in der Schwäche liegen, im Wegwerfen des Panzers eher als in seinem Umschnallen, in der Liebe zum anderen und nicht im Vorteil über ihn.

Man kann dieses durchgängige Handlungs- und Verhaltensmuster des »Rings« getrost feministisch nennen. Damit soll nicht etwa gesagt sein, die »Ring«-Frauen seien Feministinnen; sie sind im Gegenteil oft genug wahrhaftige und gläubige Produkte des Patriarchats, die sich ihrer eigenen Möglichkeiten deshalb überhaupt nicht erst bewußt werden können (Fricka, Freia, vor allem Gutrune). Gemeint ist vielmehr, daß ihr Schöpfer Wagner so etwas wie eine feministische Position zu seinen Geschichten einnahm, ohne daß er auch nur das Wort gekannt hätte. Aber er hat die Sache gekannt. Das heißt: er hat gewußt, daß die Frauen in Wahrheit klug sind und die Männer dumm, wenn auch die ganze Welt um ihn herum das Gegenteil behauptete, worin er manchmal lauthals einstimmte. Im Werk aber hat er eben diese andere Sicht der Dinge verwirklicht: die Frauen sind den Männern voraus; überließe man ihnen die Geschichte, alles wäre bald besser und die Menschen vor allem menschlicher.

Wagner hat mit dem Schluß des »Rings« auch schon die letzte feministische Konsequenz beschrieben: wo die Männer nicht hören wollen, wo sie auf ihren gewohnten Lebensmustern beharren, müssen sie umgebracht werden, um die Menschlichkeit voranzubringen. Brünnhilde wirft den Brand ihres eigenen Scheiterhaufens »in Walhalls prangende Burg« und vernichtet so die Götter. Aber was auf den ersten Blick wie die Geste eines besonders aggressiven Feminismus aussieht (den gibt es ja *auch*), ist doch differenzierter zu interpretieren. Brünnhilde, immerhin die »feministischste« Frau des »Rings«, verbrennt sich selbst – um der Liebe willen, die keine abstrakte ist, sondern eine zwischen Männern und Frauen. Sie verbrennt mit den Göttern auch zwei mehr oder weniger schwache Frauen: Freia und Fricka; und sie ist mitleidlos gegenüber Gutrune, der anderen schwachen Frau. Die übrig bleiben sind wiederum Männer *und* Frauen; es werden *beide* noch gebraucht, aber beide als andere.

Brünnhilde ist die Drahtzieherin des Schlusses, die Frau bestimmt, wie alles weitergeht. Rückkehr zum Matriarchat also? Das ließe sich denken, und der Psychoanalytiker Peter Dettmering hat diesen Schluß so gedeutet: als »die konservative Weisheit des Matriarchats, die statt des Fortschritts den ewigen Kreislauf will«. Die matriarchalische Tiefe, die »regressiv« sei, verhindere die »progressive« männliche Emanzipation. Es wird noch zu zeigen sein, daß diesem Urteil auch eine musikalisch-dramaturgisch fragwürdige Interpretation der letzten »Götterdämmerungs«-Szene zu Grunde liegt. Hier ist zunächst die Folgerung wichtig und kritikwürdig. Denn in Brünnhildes Tat kehrt keineswegs das Matriarchat zurück, das prinzipiell nichts anderes wäre als das Patriarchat, nämlich Herrschaft. Eine solche Rückkehr kann allein schon deshalb nicht möglich sein, weil die Mütter ja auch nichts mehr zu bieten haben: Erdas Analyse der Situation stellt sich als falsch heraus, den Nornen reißt ihr Seil:

»Zu End' ewiges Wissen!
Der Welt melden
Weise nichts mehr«.

Das Matriarchat hat mit dem Patriarchat zusammen abgedankt.

In Brünnhildes Tat wird Herrschaft überhaupt aufgehoben und durch Liebe ersetzt. Das ist ihre Botschaft, die Emanzipation nicht verhindert, sondern gerade erst ermöglicht, auch und vor allem die Emanzipation des Mannes. Die Männer und Frauen des letzten Regieanweisungs-Satzes schauen dem Untergang der alten Welt ganz und gar gleichberechtigt zu. Für sie wird es Herrschaftsverhältnisse nicht mehr geben, weder von Frauen noch von Männern getragene. Die Bewegung des »Rings« führt vom Matriarchat über das Patriarchat zur

Emanzipation; sie ist keine Bewegung im Kreis, sondern nach vorn. Das beantwortet auch die Frage, an wen die Männer ihre Herrschaft verlieren: an alle und an keinen. Denn Emanzipation zum Menschen heißt eben Freiheit von jeder Herrschaft naturwidriger Zwänge.

Als Nietzsche noch an seiner Propagandaschrift *für* Wagner arbeitete, 1875, hat er sich notiert: »Mährchen für Kinder und Weiber«. Da drängt schon hervor, was der gestörte Mann Nietzsche nicht akzeptieren mochte: daß die Werte der Männlichkeit in diesem Werk ins Unrecht gesetzt würden. Märchen sind das in der Tat, weil sie auf etwas Künftiges zielen. Für Kinder und Weiber, weil die am ehesten begreifen können, was ihnen die Männergesellschaft vorenthält: die Möglichkeit, emanzipatorische Weichheit zu entwickeln. Ein anderes Nietzsche-Fragment aus dieser Zeit heißt: »Wie W[agner] der Musik erst die Zunge löst und die Glieder bricht.« Nietzsche, dem »die Glieder« selbst gebrochen waren, hat sich dagegen gewehrt, daß Wagner so etwas auch noch als Programm verkündete. Im Widerstand dessen, der gern »ein Mann« sein wollte, wird sichtbar, was der andere Mann Wagner mit seinem Werk beabsichtigte: Aufhebung der falschen Männlichkeit durch das Wirken der Frau, Emanzipation auch des Mannes durch Feminismus.

2.

Die Utopie des Zwitters

Im Jahr 1903 erschien ein Buch mit dem auffälligen und gewiß auch anstößigen Titel »Richard Wagner und die Homosexualität«. Zwanzig Jahre nach Wagners Tod wagte ein Autor namens Hanns Fuchs zum ersten Mal (und für lange Zeit folgte ihm niemand mehr) eine ausführliche Sammlung von Stellen, die – auf zum Teil rührende Art – eine homosexuelle »Aura« bei Wagner nachweisen sollen. Da ist, wie wir bald sehen werden, vieles dran, wenngleich Fuchs in seiner Sympathiewerbung für die Homosexualität Wagner recht sonderbare Vorstellungen nachsagt, etwa: er habe »in der körperlichen Liebe, in der Sinnlichkeit, stets die Sünde« gesehen, während Fuchs für die »Reinheit des körperlichen Liebesverkehrs« plädiert. Das ist nach Kernseife riechende Freikörperkultur anno 1903 und hat wenig zu tun mit dem komplizierten Sachverhalt bei Wagner.

Aber bei Fuchs gibt es auch eine Stelle, deren Tragweite ihm selbst kaum bewußt gewesen sein kann. Wagner habe sich nämlich nicht mit dem »rein homosexuellen« Mann beschäftigt, »sondern mit dem *bisexuellen* Manne, also mit dem Manne, der fähig ist, sowohl den Mann wie das Weib sinnlich zu lieben«. Das ist so, wie es da steht, stark übertrieben. Mit einigem Recht könnte es allenfalls auf Tannhäuser und Tristan passen, die neben ihren heterosexuellen Beziehungen noch intensive Männerfreundschaften (zu Wolfram beziehungsweise Melot) unterhalten. Aber die Fuchs'sche These trifft einen tieferen Zusammenhang, an dem Wagner jahrzehntelang herumbastelte. Es ist die Austauschbarkeit von Mann und Frau oder, wie Wagner wohl lieber gesagt hätte, die Aufhebung der Geschlechter-Teilung.

An einer versteckten Stelle der Schrift »Das Kunstwerk der Zukunft«, entstanden bald nach der Flucht in die Schweiz, taucht der Gedanke zum ersten Mal auf, und zwar tatsächlich im Zusammenhang mit der Homosexualität. Wagner erörtert da die angebliche Entstehung der »Männerliebe« bei den Spartanern »aus der wirklichen Freude an der Schönheit des vollkommensten menschlichen, des *männlichen* Leibes«. Im Gegensatz zu dieser Liebe, die die »edelste und uneigensüchtigste Äußerung des menschlichen Schönheitssinnes« sei, stelle »die Liebe des Mannes zum Weibe« nur egoistische Genußsucht dar. Die Männerliebe sei die »bei weitem höhere Neigung«: »eben weil sie *nicht* nach einem bestimmten sinnlichen Genusse sich sehnt, sondern der Mann durch sie mit *seinem ganzen Wesen* in das Wesen des geliebten Gegenstandes sich zu versenken, in ihm aufzugehen vermag«.

So viel zu den Griechen. Aber Wagner war ja keiner, er liebte die Frauen. Deshalb mußte er einen Übergang finden zur Rechtfertigung der eigenen Situation, und der kommt nun ganz überraschend: »genau nur in dem Grade, als das Weib bei vollendeter Weiblichkeit, in seiner Liebe zu dem Manne und durch sein Versenken in sein Wesen, auch das männliche Element dieser Weiblichkeit entwickelt und mit dem rein weiblichen in sich zum vollkommenen Abschlusse gebracht hat, somit in dem Grade, als sie dem Manne nicht nur *Geliebte*, sondern auch *Freund* ist, vermag der Mann schon in der Weibesliebe volle Befriedigung zu finden.«

Wagner macht dazu eine Anmerkung: den Griechen sei »der psychische Prozeß edler entsprechender Vermännlichung des Weibes unbekannt« gewesen; diese »Erlösung des Weibes in die Mitbeteiligung an der männlichen Natur« sei erst »das Werk christlich-germanischer Entwickelung«.

Aus all dem spricht der seiner Männlichkeit unsichere Mann. Er muß sie zum höchsten stilisieren, weil ihm die frauliche Frau so fremd und unheimlich ist. Und er muß ihr, damit diese Fremdheit aufgehoben werden kann, »Vermännlichung« anraten, Verringerung der Distanz also, wodurch dem Mann die Liebe zur Frau erst möglich werde. Nur im Gleichen, im Vertrauten kann er sich heimisch fühlen. Da er aber Männer nicht offen lieben darf und das auch wirklich gar nicht will, muß die Frau in der Liebe zum Mann werden.

Was immer das heißen mag: der Gedanke hat Wagner in dieser Zürcher Zeit nicht losgelassen. Das wird auch zusammenhängen mit seinem problematischen Verhältnis zu Minna, die zwar Geliebte war, aber nicht so recht Freund: dafür nörgelte sie zu viel an ihm herum, stellte »als Frau« Ansprüche, die er nicht erfüllen wollte. Sein theoretisches Konzept von der Vermännlichung der Frau hat er jedenfalls schnell konkretisiert. Ein paar Wochen nach dem »Kunstwerk der Zukunft« schreibt er zwei Prosaentwürfe zu einem Drama »Wieland der Schmied«, das dann aufgegeben wurde, weil viele seiner Motive in den inzwischen sich abzeichnenden »Ring« eingehen konnten. Eine der

Hauptrollen in diesem Dramen-Plan spielt Bathilde, die Tochter von Wielands Feind Neiding. Sie liebt den erfolglosen Heerführer ihres königlichen Vaters und fordert dessen Hand mit den Worten: »Laß mich die Mächtige sein: ich brauche nur ein Weib zum Manne.« Sie ist nämlich selbst schon der Mann, der alle Fäden in der Hand hält, der alles besser weiß, stärker ist und deshalb keinen »Mann« braucht, sondern ein »Weib«. Das Motiv erhält also eine raffinierte Verdopplung: die Frau wird zum Mann und der Mann zur Frau. Die Geschlechter nähern sich einander. Es handelt sich nicht mehr nur um die Vermännlichung der Frau, sondern zugleich auch um die Verweiblichung des Mannes: der Mensch schließlich als eingeschlechtliches Wesen.

In der nächsten – wieder theoretischen – Schrift, »Oper und Drama«, macht Wagner das in einer Bemerkung über Beethoven deutlich. Dessen »Melodie« erscheine »keinesweges als etwas von vornherein Fertiges«, sondern Beethoven lasse »sie aus ihren Organen heraus gewissermaßen vor unseren Augen *gebären*«. In der Neunten Sinfonie fühle er dann als Musiker die »Notwendigkeit, sich in die Arme des Dichters zu werfen, um den Akt der *Zeugung* der wahren unfehlbar wirklichen und erlösenden Melodie zu vollbringen«. Wir sind also Zeugen eines »Gebärens« und »Zeugens« in ein und demselben Menschen Beethoven. Damit man es auch ja richtig versteht, faßt Wagner das ausdrücklich so zusammen: »Um *Mensch* zu werden, mußte Beethoven *ein ganzer*, d. h. gemeinsamer, den geschlechtlichen Bedingungen *des Männlichen und Weiblichen* unterworfener Mensch werden.«

Weiter konnte Wagner nicht gehen. Bis hierhin war gerade noch als symbolisch ausdeutbar, was er sich ganz »real« erträumte. Denn an sich mußte ja den Zeitgenossen (und nicht nur ihnen) sowohl die Vermännlichung der Frau wie die Verweiblichung des Mannes gräßlich scheinen. Das eine hat sich im Begriff des Mannweibs negativ zusammengezogen, und das andere hat gar nicht erst zum Begriff gefunden, da es undenkbar war: allenfalls hinter vorgehaltener Hand durfte man sich amüsieren über den verweiblichten Mann. Mokieren wir uns nicht: noch immer ist der männliche Transvestit etwa Gegenstand bösartiger Witze und darf höchstens von komischen Bühnenshows leben, die von den anderen, den »Normalen«, kulinarisch genossen werden als hoch-perverser Kitzel. Und selbst angeblich akzeptierte Hosenrollen wie Mozarts Cherubino leben vom Reiz des eigentlich Unzulässigen, mit dem Hofmannsthal und Richard Strauss im »Rosenkavalier« dekadent absichtsvoll spielen.

Der frühe Wagner hat selbst eine solche Hosenrolle geschrieben: Adriano im »Rienzi« ist ein Mezzosopran. Das war nicht ganz ungewöhnlich für die Zeit und hatte auch einen äußeren Anlaß: er brauchte eine Hauptpartie für die gefeierte und von ihm verehrte Wilhelmine Schröder-Devrient, die, mit 38 Jahren, ihm für die junge Nebenheldin Irene nicht mehr geeignet schien. Aber die Besetzung einer Männerrolle mit einer Frau ist doch auch da schon eine Verwischung der überkommenen Geschlechtergrenzen, die geheime Sehnsucht, die die späteren Texte offenlegen: nicht mehr Mann und Frau zu kennen, sondern nur noch den Menschen mit allen »edlen« Zügen von beiden in einer Person. Gerade an Frau Schröder-Devrient, die im Leben eine veritable Frau war mit allerlei Männer-Affären, hat Wagner noch Jahrzehnte später ihre Darstellung des Romeo gerühmt: »es ist gar nicht so dumm, eine Frau für solch eine Rolle zu nehmen, denn diese Stöpsel von Männern und namentlich Tenoristen können nie dieses schöne Rasen von Liebkosungen haben; es müßten ein Bruder und eine Schwester sein, welche der Vater einzig darauf erzöge ...«

Der Nachsatz hat es in sich. Bruder und Schwester als das ideale Liebespaar, das sich durch Abkunft und Erziehung so ähnlich ist, daß in ihm die Unterschiede von Mann und Frau gleichsam aufgehoben wären und Liebe pur erscheinen könnte: der Inzest erhält neben der biologischen seine anthropologische und ästhetische Komponente. Davon einmal zunächst abgesehen (das Thema wird ausführlich Gegenstand des nächsten Abschnitts sein) bezeichnet die Äußerung eine Wiederaufnahme der alten Vorstellung, wie sie beim älteren Wagner selten vorkommt. Offen hat er nie mehr davon geschrieben. War ihm das Thema insgesamt peinlich geworden, ihm, der schließlich selbst inzwischen in eher weiblichen Gewändern herumlief und einem König diente, der sich weiblich fühlte? Ging also die mögliche Assoziation bei Außenstehenden oder bei Lesern zu sehr an die eigene Existenz? Oder hatte Wagner den Gedanken längst so verinnerlicht, daß er nicht mehr ausgesprochen werden mußte, daß er selbstverständlich geworden war?

Vermutlich trifft beides zu. Jedenfalls arbeitete die Vorstellung vom doppelgeschlechtlichen Zwitter als dem Inbegriff des Menschlichen in Wagner weiter. Einmal fühlt er sich anscheinend dem von ihm so beschriebenen Beethoven ähnlich. Er hört »sehr ergriffen« den eigenen »Tristan«, »teilt uns mit«, schreibt Cosima, »wie er mit jeder Gestalt empfände, mit Marke, mit Kurwenal, es sei, wie wenn er jeder wäre«. Daß sie nur diese beiden Männer nennt, ist scheue Verdrängung: jede Gestalt, das heißt auch Brangäne, das heißt auch Isolde und Tristan. Der Gebärer und Zeuger Wagner *ist* das Liebespaar in einem, unterschiedslos Mann und Frau.

Gelegentlich kommt das Ziel im phantastischen Bild heraus: »Er träumte von einer Klarinette, die sich selbst spielte«. Ein eindrucksvolles Gleichnis für das, was dem Instrument in Wirklichkeit so wenig möglich ist wie dem Menschen, den es meint, und was doch so wichtig wäre. Überhaupt hat sich ihm in der Unzulänglichkeit der Musikinstrumente konkret dargestellt, wie unzulänglich der geschlechtsgeteilte Mensch ist. Als er mit der Arbeit an der Partitur des »Parsifal« beginnt, klagt er einmal, »daß er Instrumente brauche, die er gar nicht hätte, müßte welche erfinden, und zwar nicht etwa, um mehr Lärm zu machen, sondern auszudrücken, was er wollte«.

Das kann leicht in das andere Thema übersetzt werden: das braucht man, aber das gibt es nicht; mit dem Vorgefundenen läßt das sehnlich Gewünschte sich nicht bewerkstelligen, also muß man »erfinden«. Daß ihm gerade für »Parsifal« die »richtigen« Instrumente fehlen, wundert nicht – handelt es sich doch um die höchst komplizierte Geschichte von der Eigenliebe und ihren Anfechtungen und irgendwie auch von ihrem Sieg. Denn Parsifal, der die fremde Kundry verschmäht, findet in dieser Abwehr der Frau sich selbst. Vielleicht läßt Nietzsches spöttische Frage, wie der reine Parsifal denn zu seinem Sohn Lohengrin gekommen sei, sich von Wagners Zwitter-Vorstellung her »einfach« beantworten: Parsifal brauchte dafür gar keine Frau, denn er konnte Lohengrin nicht nur zeugen, sondern auch empfangen und gebären. Die Aufspaltung Parsifals in einen Mann und eine Frau in Hans Jürgen Syberbergs Parsifal-Film von 1982 ist, so betrachtet, ein sehr sinnreicher Einfall.

Der Zwitter-Gedanke hat Wagner bei »Parsifal« tatsächlich auch buchstäblich beschäftigt. Als er mit der Komposition gerade begonnen hatte, überlegte er, wie er die Abendmahls-Worte Christi in Musik setzen sollte. Um »das Losgelöste von jeder Materie zu verwirklichen«, wolle er »eine Mischung von Stimmen bringen, ... es muß nicht Mann, nicht Weib, Neutrum im höchsten Sinne des Wortes sein«. Neutrum, »keins von beiden« heißt das, und zu verstehen »im höchsten Sinne des Wortes«!

Ganz spät hat Wagner noch einen schriftlichen Versuch zum Thema unternommen. Ein knappes Jahr vor seinem Tod begann er den Aufsatz »Über das Männliche u. Weibliche in Kultur u. Kunst«. Aber er kam über die erste Seite nicht hinaus, brach ab, setzte ein paar Monate drauf noch einmal an, vergeblich. Doch in der einen Sache ist das Fragment so klar wie die Formulierungen der früheren Kunstschriften. Es beginnt mit der alten Scherzfrage: »Ist der Mann oder das Weib ›eher‹?« Die Frage sei »müssig«, da Empfängnis ohne Zeugung so unvorstellbar sei wie das umgekehrte: »demnach uns nur eine Getheiltheit der, wiederum nur als Einheit fasslichen, Gattung vorliegt, welche durch die That der Aufhebung dieser Getheiltheit ihre Wirklichkeit, sowie ideale Würde, gewinnt.«

Überraschend ist die Hartnäckigkeit, mit der daran festgehalten wird, daß die Aufhebung der Geteiltheit der Gattung Mensch nicht nur »ideale Würde« bedeute, sondern auch »Wirklichkeit«. Das soll nichts anderes heißen, als daß die Teilung nur Schein ist, nicht der Wahrheit des Menschen entspricht. Es wird als Problem unserer Erkenntnisfähigkeit dargestellt, daß wir den Menschen nur als Mann und Frau erblicken. Was wir nicht sehen können, was aber wirklich ist: das ist seine Einheit als Mensch. Dann kommt die Folgerung: »Auch eine Kultur und eine Kunst könnten nur vollkommen sein, wenn sie ein Ergebniss der That jener Aufhebung der Getheiltheit der Einheit des Männlichen und Weiblichen wären.«

Die abscheulich schlechte Formulierung darf nicht daran hindern, die Intensität zu erkennen, mit der Wagner über dreißig Jahre lang den Gedanken ohne besondere Veränderung bewahrt hat. Er hat keine Lösung gefunden, natürlich nicht, denn sie läßt sich »natürlich« nicht finden, weil die Erkenntnisweise des Menschen nicht beliebig zu ändern ist. Aber die Bemerkung über die vollkommene Kunst gibt einen Hinweis, wie Wagner sich das gedacht haben mag. *Seine* Kunst erschien ihm ja zumindest annäherungsweise vollkommen. Das heißt, daß in ihr sich sehen läßt, wie der geschlechtlich ungeteilte Mensch beschaffen wäre, der Mensch, der nicht mehr dem scheinhaften und Übles schaffenden Gegensatz von Mann und Frau unterworfen ist. Wagner bestätigt so sein Werk als utopisches Modell einer neuen Menschheit, die zum ersten Mal menschlich lebt.

Auf einer Theaterbühne aber stehen immer konkrete Menschen, nicht utopische. Und selbst Opernhandlungen müssen so aussehen, als handelten Menschen und nicht der Erkenntnis entzogene Abstraktionen. Wagner hat deswegen in seinem Werk Formen sexuellen Verhaltens gezeigt, die von der Gesellschaft verachtet und tabuisiert werden und an denen er gerade deshalb demonstrieren konnte, wie man sich dem Geschlechter-Gegensatz entzieht und Mensch wird. Es sind symbolische Vorformen gewissermaßen des Zwitters. Sie waren ihm so wichtig, daß er selbst sie dem Werk vor- und nachlebte. Damit ist der Sachverhalt allerdings etwas schief beschrieben. Denn die Neigung zur sexuellen »Abnormität« sitzt wohl jedem so unter der Haut, daß Ansichten darüber, Verhalten darin oder (zum Beispiel) ihre Gestaltung im Kunstwerk fast untrennbar ineinander fließen.

Auch bei Wagner bleiben sie immer ein und dasselbe – ob im Leben oder im Werk. Aber weil er so redselig und schaffensfreudig war, lassen sie sich im einzelnen feststellen. Auch: weil er ein Genie war.

3.

Inzest und Homosexualität

Der Beginn der letzten Szene des »Siegfried« wirkt in allen Aufführungen immer etwas komisch. Siegfried hat das Feuer durchschritten und die Höhe des Felsens erreicht. Er sieht die schlafende Brünnhilde, deren Besitz der Waldvogel ihm deutlich genug verheißen hat, und um den Zugang zu ihr hat er sogar erfolgreich mit Wotan gekämpft. Trotzdem kann er nicht gleich identifizieren, was er nun sieht: »Was strahlt mir dort entgegen?« Die neutrale Form des Frage-Pronomens drückt seine vorsichtige Distanz aus, obwohl er eigentlich ja wissen sollte, »was« ihn hier erwartet. Zunächst deutet er den Anblick stattdessen auch noch ganz irrig: »Ha! in Waffen ein Mann«. Es folgt ein langes Liebesbekenntnis, unterbrochen durch Handlungen, die diesen vermeintlichen Mann entkleiden:

»Ach! – wie schön!
Schimmernde Wolken
säumen in Wellen
den hellen Himmelssee:
leuchtender Sonne
lachendes Bild
strahlt durch das Wogengewölk!
Von schwellendem Atem
schwingt sich die Brust«.

Siegfrieds Neigung gehört einem Wesen, das er für einen Mann hält. Doch als er dieses Wesen mit Hilfe seines Schwerts enthüllt, erkennt er die Wahrheit, die sich in einem Schreckensschrei löst: »Das ist kein Mann!« Was alle Zuschauer längst wissen, wird ihm überraschend bewußt, und das ist die Komik der Situation. Obwohl ihm eine Frau versprochen war, hatte er sich auf einen Mann eingestellt und ist bis zum Entsetzen enttäuscht.

Was hier wie geheime Homosexualität wirkt, ist, nahezu im gleichen Wortlaut, einen Abend vorher schon einmal passiert. Da erwarten die Walküren, daß ihre Schwester Brünnhilde einen toten Krieger herbeischleppt, wie es Walküren-Brauch ist; aber diesmal handelt es sich irritierenderweise um eine Frau. Und der Ausruf »Das ist kein Held!« hat den gleichen musikalischen Gestus mit dem Aufschwung zur Sext wie später Siegfrieds Angstschrei.

Beide Situationen sind ganz ähnlich gestaltet, obwohl einmal heterosexuelle, das andere Mal homosexuelle Erwartungen »enttäuscht« werden. Beides scheint somit gleichgesetzt: Verwirrspiel der Geschlechter. Man kommt Wagner nicht nahe genug, wenn man in manchen seiner szenischen Konstellationen einfach eine homosexuelle »Aura« diagnostiziert. Sicher kann man aus Markes Worten zu Tristan Homophiles heraushören, sicher kann man die Atmosphäre der Gralsburg Montsalvat im »Parsifal« homosexuell nennen, und bei den Blumenmädchen kann einem mit Hanns Fuchs dieses einfallen: »Erinnert Parsifal in dieser Szene nicht an einen jener Homosexuellen, die sich sehr gern in der Gesellschaft von Frauen bewegen, gern mit den Frauen scherzen und lachen, ja vor tändelnden Küssen nicht zurückschrecken und erst fliehen, wenn – mehr von ihnen verlangt wird?«

Ja: es »erinnert« daran, das ist aber auch alles. Wagner hatte ganz anderes im Sinn als vordergründig den Hauch von Homosexualität zu erzeugen. Es ging ihm um die Irritation der überkommenen Geschlechterrollen, und dafür waren homoerotische Situationen ziemlich geeignet, weil sie in ihrer pikanten Unzulässigkeit von den gewohnten Liebesbeziehungs-Mustern abwichen. Wagner hat sich damit auch selbst dem Verdacht ausgesetzt, homosexuell zu sein, und tatsächlich könnte man eine solche These belegen, wenn man oberflächlich genug bliebe. In München wurde er im Volksmund »Lolotte« genannt, eine Anspielung auf Lola Montez, die Mätresse des vorigen Königs Ludwig I. – so galt Wagner also jetzt als »Mätresse« des homosexuellen zweiten Ludwig.

Das Verhältnis der beiden ist jedoch viel komplizierter als es sich in dem Schimpfnamen ausdrückt. Daß Ludwig homosexuell war, gilt als ausgemacht. Die Sprache etwa, in der sein Adjutant Fürst Paul von Thurn und Taxis zu ihm redete, ist auch deutlich genug. Und doch zögere ich ein wenig mit dem einfachen Etikett. Ludwig, gewiß, mochte Männer mehr als Frauen. Doch manchmal scheint es, daß er zu den Männern flüchtete, weil er so große Angst vor den Frauen hatte. Seit der fünfzehnjährige Kronprinz den »Lohengrin« gesehen hatte, hatte er sein Lebensthema gefunden. Er muß ihn so gesehen haben, wie alle ihn sehen: die Geschichte eines reinen Mannes, der der Frau verbietet, nach seinem Namen zu fragen – er verbirgt sich also vor der Frau und zieht davon, als sie sich nicht an das Verbot hält. So müßte man mit Frauen umgehen können, was aber auch und erst recht ein König nicht durfte. Der vor der Sexualität als etwas Schmutzigem fliehende Jüngling (wer hat dem Kind das beigebracht?) schauderte zurück vor dem Gedanken, einmal eine Frau heiraten zu müssen, um die Dynastie zu erhalten.

Wagners komplizierte Liebesgeschichten, durchtränkt von der Abwehr des Mannes gegenüber der Frau, faszinierten ihn. Hier konnte er sich träumen, wie er nicht sein durfte. Er realisierte den Traum, so gut es ging. Nur neun Monate seines Lebens war er verlobt, mit einer Kusine. Noch zwei Tage vor der Verlobung schrieb er ihr: »Der Hauptinhalt unseres Verkehrs war stets, Du wirst es mir bezeugen, R. Wagners merkwürdiges, ergreifendes Geschick.« Das muß ein Verkehr gewesen sein! So unerträglich schließlich, daß er sich wieder entlobte und nie mehr eine Frau an sich heranließ. Er stilisierte sich selbst zur Frau, verkleidete sich in abenteuerliche Kostümierungen, verwandelte sich und seine Umgebung in Teile einer Theaterdekoration.

Es gibt zwischen Ludwig und Wagner viel Verwandtes. Das hat sie gegenseitig angezogen. Aber der König in seiner isolierten Lebenslage war menschlich viel einsamer als der Komponist; er brauchte viel stärker die Kompensation, da ihm der Rausch des Schaffens nicht zugänglich war. So berauschte er sich am Produkt des Schaffens, er war süchtig nach Wagner und seiner Musik. Wagner hat das natürlich auch ausgenutzt. Er hat dem Affen Zucker gegeben. Und doch ist es nicht einfach schamloser Egoismus. Zu sehr berührte Ludwigs Art etwas Gleichgestimmtes in ihm. Sein Realismus ließ ihn allerdings nie in ein solches Ausmaß an Künstlichkeit geraten, wie Ludwig es pflegte. Aber es ist nicht nur pathetisches Spiel, sondern auch rauschhafter Überschlag, wenn sie sich im Anfang ihrer Beziehung brieflich duzen – wie Ekstase bricht das hervor und wird mühsam und widerwillig auf die konventionell gebotene Form zurückgenommen.

Wagners Berichte an Freunde über seine Begegnungen mit dem König (sie trafen sich am 4. Mai 1864 zum ersten Mal, Wagner war 51, Ludwig 19) verwenden immer wieder die Vorstellung einer wirklichen Liebesbeziehung. Am 5. Mai an Mathilde Maier: »Unsere gestrige Zusammenkunft war eine große, nicht enden wollende Liebesszene.« Am 16. Mai an Peter Cornelius: »Täglich schickt er wiederholt nach mir; er ist unersättlich im Lernen und Lieben.« Am 26. Mai an Eliza Wille: »Ach! endlich ein Liebesverhältniß, das keine Leiden und Qualen mit sich führt! Wie mir es ist, diesen herrlichen Jüngling so vor mir zu haben! ... Täglich schickt er ein- oder zweimal. Ich fliege dann immer wie zur Geliebten. Es ist ein hinreißender Umgang ... Und dann diese liebliche Sorge um mich, diese reizende Keuschheit des Herzens, jeder Miene, wenn er mir sein Glück versichert, mich zu besitzen; so sitzen wir oft Stunden da, Einer in den Anblick des Andren verloren.« Einige Tage später: »Ob ich dem ›Weiblichen‹ ganz entsagen werde können? mit einem tiefen Seufzer sage ich nein, daß ich es fast wünschen müßte! – Ein Blick auf sein liebes Bild hilft wieder! Ach, dieser Liebliche, Junge! Nun ist er mir doch wohl Alles, Welt, Weib und Kind!« Am 30. Juni: »Von der Herrlichkeit dieses Verhältnisses haben Sie doch gewiß noch keinen vollen Begriff ... kurz – das männliche Geschlecht hat sich durch diesen Vertreter vollständig bei mir rehabilitirt.« Am 9. September: »Nun habe ich einen jungen König, der mich wirklich schwärmerisch liebt ... Er sagt mir, er glaube es noch immer kaum, daß er mich wirklich habe! – Seine Briefe an mich kann Niemand ohne Staunen und Entzücken lesen. Liszt meinte, er stehe darin an Receptivität mit meiner Productivität auf vollkommen gleicher Höhe. Es ist ein Wunder!« Schließlich am 17. Dezember wieder an Mathilde Maier: »Du siehst, wie es mit uns Beiden steht: – Einmal mußte es mir doch ganz glücken in der Liebe!«

Die Zitate zeigen, daß Wagner in Ludwig nicht nur den reichen und einflußreichen Förderer sah. Zwar stellte der für ihn den Idealfall eines Publikums dar: begeistert, genial »rezeptiv« und zugleich mächtig. Aber er ist doch auch überdeutlich der Liebespartner, der den Liebenden selbst zu Höhenflügen inspiriert. Und auch wieder das geschlechtliche Verwirrspiel: Ludwig rehabilitiert »das männliche Geschlecht«, ausgerechnet er, der Nicht-Mann. Ungesagt steht dahinter, wie Wagner dem sattsam bekannten »Mann« ausweicht, den Ludwig andererseits auf seiner Frauen-Flucht sucht, weshalb Wagner wiederum der »Weiblichkeit« entsagen soll, der Konkurrenz für den Liebespartner.

Die komplizierte Vielfalt dieses Verhältnisses hat Wagner in den sonderbarsten Bildern ausgedeutet. Sie war wohl auch für ihn verwirrend. Im Sommer 1864 schreibt er »Dem Königlichen Freunde« ein Widmungsgedicht, das im Klavierauszug der »Walküre« 1865 veröffentlicht wurde. Eine Strophe beginnt: »Du bist der holde Lenz, der neu mich schmückte«. Das ist die Umformung eines Satzes, den in der »Walküre« Sieglinde zu Siegmund sagt:

»Du bist der Lenz,
nach dem ich verlangte«.

Wagner also ist Ludwig-Siegmunds Sieglinde. Dann aber wieder: »Er ist göttlich! Bin ich Wotan, so ist er mein Siegfried« (der ja aber im Unterschied zum Voll-Gott Wotan nur halb-göttlich ist). Ein andermal nennt Wagner sich Columbus und Ludwig seine Isabella. Und schließlich ein heikles Spiel mit den Bedingungen dieses Verhältnisses in einem Brief an den König selbst: »Hätte ich eine Geliebte, so würde ich ihr sagen: lass mich in Deiner Liebe sterben! *Leben* kann und darf ich nur in und für meinen König!«

Was also ist der König? Keine Geliebte, sondern ein Geliebter? In dem und für den man leben kann, während man in jener sterben muß? Die Komplikation des Verhältnisses verwirrt Wagner sogar die Grammatik des letzten Satzes. Jedenfalls sollte ihr Verhältnis anders sein als das, normalerweise, zwischen Mann und Frau. Vor Frauen warnt er ihn auch: »eine Wiener – Dame war Ihnen bestimmt.« Und: »man sinnt darauf, Sie dem entnervenden Einflusse frivoler Weiblichkeit zu überliefern.« Ludwig reagierte entsetzt. Aber war das nur Wagnersche Machtpolitik, die Furcht, seinen Einfluß auf den König zu verlieren? Oder doch auch »wirkliche« Eifersucht? Und der reale Versuch, in der Beziehung zu Ludwig ein wenig die »Geteiltheit der Geschlechter« aufzuheben, indem er ihn zu allem macht: zum Weib-Mann, zu »Welt, Weib und Kind«, wie es in einem der zitierten Briefe heißt und was dann wirklich *alles* umfaßt, was Ludwig tatsächlich nicht war?

Wie immer bei Wagner steckt darin von alledem ein bißchen: Neid, Ehrgeiz, Stolz, Liebe, Begeisterung. Die schwierige Rolle hat ihn im Leben überfordert, aber er hat zumindest versucht, sie zu spielen. Sie ist auch von Ludwig mißverstanden worden, den Wagners Stücke (vor allem der »Parsifal«, nach dem er sich im Privatbereich nannte) als Reinheitsdramen interessierten, als Abkehr vom Schmutz des Geschlechtlichen. Während Wagner etwas ganz anderes wollte: *hin* zum Geschlechtlichen, dem durch Befreiung von der Konvention nur der unnatürliche Schmutz genommen werden mußte.

Bevor er Ludwig traf, hat Wagner schon einmal versucht, eine solche Beziehung herzustellen, mit Peter Cornelius, dem elf Jahre jüngeren begabten Komponisten, der seine Fähigkeiten schließlich dem sehnsüchtigen Dienst an Wagner opferte. Der verlangte 1862 von ihm, daß er zu ihm ziehe. Die Worte sind bezeichnend: »Ich verstehe es dann so, daß Du mir zugehörst, wie meine Frau, ... immer wie zwei Menschen, die eigentlich, wie ein Ehepaar, zusammengehören.« Noch nach der ersten Begegnung mit Ludwig fordert Wagner Cornelius gewissermaßen zur Ehe auf: »Entweder Du nimmst jetzt unverzüglich meine Einladung an, und richtest Dich dadurch für alle Lebenszeit etwa zu einem wirklichen häuslichen Lebensbunde mit mir ein. Oder – Du verschmähst mich, und entsagst dadurch ausdrücklich dem Wunsche mit mir Dich zu vereinen.«

Die Begriffe stammen aus dem gemeinsamen Wortschatz von Mann und Frau. Oder von Mann und Mann, wenn ihre Beziehung homosexueller Natur ist. Aber Wagner war eben nicht homosexuell, sondern – wenn der Ausdruck erlaubt sein mag – polysexuell. Er suchte die »volle« Beziehung und suchte sie überall, am liebsten da, wo sie nicht als sexuelle Banalität mißverstanden werden konnte. Das – neben allerlei sonstigen Störungen, die wir schon kennen – brachte ihn zu den Männern, die aber nicht die »Starken« sein durften, sondern die von ihm abhängigen Schwachen: er suchte die Frau im Mann, das zweigeschlechtliche Wesen.

Das gilt wohl sogar schon für eine andere, viel ältere Freundschaft, die zu dem Maler Ernst Benedikt Kietz. In der Not seines ersten Pariser Aufenthalts hatte Wagner ihn 1840 kennengelernt und alles mit ihm geteilt. Kietz blieb zeit seines Lebens arm und wandte sich immer einmal wieder an den allmählich berühmt werdenden Freund, wenn er Hilfe brauchte. Der aber bot stattdessen häufig an, Kietz solle ganz zu ihm ziehen, als »Haus- und Familiengenosse«, von ihm und Minna gar als Kind »adoptirt«. Noch 1869, im Zusammenleben mit Cosima schon längst, erneuert Wagner das Angebot, einen sonderbar verräterischen Satz einstreuend, in dem ein Unterton von Eifersucht anklingt: »Aber ich weiß, Du hast immer ein ganz bestimmtes Verhältniß, welches Du glaubst poussiren zu müssen«. Ein paar Tage nach der Hochzeit zieht Cosima dann die Offerte kühl zurück: Richard sei »von Arbeit überhäuft«, und Kietz solle nicht kommen, das Gastzimmer sei besetzt, und sie verreisten bald. Letzteres zumindest stimmte nicht; Cosima waren Wagners ausschweifende Liebschaften wohl unheimlich geworden, *ein* König reichte ihr.

Wagner hat das sicher verstanden, warum sonst hätte er sie den Brief schreiben lassen, der den alten Freund empfindlich kränken mußte. Er verstand, daß sie seine Liebe nicht teilen wollte, auch wenn er damit auf die ganze Welt aus war. Schließlich war er selbst so. Ihre (wenigen) Streitigkeiten nahmen oft ihren Ausgang von Wagners Kritik an Cosimas Verhältnis zu ihrem Vater Franz Liszt. Und das gewiß nicht nur, weil Liszt vor Jahren gegen die Verbindung seiner Tochter mit Wagner war. Sondern weil auch *er* Cosimas Liebe nicht geteilt wollte: der Vater, den er zu allem Überfluß selbst liebte, war zugleich sein Konkurrent.

Und doch brauchte er die komplizierten Verschachtelungen von Liebesgefühlen. Ein Mann – eine Frau, das war zu wenig, zu banal, zu normal, zu weit entfernt von der Utopie der allumfassenden Liebe. Es mußte ihm bedeutsam erscheinen, daß seine Lieben zu Ludwig und zu Cosima, zu Mann und Frau (oder zu Frau und Mann?), ungefähr gleichzeitig in sein Leben traten. Im »Braunen Buch« konstruieren seine Tagebuch-Gedanken denn auch ein Dreiecksverhältnis, das anders als das der Konkurrenz – etwa zu dem Vater Liszt, etwa zu dem Ehemann Hans von Bülow – eines der erfüllten Liebe sein sollte: »O, meine Cosima! Wir werden glücklicher sein, als es je Sterbliche waren, denn wir Drei sind unsterblich ... Der Lenz des Dreilebens steht in vollster Blüthe ... Wir sind nicht von dieser Welt, – Du, Er – und Ich. Wir können nur staunen, uns so zu finden, weil wir uns eben in der Welt finden. Aber nun hat auch das Staunen keinen Sinn mehr: jetzt wissen wir, schweben, und beglücken uns gegenseitig.« Fünf Tage später: »O Cosima! O Ludwig! Ihr seid schön! – Vereint mit Euch, wie mächtig, wie schön bin ich!«

Es ist nicht wichtig, ob das Wunschtraum ist oder Realität. Deutlich genug ist es jedenfalls die Beschreibung einer Liebe, die frei ist von Konventionen. Sie hat die Form des Ehebruchs sowohl wie der Homosexualität wie der Polygamie. Eine andere Beziehung als die gewöhnliche ist immer dazugemischt. Das schafft die Voraussetzung, in einer neuen Liebe die alten Zwänge zu zerbrechen und zum Menschsein durchzustoßen: »wie mächtig, wie schön bin ich!«

Später, als der König solchen Anforderungen nicht mehr gewachsen war, als Reibereien um Geld und Politik das Verhältnis »normalisiert« haben, kehrt Wagner zu einem anderen Modell zurück, das von seinem frühesten Werk an die Irritation des sexuell Normalen bezweckte: er träumt, Cosima sei seine Schwester. Bis zum heftigsten Ausbruch in der »Walküre« schwelt die Glut des Geschwister-Inzests verborgen und manchmal nicht mehr verborgen in Wagners Opern.

Schon in den »Feen« deutet sich das an: Freund und Bruder nennt Lora immer in einem Atemzug, als könne sie sich nicht für einen entscheiden oder als seien beide das gleiche. Die einzige Liebesszene des »Liebesverbots« spielt zwischen Bruder Claudio und Schwester Isabella. Im Prosaentwurf »Die hohe Braut« liebt die Heldin ihren Pflegebruder. Vom Liebesduett Rienzis und seiner Schwester Irene war schon die Rede; ihm zu Liebe verläßt sie ihren Freund und sucht zusammen mit Rienzi den Tod in den Flammen. Rienzi übrigens ist anders als in der Roman-Vorlage Bulwer-Lyttons nicht verheiratet, ihn interessiert nur Rom – und die Schwester. In dem Prosa-Libretto »Die Sarazenin« verliebt sich der Hohenstaufe Manfred in eine arabische Prophetin, die seine Halbschwester ist. Undeutlich meint man selbst in dem sonderbaren Verhältnis der »Lohengrin«-Elsa zu ihrem (nur am Schluß stumm auftretenden) Bruder Gottfried Inzestuöses zu ahnen. Selbst ohne die offene Tat des ersten »Walküren«-Akts wäre an der Feststellung des Freud-Schülers Otto Rank nicht zu zweifeln, »daß dem Inzestkomplex die größte Bedeutung in der dichterischen Produktion Wagners zukommt«.

Wo das herstammt, läßt sich leicht entdecken. Dem zärtlichkeitsbedürftigen Kind waren die Schwestern alles. Die beiden lebenden Brüder waren viel älter (neun und vierzehn Jahre), in der Familie gaben neben der Mutter die Schwestern den Ton an, vor allem Rosalie, weil sie nach dem Tod des Stiefvaters am meisten verdiente. In der Autobiographie hat Wagner kaum verschlüsselt beschrieben, was sie ihm war. Schon bei seinen ersten grotesken Schreibversuchen habe ihm daran gelegen, ihr zu beweisen, »wie viel ich auf *sie* gebe«. Die »mütterliche Schwester« nennt er sie dann beziehungsreich, deren zeitweise »Entfremdung gegen mich von lebhaftem Eindrucke« auf ihn gewesen sei. Ihre Achtung zu finden sei ihm »zu einem besondren Sporn des Ehrgeizes geworden«: »Unter solchen Umständen bildete sich endlich eine zarte, ja fast schwärmerische Neigung zu Rosalie in mir aus, welcher an Reinheit und läuternder Wärme wohl nur die edelsten Beziehungen zwischen Mann und Weib zur Seite gestellt werden können.« Wagner teilt dann sein Erstaunen mit, daß sie so lange keinen Mann gefunden habe, worüber sie in Augenblicken vermeintlichen Alleinseins »in banges Seufzen und Klagen« ausgebrochen sei, worauf er wieder »von da an mit gesteigerter, zärtlicher Hochachtung in allem ihr zu Willen« gewesen sei.

Es läßt sich an den Formulierungen unschwer ablesen, daß Wagner sich als einzig angemessenes Liebesobjekt für Rosalie empfand; ihre Männerlosigkeit war ihm auch geheimer, wenn nicht schadenfroher Genuß. Wo sie mit anderen zu tun gehabt habe, so fügt er noch hinzu, hätte »in solchen Umgang« nie eine »Affektation irgendwelcher Art sich gemischt«. Man muß bedenken, daß diese Erinnerung 1865 aufgeschrieben wurde, zur gleichen Zeit, als Wagner im »Braunen Buch« vom Dreiecksglück mit Ludwig und Cosima redete. Und die Autobiographie galt dem König als dem zunächst einzigen Adressaten. Ihm also stellte er die Lieblingsschwester dar als den Inbegriff eines reinen Liebesobjekts, ohne »Affektation« – will heißen: ohne den sexuellen Schmutz, den Ludwig fürchtete. Eine Schwester als einzig geliebtes Wesen, das wich so ab vom ekelhaft Normalen, daß man in solcher Liebe sich menschenwürdig bewegen durfte – wie in der Liebe des edlen Mannes zum edlen Mann.

Doch das war nicht nur zum König gesagt, sondern auch zu sich selbst. Schließlich blieb es nicht bei der kindlichen Liebe zur Schwester. Das drängte ins Werk, erst recht nach Rosalies frühem Tod. Es blieben auch die anderen Schwestern, Luise, Klara, Ottilie, Cäcilie, denen er sich immer tief verbunden fühlte. Und es kam eine neue hinzu, Minna, die Frau, die sich doch auch als Schwester ausgab, um die uneheliche Geburt ihrer Tochter Natalie zu verschleiern. Wie bei ihr Mutter- und Schwesternrolle durcheinander gingen und zu welchen Problemen das führte, beschreibt Wagner ebenfalls in der Autobiographie. Die seltsamen Mischverhältnisse schwesterlich-weiblichen und mütterlich-weiblichen Verhaltens strahlen aus bis zu Brünnhilde und Kundry, und sie prägen wohl auch zutiefst die aufbrechende Liebe zu Cosima.

Daß Wagner dem jungen Freund Hans von Bülow die Frau wegnahm, ist nach den klassischen Kategorien Sigmund Freuds die Durchsetzung einer infantilen Liebeseinstellung, gerade nämlich des Inzestwunschs. In dieser Tat kommt alles zusammen: vom brüderlichen Freund gewinnt man die Schwester, vom männlichen Konkurrenten die Frau, vom Sohn die Tochter, und die nimmt man dazu auch noch ihrem eigenen Vater Liszt weg. Ein Super-Inzest gewissermaßen, dessen schon lange vorher entworfene künstlerische Gestalt die Geschichte der Zwillinge Siegmund und Sieglinde in der »Walküre« ist.

Wagner mag kaum bewußt gewesen sein, wie viel kultureller Sprengstoff in den mythologischen Inzest-Phantasien steckt, von denen seine Nibelungen-Quellen voll sind. Aber seine eigenen fiebernden Erfahrungen haben ihn offen gemacht für den Reiz solcher Situationen. Die Selbstverständlichkeit, mit der er in der Zwillingsliebe das gewaltige Inzest-Tabu brechen läßt, nimmt dem Vorgang jedoch bis heute eigentlich überraschend jede Frivolität. Wagner ist es gelungen, ein unerhörtes Ereignis so darzustellen, als müsse es einfach so sein, ein Ereignis, das ihm als Symbol der wirklichen Menschwerdung so enorm wichtig war. Indem er Schranken der konventionellen Liebe und ihrer Regeln niederreißt, gewinnt er der Liebe selbst die Freiheit zurück. Die verwandtschaftlich eng verflochtene Gesellschaft des »Rings« wird gerade durch diese Verflechtung eine hoch-erotische Gesellschaft. An ihr nur war die Befreiung zum Menschen darstellbar, weil die scheinbar skandalösen Sexualbeziehungen den wahrhaften Skandal der sexuellen Konvention enthüllten.

Ein Autor mit dem Pseudonym Hugbald hat sich vor einigen Jahrzehnten die Mühe gemacht, das Sexual-Chaos des »Rings« zu beschreiben. Das liest sich so: »Siegfried ist der Sohn seines Onkels und der Neffe seiner Mutter. Er ist sein eigener Vetter als Neffe und Sohn seiner Tante. Er ist der Neffe seiner Frau, folglich sein angeheirateter Onkel und sein angeheirateter Neffe. Er ist Neffe und Onkel in einer Person. Er ist der Schwiegersohn seines Großvaters Wotan, der Schwager seiner Tante, die zugleich seine Mutter ist. Siegmund ist der Schwiegervater seiner Schwester Brünnhilde und der Schwager seines Sohnes, er ist der Mann seiner Schwester und der Schwiegervater der Frau, deren Vater der Schwiegervater seines Sohnes ist.«

Das stimmt alles und klingt außerordentlich komisch. Aber es ist nicht komisch. Es repräsentiert vielmehr Wagners kompliziertes Konzept einer Liebe, die sich in gesellschaftlich geächteten Formen ausdrückt, um die Ächtung der Liebe in dieser Gesellschaft aufzuheben. Liebe kann nur entstehen und bestehen zwischen Menschen, von denen jeder mit jedem »verwandt« ist: als Mensch. Angesichts der vorhandenen Gesellschaft aber setzt das noch etwas weiteres voraus: Aufruhr gegen die Götter um der Menschlichkeit willen. Und mit den Göttern sind die Götzen dieser Zeit gemeint.

4.

Menschen gegen Götter

Es ist für den geistigen Zustand einer nationalen Kultur auch bezeichnend, durch wen sie sich ihre Genies beschreiben und interpretieren läßt. Die Wagner-Literatur wurde in Deutschland jahrzehntelang bestimmt durch die Zensur-Politik der Bayreuther Familie; Dokumente kamen, wenn überhaupt, nur häppchenweise an die Öffentlichkeit, und die Häppchen waren so vorgekaut, daß sie »edel« schmecken sollten; die den originalen Geschmack kannten, hüteten sich, davon zu reden. Da war nichts zu machen: über Fälschungen ließ sich nur spekulieren.

Aber auch Verfügbares wurde in Deutschland nicht zur Kenntnis genommen. Während deutschtümelnde bis faschistische Hofgeschichtsschreiber wie Wolzogen, Glasenapp oder Chamberlain bestimmten, was man von Wagner zu wissen und wie man über ihn zu denken habe, blieb die ab 1933 erscheinende vierbändige Biographie von Ernest Newman bis heute unübersetzt, vor Gregor-Dellin die einzige gründliche Darstellung Wagners und auch danach noch wegen ihrer Materialfülle unentbehrlich. Ein ähnliches Schicksal traf einen der ältesten und intelligentesten »Ring«-Kommentare, George Bernard Shaws »The Perfect Wagnerite«; der erschien zwar 1908 auf deutsch, aber seine Interpretation wurde hierzulande ein halbes Jahrhundert lang praktisch nicht zur Kenntnis genommen. Hätte man das getan, man hätte sich manche mühsamen Umwege des Wagner-Verständnisses sparen und noch mehr Irrwege gar nicht erst betreten müssen.

Shaws »Wagner-Brevier« ist nun 85 Jahre alt, und doch wird es wohl für die meisten Wagner-Anhänger noch immer Überraschungen bieten. Zum Beispiel: »In der althergebrachten Rangordnung der Schöpfung sind die übernatürlichen Wesen stets größer als die Menschen gedacht, im Guten wie im Bösen. In der von Wagner aufgestellten modernen menschenfreundlichen Rangordnung ist der Mensch das höchste Wesen ... Die Gefahr besteht darin, daß Sie zu der Überzeugung kommen könnten, Götter seien zumindest Wesen einer höheren Ordnung als die Menschen. Das Gegenteil ist der Fall: die Welt wartet auf den Menschen, der sie aus der unbefriedigenden und beengenden Herrschaft der Götter erlösen soll.« Shaw nennt die »Ring«-Götter dann eine Allegorie für »die intelligenten, moralischen und begabten Menschen, die Staaten und Kirchen ersinnen und verwalten«.

Shaw ist die Interpretation der Hierarchie im »Ring« nicht sozusagen durch überirdische Eingebung vermittelt worden. Im Unterschied zu den meisten seiner deutschen Zeitgenossen und ihren Nachfahren, die bloß mythologisch schwafelten, hat er Wagners theoretische Schriften aus der Zeit der »Ring«-Dichtung tatsächlich gelesen. Denn da steht das alles schon – als Verständnishilfe gewissermaßen für die gigantische Bühnenhandlung. Heute allerdings muß man Wagners 49er Gedanken erst wieder freilegen, die inzwischen durch historische Begriffsveränderungen mißverständlich und bis ins Gegenteil entstellt erscheinen.

Im zweiten der großen Zürcher Aufsätze, »Das Kunstwerk der Zukunft«, spricht Wagner vom Gegensatz zwischen dem »Volk« und den »Intelligenten«, wobei er unter diesen die durch Zwang Herrschenden versteht, unter jenem die Unterdrückten, die in Wahrheit die Herrscher durch ihre Arbeit ernähren. Da ist das »Völkische« der Nazis ganz weit weg und Marx sehr nahe. Die »Intelligenten« – das sind die, die dann im Werk selbst als die »Götter« erscheinen. Ihnen gegenüber hat das Volk, sprich: der Mensch, die eine entscheidende Aufgabe: »Das *Volk* also wird die Erlösung vollbringen, indem es sich genügt und zugleich seine eigenen Feinde erlöst. Sein Verfahren wird das Unwillkürliche der Natur sein: mit der Notwendigkeit elementarischen Waltens wird es den *Zusammenhang* zerreißen, der einzig die Bedingungen der Herrschaft der Unnatur ausmacht ... Das Volk braucht aber nur *das* durch die Tat zu verneinen, was in der Tat *nichts* – nämlich unnötig, überflüssig, nichtig – ist«.

Das Volk »indem es sich genügt«: das ist der Mensch, der nicht mehr auf eine angebliche göttliche Jenseitigkeit fixiert ist, sondern Schluß macht mit solchen ihm aufgezwungenen Scheingebilden, die bloß zu seiner unnatürlichen Einengung erfunden worden sind. In der nächsten Schrift, »Kunst und Klima«, ein paar Wochen später, wird der Gedanke noch einmal erläutert: die Menschen hätten nicht nötig, »so zu sein, wie sie unseren willkürlichen, immer nur von der Vergangenheit abstrahierten Begriffen nach sein *sollten*«. Vielmehr brauchten sie nur so zu sein, »wie sie ihrer Natur nach sein *können*, und *deshalb* sein *sollen* und – *werden*. Nicht *Engel*, sondern eben *Menschen!*«

Das ist die Formel, die dem Göttlichen den minderen Rang zuweist: der Mensch mit seinen Bedürfnissen ist das Maß aller Dinge und nicht der Gott mit seinem widermenschlichen Gesetz. Wagner hat das zu einer Zeit formuliert, als er »Siegfrieds Tod«, die spätere »Götterdämmerung«, fertig hatte und an die Ausweitung zum universalen »Ring«-Drama noch nicht dachte, obwohl der Entwurf zu »Wieland der Schmied« bereits da war mit seinen Motiven, die in diese Richtung drängen. Aber schon hat Siegfried diese wichtige Funktion: er ist der Mensch als Sieger über die Götter, unmythologisch gesprochen: der Revolutionär mit der Waffe in der Hand – die erste, zerstörerische Etappe auf dem Weg zur Freiheit. Denn die muß erst einmal erreicht werden – so historisch-materialistisch denkt Wagner, als hätte er Marx studiert. Vernichtung der Götter also – und die müssen gehörig symbolisch genommen werden: sie stehen für alle Mächte, die die Gegenwart bestimmen: Staat, Gewalt, Gesetz, Besitz. Nicht Gott zu werden ist das Ziel, sondern Mensch. Ein zu Wagners Lebzeiten nicht veröffentlichtes Fragment aus dem Umkreis der Revolutionsschriften formuliert es noch präziser als die kanonisierten Aufsätze: »Der mensch ist die vervollkommnung gottes. Die ewigen götter sind die elemente, die erst den menschen zeugen. In dem menschen findet die schöpfung somit ihren abschluß. Achilleus ist höher und vollendeter als die elementare Thetis.«

Die Götter sind der Menschlichkeit so fern, daß sie nicht wirklich begreifen, was mit ihnen geschieht und notwendig geschehen muß: ihre Entmachtung durch die ihnen in Wahrheit übergeordneten Menschen, übergeordnet nach den Kriterien natürlicher und nicht »gesetzlicher« Moral. Der aus den Revolutionsschriften heraus sich formende »Ring« belegt das in seiner ganzen Handlungsstruktur. Wotan kämpft bis fast zum Ende ums Überleben seiner Herrschaft, die er natürlich (wie alle Herrscher) für gut und nützlich hält. Er ist so knochenkonservativ, daß er für naturgegeben hält, was er der Natur aufgezwungen hat.

In der Anfangsszene des zweiten »Siegfried«-Akts, dem großen Gespräch mit seinem Gegenspieler Alberich, behauptet Wotan trotz seiner inzwischen eigentlich hinreichend gerechtfertigten Skepsis immer noch die angebliche Notwendigkeit der starren Unnatur:

»Alles ist nach seiner Art;
an ihr wirst du nichts ändern.«

Dann verhöhnt er Alberich auch noch: dumm und primitiv sei er, unwürdig und unfähig zu so tiefsinnigen Erörterungen. Aber der weiß, daß seine Zeit kommen wird. In seiner Antwort, die der abgereiste Gott allerdings nicht mehr hören kann, spricht der von allen »Hohen« verachtete Zwerg die Wahrheit des Revolutionärs Wagner aus:

»Da reitet er hin
auf lichtem Roß:
mich läßt er in Sorg' und Spott!
Doch lacht nur zu,
ihr leichtsinniges,
lustgieriges
Göttergelichter:
euch seh' ich
noch alle vergehn!
Solang' das Gold
am Lichte glänzt,
hält ein Wissender Wacht: –
trügen wird euch sein Trotz.«

Alberich fällt hier sozusagen aus der Rolle: daß das leichtsinnige, lustgierige Göttergelichter vergehen muß – das ist *Wagners* Botschaft. Aber Alberich irrt sich da nicht: er wird am Ende Recht behalten. Sein Trotz ist der des unteren Menschen gegen die oberen Götter, ein verzweifelter Trotz, denn noch ist es nicht so weit.

Wagner hat die Stelle nicht als grellen Aufschrei vertont, wie man ihn bis dahin bei Alberich gewohnt war, sondern ganz verhalten, gequält, zuletzt fast unbegleitet im pianissimo verdämmernd. In der Musik geschieht zudem etwas Merkwürdiges: nach »mich läßt er in Sorg' und Spott« ertönt in Englischhorn und Trompete ein Motiv, das aus Wotans Abschied von Brünnhilde stammt, als er deren Augen besingt, die er zum letzten Mal sieht. Hier, in »Siegfried«, kann es aber ja kaum wieder Wotans Abschied betreffen, diesmal von Alberich. Der Sinn der Motiv-Verwendung wird deutlicher, wenn man die einzige andere Stelle betrachtet, an der es inzwischen noch einmal aufgetaucht ist: in Wotans erster Rätselfrage an Mime im ersten »Siegfried«-Akt. Der Text heißt da:

»welches ist das Geschlecht,
dem Wotan schlimm sich zeigte,
und das doch das liebste ihm lebt?«

Das Motiv erscheint hier bei der letzten Zeile in den Violoncelli. Es handelt sich natürlich um das Wälsungengeschlecht, von Wotan absichtlich mit einer Menschenfrau gezeugt, damit es nicht mehr göttlich ist und dadurch frei.

Das Motiv bezeichnet also einen Zusammenhang, wo die Göttlichkeit der Menschlichkeit weicht. Denn auch beim Abschied von Brünnhilde geht es ja darum, daß sie als göttliches Wesen eingeschläfert wird, um erst als Mensch wieder zu erwachen. Wolfgang Wagner hat zu Recht davon gesprochen, daß Wotans Kuß hier »den Makel der Gottheit« von Brünnhilde nehme, und André Glucksmann hat das so zusammengefaßt: »Der Tod der Götter bringt die Geburt des Menschen!« Daß das Motiv bei Alberichs Klage über sein Zurückbleiben in »Sorg' und Spott« wieder ertönt, das vermittelt also etwas wie Trost: nicht die Götter werden schließlich überleben, nicht die Herrscher, sondern die Menschen, die bisher Unterdrückten. Es ist sehr tiefsinnig, daß der Gedanke hier mit Alberich in Verbindung gebracht wird: ein erster Hinweis darauf, in ihm nicht einfach den primitiven Bösewicht zu sehen, sondern auch einen Menschen, übrigens einen der am meisten geschundenen.

Die Menschen stehen dann höher als die Götter, wenn sie lieben gelernt haben. Der »Ring« verkündet diese Botschaft in immer neuen Ansätzen. Er verdeutlicht, daß dies der eigentliche Mangel der Götter ist: ihre Lieblosigkeit. Umgekehrt gilt es auch: Mensch kann nur sein, wer die Liebe hat. Sie verändert alles, sie läßt selbst Symbole von Macht und Gewalt zu Zeichen der Menschlichkeit werden.

Im ersten Akt der »Götterdämmerung« kommt Waltraute, eine der Walküren, zu Brünnhilde auf ihren Felsen, wo die auf Siegfried wartet, der »zu neuen Taten« ausgezogen ist. Waltraute schildert das Unglück der Götter, seitdem Wotan resigniert nur noch an sein Ende denkt. Die Erlösung für »Gott und Welt«, so hat er zu Waltraute gesagt, läge darin, daß Brünnhilde den Rheintöchtern den Ring zurückgäbe, dieses Werkzeug böser Gewalt. Aber die Mensch gewordene Brünnhilde weigert sich; ihr ist der Ring etwas ganz anderes: Symbol der Liebe zwischen ihr und Siegfried. Und während sie davon redet, fließt die Musik über von den schwelgerischen Klängen der früheren Liebesszenen:

»Wie kannst du's fassen,
fühllose Maid! –
Mehr als Walhalls Wonne,
mehr als der Ewigen Ruhm –
ist mir der Ring:
ein Blick auf sein helles Gold,
ein Blitz aus dem hehren Glanz –

gilt mir werter
als aller Götter
ewig währendes Glück!
Denn selig aus ihm
leuchtet mir Siegfrieds Liebe«.

In Musik und Text bricht die vom Ring bestimmte Herrschafts-Kulisse zusammen unter dem Ansturm menschlicher Liebe. Und diese Liebe – der Zuschauer weiß es seit dem hier zitierten großen Schluß-Duett des »Siegfried«, das selbst wieder die ekstatische Liebesnacht des ersten »Walküren«-Akts aufnimmt – diese Liebe ist keine abstrakt-platonische zum Menschengeschlecht, sondern eine konkrete zwischen Menschen: sexuell aufgeladene Erotik.

Das ist es, was ein »Gott« nicht begreifen kann. Er ist wie Wotan allenfalls zu häufig wechselndem Geschlechtsverkehr im Stand, nicht aber zu der Kopf und Körper ungetrennt erfassenden Raserei der Liebe. Gerade diese Art von neuem Bewußtsein muß schließlich auch den Untergang der Götter herbeiführen. Brünnhilde:

»Geh heim zu der Götter
heiligem Rat;
von meinem Ringe
raune ihnen zu:
die Liebe ließe ich nicht,
mir nähmen nie sie die Liebe –
stürzt auch in Trümmern
Walhalls strahlende Pracht!«

Brünnhildes Bekenntnis, daß sie sich von den Göttern ihre Liebe nicht nehmen lasse, ist musikalisch identisch mit dem Motiv der Liebesverfluchung durch Alberich vom Anfang des »Rheingolds«. Aber der Text sagt jetzt zur gleichen Musik das Gegenteil: Beharren auf der Liebe statt Verzicht auf sie. Der damals verzichtete, Alberich, wollte dadurch Macht gewinnen, »göttlich« werden; die jetzt beharrt, Brünnhilde, will dadurch Mensch bleiben, und das schließt den Machtverzicht ein für allemal ein, was bedeutet: Vernichtung auch der vorhandenen Macht (»stürzt auch in Trümmern ...«), weil die eine ständige Bedrohung der gerade gewonnenen Menschlichkeit bedeutet.

Durch die musikalische Identität der beiden gegensätzlichen Haltungen hebt Brünnhilde, die Frau, aber auch den Fluch auf, mit dem Alberich, der Mann, zu Beginn der Weltgeschichte der Menschlichkeit Gewalt angetan hat. Im Zitat zum Zweck des Gegenteils »erlöst« sie die

Musik von ihrer Lästerung der Liebe. Wagners komplizierte Schachtel-Philosophie von Fluch, Vernichtung und Erlösung ist hier auf engstem musikalischem Raum zu entschlüsseln.

Charakteristischerweise ist es wieder eine Frau, die diesen großen utopischen Schritt schafft. Dabei ging es dem Mann Wagner natürlich um die Männer, die ihm so etwas wie konkrete Abbilder der symbolischen »Göttlichkeit« sind, und um die Frage, wie *sie* erlöst werden können. In der »Mitteilung an meine Freunde« hat er seine drei bis dahin letzten Opern unter diesem Gesichtspunkt analysiert. Der Holländer »aus der Meerestiefe seines Elendes« und Tannhäuser »aus den Wollusthöhlen des Venusberges« hätten sich nach dem »Weib« gesehnt, das ihnen »als Himmelsstern den Weg nach oben wies«. Nun aber habe sich etwas geändert: nun ziehe dieses Weib »aus sonniger Höhe *Lohengrin* hinab an die wärmende Brust der Erde«. Lohengrin nämlich von allen dreien ist quasi göttlich, er kommt aus der himmlischen Ferne des Gralstempels, er ist in der Gefahr, daß ihm von verblendet gläubigen Menschen »anbetungsvoll demütig gehuldigt würde, wo es ihn eben *nicht* nach Bewunderung und Anbetung, sondern nach dem einzigen, was ihn aus seiner Einsamkeit erlösen, seine Sehnsucht stillen konnte, – nach *Liebe,* nach *Geliebtsein,* nach *Verstandensein durch die Liebe* verlangte«.

Wagner hat in diese sehnsüchtige Schilderung alles hineingeschrieben, was der Gott-Mann entbehrt. Er will nämlich – woran ihn alle Konvention hindert, alle Tradition, alle Moral, alle Geschlechter-Rollenverteilung – er will »nichts anderes werden und sein, als voller, ganzer, warmempfindender und warmempfundener Mensch, also überhaupt *Mensch,* nicht Gott«. Das Leid des Mannes quillt über in diesen Formulierungen: wer hilft mir nur, mir armem Mann, der ich verflucht bin, ein Gott zu sein?: »So ersehnte er sich das Weib, – das menschliche Herz.«

Aber Wagners Ängste, die ihm das männliche Leid bewußt gemacht haben, das das menschliche Leid ist, fanden in »Lohengrin« noch nicht den Weg. Die Oper war fertig *vor* dem Höhenflug der Revolution. Erst die Interpretation bald danach konnte den Grund des Scheiterns in die Worte fassen, die Lohengrin im Stück noch nicht kennt: »Aber an ihm haftet unabstreifbar der verräterische Heiligenschein der erhöhten Natur; er kann nicht anders als wunderbar erscheinen; . . . Zweifel und Eifersucht bezeugen ihm, daß er nicht *verstanden,* sondern nur *angebetet* wurde, und entreißen ihm das Geständnis seiner Göttlichkeit, mit dem er vernichtet in seine Einsamkeit zurückkehrt.«

Abermals die Not des Mannes, der als Gott gehandelt wird, obwohl er alles andere sein möchte als das. Einsam ist er und in dieser

Einsamkeit »vernichtet« – wie wahr. Aber vielleicht muß er so vernichtet werden, um seine unmenschliche Einsamkeit zu begreifen. Die Einsamkeit des Gottes – wer hat ihn dazu gemacht? – kann jedoch nicht der Gott selbst bekämpfen, jedenfalls nicht so lange er glaubt, tatsächlich ein Gott zu sein. Erst wenn er sich von den ihm schon mit der Muttermilch eingeflößten göttlichen Normen löst, hat er die Chance, Mensch zu werden. Die Erfolgsaussichten sind ungefähr so groß wie beim Versuch, sich an den eigenen Haaren aus einem Sumpf zu ziehen. Dennoch hat Wagner an einer Figur des »Rings« gezeigt, wie solche Befreiung geschehen könnte.

5.

Siegmund

»So grüße mir Walhall,
grüße mir Wotan,
grüße mir Wälse
und alle Helden –
grüß' auch die holden
Wunschesmädchen: –
zu ihnen folg' ich dir nicht.«

Das ist Gotteslästerung. Und in einem Aufwasch auch gleich eine Absage an alle hehren Werte, die den bürgerlichen Zeitgenossen Wagners heilig sein mußten. Eine Absage in folgender Reihe: an die himmlische Seligkeit, an Gott persönlich, an den leiblichen Vater, an die männlichen Vorbilder des Mannes, an die weiblichen Gespielinnen des Mannes. Und solche Werte zu verwerfen ist gottlos, auch wo es Gott selbst nicht unmittelbar betrifft. So hat man das bei den Germanen wohl verstanden, jedenfalls im Mittelalter, im 19. Jahrhundert und heute mancherorts nicht anders. Aber es kommt noch schlimmer:

»Muß ich denn fallen,
nicht fahr' ich nach Walhall –
Hella halte mich fest!«

Ein offenes Bekenntnis also zum Leibhaftigen: lieber in die Hölle als in diesen euren Himmel.

Es hat immer wieder solche unerhörten Äußerungen gegeben in der Literatur: als entsetzliche Beispiele für die tragische Vermessenheit des Menschen, die erbaulicherweise zum Untergang führt oder katastrophisch in die Umkehr lenkt. Doch diesmal stürzt kein Himmel ein; und was auf dem Fuß folgt, der Tod nämlich, ist im mythologischen

Zusammenhang von Wagners »Ring«-Kosmos natürlich gar keine rechte Strafe. Denn vorher wie vor allem nachher wird vom Urheber derart umstürzlerischer Ansichten mit äußerster Sympathie gesprochen: sein Tod ist nur die Folge tragischer Verkettungen, unausweichlich wie etwa ein Autounfall auf eisglatter Fahrbahn – eher dies als »gerechte« Sühne für ungeheuerliche Läster-Reden.

Der sie hält, Siegmund, ist eine Figur des Einspruchs. Des Protests gegen eine mit dem Zirkel der gesellschaftlichen Moral sorgsam abgegrenzte Welt des Einverständnisses mit eben dieser Moral. Dieser Siegmund verweigert sich den Schein-Erlösungen, die für die Helden der alten Welt vorgesehen sind.

Bei seinem ersten Auftritt kennt er schon den Schritt, den der Mensch als ersten zu gehen hat: er weiß keine Götter mehr über sich, und er weiß, daß sie vernichtet werden müssen, so weit sie sich über ihm stehend wähnen. *Sein* Wert-System ist ein noch nicht real vorhandenes, ein nur erst geträumtes. Und das Ziel dieses Traums heißt: Freiheit.

Wagner hat die Szenen, in denen Siegmund auftritt – der erste Akt der »Walküre« und die zweite Hälfte ihres zweiten Akts, nicht einmal ein Zehntel des ganzen »Rings« – angefüllt mit einer Musik, die die dramatische Episode aufs höchste adelt. Selten sonst besitzt Wagners Musik durchgehend solchen geschmeidigen Fluß, solchen Charakter von Freiheit. Zum Beispiel: Siegmunds Liebeslied »Winterstürme wichen dem Wonnemond«, gelegentlich als die einzige Arie im »Ring« bezeichnet, ist nicht nur dies: Nummern-Opern-Stück wie von alters her, sondern Sprach-Stück zugleich: Rezitativ also im klassischen Sinn, das die Handlung vorantreibt – aber eben alles in einem: das Leben, das sich seine Musik schafft. Schon im Vorspiel zum Gesang, wo ein flirrender Bläsersatz aus Flöten, Klarinetten und Hörnern die thematisch hervortretende Linie der Violoncelli begleitet (»weich, doch ausdrucksvoll«) – über einer gehaltenen Grundierung durch geteilte Violinen, Oboen und Englischhorn, Baßklarinette und Fagotte, von Harfen-Akkorden akzentuiert – schon da öffnet sich plötzlich eine neue Welt: eine nie gehörte Dimension von Wohlklang, weil ihm auch der Stachel des Schmerzes eingefügt ist. Dieser Duktus der Musik, der den Rest des ersten Akts der »Walküre« und die Todesverkündungs-Szene zwischen Brünnhilde und Siegmund im zweiten beherrscht, reicht selbst noch über den Tod des Helden hinaus: als Brünnhilde Wotan erklärt, warum sie, infolge von Siegmunds Überzeugungskraft, das Gebot des obersten Gottes gebrochen habe, gewinnt die Musik wieder dieses Melisma – mit einem überwältigenden neuen Thema, das von nun an ganz selten wieder erscheint, und zwar immer dann, wenn vom Ungehorsam gegenüber der göttlichen Vorschrift die Rede ist. Einmal nur noch erklingt das Motiv in der »Walküre« selbst: nach Wotans Worten

»denn einer nur freie die Braut,
der freier als ich, der Gott!«

beherrscht es das Orchesterzwischenspiel vor dem folgenden Schlummerlied für Brünnhilde, ein Kommentar also gerade zum Stichwort Freiheit. Wotan meint hier übrigens natürlich nicht Siegmund, sondern dessen noch ungeborenen Sohn Siegfried. Da täuscht er sich aber, wie wir wissen: Siegfried bringt diese Freiheit nicht, und in seiner Musik wird dieses Motiv auch nie auftauchen – es gehört eben zu Siegmund und seinem wider-göttlichen Ungehorsam, seiner bewußten Aufstachelung zur Freiheit.

Die Musik sagt mehr als Wagners viele tausend theoretischen Worte: hier wird entgegen der vorgefundenen Realität eine menschliche Utopie entworfen – vielmehr: die Utopie vom Menschlichen. Da flackert etwas auf, was Wagner im Ganzen seines Werks und erst recht seines Lebens (noch) nicht einzulösen vermochte: der Traum vom emanzipierten Menschen.

Im geringen Umfang, im Episodischen der Siegmund-Handlung liegt auch ein gehöriges Quantum von Resignation. »Das ist der germanische Don Quixote«, sagt Wagner einmal über Siegmund, als er dessen Musik spielt (wozu man wissen muß, daß Don Quixote eine von Wagners Lieblingsfiguren war), und gleich darauf wünscht er eine Bach-Fuge zu hören, und als er die dann gehört und selbst ein Bach-Präludium gespielt hat, meint er, »daß so viel Weibliches in diesen gewaltigsten Werken ist, so viel Zartes, rührend Klagendes!«

Man muß sich das so lebhaft wie möglich vergegenwärtigen: ein Gespräch, das von Siegmunds Musik ausgeht und über Bach zu einer Reflexion über das »Weibliche« führt – samt solchen Assoziationen wie »zart« und »klagend«. Werte sind das, auf die seinerzeit kein Mann stolz sein konnte. Und bis heute hat sich daran fast nichts geändert. Noch ein so kluger Kopf wie Theodor W. Adorno (ein entschieden gesellschaftskritischer Kopf dazu) hatte gerade mit der Siegmund-Figur seine Schwierigkeiten. Im gleichen Text von 1937/38 nennt er ihn einmal ein »schmeichelndes Muttersöhnchen«, das »durch den Appell ans Mitleid die Herrschenden anerkennt und mit ihnen sich identifiziert«, aber dann auch wieder den »ohne Hoffnung Sterbenden«, der »dem Traum von Freiheit die Treue« halte. Was denn nun davon?

Es ist weniger interessant, daß es für Adornos erste Interpretation keinerlei Beleg im Text der »Walküre« gibt. Sondern viel mehr, daß der junge Mann Adorno eine offenbar spontane Abneigung gegen jene

»zarten«, »klagenden« Züge Siegmunds empfand, gegen das, was Wagner »so viel Weibliches« nannte. Der schon eher kuriose Vorgang wirft ein symptomatisches Schlaglicht auf den erotischen Vorsprung Wagners gegenüber den vielen Männern, auch wenn sie noch einmal ein Jahrhundert jünger sind.

Denn er: dieser Wagner wäre gern Siegmund gewesen. Den privaten Äußerungen, die Cosima in ihrem Tagebuch festgehalten hat, läßt sich entnehmen, daß er sich abwechselnd in drei männlichen Protagonisten des »Rings« wiedererkannte: Wotan, Siegfried und Siegmund. Während aber die Vergleiche zu den beiden ersteren eher literarischer Natur sind, stellen sich die Beziehungen zu Siegmund sozusagen untergründig und damit um so wirkungsvoller her.

Da träumt er bekanntlich einmal, daß Cosima »seine Schwester sei und er auf [ihre] Ehre zu wachen hätte«. Bei anderer Gelegenheit – bei einer der Geburtstagsfeiern, wo die kinderreiche Familie Wagner oft »lebende Bilder« darzustellen pflegte – erscheint Cosima als Sieglinde, mit dem gemeinsamen Sohn auf dem Arm, was Richard sehr freut, und dieser Sohn war schließlich vor Recht und Gesetz Siegfried genannt worden – was ein für allemal festhält, daß der Vater Siegmund heißt. Bald nach der aufschlußreichen Szene hat Wagner auch die ausdrückliche Formel für diese Beziehung gefunden. Cosima schreibt auf: »Fidi macht uns viele Freude, R. sagt, ›er wird der Rechte sein, ich bin so eine Art Siegmund, dem alles schwer wird, er wird das Goethe'sche Welterobernde haben‹. Wie er sich über die Stirn mit der Hand fährt, frage ich ihn, ob er etwas habe: ›Die Gedanken juckten mich.‹«

Klarer läßt es sich kaum formulieren – liest man nur ordentlich zwischen Cosimas Zeilen: Wagner sah sich als Siegmund, und er wußte, was das hieß: im Widerspruch zur Welt stehen, ohne Glück leben, von den Herren der Welt gegebenenfalls geopfert werden. Er verstand Siegmunds Schicksal als sein eigenes. Und er hat ihm Züge verliehen, die er selbst besaß, ohne sie in seiner realen Welt bekennen zu können, er: Richard Wagner mit all seinen Ängsten, Kleinlichkeiten, Vorurteilen, Obsessionen.

So wird Siegmund an Wagners Stelle der utopische Entwurf vom freien Menschen, vom emanzipierten Mann: das Traumbild, das sich vom »wirklichen« Mann aus Wagners und aus unserer Gegenwart erheblich unterscheidet. Für Siegmund ist Mut keine Alternative zur Furcht. Er weiß vielmehr – anders als sein tölpischer Sohn Siegfried –, daß man Angst haben darf, haben muß angesichts der furchtbaren Bedrohungen in dieser Götter-bestimmten Welt. Aber die Angst prägt nicht sein Leben, er muß sie nicht wie konventionelle Helden durch Aktivismus betäuben – er nimmt sie vielmehr an und vergegenwärtigt sie als irritierend, aber zugleich doch auch als existentiell belanglos.

Es ist Siegmunds Bewußtheit, die ihn so überwältigend macht. Nicht nur für Wagner, der gern *so* hätte sein wollen und es nicht war. Sondern auch für alle, die ihm seitdem auf der Bühne zusehen, für uns, die gern *so* sein möchten und es nicht sind. Siegmund repräsentiert die Möglichkeit von Ekstasen, die alle wollen, und zugleich – was seine Freiheit ausmacht – die Bedingung solcher Ekstasen: die Rücksichtslosigkeit nämlich darauf, was im Leben als Preis zu zahlen ist.

Wagner hat das in seine Musik zu den ekstatischen Erlebnissen des Mannes Siegmund hineinkomponiert, und zwar zunächst in einem ganz auffällig negativen Sinn: er hat diese Musik nämlich verschwinden lassen; ihre Motive kehren nur noch vereinzelt wieder und nur als Zitate, wenn von der alten, lange zurückliegenden Geschichte die Rede ist. Sie werden – nachdem sie doch immerhin den ganzen ersten »Walküren«-Akt beherrscht haben – gewissermaßen verzehrt vom Fortgang der finsteren Geschichte und der zu ihr passenden Musik. Wagner hat die Themen Siegmunds und Sieglindes nicht produktiv gemacht für die musikalische Entwicklung seiner Partitur, wie er es mit vielen anderen Motiven getan hat, die über die vier »Ring«-Abende hin, zitiert, verwandelt, umgestellt, die jeweils neuen Situationen kommentieren – rote Fäden durch den komplizierten Kosmos des Werks. Das prominenteste und geschmeidigste dieser Themen, das zu Siegmunds Lied »Winterstürme wichen dem Wonnemond«, verschwindet gar ganz: Siegmunds Sprache findet keinen Raum mehr in dieser Welt, nachdem er mit Wotans Hilfe umgebracht worden ist.

Wagner hat so auch musikalisch den episodischen Charakter der Siegmund-Handlung klar gemacht. Das ist ferne Idylle, glückselige Insel – um mit dem Titel des Heinse-Romans zu sprechen, den Wagner von der Jugend bis ins späte Alter immer wieder mit Begeisterung gelesen hat. Utopie also, nicht von dieser Welt. *Noch* nicht, jedenfalls.

Aber die Utopie ist doch einmal beschrieben worden, in jenem ersten Akt der »Walküre« – die Insel der Liebe, auf der wenigstens zeitweise die Ekstase der Freiheit stattfinden kann. Das andere Liebesduett im »Ring«, das zwischen Brünnhilde und Siegfried am Schluß des nächsten Abends, erreicht nicht entfernt den hinreißenden Überschwang jenes ersten »Walküre«-Finales, jene eruptive Hitze, die keine andere Musik vorher oder nachher wieder geboten hat – Wagners eigenen »Tristan« eingeschlossen, der immerhin ein Liebesdrama im Zustand der Dauer-Erregung ist.

Die Ekstase am Schluß des ersten Akts der »Walküre« ist so gewaltig, daß sie über die Theaterpause vor geschlossenem Vorhang hinausreicht: das Vorspiel zum zweiten Akt beginnt da, wo der erste aufgehört hat. Die Musik tut so, als bestehe die alte Situation weiter – sie beschreibt noch immer den Coitus Siegmunds und Sieglindes, die Pause als Teil einer andauernden Begebenheit gewissermaßen vergegenwärtigend. Nahezu unmerklich wandelt die Musik sich dabei zu derjenigen der gleich zum ersten Mal auftretenden Brünnhilde, ein Übergang, der es wahrhaftig in sich hat. Denn diese Verknüpfung der Siegmund-Sieglinde-Ekstase mit der Figur der Brünnhilde signalisiert eine hintergründige Botschaft Wagners: die nun neu erscheinende und bis zum Ende des »Rings« ins Zentrum tretende Frau ist Siegmunds wahre Partnerin. Sie begegnen sich nur für die paar Minuten der Todesverkündung, aber die genügen, um ihr Leben, ihre ganze Existenz zu ändern: das Zusammentreffen mit dem einzigen emanzipierten Mann macht Brünnhilde zur einzigen emanzipierten Frau im »Ring«. Sie sind das »ideale Paar« Wagners.

Biographische Parallelen subtilerer Art lassen sich zum Indiz heranziehen. Wagners inzest-nahe Hinneigung zu seinen zärtlich geliebten Schwestern kennen wir schon. Aber es kommt hinzu, daß er lange (und bis heute ohne sicheren Beweis für das eine oder das andere) vermutete, selbst nicht der Sohn des offiziellen Vaters Friedrich Wagner zu sein, sondern Ludwig Geyers, des zweiten Mannes seiner Mutter. Die allesamt älteren Schwestern und er hätten dann nur die Mutter gemeinsam gehabt, sie wären Halbgeschwister gewesen. Siegmund und Brünnhilde stehen – mit gebührend verschleiernder Geschlechts-Variation – im gleichen »halben« Inzest-Verhältnis: sie haben einen gemeinsamen Vater, aber verschiedene Mütter, während Siegmund und Sieglinde »vollkommene« Geschwister sind, Zwillinge sogar. Dann hätte Wagner also in der hoffnungslos idealisierten Siegmund-Brünnhilde-Beziehung seine gesellschaftlich ganz und gar unmögliche Liebe zu seinen Schwestern abgebildet, zu Rosalie vor allem, die früh starb – wie Siegmund früh sterben mußte.

Wie dem auch sei: jedenfalls gehört die einzige kurze Szene zwischen Siegmund und Brünnhilde musikalisch zu den fortgeschrittensten Passagen des gesamten »Rings«. Die Verbindung der beiden, des freien Mannes und der freien Frau, wäre das emanzipatorische Ziel. Daß es dazu nicht kommen kann, daß Siegmund sterben und Brünnhilde sich mit dem schwachen weil durch seine Naivität nicht wirklich freien Stellvertreter Siegfried begnügen muß – das versteht sich: der noch utopische Charakter des Idealbilds verlangt das. Dabei muß es denn bleiben – der Traum ist geträumt, das Ziel beschrieben, die Figur entworfen: an Siegmund ist einmal gezeigt, wie man ein Mensch wird. Und alles andere – ist eben alles andere.

SIEGMUND (BAYREUTH 1979–1980: PETER HOFMANN)

Chéreaus Siegmund-Interpretation ist in ihrer erotischen Intensität die Schilderung eines Mannes, der sich seiner Zwänge bewußt wird und sie gerade dadurch zerbricht: Emanzipation durch Liebe.

Richard Wagner 1882,
die letzte Photographie
Weisheit ist keine Frage des Alters. Aber politische Weisheit kann im Alter sogar in Photographien sich ausdrücken.

VI.

KAPITEL

Erlösung dem Erlöser

Die Freiheit von unten

PARSIFAL:
Ich schreite kaum, –
doch wähn' ich mich schon weit.
GURNEMANZ:
Du siehst, mein Sohn,
zum Raum wird hier die Zeit.

Parsifal, 1. Aufzug

PARSIFALS ERSTER AUFTRITT ist der eines Verbrechers. Er hat gegen eines der zentralen Gesetze des Gralsreichs verstoßen: er hat ein lebendiges Wesen getötet, einen Schwan. Gurnemanz stellt ihn zur Rede:

»Unerhörtes Werk!
Du konntest morden? Hier im heil'gen Walde,
des stiller Frieden dich umfing?«

Dann schildert er ihm die »menschlichen« Empfindungen des Schwans, zeigt ihm dessen blutige Wunden, und Parsifal, seine Tat begreifend, zerbricht seinen Bogen und wirft die Pfeile weg. Die kurze Szene mündet in einen aufschlußreichen Dialog:

»GURNEMANZ: Sag', Knab'! Erkennst du deine große Schuld?
Wie konntest du sie begehn?
PARSIFAL: Ich wußte sie nicht.
GURNEMANZ: Wo bist du her?
PARSIFAL: Das weiß ich nicht.
GURNEMANZ: Wer ist dein Vater?
PARSIFAL: Das weiß ich nicht.
GURNEMANZ: Wer sandte dich dieses Wegs?
PARSIFAL: Das weiß ich nicht.
GURNEMANZ: Dein Name denn?
PARSIFAL: Ich hatte viele,
doch weiß ich ihrer keinen mehr.«

Unwissen, Vaterlosigkeit, Unkenntnis des eigenen Wegs und Namenlosigkeit (gleich menschliche Ungeborgenheit) verbinden sich zum Mord, zur Tat der Unmenschlichkeit. Und der sich alles dessen plötzlich bewußt wird, zerstört sofort seine Waffen.

»Parsifal« ist auch ein Stück über Gewaltlosigkeit. Außer dem Schwan wird in der ganzen Oper niemand getötet. Selbst gegen die einzige andere Gewaltgeste (Klingsor schleudert den Speer gegen Parsifal) wird nicht zurückgeschlagen: Klingsors Reich bricht durch diese Tat in sich selbst zusammen, Parsifal wird nicht durch wirkliche Waffen geschützt, sondern durch die moralische Waffe seiner »Reinheit«.

Der Pazifismus des »Parsifal« ist vom Publikum und in der Literatur kaum wahrgenommen worden. Er verschwand hinter pseudo-christlichen Spekulationen, die Wagner selbst allerdings mit angestiftet hat. Er förderte sogar noch den religiösen Ästhetizismus, der sich über dem Werk ausbreitete und zwar viele frühere Freunde (wie Nietzsche) abstieß, aber auch andererseits wieder eine verschworene Gemeinde bildete, der alles an »Parsifal« auf genüßlerischste Art »heilig« ist. Diese Gemeinde entnahm dem Werk schon immer nur das keimfrei Frömmelnde, in der Musik siegten die eher peinlichen Blechbläserchoräle über den spröden Duktus des Spätstils.

Wagners schillernde Zwiespältigkeit wirkt auch hierin. Er will das verklärte »Bühnenweihfestspiel« (so die offizielle Gattungsbezeichnung des »Parsifal«), aber in die bewußte Absicht schleicht sich das bessere Wissen: daß diese Welt nicht der religiösen Feier bedarf, sondern der Analyse, damit sie verändert werden kann. Was er im Werk längst erkannt hatte, dem versuchte er sich bis zuletzt wieder zu entziehen – aber es gelang ihm nicht. Die verdrängten Ängste schaffen sich in den Alpträumen Luft, und das Unterbewußtsein davon fließt in die Stücke und ihre Musik. Der seit Jahrzehnten die Gesellschaft seiner Zeit mit politisch geschärftem Blick beobachtende Wagner schließlich ist hin und her gerissen zwischen der Rücksicht auf seine neuen Freunde, die Mächtigen, und der ihm lange bewußten Notwendigkeit, sie um der Menschheit willen zu bekämpfen.

Kein Wunder, daß er sich furchtbar ärgerte, als der alte Revolutionär und Exil-Kollege Herwegh 1873 ein Gedicht »An Richard Wagner« veröffentlichte, das den Adressaten in seiner Situation verspottete: er dirigiere vor dem Kaiser, der jedoch kein Geld für ihn übrig habe; Wagner sei eben nur ein Künstler und kein General. Das Gedicht schließt mit der Strophe:

»Ertrage heroisch dies Mißgeschick,
Und mache Dir klar, mein Bester,
Die einzig wahre Zukunftsmusik
Ist schließlich doch Krupp's Orchester.«

Krupps Orchester: die Kanonen der Armee. Wagner wußte, daß Herwegh Recht hatte; aber es empörte ihn, daß er sich öffentlich den Wechsel auf die falsche Seite vorwerfen lassen mußte. Er ist der getroffene Hund; denn daß diese Seite die falsche war, wußte er ja auch.

Er hat das oft gesagt, aber wir wissen es: nur noch *hinter* der großbürgerlichen Fassade des Hauses Wahnfried. Da war er, meistens, auf der richtigen Seite. Einmal vergleicht er das Theaterstück von Beaumarchais mit der Oper, die Mozart im »Figaro« daraus gemacht habe: »dort sind es schlaue witzige, berechnende Menschen, die geistvoll miteinander handeln und reden, bei Mozart sind es verklärte, leidende, klagende Wesen.« Der Gegensatz macht klar, worauf es ihm ankam: auf Menschlichkeit wie immer, die sich nicht in kluger Berechnung äußert, im gesellschaftlichen Erfolg, sondern eher in seinem Gegenteil.

Aber die lobende Addition der Mozartschen Menschen-Eigenschaften bringt auch plötzlich zusammen, was scheinbar getrennt ist und was das Problem vor allem seines Spätwerks ausmacht: verklärt, leidend, klagend – das steht als Gleiches nebeneinander. Man kann es auch so sagen: nur wer leidet und klagt, ist zur Verklärung fähig. Man muß »unten« sein, um wirklich nach »oben« zu dürfen. Der alte Revoluzzer hat sich in seinen seidenen Gewändern nur verkleidet, wie sehr er sie auch braucht, um sich wohlzufühlen.

1.

Symbolische Orte

Die erste Musik des »Rings«, das Vorspiel zum »Rheingold«, soll das Wogen des Rheins schildern, der nach Wagners Szenenbeschreibung im oberen Teil der Bühne »rastlos von rechts nach links zuströmt«. Aber die Musik ist weit davon entfernt, einfach nur ein gleichförmiges Strömen darzustellen, wie es die szenische Situation nahelegen würde; dieses »Rheingold«-Vorspiel ist vielmehr eine fortwährende Bewegung zwischen »oben« und »unten«.

Das Orchester umschreibt vom tiefsten Kontra-Es der Bässe, das als Orgelpunkt über das ganze Stück gehalten wird, bis zum dreigestrichenen g der Flöte fast den gesamten zur Verfügung stehenden Tonraum. Die melodieführenden Instrumente (wenn man das Auf und Ab von nur drei Tönen des Es-Dur-Akkords überhaupt Melodie nennen darf), Hörner zunächst, dann Streicher und Flöten, später Klarinetten und Oboen, ganz zuletzt Trompeten, drängen in immer kürzer werdenden Phrasen über mehrere Oktaven nach oben und fallen von dort wieder nach unten zurück, um erneut den Aufstieg zu beginnen.

Die nun einsetzende Handlung bringt diesen Gegensatz von oben und unten in ein geradezu moralisches Wertsystem. Der »aus einer finsteren Schluft« dem Abgrund entsteigende Alberich wirbt um die in der Höhe schwimmenden und sich ihm immer wieder entziehenden Rheintöchter. Was er will, daran läßt er keinen Zweifel; sie aber verhöhnen seine sexuellen Süchte, geben ihnen Hoffnung und zerstören sie sogleich wieder. Dabei spielen »oben« und »unten« als symbolische Orte eine bedeutende Rolle.

»Steig nur zu Grund:
da greifst du mich sicher!«

sagt eine der Rheintöchter zu Alberich, und der antwortet: »Wohl besser da unten!« Doch sie spottet seiner, indem sie sich mit dem Satz »Nun aber nach oben!« aufwärts bewegt. Alberich wendet sich der nächsten zu und ihren Versprechungen. Aber er verlangt zuerst:

»Nur tiefer tauche,
willst du mir taugen!«

Auch sie entzieht sich ihm, indem sie nach oben schwimmt. Skeptischer geworden, aber noch immer nicht frustriert, stellt Alberich auch der dritten die Bedingung:

»Soll ich dir glauben,
so gleite herab!«

Erwartungsgemäß wird er wieder hereingelegt; die da oben machen sich ihren Spaß mit dem da unten, und dieses einmal angeschlagene Motiv beherrscht Wagners Nibelungen-Kosmos bis zum Ende.

Oben: das ist der Ort, wo Lug und Trug regieren; von dort, von oben, glänzt der Schein des Goldes, um dessen Besitz von nun an gekämpft wird, während es »unten« keinerlei machtpolitischen Wert besitzt:

»Ein Tand ist's
in des Wassers Tiefe,
lachenden Kindern zur Lust« –

so beschreibt der skeptische Halbgott Loge den Tatbestand, und am Schluß von »Rheingold« wird das Thema in aller Deutlichkeit offengelegt: die Rheintöchter beklagen den Verlust des ihnen anvertrauten Goldschatzes, Loge als von Wotan beauftragter Sprecher legt ihnen nahe, wie sie die Situation künftig zu verstehen haben:

»Ihr da im Wasser!
was weint ihr herauf?
Hört, was Wotan euch wünscht.
Glänzt nicht mehr
euch Mädchen das Gold,
in der Götter neuem Glanze
sonnt euch selig fortan!«

»Die Götter lachen laut«, sagt die Regieanweisung, und die Rheintöchter klagen:

»Rheingold! Rheingold!
Reines Gold!
O leuchtete noch
in der Tiefe dein lautrer Tand!
Traulich und treu
ist's nur in der Tiefe:
falsch und feig
ist, was dort oben sich freut!«

Auf die melancholische Klage, die im Vorwurf an die oben (diesmal die Götter) heftig zu einem dissonanten Quartenakkord anschwillt, folgt der orchestrale Prunk des Götter-Einzugs nach Walhall. Wer diesen »Rheingold«-Schluß als pure Festmusik versteht – und Generationen von Hörern und Opernbesuchern haben ihn so verstanden –, der verkennt seine Voraussetzung: denn das letzte Wort davor hatten eben die Rheintöchter: »falsch und feig / ist, was dort oben sich freut«. Die dem folgende Musik trägt also von vornherein den Makel trügerischen Scheins (was übrigens jede Bühnenaufführung klar zu machen hätte).

Daß Wagners Sympathie ausdrücklich dem Fazit der Rheintöchter gilt und nicht dem festlichen Zug der Götter, ergibt sich nicht nur aus dem Zusammenhang des Textes. Dessen Befund wird vielmehr geradezu geadelt durch die letzten Sätze in Cosimas Tagebuch, niedergeschrieben am Vorabend von Wagners Tod: »Er geht an das Klavier, spielt das Klage-Thema ›Rheingold, Rheingold‹, fügt hinzu: ›Falsch und feig ist, was oben sich freut.‹ ›Daß ich das damals so bestimmt gewußt habe!‹ – – Wie er im Bette liegt, sagt er noch: ›Ich bin ihnen gut, diesen untergeordneten Wesen der Tiefe, diese[n] sehnsüchtigen.‹«

Der Protest der Rheintöchter nach oben hat für Wagner außerordentliche Bedeutung gehabt, seit er ihn einmal formulierte. Nicht nur, daß er ihm bis an seinen letzten Lebensabend folgte: auch auf dem Höhepunkt seiner Liebe zu Mathilde Wesendonk zitiert er sinngemäß daraus, und zwar (ein aparter Zufall?) in dem berühmten Brief, den Minna abfing – was der Anfang von den Enden beider Beziehungen war: »Nur Innen, im Innern, nur in der Tiefe wohnt das Heil!«

Was hier noch wie poetische Symbolik klingen mag, war von Wagner durchaus auch in einem sozialen Sinn gemeint, als Bekenntnis zu denen unten. In Cosimas Tagebuch finden sich Belege dafür. Aus dem Jahr 1880 berichtet sie die folgende Episode: »Sein heutiger Eindruck von der Stadt war: eine sehr elegante reizende Dame, im Wagen hingegossen, schmachtend zum andren sprechend, während hinten krampfhaft ein Junge an den Wagen sich klammerte. R. meint, das sei das Charakteristische der eleganten Welt: dieses nicht Wissen, was daneben, unten vorgeht.« Und einige Jahre früher, mit selbstkritischer Ironie bei einem Besuch des Bauplatzes für das Bayreuther Festspielhaus: »Furchtbare Grabungsarbeiten; R. sagt mir: ›Die Leute müssen denken, ob der wahnsinnig ist, uns so tief unten hier arbeiten zu lassen, damit er da oben sein Stück aufführt.‹« Kein Zweifel: der symbolische Ort »unten« ist für Wagner deutlich positiver besetzt als »oben«.

Sein Werk, der »Ring« vor allem, ist voller Hinweise auf diese Symbolik. Nach der vorhin beschriebenen Szene, Alberichs vergeblichem Werben um die Rheintöchter, nach seinem Raub des Goldes dann, verwandelt sich die Bühne, indem ein »schwarzes Wassergewoge ... eine Zeitlang immer noch abwärts zu sinken scheint«. (Nebenbei: alle »Rheingold«-Verwandlungen wirken wie für die Mittel des noch lange nicht erfundenen Films entworfen.) »Aus dem untersten Grunde« hat man noch »Alberichs gellendes Hohngelächter« im Ohr, das Gelächter dessen, der sich mit seinen Möglichkeiten gerächt hat am Hochmut der Oberen. Nun taucht »eine freie Gegend auf Bergeshöhen« auf, nicht aber als Befreiung von einem Schreckensbild, sondern im Gegenteil: hier geht der Ärger erst richtig los, wir erleben Wotan im banalen Ehestreit mit Fricka.

Wagner hat die moralischen Beziehungen zwischen Oben und Unten im »Ring« beinahe systematisch durchgehalten. Noch im »Rheingold« rät Loge, wie man mit dem von ihm und Wotan heimtükkisch betrogenen Alberich verfahren soll:

»Nun schnell hinauf!
Dort ist er unser.«

Die alle Weisheit besitzende Urmutter Erda bleibt bei ihrer Prophezeiung der Zukunft bis zum Bauch im Boden stecken – ein so kurioses wie eindringliches Bild der Verknüpfung von Wahrheit und Tiefe. Siegfried in der »Götterdämmerung« steigt von der realitätsfernen Höhe des Walkürenfelsens hinab in die Welt, wo er an den wahren Verhältnissen scheitern wird, und Brünnhilde blickt ihm »in die Tiefe nach«. Der in Gunthers Gestalt sich Brünnhilde nähernde Siegfried weicht den »aus der Tiefe« heraufleuchtenden Flammen aus, indem er »auf einen hochragenden Felsstein empor« springt – dort also ist sein Betrug sicher. Siegfried ruft seinen baldigen Mörder Hagen und das Jagdgefolge herunter: »Kommt herab! Hier ist frisch und kühl.« Da unten wird gleich die Wahrheit ans Licht kommen, während man Hagen nach dem Mord »über die Höhe ... von dannen schreiten sieht«.

Am Anfang des dritten Akts der »Götterdämmerung« wird die Oben-Unten-Symbolik besonders deutlich entschlüsselt. Da beklagen wieder die Rheintöchter den durch den Raub des Goldes eingetretenen Zustand:

»Frau Sonne
sendet lichte Strahlen;
Nacht liegt in der Tiefe:
einst war sie hell,
da heil und hehr
des Vaters Gold noch in ihr glänzte!
Rheingold,
klares Gold!
Wie hell du einstens strahltest,
hehrer Stern der Tiefe!«

Gäbe jemand ihnen das Gold zurück, so fahren sie fort, dann strahlte wieder der »freie Stern der Tiefe«.

Die Tiefe als Ort von Wahrheit und Freiheit also ist verdunkelt durch die Untat des Macht- und Besitzstrebens. Droben kämpfen alle nur um das seiner natürlichen Form beraubte Gold: es wurde gewaltsam zum Ring geschmiedet. In diesem Wort übrigens, das zwar vor allem und ganz handgreiflich einen Reif meint, hat der Sprach-Fetischist Wagner gewiß auch den anderen Sinn vor Augen gehabt, als er seinen Zyklus so nannte: Ring – das klingt schließlich auch nach Umkreis, Bereich, Schauplatz. »Der Ring des Nibelungen« also – die Welt des Nibelungen, Alberichs verdorbene, denaturierte Welt. Wenn Waltraute ihrer ehemaligen Walküren-Kollegin Brünnhilde im ersten Akt der »Götterdämmerung« vom traurigen Gott erzählt, der nur noch den einen Wunsch habe, daß die Rheintöchter den Ring wieder zurückerhielten, dann heißt das eben auch, daß diese Erlösung für »Gott und Welt« eine Rückkehr der Welt zur Urnatur bedeuten würde. An dieser Stelle bewegt sich die Musik in sehr tiefer Lage, für die Singstimme ist es die tiefste der ganzen Partie. Und das – wir wissen es nun schon – signalisiert Wahrheit.

Der »Ring« enthält sicher die am gründlichsten systematisierte Wert-Beziehung von oben nach unten. Wie wichtig für Wagner dieses Verhältnis aber überhaupt war, wie tief es ihn berührte, kann man aus flüchtigen Vorformen in den früheren Opern erkennen. Im »Fliegenden Holländer« erzählt Erik, der um Senta wirbt, von einem Traum, den er »auf hohem Felsen« hatte. Unter sich, in »des Meeres Flut«, sah er ein Schiff ankommen, dem der bleiche Mann entstieg, jener verfluchte Seefahrer, von dessen Erlösung Senta seit langem träumt und den Erik als Konkurrenten empfindet. Zu Recht, wie sich herausstellt; denn um dessentwillen wird Senta Erik verlassen. Seine Position »oben«, auf dem hohen Felsen, ist die falsche, die Liebe wendet sich der unteren Position zu. Nach unten ins Meer stürzt sich Senta denn auch am Schluß, um dem Holländer ihre Treue zu beweisen. Erst das bringt die Erlösung: »In weiter Ferne entsteigen dem Wasser der Holländer und Senta, beide in verklärter Gestalt; er hält sie umschlungen.« Die Liebe, die Bedingung und Folge der Erlösung zugleich ist, hat selbst wieder den Gang nach unten zur Bedingung. Gerade diese Abwärtsbewegung, die Solidarität (um es modern zu sagen) mit dem Unten, die Nachfolge ins Leid, bedeutet die Erfüllung aller menschlichen Sehnsucht und Liebesfähigkeit.

Aber das hat auch seine andere Seite. Schon in der nächsten Oper, »Tannhäuser«, präsentiert sie Wagner gewissermaßen als Gegenbild. Da ist unten Venus, die Göttin der Liebe, die den Helden zur »bloßen« Sinnenlust verlocken will. Ihr Ort ist eine betäubend luxuriöse Höhle; warum sie ausgerechnet da wohnt, das erklärt sie ausdrücklich, als sie sich gegen Tannhäusers Ausbruchsabsichten wendet:

»Hin zu den kalten Menschen flieh,
vor deren blödem, trübem Wahn
der Freude Götter wir entflohn
tief in der Erde wärmenden Schoß.«

Die Venusberg-Musik ist von glühender Leidenschaftlichkeit – und das auch schon ohne das Anfangs-Bacchanal, das Wagner 1860 für die Pariser Aufführung hinzukomponierte, angereichert mit den ekstatischen Erfahrungen der »Tristan«-Partitur. In den Worten der Venus und in ihrer Musik äußert sich zum wiederholten Mal Wagners Zwiespalt: einmal verkünden sie seine lebenslange Weisheit von der Menschlichkeit der sinnlichen Liebe, die den sehnsüchtig gesuchten Widerpart spielt zu den unmenschlich kalten »Menschen«; andererseits zieht die Geschichte des »Tannhäuser« sich voller Angst zurück vor solch überwältigendem Anspruch. Was da unten wirklich lauert, ist wahrhaftig nie geheuer, denn unten ist natürlich auch der eigene Körper, und unten ist die Mutter und die Frau überhaupt, die dem Mann zusetzt.

Unten ist Wahrheit und Freiheit und Sehnsucht und Hoffnung, unten ist Anspruch und Angst und Bedrohung und Vernichtung. Aus einer späten Bemerkung zu Webers »Freischütz«, den Wagner seit frühester Jugend liebte, klingt das noch heraus: »wie schön das sei, daß Caspar (in der Wolfsschlucht) unten spräche, während Max oben

Einmal sagt er auch, »im Parsifal sei alles jäh, der Heiland am Kreuz, da sei alles blutig«, dem müsse etwas folgen, was »sanfter« sei – gemeint ist der alte Plan des Buddha-Dramas »Die Sieger«.

Wagner hat gelitten unter dem selbstgesetzten Ziel des reinen und durch die Abwehr der körperlichen Liebe verklärten »Parsifal«. Deshalb sind die unterbewußten Widerstände dagegen immer so stark bis ins Absurde hervorgebrochen: die Sehnsucht nach dem lächerlich Einfachen, auch nach dem »Inhaltslosen« und deshalb Unproblematischen der nie zustandegekommenen Sinfonien. Wagner mußte sich Luft schaffen, mindestens in den Träumen, mindestens in Worten. Von der letzten »Parsifal«-Vorstellung der Uraufführungs-Festspiele 1882 berichtet Levi, der Hauptdirigent, daß Wagner, dem Publikum verborgen, den Schluß selbst dirigiert habe. Als am Ende der Jubel losgebrochen sei, habe »der Meister« sich nicht gezeigt, er »blieb immer unter uns Musikanten sitzen, machte schlechte Witze«. Man darf annehmen, daß hinter dem zurückhaltenden Ausdruck sich in Wahrheit Wagnersche Obszönitäten verbergen.

Im gewaltsamen Spott über das hehre Werk hat Wagner sich von dem befreit, was alle als seine Botschaft empfanden, was er auch selbst »oben« suggerieren wollte: Lust dürfe bestraft und müsse überwunden werden. Ludwig Strecker jr. hat ganz zu Recht darauf hingewiesen, daß »Parsifals Schuld und Parsifals Läuterung, welche im dramatischen Geschehen kaum sichtbar gemacht werden, ... so gut wie nicht vorhanden sind«. Strecker fragt also: »*Was* hat Parsifal zu büßen, *welche* Strafe zu erdulden und *was* entsündigt ihn und stellt ihn als ›Erlöser‹ über die Ritter, selbst über den anderen Reinen, den wir kennenlernen, Gurnemanz?«

Fragen können gar nicht einfach genug sein, wenn sie richtig sein sollen. Tatsächlich wird seit 1882 als selbstverständlich hingenommen, was überhaupt nicht selbstverständlich ist. Der ganze »Parsifal« macht an keiner Stelle klar, wieso gerade *dieser* Held zur Erlösung bestimmt ist.

»Durch Mitleid wissend,
der reine Tor,«

so heißt die prophetische Beschreibung für den erwarteten Erlöser. Doch Parsifal wird an reiner Torheit von den Gralsknappen überboten (sie töten immerhin keinen Schwan), und wissend wird er zwar, aber durchaus nicht durch Mitleid, sondern vielmehr durch den Schreck vor der von Kundry angebotenen Lust. Er versteht das Leid des Amfortas, als er begreift, daß dessen Verletzung eine Wunde der Lust ist. Genau das also kann nur der Punkt sein: das »Mitleid« der Erlöser-Formel ist ganz buchstäblich zu nehmen, nicht im Sinn von tiefempfundenem Bedauern, sondern als Mit-Leid. Parsifal erlebt selbst Amfortas' Wunde, sie ist die seine. Die Lust schafft für alle, heißt das, Verletzungen; aber nur indem man sie an sich zuläßt und als Verletzungen begreift, wird man zur Erlösung fähig. Die Suche nach der Lust ist also letzten Endes ein notwendiger Schritt auf dem Weg zur Erlösung.

Die vordergründige Keuschheitspredigt des »Parsifal«, so bestens geeignet für die Sexualaufklärung pubertierender Knaben im traditionellen Religionsunterricht, wird auf gefährlich schwankendem Fundament vorgetragen: sie enthält die Aufforderung, mit dem Feuer der Lust so lange zu spielen, bis man fast verbrannt ist. Eine riskante Geschichte, die Wagner da anpreist. Aber so meinte er sie wirklich. Parsifal bedankt sich am Ende bei Amfortas, daß der durch seine Lustsünde ihn dahin gebracht habe, wo er nun ist:

»Gesegnet sei dein Leiden,
das Mitleids höchste Kraft
und reinsten Wissens Macht
dem zagen Toren gab.«

Sünde und Erlösung hängen so auf vertrackte Weise zusammen: ohne die eine gibt es die andere nicht. Nicht etwa ist gemeint, daß alles in Ordnung wäre, wenn es die Sünde nie gegeben hätte. Sondern vielmehr: nur durch die Sünde als Voraussetzung der Erlösung kann alles in Ordnung kommen. Nur die Sünde hat den Menschen hervorgebracht, sie ist seine Bedingung. Die Erlösung ergibt sich dann beinahe zwangsläufig, sie scheint wie draufgesattelt. Noch einmal versteht man von hier aus den bedenklichen Doppelsinn der Schlußworte »Erlösung dem Erlöser«: Parsifal hat zwar dem sündigen Amfortas die Erlösung gebracht, aber der hat sie nur durch seine Sünde erreicht, und Parsifal selbst ist die Erlösung noch verschlossen, weil er sich nie der Sünde der Lust hingegeben hat.

Bezeichnenderweise hat Wagner sich nie mit dem reinen Parsifal identifiziert, wohl aber – wie mit so vielen anderen seiner sündigen Gestalten – mit Amfortas, dem Sünder. Dessen Schmerzen waren ihm vertraut, mit ihnen konnte er etwas anfangen, ihnen konnte er auch die Musik geben, die auf der Höhe seiner künstlerischen Möglichkeiten war. Die ungebrochene Musik der Reinheit hat ihm die größeren Probleme gemacht, und die waren im Grund auch nicht zu lösen. Kein Wunder, daß ihn währenddessen Themen von hoher musikalischer Albernheit heimsuchten, die französischen Opernmelodien, die wie Ohrwürmer den »Parsifal«-Komponisten bedrängten. Den Gralsmarsch hat er, während er daran arbeitete, als den »rechten Bademarsch« bezeichnet. Das sollte heißen: es sei ein Stück für Kurkapellen, aber auch: dort passe er hin, an die Orte, wo man sich körperlich reinigt – von den Leiden des Unterleibs zum Beispiel, wie Wagner es mit seinen vielen Wasserkuren so oft versucht hatte.

Als er »Parsifal« dichtete und komponierte, wußte er längst, daß die Kuren nichts genutzt hatten. Nun bescherte er der Menschheit zwar die Botschaft von der Reinheit, aber er teilte gleichzeitig als letzte Erkenntnis mit, daß die eigentlich gar nicht zu haben sei. Denn Sünden müsse man eigentlich begehen, um die Erlösungsprozedur überhaupt erst in Gang zu setzen.

Es ist ein weiter Umweg bis dahin. Denn das alles hatte er dreißig Jahre früher schon einmal aufgeschrieben. In den 49er Notizen zu »Jesus von Nazareth« heißt es bereits: »Die Unschuld ist der vollkommene Egoismus, denn sie empfängt nur und giebt nicht: Adam lebte in der Unschuld, so lange er nur empfing; die erste Entäußerung seines Egoismus durch die zeugende Liebe, war der Sündenfall, nämlich das Heraustreten des Einzelnen außer sich, somit der hierin bedungene Fortschritt zur vollständigen Aufhebung des Egoismus im Tod, d. i. Selbstvernichtung.«

Da ist schon festgelegt, wie verachtenswert »Unschuld« ist, Abwesenheit von Sünde also. Der Sündenfall ist der Beginn der Geschichte, die Entstehung des Menschen – und von da an erst geht's bergauf. Die angstvoll verschleiernde Kompliziertheit sagt im Grund nichts anderes: legt die Unschuld ab, sündigt, damit ihr befreit werden könnt. Auch im alten Entwurf »Wieland der Schmied« aus der gleichen Zeit stand es schon genau so: »Liebe! Und von aller Schuld bist du frei.«

Daß Wagner dann auf die schwierigen Gedankengänge des späten »Parsifal« verfiel, hat natürlich Gründe. Sie liegen in ihm selbst. Das Problem war zeitlebens schließlich sein ganz persönliches. Ihm war so viel Distanz zur uneingeschränkten Befriedigung seiner wirklich empfundenen Bedürfnisse eingebleut worden, daß sich über das Bewußtsein der Notwendigkeit, dieser falschen Moral zu widerstehen, das andere Unterbewußtsein legte: wie bringt man Lust und Glück zusammen, wenn doch alle sagen, daß Glück etwas anderes sei als Lust? Wagners Kampf gegen die Sexualität hat dieselbe Quelle wie sein Loblied auf die geschlechtliche Lust: die angstbesetzte Verdrängung der eigenen Sehnsüchte.

Unter seiner zwiespältigen Haltung zur Lust haben vor allem seine Beziehungen zu Frauen gelitten. In der Autobiographie erzählt er einmal von einem Ausflug mit Minna (sie waren noch nicht verheiratet) und ihrer Schwester in die Sächsische Schweiz. Das sei ihm »die liebste, fast einzige Erinnerung an heiter beglücktes Dasein aus meinem ganzen Jugendleben«. Doch die Strafe für solches Glück muß auf dem Fuß folgen: »Mein ganzes späteres, so langes, von schmerzlichsten und bittersten Erfahrungen sorgenvoll durchwobenes Verhältnis zu Minna ist mir oft als die beharrlich andauernde Sühne für den harmlosen kurzen Genuß dieser Tage erschienen.« Diese Interpretation, die gewiß keine nachträgliche ist, redet das Unglück geradezu herbei: wenn es einem gut geht mit einer Frau, dann ist das schon so sündig, daß das böse Ende bestimmt nachkommen muß. Man hat für seine Lust immer zu büßen.

In ähnlicher Weise stilisierte er sein Verhältnis zu Mathilde Wesendonk. Als es infolge der bekannten äußeren Umstände geplatzt war, klagte Wagner über die »Katastrophe«, die da für ihn eingetreten sei, die Rache gewissermaßen für die vorausgegangenen Monate des Glücks. Aber er weiß auch schon die Lösung: »Ruhe! Ruhe der Sehnsucht! Stillung jedem Begehren! Edle, würdige Überwindung!« Er erinnert sich an den fliegenden Holländer, der auch nur Sehnsucht gehabt habe »nach – ›der Heimat‹ –, nicht nach üppigem Liebesgenuß!« Und er wiederholt noch einmal die Lösungsformel: »Laß uns diesem schönen Tode weihen, der all unser Sehnen und Begehren birgt und stillt! Laß uns selig dahinsterben, mit ruhig verklärtem Blick und dem heiligen Lächeln schöner Überwindung! Und – keiner soll dann *verlieren,* wenn wir – – *siegen*!«

Natürlich ist das auch nachgemachter Schopenhauer, aber der traf nur Wagners eigene Empfindung. »Siegen« bedeutet ihm wirklich die Überwindung unkeuscher Lust und »Tod« die endgültige Abkehr vom sexuellen Überdruck. Aber er hat das immer nur beschworen, dahin gekommen ist er nie. Deshalb hat das Thema ihn so bedrängt – da er nicht gelernt hatte, wie selbstverständlich damit umzugehen. Deshalb mußten hinter allem Glück Gefahren lauern, und wo sie wirklich abwesend waren, zog sein Unterbewußtsein sie herbei. Cosima berichtet aus dem Jahr 1876 Wagners Traum von ihrer Hinrichtung: »ich hätte mit meinem Vater abgemacht, daß, um meine Verheiratung mit R. zu büßen, ich mich hinrichten lassen müsse«. Wie stark hat das in ihm gewühlt – wie verständlich deshalb, daß »Erlösung« das große Thema seines Lebens wurde. Nietzsche hat darüber brillant gespottet und noch darin klar gemacht, wie hintergründig doppelsinnig alle diese Erlösungsgeschichten sind: »Wagner hat über Nichts so tief wie über die Erlösung nachgedacht: seine Oper ist die Oper der Erlösung. Irgend wer will bei ihm immer erlöst sein: bald ein Männlein, bald ein Fräulein – dies ist *sein* Problem. – Und wie reich er sein Leitmotiv variirt! Welche seltenen, welche tiefsinnigen Ausweichungen! Wer lehrte es uns, wenn nicht Wagner, dass die Unschuld mit Vorliebe interessante Sünder erlöst? (der Fall im Tannhäuser) Oder dass selbst der ewige Jude erlöst wird, *sesshaft* wird, wenn er sich verheirathet? (der Fall im Fliegenden Holländer) Oder dass alte verdorbene Frauenzimmer es vorziehn, von keuschen Jünglingen erlöst zu werden? (der Fall Kundry) Oder dass schöne Mädchen am liebsten durch einen Ritter erlöst werden, der Wagnerianer ist? (der Fall in den Meistersingern) Oder dass auch verheirathete Frauen gerne durch einen Ritter erlöst werden? (der Fall Isoldens) Oder dass ›der alte Gott‹, nachdem er sich moralisch in jedem Betracht compromittirt hat, endlich durch einen Freigeist und Immoralisten erlöst wird? (der Fall im ›Ring‹) Bewundern Sie in Sonderheit diesen letzten Tiefsinn! Verstehn Sie ihn? Ich – hüte mich, ihn zu verstehn ...«

Der Psychologe Nietzsche, von Wagners Problem – man merkt es – selbst zutiefst betroffen, hat es auch am treffendsten dargestellt. Das Heilmittel Erlösung braucht die Erlösungsbedürftigkeit, braucht die Sünde, braucht also ein hohes Maß von »Menschlichkeit«. Das Nietzsche-Zitat bringt noch etwas anderes ans Licht: indem es den Vorgang der sogenannten Erlösung ironisch schillern läßt (die Fälle »Tristan« und »Meistersinger«), nimmt es dem Begriff seine religiöse Weihe. Nietzsche hat erkannt, wenn er sich auch in seiner »Parsifal«-Kritik noch so sehr gegen die Erkenntnis wehrte, daß diese Erlösung alles andere ist als im frommen Sinn christlich.

Sie hängt vielmehr eng zusammen mit Wagners Liebesvorstellung. Und da die wieder unmittelbar verknüpft ist mit Sexualität, ist seine Erlösung selbst ein geradezu sexueller Prozeß. In dem Aufsatz »Über die Aufführung des ›Tannhäuser‹« von 1852 hat Wagner das beinahe ausdrücklich formuliert. Die inbrünstige Buß-Sucht des Helden wird als Leiden bezeichnet, das er »mit Lust« erträgt. Die »höchste Wahrhaftigkeit seiner Empfindung« beziehe sich »nicht auf ihn und sein besonderes Seelenheil, sondern auf die Liebe zu einem anderen Wesen, somit auf dies geliebte Wesen selbst«. Dem entspricht die Intensität von Tannhäusers »Haß gegen diese Welt«, die vor solcher Liebe »aus ihren Achsen hätte geraten müssen«, aber ihn stattdessen verdammte. Die Welt also mit ihrem konventionellen Begriff der Buße für sexuelle Sünden (Tannhäusers Verkehr mit Venus) hat nichts begriffen, gerade eben nicht, daß wahre Erlösung den Charakter von Raserei haben muß und damit der Sünde und der Sexualität eng verwandt ist. Die Erlösung von Wagners Helden und Heldinnen ist also auch ein Protest gegen »diese Welt«, indem der Welt das Bild der sexuellen Liebe entgegen gehalten wird, die allein zur Erlösung führen kann: »*So* liebt er Elisabeth; und diese Liebe ist es, die sie erwidert. Was die ganze sittliche Welt nicht vermochte, das vermochte sie, indem sie der Welt zum Trotze den Geliebten in ihr Gebet schloß und, in heiligem Wissen von der Kraft ihres Todes, sterbend den Unseligen freisprach. Und sterbend dankt ihr Tannhäuser für diese empfangene höchste Liebesgunst. An seiner Leiche steht aber keiner, der ihn nicht beneiden müßte; und jeder, die ganze Welt, Gott selbst – muß ihn seligsprechen.«

Die Erlösung wird durch Liebe förmlich erzwungen, nicht durch bürgerliche Wohlanständigkeit. Sie richtet sich sogar nicht nur gegen die Welt, sondern gegen Gott. Je größer und intensiver die Sünde, so könnte man sagen, um so eher ist solche Erlösung möglich. Wer nicht sündigt, hat sie nicht verdient und bleibt damit eigentlich der wahre Sünder.

Wagner hat es immer schwer gehabt, sein Erlösungskonzept gegen die Reinlichkeit seiner prüden Anhänger abzugrenzen. Seine Neigung zu Obszönitäten haben sie – soweit sie sie nicht einfach übersahen – allenfalls als peinliche Marotte eines Genies gelten lassen; sie konnten nicht verstehen, daß das untergründig zusammenhing mit dem für sie so hehren Thema von Sünde und Erlösung. In der Autobiographie erzählt Wagner mit einem gewissen Behagen, daß der ursprüngliche Titel für »Tannhäuser«, nämlich »Der Venusberg«, Anlaß zu den »abscheulichsten Witzen« gewesen sei wegen der »Obszönität« der Assoziation zur Gegend des weiblichen Geschlechtsorgans; auf diesen Hinweis seines Verlegers habe er deshalb den Titel geändert. Bei den »Ring«-Proben 1876 forderte Wagner den Darsteller des Mime auf, sich nicht nur den Rücken zu streichen, wie es die Regieanweisung verlangt; er solle das vielmehr »schon weiter ausdehnen und sich herzhaft den Arsch streichen! Die Piccolo-Flöte hat ohnedies so verdächtige Trillerchen.« Cosima verließ auf diese Bemerkung hin pikiert den Zuschauerraum.

Überhaupt Cosima. Ihr problematisches Verhältnis zur Sexualität ist wohl zu einem erheblichen Teil schuld an Mißdeutungen des Wagnerschen Werks, Mißdeutungen auch mit Hilfe seiner eigenen Äußerungen, die häufig bestimmt scheinen durch so etwas wie Rücksicht auf Cosimas Prüderie. Sie war – wen wundert's? – anscheinend selbst nicht glücklich dabei; aber sie konnte nicht anders, auch sie war ein Opfer ihrer frühen Geschichte und ihrer Erziehung. Nachdem die ersten heimlichen Lusterlebnisse mit Wagner vorüber waren, hat sie ihr Verhältnis zu ihm bald auf eine andere Grundlage gestellt: sie wurde sein Impresario und sein Eckermann – ihr Tagebuch bezeugt an wenigen und dann noch verschleierten Stellen, wie sehr sie unter dieser selbsterzwungenen Distanz gelitten hat.

Aus den letzten Jahren berichtet Cosima über einen bemerkenswerten Dialog: »Nach dem Mittagessen kommt das Gespräch auf die überlegene Schönheit der Männchen über die Weibchen in der Tierwelt, R. sagt: ›Die Weibchen sträuben sich, das Männchen muß durch seine Schönheit es verrückt machen. Aus dieser Scheu entwickelte sich die weibliche Tugend der Schamhaftigkeit.‹ – Ich frage ihn, ob man nicht auch den Erlösungs-Gedanken in Zusammenhang mit diesem Sträuben des Weibchens bringen könne? R.: ›Wenn man sehr tief geht, ja.‹« Wenn man sehr tief geht: das muß wohl heißen, daß Cosimas prüde Vordergrund-Assoziation *nicht* das Richtige trifft. Sondern daß – »sehr tief« – die Erlösung darin bestünde, das Balz-Gehabe des Mannes aufzuheben, das die freie und natürliche Bewegung aufeinander zu behindert. Die Fassade – so Wagner – hätte wegzufallen, um den Weg zur gemeinsamen Menschlichkeit zu öffnen.

Der Musik hat er dabei eine besondere Rolle zugedacht. Immer wieder nennt er sie »die höchste, die erlösendste Kunst«. Er meint damit, daß sie eben beides ausdrücken kann: die Sünde *und* die Erlösung, weil nur im Medium der Musik das eine unmerklich ins andere übergeht und damit eine Art Identität von beidem zum Vorschein kommt. In einer späten Bemerkung über das Quartett aus dem ersten Akt des Mozartschen »Don Giovanni« erörtert er einmal diese Leistung der Musik. Die Situation (Elvira beschimpft den abgehauenen Liebhaber) sei »abstoßend«, wenn nur der Text gesprochen würde: »durch die Musik aber wird es zu Elviren's Klage. O die Musik! Alles Leiden der Welt wird bei ihr zur sanften Klage und alle Sünde erscheint als Leiden.« Am selben Tag hat er eine Stelle aus Beethovens Eroica-Sinfonie einen »Schrei der Wollust« genannt. Das alles vermochte für ihn nur die Musik: sie verwandelt Sünde in Leiden und Leiden in Klage, und alles bleibt doch eins. Das eben ist ihre erlösende Kraft: daß in der Erlösung der Gestus der Sünde und ihrer Lust beibehalten wird, was dann selbst eigentlich erst Erlösung ist.

Der enge Zusammenhang, ja die Gleichzeitigkeit und Gleichförmigkeit von Sünde und Erlösung wird besonders deutlich an der Figur, die beides geradezu im Übermaß besitzt beziehungsweise begehrt: Kundry. Ihre Beschreibung im ersten großen Prosa-Entwurf des »Parsifal« von 1865 besteht aus einem einzigen dialektischen Nebeneinander und Ineinander von Sündhaftigkeit und Erlösungssehnsucht. Zunächst wird gesagt, Klingsor, ihr Herr, bedürfe ihrer Hilfe; er sei »der Dämon der verborgnen Sünde«, und – eine ungemein interessante Formulierung – er sei »das Wüthen der Ohnmacht gegen die Sünde«. Klingsor ist die eigentliche Negativ-Figur – gerade weil er ohnmächtig ist gegen die Sünde? Weil er die »verborgne« Sünde darstellt und nicht wie

Kundry die offene? Und nun diese: sie sei »dazu verdammt, in neuen Gestalten das Leiden der Liebesverführung über die Männer zu bringen«; andererseits aber: nur ein Mann, der ihr widersteht, kann sie erlösen. Das heißt, daß Kundry zu ihrer eigenen Erlösung immer wieder hinein muß in die Sünde. Nicht Verzicht auf Sünde kann ihr Erlösung bringen, sondern die immer neue Wiederholung der Sünde.

Klingsors Macht über Kundry, der Text sagt es ausdrücklich, besteht nicht in seinen zauberischen Fähigkeiten, sondern in diesem Zwang, der Kundry dazu treibt, ihre Erlösung in der Sünde zu suchen. Weil sie bei den Gralsrittern am ehesten ihren künftigen Erlöser vermutet, sucht sie deren Umgebung. Aber sie ist dort »Büsserin«, und deshalb können gerade die Gralsritter ihr nicht helfen: »nie fällt in diesem Zustande ein Blick der Liebe auf sie; sie ist ganz nur dienende, verachtete Sclavin«. Wer so ist, kann nicht geliebt werden, er ist unfähig zur Verführung, folglich zur Sünde, folglich zur Erlösung; es ist Kundry – man versteht das nun schon sehr gut – »verwehrt, auf diesem Wege das Heil zu finden«. Es ist jedermann verwehrt: Sündhaftigkeit ist immer die Bedingung der Erlösung; wo sie fehlt, kann sich nichts entwickeln.

Noch vor der Ausführung des »Parsifal«, aber bereits nach diesem Entwurf, hat Wagner einmal so auch am »Lohengrin« erklärt, »in welcher Weise der Gral als die Freiheit gedacht werden könnte«. Nämlich: »Die Entsagung, die Verneinung des Willens, das Gelübde der Keuschheit trennt die Ritterschaft des Grals von der Welt des Scheines. Der Ritter darf das Gelübde brechen mit der Bedingung, die er dem Weib auferlegt, denn gleichsam, wenn ein Weib derart die Naturnotwendigkeit beherrschte und nicht früge, wäre sie wert, im Gral einzuziehen, um der Möglichkeit dieser Erlösung willen darf der Ritter freien.«

Die Möglichkeit welcher Erlösung? Und wessen? Der Frau? Oder des Ritters? Beider, heißt wohl die Antwort. Denn gerade an der Lohengrin-Figur hat Wagner ja erläutert, daß dessen Hinabsteigen ins Menschliche *seine* Erlösung ist. Auch der Gralsritter selbst kann also nur erlöst werden, wenn er sich der Sünde hingibt, dem Sex, wenn er auf seine Keuschheit verzichtet. Andererseits gehört zur Erlösung der Frau, daß sie nicht fragen darf, wer er ist. Es ist das Verhalten einer Prostituierten, das hier gefordert wird: mit dem unbekannten Mann ins Bett gehen – höchste Form der Sündhaftigkeit. Und der Gral kann also nur »als die Freiheit gedacht werden«, indem er den Weg in die Sünde frei gibt; ansonsten ist er ein nutzloser Fetisch, geeignet zur statischen Anbetung, aber bar jeder geschichtlichen und moralischen Dynamik.

Daß die Gralsburg ein Kloster für keusche Männer ist, hat zusätzlich besondere Bedeutung. Diese Männer nämlich können Kundry die Erlösung nicht bringen, eben weil sie keusch sind. Im Prosa-Entwurf setzt Wagner das mit »schwach« gleich. Kundry haßt die Männer, weil sie die »Erfahrung von der Schwäche dieser Männer« hat, aber zugleich weiß, daß nur ein Mann sie erlösen kann, und zwar einer, »der der Allgewalt ihrer weiblichen Anmuth widerstehen würde«. Dazu müßte er sich auf die aber erst einmal einlassen; und so einen hat sie nie kennengelernt, bevor Parsifal auftaucht. Das macht ihren »Hohn« und ihre »Verzweiflung« aus, »diesem schwachen Geschlechte [gemeint sind die Männer] unterworfen zu sein, ein auflodernder furchtbarer Hass, der sie zum Verderben der Männer stimmt, zugleich aber ihr wildes Liebessehnen auf verzehrende, furchtbar glühende Weise von neuem immer wieder zu dem extatischen Krampfe aufstachelt, durch welchen sie zaubern kann, zugleich aber auch dem Zauber verfällt«.

Die unauflösliche Verflechtung von Sünde und Erlösung in der sexuellen Vereinigung läßt sich kaum besser ausdrücken. Wagners Moral ist eine Moral der Sünde, was ihn bis zur Bestürzung verwirrt hat. »Furchtbare Geheimnisse« steht einmal mitten drin im Text. Und als sei das die Lösung (aber es ist sie auch tatsächlich), schließt er die Beschreibung von Kundrys Gefühlen mit einer auf den ersten Blick verblüffenden Betonung des Widerspruchs: »Endlich Zwiespalt in Kundry's Seele: Hoffnung auf Erlösung – durch ihre [Kundrys] Besiegung: – dann aber wahnsinniges Verlangen nach einem letzten Liebesgenuss.«

Der »Zwiespalt« ist der wirkliche Weg. Nur wenn man ihn hat, hat man auch die Chance einer Zukunft. Den Reinen ist alles rein, aber erlöst werden können nur die Unreinen. Wagners Dialektik von Sünde und Erlösung im Klima der Geschlechtlichkeit ist so moralisch, daß die Moral seiner Gesellschaft darüber ins Schleudern kommen muß.

3.

Der Untergang der Moral

Wagner hat mit seiner Umwertung aller Werte früh begonnen und nie aufgehört. Das Verblüffende ist, daß das zwar von seinen »rechten« Kritikern zu seinen Lebzeiten durchaus bemerkt wurde, von seinen staatserhaltenden Verehrern danach jedoch gar nicht mehr. Vermutlich liegt das daran, daß der noch nicht etablierte Komponist aufmerksamer gelesen wurde als der berühmte Klassiker – und einem solchen traut man in Deutschland ja bekanntlich nichts Schlechtes zu. Da erst, mit dem Ruhm, ging die Rechnung des jungen Bilderstürmers auf: die Mächtigen seien dumm genug, sich hinters Licht führen zu lassen, wenn man seine Vorstellungen nur im Gewand der Kunst präsentiere.

Als Wagner an den ersten Entwürfen der Anfangsteile des »Rings« arbeitete, hat er diesen Gedanken einmal in einen Brief an den vertrauten Freund Uhlig geschrieben: »Ich bin begierig, ob man uns einmal gänzlich auch bis auf das Gebiet der Kunst verfolgen werde, um dort alle neuerungssüchtigen Ideen zu verbieten: in der That haben sie uns da einen heillosen Spielraum gelassen, von dem sie doch wohl auch einmal begreifen werden, wie gefährlich er für sie gebraucht werden kann.«

Das bezieht sich auf den »Ring« und seine scheinbar heroische Handlung, die in Wirklichkeit eine revolutionäre ist. Das erhoffte Mißverständnis der Zensur ist später dann auch wirklich eingetreten und hat »Ring«-Deutungen von nationalistischem Schlag ermöglicht, als spielte das Stück unter unseren bärtigen und büffelgehörnten germanischen Vorfahren. Erst recht aber hat Wagner solche Techniken im noch heikleren moralischen Bereich angewandt. Seine Aufzeichnungen zu »Jesus von Nazareth« verwenden Begriffe mit ihren zugehörigen Wertungen, die scheinbar den herrschenden Vorstellungen entsprechen – eine Tarnung, die offenbar schon vollkommen verinnerlicht ist; denn die Notizen waren ja nicht zur Veröffentlichung bestimmt, wohl aber wurden sie geschrieben mitten im revolutionären Klima von 1848/49.

Da ist Liebe etwas Gutes und Kälte etwas Böses; der Egoismus wird kritisiert und das Aufgehen in der Allgemeinheit gelobt; Besitz sei unwichtig, Tätigkeit dagegen wichtig. So könnten alle konservativen Banausen formulieren, und so tun sie es bis heute. Der latente Faschismus hat sich solcher Formeln denn auch seit Wagners Tod gern bedient. Nur: man darf dann aus diesen Seiten nicht wirklich zitieren, weil dadurch plötzlich alles ganz anders wird. Denn die Begriffe bedeuten in Wahrheit nicht das, was »oben« darunter verstanden wird, sondern beinahe das genaue Gegenteil.

Vor allem gilt das für die Liebe. Wagner beschreibt sie in dem »Jesus«-Entwurf als die eigentliche Entäußerung des Egoismus. So lange man alles nur in Bezug auf sich selbst begreift, ist man Egoist; Liebe ist ein Ergebnis von Reife, nicht von Ungestüm, das über die Probleme hinwegsehen läßt. Entäußerung als erwachsene Haltung ist die Voraussetzung, sich überhaupt erst zu finden, und man findet sich »im Gegensatze wieder«. So muß man sich nicht aufgeben zugunsten eines diffusen Diensts an einer unbestimmten »Allgemeinheit«, sondern man tut es gerade, um seiner selbst bewußt zu werden. Die Ablösung vom Egoismus schwächt also nicht den einzelnen, sondern stärkt ihn; sie ist nicht in erster Linie Verzicht, sondern Gewinn, und was Allgemeinheit genannt wird, ist eine Ansammlung selbstbewußt starker Individuen, das Gegenteil der disponiblen »Volksgemeinschaft«, von der der anti-emanzipatorische Faschismus schwärmt.

Die Gesetze dieser Welt, das hat der jung gebliebene Revolutionär Wagner bis zuletzt festgehalten, müssen aber zerstört werden, wenn solche sich selbst befreiende Liebe ins Stadium der Praxis tritt. Die ersten Auswirkungen zeigen sich dabei auf dem Feld der überkommenen bürgerlichen Moral; sie wird hinweggespült unter dem Ansturm der Liebe. Der Anfang des »Rheingolds« – entworfen bald nach der gescheiterten Revolution und als Versuch, das einmal als richtig Erkannte im Bild auszudrücken – ist in der spielerischen Szene der Rheintöchter vor Alberichs Erscheinen angefüllt von Vorstellungen des Fließens. Schon das seitdem zu allerlei Witzen genutzte scheinbar sinnlose Silben-Gestammel hat allein diesen Sinn, das Fließen zu vergegenwärtigen:

»Weia! Waga!
Woge, du Welle,
walle zur Wiege!
Wagalaweia!
Wallala weiala weia!«

Klaus Theweleit hat sehr schön dargestellt, welchen eminent befreienden Charakter die körperlichen Assoziationen des Fließens haben und wie gerade diese Assoziationen vom soldatischen Mann als bedrohlich empfunden werden, vom selben Mann, der der Inbegriff einer patriarchalisch-autoritären Gesellschaft ist, in unserer Zeit, aber auch schon in der Wagners. Der »Rheingold«-Anfang samt seiner überquellenden Fließ-Musik ist dazu das absichtliche Gegenbild: der Entwurf einer heilen Gesellschaft der Liebe und Zuneigung oder, utopisch ausgedrückt: einer Gesellschaft, wie sie aussähe, wenn sie erst geheilt wäre. Denn die danach gleich beginnende Handlung läßt schließlich keinen Zweifel daran, wie die Realität aussieht: jedenfalls ganz anders.

In dieser Realität wird das alles verachtet. Die Rheintöchter sind der Wotans-Gesellschaft bedenklich amoralische Figuren, weil sie offen ihren menschlich unbefangenen Gefühlen leben – sie sind allzu »flüssig«. Fricka, die Hüterin der typischen Unterdrückungs-Institution der gegenwärtigen Gesellschaft, also der Ehe, distanziert sich folglich entschieden von ihnen:

»Von dem Wassergezücht
mag ich nichts wissen:
schon manchen Mann
– mir zum Leid –
verlockten sie buhlend im Bad.«

Der Ehe als Inbegriff der gesellschaftlichen Zwangs-Moral galt (wie wir wissen) Wagners Kritik, so lange er lebte, und das obwohl er sich gleich zweimal in diese Institution hineinbegeben hat – beim zweiten Mal hatte er sogar viele Jahre Zeit, sich das zu überlegen. Aber häufige Heiraten beweisen ja gerade nicht eine tiefe Zuneigung zur Monogamie, sie verraten eher die Verachtung einer gesellschaftlich schwerwiegenden Vorschrift. So auch bei ihm. Er geriet förmlich in Rage, wenn sich jemand auf solche Verpflichtungen berief. Als Mathilde Wesendonk ihn nach der Trennung über die gemeinsame Vertraute Eliza Wille wissen ließ, sie sei »gefaßt, ruhig und entschlossen, die Entsagung durchzuführen«, notierte Wagner mit bitterem Hohn in seinem Tagebuch den Grund dafür: »Eltern, Kinder – Pflichten«. Und er fährt fort: »Wie mich das in meiner heilig, ernst-heitren Stimmung doch fremd anklang! Dachte ich an Dich, nie kamen mir Eltern, Kinder und Pflichten in den Sinn: ich wußte nur, daß Du mich liebtest, und daß alles Erhabene in der Welt unglücklich sein muß. Von dieser Höhe aus erschreckt es mich, genau bezeichnet zu sehen, *was* uns unglücklich macht. Ich sehe Dich dann plötzlich in Deinem prächtigen Hause, sehe alles *das*, höre alle *die*, denen wir ewig unverständlich bleiben müssen, die fremd – uns nahe sind, um ängstlich das Nahe von uns fernzuhalten.«

Darin steckt zwar eine ganze Portion pathetische Wehleidigkeit. Aber das Motiv ist doch auch ernstlich sein eigenes: das »Nahe« – die Liebe also ohne konventionelle Rücksichten, weil das menschlich nahe ist – wird von der Gesellschaft zum Fernen gemacht, weil sie nur interessiert ist an ihren schematischen Regeln, naturwidrigen Regeln von Grund auf, aber dafür um so »moralischer«. Als er die andere Mathilde, Mathilde Maier, 1864 auffordert, zu ihm zu ziehen, und die das ablehnt, bricht es ganz ungefiltert aus ihm heraus: »Gott! Gott! immer diese elenden kleinbürgerlichen Rücksichten; – und dieß bei so viel Liebe! Was endlich liebt man denn mehr?«

Die Frage hat Gewicht. Denn Wagner hatte selbst gelernt, wie schwer es war, sich in der Konkurrenz von Liebe und Konvention zu entscheiden. Er wußte, wie bequem nahe der Kompromiß lag: ein bißchen lieben, aber immer die Grenzen beachten, die die Gesellschaft zieht, um sich nicht selbst zu gefährden. Die eigene Gefahr war immer diese Bequemlichkeit. Im Leben hat er sie nicht überwunden, nur im Werk und in ziemlich theoretischen Sätzen. Wenn er in Venedig war, hat er immer wieder Tizians Bild von der Himmelfahrt Mariä besucht. Er sah darin vor allem den »glühenden Kopf«, und der erinnerte ihn merkwürdigerweise an »seinen Gedanken wieder des Geschlechtstriebes; das einzig Mächtige, nun von allem Begehren befreit, der Wille entzückt und erlöst«. An einem solchen Tag fällt ihm dann auch erneut ein, daß dieses »Wichtigste, das Mächtigste, der Geschlechtstrieb, nur noch zu Standesehen verwendet würde!«

Es klingt so, als sei die Tizianische Maria ihm auch ein weiterer Inbegriff des Zwitters gewesen, die reinste Frau, die einen Gott gebar ohne Beteiligung eines Mannes, aus sich selbst heraus, nur mythologisch verschleiert im Bild des Heiligen Geistes. Und so jemand wird in den Himmel aufgenommen, jemand der sich den gängigen Moralbegriffen entzieht, ja: von ihnen aufs Entschiedenste abweicht.

Für Wagner war der Bruch mit dieser Moral – wenn nicht im konkreten Leben, so doch in seinen Ansichten und erst recht in seinem Werk – das Elixier, das er seiner Umwelt glaubte verabreichen zu müssen, damit sie sich erneuern könnte: eine Regeneration, die in Wahrheit eine moralische Revolution war.

»Sehr gern will ich aus der Weltordnung scheiden« – diesen Satz notiert Cosima in Wagners vorletztem Lebensjahr. Er hat das sehr entschieden moralisch gemeint; denn direkt davor ist die Rede von der Politik: »aus dem deutschen Reich« sei er sowieso schon geschieden, warum also nicht auch aus den wahren Hintergründen einer solchen Macht-Konstellation? Denn diese Hintergründe sind »moralisch«, sie rechtfertigen durch scheinbare Natürlichkeit, was den Oberen beim Herrschen nützlich ist: die Reduzierung des Menschen auf konventionelle Formeln.

Wagner hat diese Formeln bekämpft, wo immer er sie antraf. Er hat das einfache Bild, daß es einen natürlichen Unterschied gebe zwischen Gut und Böse, hartnäckig bestritten, indem er die »Guten« immer auch böse sein ließ und die »Bösen« gut. Im »Parsifal«-Entwurf hat er die Irritation der Gralsritter angesichts der amoralischen Kundry festgehalten: »Manche gerathen daher auch in Zweifel darüber, ob sie für gut, oder für bös zu halten sei«. Für Wagner ist sie natürlich weder das eine noch das andere, weil Gut und Böse, so betrachtet, keine Begriffe sind, die sich ausschließen. Sie sind vielmehr bloße Konventionen, auf die eine sich selbst nicht bewußte Gesellschaft sich einmal geeinigt hat. Die Gralsritter als Abbild eines moralischen Stereotyps können sich nur an Äußerlichkeiten halten: an Kundrys »Dienen« einerseits (das gilt als etwas Gutes) und an ihre Nicht-Teilnahme an religiösen Handlungen andererseits (das gilt als etwas Schlechtes). Weil sie beides tut beziehungsweise nicht tut, verunsichert sie die Ritter und ihre banale weil geradlinige Moral. Es paßt dazu, daß Wagner die Marcioniten schätzte, jene frühchristliche Gruppe, deren Ketzerei darin bestand, »ein Urwesen nicht ganz gut und nicht ganz böse anzunehmen; Bewunderung dieser sinnreichen Form der Erkenntnis«.

Die Aufhebung der Trennung von Gut und Böse ist der Untergang jeder gesellschaftlichen Moral. Moralisten wie Nietzsche haben das scharfsinnig erkannt und sich gewehrt dagegen, daß die Regeln des menschlichen Zusammenlebens ins Wanken geraten vor dem höheren Anspruch eines menschlichen Gefühls. Ein Fragment formuliert Nietzsches Angst, bei Wagner moralisch den Boden unter den Füßen zu verlieren: »Wotan, wüthender Ekel – mag die Welt zu Grunde gehen. Brünnhilde liebt – mag die Welt zu Grunde gehen. Siegfried liebt – was schiert ihn das Mittel des Betrugs. Ebenso Wotan. Wie ist mir dies alles zuwider!«

Aber der schillernde Moralist Nietzsche hat das doch auch wieder bewundert. Um dieselbe Zeit schreibt er auf: »Völlige Abwesenheit der Moral bei Wagner's Helden. Er hat jenen wundervollen Einfall, der einzig in der Kunst ist: der Vorwurf des Sünders an den Schuldlosen gerichtet: ›o König‹ – Tristan an Marke.« Das gerade ist Wagners Umwertung der Werte: wer unter bürgerlichen Gesichtspunkten Sünder ist, ist es im System von Wagners Werk durchaus nicht. Es kennt gar nicht den »Sünder« und den »Schuldlosen« im Sinn der gesellschaftlichen Moral. Es kennt nur den Sünder auf dem Weg zur Erlösung, und das rechtfertigt ihn im allgemeinen, während der Schuldlose eine fade Figur ist, befangen im Egoismus der Lieblosigkeit.

»Recht« haben bei Wagner immer die Störenfriede, die Irregulären, die Normwidrigen: Senta, Tannhäuser, Tristan, Walther, Siegmund, Brünnhilde. Er befreit sie vom gängigen Verdammungsurteil, sich gegen das Gesetz und die Moral vergangen zu haben. Auch da hat Nietzsche wieder bemerkt, unter welch ungeheurer Anstrengung diese Befreiung bewirkt wird, welche enorme Bedeutung sie also hat: »Das Prächtige Berauschende Verwirrende das Grandiose das Schreckliche Lärmende Hässliche Verzückte Nervöse Alles ist im Recht. Ungeheure Dimensionen, ungeheure Mittel.«

Wagners Überwindung der Moral, natürlich, kann nur maßlos sein, nicht edel abgewogen. Auch das haben seine zeitgenössischen Gegner besser gesehen als seine späteren Anhänger. Der Kritiker der (bürgerlichen) Vossischen Zeitung wirft ihm nach der Uraufführung des »Rings« 1876 ein »Streben nach Tiefe ohne Klarheit, nach Wahrheit ohne Schönheit, das Geltenlassen der losgebundenen Subjectivität ohne objective Schranke« vor. Das alles sei übrigens »undeutsch«, und schließlich: »Mit einem Wort: in Wagner's Schaffen ist etwas Gothisches, Barbarisches«.

Da hatte er Recht. Wagner hätte dem wohl zustimmen können. Denn wer in dieser Welt moralisch sein will, *muß* ihr geradezu unmoralisch erscheinen. »Wilde Menschen« brauche er für den »Ring«, hat Wagner im Jahr vor der Uraufführung gesagt, »keine kultivierten Barbaren«. Denn die neue Moral, die den Untergang der alten bringen sollte, mußte schließlich dargestellt werden. Das schuf Probleme – richtete sich die Botschaft doch an ein Publikum, das in völlig anderen Denkweisen zu Hause war und folglich szenische Situationen anders verstehen würde, als sie gemeint waren. Kundry müßte eigentlich »wie eine Tizianische Venus nackt da liegen«, meinte Wagner vor der Aufführung des »Parsifal«. Das würde ihr Wesen, ihre neue moralische Spannung zwischen Sünde und Erlösung am besten ausdrücken; aber das ging nun einmal nicht, es wäre von den prüden Bürgern als bloßer Skandal verstanden worden: »Nun muß das durch Pracht ersetzt werden.« Das Dilemma hat sich bis heute nicht verändert.

Der utopische Moralist hat zu rechnen mit dem Unterschied seiner Auffassungen zu denen der gleichzeitigen Gesellschaft. Wagner rechnete sogar noch mit der künftigen und machte sich darüber die größten Sorgen. Es könne eine »Puritaner-Zeit« kommen, fürchtete er, »und meine Kunst hat da nichts zu sagen«.

Wie aber läßt sich eine neue Weisheit verbreiten, wenn die alte noch nicht verloren ist? Für das Volk kann »die Religion nicht absurd genug sein« – mit dem »lieben Gott, der alles gut gemacht hat, wenn wir es auch nicht verstehen«. Wagner sieht ein, daß eine solche Religion »der einzige Trost« ist, »die einzige Anleitung zur Resignation für den gemeinen Mann«. Aber: »wenn der Glaube erschüttert ist, kann man ihn nicht wieder einimpfen.«

Wagners Werk ist jenseits dieses Glaubens angekommen, zu ihm gibt es kein Zurück mehr. Das ist ein Problem des Werks, jedes fortgeschrittenen Werks übrigens. Ganz spät hat Wagner im »Braunen Buch« das Dilemma als Stichwort notiert, ohne eine Lösung dafür zu haben: »Ästhetisiren auf Grundlage einer unmoralischen Welt.« Damit ist nicht die eigene Welt des Werks gemeint, sondern die andere draußen. Denn die ist nicht einfach zurückgeblieben, sondern ihre moralischen Kategorien repräsentieren Unmoral. Immer wieder hat Wagner das erläutert am Beispiel des Verhältnisses zwischen Männern und Frauen. Am »Hamlet« fiel ihm einmal auf, daß Laertes seiner Schwester Ophelia moralische Ratschläge gibt, die in Wahrheit seine eigene Unmoral zum Vorschein bringen: er nehme es nämlich »mit Ophelia's Keuschheit sehr ernst ..., mit der seinigen aber sehr leicht, die Männer dürfen es«.

Wie also das Dilemma lösen? Provokation ist eine Möglichkeit, und Wagner hat sie verwendet in der amoralischen Struktur seiner Geschichten, die die bürgerliche Moral vor den Kopf stoßen. Die andere Möglichkeit ist die Veränderung des Bürgers hin zur neuen Moral. Das aber heißt Revolution. Bis ins hohe Alter stand Wagner deren Notwendigkeit vor Augen, und er hat beides parallel gesehen, wie ein Eintrag im »Braunen Buch« bezeugt, am selben Tag, als er über die unmoralische Welt nachdachte: »Die Kraft der moralischen Anstrengung zur Regeneration würde derjenigen der physischen Revolution zu gleichen haben, welche die Degeneration des menschlichen Geschlechtes veranlasste.«

Verkommen wie sie ist braucht die Menschheit beides, um ihre »Degeneration« los zu werden: die Befreiung von der gängigen Moral und von den politischen Zwängen. Beide Befreiungen sind gleich mühsam und gleich notwendig.

4.

Die emanzipatorische Revolution

Revolution ist ein Zentralbegriff des Wagnerschen Werks. Seine geistigen Nachlaß-Verwalter haben sich erschrocken bemüht, das vergessen zu machen – bis hin zu direkten Fälschungen. So hat zum Beispiel Cosima 1888 bei der Veröffentlichung seiner Briefe an Theodor Uhlig, die aus den entscheidenden Jahren 1849–1852 stammen, neben manchem anderen gerade Wagners Bemerkungen zum Thema Revolution getilgt. Man begreift warum: der inzwischen zum national-deutschen Staatskomponisten aufgestiegene liebe Tote sollte nicht in den Geruch kommen, ein anarchischer Umstürzler gewesen zu sein. Cosima setzte auf die Vergeßlichkeit der Menschen, und sie behielt für beinahe ein Jahrhundert Recht.

Dabei hätte auch damals jeder schon nachlesen können, was Wagner sich da so alles gedacht hat. Denn *er* nahm auf sich weniger Rücksicht: seit 1871 ließ er seine »Gesammelten Schriften und Dichtungen« erscheinen, und darin standen auch die revolutionären Aufsätze aus der Zeit des Schweizer Exils. Gleich der erste, »Die Kunst und die Revolution«, geschrieben im Sommer 1849 unmittelbar nach der Flucht, trägt das Thema im fortissimo vor. Er vergleicht die klassische griechische Kunst mit der heutigen oder besser: der heute notwendigen. Während bei den Griechen die Kunst »konservativ« gewesen sei, weil sie »dem öffentlichen Bewußtsein« entsprochen habe, verhalte sich das heutzutage natürlich anders: »bei uns ist die echte Kunst *revolutionär,* weil sie nur im Gegensatze zur gültigen Allgemeinheit existiert«.

Klingt das noch wie eine etwas theoretische Forderung nur an die Kunst, so wird Wagner sehr schnell konkret und fordert die Revolution selbst: »Nur die große *Menschheitsrevolution* ... kann auch dieses Kunstwerk uns gewinnen; denn nur die Revolution kann aus ihrem tiefsten Grunde *das* von neuem, und schöner, edler, allgemeiner gebären, was sie dem konservativen Geiste einer früheren Periode schöner, aber beschränkter Bildung entriß und verschlang.« Wagner erläutert dann noch ausführlich, wohin diese Revolution führen soll: nicht zum »Geist einer schönen Nation« wie bei den Griechen, sondern zum »Geist der freien Menschheit über alle Schranken der Nationalitäten hinaus«. Nicht Restauration also von etwas schon einmal Dagewesenem, sondern etwas ganz Neues. Und das Prinzip dieses Neuen heißt: »daß wir alle Menschen lieben müssen, um uns selbst wiederlieben, um Freude an uns selbst wiedergewinnen zu können«.

Auf merkwürdige Weise gehen bei Wagner Kunst und Revolution immer zusammen. Seine Kunst erfordert die Revolution, und diese bringt wiederum das »freie künstlerische Menschentum« hervor. Untrennbar eins sind ihm politische und ästhetische Entwicklung. Das läßt sich leicht als unpolitisch kritisieren, als unerlaubte Ästhetisierung eines immerhin schmerzlichen sozialen Prozesses. Solche Kritik, die sich besonders auch auf den ekstatischen Text »Die Revolution« vom Frühjahr 1849 stützen könnte, ist nicht ganz von der Hand zu weisen, aber doch etwas unfair. Es war die einzige nicht lebensgefährliche Weise, wie ein Musiker (und Hofkapellmeister des Königs von Sachsen) sich des heiklen Themas bemächtigen konnte; existenzgefährdend blieb es allemal. Dennoch hat die Verknüpfung von so weit entfernt Scheinendem wie Kunst und Revolution für den heutigen Leser durchaus auch komische Züge. Etwa wenn Wagner in einem Brief 1847 schreibt: »Hier ist ein Damm zu durchbrechen und das Mittel heißt: Revolution! ... Ein einziger vernünftiger Entschluß des Königs von Preußen für sein Operntheater und alles ist mit einmal in Ordnung!«

Auf der Flucht dann, nach der Revolutions-Katastrophe von Dresden, schildert Wagner der zurückgebliebenen Gattin Minna (zurückgeblieben im doppelten Sinn des Wortes) seine infolge dieser Ereignisse durchgemachte Entwicklung: wiederum der Versuch, Politik und Kunst zusammen zu sehen, aber auch die Einsicht, daß Politiker und Künstler sich unterscheiden: »Die Dresdener Revolution u. ihr ganzer Erfolg hat mich nun belehrt, daß ich keinesweges ein eigentlicher Revolutionär bin: ich habe gerade an dem schlimmen Ausgang der Erhebung ersehen, daß ein wirklicher siegreicher Revolutionär gänzlich ohne alle Rücksicht verfahren muß, – er darf nicht an Weib u. Kind, nicht an Haus u. Hof denken, – sein einziges Streben ist: – Vernichtung ... Aber nicht Menschen unsrer Art sind zu dieser fürchterlichen Aufgabe bestimmt: wir sind nur Revolutionäre um auf einem frischen Boden *aufbauen* zu können; nicht das *Zerstören* reizt uns, sondern das *Neugestalten*, u. deshalb sind wir nicht die Menschen, die das Schicksal braucht, – diese werden aus der tiefsten Hefe des Volkes entstehen; –

wir und unser Herz kann nichts mit ihnen gemein haben. Siehst Du! *So scheide ich mich von der Revolution* ...«

Er schied sich von der Revolution in der Tat – nicht aber von ihrem Gedanken, und er konzentrierte den Begriff um so mehr auf den künstlerischen Bereich. Wagner hat früh erkannt, daß der politische Zustand, genauer: die Revolution von 1848/49, Voraussetzung seines Werks ist. Als er in Zürich die Revolutionshoffnung formulierte, gab es vom späteren »Ring« nur die erste Textfassung zu »Siegfrieds Tod«, gedacht noch als Einzelstück des Typus »Große Oper«. Doch Wagner wußte da schon, daß er diesen Weg nicht fortsetzen konnte. Schon hatte er in einem Brief die Folgen der Politik für sein Werk angekündigt: »ich weiß, daß meine letzten erlebnisse mich in eine bahn gerückt haben, auf der ich das wichtigste und bedeutungsvollste zu stande bringen muß, was meiner natur zu produciren gestattet ist.« Ein paar Monate später ist es dann so weit: »Ich habe einen opernentwurf im kopfe, der, wenn ich ihn durchsetze, gewissermaßen der sieg meiner radikalen bestrebungen sein würde«. Es handelt sich dabei um »Wieland der Schmied«. Das Stück ist über den Prosa-Entwurf nicht hinausgekommen, aber es ist eine Keimzelle für den »Ring«, der von ihm die ganze Liebes- und Befreiungs-Thematik übernimmt.

So entsteht das revolutionäre Kunstwerk des »Rings« als Frucht politischer Realitäts-Erfahrung, ein Revolutionsstück für eine restaurative Gesellschaft, aber gerade für sie, gerade für die Gegenwart. Während diese Konzeption des »Rings« in Wagners Kopf sich herausbildet, erläutert er die aktuelle Bestimmung des Kunstwerks in einem Brief an Liszt: »was nicht *heute* wahr werden kann, wird auch für die zukunft unwahr bleiben. Dem wahne, über die gegenwart hinaus für die zukunft zu schaffen, gebe ich mich nicht mehr hin«. Noch ein Vierteljahrhundert später bemerkt er gegenüber Cosima, er hätte ohne die 48er Bewegung den »Ring« wohl nicht konzipiert. Nur die Hellsichtigsten unter seinen Zeitgenossen haben solche Zusammenhänge begriffen. Aber ein dumpfes Gefühl für das bedrohliche, ordnungsfeindliche, aufbrechende Gären im »Ring« muß das Stück denn doch auf breiterer Front vermittelt haben, von dessen Wirkung bei der Uraufführung Gregor-Dellin sagt: »Die Oberklasse des Reichs sah das einzige sozialistische Kunstwerk in Deutschland vor Anbruch des Naturalismus – und war entzückt.«

Diese Charakterisierung bringt die Widersprüchlichkeit des ganzen Vorgangs schön zusammen. Eine Widersprüchlichkeit, die Kunstwerke nicht gerade selten trifft: man denke nur an den bürgerlichen Jubel über Brechts »Dreigroschenoper«. Aber im Fall Wagner hat der Autor eine Menge Mitverantwortung. Denn Wagners Revolutionstheorie, vermischt mit den beschriebenen Ästhetisierungen, bietet auf den ersten Blick für die Utopie des kommenden Glücks ein vieldeutiges Gemisch von Möglichkeiten. Da wird, platt genug, *»der starke und schöne Mensch«* als das gemeinsame Ziel von Revolution und Kunst bezeichnet: »die *Revolution* gebe ihm die *Stärke,* die *Kunst* die *Schönheit!*« Ein paar Seiten später fügt Wagner hinzu, »der freie, starke und schöne Mensch« werde »losgelöst von jeder Konvention und Etikette ... die Wonnen und Schmerzen seiner Liebe feiern«.

Man kann leicht überlesen, daß da nicht nur einem fragwürdigen Ideal von Schönheit und Stärke (»die schöne Bestie«) das Wort geredet wird, sondern daß das Bild zusammengeht mit Freiheit und Liebe. Doch man kann sich eben auch nur das andere herausnehmen und die Rolle der Revolution für die Befreiung des Menschen und seine Befreiung zum Menschen geflissentlich übersehen. Damit ist schon eine Fülle von Mißverständnissen begründet, die sich bald an Wagners Werk geheftet haben und linken Kritikern wie rechten Anhängern willkommenen Stoff lieferten.

Es ist pikant, daß dieses Mißverständnis wohl zurückgeht auf die Wagner-Kritik des späten Nietzsche. Dieser, dem Wahnsinn nahe und selbst herumdenkend an einer Konzeption des glücklichen, starken, amoralischen Menschen, durchaus ohne Wagners Bezug auf Menschlichkeit durch Liebe, warf Wagner vor, den revolutionären Optimismus verraten zu haben an den Pessimismus: »er übersetzte den ›Ring‹ in's Schopenhauerische. Alles läuft schief, Alles geht zu Grunde, die neue Welt ist so schlimm, wie die alte«. Die sonderbare Interpretation ist inhaltlich so falsch wie übrigens auch historisch unmöglich: die »Ring«-Dichtung war seit fast zwei Jahren fertig, die Komposition schon mitten in der »Walküre«, als Wagner zum ersten Mal Schopenhauer las, und er hat danach fast nichts mehr geändert.

Aber die gesellschaftlich engagierten Kritiker Wagners haben Nietzsches tendenziös schiefe Darstellung gern benutzt, und seine reaktionären Anhänger haben sie ebenso gern für Wahrheit ausgegeben. Beiden paßte es sehr gut ins jeweilige Konzept, daß Wagner sich von den revolutionären Vorstellungen früherer Tage abgewandt habe.

Doch daran ist kaum etwas richtig. Wagner hat dem kämpferischen Ideal der Revolution die Treue bewahrt und gerade auch die politische Revolution immer weiter für notwendig gehalten, auch wenn er sich selbst längst nicht mehr dazu fähig fühlte. Denn schließlich konnte seine künstlerische Revolution nicht einfach an die Stelle der politischen treten, weil sie diese ja voraussetzte und zum Teil vorwegnehmen sollte. Diese Auffassung ist nicht nur eine Sache der Exilsjahre. Dort allerdings wird sie am klarsten.

Die Briefe bald nach der Flucht reden immer wieder davon: »meine sache ist: revolution zu machen wohin ich komme ... das kunstwerk kann jetzt nicht geschaffen, sondern nur vorbereitet werden, und zwar durch revolutioniren, durch zerstören und zerschlagen alles dessen, was zerstörens- und zerschlagenswerth ist ... selbst ein werk, das ich für dort [gemeint ist Paris] schreibe und aufführe, wird nur ein moment der revolution, ein affirmationszeichen der zerstörung sein können. Nur zerstörung ist jetzt nothwendig, – aufbauen kann gegenwärtig nur willkürlich sein.« Das ist noch im Jahr der Flucht geschrieben, aber achtzehn Monate später hat sich die Tonlage kaum verändert: »Ich verlange mit leidenschaft nach der revolution, und nur die hoffnung, sie noch zu erleben und sie mitmachen, giebt mir eigentlich lebenslust.« Die Belege lassen sich fast beliebig vermehren.

Gut, das ist der Republikaner Wagner im Exil. Doch mit dem Günstling des bayerischen Königs steht es nicht viel anders. Er hat seinen alten Anarchismus weiter gepflegt, heimlich zwar, aber immerhin. Im ersten Kapitel habe ich einige Beispiele dafür angeführt. Man lese dazu noch, wie im Haus Wahnfried über die Attentate des Jahres 1878 auf den deutschen Kaiser geredet wurde: mit Verständnis und Spott nämlich, mit klammheimlicher Freude gar – und man gewinnt ein Bild von Wagner, das beinahe auch auf einen russischen Nihilisten seiner Tage gepaßt hätte. Er hat sich nicht getraut, das laut zu sagen, nicht einmal halblaut zum befreundeten König Ludwig. Eine Tagebuchaufzeichnung, die für ihn bestimmt war und in der Wagner Verständnis äußerte für »das niedere Volk«, das auch dann gegen die Polizei Partei nehme, wenn sie Verbrecher verhafte – diese Notiz hat er nicht an den König abgeschickt.

Wagners Vorstellung von der Revolution ist, wie wir gesehen haben, bestimmt von seiner Sehnsucht nach Liebe und Freiheit, die den Menschen ausmachen und die nur durch die Revolution hervorgebracht werden können, weil die alten Kräfte natürlich die Gefährdung ihrer Herrschaft eben durch Liebe und Freiheit nicht zulassen dürfen. Liebe und Freiheit aber sind bis zur Identität aufeinander bezogen. Im »Kunstwerk der Zukunft«, einer anderen der Zürcher Schriften, definiert Wagner das so: »Freiheit ist befriedigtes notwendiges Bedürfnis, höchste Freiheit befriedigtes höchstes Bedürfnis: das *höchste* menschliche Bedürfnis aber ist *die Liebe.*« Freiheit erscheint also als Befriedigung der Liebe: der Mensch ist um so freier, je mehr er liebt und der Liebe folgt.

In dem nur ein paar Wochen später geschriebenen kleinen Aufsatz »Kunst und Klima« wird dieser emanzipatorische Charakter der Liebe noch einmal besonders hervorgehoben, indem sie eindeutig bezogen wird auf die politische Gemeinschaft der Menschen: »Es gibt keine höhere Kraft als die *gemeinschaftliche der Menschen;* es gibt nichts *Liebenswerteres* als die *gemeinschaftlichen Menschen.* Nur durch die *höchste Liebeskraft* gelangen wir aber zur *wahren Freiheit;* denn es gibt keine wahre Freiheit als die *allen Menschen gemeinschaftliche.*« Die Liebe wird nun weiter definiert als »Mittlerin zwischen Kraft und Freiheit«, als »Erlöserin, ohne welche die Kraft Roheit, die Freiheit aber Willkür bleibt«. Diese Liebe sei jedoch nicht wie im Christentum die »anbefohlene«, sondern die, »die aus der *Kraft* der unentstellten, wirklichen menschlichen Natur hervorgeht«. Sie schreite »von der Geschlechtsliebe ausgehend« über »Kindes-, Bruder- und Freundesliebe *bis zur allgemeinen Menschenliebe*« fort.

Ausdrücklich zielt das über die individuelle Privatheit hinaus auf die Emanzipation der Gesellschaft dadurch, daß sie Liebe auf allen ihren Stufen verwirklicht. Für Wagner war das 1850 leicht gesagt; in der Realität ging es etwas komplizierter zu. Denn die Sache hat zu tun mit dem für Wagner und seine Zeit neuen Phänomen der Massengesellschaft in einer sich industrialisierenden Welt. Zumindest der »Ring« mit seinem Grundmotiv von der Natur und den Sünden wider sie hat thematisch damit zu tun. In den Bildern von den zur Arbeit geknechteten Nibelungen und von den anonymen »Männern und Frauen« des Schlusses hat er zeichenhaft Symbole für Industrialisierung und für die neuen Massen auf die Bühne gebracht.

Wagner war sich über diese Beziehungen seines Werks wohl klar, erst recht als er die Veränderungen bemerkte, die in der Gesellschaft um ihn herum vorgingen. Zu wenigen Einzelthemen hat er sich im Alter so häufig und so engagiert geäußert wie zu der noch so unvertrauten sozialen Figur des »Arbeiters«. Begierig hat er alles beobachtet und kommentiert, was ihm da zugänglich war – aus den bürgerlichen Zeitungen zumeist.

Als er 1872 von einem Arbeiter-Aufstand in Wien liest, empört er sich, daß »die armen Verführten gezüchtigt und verfolgt« werden, sie seien die »Opfer«, die Opfer allerdings ihrer »Anführer«, die »Demagogen« seien, Volksverführer. Da schimmert seine Herrschafts-Kritik durch: »Anführern« ist überhaupt nur Schlechtes zuzutrauen. Den »Opfern« aber gab er eine große Zukunft: er glaubt noch 1879 an die »Notwendigkeit des Unterganges der jetzigen Dinge« und findet dabei »einzig den Arbeiter gleichsam lebensberechtigt«. Von ihm werde »einst die neue Religion ausgehen«, nämlich »von dem Arbeiter (Industriellen) aus, der Liebe für die Arbeiter haben wird«. Die Stelle ist etwas schwer zu verstehen, und ich glaube, daß schon die berichtende Cosima ihren Wagner nicht ganz verstanden hat. Es kann kaum der (großgeschriebene) Industrielle, also der Unternehmer, gemeint sein, sondern wohl nur der (kleingeschriebene) industrielle Arbeiter, der die Arbeiter liebt, also seinesgleichen. Wagner setzt hier den Arbeiter an die Stelle seines früheren Begriffs des Menschen, der den Menschen liebt.

Wieder und wieder beschwört er in diesen Jahren das »immer dringendere Hervortreten der sozialen Frage«, interessanterweise mit dem Zusatz »aufgehalten durch Kriege«: eine bemerkenswerte Einsicht in die historische Mechanik, von inneren Problemen durch die Herstellung äußerer Konflikte abzulenken – eine Mechanik, die Diktaturen des 20. Jahrhunderts schließlich zur Perfektion entwickelt haben. Er lobt die neu entdeckte Elektrizität »und hofft ihre Anwendung auf die Eisenbahnen, um die Kohlenarbeiter zu vermindern«. Die Analyse der sozialen Ursachen der Trunksucht hält er für wichtiger als ihre juristische Bekämpfung.

Zu den Ländern der Zukunft hat er Deutschland schon allein deshalb nicht gezählt, weil seine sozialen und politischen Verhältnisse ihm zu traditionell erschienen, zu stark abgedichtet gegen die wirklichen Veränderungen, die sich in der zweiten Hälfte des 19. Jahrhunderts für scharfsichtige Beobachter abzeichneten. Er ließ sich nicht täuschen von Deutschlands machtpolitischem Vorrang in Europa. Denn er hatte andere Kriterien. Von zwei Ländern am Rand seiner Welt erwartete er die künftige Führungsrolle: Amerika und Rußland. Für das Jahr 1875 eine verblüffende Prophetie, die gewiß darauf beruht, daß ihm in der demokratischen Massengesellschaft der Vereinigten Staaten seine Vorstellung von einer herrschaftsfreien Menschheit vorgebildet schien – den dortigen Bürgerkrieg zur Befreiung der Negersklaven nennt er einmal den »einzigen Krieg zu einem humanen Zweck« –; und Rußland: da erwartete er die Revolution wegen des übergroßen Drucks des Volkes gegen einen extrem barbarischen Feudalismus, was dann eben auch zu amerikanischen Verhältnissen führen müßte. Die Entwicklung gab ihm Recht, auch wenn sie andere Folgen hatte: wie bei allen Propheten stimmt auch bei Wagner immer nur höchstens die Hälfte.

Für heutige Begriffe klingt manches an Wagners Äußerungen über Arbeiter, Industrie und Masse wirr und unbedacht, verständlich jedoch, wenn man sich vergegenwärtigt, daß Wagner – im fernen Bayreuth und sonst allenfalls in der Münchner Residenz und in Italien sich aufhaltend – kaum je Arbeiter zu Gesicht bekommen haben mag. Sie waren für ihn abstrakte Kunstfiguren wie die »gemeinschaftlichen Menschen« der Exilschriften. Salon-Kommunismus könnte man das im wahrsten Sinn des Wortes nennen. Einmal ist ihm das selbst aufgefallen. 1879 zeigte er sich entsetzt darüber, daß Soldaten auf streikende Bergwerksarbeiter in Schlesien geschossen hatten. Am nächsten Tag plante er »eine Rundreise zu Gunsten der entlassenen Arbeiter, dann aber: ›Wir sind zu müde‹, sagt er seufzend! ... Man schießt! O Gott, o Gott – welche Welt. ›Und ich‹, ruft R., ›komme mir wie der reinste Narr mit meinen Plänen vor.‹«

Wagner war nicht nur kein Sieger, er war nicht einmal ein Kämpfer. Es macht ihm immerhin Ehre, daß er – mit zunehmendem Alter zunehmend – die Fragwürdigkeit seiner bürgerlichen Situation thematisiert hat. Da finden sich halt doch Einsichten, die den meisten seiner Klasse und seiner Denkfähigkeit im allgemeinen verschlossen sind – damals wie heute. Er begriff zumindest, daß seine sonderbare Rolle als Hätschelkind der höheren Stände ihm nach den Liebespredigten seiner revolutionären Zeit und seines ganzen Werks auch besondere Verpflichtungen auferlegte. Er ist nicht einfach auf die bequeme andere Seite gegangen, sondern blieb sich dessen bewußt, wofür er einmal angetreten war. In einer der vielen Krisen mit dem esoterischen König Ludwig ermahnt er den ganz ausführlich, er dürfe die Menschen nicht verachten; und nach den ersten Bayreuther Festspielen, von Reichen finanziert und überwiegend von Mächtigen besucht, entwirft er einen Plan, wie die Plätze künftig zu einem Drittel kostenlos an »Unbemittelte« vergeben werden sollen.

Er wußte, was er sich schuldig war, obwohl ein unbehagliches Gefühl seinem späten Sozialismus immer beigemischt ist. Das war ihm alles irgendwie doch zu fremd. Das Werk mit seinen unterbewußten Strömen ist weiter als der bewußte Wagner, der komfortabel lebt und ein paar Monate des Jahres im kulturell reichen und sozial armen Italien verbringt. Von dort, aus den letzten Tagen seines Lebens, berichtet Cosima eine aufschlußreiche Episode. Sie geraten in den venezianischen Karneval und fühlen sich in der vieltausendköpfigen Menge sehr unbehaglich, in der »schwarzen Masse, in welcher fleischfarbene Flecke sich zeigen« – was für ein angstvolles Bild der Abwehr gegen den »konkreten« Menschen. Aber dann Wagner auf der Heimfahrt: »›und doch‹, sagt er, ›was nicht der Masse näherzukommen versucht, ist nicht viel wert!‹«

Emotionale Abneigung gegen die amorphe Masse und innerlich empfundene Verpflichtung, sie als Verkörperung des »gemeinschaftlichen Menschen« zu lieben: Wagner hat den Gefühls-Konflikt unentschieden mit sich herum getragen. Er hat sich »anständig« benommen, wie ein Augenzeuge aus der venezianischen End-Zeit mit einem leisen Anflug von Kritik überliefert: Wagner habe seine »Höflichkeit *gegen Untergebene*« soweit getrieben, »daß er ... beim Aussteigen aus der

Gondel allemal Kehrtum machte und den Hut gegen die Gondoliers hin lüftete, welche ihn geführt hatten«. Und Wagner hat, auch ganz spät, das ewig leidige Problem der sogenannten Gleichheit so nüchtern abgehakt, wie es der Sache angemessen ist: »Was für grössere intelektuelle Gleichheit der Menschen zu verhoffen ist, steht dahin: das Genie wird immer selten sein. Dagegen grössere *moralische* Gleichheit ist zu erwarten, und – hierauf kommt es an, selbst um dem Genie sein Wirken zu erleichtern.«

Worauf sonst auch sollte es ankommen? Bemerkenswert, wie Wagner selbst hier noch das Problem zurückdreht ins eigene Werk: daß die politische Revolution (die moralische Gleichheit) Voraussetzung für das Verständnis des emanzipatorischen künstlerischen Genies ist. Wagners politische Vorstellungen leben in der Tat aus zweiter Hand, aber aus der ehrenwerten der Kunst. Hier hat er alles viel besser gesagt, hier hat er die Befreiung viel deutlicher dargestellt als in seinen geschriebenen Sätzen.

Das geht bis in scheinbar nur technische Probleme. Die Schrift von 1852 »Über die Aufführung des ›Tannhäuser‹ – Eine Mitteilung an die Dirigenten und Darsteller dieser Oper« erläutert unter anderem, daß es in seinen Opern (sie reichen da erst bis zum »Lohengrin«) keinen Unterschied gebe »zwischen sogenannten ›deklamierten‹ und ›gesungenen‹ Phrasen, sondern meine Deklamation ist zugleich Gesang, und mein Gesang Deklamation«. Eine Gleichstellung also – wenn man so will – der »aristokratischen« Form der Arie mit der »plebejischen« des Rezitativs. Diese beanspruche bei ihm die gleiche Aufmerksamkeit und Genauigkeit wie jene. Deshalb müsse man sie auch genauso exakt einüben, »scharf im Takte und in einem dem Charakter der Rede entsprechenden Zeitmaße«.

Das ist gewissermaßen die Emanzipation der Prosa als der »normalen« Ausdrucksform des Menschen, eine Revolution für die Musik. Ist das erst einmal erreicht, so kann alles anders werden, dann wolle er »endlich auf fast gänzliches Aufgeben der Strenge des eigentlichen musikalischen Taktes« drängen: »Der Sänger gebe von da ab, wo er meine Intentionen für den Vortrag bis zum vollsten Mitwissen in sich aufgenommen hat, seiner natürlichen Empfindung, ja selbst der physischen Notwendigkeit des Atmens bei erregtem Vortrage, durchaus freien Lauf, und je selbstschöpferischer er durch vollste Freiheit des Gefühles werden kann, desto mehr wird er mich zum freudigsten Danke verbinden.«

Das liest sich wie eine ins Musikalische übersetzte Theorie der Befreiung des Menschen von seinen Zwängen. Nachdem er diese Zwänge verstanden hat, und erst dann: kann er sie zerstören und sich nur noch seinen eigenen Bedürfnissen hingeben, denen seines »Atmens« sogar! Es ist die Emanzipation des Sängers vom Komponisten als Sinnbild geradezu für die Befreiung jedes Menschen von Herrschaft. Die Unteren werden in ihr natürliches Recht gesetzt, die Differenz von unten und oben erscheint aufgehoben in einem musikalisch utopischen Zustand, der auch der der Gesellschaft überhaupt sein sollte.

Vielleicht läßt sich von hier aus ein sonst nur wie poetisch wirkender und doch frappierender Vorschlag André Glucksmanns verstehen: »Alle marxistischen Interpretationen von Wagner sind schal ... Und wenn man einmal umgekehrt versuchen würde, Marx durch Wagner zu interpretieren? ... nicht ›Das Kapital‹ zu lesen ist wichtig, sondern seine Musik zu hören, dieses *Leitmotiv* vom ›Fluch des Rings‹, d. h. vom *Geld.*«

In Bayreuth gibt es – natürlich – eine Nibelungen-Straße. Sie mündet auf den Wilhelmsplatz (der den Kaiser meint). Danach heißt ihre Fortsetzung Karl-Marx-Straße. Diese Benennung geschah nach 1945 auf Weisung der Militärregierung. Man möchte meinen, da sei – Ironie genug – ein hintergründiger Wagner-Kenner in Uniform am Werk gewesen.

5.

Liebe am Ende der Welt

Als Nietzsche noch ein Anhänger Wagners war, hat er 1875 in einem Fragment dessen Vorstellung vom Tod als dem höchsten Gipfel der Liebe interpretiert. Er nennt da diesen Tod »ein Evangelium der *Liebe;* und die ganze Musik ist eine Art Metaphysik der Liebe; sie ist ein Streben und Wollen in einem Reich, welches dem gewöhnlichen Blick wie das Reich des Nichtwollens erscheint, ein sich Baden im Meere der Vergessenheit, ein rührendes Schattenspiel vergangener Leidenschaft«.

Nietzsches Interpretation entwickelt sich in mehreren Stufen: zum ersten ist der Tod das »Evangelium« der Liebe, er verkündet also fortdauernd ihre »gute Botschaft«; zum zweiten erscheint die Musik, die »Metaphysik der Liebe«, als das, was hinter ihr steht, sie ist sozusagen das Geheimnis der Liebe, in dem diese sichtbar (oder hörbar) wird; zum dritten hat die Musik insofern eine aktive Rolle, sie ist »Streben und Wollen«, was der »gewöhnliche Blick« leicht übersieht, weil er sich in ihr nur badet und sie als vermindertes Abbild der Liebe auffaßt: »Vergessenheit«, »Schattenspiel *vergangener* Leidenschaft«.

Die Bedeutung dieses Nietzsche-Texts – der offenbar nicht nur von seinen eigenen Überlegungen geprägt ist, sondern von den vielen Gesprächen mit Wagner selbst – besteht vor allem darin, daß er die Rolle der Musik für das Wagnersche Begriffspaar Liebe/Tod so sehr hervorhebt. Gelegentlich ist es notwendig sich zu erinnern, daß Wagner eben ein Komponist war und sich im Medium der Musik ausgedrückt hat; seine Bedeutung als »Philosoph« in der zweiten Hälfte des 19. Jahrhunderts ist denn doch vergleichsweise bescheiden. Er konnte am besten Konkretes formulieren, und sein Gegenstand ist Klang. Seine verbalen Äußerungen sind wichtig, weil sie das geniale Musik-Werk erläutern, nicht weil sie für sich genommen besonders originell und tiefsinnig wären.

Tiefsinnig ist seine Musik, die aus grausigen Handlungen erotische Funken schlägt, die vergessen macht, wie trocken oder banal oder pathetisch oder albern viele seiner Verse sind. Von den Textbüchern läßt sich allenfalls das der »Meistersinger« passabel lesen – Wagner hat immer, schon beim Texten, in Musik gedacht. Der Begriff des Gesamtkunstwerks rechtfertigt sich von der Musik her und von nirgendwo sonst. Sie macht Wagners Botschaft aus; sie erzählt, wie die Menschen sind und wie sie sein sollen; sie redet von ihrem Unglück und ihren Hoffnungen; sie redet auch vom Zustand dieser Welt und von den Hoffnungen, die sich an ihren Untergang knüpfen.

Vor allem redet Wagners Musik von der Liebe und von dem Glück der Menschen, das die Liebe verheißt, wenn diese Menschen sich ihr öffnen. Als sie einmal sehr heiter sind, fragt Cosima ihren Mann, »ob Tristan und Isolde auch so viel gelacht« hätten. »Gewiß«, sagt Wagner, »sonst wären sie am Tage nicht so traurig gewesen«. Tatsächlich stellt die Oper das Paar, schaut man genau hin, immer nur in ganz außerordentlich traurigen Situationen dar. Die beiden werden gequält von ihren mitgebrachten Problemen: Stolz und Ehre im ersten Akt, Skrupel im zweiten, hoffnungslose Verzweiflung im dritten. Aber die Musik vermittelt vom Anfang bis zum Ende einen völlig anderen Eindruck. Ekstase, bedingungslose Zuneigung, Glück ohne jede Rücksicht auf die möglichen gesellschaftlichen Folgen. Die Musik macht das Stück erst zum Hohelied der Liebe, als das es seit 1865 verstanden wird, auch ohne daß man je sieht, wie diese Liebe je realisiert wird oder je realisiert werden könnte.

Nur in seiner Musik hat Wagner den Gedanken verwirklicht, daß Liebe zugleich Weltvernichtung und Welterlösung bedeutet. Im »Tristan« hätte er das »bis zum äußersten« dargestellt, auch mit der »verzehrenden Liebe, welche den Mann auffrißt«, sagt er einmal während der Arbeit an der »Götterdämmerungs«-Partitur. Diese Liebe sei es, die auch Brünnhilde verherrliche. Aus einem »Naturergebnis« mache sie die Liebe zur »Weltvernichtung, Welterlösung«, und »Tristan« sei davon eben die äußerste Steigerung: das muß den Mann ja auffressen.

Gemeint ist da natürlich wieder der »gewöhnliche« Mann der Gegenwart, der viel weiter als die Frau von seiner Emanzipation entfernt ist, weil er die Liebe nicht als Ausdruck der Befreiung zum Menschen begreift, sondern als pure gesellschaftliche Konvention, sogar als bloßes Mittel zu einem völlig anderen Zweck, wenn er etwa eine »Standesehe« eingeht. Das alles ist für Wagner anti-emanzipatorisch, unfrei, widernatürlich und menschenfeindlich – es muß »aufgefressen« werden durch das Übermaß der Liebe selbst, das die Musik ausdrückt. »Weltvernichtung« als sichtbar gewordene Tat der Musik ist so eine Tat der Liebe.

Wagners Weltvernichtungs-Vorstellung hat überhaupt nichts zu tun mit pessimistischen Endzeit-Wünschen nach dem Motto »es-hat-ja-alles-doch-keinen-Sinn«. Sie ist ganz im Gegenteil eine Gebärde utopischer Hoffnung. Tatsächlich wird in seinen Stücken ja auch nie die Welt überhaupt vernichtet, sondern nur die alte, konventionelle. verkommene Welt: die Welt von Ehe und Ehre im »Tristan«, die starre Regel-Welt der Meistersinger, die herrische Götter-Welt im »Ring«, die sündige Welt von Klingsor und Amfortas im »Parsifal«.

Bewirkt wird diese Weltvernichtung immer unter dem Zeichen der Liebe. Sie führt die Veränderung herbei, sie verhindert das Fortbestehen der Welt in ihrer bisherigen Form. Weil Walther Eva so sehr liebt, gelingt ihm sein Preislied, das die Gesetze der Meistersinger durchbricht und eine neue Kunst der Freiheit hervorbringt. Weil Isolde Tristan so geliebt hat und vor so viel Liebe sogar stirbt, erkennt König Marke, daß bürgerliche Treue ein trügerischer Schein ist gegen den unbedingten Ansturm des menschlichen Gefühls, und er »segnet die Leichen« für diese seine Erkenntnis. Weil Brünnhilde von Siegmund gelernt hat, was Liebe ist, und mit Siegfried die Erfahrung der Liebe gemacht hat, verbrennt sie die Götter samt ihrer Festung und zeigt den Menschen, daß sie in Zukunft frei sein können. Weil Parsifal bei Kundry blitzartig die Seuche der Liebeslust erfahren hat, versteht er das Leiden der anderen (sowohl des Amfortas wie Kundrys und Klingsors) und kann das Gralskönigtum übernehmen – mit allen schon dargestellten problematischen Einschränkungen ist auch dies ein Schritt zur Freiheit von einer verfehlten alten Welt der Unmenschlichkeit.

Jedenfalls: es ist die Liebe, die der alten Welt den Weg in ihren Untergang vorschreibt und der neuen Welt ihre Möglichkeiten öffnet. Schon der frühe »Rienzi« kennt in einer Text-Passage diese Gedanken-Struktur. Im Duett der beiden Liebenden singt Adriano:

»Ja eine Welt voll Leiden
Versüßt dein holder Blick;
Von ihr mit dir zu scheiden
Ist göttliches Geschick.
Bräch' auch die Welt zusammen,
Riss' jeder Hoffnung Band,
Der Liebe Regionen
Beu'n uns ein neues Vaterland.«

In der zweiten Zeile wandelt Irene den im übrigen gemeinsam gesungenen Text ab: statt »versüßt dein holder Blick« heißt es bei ihr »versüßt der Liebe Glück«. Und während der zahlreichen Wiederholungen bricht auch Adriano einmal aus dem Text aus und ändert den Schluß in

»Du läßt sie neu erstehen,
Du wirst mir Vaterland.«

Schon in dem Jugendwerk also, das ja überhaupt allerhand Wagnersche Zentralmotive vorformt, zeigt sich ein erheblicher Unterschied zwischen den Auffassungen des Mannes und der Frau: während jener ganz auf die Person der Geliebten fixiert ist – »dein holder Blick«, »du wirst mir Vaterland« – bezieht sich diese aufs übergeordnete »Allgemeine« – »der Liebe Glück«, »der Liebe Regionen« als gemeinsames Vaterland. Schon hier also ist die Frau sozusagen die gesellschaftlich Fortgeschrittenere, während der Mann sich vorwiegend an seinen privaten Lust-Neigungen orientiert. Mit der einen Ausnahme des »Meistersinger«-Lustspiels betreiben bei Wagner immer nur die Frauen die Vernichtung der alten Welt durch die Liebe.

Diese Vernichtung, wir wissen es, ist zugleich ihre Erlösung zur neuen Welt. An ihrem Anfang steht die Liebe, wie sie am Ende der alten steht. Wagners Opern zeigen die Situation des Schnittpunkts, wo das Alte noch gilt und das Neue noch nicht, aber schon sichtbar geworden ist: die typische Situation einer Utopie.

Es ist natürlich kein Zufall, daß die Liebe als verbindendes Glied – zerstörend und erlösend zugleich – von Frauen ins Werk gesetzt wird. Sie bieten Wagner (und welchem Mann nicht?) die Gewähr dafür, daß Liebe Möglichkeiten außerhalb der Konvention besitzt, außerhalb der eingefahrenen Gleise, auf denen sich das »normale« Geschlechtsleben abspielt. Frauen sind anders als die gewöhnlichen Männer zum Ausbruch fähig, zur rückhaltlosen Hingabe, geschehe was da wolle. Nur sie können in ihrer Unbedingtheit den Weg zur Freiheit gehen, weil sie ihren Gefühlen mehr Platz einräumen als die Männer, die mit anerzogenen Ängsten und angeblichen gesellschaftlichen Erfordernissen bedenkenvoll sich der eigenen Menschlichkeit versperren. Gefühle aber kommen von unten, nicht aus dem Hirn, sondern aus dem Bauch. Emanzipation ist – so meinte es Wagner, und so verhält es sich wohl auch –, wenn man mit dem Bauch denken lernt statt mit dem Hirn Gefühle einzuüben.

Freiheit kann buchstäblich nur von unten kommen, aus dem unteren Teil des Körpers, weil dort die Liebe fühlt, aber auch aus dem unteren Teil der Gesellschaft, weil dort die Korruption durch das

Wertsystem der Herrschenden noch geringer ist. Übrigens hängt beides eng zusammen. Unter Wagners Personal begehren immer die auf, die nicht ganz oben sind, die abhängig sind von noch Höheren. Ihnen ist die Einsicht gegeben und schließlich der Weg zur Erlösung, ihnen, die beherrscht werden, und nicht denen, die die Welt des jeweiligen Stücks regieren. Da sie noch nicht so verdorben sind durch die menschenfeindlichen Machtstrukturen der Oberen, ist die Chance größer, daß auch ihr Gefühlsleben, ihr Unterleib, noch menschlicher reagiert.

Wagners Stücke spielen äußerlich allesamt in ziemlich feudalen Kreisen, selbst noch in der sonderbar hierarchisch geordneten Handwerker-Republik der Meistersinger. Wichtig ist dabei aber der relative Abstand: es gibt ein unten und ein oben, auch wenn die unten viel weniger unten sind als Millionen in Wagners eigener Gesellschaft. Diese, die er kaum kannte, hielt er nicht für bühnenfähig. Aber auf sie zielte er als auf die Gesellschaft der Zukunft. Wenige Monate vor seinem Tod kommt Cosima und ihm bei einem Frühstücks-Gespräch »das Bild künftiger Zeiten wieder«, und sie fragt ihn, »ob zu diesem friedsamen Wesen, welches er sich denkt, die unteren Bevölkerungsschichten, wie wir sie vor uns hier sehen, so ganz verschieden von der stolzen Race, welche Geschichte und Kunst hervorbrachte, ob diese Schichten nicht die eigentlich berufenen wären«. Wagner stimmt dem zu, hofft aber, daß die Erinnerung an »Shakespeare, Aischylos u. a.« bewahrt würde. Immerhin: der Bildungsbürger Wagner rechnet allein auf die ganz unten, weil nur sie genug Substanz haben, um das Versprechen der Liebe am Ende der Welt nach diesem Ende zu erwidern.

Unten im Körper und unten in der Gesellschaft – das hat für Wagner miteinander zu tun. Wer sich beider Lagen bewußt wird, kann für eine neue Menschheit überleben. Er ist nicht ihr Erlöser, aber er wird vielleicht zu ihr erlöst.

6.

Alberich

In der dritten Szene des »Rheingold« sind Wotan und Loge nach Nibelheim hinabgestiegen, um Alberich auf irgendeine Weise den Goldschatz abzunehmen; die Götter brauchen diesen unermeßlichen Reichtum, damit sie die Riesen für den Bau Walhalls bezahlen können. Zugleich wollen sie verhindern, daß Alberich durch den Ring, den er inzwischen aus dem Gold hat schmieden lassen, mächtiger wird als sie selbst.

Loge sucht nach einer Taktik, wie man den im Augenblick viel stärkeren Alberich überlisten könnte. Er fordert ihn auf, seine Macht einmal vorzuführen. Alberich teilt nun mit, er könne dank des ebenfalls aus dem Rheingold geschmiedeten Tarnhelms jede beliebige Gestalt annehmen; Loge solle sie bestimmen, und er werde den Beweis sofort antreten. Loge überläßt Alberich die Wahl:

> »In welcher du willst:
> nur mach' vor Staunen mich stumm!«

Alberich verwandelt sich darauf in eine »ungeheure Riesenschlange«. Loge spielt den Erschrockenen, aber Wotan lacht laut auf und äußert nur ironisch Bewunderung:

> »Wie wuchs so rasch
> zum riesigen Wurme der Zwerg!«

Er hat mit dem Spott auf seine Art Recht: da mimt ein Zwerg den Riesen, eine lächerliche und nicht wirklich ernst zu nehmende Bedrohung. Der Komponist Wagner unterstützt diese Einschätzung: die Einleitungsmusik zu Alberichs Verwandlung, das sogenannte Tarnhelm-Motiv, ist melodisch und rhythmisch dem Motiv der Götterburg nahe verwandt, in grotesker Verlangsamung allerdings: der verächtliche Zwerg benimmt sich, als sei er ein Gott. Als Alberich dann das tut, was ihm nach Meinung der Oberen angemessen ist, nämlich sich auf Loges Wunsch in eine kleine Kröte verwandelt, da haben sie dann auch ihr Ziel erreicht: sie fangen und fesseln ihn und können nun die Herausgabe des Schatzes und seiner Machtmittel erpressen.

Im ganzen »Ring« spielt Alberich den Emporkömmling, der in jeder Hinsicht unten ist und doch (oder gerade deshalb) nach oben will: er lebt tief unten, er hat als Zwerg die unterste Körperform eines menschlichen Wesens, er wird von allen, die in der einen oder anderen Hinsicht höher stehen, immer sofort als der Untere identifiziert: als häßlich, primitiv, verachtenswert. Seine Qualifikation als Unter-Mensch hat aber auch den Wagnerschen Doppelsinn des Begriffs. Nämlich: er ist bestimmt von seinen unteren Körperregionen.

Alberichs erster Auftritt am Anfang des »Rheingolds« ist ausschließlich charakterisiert durch seine sexuelle Lust nach den Rheintöchtern. Nichts anderes hat er im Sinn und im Unterleib, als eine von ihnen zu besitzen. Erst als seine Lust enttäuscht und dabei auch noch verhöhnt wird, zieht er die furchtbare Konsequenz: wenn man mich nicht will als körperliches Wesen, dann kann ich ja auch gleich dem Körper abschwören, die Liebe verfluchen, an ihrer Stelle und als Ersatz für sie Macht gewinnen, Herrschaft über die, die mich wegen meiner Körperlichkeit verhöhnen. Dennoch – und das ist wichtig – verliert Alberich während des ganzen langen Stücks nicht die Beziehung zu seiner Körperlichkeit. In Wahrheit ist sein Abschwören an die geschlechtliche Liebe eine Finte. Er hofft nämlich, sich die Lust anders zurückzuholen, da sie ihm auf menschliche Weise nicht zufällt. Er will Reichtum und Gewalt einsetzen, um sich Liebe zu erzwingen:

»denn dient ihr Männer
erst meiner Macht,
eure schmucken Fraun –
die mein Frein verschmäht –
sie zwingt zur Lust sich der Zwerg,
lacht Liebe ihm nicht.«

Da tritt das mythische Bild unvermittelt in die gesellschaftliche Wirklichkeit – da ist nicht mehr die Rede von einem sagenhaften Zwerg, sondern von einem Mächtigen der modernen Industriegesellschaft, der sich mit Geld kaufen kann, was ihm anders nicht erreichbar wäre.

Aber Alberich spielt die Rolle dieses Mächtigen höchst unzulänglich. Wie sich schnell herausstellt, ist seine Überzeugung, er sei nun tatsächlich mächtig, ein Irrtum. Die anderen, die Oberen, sind klüger als er, sie haben mehr Erfahrung mit den Techniken der Macht, und deshalb können sie ihn austricksen. Das resultiert auch daraus, daß er sich nur nachahmend hineinbegibt in die Gestalt eines Herrschers; aber dessen Gewand paßt ihm nicht, es ist ihm zu fremd, er wirkt darin bloß lächerlich. Gerade deshalb aber hat seine Übernahme der »oberen« Techniken so viel Dämonie: weil er, parodistisch, ihre miese Wahrheit aufdeckt. Er sagt den zu ihm herabgestiegenen Göttern die Wahrheiten, die sie als skandalöse Bedrohung empfinden müssen:

»Die in linder Lüfte Wehn
da oben ihr lebt,
lacht und liebt:
mit goldner Faust
euch Göttliche fang' ich mir alle!
Wie ich der Liebe abgesagt,
Alles, was lebt,
soll ihr entsagen:
mit Golde gekirrt,
nach Gold nur sollt ihr noch gieren.«

Die Musik webt in diese Passage bezeichnend das karikierte Motiv der Liebesgöttin Freia: Alberich will eigentlich dasselbe wie diese oberen Götter; aber was die als edle Gefühle verherrlichen, kommt bei ihm als nackter Egoismus heraus, der die Götter wiederum als ebensolche Egoisten entlarvt – die tarnen das nur besser. Alberich sagt den Göttern auch, von wo das kommt, was sie und ihren Hochmut bedroht:

»Habt acht!
Habt acht vor dem nächtlichen Heer,
entsteigt des Niblungen Hort
aus stummer Tiefe zu Tag!«

Die Gefahr für die unmenschlichen Götter kommt, natürlich, von unten, aus der Tiefe und aus der Nacht. Beides sind als Gegensätze zur Höhe und zum Tag Wagners positive Bilder, wie wir inzwischen wissen, Begriffe der Natürlichkeit und der Wahrheit gegen die Unnatur und die Lüge. Aber – und das macht die Zweideutigkeit der Figur Alberichs aus – diese gegen die falschen Götter behauptete Wahrheit bedient sich in Alberich der gleichen fatalen Mittel zum alten Zweck: Alberich, der Mensch von unten, will voller Protest gegen die widerwärtige Herrschaft der Götter und ihren Hochmut zunächst nichts anderes werden als ein anderer Wotan.

Wagner hat beide tatsächlich als parallele Figuren konstruiert: Alberich ist Wotans Spiegelbild – das dunkle Machtstreben von unten gegen des Gottes Macht-Ausübung im Hellen. Seit dem ersten Prosa-Entwurf des »Siegfried« werden die Nibelungen, das Volk der Tiefe, und ihr Repräsentant Alberich »Schwarzalben« genannt und die Götter »Lichtalben«. Sie unterscheiden sich nicht in ihren Machtgelüsten, und doch gibt es einen entscheidenden Unterschied: die Götter *sind* an der Macht, die Nibelungen nicht. Wagner hat deshalb die Aktivitäten dieser da unten und jener da oben verschieden bewertet, was zweifellos mit dem revolutionären Ursprung seines Stoffs zu tun hat.

In den frühesten Notizen zu »Siegfried« erscheinen die Nibelungen als Masse auf der Bühne und protestieren dagegen, daß Alberich sie unterdrückt. Dieser wie sein mit ihm verfeindeter Bruder Mime buhlen um ihre Unterstützung, versprechen ihnen die Freiheit, wenn sie nur helfen, den Ring zurückzugewinnen, den inzwischen Siegfried durch die Ermordung des Drachen besitzt. Da sollte also das Volk der Tiefe tatsächlich auftreten und seinen Einspruch artikulieren dagegen, daß einer der ihren, Alberich, sich benimmt, als gehöre er zur anderen Herrscher-Kaste. Wagner hat diese überaus realistische Version, die vieles klar gemacht hätte, schnell wieder verworfen und die Nibelungen später nur als passiv Leidende ins »Rheingold« eingefügt; danach erscheinen sie nie mehr. Er hat damit nicht gerade zur besseren Verständlichkeit des »Rings« beigetragen, denn die ursprünglich geplante Szene hätte die Gefahr verdeutlicht, in der ein Mensch sich befindet, der von »unten« versucht, an der Macht teilzuhaben.

Aber Wagners Änderung an dieser Stelle hat im Hinblick auf den »Ring« insgesamt einen besonderen Sinn: Alberich wird dadurch allein zur Stellvertreter-Figur der dumpfen »Basis«; sein menschliches Schicksal zieht alles Interesse auf sich. Der dramaturgische Kniff sollte nichts ändern an der eigentlichen Konzeption. Nämlich: daß »unten« das »Positive« ist, das Aufbegehrende gegen den Trug der Herrschenden, die Hoffnung auf die Zukunft. Sie knüpft sich nun eben an Alberich als den Repräsentanten des Volks »unten« – er wird zur positiven Figur.

Spätere Äußerungen Wagners belegen diese Absicht. Während der Arbeit am »Parsifal« hebt er einmal im Gespräch mit Cosima Alberich deutlich von Klingsor ab, der dem Nibelungen in der dramaturgischen Funktion und sogar in der Stimmlage direkt entspricht: »R. erzählt mir, daß er einst völlige Sympathie mit Alberich gehabt, der die Sehnsucht des Häßlichen nach dem Schönen repräsentiere. In Alberich die Naivität der unchristlichen Welt, in Klingsor das Eigentümliche, welches das Christentum in die Welt gebracht; er glaubt nicht an das Gute«.

Der Umkehrschluß heißt: Alberich glaubt also an das Gute – und wenn es nur der Protest gegen das Schlechte der bislang Herrschenden ist. Als Richard und Cosima ein Jahr davor bei einer Konzertreise einmal mit einem Schiff auf der Themse fahren, was Cosima »sehr geglückt« nennt und »großartiger Eindruck«, da referiert sie Wagners Satz: »Der Traum Alberich's ist hier erfüllt, Nibelheim, Weltherrschaft, Tätigkeit, Arbeit, überall der Druck des Dampfes und Nebel.« Da ist nichts Abwertendes, sondern da verschmelzen in der wenn auch ängstlichen Bewunderung für die moderne Industriestadt Gegenwart und Zukunft: »Weltherrschaft« und »Arbeit«. Das erinnert nachdrücklich an Wagners Prophezeiungen über die künftige führende Rolle der Arbeiterklasse (um einen Begriff der von ihm mit nervöser Aufmerksamkeit beobachteten Sozialisten zu verwenden). Wagner hat es genau so gemeint: Alberich repräsentiert für ihn die heraufkommende Klasse: die bisher Unterdrückten, die sich ihren Teil des Macht-Kuchens zunächst auch nicht anders abzuschneiden wissen als mit dem Messer der Herrschenden und die dabei genauso schuldig werden: weil sie die revolutionäre Umwälzung nur begreifen als eine Übertragung von Herrschaft auf sich. Und weil solche Herrschaft – so Wagner – überhaupt böse ist, scheitert eben auch Alberichs Macht-Streben: er kriegt den Ring *nicht*. Aber er bleibt als einziger vom Protagonisten-Ensemble am Leben. Muß man sagen: weil sein Irrtum moralisch noch am ehesten zu rechtfertigen ist?

Ja, man muß es so sagen. Denn die Text-Lage ist eindeutig: Wagner wollte, daß Alberich als Befreiter überlebt. So steht es schon in Brünnhildes Schluß-Ansprache in Wagners allererster Darstellung des »Nibelungenmythus – Als Entwurf zu einem Drama«: »gelöset sei der Nibelungen Knechtschaft, der Ring soll sie nicht mehr binden. Nicht soll ihn Alberich empfangen; der soll nicht mehr euch knechten; dafür sei er aber selbst auch frei wie ihr.« So ist es über mehrere Fassungen bewahrt. Erst bei der endgültigen Formulierung wird Alberich nicht mehr erwähnt. Aber da war eigentlich schon alles klar. Denn in vielfältiger Weise ist Alberich für Wagner eine zentrale Figur; sie *muß* überleben, weil sie für die Gegenwart und für die Zukunft der Menschheit steht, realistisch und utopisch zugleich.

Robert Donington hat darauf hingewiesen, daß der Zwerg mythologisch betrachtet ein Phallus-Symbol ist. Er bedeute die »ungebärdige Kraft männlicher Sexualität«, aber auch »den Logos, das typisch männliche Prinzip des Unterscheidungsvermögens und der Vernunft, im Gegensatz zu Eros, dem typisch weiblichen Prinzip des einigenden Gefühls«. Alberich, in der Tat, ist ein zerrissener Mann, unterdrückt, mißachtet, häßlich, im dunklen Inneren der Erde zu Haus. Richard Peduzzi, Chéreaus Bühnenbildner, hat sehr schön gesprochen von Alberichs »traurig-hilfloser Angst vor dem Alter und dem Häßlichsein«, von seiner Verzweiflung und von der »totalen Verwirrung eines Menschen, der mit der Unbarmherzigkeit, mit der Ungerechtigkeit, mit der Arroganz von Jugend und Schönheit konfrontiert wird«. Kein Wunder, daß da kein Eros entsteht, sondern nur ein gefährliches Gemisch von Schlauheit und Gewalt. Es explodiert, als Alberich in den Besitz des Hortes kommt. Da hat er auf einmal selbst alle Möglichkeiten, die bisher die anderen gegen ihn richteten, und er wendet sie bedenkenlos an. Er wird selbst zum Unterdrücker und Peiniger seines eigenen Volks.

In ihm zeigt sich die Macht offen als das, was sie auch in ihren feineren Formen immer ist: Gewalt über Menschen. Als er die Nibelungen anherrscht:

»Zittre und zage,
gezähmtes Heer:
rasch gehorcht
des Ringes Herrn!« –

da »stieben« sie »unter Geheul und Gekreisch« auseinander, und die Musik schreit ebenso auf in jagenden Tremolo-Skalen der Streicher und im hallenden Wirbel des Tamtams: Entsetzen über die nackte Brutalität von Herrschaft.

Die »ungebärdige Kraft männlicher Sexualität«, von der Donington spricht, kommt in den Gewalt-Gesten des Zwergs Alberich ebenso hervor, ja die sind geradezu sexuelle Handlungen. Sie ersetzen ihm den Mangel, nicht um seiner selbst willen geliebt zu werden. Alberichs Auftritte, vom Gezerre mit den Rheintöchtern bis zum nächtlichen Gespräch mit seinem Sohn Hagen am Beginn des zweiten »Götterdämmerungs«-Akts, sind geprägt von seiner körperlichen Sehnsucht nach Liebe, nach menschlicher Zuneigung. Aber niemand gibt sie ihm; und so wendet er auch seine Sexualität in die Gewalt.

Alberichs einziger Sexualkontakt, von dem im »Ring« berichtet wird, steht genauso unter dem finsteren Stern der Gewalt. Oder doch nicht ganz? Die Geschichte geht folgendermaßen: Alberich hat mit Grimhilde, der Mutter Gutrunes und Gunthers, im außerehelichen Verkehr Hagen gezeugt. Das ist zunächst wieder eine Parallele zu Wotan, der ja auch mit einer Menschenfrau die Wälsungenzwillinge hervorbrachte, damit Siegmund als Freier die Götter rette. Ebenso soll

Hagen für Alberich dessen höchstes Ziel verwirklichen, nämlich den Ring und damit die Macht über die Welt zurückgewinnen. So weit so klar. Aber wie hat Alberich Grimhilde sich gefügig gemacht? Durch Gold, erzählt Wotan in der »Walküre«; doch das kann nicht stimmen, denn zu dieser Zeit ist Alberich ja längst wieder arm. Wotans Behauptung ist eine haltlose Verleumdung; der Gott kann sich gar nicht vorstellen, daß der häßliche Zwerg wirklich Liebe gefunden haben könnte. Hagen dagegen spricht von einer »List« seines Vaters, der die Mutter erlegen sei. Was immer das heißen mag: Alberich hat Grimhilde weder mit Gold gekauft (schließlich war sie eine Königin, da hätte es schon sehr viel Gold sein müssen) noch mit Gewalt bezwungen. Auf unerklärte Weise muß da so etwas wie Liebe im Spiel gewesen sein, ähnlich wie bei Wotans jahrelangem Verhältnis mit der Menschenfrau – auch wenn in beiden Fällen ein ganz bestimmtes Ergebnis herauskommen sollte und nicht die Liebe zu den zwei Frauen Absicht und Ziel der Männer war. Das mußte dann ja auch schiefgehen: weder Wotans noch Alberichs Plan gelingt.

Wagner hat in dieser versteckten Geschichte angedeutet, daß auch Alberich einmal von wirklicher Liebe berührt wurde. Das ist wichtig, weil der Nibelung, wie wir gesehen haben, für ihn ein Träger der Hoffnung ist über das Ende des »Rings« hinaus. Er mußte ihn also ausstatten mit *allen* Eigenschaften und Möglichkeiten des Menschen, Alberich mußte ein Ungeheuer sein *und* liebesfähig, grausam *und* angstvoll, stark *und* schwach. Schließlich sah Wagner in Alberich auch sich selbst, wie in allen seinen Figuren. Heinrich Porges, Wagners Freund und Festspiel-Assistent, hat in seinem Bericht über die »Ring«-Proben 1876 von Wagners »wahrhaft dämonischer Gabe« gesprochen, »sich in alle möglichen Gestalten zu verwandeln« – was sehr nachdrücklich an den Alberich der dritten »Rheingold«-Szene erinnert.

Wagner hat sich über Alberich immer nur mit deutlichem Verständnis geäußert, fast voller Sympathie. Einmal vergleicht er ihn sogar mit Brünnhilde, dem weiblichen Idealbild. Als er die Stelle komponiert, wo Siegfried sie überwältigt und ihr den Ring entreißt, denkt er an Alberich und dessen gleiches Schicksal: »das edelste Wesen leidet dasselbe wie der Unedle, der Wille ist in jedem Geschöpf eins«. Alberich, das unedle Wesen, ist eben doch das leidensfähige Geschöpf, mit Sehnsucht begabt und der Erlösung bedürftig. Es gehört zu Wagners bedeutendsten musikdramatischen Leistungen, Alberichs Überleben als Hoffnung erscheinen zu lassen und nicht als Gefahr – bei allem Üblen, das der angestellt oder geplant hatte. Brünnhildes Liebes-Vernichtung der alten Welt befreit auch und gerade Alberich zur Menschlichkeit.

Seine Auftritte im »Ring« zeigen bereits eine Entwicklung dahin. Nachdem Wotan ihm den Ring abgenommen hat, berühren Alberichs noch folgende drei Szenen von Mal zu Mal menschlich mehr – der Höhepunkt ist jenes Gespräch mit Hagen, das Alberich beinahe als besorgten Vater zeigt, der um die Liebe des Sohnes wirbt. Das reicht bis in seine Musik, in der sich wiederholt, was Nietzsche von der Musik des anderen gequälten Menschen im Wagnerschen Werk gesagt hat, nämlich Beckmessers: sie könne »keinen mehr ausdrücken, der mehr geprügelt und geschunden ist«. Nach dem karikierenden Charakter der ersten »Rheingold«-Szene gewinnt die Musik, die Alberich umgibt, über die tönende Dämonie der Gewalt in der Nibelheim-Szene wieder bis zum Höhepunkt des Hagen-Gesprächs immer mehr verzweifelten Ernst. Im Gegenüber der rasch fließenden Alberich-Passagen und der halb so schnellen, dunkel gefärbten Antworten Hagens besitzt die Musik des angeblichen Bösewichts fast so etwas wie Leichtigkeit, als sei ein Teil der Angst von ihm abgefallen, er singt beinahe im Stil eines italienischen Parlando. Die düstere Rolle ist an Hagen übergegangen, der ja dann auch mit der alten Welt versinken wird. Alberich dagegen ist bereits auf dem Weg der Umkehr, auch wenn er immer noch von dem phantastischen Gedanken redet, den Ring zurückzugewinnen.

Den Moment des Wechsels kann man genau festlegen: er ereignet sich, als Wotan Alberich den Ring weggenommen hat. Der verflucht darauf Wotan und alle künftigen Besitzer des Rings. Das ist aber nicht einfach die Antwort finsterer Rache, sondern vielmehr die »Entzauberung« des Macht-Symbols; im Fluch nimmt Alberich dem Ring praktisch seine Kraft:

»Kein Froher soll
seiner sich freun;
keinem Glücklichen lache
sein lichter Glanz;
wer ihn besitzt,
den sehre die Sorge,
und wer ihn nicht hat,
den nage der Neid!
Jeder giere
nach seinem Gut,
doch keiner genieße
mit Nutzen sein;
ohne Wucher hüt' ihn sein Herr,
doch den Würger zieh' er ihm zu!
Dem Tode verfallen,

feßle den Feigen die Furcht;
solang er lebt,
sterb' er lechzend dahin,
des Ringes Herr
als des Ringes Knecht«.

Der Fluch, der zugleich eine reale Beschreibung der permanenten Angst-Situationen von Mächtigen ist, »ent-machtet« den Ring in menschlicher Hinsicht: seine scheinbare Macht wird gebunden an unmenschliche Angst. Und indem diese Angst als Ausfluß von Macht bestimmt wird, nimmt Alberichs Fluch einen Teil des Bösen aus der Welt. Das kann auch erklären, warum danach eigentlich nie mehr eine Tat der Macht gezeigt wird, die mit Hilfe des Rings erreicht worden wäre: er hat durch den »analytischen« Fluch wirklich keine Kraft mehr.

Das ist Alberichs Beitrag zur Erlösung: er verflucht die Menschen der alten Welt, einem Phantom nachzujagen, das ihnen nur den Untergang bringen kann – in der Jagd danach oder im Versuch, seinen Besitz zu bewahren. Diese undeutliche Erkenntnis verwandelt Alberich in einen erlösungsfähigen Menschen, einen Menschen, der in der neuen Welt weiterleben kann.

Es ist wichtig, daß einer der Unteren den Untergang überlebt, und zwar auch noch der charakteristischste Untere. Keine der heroischen Figuren kommt davon; sie führen nur den Untergang herbei, oder sie sind Opfer auf dem Weg zur Freiheit. Die Freiheit erreichen kann nur einer, der in der alten Welt immer schon Opfer war und der dann durch alle scheinbaren Höhen und tatsächlichen Tiefen gegangen ist. Alberich überlebt, damit die Mechanismen der alten Welt in der Erfahrung aufbewahrt bleiben können. Die Helden aber, die Götter, sind sterblich. Die Erlöser bedürfen selbst der Erlösung. Freiheit kann nur von unten kommen und nur die erreichen, die bisher unten waren.

Alberich (Bayreuth 1976–1978: Zoltan Kelemen)
Ein gequälter Mensch statt eines Bösewichts: Chéreaus »Ring« setzt auch Alberich in sein Recht.

Finale der »Götterdämmerung«
(Bayreuth 1976–1980)
Menschen blicken uns an, blicken uns Menschen an:
Wagners Thema ist unser *Thema.*

Ein Schluß:

»Du hehrstes Wunder!«

Wach auf, es nahet gen den Tag,
ich hör' singen im grünen Hag
ein' wonnigliche Nachtigall,
ihr' Stimm durchklinget Berg und Tal:
die Nacht neigt sich zum Okzident,
der Tag geht auf von Orient,
die rotbrünstige Morgenröt'
her durch die trüben Wolken geht.

Die Meistersinger von Nürnberg,
3. Aufzug, 5. Szene
(nach Hans Sachs)

Wagners Götter sind sterblich, Wagners Menschen nicht. Am Schluß des »Rings«, der Wagners eigentliches Werk ist, sein Bild von der Welt, sein kompletter musikalischer Kosmos – trotz den Stücken, die sich dazwischen schoben, »Tristan« und »Meistersinger«, und trotz dem einen, das noch danach kam, »Parsifal« – am Schluß dieses »Rings« hat Wagners Weltanschauung sich zu bewähren, in der Dramaturgie dieses Schlusses und in seiner Musik.

Der Anspruch eines solchen Unternehmens ist einigermaßen verwegen, und die Probleme, die sich daraus ergeben, sind es auch. Es ist natürlich kein beliebiger Zufall, daß Wagner für den »Ring« so lange gebraucht hat: 26 Jahre von jenem ersten »Wibelungen«-Aufsatz, der den Stoff ins Visier nimmt, bis zum Abschluß der »Götterdämmerungs«-Partitur – die Hälfte seines schöpferischen Lebens. Aber er hat nicht die ganze Zeit wirklich daran gearbeitet. Fast acht Jahre lang, nachdem das Stück bis zur Orchesterskizze des zweiten »Siegfried«-Akts gediehen war, hat er überhaupt nichts daran getan, fast zwölf Jahre vergingen, bis er tatsächlich von dieser Stelle an weiterkomponierte. Das hat nicht viel mit äußeren Umständen zu tun – die interessierten ihn auch sonst nicht besonders. Sondern: das war alles einfach zu schwierig. Wohin sollte es zielen? Was war die Botschaft? Oder: Konnte man die vorgesehene Botschaft aufrecht erhalten? Entsprach sie der gesellschaftlichen Komplexität, die darzustellen von Anfang an die Absicht des gigantischen Stücks war? Selbst für Wagners ziemlich unbescheidene Selbsteinschätzung lag das sehr hoch, für lange Zeit zu hoch. Die Stücke dazwischen sind eher Ausflüchte, sie beschäftigen sich mit Teil-Aspekten des Kosmos, den das Hauptwerk darstellen wollte.

Sehr wesentlich hat das mit dem Ende des »Rings« zu tun, mit seinem Ergebnis sozusagen, das das Ergebnis aller Wagnerschen Themen, Nöte, Hoffnungen zu sein hatte und das deshalb so schwer zu fassen war. Dabei stand dieses Ende ganz am Anfang von Wagners Konzeption. Sein erster Prosa-Entwurf von 1848 (»Der Nibelungenmythus. Als Entwurf zu einem Drama«) enthält zwar schon den Aufriß der vollständigen »Ring«-Handlung, aber ausgeführt hat er noch im selben Jahr als erstes Stück (und da war es noch als einziges gedacht) »Siegfrieds Tod«, den Schluß also, für den er zunächst einen eigenen Prosa-Entwurf schrieb, dem dann gleich die Dichtung in Versen folgte.

Schon hier machte die letzte Szene die größten Schwierigkeiten. Die Situation ist die gleiche, wie wir sie auch aus der heutigen »Götterdämmerung« kennen: Brünnhilde spricht über ihr Verhältnis zu dem erschlagen daliegenden Siegfried und verbrennt sich mit der Leiche des Geliebten auf einem Scheiterhaufen. Aber die näheren Umstände und vor allem Brünnhildes Worte variieren jeweils erheblich. Zunächst der erste Prosa-Entwurf. Brünnhilde interpretiert Siegfrieds Tod: »So hat ihn Hagen nun nicht *erschlagen,* nein, für Wotan zeichnete er ihn, zu dem ich ihn nun geleiten soll. Jetzt hab' auch ich gebüßt; rein und frei bin ich ... Hört denn, ihr herrlichen Götter, euer Unrecht ist getilgt: dankt ihm, dem Helden, der eure Schuld auf sich nahm. Er gab es nun in meine Hand, das Werk zu vollenden: gelöset sei der Nibelungen Knechtschaft, der Ring soll sie nicht mehr binden. Nicht soll ihn Alberich empfangen; der soll nicht mehr euch knechten; dafür sei er aber selbst auch frei wie ihr ... Nur *einer* herrsche, Allvater, herrlicher, du! Daß ewig deine Macht sei, führ' ich dir diesen zu: empfange ihn wohl, er ist des wert!« Als sie dann verbrennen, erscheint »über einem düstern Wolkensaume« eine Vision, die an den Schluß des »Fliegenden Holländers« erinnert: Brünnhilde geleitet »im Waffenschmuck zu Roß, als Walküre Siegfried an der Hand von dannen«.

Der zweite Entwurf bleibt im großen und ganzen bei diesem Ablauf – mit einer wichtigen Variante: der Satz über die Tilgung des Unrechts und der Schuld der Götter fehlt. Das ist bemerkenswert; denn damit bricht die bisherige Argumentation auseinander, Siegfrieds Tod sei die erlösende Tat für Götter und Welt. Die Anrede an Wotan bleibt, und sie hängt nun ein bißchen in der Luft. Wagner wollte anderswo hin, sah aber noch nicht recht den Weg.

In der Dichtung hat er dann die Wotan-Anrede inhaltlich unverändert in Verse gesetzt und ihr einen Chor der »Mannen und Frauen« folgen lassen, der als eine Art Apotheose die »große Heldenoper«, wie das Stück ursprünglich untertitelt war, »würdig« beschließt:

»Wotan! Wotan! Waltender Gott!
Wotan, weihe den Brand!
Brenne Held und Braut,
brenne das treue Roß:
daß wundenheil und rein,
Allvaters freie Genossen,
Walhall froh sie begrüßen
zu ewiger Wonne vereint!«

Die Dichtung bringt noch einen weiteren Zusatz. Alberich, in den Prosa-Entwürfen nur als ebenfalls »Befreiter« erwähnt, tritt nun selbst auf. Er wendet sich an Hagen:

»Mein Rächer, Hagen, mein Sohn!
Rette, rette den Ring!«

Als Hagen jedoch von den Rheintöchtern, die hier noch »die drei Wasserfrauen« heißen, »mit sich in die Tiefe hinab« gezogen wird, »versinkt« Alberich »mit wehklagender Gebärde«. Besonders zufrieden war Wagner damit offenbar nicht; denn schon bei einer ersten Umarbeitung Anfang 1849 – die den dritten Akt im übrigen fast unangetastet läßt – hat er den »Rächer« gestrichen; Alberich sagt jetzt nur noch: »Rette, Hagen, rette den Ring!«

An Brünnhildes Schlußtext hat er noch mehr herumkorrigiert. Denn das Preislied auf Wotan konnte so nicht stehen bleiben, nachdem die Beziehung zwischen Siegfrieds Tod und der Erlösung verschwunden war. In dem Manuskript von 1849 hat Wagner diese Zeilen (»Nur einer herrsche ...«) bald gestrichen und durch die folgenden ersetzt:

»Selige Sühnung
ersah ich den hehren
heilig ewigen
einigen Göttern!
Freuet euch
des freiesten Helden!
Göttlichem Brudergruß
führt seine Braut ihn zu!«

Doch dadurch wurde die Sache nicht deutlicher. Offenbar später hat Wagner diesen Versen deshalb noch folgende vorangesetzt:

»Machtlos scheidet
die die Schuld nun meidet.
Eurer Schuld entsproß der froheste Held
dessen freie That sie getilgt:
erspart ist euch der bange Kampf
um eure endende Macht:
Erbleichet in Wonne vor des Menschen That,
vor dem Helden, den ihr gezeugt!
Aus eurer bangen Furcht
verkünd' ich euch selige Todeserlösung!«

Der holprige Text kann kaum endgültig gewesen sein. Wagner holt einerseits das ursprüngliche Motiv der Schuldtilgung durch Siegfried wieder in die Dichtung, andererseits taucht zum ersten Mal der Gedanke des Untergangs der Götter und des Endes ihrer Macht auf. Und das war endlich die Lösung, die er gesucht hatte: nicht mehr Heldenoper, sondern Welt-Drama, keine Verherrlichung der Götter, sondern ihre

Vernichtung. Fragte sich nur noch, wodurch sie vernichtet werden und zu welchem Ziel.

An dieser Stelle, irgendwann zwischen Frühjahr 1849 und Frühjahr 1851, ist Wagner klar geworden, daß die alte Konzeption des Einzelstücks von »Siegfrieds Tod« sich nicht halten ließ. Vom Schluß her ist das gedacht, denn der mußte besser begründet werden. Nun formte er den alten Prosa-Entwurf des »Nibelungenmythus« im ganzen zum Drama um, und es wurden die vier Stücke des »Rings« daraus. Als sie fertig waren, mußte der älteste Text noch einmal gründlich überarbeitet werden. Bei dieser Gelegenheit, Ende 1852, schrieb Wagner dann auch für Brünnhilde eine ganz neue Schluß-Ansprache, die alle Motive und Konsequenzen klarlegt. Sie redet nun die zurückbleibenden Menschen an:

»Ihr, blühenden Lebens
bleibend Geschlecht«.

Sie teilt ihnen »Walhalls Ende« mit, und daß »wie Hauch der Götter Geschlecht« vergangen sei. Deren Herrschaft und ihre Gesetze bestünden nun nicht mehr, sondern nur noch eins:

»selig in Lust und Leid
läßt – die Liebe nur sein.«

Da ist die Botschaft, die einfache, die so schwer zu finden war. Nun verschwindet auch wieder Alberich samt der Mitteilung, daß er frei sei wie die von seiner Knechtschaft befreiten Nibelungen; und es verschwinden natürlich die Schlußgesänge des Chors. Aber dessen Menschen bleiben, denen der letzte Satz des Textbuchs gilt, bevor der Vorhang fällt: »Die Männer und Frauen schauen in sprachloser Erschütterung dem Vorgange und der Erscheinung zu.« Diese Erscheinung aber ist nicht mehr die »Holländer«-Vision des verklärten Liebespaars auf dem Weg nach Walhall, sondern: »Am Himmel bricht zugleich von fern her eine, dem Nordlicht ähnliche, rötliche Glut aus, die sich immer weiter und stärker verbreitet.« Die Welt verbrennt, die Götterwelt – die Menschen der Erde können Abschied von Walhall nehmen.

Sie treten mit ihren Hoffnungen an die Stelle ihres früheren Stellvertreters Alberich, sie werden zu seinem kollektiven Ersatz. In diesen Männern und Frauen verkörpert sich das Volk der Zukunft – nicht eine amorphe Masse also, sondern die bis dahin immer den Herrschaftsgesten der »Helden« hilflos ausgelieferten Menschen, die nun zum ersten Mal befreit sind von ihren historischen Zwängen.

Diese Situation am Ende des »Rings« ist aus Wagners Sicht alles andere als Resignation. Keineswegs bedeutet sie eine Rückkehr zum Anfang, wie manche Kommentatoren meinen. Im Untergang der Götter liegt vielmehr – so Wolfgang Wagner – »die aus der totalen Vernichtung erwachsene konkrete Chance und Möglichkeit eines Neubeginns«. Gewiß bleibt offen, wie man sich diese Chance vorstellen soll. Aber was offen bleibt, hat den Sinn eines Appells: die autoritären Beschränkungen sind dahin, nun seht selbst, was ihr anfangt. Hier geht eine Welt zu Grund, aber es beginnt auch eine neue. Ernst Bloch hat das sehr schön formuliert als das »Paradox einer Wiederholung hin ins Neue«.

Patrice Chéreau hat für seine Inszenierung von einem »Orakel« gesprochen und das Ende »ein einziges großes Fragezeichen« genannt. Er hat dabei auf das musikalische Schlußthema verwiesen, Sieglindes Thema, »mit dem sie die Geburt eines neuen, freien Menschen begrüßt hat« und das man nun nicht mehr »ganz unbefangen wieder hören« könne. »Mißtrauen« sei angebracht, weil die Menschen des »Rings« so oft getäuscht worden seien. Aber Chéreaus Folgerung heißt doch: »Es ist aus mit den Göttern, die Werte der Welt müssen neu gedeutet und neu erfunden werden: Die Menschen stehen da wie am Rande eines Abgrundes, und sie hören gespannt hinunter auf das Orakel, das sich aus den Tiefen der Erde entfaltet.« So hat er den Schluß in Bayreuth inszeniert, mit dem überwältigenden Bild der Menschen, die sich an die Rampe drängen und über das aufrauschende Orchester hinweg ins Publikum blicken: wir alle sind einbezogen, Wagners Aufforderung zum Neuen gilt nicht mehr nur auf der Bühne, sondern sie gilt uns.

Chéreaus Schlußbild kommt dem Sinn Wagners wohl am nächsten, weil es so wortlos sein kann, wie es Wagner selbst schließlich gestaltete. Um das genauer zu begreifen, müssen wir noch einmal zurück zur Entstehungsgeschichte der Szene. Denn dafür war die Umarbeitung von 1852 nur eine Etappe, wenn auch die entscheidende, weil sie den Brand Walhalls als nachdrückliches Ende der alten Welt einführte. Zusammen mit den neuen Versen, die die Liebe feiern, steht dieses theatralische Ereignis für die positiv-visionäre Vorstellung, die Wagner hier nach dem langen Umweg entwerfen wollte, den er seit 1848 gegangen war. Denn schon seine erste Quelle für den Stoff, Jacob Grimms »Deutsche Mythologie«, enthält diesen hoffnungsvollen Aspekt des »weltbrands«. Vielleicht wich Wagner dem Bild so lange auch deshalb aus, weil er es schon einmal verwendet hatte: »Rienzi« endet – tragisch – mit dem Brand des römischen Kapitols, das »mit einem furchtbaren Krach« zusammenstürzt und alle Hauptfiguren unter sich begräbt. Tatsächlich: das paßte nicht recht zur Hymne auf den Helden Siegfried. Erst als die Oper über ein Einzelschicksal hinaus sich unter dem Druck des gewaltigen Stoffs zu einem Drama über die ganze Weltgeschichte ausgeweitet hatte, gab der Brand wieder Sinn, weil es nun nicht mehr um die Tragödie Siegfrieds ging, sondern um das Schicksal der Welt, die den Untergang der göttlichen Trutzburg braucht, um sich neu entfalten zu können.

Aber Wagner machte noch einmal einen Umweg, und der verdeutlicht erst recht, was er meinte. 1854 lernte er die Philosophie Schopenhauers kennen, die ihn tief beeindruckte. Er glaubte so viel Verwandtes darin zu sehen, daß ihm das Trennende lange nicht bewußt war. Verzicht und Entsagung hießen nun seine Lieblings-Stichworte, Verneinung des Willens zum Leben, Buddhismus. Im Mai 1856 – der »Ring« ist inzwischen bis zum Ende der »Walküre« komponiert – schreibt er die Prosa-Skizze zu einem Drama »Die Sieger«, eine Episode aus dem Leben Buddhas; bis zu seinem Lebensende erwog Wagner immer mal wieder, den Entwurf auszuführen. Im selben Notizbuch, also aus derselben Zeit, steht auch ein kurzer Text mit der Überschrift »Schluß z. Siegfr.«. Darin heißt es: »Brünnhilde, nachdem sie den holzstoß entzündet, wendet sich zu den zurückbleibenden: sie wünscht den Gefallenen keine Wiedergeburt; dagegen weissagt sie Hagen langes Wiedergeborenwerden, bis zur Erlösung, der sie entgegengeht, denn sie weiß, daß [sie] nicht wiedergeboren wird. Den übrigen Lebenden giebt sie die Wahl zwischen ihrem und Hagens Loose: liebt ihr das Leben, so wendet den Blick von mir, und hängt ihn an jenen!«

Da sollte der »Ring« also im letzten Moment sozusagen eine buddhistische Wende erhalten. In einem um diese Zeit geschriebenen Brief, in dem übrigens zum ersten Mal der Titel »Götterdämmerung« auftaucht, kündigt Wagner seine Absicht an, Brünnhildes Schlußworte entsprechend neu zu dichten; außerdem würden »die Männer und Frauen – zum ersten Mal im ganzen Werke – ganz schließlich einen breiteren Antheil nehmen und äußern«. Er wollte also zurück zum Chor-Finale, wenn auch wohl mit anderem Text. Diesen Chor-Plan hat er schnell wieder aufgegeben, den anderen aber nicht. Er hat im Sommer 1856 neue Schlußworte à la Schopenhauer und Buddha gedichtet, was ihm schwer fiel: Das Manuskript zeigt mehrere übereinander geschriebene Fassungen. In der letzten teilt Brünnhilde mit, sie scheide nun von »Wunschheim« und »Wahnheim«, sie ziehe

»nach dem wunsch- und wahnlos
heiligsten Wahlland,
der Weltwanderung Ziel,
von Wiedergeburt erlöst«.

Und am Schluß läßt nun nicht mehr die Liebe »selig in Lust und Leid« sein, sondern sie erhält eine andere Funktion, in der Schopenhauers Pessimismus und Wagners Mitleids-Theorie die Ehe eingehen:

»Trauernder Liebe
tiefstes Leiden
schloß die Augen mir auf:
enden sah ich die Welt.«

Das blieb nun zunächst alles so liegen. Wagner war offenbar ziemlich unentschieden, was daraus werden sollte. Den »Schopenhauerischen« Schluß kann er jedenfalls nicht lange als definitiv angesehen haben. In der ersten öffentlichen Ausgabe des »Ring«-Textes 1863 (nach einem Privatdruck 1853) fehlen diese neuesten Verse; als Wagner bei der Komposition Anfang 1872 beim Beginn des dritten Akts ist, denkt er schon an den bald zu vertonenden Schluß und erzählt Cosima, »er wolle etwas von der neuen Strophe aufnehmen«, also gewiß nicht die ganze. Cosima bittet ihn, »Wunschheim und Wahnheim zu verändern, das mir etwas künstlich dünkt«. Der Einwand muß ihn intensiver beschäftigt haben, als er gemeint war; denn zwei Monate später (nun ist er beim Trauermarsch, und der Schlußtext kommt immer näher) kritisiert er plötzlich wieder Schopenhauer – mit dem gleichen Argument, das ihm schon einmal 1858 aufgegangen war: »R. rügt es an Schopenhauer im allgemeinen, daß er das Männliche und Weibliche, worin alles auf dieser Welt zerfällt, nicht genügend beachtet habe.«

Das ist der endgültige Abschied von Wunschheim und Wahnheim und die Rückkehr zum alten Schluß: zur Feier der Liebe als erlösende Tat. Er hatte nun begriffen, daß der Durchbruch des Jahres 1852 mit dem Untergang der Götter im Brand Walhalls, mit der »sprachlosen Erschütterung« der Menschen vor der Möglichkeit eines neuen Anfangs seiner Vorstellung von der Geschichte des »Rings« als einer erotischen Weltgeschichte am besten entsprach. Daß er da das Buddhistisch-Schopenhauerische verwarf, rechtfertigt um so mehr das andere: die Botschaft der Liebe.

Aber auch die hat er in letzter Minute gestrichen – im Text. Man brauche das nicht wörtlich zu hören, sagt er ein paar Tage vor dem Abschluß der ganzen »Ring«-Komposition zu Cosima: »bei der Lektüre würde ich es beibehalten, was soll aber diese Sentenz im Drama, man weiß es ja, man hat es ja alles erlebt. Es würde beinahe kindisch sein, wenn sie sich noch einmal zu den Leuten wendete, um ihnen ihre Weisheit zu künden.« Er hat diese »Sentenz« dann übrigens doch noch komponiert, 1876 als Geburtstagsgeschenk für König Ludwig, aber im

Stück hatte sie keinen Platz mehr. Da war inzwischen, wortlos, Musik an ihre Stelle getreten.

Diese Musik ist mithin der Schlüssel zum Verständnis des Schlusses vom »Ring« und so zum Verständnis Wagners. Sie beginnt in den Holzbläsern mit dem Thema der Rheintöchter, diesen – nach Wagners letzten überlieferten Worten – »untergeordneten Wesen der Tiefe, diese[n] sehnsüchtigen«. Dann tönt im tiefen Blech das herrische Motiv der Götterburg; aber über den hilflos klagenden Widerspruch der Unteren legt sich in den Geigen die befreiende Verheißung von Sieglindes Thema: Erlösung vom Joch der Macht durch Menschlichkeit. Es vereint sich kurz mit dem der unterdrückten Rheintöchter, aber die Verbindung wird zunächst ausgelöscht von einer heftig auftrumpfenden Passage des Walhall-Themas. Dann – nach einem knappen Motiv-Zitat aus der Welt Siegfrieds (als dem, der die endgültige Katastrophe ausgelöst hat) – setzt mit der Tempo-Bezeichnung »Etwas zurückhaltend« das verklärende Thema neu ein: die Hoffnung signalisierend, daß nicht alles so gewalttätig und herrschaftsbewußt bleiben müsse in dieser Welt.

Dieses Thema, das den Schluß setzt zu vierzehn Stunden Musik und eigentlich zu Wagners ganzer musikalischen Gesellschaftslehre, hat der Zunft der Kommentatoren einiges Kopfzerbrechen bereitet. Der kluge George Bernard Shaw fand, es liege »keinerlei dramatische Logik in der Wiederkehr dieses Themas«, es sei »die wohlfeilste Phrase der ganzen Tetralogie«, ohne »großen musikalischen Wert«. Thomas Mann dagegen hörte, daß da »in Tönen dasselbe verkündet« werde wie im »Schlußwort des anderen deutschen Lebens- und Weltgedichts: Das Ewig-Weibliche / Zieht uns hinan.«

Doch das alles ist keine Frage sympathischen oder antipathischen Geschmacks. Man kann einigermaßen genau feststellen, wie die Verwendung dieses Themas gemeint ist. Außer im »Götterdämmerungs«-Finale ist es im ganzen »Ring« nur ein einziges Mal vorgekommen: als in der »Walküre« Sieglinde sich bei Brünnhilde dafür bedankt, daß diese sie überzeugt hat, sie müsse um ihres ungeborenen Sohnes Siegfried willen selbst am Leben bleiben. Die Worte dazu heißen:

»Du hehrstes Wunder!
herrliche Maid!«

Sie verknüpfen also den Lobpreis auf Brünnhilde mit dem Gedanken an Siegfried, und die Musik hätte als Leitmotiv für die spätere Liebe der beiden verwendet werden können. Wagner hat das jedoch nicht getan; er hat vielmehr – am Tag, als er die Orchesterskizze der »Götterdämmerung« mit diesen Tönen beendete – davon gesprochen, daß er sich das Thema »reserviert« habe, und zwar »gleichsam als Chorgesang auf die Helden«. Auch wenn fast zwanzig Jahre zwischen der Komposition des Themas für die »Walküre« und seiner einmaligen Wiederverwendung liegen – bei Wagners beängstigender Fähigkeit, Musik über enorme Zeiträume voraus- und zurückzudisponieren, ist seine Behauptung nicht ganz unwahrscheinlich. Der Hinweis auf den »Chorgesang« unterstützt das; denn im ursprünglichen Text stand hier ja jener Schlußchor der »Mannen und Frauen«, dessen Verse dem »hehrsten Wunder« und der »herrlichen Maid« rhythmisch durchweg so verwandt sind, daß man meint, sie zu dem Thema singen zu können, obwohl sie gar nicht komponiert worden sind:

»Wotan! Wotan! Waltender Gott!
Wotan, weihe den Brand!
. . . daß . . .,
Allvaters freie Genossen,
Walhall froh sie begrüßen
zu ewiger Wonne vereint!«

Der Chor, der (wie wir gesehen haben) noch aus der Konzeption ohne den Untergang der Götter stammte, war längst gestrichen – die Sinn-Assoziation aber blieb. Und sie heftete sich an den Ausruf der Stelle, von der das musikalische Motiv stammt: »Du hehrstes Wunder!« Diese Musik also rühmt sowohl am Ende der »Götterdämmerung« die beiden »Helden« Brünnhilde und Siegfried, deren Geschick schließlich den Untergang der Götter, den Untergang von Herrschaft, herbeigeführt hat; als auch bezeichnet sie die damit gewonnene Freiheit der »Genossen«; und sie ist zugleich der Kommentar der »in sprachloser Erschütterung« zuschauenden Männer und Frauen, die den Vorgang als »hehrstes Wunder« empfinden. Das alles ist nur noch wortlos und gleichsam als »sinfonische Dichtung« ausgedrückt. Aber die »sagt« eigentlich alles, indem sie Wagners lebenslange Zentralthemen resümiert. Er fand selbst, er habe damit im Anspruch an die Zuhörer zu hoch gegriffen; »so etwas Kompliziertes würde er doch nie wieder machen«, sagt er 1880, viele Jahre später.

Das »Komplizierte« nämlich besteht gerade in der Offenheit dieses Schlusses, der so viel an Unsicherheit einzubeziehen hat und dabei notwendigerweise so wenig eindeutig gerät – was aber tatsächlich der Komplexität der »Ring«-Geschichte entspricht und damit der Komplexität der Welt. »Es gibt keinen Schluß für die Musik«, sagt Wagner am Tag ihrer Fixierung in der Orchesterskizze, »sie ist wie die Genesis der

Dinge, sie kann immer von vorne wieder anfangen, in das Gegenteil übergehen, aber fertig ist sie eigentlich nie.«

Es ist die Bekräftigung eines utopischen Modells, das die Grundbedingungen eines künftigen menschlichen Lebens formuliert, aber seine Verwirklichung nicht garantieren kann. Es gibt keine wohlfeile Gebrauchsanleitung für die Zukunft, sondern nur Hoffnung. Nur? Immerhin eben: Hoffnung. Pierre Boulez, der Dirigent von Patrice Chéreaus »Ring«-Inszenierung, hat im Zusammenhang mit dieser Inszenierung und mit seiner eigenen musikalischen Interpretation eindringlich erörtert, wie die utopische Funktion des »Ring«-Schlusses begriffen werden muß: »Soll man am Ende der Götterdämmerung der Musik Gehör schenken? Natürlich! Aber wie? Als unsicheres Orakel? Die Musik ist zu einer sibyllinischen Sprache geworden: Vor allen Dingen darf man sie nicht darstellen, man muß sie ›hören‹! Bilden wir doch um diesen unsichtbaren Raum, welchem die musikalische Semantik entspringt, einen Kreis, der die Bühne und den Zuschauerraum in sich einschließt, wobei Bühne und Zuschauerraum sich gegenseitig in derselben Zuhörerhaltung widerspiegeln ... Versuchen wir doch, diejenigen Dinge zu entziffern, bei denen der Autor selbst nicht mehr sicher ist, ob er sie sagen will oder kann. Diese Aufgabe ist schwieriger als sich irgendeiner visuellen Schmeichelei hinzugeben, die es uns ersparen würde, über das nachdenken zu müssen, was uns die Sprache der Musik von sich aus mitteilt. Wagner scheint uns allein durch die Musik zu sagen, daß die letzte Askese darin besteht, auf die wohltuende Illusion verzichten zu müssen und in uns die Leere zu schaffen, die vielleicht eine neue Genesis ermöglicht.«

Schöner ist es kaum auszudrücken. Der Schluß des »Rings« mit seinem Abschied von den Konventionen dieser alten Welt, deren steinernes Abbild die Götterburg Walhall ist, öffnet die Möglichkeiten für eine neue, die *Möglichkeiten* – nicht mehr, aber doch auch nicht weniger. Wagners ganzes Werk und die damit einhergehenden Schwankungen seines Lebens beschreiben die Nöte der gegenwärtigen Menschen, und das Werk entwirft die Hoffnung auf das Glück der zukünftigen. Ein Glück, das nicht mehr eingeschränkt ist durch die Härte des Mannes und durch die erzwungene Unterordnung der Frau, sondern das entsteht aus beider Befreiung zur natürlichen Menschlichkeit. Diese erotische Freiheit bewirkt die gesellschaftliche: Liebe wird Politik, und Politik erscheint als Ergebnis von Liebe.

Ein paar Monate vor seinem Tod läßt Wagner sich von Josef Rubinstein, seinem sklavisch ergebenen jüdischen Jünger, den Schluß der »Götterdämmerung« vorspielen. »›Es ist so frei‹, sagt er, ›und dabei doch zart.‹« Das Wort enthält noch einmal Wagners ganzes Programm: die Freiheit der Welt hat die Zartheit ihrer Menschen zur Voraussetzung. Wer den Abschied von Walhall will, kann ihn nur in der frei werdenden Beziehung zum anderen Menschen finden.

Freiheit aber ist kein theoretischer Begriff, sondern eine Bewegung des Menschen, die Bewegung seines Körpers. Wir müssen sie immer noch lernen und wahrscheinlich immer wieder. Zum Beispiel von Wagner.

Anhang

Quellennachweise und Anmerkungen

Vorbemerkung

Um die Lesbarkeit des Textes zu erleichtern, habe ich darin auf alle Anmerkungsziffern verzichtet, die sonst in die Hunderte gegangen wären. Man findet also alle Quellenangaben und sonstigen Hinweise unter der Seitenzahl des Textes, wobei die Stelle, auf die die Angabe sich jeweils bezieht, durch ein kurzes Zitat aus dem Text näher bezeichnet ist.

Texte aus Wagner-Opern werden grundsätzlich in der Fassung der »Gesammelten Schriften und Dichtungen« zitiert; soweit der komponierte Text im Wortlaut davon abweicht, wurde stillschweigend nach der Partitur korrigiert, falls diese nicht offensichtlich fehlerhaft ist. Dieses (unbefriedigende) Verfahren war unumgänglich, weil die kritische Ausgabe der »Sämtlichen Werke« noch weit von der Vollständigkeit entfernt ist und insbesondere die übrigen Partitur-Ausgaben unzuverlässig sind.

Wenn Werktitel mit Seitenzahlen angegeben werden, beziehen sie sich auf die Studienpartitur-Ausgaben in der Edition Eulenburg. Um der Einheitlichkeit willen wurden immer nur sie verwendet.

Literatur-Angaben sind nur mit dem Autoren-Namen und nötigenfalls zur Unterscheidung mit dem Titel angegeben. Die genauen Angaben enthält das Literaturverzeichnis, ebenso die der Quellen, für die folgende Abkürzungen verwendet werden:

Braunes Buch = Richard Wagner: Das Braune Buch.
Burrell = Richard Wagner: Briefe. Die Sammlung Burrell.
Dokumentarbiographie = Herbert Barth u. a.: Wagner. Sein Leben, sein Werk und seine Welt in zeitgenössischen Bildern und Texten.
GSD = Richard Wagner: Gesammelte Schriften und Dichtungen.
KB = König Ludwig II. und Richard Wagner: Briefwechsel.
ML = Richard Wagner: Mein Leben.
NSch = Richard Wagner: Nachgelassene Schriften und Dichtungen.
Ring-Skizzen = Richard Wagner: Skizzen und Entwürfe zur Ring-Dichtung.
SB = Richard Wagner: Sämtliche Briefe.
TB = Cosima Wagner: Die Tagebücher.
Wagner-Chronik = Martin Gregor-Dellin: Wagner-Chronik.

Die Brief-Ausgaben sind, soweit nicht schon (für die Briefe bis Herbst 1852) SB verwendet werden konnte, mit den Namen der Empfänger bezeichnet (siehe Literaturverzeichnis I).

Nachtmahre: 16. November 1877

12 *»Die seinem Dienst ihr zugesindet«*: GSD X, S. 332

13 *schreibt Cosima den Traum auf*: TB I, S. 1086 (17. 11. 1877). Zum ganzen Zusammenhang vgl. die Eintragungen ab 15. 11. 1877 und die Wagner-Chronik S. 154f.
Angstträume in Fülle: Siehe den Überblick bei Gregor-Dellin S. 694ff.
»Feigheits-Träume«: TB II, S. 966 (20. 6. 1882)
»große Vögel«: TB II, S. 205 (Randbemerkung zum 21. 10. 1878)

14 *»lauter Gießkannen und Blechzeug«*: TB II, S. 227 (12. 11. 1878)
Anfang 1874 schreibt Cosima: TB I, S. 782 (17. 1. 1874)

I. Kapitel: Sex and Crime

18 *»Das absolute Kunstwerk«*: GSD IV, S. 234
ein paar Seiten später: GSD IV, S. 247
verlegt er die Zäsur: ML S. 390

1. Besitz und Herrschaft: Staatsphilosophie

20 *Doch der antwortet*: GSD VI, S. 128 (Siegfried S. 516f.)

21 *»Wer Schätze häufte«*: NSch S. 70
»unser Gott aber ist das Geld«: GSD III, S. 28
»als den Keim aller Verbrechen«: GSD IV, S. 65
sagt er Ende 1880: TB II, S. 644 (22. 12. 1880)
und ein Vierteljahr drauf: TB II, S. 721 (4. 4. 1881)
Er lobt Heinse: TB II, S. 1011 (30. 9. 1882)
Die Stelle beginnt: TB II, S. 1107 (Fußnote zum 5. 2. 1883)
der Kampf der »Nicht-Besitzenden«: TB II, S. 1031 (24. 10. 1882)

22 *Notiz des Braunen Buchs*: Braunes Buch S. 241 (23. 10. 1881)
»verhängnisvollen Ring des Nibelungen«: GSD X, S. 268
»nach der Bedeutung des Goldes«: TB II, S. 715 (21. 3. 1881)
Er verwendet darin: GSD II, S. 142ff.

23 *Verschwörer-Terzett*: Götterdämmerung S. 906ff. (GSD VI, S. 232f.)
»Ich bin anders organisirt«: Wille S. 104
Rothschild ihm nicht eine Million: TB II, S. 1103 (30. 1. 1883)
seine Tantiemen »futsch« seien: TB II, S. 45 (14. 2. 1878)
die Angst, keines zu haben: vgl. auch die »stehenden Träume« (TB II, S. 966 – 20. 6. 1882).

24 *der junge Romain Rolland*: zitiert nach Barth: Festspielhügel, S. 77
mit Scheinen um sich wirft: TB II, S. 797 (22. 9. 1881)
»bis auf's äußerste« verstimmt: TB II, S. 1081 (28. 12. 1882)
Der groteskeste Vorgang: TB II, S. 990 (15. 8. 1882)
nur zum Ausgeben: vgl. auch Liszt-Briefe II, S. 98 (Nr. 196 vom 3. 10. 1855). Es ist deshalb falsch, einen Gegensatz zu konstruieren zwischen Wagners Kapitalismus-Kritik im »Ring« und seiner angeblichen Selbstbereicherung – so Donington S. 26 als *ein* Beispiel für viele Autoren, die diesen klassischen Topos pflegen.
das Bettlertum buddhistischer Mönche: Wesendonk-Briefe S. 174 (22. 2. 1859)
25 *Der Hort bedeute*: GSD II, S. 119
die Entstehung des Stammeskönigtums: GSD II, S. 116ff.
»Der Staat, einzig organisiert«: TB II, S. 105 (2. 6. 1878)
26 *»der Staat bedeute Garantie«*: TB II, S. 475 (13. 1. 1880)
»der Name Bismarck«: TB II, S. 301 (1. 2. 1879)
am sonst so geliebten Platon: TB II, S. 419 (2. 10. 1879)
»Eigentlich ist ein jeder Staat«: TB II, S. 705 (4. 3. 1881)
»Das zentrale Problem ist nicht das Gold«: Glucksmann S. 275
sagt er vom Kaiser: TB II, S. 638 (13. 12. 1880). Die konservative Cosima hat mit einer geradezu klassischen Freudschen Fehlleistung »Reaktionäre« statt »Revolutionäre« geschrieben, was dem Zusammenhang nach eindeutig gemeint ist.
27 *»daß die Kraft dieser Bewegung«*: TB II, S. 181 (23. 9. 1878)
hielt dort eine krause Rede: siehe Gregor-Dellin S. 237ff.
unterwürfigen Brief an den König: Der Brief ist erst vor ein paar Jahren entdeckt worden; er ist wieder abgedruckt bei Metzger/Riehn: Musik-Konzepte 5, S. 77f.
Mitwirkung an dem Dresdner Mai-Aufstand: Die von reaktionären Wagnerianern wie von linken Kritikern gern berichtete Geschichte, Bakunin habe sich von Wagner distanziert und bezeugt, daß dieser an dem Aufstand nicht ernstlich beteiligt gewesen sei, ist eine Legende. Sie beruht auf Bakunins polizeilicher Vernehmung, wo die Äußerungen des russischen Anarchisten aber ganz offenkundig die Absicht verfolgen, den entkommenen Mitstreiter zu entlasten (siehe Dokumentarbiographie S. 176).
1856 ein Gnadengesuch: veröffentlicht im Anhang der Liszt-Briefe II, S. 328ff. (Nr. 15 vom Juni 1856).
»Es hat mich viel gekostet«: Liszt-Briefe II, S. 120 (Nr. 211 vom Mai/Juni [?] 1856). In diesen Zusammenhang gehört natürlich auch das Herunterspielen seiner Beteiligung an der Revolution in der für den König bestimmten Autobiographie (siehe ML S. 375ff. und 425).
daß er den Sieg des Sozialismus erwarte: TB II, S. 358 (2. 6. 1879) und S. 422 (8. 10. 1879)
die Pariser Commune: TB II, S. 447 (20. 11. 1879)
verteidigte die russischen Anarchisten: TB II, S. 716 (24. 3. 1881)
höhnt er über Bismarcks Sozialistengesetze: TB II, S. 98 (24. 5. 1878), S. 102 (30. 5. 1878), S. 103 (31. 5. 1878)

»Dir steht es zu«: KB IV, S. 194f. (Nr. 161 vom 17. 11. 1868)

28 *»Kühn wie Sie sind«*: KB I, S. 232 (Nr. 178 vom 27. 11. 1865)

bot Ludwig seinen Rücktritt an: KB II, S. 34f. (Nr. 244 vom 15. 5. 1866) und S. 74f. (Nr. 294 a vom 21. 7. 1866)

er wehrte erschrocken ab: KB II, S. 76ff. (Nr. 295 vom 24. 7. 1866)

Wagner der Wiener und Münchner Jahre: siehe Cornelius I, S. 698 (Tagebuch vom 3. 2. 1863), S. 784 (Brief vom 4. 9. 1864) und II, S. 25f. (Brief vom 24. 1. 1865)

»Wer nicht für mich ist«: Cornelius II, S. 560 (Tagebuch von Pfingsten 1868)

»unser König«: TB II, S. 698 (20. 2. 1881)

Pracht seines letzten Wohnraums: siehe die Beschreibung bei Perl S. 92ff.

»Es ist ein Glück«: Nietzsche VII, S. 765

2. *Das Verbrechen der Ehe*

29 *»Der Fluch seines Lebens«*: TB I, S. 30 (11. 1. 1869)

Bei der schon erwähnten Gondelfahrt: TB II, S. 1107 (Fußnote zum 5. 2. 1883)

30 *In der »Walküre« fordert Fricka*: Walküre S. 290ff.

»Alberich und sein Ring konnten den Göttern«: Röckel-Briefe S. 35 (Nr. 4 vom 25. 1. 1854). »Wodan« ist noch die ursprüngliche Schreibweise.

31 *schmückt sie diese Forderung*: GSD VI, S. 35 (Walküre S. 339f.)

Eines Abends wird im Freundeskreis: TB I, S. 206 (6. 3. 1870)

32 *»Ich schreibe ein neues Werk«*: TB I, 187 (10. 1. 1870)

»Röckel wollte in der Zukunft«: ML S. 387

33 *»Neulich aber erhielt ich«*: KB III, S. 203 (Nr. 569 vom 16. 3. 1881)

»Wir sprachen von seiner ersten Ehe«: TB I, S. 539 (24. 6. 1872)

3. *Erotik und Sadismus*

34 *In der vierten Szene des »Rheingold«*: Rheingold S. 592ff. (GSD V, S. 256ff.)

35 *Eigentum an Personen und an Sachen*: Wapnewskis lesenswertes erstes Buch über Wagner enthält in diesem Zusammenhang in dem Abschnitt »Liebe und Macht als reziproke Potenzen« hierzu einige interessante Überlegungen (Wapnewski S. 128ff.).

37 *»Das nichtsnutzigste Volk«*: TB II, S. 845 (10. 12. 1881)

»ergeht sich R. über seinen Mangel«: TB II, S. 849 (16. 12. 1881)

»Daß 416 Israeliten«: TB II, S. 852 (17. 12. 1881)

»Er sagt im heftigen Scherz«: TB II, 852 (18. 12. 1881)

38 *An der Pariser Commune kritisiert er*: TB II, S. 447 (20. 11. 1879)

»er hoffe, daß Paris«: TB I, S. 272 (18. 8. 1870)

sadistische Lust an der Grausamkeit: vgl. auch TB I, S. 401 (17. 6. 1871) zum Plan der Kommunisten, Paris zu verbrennen, und Braunes Buch S. 102 (28. 1. 1866) mit der Schilderung eines Rache-Exzesses für den Tod des Sagenhelden Roland.

»Nach Tisch, indem er seine Cigarette«: TB II, S. 418f. (1. 10. 1879)

»was er seine Sünden nennt«: TB II, S. 996 (31. 8. 1882)

39 *»Die Weltgeschichte beginnt von da an«*: TB II, S. 472 (8. 1. 1880)
Eines Abends zieht die ganze Familie: TB II, S. 192 (6. 10. 1878)
»Er lacht und geht in den Wald«: GSD VI, S. 108
Mimes folgender Schreckensvision: Siegfried S. 236ff.
Sie brechen in ein Schreckens-Ensemble: Walküre S. 858ff.
40 *Gutsbesitzer-Freund Gersdorff*: zitiert nach Ross S. 290
»Ist Wagner überhaupt ein Mensch?«: Nietzsche VI, S. 21/23
»Wie zwei Tiere«: TB II, S. 999 (5. 9. 1882)
Aber das Duett ist angefüllt: GSD VI, S. 166ff. (Siegfried S. 1004ff.)

4. Phallus-Phantasien

43 *»Der starren, nur durch äußeren Zwang«*: GSD III, S. 168f.
»an dessen Organisation zu rütteln«: TB I, S. 961 (1. 1. 1876) (Hervorhebung von mir, wie auch bei den beiden nächsten Zitaten)
44 *»immer neue Gefahren«*: TB II, S. 408 (13. 9. 1879)
»Betrachtungen über dieses Militär-Wesen«: TB II, S. 421 (4. 10. 1879)
»Stabilität ist daher«: GSD VIII, S. 9f.
45 *Wagners erster Entwurf*: Braunes Buch S. 53ff. (27.–30. 8. 1865)
aus angeblich dramaturgischen Gründen: vgl. Braunes Buch S. 75f. (2. 9. 1865) Der Wagner gelegentlich etwas ausschweifend interpretierende Robert Gutman hat in diesem Zusammenhang darauf hingewiesen, daß sogar der heilige Gral selbst Eigenschaften des männlichen Glieds besitzt: er »leuchtet auf, wenn er erhoben wird. Wagners Machtsymbole haben ausgeprägte sexuelle Charakteristika.« (Gutman S. 539f.)
»Jed' Wesen, das durch Zauber stark«: GSD II, S. 84
47 *»Laß mich das kleinste Glied«*: GSD II, S. 98
»Siehst du dort«: GSD VI, S. 130
48 *»dich zu verschlingen«*: GSD VI, S. 137

5. Wotan

50 *Ein deutscher Jurist*: Pidde. Dieser Autor ist eine Fiktion. Das Buch stammt in Wirklichkeit von einem bundesdeutschen Diplomaten. Es ist ganz außerordentlich amüsant zu lesen und kann, obwohl es parodistisch gemeint ist, auch Wagner-Kennern manchen Gewinn bringen.
»sieh ihn Dir recht an«: Röckel-Briefe S. 38 (Nr. 4 vom 25. 1. 1854)
Wotan ist der Normalfall: Cooke hat das überzeugend dargelegt (S. 266).
Das musikalische Motiv: zum ersten Mal Rheingold S. 197 in den Bässen.
schon Wotans erste Szene: GSD V, S. 214ff.
51 *»daß die Sicht nach innen«*: Donington S. 42
»der der Instinkt ist«: Cooke S. 261 (Übersetzung von mir)
in den Bässen wieder das Vertragsmotiv: Rheingold S. 207f.
52 *»Was du bist«*: GSD V, S. 219

den geliebten Sohn Siegmund opfern muß: Darin einen christlichen Mythos zu sehen (Gottvater-Christus), wie Donington (S. 116f.) es tut, erscheint abwegig. Alle mythologisch-symbolisch getränkten Assoziationen zu Wagners Geschichten haben überhaupt etwas haltlos Spekulatives, weil sie seinen Realismus nicht wahrhaben wollen (vgl. als ein jüngstes und besonders intensives Beispiel Oberkogler).
»der durch Verträge ich Herr«: GSD VI, S. 40
»In langer Zeiten Lauf«: GSD VI, S. 178f.
durch das Orchester huscht: Götterdämmerung S. 19f.

53 *In der ersten Prosaskizze des »Rheingolds«*: Ring-Skizzen S. 203
ebenso im ersten »Walküren«-Akt: Ring-Skizzen S. 204
»Die ihr durch Schönheit herrscht«: GSD V, S. 220
»Als junger Liebe«: GSD VI, S. 37

54 *»Liebe bei wirklicher Macht«*: KB I, S. 13 (Nr. 4 vom 30. 5. 1864)
sein Festspielhaus sehe aus wie Walhall: TB II, S. 704 (3. 3. 1881)
»Zieh hin!«: GSD VI, S. 163
»beide sehnten sich nach Erlösung«: TB II, S. 108 (4. 6. 1878)

55 *von mindestens drei verschiedenen Müttern*: Es wird immer unterstellt, Erda sei die Mutter *aller* Walküren. Davon ist im »Ring« aber nirgendwo die Rede; einige Formulierungen legen dagegen zwingend nahe, daß aus Wotans Verbindung mit Erda nur Brünnhilde hervorgegangen ist. Die anderen Walküren sind aber ebenfalls Wotans Töchter, haben also mindestens eine gemeinsame andere Mutter, vielleicht auch jede eine verschiedene.
»mit Liebeszauber«: GSD VI, S. 38. Wala ist die Seherin der nordischen Mythologie, Berufsbezeichnung für Erda also sozusagen.
»lange Jahre« mit seinem illegitimen Sohn: vgl. Siegmunds Erzählung dieser Vorgänge, GSD VI, S. 7f.

56 *»Der Augen leuchtendes Paar«*: Walküre S. 998ff. (GSD VI, S. 83f.)
»Nur wer der Minne«: Rheingold S. 140ff. (GSD V, S. 211)

II. Kapitel: Irrwege zu Kraft und Schönheit

60 *»Das ›ewig Weibliche‹«*: TB II, S. 814 (24. 10. 1881)
»Männertaten umdämmern mir den Mut«: GSD VI, S. 154
In einem Gespräch über ein Märchen: TB II, S. 368 (19. 6. 1879)

61 *in den kurzen Dialogen Walthers und Evas*: GSD VII, S. 207ff.

62 *»unsereiner muß immer erhaben sein«*: TB I, S. 676 (3. 5. 1873)

1. *Die großen Herren*

63 *»ich schäme mich, daß so viele«*: TB II, S. 202 (18. 10. 1878)
»es werde ihm förmlich Fr. d. Große«: TB II, S. 377 (Nachtrag zum 5. 7. 1879)
Wilhelm I. bleibt nicht verschont: TB II, S. 394 (7. 8. 1879)

64 *»Schlechtigkeit der deutschen Fürsten«*: TB I, S. 459 (14. 11. 1871)
»die Dummheit wäre hier getroffen worden«: TB II, S. 710 (15. 3. 1881)
»leider erregt meine Äußerung«: TB II, S. 716 (24. 3. 1881)
»wie seltsam das Schicksal«: TB I, S. 129 (16. 7. 1869)
»Phantasten, Crétin«: TB I, S. 167 (5. 11. 1869)
offen sprechen sie davon: TB I, S. 140 (13. 8. 1869)
»Bei Gelegenheit des Königs«: TB II, S. 189 (2. 10. 1878)
»man schämt sich, mit diesen Räubern«: TB II, S. 1065 (9. 12. 1882)

65 *»Abends hatten wir eine andre Tisch-Ordnung«*: TB II, S. 698 (20. 2. 1881)
»Nicht eine von den Fürstlichkeiten«: TB I, S. 1007 (9. 10. 1876)
»Er braucht die Menschen«: Cornelius I, S. 698 (Tagebuch vom 3. 2. 1863)
»den rechten Gott der Arier«: TB II, S. 999 (5. 9. 1882)
ein Produkt der Aktivität einzelner Helden: vgl. etwa »Rienzi«:

> »Der Pöbel, pah!
> Rienzi ist's, der ihn zu Rittern macht; –
> Nimm ihm Rienzi, und er ist, was er war.« (GSD I, S. 52)

66 *Der Unterschied zwischen Wotan und Siegfried sei*: TB I, S. 495 (1. 3. 1872)
»Du wirst ein Doktor«: TB I, S. 495 (28. 2. 1872)
»R. kommt häufig an mein Bett«: TB I, S. 506 (1. 4. 1872)
»es fehlt diesen gräßlichen Katastrophen«: TB I, S. 579 (2. 10. 1872)
»wie überhaupt im ganzen Sarastro«: TB I, S. 843 (7. 8. 1874)

2. *Männerkrankheiten*

68 *So beginnt der erste Prosa-Entwurf*: Braunes Buch S. 53, noch mit der ursprünglichen Schreibweise des Namens, die später erst in »Amfortas« geändert wurde.
»Ohnmächtig, in sich selbst«: GSD X, S. 332
nie ist Wagner der Ausdruck der Qual: Parsifal S. 246ff. (GSD X, S. 341f.)
»Nur eine Waffe taugt«: GSD X, S. 375

69 *»unter einem Fluch des Sexus litt«*: Gregor-Dellin S. 745
»hartnäckigen Hautausschlag«: Gregor-Dellin S. 24
»Unterleibsbeschwerden«: ML S. 272
sein venezianischer Hausarzt: zitiert bei Perl S. VII

70 *»Hämorrhoidal-Leiden«*: SB II, S. 333 (Nr. 107 vom 22. 10. 1843)
An Franz Liszt: SB IV, S. 192f. (Nr. 85 vom 20. 11. 1851)
Mathilde Maier gegenüber: Maier-Briefe S. 114 (Nr. 57 vom 20. 7. 1863)

71 *»Zuvor aber bin ich entschlossen«*: SB IV, S. 105f. (Nr. 38 nach dem 8. 9. 1851). Ähnlich auch im Brief an Uhlig – SB IV, S. 101 (Nr. 36 vom 8. 9. 1851).
»viele und starke Arzneimittel«: so der Arzt in Venedig, zitiert bei Perl S. VIII.
»Die Erregungen des Grausens«: ML S. 19
»Nur an einem Schmuck dieser Räume«: ML S. 15

72 *»Daß der Bräutigam beim Gewahrwerden«*: ML S. 85
»er sei der einzige Mann«: TB I, S. 780 (14. 1. 1874)
»ob er meine, daß ein jeder Knabe«: TB I, S. 134 (30. 7. 1869)

73 *In einem Brief an Theodor Uhlig*: SB IV, S. 329 (Nr. 141 vom 25. 3. 1852)
»Für euch ist die Sehnsucht«: TB I, S. 1039 (22. 3. 1877)
»allein er ist – Onanist«: SB IV, S. 383 (Nr. 173 vom 31. 5. 1852)

74 *»Ich trage mich«*: zitiert nach Gregor-Dellin S. 750, der den ganzen Vorgang ausführlich dargestellt hat und zum ersten Mal vollständig (S. 748ff.).
für Nietzsches haßvolle Abkehr von Wagner: Mir kommt das allerdings ziemlich unwahrscheinlich vor. Nietzsches Abneigung gegen Wagner äußert sich schon in seinen Fragmenten seit etwa 1875 und in heftiger Form lange vor 1882, wo er laut Gregor-Dellins überzeugender Argumentation von dem Briefwechsel erfahren hat. Es ist jedoch nicht undenkbar, daß Wagner dem jungen Freund gesprächsweise verstörende Vorhaltungen zu dem Thema gemacht hat, lange bevor der Arzt ihn untersuchte. Das in der Tat könnte Nietzsche davongetrieben haben, auch ohne daß er von den peinlichen Indiskretionen wußte.
Es beginnt mit Sachsens Anrede: GSD VII, S. 262ff.

76 *fragt ihn Cosima eines Tages*: TB II, S. 73f. (30. 3. 1878)

3. Die elternlose Gesellschaft

77 *Da sagt er zu Liszt*: TB II, S. 1076 (20. 12. 1882)
Nietzsche wohl als erster: vgl. Nietzsche I, S. 436, und VII, S. 759
»ständige Wechsel der Bezugspersonen«: Gregor-Dellin S. 71

78 *das menschliche Chaos dieser Kindheit*: Gregor-Dellin ist der erste, der sie einigermaßen ausführlich dargestellt und überdacht hat.
einmal von Seiten einer Schwester: ML S. 28
beim Tod des Stiefvaters: ML S. 13
Es sei ihm nur darauf angekommen: ML S. 45

79 *»Leubald und Adelaide«*: eine Inhaltsangabe steht in ML S. 32f.; der Text ist in der Sammlung Burrell erhalten (Nr. 23), aber bis heute nicht veröffentlicht.
Siegfried hat eine männliche Amme: Gregor-Dellin S. 38 ist aufgefallen, daß diese »Amme« einen Namen trägt, der den Beruf von Wagners Stiefvater Geyer bezeichnet, der Schauspieler war: Mime.
in der ersten Szene des dritten »Tristan«-Akts: Tristan und Isolde S. 816ff.
Monolog des zweiten Akts von »Siegfried«: Siegfried S. 561ff.
»So starb meine Mutter an mir?«: GSD VI, S. 96 (Siegfried S. 115)
Im dritten Akt dann: GSD VI, S. 134 (Siegfried S. 563ff.)

80 *die fehlende Zärtlichkeit gerade dieser Person*: Theweleit hat vielerlei Aufschlußreiches zu diesem Thema am Beispiel des »soldatischen Mannes« beigetragen. Er nennt den Typus sehr treffend den »nicht zu Ende geborenen Mann« (siehe vor allem Theweleit II, S. 244ff.).
Wagners häufige Klagen: so etwa Röckel-Briefe S. 20 (Nr. 3 vom 8. 6. 1853) und Liszt-Briefe II, S. 43 (Nr. 166 vom 16.[?]12. 1854).

81 *»begierig nach übermenschlicher Liebe«*: Donington S. 27
»Seine Liebe bestand«: Gregor-Dellin S. 89
»von den Männern, die früh heirateten«: TB II, S. 352 (19. 5. 1879)

»Zwei Jahre später besuchte ich«: ML S. 86
»Und dies eine weißt Du«: Wesendonk-Briefe S. 118 (18. 9. 1858)
82 *Brief an die Mutter von Mathilde Maier*: Maier-Briefe S. 164 ff. (Nr. 83 vom 25. 6. 1864)
»Wenn Du zum Frühjahr«: Maier-Briefe S. 190 (Nr. 100 vom 17. 12. 1864)
»Planeten, die umeinander kreisen«: TB II, S. 691 f. (15. 2. 1881)
»Aber ich liebe dich doch mehr«: Braunes Buch S. 72 (31. 8. 1865)
83 *»ausnahmslos sexuell gestörte Jünglinge«*: Gregor-Dellin S. 307
»Er lernt den Mann zu begreifen«: Nietzsche VII, S. 791
»Von sich sprechen«: Cornelius II, S. 26 (24. 1. 1865); vgl. auch Wagners eigene Begründung dafür in einem Brief an Mathilde Wesendonk vom 29. 10. 1859 (Wesendonk-Briefe S. 264).
»Leb wohl! Leb wohl!«: SB III, S. 287 f. (Nr. 71 vom 16. 4. 1850)
Als er eine Rede hält: ML S. 311 f.
84 *»Mir geht es immer tiefer auf«*: TB II, S. 720 (2. 4. 1881)
»Wagner denkt nicht einen Augenblick«: Cornelius I, S. 784 (4. 9. 1864)
»es ist viel schöner«: SB I, S. 291 (Nr. 74 vom 7. 6. 1836); siehe auch ebd. S. 297 f.
Natalie hat später berichtet: Burrell S. 107 (Nr. 99 undatiert)
»Bei Tisch kam das Gespräch«: TB II, S. 658 (5. 1. 1881)
85 *»Hier verurteilen sie«*: TB II, S. 459 (9. 12. 1879)
»ein Gemisch von Hamlet und Don Quixote«: TB II, S. 156 (Fußnote zum 7. 8. 1878)
»Ach! das ist meine Rettung«: TB II, S. 155 (6. 8. 1878)
»Ich habe keine Kinder«: SB III, S. 153 (Nr. 26 vom 19. 11. 1849)
86 *»den unfrohen Mann«*: GSD VI, S. 197
mit einem Monolog: Götterdämmerung S. 353 ff. (GSD VI, S. 198 f.)

4. *Angst, Abwehr, Härte*

87 *»der das Fürchten nicht gelernt«*: GSD VI, S. 108
»Fühltest du nie«: GSD VI, S. 111 f. (Siegfried S. 271 ff.)
88 *»Was jagt mir so jach«*: GSD VI, S. 150 (Siegfried S. 729)
»so daß nun Brünnhilde«: GSD VI, S. 165 (Siegfried S. 982 ff.)
90 *»die jeweiligen Götter«*: Theweleit I, S. 471
»daß man nie der Sache beikommen könne«: TB II, S. 562 (2. 7. 1880)
Urfassung des »Lohengrin«-Textes: zitiert nach Mayer, S. 205 (vgl. die endgültige Stelle GSD II, S. 110 f.)
91 *die Mühe, die ihm der Ausgang des »Lohengrin«*: ML S. 339 f.
»dieses mädchen ist Dir weit voraus«: SB III, S. 264 (Nr. 63 vom 26. 3. 1850)
So hat Wagner sein Verhältnis zu Minna gesehen: vgl. die Schilderung in ML S. 434 f.
an seine Frau Minna einen erklärenden Brief: SB III, S. 342 (Nr. 86 von Ende Juni 1850)
92 *Krach, der keinen unbeschädigt läßt*: vgl. etwa Minnas Schilderung ihres letzten

Streits (Burrell S. 539f., Nr. 361 H vom 6. 3. 1862) und parallel dazu Wagners Darstellung (ML S. 693f.), die aber wohl etwas weiter von der Wahrheit entfernt ist.
»für Siegfried ein Haus zu bauen«: TB I, S. 168 (8. 11. 1869)
einmal »sehr launisch« ist: TB I, S. 568 (28. 8. 1872)
»wie die kleinen Hunde«: TB I, S. 917 (15. 5. 1875)
»das Innere des Menschen in plastischen Abbildungen«: TB II, S. 429f. (24. 10. 1879)

94 *wollte der sie vor Wagner verbergen*: ML S. 727
»so gut wie keine Augenbrauen«: TB II, S. 147 (27. 7. 1878)
Daß die Rokoko-Männer einen Zopf trugen: TB II, S. 140 (18. 7. 1878)
»die Geige als Soloinstrument«: TB I, S. 187 (11. 1. 1870)
Da verkehrte ein italienischer Kastrat: ML S. 35f.

95 *die Tiere »besonders freundlich«*: ML S. 440
Deren Tod wird so schmerzlich beschrieben: siehe ML S. 472, S. 540, S. 663
er schäme sich früherer Beziehungen: TB II, S. 1090 (11. 1. 1883)
»Einer der Träume«: TB II, S. 1114
»Er hatte eine seltsame Neigung«: Gregor-Dellin S. 514

96 *die Schlußszene des ersten Akts*: GSD VI, S. 206ff. (Götterdämmerung S. 501ff.)
zum letzten Mal von Brünnhilde spricht: GSD VI, S. 246 (Götterdämmerung S. 1156ff.)

5. Siegfried

97 *»Ich war mit der Konzeption«*: GSD IV, S. 328f.

98 *nur als Gesunder zu komponieren*: SB IV, S. 101 (Nr. 36 vom 8. 9. 1851)
»der Mensch der Zukunft«: Röckel-Briefe S. 38 (Nr. 4 vom 25. 1. 1854)
»dem schönsten meiner Lebensträume«: Liszt-Briefe II, S. 43 (Nr. 166 vom 16.[?]12. 1854)
Sein erster Auftritt: GSD VI, S. 87

99 *den »schönen Unmenschen«*: Wapnewski S. 165
»Hier hilft kein Kluger«: GSD VI, S. 115
Siegfrieds Schmiedelieder: Siegfried S. 327ff. (GSD VI, S. 116ff.)

100 *Diese Nietzschesche Interpretation*: Nietzsche I, S. 508f.
»ein völlig amoralisches Geschöpf«: Shaw S. 72

101 *»Hanswurst, Lichtgott«*: Mann Band MK 114, S. 154
»Eigentlich hätte Siegfried«: TB II, S. 339 (29. 4. 1879)
»um auf Raub zu gehen«: TB I, S. 759 (4. 12. 1873)
Siegfried »nicht tragisch« genannt: TB I, S. 703 (4. 7. 1873)
Seine ersten Worte an Gunther: GSD VI, S. 191

102 *»der zieren Frauen eine«*: GSD VI, S. 239
In einer rührenden Passage: GSD VI, S. 192f.
und doch nichts davon begreift: vgl. hierzu auch Patrice Chéreaus eindrucksvolle Interpretation in Barth: Bayreuther Dramaturgie S. 420f.
eine der eigenartigsten Stellen: Siegfried S. 971f.

103 *»unmännlichen und lächerlichen« Geige*: TB I, S. 187 (11. 1. 1870)
der Kritiker Peter Viereck: zitiert nach Metzger/Riehn: Musik-Konzepte 5, S. 16
vor dem Wehrdienst bewahren: TB II, S. 594 (6. 9. 1880)
Bernhard Diebold: zitiert nach Barth: Der Festspielhügel S. 135
104 *»er möchte die Trauermusik«*: TB I, S. 280f. (4. 9. 1870)
den sogenannten Trauermarsch: Götterdämmerung S. 1164ff.
vor allem im Dritten Reich: vgl. Gregor-Dellin S. 866 (Anmerkung zu S. 367)

III. Kapitel: Weiberphantasien

108 *in ihr habe er den Gegensatz zu Lohengrin gesehen*: GSD IV, S. 300ff.
109 *Schopenhauer ausdrücklich kritisiert*: TB I, S. 498 (8. 3. 1872)

1. Die Frau in der Männergesellschaft

110 *Liebe, so Nietzsche, sei*: Nietzsche VI, S. 18
»alle Femininismen«: Nietzsche VI, S. 43
»raubt uns die Jünglinge«: Nietzsche VI, S. 45
»Bei den eigentlichen ›Mänaden‹«: Nietzsche XI, S. 674 (1885)
am Gegenbild Wagners: vgl. etwa auch in »Ecce homo« den Abschnitt 5 des Kapitels »Warum ich so gute Bücher schreibe« (Nietzsche VI, S. 305ff.)
Da rät er Cosima ab: TB I, S. 23 (2. 1. 1869)
111 *hätten Frauen keine Nation*: TB I, S. 784 (20. 1. 1874)
schreiben gegen die Natur der Frau: TB II, S. 339 (29. 4. 1879)
eine Frau mit eigenem Atelier: TB II, S. 762 (15. 7. 1881)
»Frauen-Befreiung« verabscheuen beide: TB I, S. 138 (8. 8. 1869); siehe auch TB I, S. 224 (26. 4. 1870)
Die Frauen seien »ganz passiv«: TB I, S. 113 (22. 6. 1869)
»Wenn sie eine gewisse ängstliche Bescheidenheit verlieren«: TB I, S. 220 (16. 4. 1870)
»Stolzes Frauchen freue dich«: TB I, S. 660 (24. 3. 1873)
»so ist das Weib«: NSch S. 86f.
am Schluß von »Oper und Drama«: GSD III, S. 314, 316 und 319
daß Frauen »Männerrechte« fordern: TB I, S. 765 (19. 12. 1873)
kritisiert, weil sie rauchen: TB II, S. 612 (16. 10. 1880)
112 *»wie falsch die Stellung der Frau«*: TB II, S. 673 (22. 1. 1881)
»das Wesen des Weibes«: TB II, S. 816 (28. 10. 1881)
Als Cosima einmal meint: TB II, S. 659 (6. 1. 1881)
Das Leder-Bild 30 Jahre früher: SB III, S. 194 (Nr. 36 vom 27. 12. 1849). Zur größeren Wirkung seiner Kunst auf Frauen vgl. auch SB IV, S. 319 (Nr. 138 vom 20. 3. 1852) und S. 326 (Nr. 141 vom 25. 3. 1852).
dem »Weiblichen« vor dem »Männlichen«: TB II, S. 1050 (17. 11. 1882)
113 *»Die Frauen sind besser als die Männer«*: TB II, S. 440f. (12. 11. 1879)

»Herrliche Weiber giebts hier«: SB IV, S. 409 (Nr. 185 vom 15. 7. 1852)
So bezeichnet er Ortrud: SB IV, S. 273 (Nr. 118 vom 30. 1. 1852)
»Das politische Weib ist ihnen«: Mayer S. 211
»Ich kann diese wütenden Weiber«: TB II, S. 343 (6. 5. 1879)
Patrice Chéreau hat sie charakterisiert: in Barth: Bayreuther Dramaturgie S. 382

114 *hat von Wagners »Heldinnen« gesagt*: Mann Band MK 114, S. 127
»Sie können's nicht«: Nietzsche VI, S. 34f.
Adorno hat richtig bemerkt: Adorno S. 89

115 *»er habe Sehnsucht«*: TB II, S. 999 (6. 9. 1882)
»Weibchen« zu sagen: TB II, S. 414 (24. 9. 1879)
Frauen spielten Liebesszenen: Fricke S. 103
deren Motive eng miteinander verwandt: Hans Grunsky hat das gezeigt (in Barth: Bayreuther Dramaturgie S. 48f.)
»das Gesetz ist die Lieblosigkeit«: NSch S. 90

116 *das Königtum aus dem Familien-Patriarchat*: GSD II, S. 116f.
der »Typ der Weiblichkeit«: Donington S. 113

2. Die Rache der Frauen

117 *»Denn wenn die Frauen eintreten«*: TB I, S. 316 (25. 11. 1870)
»So stehen wir vor der bemerkenswerten Erscheinung«: Theweleit I, S. 212
»er würde gern einen begabten jungen Mann kennenlernen«: TB II, S. 840 (4. 12. 1881)

118 *Parsifal begegnet in Klingsors Garten*: GSD X, S. 350ff.
»drin wachsen teuflisch holde Frauen«: GSD X, S. 333 (Parsifal S. 124f.)
die nächste und noch größere Gefahr: GSD X, S. 355ff.
In der ersten »Rheingold«-Szene: GSD V, S. 201ff.

119 *Am Beginn des letzten Akts der »Götterdämmerung«*: GSD VI, S. 234ff. (Götterdämmerung S. 968ff.)

121 *»Seit Frauen ich singen hörte«*: GSD VI, S. 242
durch »Zauberspiel« ihn unverwundbar gemacht: GSD VI, S. 229
Auch die vorangehende Szene: GSD VI, S. 224ff. (Götterdämmerung S. 785ff.)

122 *der weibliche Körper kein Gegenstand*: TB II, S. 416 (29. 9. 1879)
»Ich lebe wie eine Art Tier«: TB II, S. 412 (21. 9. 1879)

123 *sie »sei die Tugend selbst«*: TB II, S. 1060 (30. 11. 1882)
ein »einsames Reh«: TB II, S. 92 (10. 5. 1878)
»Gewiß muß ich etwas verabsäumt haben«: TB I, S. 587 (30. 10. 1872)
»dem sinnlichen Ausdruck der Liebe«: TB I, S. 238 (1. 6. 1870)
schickt Felix Dahn Gedichte: TB I, S. 744 (27. 10. 1873)
»Es ist und bleibt auch ein gar zu verliebtes«: zitiert nach Dokumentarbiographie S. 197

3. Wagners Ehefrauen und Geliebten

124 *»Ich bin zu schrecklich ohne Nahrung«*: SB IV, S. 96 (Nr. 35 nach dem 24. 8. 1851)
»schilt mich nicht eitel«: SB IV, S. 320f. (Nr. 138 vom 20. 3. 1852)

125 *Hauptquelle für die Beurteilung Minnas*: siehe vor allem ML S. 137 ff.
Minna gehörte »als Trophäe«: Gregor-Dellin S. 108
»Sieh, ich liebe Dich so«: SB I, S. 200 (Nr. 36 vom 10. 5. 1835)
»Oeffne Dein Herz«: SB I, S. 240 (Nr. 53 vom 7. 11. 1835)
»nicht entweder – oder«: SB I, S. 245 (Nr. 56 vom 10. 11. 1835)
127 *»Du bist mein Weib geworden«*: SB I, S. 330 (Nr. 83 vom 20. 6. 1837)
»Du sahst es auf ein gewaltsames Zertreten«: ebd. S. 332
»Du sprichst nur immer«: Burrell S. 338 (Nr. 182 A vom 18. 7. 1849)
»Das Gleichnis mit dem edlen Roß und Reuter«: Burrell S. 345 (Nr. 182 B vom 3. 8. 1849)
128 *»Nur darfst Du es mir nicht übel deuten«*: Burrell S. 348 f. (Nr. 182 C vom 11. 8. 1849)
»Musikalien und Manuskripte«: ML S. 441
Rechtfertigungsbrief an Julie Ritter: SB III, S. 315 ff. (Nr. 84 vom 26./27. 6. 1850)
129 *»Arme Frau«*: Wille S. 101
»Unter meiner Frau und mir«: Wille S. 102
»eine erträgliche Heiterkeit über unser häusliches Leben«: ML S. 463
»Alles, was ich ergreife«: SB IV, S. 373 (Nr. 169 vom 28. 5. 1852)
sie wieder zu sich zu ziehen: siehe etwa ML S. 604 f., 683, 687, 693, 718
»uns einzig gegenseitig anzugehören«: ML S. 746
»sie soll immer meine Frau bleiben«: Burrell S. 548 (Nr. 419 vom 20. 6. 1863)
130 *»ihr fehlt eben ein Kind«*: Ritter-Briefe S. 155 (Nr. 36 vom 8. 6. 1860)
Bericht ihrer Tochter Natalie: Burrell S. 119 f. (Nr. 95 B, undatiert)
Wagner erzählt den Vorgang: ML S. 170
»Vieles Ernste«: ML S. 580
131 *»hier eine ernste Beziehung«*: TB I, S. 353 (9. 2. 1871)
»sie ist und bleibt meine erste und einzige Liebe«: Wesendonk-Briefe S. 410 (5. 6. 1863)
»viel zu passiv und weiblich«: Gutman S. 291
132 *Blandine Wagner stärker beschäftigt hat*: vgl. Kapp S. 181 ff., der aber wohl etwas zu weitgehend spekuliert.
So steht es in Wagners Autobiographie: ML S. 584
Bericht an Mathilde: zitiert nach Eger IV, S. 16
zum ersten Mal das »Du«: siehe Eger IV, S. 109 f. (21. 9. 1862) und IV, S. 113 (2. 2. 1863)
»Unter Tränen und Schluchzen«: ML S. 746
Einladungsbrief an die Bülows: Eger V, S. 3 ff. (16. 6. 1864)
das Verhältnis als belanglos heruntergespielt: ML S. 719 f. und 737 f.
im Nachtrag zu Cosimas Tagebuch: TB II, S. 1114 (Fußnote)
134 *»die interessanteste unter seinen Frauen-Bekanntschaften«*: TB II, S. 607 (28. 9. 1880)
»unwandelbar lieb«: Maier-Briefe S. 140 (Nr. 72 vom 23. 1. 1864)
ausdrücklich um sie geworben: Maier-Briefe S. 48 ff. (Nr. 31 vom 4. 1. 1863)
um ihre Hand angehalten: Maier-Briefe S. 164 ff. (Nr. 83 vom 25. 6. 1864)
»Sie glauben in ihr selbstlos zu sein«: Nietzsche VI, S. 16
starkes sexuelles Bedürfnis: Gutman S. 245

136 *Sie hat ihm wirklich die Hand geküßt*: TB I, S. 187 (11. 1. 1870)
sogar die Füße: TB II, S. 356 (28. 5. 1879)
als Klostermagd dienen: TB II, S. 154 (4. 8. 1878)
»nur erkennbar in ihm«: TB I, S. 25 (4. 1. 1869)
»du göttlicher Mann«: TB II, S. 302 (3. 2. 1879)
ob er katholisch geworden wäre: TB I, S. 78 (29. 3. 1869)
»Gern lenke ich ihn«: TB II, S. 394 (6. 8. 1879)
»Das Leid, vor welchem ich bangte«: TB II, S. 45 (12. 2. 1878)

137 *Techtelmechteln seiner späten Tage*: etwa die sich um Carrie Pringle, eines der »Parsifal«-Blumenmädchen, rankenden Vermutungen Gregor-Dellins (vgl. dort die Stellen nach dem Personen-Register).
25. August 1845: Dieses Jahr gibt Schuh an (S. 123), basierend auf der Judith-Gautier-Biographie von M. Dita Camacho (Paris 1939). Der Kommentar zu den Tagebüchern (I, S. 1130 zum 20. 2. 1869) nennt 1846, aus Gregor-Dellin läßt sich einmal ebenfalls 1846 erschließen (S. 466) und einmal 1848 (S. 614).
Wagners spätere Briefe: siehe vor allem Schuh S. 127 (28. 11. 1877)
»Nichts verrät seine sexuelle Bindung mehr«: Gregor-Dellin S. 734
Dann bricht Wagner die Korrespondenz ab: Gautier-Briefe S. 193f. (10. 2. 1878)
»das Thema von Sieglinde und Brünnhilde«: TB I, S. 802 (15. 3. 1874)
»O hehrstes Wunder«: Walküre S. 799f.

4. Die Große Mutter

139 *Das Seil reißt schließlich*: GSD VI, S. 182 (Götterdämmerung S. 61ff.)
bei Wagner immer ein Spannungsfeld bestehe: Dettmering S. 161

140 *In der Autobiographie hat er sie beschrieben*: ML S. 17f.

142 *Brief an seine Mutter*: SB I, S. 210 (Nr. 41 vom 25. 7. 1835)
»Dies alles geschah ihrerseits«: ML S. 98
»Auch fehlte mir das mütterliche Haus«: TB I, S. 807 (1. 4. 1874)
»Am deutlichsten drängte sich mir«: ML S. 109

143 *»Dein Grosser Fidi«*: Eger V, S. 117 (15. 12. 1871)
eine Krankheit beschreiben: Donington (S. 31ff.) hat dazu einige kluge Überlegungen angestellt.
»Bedingung des ›Geschädigten Dritten‹«: Freud VIII, S. 67. Vgl. auch Rank S. 587.

146 *»Die Revolution«*: zitiert nach Dokumentarbiographie S. 169ff.
»Ich weiß daß ich in Dir geborgen bin«: SB III, S. 358 (Nr. 92 etwa vom 20. 7. 1850)
einem anderen, späteren Freund gegenüber: Cornelius II, S. 764 (4. 3. 1862)
»mit hell erschloßnen Augen«: GSD VII, S. 62

147 *»Da verlor ich den leichten Mut«*: GSD VI, S. 38 (Walküre S. 365f.)

148 *Leise ruft sie nach der Mutter*: GSD VI, S. 55f. (Walküre S. 582ff.)
in einem Brief an die Schwester Cäcilie: SB II, S. 154ff. (Nr. 22 vom 11. 9. 1842)
Königin Victoria: TB II, S. 480 (18. 1. 1880)
Cosima sei wahnsinnig geworden: TB I, S. 955 (26. und 27. 12. 1875)
Duett Brünnhildes und Siegfrieds: GSD VI, S. 167 ff. (Siegfried S. 1028ff.)

149 *stehen schon in der Urfassung*: Ring-Skizzen S. 93 und 184f.
Cosima »sei nur noch Mutter«: TB I, S. 99 (27. 5. 1869)

5. *Brünnhilde*

151 *im Zusammenhang mit der Senta*: GSD IV, S. 266
eine Warnung nachgeschoben: GSD V, S. 167
»nicht eher sind wir das«: SB IV, S. 95 (Nr. 34 vom 24. 8. 1851)
schildert er Liszt: SB IV, S. 192 (Nr. 85 vom 20. 11. 1851)
152 *In Wotans langer Erzählung*: GSD VI, S. 37ff.
153 *begegnet sie Siegmund*: GSD VI, S. 49ff.
»Beschlossen ist's«: GSD VI, S. 54 (Walküre S. 557ff.)
154 *Seine Beschreibung ihres Vergehens*: GSD VI, S. 72ff.
da instrumentiert Wagner: Walküre S. 892ff.
während sie sich langsam aufrichtet: Siegfried S. 1004ff. (GSD VI, S. 166f.)
155 *»Du wirst dich wundern«*: TB II, S. 825 (14. 11. 1881)
Zwar nennt er später einmal: TB I, S. 435 (6. 9. 1871)
156 *»Ewig war ich«*: GSD VI, S. 172 (Siegfried S. 1093f.)
Es steht in enger Verbindung: Gregor-Dellins (S. 530) auf Egon Voss sich stützende Skepsis kann ich nicht teilen. Warum sollte es sich nicht um die sogenannten Starnberger Themen handeln, die damals »scherzend zu Quartetten und Symphonien bestimmt« waren (TB I, S. 96, 19. 5. 1869)? Das Thema kann da jedenfalls nicht für »Siegfried« gedacht gewesen sein, dessen Fortsetzung ja noch in sehr weiter Ferne lag.
Ihre Schlußworte: GSD VI, S. 176 (Siegfried S. 1160ff.)
aber die unruhigen Triolen: Götterdämmerung S. 69ff. Die beiden erwähnten Takte sind die zwei ersten auf S. 71.
Im Gespräch mit Waltraute: GSD VI, S. 199ff.
157 *»So muß es wohl den Frauen sein«*: TB I, S. 834 (5. 7. 1874)
»Was könntest du wehren«: GSD VI, S. 208
»Dich verriet er«: GSD VI, S. 231
Ihr Schlußgesang resümiert: GSD VI, S. 251ff. (Götterdämmerung S. 1242ff.)
158 *Variante von Brünnhildes Schlußworten*: GSD VI, S. 254f. (als Fußnote)

IV. Kapitel: Love Story

162 *»Meist kann ich mich nicht erwehren«*: SB IV, S. 248f. (Nr. 112 vom 12. 1. 1852)
in einem Fragment von 1871: Nietzsche VII, S. 201
»Eine Kapitulation«: GSD IX, S. 3ff.
»gar nicht verstanden worden«: TB II, S. 405 (8. 9. 1879)
163 *»zwei der originellsten Erscheinungen«*: GSD VII, S. 295
»Bei der Vermischung der Racen«: Braunes Buch S. 243 (23. 10. 1881)
»Über das Männliche u. Weibliche in Kultur u. Kunst«: Braunes Buch S. 245f.
»Über das Weibliche im Menschlichen«: NSch S. 174ff.

1. Lieber eine Frau sein

164 *»denn Wagner war in alten Tagen«*: Nietzsche VI, S. 51
So meint Donington: Donington S. 220f.
»weiblichen Komponente seines Charakters«: Gutman S. 76
165 *»während ich mit Altersgenossen«*: ML S. 20
»Andere Male entsinne ich mich«: ML S. 23
166 *»Ich bin gewiß keiner von den starren«*: SB I, S. 517 (Nr. 170 vom 12. 9. 1841)
»Sein Verlangen nach Seide«: Gutman S. 445. Vgl. auch seine weitere ausführliche Schilderung.
»sehr blasses und zartes« Rosa: Gautier-Briefe S. 170 (Nr. 27 zwischen 16. und 22. 12. 1877); vgl. auch S. 151 (Nr. 19 vom 9. 11. 1877) und S. 166 (Nr. 25 zwischen 4. und 16. 12. 1877)
167 *Das Unbegreifliche, hier wird's getan«*: TB II, S. 766f. (20. 7. 1881)
»Wagner mußte selbst Jesus«: Gutman S. 144
168 *die Lösung vieler seiner Probleme*: vgl. dazu Gutman S. 146f.
»Im Ganzen bin ich«: Maier-Briefe S. 100 (Nr. 51 vom 25. 5. 1863)
»Seine Fehler als Tugenden«: Nietzsche VIII, S. 513
In den »Vermischten Meinungen und Sprüchen«: Nietzsche II, S. 434f.
169 *»Ich begann damit«*: Nietzsche II, S. 373
»knochen- und muskellose Gestaltung«: zitiert nach Dokumentarbiographie S. 215.

2. Musik des menschlichen Körpers

171 *»Sie ist mir ewig«*: GSD VI, S. 176 (Siegfried S. 1146ff.)
Nach Wagners eigener Mitteilung: Wesendonk-Briefe S. 222 (9. 7. 1859)
»ein wenig aufdringlich«: Donington S. 174
Marie Muchanoff: zitiert nach Gregor-Dellin S. 620
172 *»Willst du mir Minne schenken«*: GSD VI, S. 183 (Götterdämmerung S. 88ff.)
»Wehe! Wehe!«: GSD VI, S. 216 (Götterdämmerung S. 630ff.)
»daß gute Ehe sie gebe«: GSD VI, S. 218 (Götterdämmerung S. 672)
173 *»ersichtlich gewordene Taten der Musik«*: GSD IX, S. 306
Da vergleicht er sich mit früheren Dichtern: Wesendonk-Briefe S. 164 (ca. 20. 12. 1858)
»tiefe Kunst des tönenden Schweigens«: Wesendonk-Briefe S. 138 (Tagebuch vom 12. 10. 1858)
»Dieser ›Tristan‹ wird was Furchtbares«: Wesendonk-Briefe S. 185 (zwischen 10. und 15. 4. 1859)
ein Verbot weiterer Aufführungen: GSD VIII, S. 186f.
174 *»sich auszurasen musikalisch«*: TB II, S. 188 (1. 10. 1878)
»Musik für die Aufhebung aller Schranken«: TB II, S. 751 (19. 6. 1881)
Adorno es dargelegt hat: zitiert nach Barth: Bayreuther Dramaturgie S. 176
»Diese Frau kennt die Liebe!«: ML S. 730 (im Original französisch)
»mein Musik-Machen«: TB I, S. 461 (19. 11. 1871)

175 *»er wolle das Orchester«*: TB I, S. 478 (6. 1. 1872)
»bevor das Kind sieht«: TB I, S. 237 (31. 5. 1870)
hinderlich erscheinende deutsche Sprache: vgl. seine Ausführungen dazu im »Bericht über eine in München zu errichtende deutsche Musikschule« (1865): GSD VIII, S. 134ff.

176 *»Tristan« als italienische Oper*: ML S. 561f. und GSD VI, S. 268f.
zu Beethovens hundertstem Geburtstag: GSD IX, S. 102
Wagner fühlte sich darin bestätigt: TB I, S. 653 (14. 3. 1873)

177 *»Rhythmische Befreiung durch Wagner«*: Nietzsche VII, S. 310
»Entfesselung des Rhythmus«: Nietzsche VII, S. 317
»Das Aufhören der grossen rhythmischen Perioden«: Nietzsche VII, S. 767
»Das Wogende Wallende«: Nietzsche VIII, S. 545
»Konkretheit des Unregelmäßigen«: zitiert nach Barth: Bayreuther Dramaturgie S. 180
findet sich eine Stelle: Walküre S. 464

178 *»im tiefsten Grunde unwahr«*: zitiert nach Barth: Der Festspielhügel S. 66

3. Liebe als Zentrum

179 *hat Deryck Cooke nachgewiesen*: Cooke S. 49ff. (Übersetzung der Zitate von mir)
»nur die Liebe kann Alles«: SB III, S. 92 (Nr. 11 vom 10. 7. 1849)

180 *»eine aktive soziale Kraft«*: Cooke S. 275
»Das eine Gebot Jesu«: Braunes Buch S. 242 (23. 10. 1881)
»Daß man die Menschheit als solche«: TB II, S. 681 (2. 2. 1881)
»Was man andren sein kann«: TB I, S. 777 (6. 1. 1874)
»Die Liebe in vollster Wirklichkeit«: Röckel-Briefe S. 27f. (Nr. 4 vom 25. 1. 1854)

181 *»Das Licht lösch' ich euch aus«*: GSD V, S. 213 (Rheingold S. 163ff.)
Damit, so meinte er: Wesendonk-Briefe S. 149 (Tagebuch vom 1. 12. 1858)
Judith Gautier in Wahnfried: TB II, S. 799 (27. 9. 1881)

182 *»Liebe deinen Nächsten wie dich selbst«*: NSch S. 69
»Negersklavenhalter«: Braunes Buch S. 239 (23. 10. 1881)
Die unzähligen Träume: siehe die (nicht einmal vollständige) Zusammenstellung bei Gregor-Dellin S. 700ff.
»Wiederum ging ich fort«: TB II, S. 455 (1. 12. 1879)

183 *in einem rührenden Dialog*: GSD VI, S. 169f. (Siegfried S. 1065ff.)

184 *»Wo ist nun mein Wissen«*: GSD VI, S. 227 (Götterdämmerung S. 849ff.)
»Fluch und Schande«: SB I, S. 272 (Nr. 69 vom 27. 5. 1836)
»Ich werde endlich den Freund«: Braunes Buch S. 75 (1. 9. 1865)

185 *»Ohne uns so zu lieben«*: SB III, S. 543 (Nr. 153 vom 18. 4. 1851)
»Liebe, Glaube und Hoffnung«: GSD X, S. 259f.
Szene zwischen Kundry und Parsifal: GSD X, S. 355ff.

4. Mitleid

187 *Gedanken über das Mitleid*: Wesendonk-Briefe S. 121 ff. (Tagebuch vom 1. 10. 1858)
schrieb er später in der Autobiographie: ML S. 523
188 *»Dankbarkeit ist keine Liebe«*: NSch S. 81
190 *»Ach Gott; sie sorgte wohl«*: TB II, S. 282 (2. 1. 1879)
»helfen, helfen«: TB I, S. 399 (13. 6. 1871)
»Menschen, ›der Mitleid hat‹«: TB II, S. 359 (2. 6. 1879)
191 *»Nicht das Licht«*: Braunes Buch S. 241 (23. 10. 1881)
Toten-Gedenkzeilen: z. B. TB II, S. 560 (1. 7. 1880)
Die Behauptungen sind so fragwürdig: Zelinsky in Metzger/Riehn: Musik-Konzepte 5, S. 80 und 93. Zelinsky hat in einem neueren Heft der Reihe seine Position noch verschärft (Musik-Konzepte 25, S. 74–115); in Form einer Rezension der Wagner-Biographie von Gregor-Dellin macht er Wagner von 1848 an zum zielstrebigen Begründer einer arisch-antisemitischen Religion. Die Argumentation, zum großen Teil beruhend auf falschen weil ahistorischen Interpretationen zerstückelter Zitate, gerät bisweilen ins Absurde. Zelinsky ist ein Opfer seiner profunden Kenntnisse der Wagner-*Rezeption*; nun tut er so, als sei Wagners Wirkung Wagner selbst. Gegen seinen permanenten Vorwurf, alle anderen verharmlosten Wagner, läßt sich allerdings kaum mehr argumentieren: Zelinskys Thesen sind selbst zum religiösen Bekenntnis geworden.
wie andere unhaltbar sind: Metzger in Metzger/Riehn: Musik-Konzepte 5, S. 67
192 *»Das Judentum in der Musik«*: GSD V, S. 66 ff.
Alle Maßnahmen gegen die Juden: TB II, S. 644 (22. 12. 1880)
einen ungarischen Minister: TB II, S. 1031 (24. 10. 1882)
gern die Partie des Mime übernimmt: TB II, S. 702 (27. 2. 1881). Vgl. dazu auch Fricke S. 84, wo Wagners überragende Darstellung des Mime bei den »Ring«-Proben gerühmt wird.
194 *»Furchtbare Wildheit«*: Nietzsche VIII, S. 549
Das Spiel mit Hermann Levi: siehe TB II, S. 754 f. (29. 6.–1. 7. 1881) und die Anmerkungen dazu.
195 *wie ein Hund auf der Straße*: TB I, S. 487 f. (8. 2. 1872)

5. Heldentod und Liebestod

196 *»in verklärter Gestalt«*: GSD I, S. 291
»Heilige Elisabeth«: GSD II, S. 39
Im Liebesduett des zweiten Akts: GSD VII, S. 44 ff.
197 *»In dem wogenden Schwall«*: GSD VII, S. 81 (Tristan und Isolde S. 1016 ff.)
198 *»einen Ergänzungsakt«*: GSD VI, S. 267 f.
worüber sie sich heftig beklagt: GSD VII, S. 74 f.
Ausführungen zu »Jesus von Nazareth«: NSch S. 79 f.
199 *»Wagners Krypto-Theologie«*: Gregor-Dellin S. 865 (Anmerkung zu S. 340)
Kundry am Ende des Stücks: GSD X, S. 375

200 *der »Lohengrin«-Schluß darstellte*: GSD II, S. 114

201 *»Luise Bülow schreibt«*: TB I, S. 352 (6. 2. 1871)
»Diese Blechmusik«: TB I, S. 402 (19. 6. 1871). Die Herausgeber der Tagebücher meinen in ihren Berichtigungen zum ersten Band (TB II, S. 1292), eher »weittragende« lesen zu sollen, was aber kaum Sinn gibt.
»höchstens noch über italienische Kirchenmusik«: TB II, S. 1113
»wie einer sagt«: TB II, S. 845 (10. 12. 1881)
»R. erinnert an Garibaldi«: TB II, S. 442 (13. 11. 1879)
daß das »Nationale« in der Musik: siehe etwa GSD III, S. 259 und S. 267.

202 *Für das Deutsche Reich nur Spott*: siehe z. B. TB II, S. 594 (6. 9. 1880) und S. 707 (8. 3. 1881)
»ich bin der deutscheste Mensch«: Braunes Buch S. 86 (11. 9. 1865)
»dieses germanischen Unteroffizier-Dunstes«: KB III, S. 179 (Nr. 554 vom 31. 5. 1880)
»Alles schön und gut«: TB II, S. 450 (26. 11. 1879)
haben mit Germanen weiter nichts gemein: Selbst Gerhart Hauptmann hat schon darauf hingewiesen (zitiert in Barth: Festspielhügel S. 111).
Musik zu einem »Germanen-Zug«: TB I, S. 1098 (21. 12. 1877)
Bundesinnenminister Maihofer: zitiert nach: Richard-Wagner-Museum Bayreuth o. S.
»Gehorsam und lange Beine«: Nietzsche VI, S. 39
»So wie ich bin«: Nietzsche VI, S. 288f.
»Ich erkannte Nichts wieder«: Nietzsche VI, S. 323

204 *»Jenen Richard Wagner«*: Nietzsche XI, S. 497
»Genau: vorsichtige Ausbeutung«: Braunes Buch S. 246

6. Sieglinde

205 *ein veritables Liebesduett*: GSD I, S. 83ff.

206 *Als die Handlung der »Walküre« einsetzt*: GSD VI, S. 2ff. (Walküre S. 22ff.)

211 *In der dritten Szene des zweiten Akts*: GSD VI, S. 47 (Walküre S. 469ff.)

212 *»Haltet ein, ihr Männer!«*: GSD VI, S. 57 (Walküre S. 592f.). Die Stelle erinnert an Rienzis Irene: »Ermorde mich – ich lass' dich nie!« (GSD I, S. 85).
verlangt Sieglinde den Tod: GSD VI, S. 66ff. (Walküre S. 765ff.)
»Du hehrstes Wunder!«: Die Partitur hat »O hehrstes Wunder!« – was, wenn es stimmt, eine leichte Sinnverschiebung bedeuten würde, weg von der Anrede an Brünnhilde; das »hehrste Wunder« wäre dann allgemeiner auf die Folgen ihrer Liebe zu beziehen.

V. Kapitel: Emanzipation

216 *»Über das Weibliche im Menschlichen«*: NSch S. 174ff.
»Das Ewige im Weiblichen«: TB II, S. 1100 (26. 1. 1883)

»so stark gepfeffert«: TB II, S. 1111 (11. 2. 1883). Wolzogen war der Redakteur von Wagners eigener programmatischer Zeitschrift »Bayreuther Blätter«.

217 *in dem Aufsatz »Oper und Drama«*: GSD III, S. 271

1. Der »Ring« als feministische Geschichte

218 *Sie sprechen in ihrer ersten Szene*: GSD V, S. 211. In der ersten Prosa-Skizze (Ring-Skizzen S. 203) wird Fricka ihre »Muhme« genannt, was Wagner aber schnell wieder fallen ließ; im Text schimpft die sie dann »Wassergezücht«, was kaum für verwandtschaftliche Nähe zur Chef-Göttin spricht.

219 *»bis zu halber Leibeshöhe«*: GSD V, S. 261
»Männertaten umdämmern mir den Mut«: GSD VI, S. 154

220 *»So rate, wie?«*: GSD V, S. 228

221 *In einer hoch-ironischen Szene des »Siegfried«*: GSD VI, S. 109ff. (Siegfried S. 257ff.)

223 *Brünnhilde wirft den Brand*: GSD VI, S. 254
Dettmering hat diesen Schluß so gedeutet: Dettmering besonders S. 194
»Zu End' ewiges Wissen«: GSD VI, S. 182

224 *»Mährchen für Kinder und Weiber«*: Nietzsche VIII, S. 208
»Wie Wagner der Musik erst die Zunge löst«: Nietzsche VIII, S. 188

2. Die Utopie des Zwitters

225 *er habe »in der körperlichen Liebe«*: Fuchs S. 124
nicht mit dem »rein homosexuellen« Mann: Fuchs S. 137
Wagner erörtert da: GSD III, S. 134f.

226 *»Wieland der Schmied«*: GSD III, S. 178ff.

227 *Bemerkung über Beethoven*: GSD III, S. 312

228 *»es ist gar nicht so dumm«*: TB II, S. 67 (23. 3. 1878)
Er hört »sehr ergriffen«: TB II, S. 618 (7. 11. 1880)
»Er träumte von einer Klarinette«: TB II, S. 184 (27. 9. 1878)

229 *»daß er Instrumente brauche«*: TB II, S. 637 (12. 12. 1880)
Um »das Losgelöste von jeder Materie«: TB I, S. 1073 (26. 9. 1877)
Es beginnt mit der alten Scherzfrage: Braunes Buch S. 245

3. Inzest und Homosexualität

231 *Er sieht die schlafende Brünnhilde*: GSD VI, S. 164f. (Siegfried S. 974ff.)

232 *Da erwarten die Walküren*: GSD VI, S. 62 (Walküre S. 726f.)
Markes Worten zu Tristan: GSD VII, S. 52ff.
Homophiles heraushören: so Fuchs S. 155ff. und, differenzierter, Gutman S. 284f.
die Atmosphäre homosexuell nennen: Gutman S. 486

»Erinnert Parsifal in dieser Szene«: Fuchs S. 261
»Lolotte« genannt: vgl. Gutman S. 276
Die Sprache ist deutlich genug: siehe etwa dessen Brief in KB V, S. 32f. (Nr. 52 vom 7. 8. 1866)
233 *»Der Hauptinhalt unseres Verkehrs«*: KB II, S. 142 Anmerkung 2 (19. 1. 1867)
süchtig nach Wagner und seiner Musik: siehe z. B. KB II, S. 20f. (Nr. 231 vom 21. 4. 1866)
brieflich duzen: z. B. KB I, S. 41 (Nr. 25 vom 11. 12. 1864) und S. 54 (Nr. 39 vom 1. 2. 1865)
»Unsere gestrige Zusammenkunft«: Maier-Briefe S. 155 (Nr. 78 vom 5. 5. 1864)
»Täglich schickt er wiederholt«: Cornelius I, S. 766 (16. 5. 1864)
»Ach! endlich ein Liebesverhältniß«: Wille S. 127f. (26. 5. 1864)
234 *»Ob ich dem ›Weiblichen‹«*: Wille S. 130 (nach dem 26. 5. 1864)
»Von der Herrlichkeit dieses Verhältnisses«: Wille S. 132 (30. 6. 1864)
»Nun habe ich einen jungen König«: Wille S. 133f. (9. 9. 1864)
»Du siehst, wie es mit uns Beiden steht«: Maier-Briefe S. 190 (Nr. 100 vom 17. 12. 1864)
»Dem Königlichen Freunde«: GSD VIII, S. 1f.
»Du bist der Lenz«: GSD VI, S. 18
235 *»Er ist göttlich«*: Maier-Briefe S. 158 (Nr. 79 vom 18. 5. 1864)
nennt Wagner sich Columbus: KB I, S. 28 (Nr. 17 vom 10. 10. 1864)
»Hätte ich eine Geliebte«: KB I, S. 38 (Nr. 21 vom 12. 11. 1864)
»eine Wiener – Dame«: KB I, S. 280f. (Nr. 195 vom 8. 1. 1866). Zur Erklärung vgl. KB V, S. 131: es handelte sich um die österreichische Erzherzogin Maria Theresia.
Ludwig reagierte entsetzt: KB I, S. 284 (Nr. 198 vom 15. 1. 1866)
»Ich verstehe es dann so«: Cornelius I, S. 641f. (9. 1. 1862)
»Entweder Du nimmst jetzt«: Cornelius I, S. 768 (31. 5. 1864)
236 *Kietz solle ganz zu ihm ziehen*: siehe die Briefe in der Sammlung Burrell S. 267 (Nr. 240 A vom 2. 4. 1853) und S. 275 (Nr. 303 E vom 8. 5. 1858).
erneuert Wagner das Angebot: Burrell S. 292 (Nr. 465 vom 29. 3. 1869)
zieht Cosima die Offerte kühl zurück: Burrell S. 294 (Nr. 474 vom 6. 9. 1870)
Ihre Streitigkeiten: siehe z. B. TB I, S. 587 (30. 10. 1872) und TB II, S. 1060 (30. 11. 1882).
weil Liszt gegen die Verbindung: vgl. dazu Bergfelds Kommentar im Braunen Buch S. 73f.
237 *»O, meine Cosima!«*: Braunes Buch S. 98 (13. 11. 1865)
»O Cosima! O Ludwig!«: Braunes Buch S. 99 (18. 11. 1865)
Cosima sei seine Schwester: TB II, S. 105 (3. 6. 1878)
238 *»daß dem Inzestkomplex«*: Rank S. 587
beschrieben, was sie ihm war: ML S. 77f.
239 *Mutter- und Schwesternrolle durcheinander gingen*: ML S. 464
gerade nämlich des Inzestwunschs: so Rank S. 588f.
wie viel kultureller Sprengstoff: vgl. dazu den aufschlußreichen Überblick bei Donington S. 84ff.
Hugbald: zitiert nach Rank S. 591

4. Menschen gegen Götter

241 *»In der althergebrachten Rangordnung«*: Shaw S. 54f.
242 *spricht Wagner vom Gegensatz*: GSD III, S. 53f.
die Menschen hätten nicht nötig: GSD III, S. 220f.
243 *als hätte er Marx studiert*: Gregor-Dellin (S. 356f.) glaubt – und seine Argumente wirken überzeugend –, Wagner habe Marx' Denken durch Gespräche mit Georg Herwegh kennengelernt.
»Der mensch ist die vervollkommnung gottes«: NSch S. 141
Gespräch mit seinem Gegenspieler Alberich: GSD VI, S. 128f. (Siegfried S. 518ff.)
244 *das aus Wotans Abschied von Brünnhilde stammt*: Walküre S. 1001f. (letzter und erster Takt)
in Wotans erster Rätselfrage: GSD VI, S. 105 (Siegfried S. 208f.)
245 *Wolfgang Wagner*: zitiert nach Barth: Bayreuther Dramaturgie S. 243
»Der Tod der Götter«: Glucksmann S. 274
Und während sie davon redet: GSD VI, S. 204f. (Götterdämmerung S. 461ff.)
247 *In der »Mitteilung an meine Freunde«*: GSD IV, S. 295f.

5. Siegmund

249 *»So grüße mir Walhall«*: GSD VI, S. 51
»Muß ich denn fallen«: GSD VI, S. 52
250 *Dieser Siegmund verweigert sich*: Eine schöne Darstellung von Siegmunds Ausbruch aus dem »Wotan-Denken« gibt Cooke S. 335ff.
Schon im Vorspiel: Walküre S. 150ff.
gewinnt die Musik wieder dieses Melisma: Walküre S. 921f.
251 *Einmal nur noch erklingt das Motiv*: Walküre S. 988ff. (GSD VI, S. 83)
»Das ist der germanische Don Quixote«: TB II, S. 446 (18. 11. 1879)
»schmeichelndes Muttersöhnchen«: Adorno S. 15
den »ohne Hoffnung Sterbenden«: Adorno S. 142
252 *daß Cosima »seine Schwester sei«*: TB II, S. 105 (3. 6. 1878)
bei einer der Geburtstagsfeiern: TB I, S. 390 (22. 5. 1871)
»Fidi macht uns viele Freude«: TB I, S. 432 (1. 9. 1871)
253 *verschwindet gar ganz*: Pierre Boulez hat darauf aufmerksam gemacht (Der »Ring« S. 14).
254 *im gleichen »halben« Inzest-Verhältnis*: zur literarischen Vorliebe für Stiefschwestern vgl. Rank S. 590.

VI. Kapitel: Erlösung dem Erlöser

258 *Parsifals erster Auftritt*: GSD X, S. 334ff.
förderte den religiösen Ästhetizismus: Cosima scheint dafür ein besonderes Organ gehabt zu haben; man lese ihren Bericht über ihren Übertritt zum Protestantis-

mus, gipfelnd in dem Satz: »wie schön ist doch die Religion«. (TB I, S. 587f., 31. 10. 1872)

259 *»An Richard Wagner«*: zitiert nach TB I, S. 1200 (Anmerkung zum 21. 2. 1873)
»dort sind es schlaue«: TB I, S. 198 (12. 2. 1870)

1. Symbolische Orte

261 *das Vorspiel zum »Rheingold«*: GSD V, S. 200 (Rheingold S. 1ff.)
Die nun einsetzende Handlung: GSD V, S. 201ff.
262 *»Ein Tand ist's«*: GSD V, S. 227
am Schluß von »Rheingold«: GSD V, S. 267f.
263 *Auf die melancholische Klage*: Rheingold S. 734ff.
»Er geht an das Klavier«: TB II, S. 1113 (12. 2. 1883)
»Nur Innen, im Innern«: Burrell S. 493 (Nr. 306 vom 7. 4. 1858)
»Sein heutiger Eindruck von der Stadt«: TB II, S. 578 (27. 7. 1880)
264 *»Furchtbare Grabungsarbeiten«*: TB I, S. 550 (19. 7. 1872)
verwandelt sich die Bühne: GSD V, S. 213
»Nur schnell hinauf«: GSD V, S. 248
bis zum Bauch im Boden stecken: GSD V, S. 261
blickt ihm »in die Tiefe nach«: so nur in der Partitur (Götterdämmerung S. 151), nicht im Textbuch.
»aus der Tiefe herauf« leuchtenden Flammen: GSD VI, S. 206
»Kommt herab!«: GSD VI, S. 240
»über die Höhe von dannen schreiten sieht«: GSD VI, S. 246
265 *»Frau Sonne«*: GSD VI, S. 233f.
als er seinen Zyklus so nannte: ursprünglich sollte er tatsächlich »Der Reif des Nibelungen« oder gar »Das Gold des Nibelungen« heißen (siehe Ring-Skizzen S. 257).
Wenn Waltraute: Götterdämmerung S. 440ff.
Im »Fliegenden Holländer« erzählt Erik: GSD I, S. 276
266 *stürzt sich Senta am Schluß*: GSD I, S. 291
»Hin zu den kalten Menschen flieh«: GSD II, S. 9
»wie schön das sei«: TB II, S. 341 (2. 5. 1879)

2. Sünde, Erlösung, Sexualität

268 *»Während dem« habe er komponiert*: TB I, S. 1071 (22. 9. 1877)
Rossinis »Barbier von Sevilla«: TB I, S. 1074 (30. 9. 1877)
bei Kundry ein »Ballett-Divertissement«: TB II, S. 158f. (14. 8. 1878)
»Postillon von Lonjumeau«: TB II, S. 182 (24. 9. 1878)
»Jean de Paris«: TB II, S. 184 (27. 9. 1878)
»am liebsten Symphonien«: TB II, S. 201 (17. 10. 1878)
»Ich hasse das Pathos«: TB II, S. 304 (4. 2. 1879)

»Abends schreibt er an der Partitur«: TB II, S. 685 (7. 2. 1881) und noch einmal mit fast gleicher Formulierung TB II, S. 714 (20. 3. 1881)

269 *»im Parsifal sei alles jäh«*: TB II, S. 496 (27. 2. 1880)
berichtet Levi: zitiert nach Dokumentarbiographie S. 244
Ludwig Strecker jr.: zitiert nach Gregor-Dellin S. 744
»Durch Mitleid wissend«: GSD X, S. 333

270 *»Gesegnet sei dein Leiden«*: GSD X, S. 375
identifiziert mit Amfortas: Wapnewski (S. 229) hat das dargelegt mit Bezug auf TB II, S. 156 (8. 8. 1878).

271 *den »rechten Bauernarsch«*: TB I, S. 1100 (27. 12. 1877)
»Die Unschuld ist der vollkommene Egoismus«: NSch S. 87
»Liebe! Und von aller Schuld«: GSD III, S. 202
von einem Ausflug mit Minna: ML S. 111

272 *klagte Wagner über die »Katastrophe«*: Wesendonk-Briefe S. 102ff. (6. 7. 1858)
Traum von ihrer Hinrichtung: TB I, S. 1009 (21. 10. 1876)
»Wagner hat über Nichts so tief«: Nietzsche VI, S. 16f.

273 *Die inbrünstige Buß-Sucht*: GSD V, S. 154f.

274 *daß der ursprüngliche Titel für »Tannhäuser«*: ML S. 313f.
forderte den Darsteller des Mime auf: so berichtet Heinrich Porges, hier zitiert nach Gregor-Dellin S. 710; die Stelle bezieht sich auf Rheingold S. 417f.

275 *»Nach dem Mittagessen«*: TB II, S. 515 (2. 4. 1880)
»die höchste, die erlösendste Kunst«: so 1857 in »Über Franz Liszts symphonische Dichtungen«, GSD V, S. 191.
über das Quartett aus »Don Giovanni«: TB II, S. 655f. (1. 1. 1881)
im ersten großen Prosa-Entwurf des »Parsifal«: Braunes Buch S. 62ff.

276 *so auch am »Lohengrin« erklärt*: TB I, S. 203 (1. 3. 1870)

3. Der Untergang der Moral

278 *»Ich bin begierig«*: SB IV, S. 291 (Nr. 123 vom 15. 2. 1852)

279 *die eigentliche Entäußerung des Egoismus*: NSch S. 89f.
in der spielerischen Szene der Rheintöchter: GSD V, S. 200 (Rheingold, S. 32ff.)

280 *die körperlichen Assoziationen des Fließens*: Theweleit I, S. 287ff. (das Kapitel »Fluten, Körper, Geschichte«)
»Von dem Wassergezücht«: GSD V, S. 229
»gefaßt, ruhig und entschlossen«: Wesendonk-Briefe S. 113f. (Tagebuch vom 7. 9. 1858)

281 *»Gott! Gott«*: Maier-Briefe S. 163 (Nr. 82 vom 22. 6. 1864)
Er sah darin vor allem: TB II, S. 938 (25. 4. 1882)
»Sehr gern will ich aus der Weltordnung scheiden«: TB II, S. 707 (8. 3. 1881)

282 *»Manche gerathen daher auch in Zweifel«*: Braunes Buch S. 58
daß Wagner die Marcioniten schätzte: TB I, S. 832 (1. 7. 1874)
»Wotan, wüthender Ekel«: Nietzsche VIII, S. 554
»Völlige Abwesenheit der Moral«: Nietzsche VIII, S. 541

283 *»Das Prächtige Berauschende Verwirrende«*: Nietzsche VII, S. 774
Der Kritiker der Vossischen Zeitung: zitiert nach Dokumentarbiographie S. 237
»Wilde Menschen«: TB I, S. 891 f. (29. 1. 1875)
»wie eine Tizianische Venus«: TB II, S. 657 (4. 1. 1881)
eine »Puritaner-Zeit«: TB I, S. 36 (18. 1. 1869)
284 *»die Religion nicht absurd genug«*: TB I, S. 891 (27. 1. 1875)
»Ästhetisiren auf Grundlage«: Braunes Buch S. 240 (23. 10. 1881)
Am »Hamlet« fiel ihm auf: TB I, S. 724 (9. 9. 1873)
»Die Kraft der moralischen Anstrengung«: Braunes Buch S. 240 (23. 10. 1881)

4. Die emanzipatorische Revolution

285 *Briefe an Theodor Uhlig*: Im Anhang der Sammlung Burrell (S. 763 ff.) sind die Änderungen aufgeführt.
Während bei den Griechen: GSD III, S. 28 ff.
286 *»Die Revolution«*: abgedruckt in Dokumentarbiographie S. 169 ff.
»Hier ist ein Damm zu durchbrechen«: SB II, S. 578 (Nr. 248 vom 23. 11. 1847)
»Die Dresdener Revolution«: SB II, S. 653 f. (Nr. 295 vom 14. 5. 1849)
287 *»ich weiß, daß meine letzten erlebnisse«*: SB III, S. 57 (Nr. 2 vom 29. 5. 1849)
»ich habe einen opernentwurf im kopfe«: SB III, S. 201 (Nr. 37 vom 28. 12. 1849)
»was nicht heute wahr werden kann«: SB III, S. 355 (Nr. 92 etwa vom 20. 7. 1850)
Noch ein Vierteljahrhundert später: TB I, S. 814 (2. 5. 1874)
»Die Oberklasse des Reichs«: Gregor-Dellin S. 727
288 *»der starke und schöne Mensch«*: GSD III, S. 32 ff.
Nietzsche warf Wagner vor: Nietzsche VI, S. 20
289 *»meine sache ist«*: SB III, S. 196 f. (Nr. 36 vom 27. 12. 1849)
»Ich verlange mit leidenschaft«: SB IV, S. 70 (Nr. 18 vom 2. 7. 1851)
wie im Haus Wahnfried über die Attentate: TB II, S. 93 (12. 5. 1878) und S. 106 (3. 6. 1878)
Eine Tagebuchaufzeichnung: KB IV, S. 85 (Nr. 52 vom 11. 10. 1865)
»Freiheit ist befriedigtes«: GSD III, S. 69
290 *»Es gibt keine höhere Kraft«*: GSD III, S. 218
von einem Arbeiter-Aufstand in Wien: TB I, S. 540 (27. 6. 1872)
die »Notwendigkeit des Unterganges«: TB II, S. 367 (17. 6. 1879)
»einst die neue Religion«: TB II, S. 372 (27. 6. 1879)
291 *»Hervortreten der sozialen Frage«*: TB II, S. 382 (13. 7. 1879)
Er lobt die Elektrizität: TB II, S. 605 (25. 9. 1880)
der sozialen Ursachen der Trunksucht: TB II, S. 682 (3. 2. 1881)
Amerika und Rußland: TB I, S. 956 (30. 12. 1875); siehe auch TB II, S. 1038 f. (4. 11. 1882): von Amerika erwartet Wagner »die einstige Beherrschung der Welt«.
»Krieg zu einem humanen Zweck«: TB II, S. 382 (13. 7. 1879)
292 *zeigte er sich entsetzt darüber*: TB II, S. 385 f. (22. und 23. 7. 1879)
er dürfe die Menschen nicht verachten: KB II, S. 185 ff. (Nr. 377 vom 18. 7. 1867)
entwirft er einen Plan: KB III, S. 96 f. (Nr. 511 vom 21. 10. 1876)

Sie geraten in den venezianischen Karneval: TB II, S. 1096f. (21. 1. 1883)
seine »Höflichkeit gegen Untergebene«: Perl S. 30f.
293 *»Was für grössere intelektuelle Gleichheit«*: Braunes Buch S. 239 (23. 10. 1881)
daß es in seinen Opern keinen Unterschied gebe: GSD V, S. 128f.
294 *»Alle marxistischen Interpretationen«*: Glucksmann S. 274
auf Weisung der Militärregierung: Mündliche Auskunft des Bayreuther städtischen Archivs.

5. Liebe am Ende der Welt

295 *»ein Evangelium der Liebe«*: Nietzsche VIII, S. 204
296 *»ob Tristan und Isolde auch so viel gelacht«*: TB I, S. 742 (22. 10. 1873)
»bis zum äußersten« dargestellt: TB I, S. 753 (18. 11. 1873)
297 *»segnet die Leichen«*: GSD VII, S. 81
Im Duett der beiden Liebenden: GSD I, S. 44f.
299 *bei einem Frühstücks-Gespräch*: TB II, S. 1015 (4. 10. 1882)

6. Alberich

300 *Alberich teilt nun mit*: GSD V, S. 245f.
das sogenannte Tarnhelm-Motiv: vgl. Rheingold S. 481 Takt 1–4 mit S. 184 Takt 1–2
301 *»denn dient ihr Männer«*: GSD V, S. 244
302 *»Die in linder Lüfte Wehn«*: GSD V, S. 243 (Rheingold S. 450ff.)
»Habt acht!«: GSD V, S. 244
303 *»Schwarzalben« und »Lichtalben«*: Ring-Skizzen S. 74
In den frühesten Notizen zu »Siegfried«: Ring-Skizzen S. 67
»R. erzählt mir«: TB II, S. 52 (2. 3. 1878)
304 *mit einem Schiff auf der Themse*: TB I, S. 1052 (25. 5. 1877)
»Gelöset sei der Nibelungen Knechtschaft«: GSD II, S. 166
der Zwerg mythologisch betrachtet: Donington S. 23
305 *Richard Peduzzi*: In: Der Ring, S. 101
»Zittre und zage«: GSD V, S. 241 (Rheingold S. 433ff.)
306 *erzählt Wotan in der »Walküre«*: GSD VI, S. 43
Hagen dagegen spricht: GSD VI, S. 209
Heinrich Porges: zitiert nach Dokumentarbiographie S. 232
»das edelste Wesen leidet«: TB I, S. 240 (4. 6. 1870)
Alberichs Überleben als Hoffnung: In »Lohengrin«, der den ersten »Ring«-Entwürfen unmittelbar vorausgeht, die ja schon Alberichs Überleben enthalten, hat Wagner sich offenbar diesem Gedanken bereits angenähert: da »überlebt« von den Protagonisten auch die »Böseste«, nämlich Ortrud. Erst in der Komplexität des »Rings« aber hat Wagner die gewissermaßen ideologische Bedeutung dieses Faktums darzustellen vermocht.
307 *sie könne »keinen mehr ausdrücken«*: Nietzsche VII, S. 760
Im Gegenüber der Alberich-Passagen: Götterdämmerung S. 556ff.
»Kein Froher soll«: GSD V, S. 254f.

Ein Schluss: »Du hehrstes Wunder!«

313 *der erste Prosa-Entwurf*: GSD II, S. 165 f.
Der zweite Entwurf: Ring-Skizzen S. 54 f.
In der Dichtung: GSD II, S. 227 f.

314 *Alberich sagt jetzt nur noch*: Ring-Skizzen, Faksimile VI nach S. 54
hat er noch mehr herumkorrigiert: zu allen Varianten vgl. Strobel S. 338 ff.
durch die folgenden ersetzt: Strobel glaubt, das sei schon im Frühjahr 1849 geschehen.

315 *eine ganz neue Schluß-Ansprache*: in GSD VI, S. 254 f., als Fußnote abgedruckt
»Die Männer und Frauen«: GSD VI, S. 256

316 *wie manche Kommentatoren meinen*: so etwa Dettmering (S. 194), Mayer (S. 241) und wohl auch Boulez in »Der Ring« (S. 36) und in Barth: Bayreuther Dramaturgie (S. 404 f.).
so Wolfgang Wagner: zitiert nach Barth: Bayreuther Dramaturgie S. 245
Ernst Bloch: zitiert nach Barth: Bayreuther Dramaturgie S. 102
Patrice Chéreau: zitiert nach Barth: Bayreuther Dramaturgie S. 380 und 423 f.
Jacob Grimms »Deutsche Mythologie«: vgl. dazu Wapnewski S. 195 ff.
»Rienzi« endet: GSD I, S. 89

317 *»Schluß z. Siegfr.«*: zitiert nach Strobel S. 340
In einem um diese Zeit geschriebenen Brief: am 22. 6. 1856 an Franz Müller, zum ersten Mal veröffentlicht bei Strobel S. 340.
mehrere übereinander geschriebene Fassungen: siehe das Faksimile in Dokumentarbiographie Nr. 103
teilt Brünnhilde mit: ebenfalls als Fußnote abgedruckt in GSD VI, S. 255 f.
»heiligsten Wahlland«: GSD hat »heiligst*em*«, was ein Lese- oder Druckfehler ist.

318 *»er wolle etwas von der neuen Strophe«*: TB I, S. 479 (10. 1. 1872)
schon einmal 1858: siehe Wesendonk-Briefe S. 149 (Tagebuch vom 1. 12. 1858)
»R. rügt es an Schopenhauer«: TB I, S. 498 (8. 3. 1872)
»bei der Lektüre würde ich«: TB I, S. 507 (4. 4. 1872)
doch noch komponiert: Faksimile in KB III, nach S. 88 (Nr. XI)

319 *Diese Musik ist mithin*: Götterdämmerung S. 1334 ff.
Wagners letzten Worten: TB II, S. 1113 (12. 2. 1883)
»keinerlei dramatische Logik«: Shaw S. 129
»in Tönen dasselbe verkündet«: Mann Band MK 114, S. 250
wie die Verwendung dieses Themas gemeint ist: Auch Dahlhaus (S. 138 f.) hat überzeugend dargelegt, wie sehr das Thema an diese Stelle »paßt«.
»Du hehrstes Wunder!«: GSD VI, S. 69 (Walküre S. 799 f.)
er hat vielmehr davon gesprochen: TB I, S. 552 (23. 7. 1872)

320 *»so etwas Kompliziertes«*: TB II, S. 625 (25. 11. 1880)
»Es gibt keinen Schluß für die Musik«: TB I, S. 552 (23. 7. 1872)

321 *»Soll man am Ende der Götterdämmerung«*: zitiert nach Barth: Bayreuther Dramaturgie S. 405
»›Es ist so frei‹«: TB II, S. 1014 (2. 10. 1882)

Literaturverzeichnis

(Aufgeführt sind nur die Titel, die im Text oder in den Anmerkungen zitiert werden.)

I. Quellen

Herbert Barth, Dietrich Mack, Egon Voss (Hrsg.): Wagner. Sein Leben, sein Werk und seine Welt in zeitgenössischen Bildern und Texten. Wien 1975.

Martin Gregor-Dellin: Wagner-Chronik. Daten zu Leben und Werk. München 1972.

König Ludwig II. und Richard Wagner: Briefwechsel. Mit vielen anderen Urkunden hrsg. vom Wittelsbacher Ausgleichs-Fonds und von Winifred Wagner. Bearbeitet von Otto Strobel. 5 Bände. Karlsruhe 1936–39.

Cosima Wagner: Die Tagebücher. Ediert und kommentiert von Martin Gregor-Dellin und Dietrich Mack. 2 Bände. München und Zürich 1976/77.

Richard Wagner: Gesammelte Schriften und Dichtungen in zehn Bänden. Hrsg. von Wolfgang Golther. Berlin o. J. (Bongs Goldene Klassiker-Bibliothek).
–: Nachgelassene Schriften und Dichtungen. 2. Auflage. Leipzig 1902.
–: Skizzen und Entwürfe zur Ring-Dichtung. Mit der Dichtung »Der junge Siegfried«. Hrsg. von Otto Strobel. München 1930.
–: Mein Leben. Vollständige, kommentierte Ausgabe. Hrsg. von Martin Gregor-Dellin. München 1976.
–: Das Braune Buch. Tagebuchaufzeichnungen 1865–1882. Vorgelegt und kommentiert von Joachim Bergfeld. Zürich und Freiburg 1975.
–: Sämtliche Briefe. Hrsg. von Gertrud Strobel und Werner Wolf. (Bisher erschienen:) 4 Bände (1830–1852). Leipzig 1967ff.
–: Briefe. Die Sammlung Burrell. Hrsg. und kommentiert von John N. Burk. Frankfurt am Main 1953.
–: Die Briefe an Judith Gautier. Hrsg. von Willi Schuh. Erlenbach-Zürich und Leipzig 1936.
–: Briefwechsel zwischen Wagner und Liszt. Dritte erweiterte Auflage in volkstümlicher Gestalt. Hrsg. von Erich Kloss. 2 Teile in einem Bande. Leipzig 1910.

–: (Briefe) an Mathilde Maier (1862–1878). Hrsg. von Hans Scholz. Leipzig 1930.

–: Briefe an Frau Julie Ritter. München 1920.

–: Briefe an August Röckel. 2. Auflage. Leipzig 1903.

–: An Mathilde und Otto Wesendonk. Tagebuchblätter und Briefe. Hrsg. von Julius Kapp. Leipzig 1915.

Eliza Wille: Fünfzehn Briefe von Richard Wagner. Nebst Erinnerungen und Erläuterungen. Berlin 1894.

II. Literatur

Theodor W. Adorno: Versuch über Wagner. In: Gesammelte Schriften. Band 13. Frankfurt am Main 1971. S. 7–148.

Herbert Barth (Hrsg.): Der Festspielhügel. Richard Wagners Werk in Bayreuth 1876–1976. Überarbeitete Fassung. München 1976.

Herbert Barth (Hrsg.): Bayreuther Dramaturgie: Der Ring des Nibelungen. Stuttgart 1980.

Houston Stewart Chamberlain: Richard Wagner. 11. Auflage. München 1942.

Deryck Cooke: I Saw the World End. A Study of Wagner's »Ring«. London 1979.

Peter Cornelius: Ausgewählte Briefe nebst Tagebuchblättern und Gelegenheitsgedichten. Hrsg. von seinem Sohne Carl Maria Cornelius. 2 Bände. Leipzig 1904/1905.

Carl Dahlhaus: Richard Wagners Musikdramen. Velber 1971.

Peter Dettmering: Dichtung und Psychoanalyse. München 1969.

Robert Donington: Richard Wagners »Ring des Nibelungen« und seine Symbole. Musik und Mythos. 2. Auflage. Stuttgart 1978.

Manfred Eger: Der Briefwechsel Richard und Cosima Wagner. Geschichte und Relikte einer vernichteten Korrespondenz. In: Programmhefte der Bayreuther Festspiele 1979. Programmheft IV: Das Rheingold, S. 1–23 und 108–119, und Programmheft V: Die Walküre, S. 1–23 und 108–132.

Sigmund Freud: Über einen besonderen Typus der Objektwahl beim Manne. In: Gesammelte Werke. Band 8. London 1948. S. 66–77.

Richard Fricke: Bayreuth vor dreissig Jahren. Erinnerungen an Wahnfried und aus dem Festspielhause. Dresden 1906.

Hanns Fuchs: Richard Wagner und die Homosexualität. Unter besonderer Berücksichtigung der sexuellen Anomalien seiner Gestalten. Berlin 1903.

Carl Friedrich Glasenapp: Das Leben Richard Wagners. 6 Bände. 4., neubearbeitete Ausgabe. Leipzig 1905 ff.

André Glucksmann: Die Meisterdenker. Reinbek bei Hamburg 1978.

Martin Gregor-Dellin: Richard Wagner. Sein Leben, sein Werk, sein Jahrhundert. München und Zürich 1980.

Robert W. Gutman: Richard Wagner. Der Mensch, sein Werk, seine Zeit. München 1970.

Julius Kapp: Richard Wagner und die Frauen. Völlige Neuausgabe. 15. Auflage. Berlin 1929.

Thomas Mann: Das essayistische Werk. 8 Bände. Taschenbuchausgabe. Frankfurt am Main 1968.

Hans Mayer: Richard Wagner. Mitwelt und Nachwelt. Stuttgart 1978.

Heinz-Klaus Metzger und Rainer Riehn (Hrsg.): Musik-Konzepte Band 5: Richard Wagner. Wie antisemitisch darf ein Künstler sein? München 1978 (2. Auflage 1981).
–: Musik-Konzepte Band 25: Richard Wagner. Parsifal. München 1982.

Ernest Newman: The Life of Richard Wagner. 4 Bände. New York 1933 ff.

Friedrich Nietzsche: Sämtliche Werke. Kritische Studienausgabe. München und Berlin/New York 1980.

Friedrich Oberkogler: Richard Wagner. Vom Ring zum Gral. Wiedergewinnung seines Werkes aus Musik und Mythos. Stuttgart 1978.

Henry Perl: Richard Wagner in Venedig. Mosaikbilder aus seinen letzten Lebenstagen. Augsburg 1883.

Ernst von Pidde: Richard Wagners »Ring des Nibelungen« im Lichte des deutschen Strafrechts. 2., vermehrte und verbesserte Auflage. Hamburg 1979.

Otto Rank: Das Inzestmotiv in Dichtung und Sage. Grundzüge einer Psychologie des dichterischen Schaffens. 2. Auflage. Leipzig und Wien 1926.

Der »Ring«. Bayreuth 1976–1980. Berlin und Hamburg 1980.

Werner Ross: Der ängstliche Adler. Friedrich Nietzsches Leben. Stuttgart 1980.

Willi Schuh: Richard Wagner und Judith Gautier. Neue Dokumente. In: Schweizerische Musikzeitung. Jahrgang 103. 1963. S. 122–128.

Bernard Shaw: Ein Wagner-Brevier. Frankfurt am Main 1973.

Otto Strobel: Zur Entstehungsgeschichte der Götterdämmerung. In: Die Musik. Hrsg. von Bernhard Schuster. 25. Jahrgang. 1932/33. S.336–341.

Klaus Theweleit: Männerphantasien. 2 Bände. Frankfurt am Main 1977.

Richard-Wagner-Museum Bayreuth. Hrsg.: Richard-Wagner-Stiftung Bayreuth. 2. ergänzte Auflage. Bayreuth o. J.

Peter Wapnewski: Der traurige Gott. Richard Wagner in seinen Helden. München 1978.

Hans von Wolzogen: Aus Richard Wagners Geisteswelt. Berlin und Leipzig 1908.
–: Erinnerungen an Richard Wagner. Leipzig 1892.

Hartmut Zelinsky: Richard Wagner – ein deutsches Thema. Eine Dokumentation zur Wirkungsgeschichte Richard Wagners 1876–1976. Frankfurt am Main 1976.

Nachweis der Abbildungen

Bildarchiv Bayreuther Festspiele:
Seite 36, 49, 57, 105, 159, 213, 255, 310;
F. Bruckmann KG, München:
Seite 10, 46;
Nationalarchiv der Richard-Wagner-Stiftung, Bayreuth:
Seite 93, 106, 126, 133 (4 Abb.), 135, 141, 144, 160, 203, 214, 256;
Schiller-Nationalmuseum / Deutsches Literaturarchiv, Marbach:
Seite 16, 58;
Süddeutscher Verlag, München:
Seite 193.

Register

---

1. Personen

2. Werke Wagners

1. *Opern*

2. *Bühnentexte, Fragmente, Entwürfe*

3. *Sonstige Kompositionen*

4. Schriften

Dietrich Fischer-Dieskau als Buchautor

Dietrich Fischer-Dieskau

WAGNER UND NIETZSCHE

Der Mystagoge und sein Abtrünniger
312 Seiten und 8 Seiten Abbildungen

Fischer-Dieskau zeichnet die Geschichte der Freundschaft zwischen Nietzsche und Wagner nach, die sich in eine öffentliche Gegnerschaft verwandelte. »Eine originelle Version der Haßliebe zwischen Wagner und Nietzsche.« (Der Spiegel)

Dietrich Fischer-Dieskau

ROBERT SCHUMANN
Wort und Musik

280 Seiten mit 92 Abbildungen, 91 Notenbeispielen und allen Texten der von Schumann vertonten Solo- und Chorlieder.

»Der bedeutendste Liedersänger der Welt« (Der Spiegel) deutet das Schicksal Schumanns aus seinem Vokalwerk. Er zeigt, wie sich aus der Wahl der Liedtexte und aus der Stimmung seiner Kompositionen Rückschlüsse auf seine Lebenssituationen ziehen lassen.

DVA

Kompakt-Training
Praktische Betriebswirtschaft
Herausgeber Professor Klaus Olfert

www.kiehl.de

Unternehmensführung

Von
Prof. Dipl.-Kfm. Klaus Olfert und
Prof. Dr. Helmut Pischulti

6. Auflage

kiehl

Herausgeber:

Prof. Klaus Olfert
76530 Baden-Baden

ISBN 978-3-470-**49736**-5 · 6. Auflage 2013

Kiehl ist eine Marke des NWB Verlags

Druck: Stückle Druck und Verlag, Ettenheim – ptmue

Kompakt-Training Praktische Betriebswirtschaft

Das Kompakt-Training Praktische Betriebswirtschaft ist aus der Notwendigkeit entstanden, dass Wissen immer häufiger unter erheblichem Zeit- und Erfolgsdruck erworben oder reaktiviert werden muss. Den vielfältigen betriebswirtschaftlichen Fakten und Zusammenhängen, die aufzunehmen sind, stehen eng begrenzte Zeitbudgets gegenüber.

Die vorliegende Fachbuchreihe ist darauf ausgerichtet, die Leser darin zu unterstützen, rasch und fundiert in die verschiedenen betriebswirtschaftlichen Themenbereiche einzudringen sowie diese aufzufrischen. Sie eignet sich in besonderer Weise für:

- Studierende an Fachhochschulen, Akademien und Universitäten
- Fortzubildende an öffentlichen und privaten Bildungsinstitutionen
- Fach- und Führungskräfte in Unternehmen und sonstigen Organisationen.

Das Kompakt-Training Praktische Betriebswirtschaft ist auch zum Selbststudium sehr gut geeignet, nicht zuletzt wegen seiner herausragenden Gestaltungsmerkmale. Jeder einzelne Band der Fachbuchreihe zeichnet sich u. a. aus durch:

- kompakte und praxisbezogene Darstellung
- systematischen und lernfreundlichen Aufbau
- viele einprägsame Beispiele, Tabellen, Abbildungen
- 50 praxisbezogene Übungen mit Lösungen
- MiniLex mit 150 - 200 Stichworten.

Für Anregungen, die der weiteren Verbesserung dieses Lernkonzeptes dienen, bin ich dankbar.

Prof. Klaus Olfert
Herausgeber

Feedbackhinweis

Kein Produkt ist so gut, dass es nicht noch verbessert werden könnte. Ihre Meinung ist uns wichtig. Was gefällt Ihnen gut? Was können wir in Ihren Augen verbessern? Bitte schreiben Sie einfach eine E-Mail an: **c.ziegler@kiehl.de**

Als kleines Dankeschön verlosen wir unter allen Teilnehmern einmal pro Monat ein Buchgeschenk!

Vorwort zur 6. Auflage

Die Unternehmensführung als vom Top Management ausgehende zielorientierte Gestaltung, Steuerung und Entwicklung von Unternehmen ist in den vergangenen Jahren immer schwieriger geworden. Dies war insbesondere in einem sich fortwährend verstärkenden Wandel der Märkte sowie der politischen und gesellschaftlichen Rahmenbedingungen begründet. Er bewirkte vielfältige Überraschungen, die sich ebenso als unternehmensbedrohend wie auch als chancenreich erweisen konnten.

Unternehmen langfristig auf einen Erfolgskurs zu bringen und zu halten, erforderte Veränderungen teilweise erheblichen Ausmaßes, und zwar sowohl bezüglich der von ihnen erbrachten Leistungen, ihrer Prozesse und Strukturen als auch im Hinblick auf die Führungskräfte und ausführenden Mitarbeiter.

Das vorliegende Buch will systematisch, fundiert und praxisnah zeigen, über welches Instrumentarium die Unternehmensführung verfügt, um ihren schwierigen Aufgaben gerecht zu werden. Es wurde in seiner 6. Auflage durchgesehen und – soweit notwendig – aktualisiert.

Gerne haben wir Anregungen der Leserinnen und Leser in der Neuauflage aufgegriffen. Wir danken dafür herzlich. Hinweise, die der Verbesserung des Buches dienen, sind uns auch künftig willkommen.

Prof. Klaus Olfert
Prof. Dr. Helmut Pischulti
Baden-Baden/Nürnberg,
im März 2013

Benutzungshinweise

Aufgaben/Fälle

Die Aufgaben/Fälle im Übungsteil dienen der Wissens- und Verständniskontrolle. Auf sie wird jeweils im Textteil hingewiesen:

Aufgabe 1 > Seite 237
Aufgabe 2 > Seite 237

Der Übungsteil befindet sich als „blauer Teil" am Ende des Buches. Es wird empfohlen, die Aufgaben/Fälle unmittelbar nach Bearbeitung der entsprechenden Textstellen zu lösen.

Aus Gründen der Praktikabilität und besseren Lesbarkeit wird darauf verzichtet, jeweils männliche und weibliche Personenbezeichnungen zu verwenden. So können z. B. Mitarbeiter, Arbeitnehmer, Vorgesetzte grundsätzlich sowohl männliche als auch weibliche Personen sein.

C. Strukturbezogene Führung

D. Personenbezogene Führung

A. Grundlagen

Unternehmen werden zu dem Zwecke betrieben, Leistungen zu erstellen und zu verwerten. Dies geschieht durch die Kombination der **Produktionsfaktoren** als:

- **Elementare Produktionsfaktoren**, die Arbeit, Betriebsmittel und Werkstoffe umfassen. Sie dienen der Ausführung des betrieblichen Leistungsprozesses.
- **Dispositive Produktionsfaktoren**, zu denen Leitung, Planung und Organisation zählen. Sie wirken gestaltend auf den betrieblichen Leistungsprozess.

Im Rahmen der Unternehmensführung soll die **optimale Kombination** der elementaren Produktionsfaktoren unter Beachtung unternehmerischer **Prinzipien** herbeigeführt werden, wozu zählen:

- Das **ökonomische Prinzip**, das darauf abzielt, das Verhältnis von Ertrag und Aufwand bzw. Erlös und Kosten möglichst günstig zu gestalten. Es wird auch **Wirtschaftlichkeitsprinzip** genannt und kann sein:

Maximalprinzip	Mit gegebenem Aufwand (Kosten) soll ein maximaler Ertrag (Erlös) realisiert werden, z. B. ein höchstmöglicher Absatz bei einem Werbebudget von 500.000 €.
Minimalprinzip	Mit minimalem Aufwand (Kosten) soll ein bestimmter Ertrag (Erlös) realisiert werden, z. B. durch einen geringstmöglichen Kapitaleinsatz für die Anschaffung einer EDV-Anlage.

- Das **Humanitätsprinzip**, bei dem der Mensch im Mittelpunkt des Leistungsprozesses steht. Seinen Erfordernissen ist Rechnung zu tragen, z. B. durch mitarbeitergerechte Arbeitsbedingungen, Information und Partizipation.
- Das **Umweltschonungsprinzip**, das ökologischen Interessen gerecht wird. Es ist z. B. darauf ausgerichtet, Umweltbelastungen zu vermeiden bzw. zu minimieren und rechtliche Bestimmungen zum Umweltschutz einzuhalten.

Die Unternehmen sind einem sich ständig ändernden wirtschaftlichen, technologischen und gesellschaftlichen **Wandlungsprozess** ausgesetzt. Ihr Erfolg hängt in besonderer Weise von der Qualität der Unternehmensführung ab. Sie muss sich insbesondere auf alle jene Sachverhalte konzentrieren, die für das Unternehmen in seiner Gesamtheit bedeutsam sind *(Jung)*.

Die Unternehmensführung ist die **zielorientierte Gestaltung, Steuerung und Entwicklung** des Unternehmens. Sie geht vom Top Management aus als:

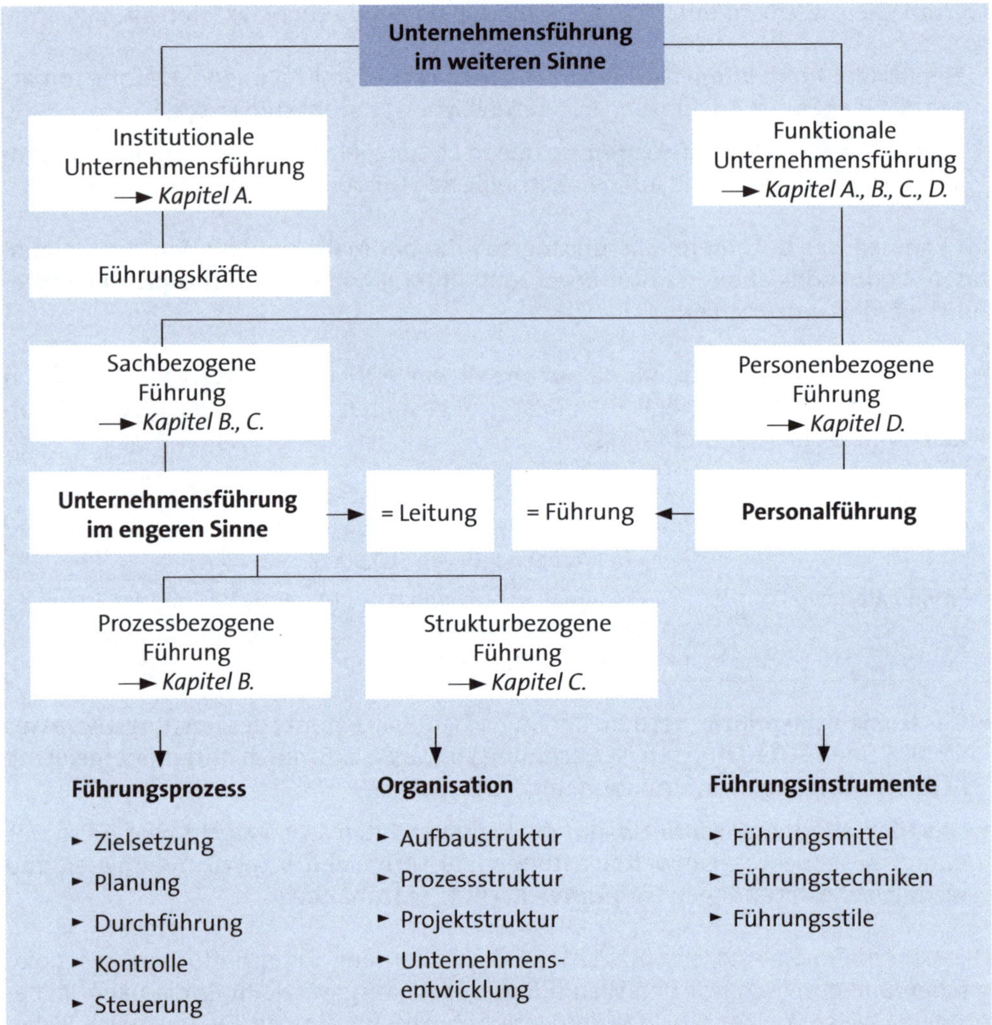

Die Unternehmensführung wird i. d. R. mit dem **Management** gleichgesetzt, da beiden Begriffen im Wesentlichen gleiche Inhalte zugeschrieben werden. Im Gegensatz zu den anderen Leitungsebenen im Unternehmen hat die Unternehmensführung viele Entscheidungen zu treffen, die besondere **Merkmale** aufweisen:

- Den **Grundsatzcharakter** der Entscheidungen, da sie für die unternehmerische Zukunft von erheblicher Bedeutung sind, z. B. als Beschluss, Teile der Fertigung nach Osteuropa zu verlagern oder die Rechtsform zu ändern.

- Die **hohe Bindungswirkung** der Entscheidungen, die insbesondere durch den Abschluss von Verträgen begründet wird. Sie regeln die Rechte und Pflichten der Vertragspartner, teilweise über einen langen Zeitraum hinweg, z. B. als Verträge mit Zulieferern, Abnehmern, Forschungsinstituten, Werbeagenturen.
- Die **hohe finanzielle Bedeutung** der Entscheidungen, da eine strategische Positionierung des Unternehmens bzw. seiner Geschäftsbereiche zumeist auch einen erheblichen Finanzbedarf zur Folge hat, z. B. indem neue Produktionslinien eingerichtet oder andere Unternehmen erworben werden.
- Die **große soziale Dimension** der Entscheidungen, die in der Fürsorgepflicht der Unternehmensleitung besteht, insbesondere der sozialen Verantwortung für die Mitarbeiter, z. B. durch Vermeidung eines Personalabbaus unter Ausschöpfung aller vertretbaren alternativen Möglichkeiten.

Aufgabe 1 > Seite 229

Im Folgenden sollen im Überblick betrachtet werden:

Grundlagen	Institutionale Unternehmensführung
	Funktionale Unternehmensführung
	Ausrichtungen der Unternehmensführung

1. Institutionale Unternehmensführung

Die Unternehmensführung als Institution umfasst sämtliche **Führungskräfte**, die auf den einzelnen Hierarchieebenen im Unternehmen tätig sind. Sie tragen maßgeblich dazu bei, dass das Unternehmen seine Ziele erreicht.

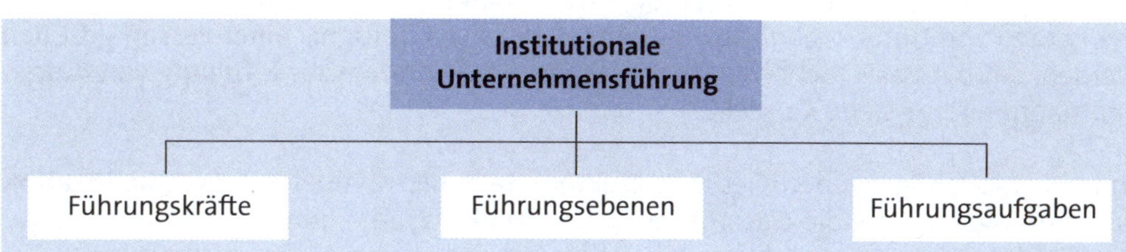

1.1 Führungskräfte

Führungskräfte im weiten Sinne sind alle im Unternehmen tätigen Personen, die anderen Personen verpflichtende Weisungen erteilen können. Sie werden i.d.R. auch als **Vorgesetzte** bezeichnet, deren Aufgabe darin besteht, auf die ihnen zugeordneten Mitarbeiter dergestalt einzuwirken, dass sie erfolgreich arbeiten, z.B. als Vorarbeiter, Meister, Gruppen-, Abteilungs-, Bereichsleiter, Geschäftsführer, Vorstand.

Es ist aber auch möglich, dass Führungskräfte keine Vorgesetzten sind, sondern als **Experten** komplexe Aufgabenstellungen bearbeiten, z.B. als Börseneinführungsspezialisten, M&A-Berater, EDV-Fachleute.

Frauen sind in leitenden Funktionen vielfach stark **unterrepräsentiert**. In nur wenigen Wirtschaftszweigen haben sie Führungsverantwortung in größerem Umfang, z.B. in der Modebranche, Einzelhandel, Kreditgewerbe. Erfreulicherweise gibt es in Großunternehmen und im Öffentlichen Dienst inzwischen **Frauenförderungs-Konzepte**, die u.a. spezielle Qualifizierungs- sowie Wiedereinstellungsmaßnahmen nach der „Familienpause" regeln.

Aufgabe 2 > Seite 229

Bezüglich der Führungskräfte sollen als **Merkmale** betrachtet werden:

- **Kompetenz**
- **Autorität**.

Auf weitere Merkmale von Führungskräften wird im Rahmen der personenbezogenen Führung – Kapitel D. – eingegangen.

1.1.1 Kompetenz

Die Kompetenz einer Führungskraft bestimmt maßgeblich den Erfolg eines Unternehmens. Sie kann unter organisatorischen Aspekten als Befugnis einer Person gesehen werden, auf der Basis fachlicher Zuständigkeit Maßnahmen zur Erfüllung von Aufgaben zu ergreifen – siehe Kapitel C.

Unter personenbezogenen Gesichtspunkten stellt die Kompetenz die **Qualifikation der Führungskraft** als die Gesamtheit ihrer Fähigkeiten dar, um ihre Führungsaufgaben zielgerichtet wahrzunehmen. Dabei lassen sich verschiedene Ausprägungen der Kompetenz unterscheiden, welche in ihrem Zusammenwirken die Handlungsfähigkeit der Führungskraft herbeiführen, die als **Handlungskompetenz** bezeichnet wird:

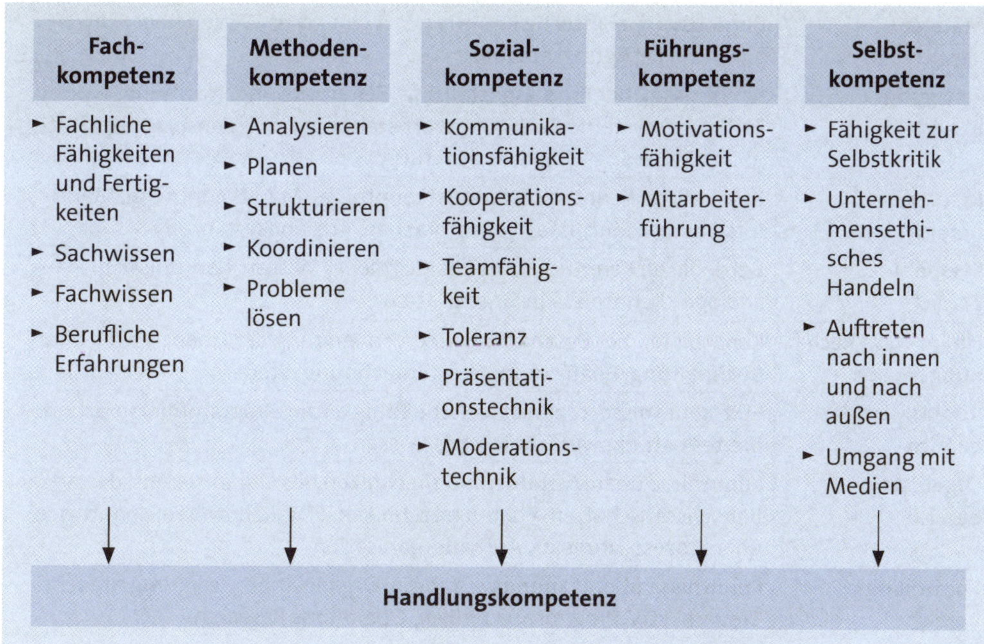

Ziel einer systematischen Führungskräfteentwicklung ist es, die für eine Führungskraft zur Bewältigung ihrer zunehmend komplexer werdenden Führungsaufgaben notwendigen **Teilkompetenzen** zu identifizieren, zu stärken und weiterzuentwickeln. Dabei ist zu beachten, dass diese auf den einzelnen Führungsebenen unterschiedlich ausgeprägt sein können.

1.1.1.1 Fachkompetenz

Die Fachkompetenz umfasst das Sachwissen bzw. Fachwissen. Sie wird auch **Sachkompetenz** genannt und stellt die Grundlage dar, spezifische berufliche Aufgaben und Sachverhalte selbstständig und eigenverantwortlich erledigen zu können, z. B. betriebswirtschaftliche oder technische Problemstellungen zu lösen.

Das **Ausmaß** der Fachkompetenz ist wesentlich vom Umfang der Berufserfahrung sowie dem Verständnis für fachspezifische Problemstellungen und Zusammenhänge abhängig. So müssen **Bereichs-** bzw. **Gruppenleiter** z. B. verfügen über:

Materialbereich	Betriebswirtschaftliche Kenntnisse, technisches Wissen über Materialien und Fertigungsabläufe
Fertigungsbereich	Kenntnisse über Prozessgestaltung, Zeitermittlung, Normung, Typung, Fertigungssysteme, Fertigungsvorbereitung, Fertigungsplanung, Fertigungssteuerung, Qualitätssicherung
Marketingbereich	Betriebliche Kenntnisse, Produktkenntnisse, Marktkenntnisse, Marktforschungskenntnisse, Fremdsprachen, Auslandserfahrung
Personalbereich	Betriebliche Kenntnisse, arbeitsrechtliches Wissen, Kenntnisse in Psychologie, Kenntnisse in Organisation
Finanz- und Rechnungswesen	Kenntnisse über Beschaffung und Verwendung der Finanzmittel, über Buchhaltung, Bilanzierung, Kostenrechnung, Steuern
Informationsbereich	EDV-Kenntnisse, organisatorische Fähigkeiten, Programmiersprachen, breites betriebswirtschaftliches Wissen
Organisationsbereich	Kenntnisse über Methoden und Techniken des Organisierens, der Arbeitswissenschaften, Planungstechniken, EDV-Kenntnisse, Kenntnisse über Prozess-, Projekt-, Aufbauorganisation
Controllingbereich	Kenntnisse über Planungsverfahren, Organisation, Rechnungswesen, Steuern, EDV, Prognosetechniken, Operations Research

Fachliche Fähigkeiten sind als unabdingbare **Voraussetzung** für erfolgreiches Arbeiten in allen Bereichen des Unternehmens in unterschiedlicher Weise – wie gezeigt – erforderlich und werden immer bedeutsamer.

1.1.1.2 Methodenkompetenz

Die Methodenkompetenz ist eng mit der Fachkompetenz verbunden. Sie umfasst die Fähigkeit eines Menschen, sich eigeninitiativ mit neuen **Verfahren**, **Denkweisen**, **Techniken**, **Strategien**, **Kenntnissen** und **Fertigkeiten** vertraut zu machen sowie bei vorliegenden Aufgaben eigenständig Problemstellungen anzugehen und Lösungswege zielgerichtet zu erarbeiten.

Für Führungskräfte sind von besonderer **Bedeutung**:

- Selbstständige Aneignung neuer Kenntnisse und Fertigkeiten
- Fähigkeit, eigenständig Lösungsansätze zu finden
- Fähigkeit, ein Problem aus verschiedenen Perspektiven zu beurteilen
- Fähigkeit, Chancen und Risiken im Gesamtzusammenhang zu erkennen
- Fähigkeit, Probleme objektiv zu bewerten
- Fähigkeit, logisch-analytisch zu denken
- Fähigkeit, Handlungen aufeinander abzustimmen bzw. zu koordinieren
- Fähigkeit, eine konzeptionelle Gesamtsicht des Unternehmens zu entwickeln
- Fähigkeit, eine ganzheitliche Betrachtung des Unternehmens vorzunehmen.

Der Erwerb von Methodenkompetenz setzt eine flexible, aufgeschlossene und positive Grundeinstellung eines Menschen voraus.

Bezogen auf den Lernbereich zählt zur Methodenkompetenz auch die **Lernkompetenz**. Da Wissen immer schneller veraltet, ist lebenslanges Lernen sowohl der Führungskräfte eines Unternehmens als auch der Mitarbeiter notwendig (*Ziegenbein*). **Lernprozesse** können z. B. stattfinden durch:

- Lernen am Arbeitsplatz, das auch als **„Training-on-the-job"** oder **„Learning-by-doing"** bezeichnet wird.
- Lernen außerhalb des Arbeitsplatzes als **„Training-off-the-job"**, z. B. durch Teilnahme an organisierten Schulungen, Seminaren oder Lehrgängen sowie eigeninitiierte Aktivitäten wie dem Studium von Fachliteratur. Zunehmend gewinnen auch computergestützte Lernprogramme größere Bedeutung.

Eine im Vergleich zu den Mitbewerbern höhere Wissensbasis der Führungskräfte und Mitarbeiter kann für ein Unternehmen strategisch vorteilhaft sein. Durch sie wird es nur schwer von der Konkurrenz imitiert werden können.

Im Unternehmen sollte eine zeitgemäße **Lernkultur** auch Handlungsspielräume für „Anders- und Querdenker" zulassen, da Fehlertoleranzen auch Chancenpotenziale bewirken („Kein Risiko – kein Fehler").

1.1.1.3 Sozialkompetenz

Sozialkompetenz ist die Fähigkeit eines Menschen, in konstruktiver Weise mit anderen Menschen innerhalb und außerhalb des Unternehmens **kommunikativ**, **kooperativ** und **partnerschaftlich** zusammenzuarbeiten. Sie wird von Führungskräften in hohem Maß erwartet, z. B. im Umgang mit Vorgesetzten, Kollegen, Mitarbeitern, Kunden, Lieferanten und kann sich ausdrücken in (*Olfert/Pelz/Pischulti*):

- Teamfähigkeit
- Konfliktfähigkeit
- Integrationsfähigkeit
- Kommunikationsfähigkeit
- Kritikfähigkeit
- Verhandlungsgeschick
- Präsentationsfähigkeit
- Moderationsfähigkeit
- Verantwortungsbewusstsein
- Eigeninitiative.

Die Sozialkompetenz wird für alle Mitarbeiter zunehmend bedeutsam.

1.1.1.4 Führungskompetenz

Die Führungskompetenz umfasst die Fähigkeiten einer Führungskraft zur zielgerichteten Motivation und Führung von Mitarbeitern. Zu ihren wichtigsten **Elementen** zählen:

- Entscheidungsfähigkeit
- Rhetorik
- Zuhören können
- Visionen formulieren
- Zeitmanagement
- Fähigkeit, Prioritäten zu setzen
- Überzeugungsfähigkeit
- Motivationsfähigkeit
- Begeisterungsfähigkeit.

In der Praxis wird Führungskompetenz auch im Rahmen von Trainingsmaßnahmen vermittelt, z. B. als Entscheidungstraining, Projektmanagement sowie Schulungen bezüglich Moderationstechnik und Gesprächsführung.

1.1.1.5 Selbstkompetenz

Selbstkompetenz ist die Fähigkeit einer Führungskraft, die eigenen Fähigkeiten und Stärken zu kennen und diese situationsgerecht einzusetzen. Sie umfasst z. B.:

- Selbstkritik
- Reflektion des eigenen Handelns
- unternehmensethisches Handeln
- umweltbewusstes Handeln
- wirtschaftliches Handeln.

Die Selbstkompetenz wird auch als **Individualkompetenz** oder **Persönlichkeitskompetenz** bezeichnet.

Aufgabe 3 > Seite 229

1.1.2 Autorität

Autorität ist durch Macht, Wissen oder Können erworbenes Ansehen einer Führungskraft. Sie beschreibt eine soziale Einflussbeziehung, die sich als wechselseitiges Beziehungsverhältnis zwischen Personen zeigt. **Merkmale** sind:

- Sie dient zur Legitimierung des Führungsanspruches.
- Sie ist auf faktische Macht oder auf erworbenes Know-how zurückzuführen.

- Sie setzt die freiwillige Unterordnung von Mitarbeitern voraus.
- Sie erfordert die Ausstattung einer Führungsposition mit Machtgrundlagen.

Formen der Autorität können sein:

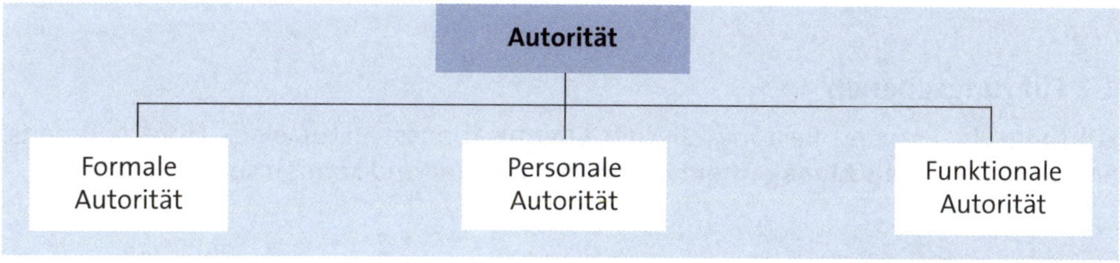

1.1.2.1 Formale Autorität

Die formale Autorität erwächst vorwiegend aus der Unternehmensverfassung oder der Organisationsstruktur und wird „kraft Amtes“ aus der eigentlichen Tätigkeit heraus praktiziert. Sie wird aufgrund der Entscheidungs- und Weisungsbefugnisse einer Führungskraft in Verbindung mit ihrer hierarchischen Position ausgeübt und stellt damit eine **positionale Autorität** bzw. **Amtsautorität** dar.

Eng verbunden mit der formalen Autorität ist die **Legitimationsmacht**. Mit ihr verfügt der Vorgesetzte über eine Machtgrundlage, die sich aus der hierarchischen Ordnung des Unternehmens ableitet. Die Mitarbeiter erkennen die formal gesetzte Ordnung an und sehen darin ihre Pflicht, dem Vorgesetzten zu gehorchen.

1.1.2.2 Personale Autorität

Die personale Autorität basiert auf den persönlichen Eigenschaften der Führungskraft, z. B. Charisma, Erfahrung, soziale Kompetenz, Vertrauenswürdigkeit, Zuverlässigkeit, Hilfsbereitschaft, Reife, Integrität. Sie begründet den Einfluss einer Person, auch wenn diese über keine formale Autorität verfügt, und wird ebenso **charismatische Autorität** genannt.

Mit der personalen Autorität ist als Machtgrundlage eines Vorgesetzten die **Referenzmacht** verbunden, die zu einer Identifikation der Mitarbeiter mit dem Vorgesetzten führt. Aufgrund ihrer persönlichen Wertschätzung erscheint der Vorgesetzte den Mitarbeitern als Vorbild.

1.1.2.3 Funktionale Autorität

Die funktionale Autorität liegt in der fachlichen Qualifikation der Führungskraft begründet und betrifft das Wissen und Können auf einem bestimmten Gebiet sowie die Erfahrungen und Fähigkeiten, situations- und sachgerecht zu entscheiden und zu handeln. Sie wird auch als **Fachautorität**, **Expertenautorität** oder **Sachautorität** bezeichnet.

In Verbindung mit der funktionalen Autorität ist die **Expertenmacht** eine weitere Machtgrundlage von Vorgesetzten. Sie bezieht sich auf die fachliche Qualifikation des Vorgesetzten. Die Mitarbeiter erkennen einen Vorgesetzten an, den sie als fachlich qualifiziert ansehen, d.h. von dem sie annehmen, dass er über Informationsvorteile verfügt.

1.2 Führungsebenen

Führungsebenen sind Bestandteile der Organisationsstruktur eines Unternehmens. Sie werden auch als **Managementebenen** bezeichnet und können sein:

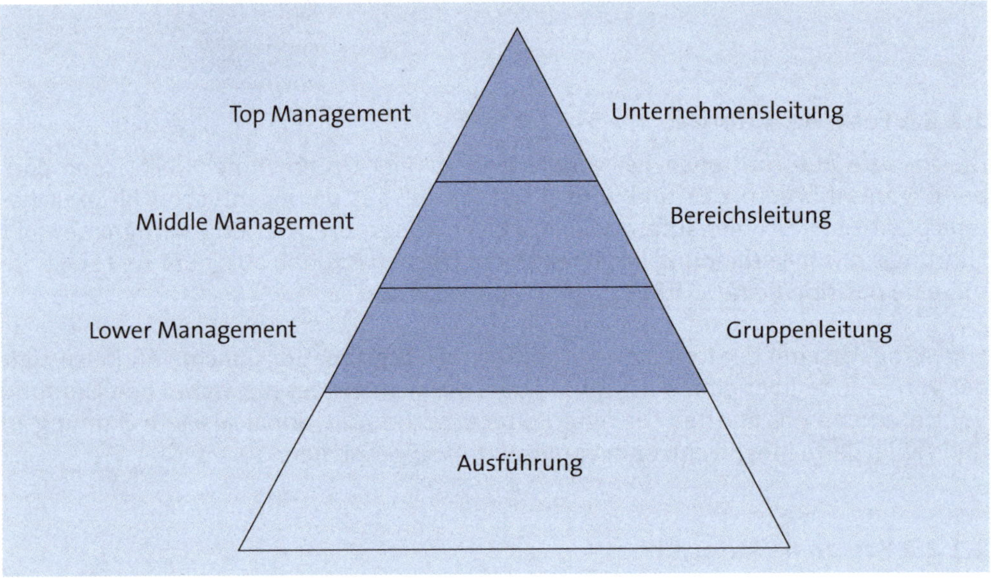

1.2.1 Top Management

Das Top Management bzw. die Unternehmensleitung ist die Institution im Unternehmen, welche die Unternehmensführung ausübt. Abhängig von der Rechtsform des Unternehmens sind **Träger** der Unternehmensführung:

- der Unternehmer beim Einzelunternehmen
- der bzw. die geschäftsführende(n) Gesellschafter bei der OHG
- der bzw. die geschäftsführende(n) Komplementäre bei der KG
- der bzw. die Geschäftsführer bei der GmbH
- der Vorstand bei der AG
- der bzw. die Komplementär(e) als Vorstand bei der KGaA
- der Vorstand der Genossenschaft.

Das Top Management kann bezüglich seiner Willensbildung in verschiedenen **Formen** organisiert sein *(Rahn, Krüger)*. Es gibt:

- Die **Direktorialorganisation**, bei der die alleinige Entscheidung in einem Leitungsgremium bei einem einzelnen Unternehmensleiter liegt.

Stärken	Schwächen
► Sicherung klarer Willensbildung/ Verantwortlichkeiten ► Begrenzung von Spannungen/ Meinungsverschiedenheiten ► Beschlussfähigkeit auch bei Abwesenheit von Mitgliedern ► Straffe interne Unternehmensführung ► Keine „faulen Kompromisse“	► Große Machtzusammenballung bei einem Unternehmensleiter ► Gefahr von „einsamen Beschlüssen“ ► Gefahr der Überlastung dieses einzelnen Unternehmensleiters ► Geringere Identifikation der übrigen Unternehmensleiter mit den getroffenen Entscheidungen

- Die **Kollegialorganisation**, die eine Form der gemeinsamen Willensbildung innerhalb des Top Managements ist. Sie betrachtet die Unternehmensleiter als mehr oder weniger gleichberechtigte Kollegen. Zu unterscheiden sind:

Primat-kollegialität	► Es gibt einen Unternehmensleiter, der „Erster unter Gleichen“ ist. ► Seine Stimme ist bei Meinungsverschiedenheiten ausschlaggebend. ► Wichtige Entscheidungen können ihm vorbehalten sein.
Abstimmungs-kollegialität	► Alle Entscheidungen werden gemeinsam nach dem Mehrheitsprinzip getroffen. ► Bei Stimmengleichheit kann unter Umständen die Stimme des am meisten von dem Vorgang Betroffenen ausschlaggebend sein.
Kassations-kollegialität	► Ziel ist es, einstimmige Entscheidungen zu treffen. ► Die Anerkennung der Entscheidung erfolgt erst durch Gegenzeichnung eines anderen Unternehmensleiters. ► Durch Verweigerung der Gegenzeichnung kann ein Unternehmensleiter das Vetorecht ausüben.
Ressort-kollegialität	► Jeder Unternehmensleiter entscheidet eigenverantwortlich für seinen Zuständigkeitsbereich. ► Bereichsübergreifende Fragen bleiben der gemeinsamen Entscheidung der Unternehmensleiter vorbehalten.

Stärken und Schwächen der Kollegialorganisation sind:

Stärken	Schwächen
► Kritischere Beurteilung der anfallenden Probleme ► Höhere Identifikation mit den getroffenen Entscheidungen ► Verteilung der quantitativen Belastung im Top Management ► Breite Informations- und Kommunikationsnutzung ► Keine einseitige und dominante Machtposition	► Erschwerung des Willensbildungsprozesses ► Möglicherweise Auftreten von Spannungen bzw. Meinungsverschiedenheiten zwischen einzelnen Unternehmensleitern ► Höherer Zeitbedarf für die Entscheidungsfindung

1.2.2 Middle Management

Das Middle Management ist die **Bereichsleitung**. Sie hat die Entscheidungen des Top Managements umzusetzen und bereichsbezogene Entscheidungen zu fällen, z. B. im Material-, Fertigungs-, Personal-, Finanz- und Marketingbereich. Je nach der Größe des Unternehmens kann sie von einem **Bereichs-**, **Hauptabteilungs-** oder **Abteilungsleiter** wahrgenommen werden, der über Prokura oder Handlungsvollmacht verfügt.

Als Mitarbeiter hierarchisch höherstehender Vorgesetzter und gleichzeitig Vorgesetzter ihrer hierarchisch nachgeordneten Mitarbeiter ist die Bereichsleitung einem doppelten **Erwartungsdruck** ausgesetzt. Einerseits muss sie den Leistungserwartungen ihrer Vorgesetzten gerecht werden. Zum anderen hat sie die Führungs- und Verhaltenserwartungen ihrer Mitarbeiter zu berücksichtigen.

In der Diskussion um eine „Verschlankung" von Hierarchien, bei der mithilfe des **Lean Management** ein Teil von Koordinationsaufgaben auf niedrigere Hierarchiestufen übertragen werden, wird die Vorgesetztenfunktion der mittleren Führungsebene zunehmend infrage gestellt.

1.2.3 Lower Management

Das Lower Management stellt die **Gruppenleitung** dar. Sie erfolgt durch einen Gruppenleiter, z. B. Meister und Büroleiter, welcher Entscheidungen der ihm übergelagerten Führungsebenen umzusetzen hat. Dabei beeinflusst er die Gruppe bzw. einzelne Gruppenmitglieder zielgerichtet unter Beachtung der jeweiligen Gruppensituation, um zu einem gemeinsamen Gruppenerfolg zu gelangen.

In der Praxis ist ein Trend zur Dezentralisierung von Aufgaben, Kompetenzen und Verantwortungsbereichen in untere Ebenen hinein festzustellen. Zur Aufgabenerfüllung werden dabei immer mehr **teamorientierte Konzepte** der Arbeitsorganisation eingesetzt. Sie zeichnen sich vor allem aus durch:

- intensive Kommunikationsbeziehungen hochqualifizierter Mitarbeiter
- weitreichende Delegation von Entscheidungsbefugnissen auf Einzelne.

Das Lower Management hat maßgeblichen Einfluss auf die Qualität und Sicherheit des Leistungsprozesses.

Aufgabe 4 > Seite 230

1.3 Führungsaufgaben

Die Führung erfolgt in mehreren Führungs- bzw. Managementebenen. Nach **Tätigkeitsschwerpunkten** lassen sich unterscheiden (*Hopfenbeck, Olfert*):

Top Management = Obere Führungsebene	Beispiele: Vorstand Geschäftsführer
Middle Management = Mittlere Führungsebene	Beispiele: Werkleiter Abteilungsdirektor Hauptabteilungsleiter Abteilungsleiter
Lower Management = Untere Führungsebene	Beispiele: Büroleiter Meister Gruppenleiter

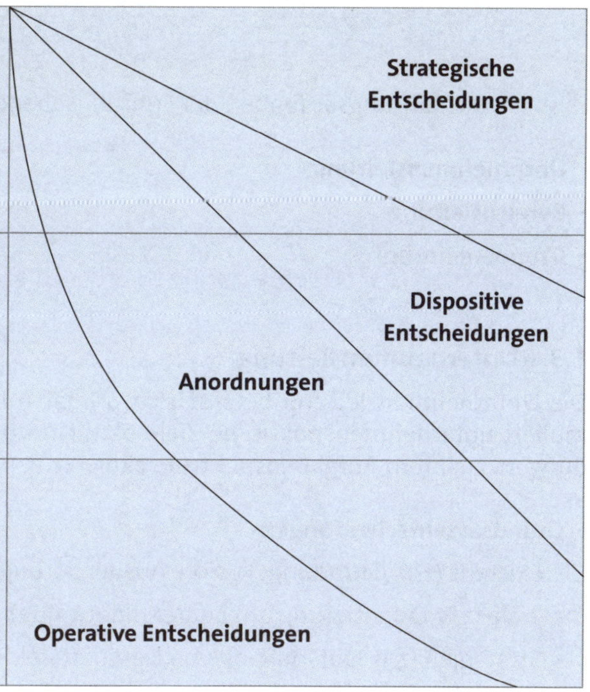

Eine klare **Abgrenzung von Führungs- und Ausführungsaufgaben** ist im Einzelfall oftmals schwierig. Jeder mit Führungsaufgaben betraute Mitarbeiter kann in einem Unternehmen leitende und ausführende Funktionen ausüben. Deren Verhältnis unterscheidet letztlich die einzelnen Führungsebenen voneinander.

Die durch das Lean Management verstärkte Delegation von Entscheidungsbefugnissen infolge einer zunehmenden Verflachung von Hierarchien hat bewirkt, dass Ausführende teilweise auch Führungsaufgaben wahrnehmen müssen und somit erheblich zum Erfolg des Unternehmens beitragen.

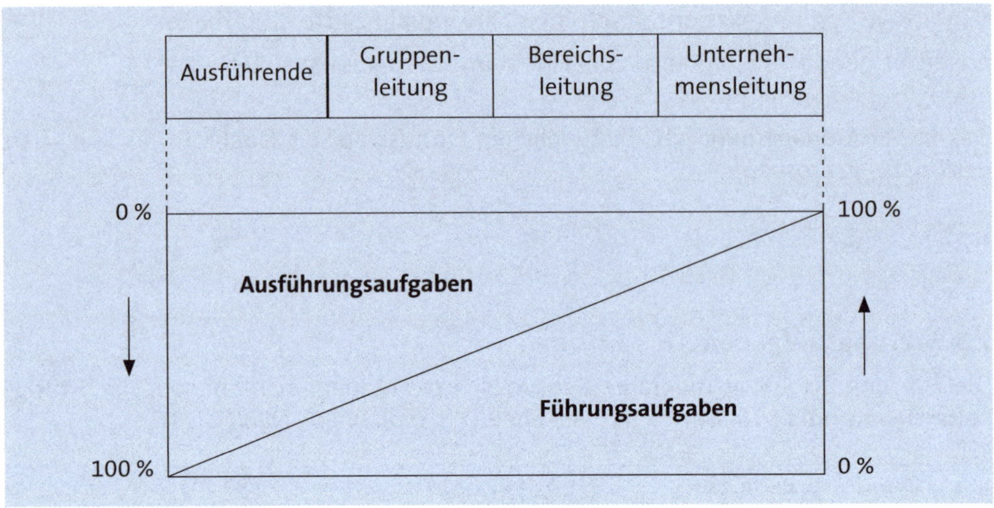

Es sollen die Führungsaufgaben der Führungsebenen betrachtet werden:

- **Unternehmensleitung**
- **Bereichsleitung**
- **Gruppenleitung**.

1.3.1 Unternehmensleitung

Die Unternehmensleitung befasst sich primär mit **strategischen** Aufgaben. Sie formuliert unternehmenspolitische Ziele bzw. Grundsätze und trifft Führungsentscheidungen. Zu ihrem **Aufgabenspektrum** zählen z. B. *(Rahn)*:

- **Grundsatzentscheidungen**
  - Existenz (z. B. Gründung, Fusion, Ausgliederung, Auflösung)
  - Ziele (z. B. Orientierung am Shareholder Value)
  - Strategien (z. B. Outsourcing von Geschäftsfeldern)
  - Organisationsstruktur (z. B. Schaffung einer Holding-Organisation)
  - Unternehmenskultur (z. B. Schaffung einer Corporate Identity)
- **Führungs-/Ausführungsentscheidungen**
  - Geschäftsführung (z. B. Akquisition eines Großauftrages)
  - Führungsstil (z. B. kooperativer Führungsstil)

- **Bereichsentscheidungen**
  - Finanzen (z. B. Investitionsentscheidungen)
  - Marketing (z. B. Niedrigpreispolitik)
  - Fertigung (z. B. Hoher Qualitätsstandard)
- **Abschlussentscheidungen**
  - Jahresabschluss (z. B. Bilanz, GuV-Rechnung, Anhang, Lagebericht)
  - Abschlussbericht (z. B. Abschreibungspolitik)
  - Berichterstattung (z. B. Aufsichtsrat)
- **sonstige Entscheidungen**
  - Vertretung (z. B. Repräsentation nach außen)
  - Datenschutz (z. B. personenbezogener Datenschutz)
  - Entwicklung (z. B. Förderung qualifizierter Mitarbeiter).

Eine generalistisch geprägte Ausbildung der Unternehmensleitung fördert die Bewältigung ihrer anspruchsvollen und vielfältigen Aufgaben.

1.3.2 Bereichsleitung

Die Bereichsleitung hat die von der Unternehmensleitung vorgegebenen Führungsentscheidungen zu berücksichtigen. Ihr **Aufgabenspektrum** ist z. B.:

- **Materialbereich**
  - Kontaktpflege zu Lieferanten
  - Erhaltung der Lieferbereitschaft
  - Sicherung der Materialqualität
  - Sicherung der Wirtschaftlichkeit
- **Fertigungsbereich**
  - Einhaltung der Sicherheitsbestimmungen
  - Gestaltung des Fertigungsprogrammes
  - Minimierung der Kapitalbindung
  - Kosten- und Qualitätsüberwachung
  - Sicherstellung der Termineinhaltung
  - Kostenreduzierung

- **Marketingbereich**
  - Steigerung der Umsatzerlöse
  - Erhöhung der Marktanteile
  - Gestaltung der Produkte
  - Festlegung der Preise und Rabatte
  - Bestimmung der Absatzwege
  - Gestaltung der Werbung und Öffentlichkeitsarbeit
  - Festlegung der Servicepolitik
- **Personalbereich**
  - Senkung der Personalkosten
  - Beschaffung des Personals
  - Erhöhung der Arbeitsproduktivität
  - Personalbeurteilung
  - Personalpolitik
  - Personalorganisation
  - Personaleinsatz
  - Personalentwicklung
- **Finanzbereich**
  - Sicherstellung der Liquidität
  - Verbesserung der Rentabilität
  - Erhöhung des Kapitalumschlags
  - Vornahme von Investitionsrechnungen
  - optimale Nutzung der Zahlungsspielräume
  - Minimierung der Kapitalkosten
  - Durchführung des Zahlungs- bzw. Kreditverkehrs
- **Rechnungswesen**
  - Buchführung
  - Bilanz
  - GuV-Rechnung
  - Anhang
  - Kosten- und Leistungsrechnung
  - steuerliche Fragen
- **Informationsbereich**
  - Verfügbarkeit aktueller Informationen
  - Einsatz geeigneter Datenträger

  - Integration der Datenverarbeitung
  - Outsourcing der Datenverarbeitung
- **Organisationsbereich**
  - Organisation von Projekten
  - reibungslose Organisation des Aufbaus und der Prozesse im Unternehmen.

Die Bereichsleitung sollte über bereichsspezifisches und bereichsübergreifendes Know-how verfügen, um die Belange der Unternehmensleitung sowie der Gruppenleitung berücksichtigen zu können.

1.3.3 Gruppenleitung

Die Gruppenleitung ist zumeist mit Planungs-, Organisations-, Steuerungs- und Führungsaufgaben betraut. Gruppenleiter müssen ein hohes Maß an Fachwissen besitzen. Zu ihren **Aufgaben** zählen z. B.:

- Führung und Förderung der Gruppenmitglieder
- Fällen und Umsetzung von Routineentscheidungen
- Ausführen von Entscheidungen übergeordneter Führungsebenen
- Aufrechterhaltung des Arbeitsflusses
- Beseitigung von Störungen des Arbeitsablaufes.

Da Gruppenleiter vielfach aus der „ausführenden Ebene" stammen, können sich in der Praxis mitunter **Konflikte** mit ehemaligen Kollegen ergeben, die erteilten Weisungen nicht ohne weiteres gerecht werden.

Aufgabe 5 > Seite 230

2. Funktionale Unternehmensführung

Die funktionale Unternehmensführung kann grundsätzlich sachbezogen und personenbezogen ausgerichtet sein:

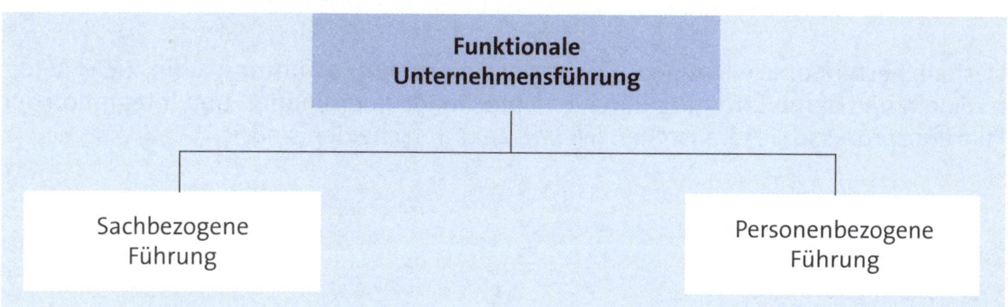

2.1 Sachbezogene Führung

Innerhalb der sachbezogenen Führung sollen unterschieden werden:

- **Führungsprozess**
- **Führungsinstrumente**.

2.1.1 Führungsprozess

Die sachbezogene Führung ist am Führungsprozess ausgerichtet. Er zeigt den zeitlichen Ablauf des Zustandekommens betrieblicher Entscheidungen und stellt die Abfolge der zweckgerichteten Beeinflussung der Unternehmensaktivitäten dar. Der Führungsprozess wird auch als **Managementprozess** bezeichnet. Er umfasst:

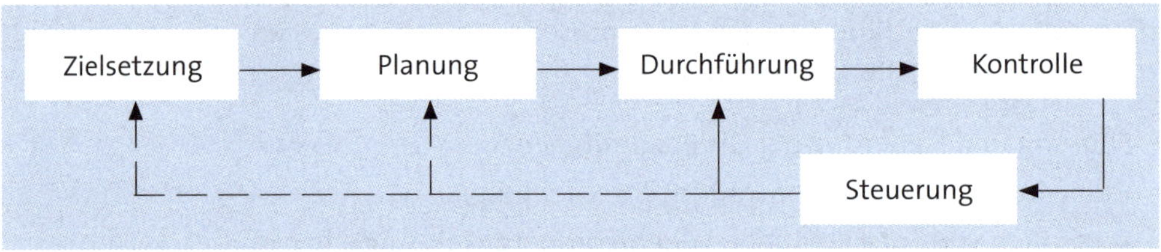

Zielsetzung und Planung haben den Charakter von Vorgaben für die Durchführung. Die Kontrolle überprüft, ob diese Vorgaben eingehalten wurden. Stimmen Plan-Daten und Ist-Daten nicht überein, sollten **Steuerungsmaßnahmen** eingeleitet werden. Diese beziehen sich in erster Linie auf die Durchführung, sie können jedoch auch Veränderungen der Zielsetzungen oder der Planansätze – etwa bei unrealistischen Planvorgaben – zur Folge haben.

2.1.1.1 Zielsetzung

Ziele beschreiben als Ausgangspunkte des Führungsprozesses erwünschte zukünftige Zustände, die das Unternehmen zu erreichen bestrebt ist. Mit ihnen erhält das Unternehmen bzw. die darin tätigen Personen eine Orientierung sowie eine Grundlage für die Planung, Steuerung und Kontrolle wirtschaftlicher Prozesse.

Deshalb besteht eine wichtige Aufgabe der Unternehmensführung darin, Ziele zu formulieren und deren Erfüllung durch entsprechende Koordination und Integration der Führungsprozesse sicherzustellen *(Hahn)*. Zu unterscheiden sind:

- **Merkmale**
- **Arten**
- **Zielbildungsprozess**.

2.1.1.1.1 Merkmale

Die geeignete Formulierung der Ziele ist von besonderer Bedeutung. Erfolgt sie nicht angemessen, besteht die Gefahr, dass der Führungsprozess zu unbefriedigenden Ergebnissen führt. Deshalb sollte geachtet werden auf:

- Die **Eindeutigkeit** der Ziele, die folgende **Dimensionen** aufweisen:

Inhalt	Hier ist die sachliche Zieldimension festzulegen, z. B. als Steigerung des Gewinnes, Senkung der Fluktuation, Auslastung der Fertigungsanlagen, Reduzierung der Materialgemeinkosten.
Ausmaß	Es gibt das Ausmaß der Zielerreichung an, z. B. als Ertragssteigerung um 5 % oder Erhöhung des Servicegrades auf 75 %.
Zeitbezug	Er zeigt den Realisierungszeitraum, z. B. als zweites Halbjahr oder das Jahr insgesamt.

- Die **Operationalität** der Ziele, d. h. ihre Messbarkeit. Wenn z. B. ein „deutlicher Gewinnzuwachs" als Ziel für das kommende Jahr genannt wird, ist dies nicht messbar. Jeder kann unter „deutlich" etwas anderes verstehen, sodass weder vernünftig zu planen noch zu kontrollieren und zu steuern ist.
- Schließlich sollten die Ziele zur Leistung **motivieren**. Dies gelingt mit ungenau formulierten Zielen ebenso wenig wie mit Zielen, die von vornherein auch bei größten Anstrengungen als nicht erreichbar erkannt werden.

2.1.1.1.2 Arten

Die von Unternehmen angestrebten Ziele können sehr verschiedenartig sein. Sie lassen sich nach mehreren **Kriterien** unterscheiden. Dazu zählen:

- Der **Formalisierungsgrad** der Ziele

Formalziele	Sie beziehen sich nicht auf den Prozess der Leistungserstellung, sondern auf die Art und Weise des betrieblichen Handelns, und dienen der Ableitung von Verhaltensmaximen.
Sachziele	Sie dienen zur Realisierung der Formalziele und sind auf die Leistungen der einzelnen Funktionsbereiche ausgerichtet. Oft gibt es mehrere Alternativen.

- Die unterschiedliche **Bedeutung** der Ziele

Hauptziele	Sie haben große Bedeutung für die Grundsatzplanung und die strategische Planung. Deshalb erfolgt ihre Festlegung durch das **Top Management**, z. B. als Corporate Identity, Beibehaltung der Unabhängigkeit, Terminziele oder Qualitätsziele.
Nebenziele	Sie weisen eine geringere Bedeutung auf. Über sie entscheidet das **Middle** bzw. das **Lower Management**, z. B. im Hinblick auf Kostenreduzierung im Materialbereich, die Einstellung von Schreibkräften oder die Lagerdauer in einem Zwischenlager.

- Die hierarchische **Beziehung** der Ziele

Oberziele	Sie werden – zumeist relativ global – vom **Top Management** formuliert und können **Formalziele** oder **Sachziele** sein, z. B. als Gewinnerhöhung oder Liquiditätssicherung. In der Regel sind aus ihnen keine konkreten Handlungsanweisungen für die Mitarbeiter der nachfolgenden Hierarchieebenen zu entnehmen.
Unterziele	Sie werden zumeist vom **Middle Management** aus den Oberzielen abgeleitet und stellen konkrete Handlungsanweisungen an das **Lower Management** oder **Ausführende** dar. Daher können sie nur **Sachziele** sein, z. B. eine hohe Lieferbereitschaft oder Materialqualität, eine minimale Kapitalbindung.

- Die unterschiedliche **Ausrichtung** der Ziele

Monetäre Ziele	Sie lassen sich in Geldeinheiten erfassen und messen als: ► **Marktleistungsziele**, z. B. als Umsatzsteigerung, Ertragssteigerung, Kostensenkung ► **Rentabilitätsziele**, z. B. als Erhöhung von Gewinn, Umsatz-, Eigenkapital-, Gesamtkapitalrentabilität ► **finanzwirtschaftliche Ziele**, z. B. als Liquiditäts-, Kapitalstrukturverbesserung, Kapitalkostensenkung.
Nicht-monetäre Ziele	Sie sind nicht bzw. nur indirekt in Geldgrößen zu bestimmen als: ► **ökonomische Ziele**, z. B. Marktanteilsvergrößerung, Qualitätsverbesserung, Serviceverbesserung ► **soziale Ziele**, z. B. als soziale Sicherheit, Arbeitszufriedenheit, soziale Integration ► **Macht-/Prestigeziele**, z. B. als Unabhängigkeit, politischer Einfluss, gesellschaftlicher Einfluss.

- Die unterschiedliche **Fristigkeit** der Ziele

Langfristige Ziele	Sie umfassen einen Zeitraum von **über vier bzw. fünf Jahren** und sind für die langfristige bzw. strategische Planung grundlegend.
Mittelfristige Ziele	Sie gelten für einen Zeitraum von **mehr als einem bis zu vier bzw. fünf Jahren** und sind für die mittelfristige bzw. taktische Planung von Bedeutung.
Kurzfristige Ziele	Sie umfassen einen Zeitraum von **bis zu einem Jahr**, sind stark am aktuellen Geschehen ausgerichtet und der kurzfristigen bzw. operativen Planung zuzurechnen.

- Der unterschiedliche **Zusammenhang** der Ziele

Komplementäre Ziele	Bei ihnen wirken Maßnahmen zur Erreichung eines Zieles sich positiv auf die Förderung bzw. Erreichung eines anderen Zieles aus. Die Senkung der Kosten im Materialbereich führt bei konstanten Umsätzen z. B. zu einer Steigerung des Gewinnes.	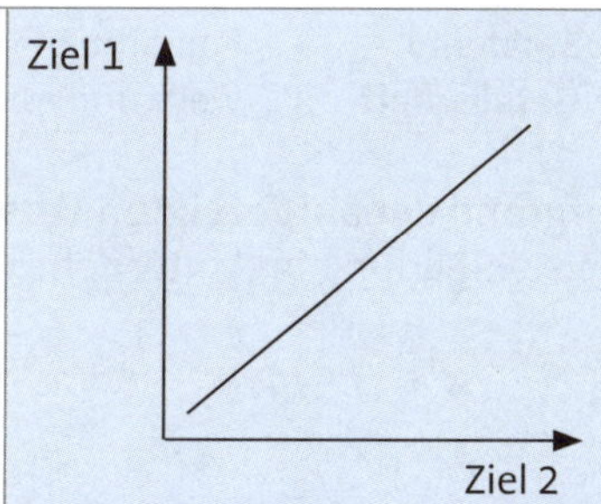
Konkurrierende Ziele	Maßnahmen zur Erreichung eines Zieles haben negative Konsequenzen für die Erreichung des Zielerreichungsgrades bei einem anderen Ziel. Wenn z. B. eine Personalkostenreduzierung angestrebt ist, können nicht gleichzeitig neue Mitarbeiter eingestellt werden.	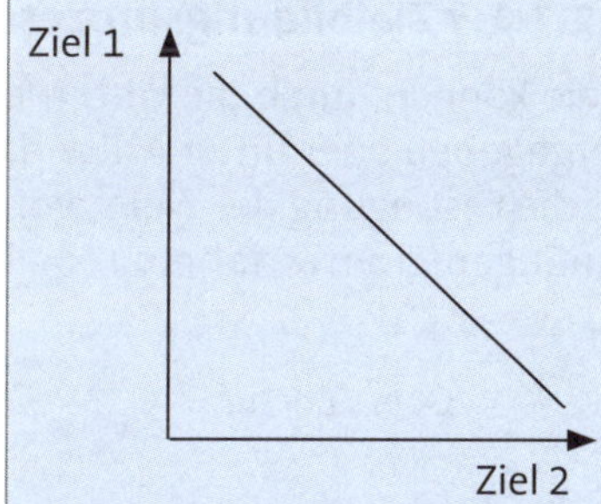
Indifferente Ziele	Die Erfüllung eines Zieles verhält sich neutral auf den Zielerreichungsgrad eines anderen Zieles, was aber praktisch von geringerer Bedeutung ist. Die Senkung der Kosten für den Fuhrpark und die Verbesserung des Werkschutzes sind z. B. völlig unabhängig voneinander.	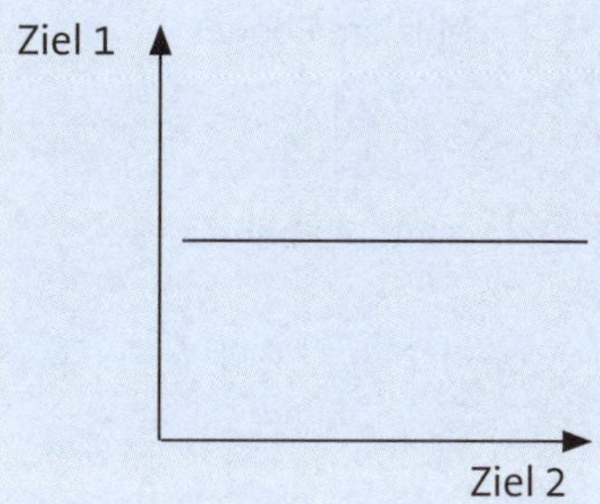

In der Praxis machen **Zielkonflikte** es erforderlich, Prioritäten zu setzen. Konfliktfreie Zielhierarchien gibt es im Wesentlichen nicht.

- Die verschiedenen **Anspruchsgruppen** des Unternehmens

Eigenkapitalgeber	Gewinn, Ausschüttung, Thesaurierung, Vermögenssicherung, Vermögensmehrung, politische und wirtschaftliche Macht
Unternehmensleitung	Wahrung der Handlungsfreiräume, Ausweitung des Verantwortungsbereiches und Betätigungsfeldes, soziales Prestige
Arbeitnehmer	Einkommen, Arbeitsplatzsicherheit, humane Arbeitsbedingungen, Weiterbildung, Mitbestimmung
Fremdkapitalgeber	Risikogerechte Renditen, Sicherung der Kredittilgung, Steigerung des Unternehmenswertes, künftige Kreditgeschäfte
Konkurrenten	Faires Wettbewerbsverhalten, Kooperationsmöglichkeiten, kein Preiskampf, keine aggressive Marktverdrängungsstrategie
Staat und Gesellschaft	Einnahmen von Steuern und Abgaben, Abbau der Arbeitslosigkeit, umwelt- und rohstoffschonende Techniken

Aufgrund der aufgezeigten Verschiedenartigkeiten von Zielen ist es verständlich, dass eine Zielbildung im Unternehmen oftmals recht schwierig ist.

Aufgabe 6 > Seite 230

2.1.1.1.3 Zielbildungsprozess

Ziele können durch die Unternehmensleitung bzw. durch die jeweiligen Vorgesetzten vorgegeben oder unter Mitwirkung der Mitarbeiter vereinbart werden. Grundsätzlich ist die Festlegung der Ziele **„von oben nach unten“** oder **„von unten nach oben“** sowie im Gegenstromverfahren möglich:

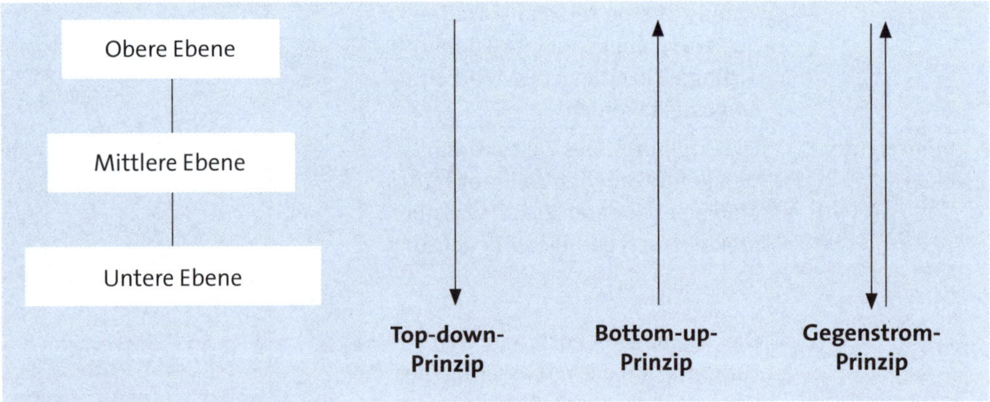

Die verschiedenen Aktivitäten innerhalb des Zielbildungsprozesses werden auf den einzelnen Führungsebenen durchgeführt, was eine **Mehrstufigkeit der Zielbildung** bewirkt. Dabei wird unter den einzelnen anwendbaren Prinzipien verstanden (*Hopfenbeck*):

- Beim **Top-down-Prinzip** erfolgt die Zielbildung retrograd, d. h. von „oben nach unten". Es geht von einer auf der oberen Führungsebene vorgenommenen Zielformulierung aus. Die Unternehmensleitung informiert die nachgelagerten Ebenen über verbindliche Zielansätze. Diese konkretisieren die Vorgaben sukzessive in Teilpläne.

Vorteile	Nachteile
► Hohe Übereinstimmung zwischen dem Oberziel des Unternehmens und den Zielen auf den verschiedenen Hierarchieebenen ► Zentralisierung der Zielsetzungskompetenz ► Nur geringe zeit- und kostenintensive Koordierungsprobleme	► Hoher Informationsbedarf ► Teilziele vertikal schwer integrierbar ► Zielformulierung nur relativ problemlos planbarer Geschehnisse ► Geringe Beteiligung nachfolgender Ebenen am Zielsetzungsprozess ► Gefahr der Demotivation nachgeordneter Hierarchieebenen

- Beim **Bottom-up-Prinzip** geschieht die Zielbildung progressiv, d. h. von „unten nach oben". Hier steht die Realisierbarkeit der untergeordneten Teilziele im Vordergrund. Die unteren Ebenen entwickeln Teilziele, die schrittweise auf jeweils übergeordneten Ebenen zu einem integrierten Rahmenplan für das Unternehmen zusammengefasst werden.

Vorteile	Nachteile
► Höhere Motivation der Beteiligten ► Hohe Identifikation mit den Zielinhalten ► Hohes Maß an vertikaler Integration der Teilziele ► Mitwirkung aller Beteiligten möglich	► Keine ganzheitliche Erfassung des Zielsetzungsproblems ► Problem der Unterdrückung von Zielen/ Maßnahmen ► Anpassung auf unterstes gemeinsames Zielniveau ► Hoher Zeitaufwand für Abstimmungsprobleme

- Das **Gegenstromverfahren** („down up") stellt eine Mischform zwischen dem Top-down-Prinzip und dem Bottom-up-Prinzip dar, wobei deren jeweilige Nachteile vermieden werden sollen. Die Unternehmensleitung legt ein vorläufig gültiges Rahmenziel vor. Aus ihm werden auf den nachfolgenden Hierarchieebenen vorläufige Teilziele abgeleitet, zunehmend konkretisiert und detailliert.

  Von der unteren Ebene erfolgt dann bis zur oberen Ebene eine Überprüfung bzw. Korrektur der Zielvorgaben. Die für alle Beteiligten verbindliche Zielsetzung wird ggf. erst nach mehreren Zyklen verabschiedet.

Vorteile	Nachteile
► Hohe Motivation durch Mitgestaltung am Zielsetzungsprozess ► Integration der Ziele jeweils untergeordneter Hierarchieebenen ► Kombination der Vorteile von Top-down-Prinzip und Bottom-up-Prinzip	► Hoher Zeitaufwand für Kommunikation und Abstimmung ► Probleme der Zuständigkeit bei unterschiedlichen Interessen der Mitarbeiter

Der Zielbildungsprozess lässt sich in verschiedene **Phasen** unterteilen:

Zielsuche	Dabei können Kreativitätstechniken helfen.
	↓
Zielabstimmung	0Es werden die Zielbeziehungen festgelegt.
	↓
Zielentscheidung	Das Top Management bestimmt die anzustrebenden Ziele.
	↓
Zielformulierung	Die Ziele werden operationalisert und festgehalten.
	↓
Zieldurchsetzung	Sie geht von der Unternehmensleitung aus.
	↓
Zielkontrolle	Die realisierten und geplanten Ziele werden miteinander verglichen.

2.1.1.2 Planung

Die Planung stellt eine Kernfunktion des Führungsprozesses dar, die alle Funktionsbereiche zu umfassen hat. Als **Führungsmittel** wird sie eingesetzt, um die Erreichung der gesetzten Ziele zu bewirken. Sie dient insbesondere dazu, den Prozess der Leistungserstellung und Leistungsverwertung wirtschaftlich zu gestalten.

Die in den letzten Jahren deutlich gestiegene Komplexität und Dynamik sowohl der Unternehmen als auch ihrer Umwelt haben zu einer erheblichen Erschwerung der Planung beigetragen (*Ehrmann*). **Grundlagen** der Planung sind:

- die **Ziele** des Unternehmens, die realisiert werden sollen
- **Informationen** (vergangenheits-, gegenwarts-, zukunftsbezogen)
- **Prognosen** als Aussagen über wahrscheinliche zukünftige Entwicklungen, Ereignisse, Tatbestände, Zustände und Verhaltensweisen mithilfe von Prognosetechniken. Sie sind notwendig, da das Grundproblem der Planung in der Ungewissheit zu sehen ist, d. h. in der mangelnden Vorausbestimmbarkeit bzw. Vorhersehbarkeit künftiger Gegebenheiten.

Die Planung bewirkt eine Vielzahl **positiver Effekte**, z. B.:

- die Erkennung und Strukturierung betrieblicher Problemfelder
- die Notwendigkeit zu wirtschaftlichem Handeln
- ganzheitliche Sichtweise im Sinne einer Integration aller Teilprozesse
- die Identifikation der Arbeitnehmer mit dem Unternehmen
- die Möglichkeit schneller Reaktion auf neue Situationen.

Es ist aber auch möglich, dass die Planung zu **Problemen** führt. Das kann bei nicht realisierbaren Zielen bzw. Prämissen, der Verwendung falscher Planansätze sowie der Planung von an sich quantitativ „Nicht-Planbarem" geschehen.

Das Ergebnis der Planung sind **Pläne**, welche die gegenwärtige gedankliche Vorwegnahme wirtschaftlichen Handelns in der Zukunft dokumentieren. Es gibt:

- **Arten**
- **Planungsgrundsätze**
- **Planungsprinzipien**
- **Planungsprozess**.

2.1.1.2.1 Arten

Die durch die Planung bewirkten Pläne sind vielfältiger Art. Dazu zählen:

- Nach dem unterschiedlichen **Zeitbezug** der Pläne

Langfristige Pläne	Sie orientieren sich an einem Zeitraum von **mehr als vier bzw. fünf Jahren** und sind relativ global bzw. wenig detailliert, da sie zumeist mit erheblicher Ungewissheit verbunden sind. Vielfach sind sie **strategische Pläne**, für deren Festlegung die obere Führungsebene als zentrale Planungsautorität verantwortlich ist.
Mittelfristige Pläne	Sie umfassen einen Zeitraum, der zwischen **mehr als einem und vier bzw. fünf Jahren** liegt. Aufgrund der geringeren Ungewissheit können diese Pläne feiner und detaillierter als langfristige Pläne sein. Sie entsprechen als das Bindeglied zwischen den strategischen und operativen Plänen den **taktischen Plänen**. Ihre Erstellung geschieht auf der mittleren Führungsebene.
Kurzfristige Pläne	Sie sind auf den Zeitraum **bis zu einem Jahr** ausgelegt und lassen sich relativ detailliert bzw. präzise darstellen. Als **operative Pläne** stellen sie i. d. R. Ziel- und Maßnahmenpläne dar, mit welchen die Vorgaben der taktischen Pläne von der unteren und vereinzelt auch der mittleren Führungsebene umgesetzt werden.

- Nach dem unterschiedlichen **Umfang** der Pläne

Teilpläne	Sie sind insbesondere auf die einzelnen Funktionsbereiche des Unternehmens ausgerichtet, z. B. als Materialpläne, Fertigungspläne, Absatzpläne, Personalpläne, Finanzpläne.
Gesamtpläne	Sie integrieren alle Bereiche des Unternehmens, wobei eine gegenseitige, sach- und zeitbezogene Abstimmung sämtlicher Pläne erfolgen sollte. Ihre **Erstellung** kann sich vollziehen: ► Bei **sukzessiver Planung** wird zunächst von einem Teilplan ausgegangen, i. d. R. vom **Absatzplan**, aus dem die Zahl voraussichtlich am Markt verwertbarer Produkte zu entnehmen ist. Im nächsten Schritt werden alle weiteren Teilpläne daraus entwickelt. Sie richten sich am Absatzplan aus, sofern keine anderweitige Engpasssituation vorliegt. Für den Fall eines **Engpasses**, z. B. im finanz- oder fertigungswirtschaftlichen Bereich, ist vom Plan des Engpassbereiches auszugehen. ► Bei **simultaner Planung** wird der gesamte betriebliche Planungsprozess in Form eines Gleichungssystems dargestellt und unter Beachtung von Nebenbedingungen optimiert.

- Nach der **Verbindlichkeit** der Pläne

Pläne mit Prognosecharakter	Sie sollen über zukünftige Entwicklungen informieren, die sich voraussichtlich ergeben werden, z. B. eine weitere Verschärfung von Umweltauflagen durch den Gesetzgeber.
Pläne mit Vorgabecharakter	Sie sind durch die Entscheidungsträger zu beachten, z. B. dürfen vorgegebene Ausgaben nicht über- bzw. vorgegebene Einnahmen nicht unterschritten werden.

- Nach der **Sicherheit** der Pläne

Pläne unter Sicherheit	Da vollkommene Information und Voraussicht vorliegt, besteht nur eine Alternative, was praktisch jedoch unrealistisch ist.
Pläne unter Unsicherheit	Es gibt Alternativen, deren Eintrittswahrscheinlichkeiten aber weder bekannt noch objektiv ermittelbar sind.

Pläne sind schriftlich festzuhalten bzw. zu dokumentieren, damit im Zuge eines Soll-Ist-Vergleiches eine Planrevision erfolgen kann.

Die Begriffe „taktisch" und „operativ" werden vielfach nicht einheitlich verwendet. So kann unter taktischer Planung die oben als operative Planung beschriebene Planung verstanden werden und umgekehrt.

Aufgabe 7 > Seite 230

2.1.1.2.2 Planungsgrundsätze

Da die Planung in vielfältiger Weise erfolgen kann, müssen Regelungen geschaffen werden, die den betrieblichen Interessen entsprechen. Häufig werden sie als Grundsätze der Planung dargestellt (*Ehrmann*). Zu ihnen zählen vor allem:

- Der **Grundsatz der Vollständigkeit**, der sich auf die Planungsbreite bezieht. Danach sollen möglichst alle wichtigen unternehmensinternen und unternehmensexternen Gegebenheiten in der Planung berücksichtigt werden.
- Der **Grundsatz der Hierarchie**, nach dem eine Planung gefordert wird, die sich auf sämtliche Führungsebenen bezieht, also Top Management, Middle Management und Lower Management.
- Der **Grundsatz der Genauigkeit**, mit dem eine dem jeweiligen Planungszweck gerecht werdende Genauigkeit der Planung erzielt werden soll. Es ist nicht grundsätzlich eine größtmögliche Genauigkeit anzustreben.
- Der **Grundsatz der Elastizität**, der eine Planung verlangt, die flexibel ist und sich Veränderungen (Unternehmen, Umwelt) anpassen kann, z. B. durch:
  - Berücksichtigung von Planungsreserven
  - Entwicklung von Alternativenplänen
  - laufende Durchführung von Soll-Ist-Vergleichen
  - Verzögerung endgültiger Entscheidungen auf spätestmögliche Termine.
- Der **Grundsatz der Verbindlichkeit**, der eine Planung verlangt, die Aktivitäten zuordnet, Abläufe festschreibt und deren Vorgaben für die Mitarbeiter verpflichtend sind, sie aber auch zur Zielerreichung motiviert.
- Der **Grundsatz der Wirtschaftlichkeit**, der auf ein angemessenes Verhältnis zwischen Planungsertrag und Planungsaufwand abstellt. Er steht, wie leicht zu erkennen ist, dabei allen übrigen Grundsätzen entgegen.

2.1.1.2.3 Planungsprinzipien

Die verschiedenen Aktivitäten innerhalb des Planungsprozesses werden arbeitsteilig auf den einzelnen Führungsebenen durchgeführt, was eine **Mehrstufigkeit der Planung** bewirkt. Wie bereits bei der Zielsetzung beschrieben, kann auch die Planung nach verschiedenen Prinzipien erfolgen:

- **Top-down-Prinzip**
- **Bottom-up-Prinzip**
- **Gegenstromverfahren**.

Die dortigen Ausführungen gelten für die Planung entsprechend.

2.1.1.2.4 Planungsprozess

Die Planung erfolgt in einem bestimmten **prozessualen Ablauf**. Sie sollte sich auf alle Aktivitäten, Funktionsbereiche und alle hierarchischen Ebenen des Unternehmens beziehen, wobei die jeweils zweckgerichtet geeigneten Pläne zu verwenden sind, z. B. strategische, taktische, operative Pläne.

Der prozessuale Ablauf der Planung umfasst mehrere **Phasen** (*Olfert*):

Anregungsphase → Suchphase → Entscheidungsphase

- Die **Anregungsphase**, in der Informationen zu beschaffen, das Problem zu bestimmen und seine Klärung mittels einer Ursachenanalyse vorzunehmen ist:
  - Erkennung des Problems
  - Analyse der Ausgangssituation
  - Ermittlung/Beachtung der Unternehmensziele
  - Festlegung/Präzisierung der Entscheidungsaufgabe.
- Die **Suchphase**, die zur Vorbereitung der Entscheidung dient und z. B. aus folgenden Maßnahmen besteht:
  - Festlegung der Entscheidungskriterien
  - Suche/inhaltliche Präzisierung alternativer Lösungsansätze
  - Ermittlung der Auswirkungen alternativer Lösungen
  - Bewertung der Auswirkungen alternativer Lösungen.
- Die **Entscheidungsphase**, in welche die Erkenntnisse der Suchphase einfließen. Sie bildet den Abschluss des Planungsprozesses als:
  - Bewertung der Lösungsansätze anhand von Kriterien
  - Aufstellung einer Prioritätenskala der Lösungsansätze
  - Auswahl des Lösungsansatzes mit dem höchsten Zielerreichungsgrad.

Der Planung schließen sich die Durchführung, Kontrolle und Steuerung an.

2.1.1.3 Durchführung

In der Durchführungsphase werden die geplanten Maßnahmen realisiert. Dabei gilt es, verschiedene Aspekte zu berücksichtigen:

- **Realisierungsebenen**
- **Realisierungsfunktionen**
- **Realisierungsstörungen**.

2.1.1.3.1 Realisierungsebenen

Die Realisierung der Planung vollzieht sich auf allen Ebenen des Unternehmens:

- Das **Top Management** legt die langfristigen Unternehmensziele fest und setzt sie in bereichsübergreifende und bereichsspezifische Strategien um.
- Dem **Middle Management** und dem **Lower Management** obliegt es dafür zu sorgen, dass die von der oberen Führungsebene vorgegebenen Ziele und Pläne in konkrete betriebliche Maßnahmen übergeleitet werden.
- Die **Ausführungsebene**, die keine Leitungsfunktion besitzt, hat die Pläne auszuführen. Dabei sind z. B. als Aufgaben zu erledigen:

Materialbereich	► Angebote einholen ► Warenproben entnehmen	► Warenannahme durchführen ► Waren einlagern
Marketingbereich	► Kunden gewinnen ► Kundenaufträge bearbeiten	► Werbung durchführen ► Marktstudien erstellen
Finanzbereich	► Zahlungsmittel-Eingänge sicherstellen ► Zahlungsausgänge bearbeiten	► Investitionsrechnungen durchführen ► Finanzplan erstellen

2.1.1.3.2 Realisierungsfunktionen

Führungskräfte aller Hierarchieebenen können verschiedene Funktionen wahrnehmen, um die ihrer Tätigkeit zu Grunde liegenden Pläne zu realisieren. Dies können sach- und personenbezogene **Maßnahmen** sein:

- die **Steuerung**, um zielorientiertes Verhalten der Mitarbeiter zu erreichen, z. B. indem Kritik, Tadel, Lob, Anerkennung ausgesprochen wird
- die **Information** der Mitarbeiter, die Voraussetzung für den von den Führungskräften angestrebten Führungserfolg ist
- die **Kommunikation**, die innerhalb der Führungskräfte und Mitarbeiter sowie zwischen den Führungs- und Ausführungsebenen geschehen sollte
- die **Beurteilung** der Mitarbeiter, die dadurch „Feed-back“ über ihre Leistung erhalten und somit wissen, wo sie leistungsmäßig stehen
- die **Innovation**, die z. B. durch den Einsatz von Qualitätszirkeln, die Einrichtung eines betrieblichen Vorschlagswesens oder die funktionsübergreifende Zusammenarbeit von Gruppen gefördert werden kann
- die **Motivation** der Mitarbeiter, die über monetäre und nicht-monetäre Anreize beeinflusst werden kann, z. B. mehr Lohn, anspruchsvollere Aufgaben
- die **Kooperation** mit den Mitarbeitern, die einen kooperativen Führungsstil voraussetzt.

2.1.1.3.3 Realisierungsstörungen

In den einzelnen betrieblichen Bereichen und Führungsebenen kann es zu Störungen bei der Durchführung der Arbeitsaufgaben kommen:

- **Bereichsbezogene Störungen** sind z. B.:

Fertigungsbereich	► Ausfall von Produktionsanlagen ► Minderwertige Rohstoffe ► Organisatorische Probleme	► Lieferverzögerungen ► Produktionsausfall wegen ungeplanter Reparaturarbeiten
Marketingbereich	► Fehlgeschlagene Werbemaßnahmen ► Umsatzrückgang	► Falsche Markteinschätzung ► Ausfall der EDV im Call Center
Personalbereich	► Überforderte Mitarbeiter ► Fehlzeiten von Mitarbeitern	► Fluktuation von Mitarbeitern ► Mobbing

- **Führungsbezogene Störungen** können z. B. sein:

Top Management	► Beeinträchtigung des Gewinnmaximierungszieles durch Erhöhung der Materialkosten ohne Preisanhebung
Middle Management	► Negative Auswirkung von Absatzstagnation ohne stärkere Werbeanstrengungen auf eine geplante Umsatzerhöhung
Lower Management	► Erhöhte Fluktuation von qualifizierten Mitarbeitern durch Mobbing ggf. mit Produktionsausfällen als Folge

Die Führungskräfte müssen Realisierungsstörungen möglichst **frühzeitig erkennen** und geeignete sachbezogene und/oder personenbezogene **Maßnahmen einleiten**, die zur Erfüllung der Planvorgaben geeignet sind.

2.1.1.4 Kontrolle

Die Kontrolle ist ein Vorgang der personen-, sach- und zeitbezogenen Gewinnung von Informationen, der sich der Aus- bzw. Durchführung anschließt. Es gibt:

- **Arten**
- **Kontrollprozess**.

2.1.1.4.1 Arten

Die Kontrolle kann auf mehrere Arten erfolgen. Für die Führung bedeutsam sind:

- Nach dem **Objekt** der Kontrolle

Ergebnis-kontrolle	Bei ihr wird geprüft, ob bzw. in welchem Umfang ein geplantes Ergebnis eingetreten ist, ohne dass festgestellt wird, wie dies erreicht wurde.
Verfahrens-kontrolle	Sie bezieht sich auf den Vergleich des geplanten Arbeitsverfahrens mit dem tatsächlich angewendeten Arbeitsverfahren sowie auf das Arbeitsverhalten der Mitarbeiter.

- Nach dem **Träger** der Kontrolle

Selbst-kontrolle	Hier nimmt der für die Ausführung der Tätigkeit verantwortliche Mitarbeiter auch die Kontrolle vor. Das setzt entsprechendes Verantwortungsbewusstsein des Mitarbeiters voraus.
Fremd-kontrolle	Die Kontrolle wird durch nicht an der Ausführung der Tätigkeit beteiligte Mitarbeiter oder Einrichtungen vorgenommen. Sie vermeidet Selbsttäuschungen und dient der Objektivierung.

- Nach dem **Umfang** der Kontrolle

Gesamt-kontrolle	Dabei werden alle geplanten Tätigkeiten bestimmter Art kontrolliert, z. B. indem alle hergestellten Teile auf ihre Qualität hin überprüft werden.
Stichproben-kontrolle	Sie bezieht sich lediglich auf bestimmte, meist zufällig ausgewählte Teile der geplanten Tätigkeiten, z. B. jedes 50. gefertigte Teil.

Die Kontrolle kann auch strategisch, taktisch oder operativ sein – siehe Kapitel B.

2.1.1.4.2 Kontrollprozess

Die Durchführung der Kontrolle geschieht in zwei **Phasen**:

Überwachung	Sie ist eher vergangenheitsbezogen, indem sie Daten erfasst, diese mit Ziel- bzw. Plandaten vergleicht und die Differenzen ermittelt. Dadurch wird deutlich gemacht, inwieweit die vorgegebenen Daten erreicht wurden.

↓

Untersuchung	Sie ist vergangenheits- bis zukunftsbezogen, wobei sie aufgetretene Soll-Ist-Abweichungen analysiert, um die Ursachen für die Abweichungen zu ermitteln. Ihre Ergebnisse können eine Ziel- bzw. Plankorrektur bewirken und/oder Steuerungsmaßnahmen auslösen.

Damit ist zu erkennen, dass die Kontrolle nicht nur eine Feststellungs- und Vergleichsfunktion, sondern auch eine Aufdeckungs- und Erklärungsfunktion hat. Sie vermittelt zudem Informationen, die für die Zukunft nützlich bzw. bedeutsam sind.

2.1.1.5 Steuerung

Die Steuerung dient der Erreichung betrieblicher Ziele oder Pläne. Sie wird wirksam, wenn deren Vorgaben nicht realisiert wurden bzw. erkennbar wird, dass sie keine Realisierung erfahren werden. Entsprechend lassen sich unterscheiden:

- Die **Vorsteuerung**, die inputbezogen und zukunftsorientiert ist. Sie erfolgt bereits vor dem eigentlichen Eintritt der Störung.

  Beispiel

  Ein Projekt ist am 31.12. abzuschließen. Da die voraussichtlich anfallenden Fehlzeiten, die eine Grundlage für die Mitarbeiterausstattung des Projektes waren, in diesem Winter aber deutlich höher liegen als in den vergangenen Jahren, werden ab 01.10. zwei weitere Mitarbeiter für den fristgerechten Abschluss des Projektes freigestellt.

- Die **Nachsteuerung**, die outputbezogen und vergangenheitsorientiert ist. Sie basiert darauf, dass Planwerte als Sollwerte und tatsächlich eingetretene Werte als Istwerte voneinander abweichen.

  Beispiel

  Am 31.12. wird festgestellt, dass das Projekt trotz aller Anstrengungen der Mitarbeiter doch nicht abgeschlossen werden kann. Erst jetzt werden Mitarbeiter zur Verstärkung abgestellt und ggf. bestimmte Aufgaben an Dritte übertragen, z. B. an freie Mitarbeiter, um wenigstens bis zum 31.03. abschließen zu können.

Wie zu erkennen ist, sollte eine **Vorsteuerung angestrebt** werden, wo immer sich dies als möglich erweist.

2.1.2 Führungsinstrumente

Die sachbezogene Führung erfolgt mithilfe von Führungsinstrumenten, wie sie bereits auch auf Seite 18 im Schaubild systematisch dargestellt wurden:

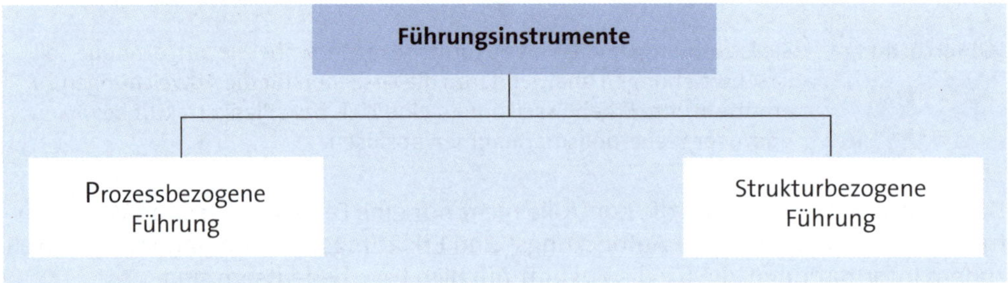

2.1.2.1 Prozessbezogene Führung

Bei der prozessbezogenen Führung steht die **Planung** im Mittelpunkt – siehe ausführlich Kapitel B. Nur durch ihr Vorhandensein können die möglichen Auswirkungen unternehmerischer Tätigkeiten überschaubar und ihr zukünftiger Erfolg soweit als möglich kenntlich gemacht werden.

Die Planung wird dabei umso wichtiger, je komplexer das Umfeld der Unternehmen wird und je mehr sich eine Abstimmung der Funktionsbereiche aufgrund der gestiegenen Aufgabenkomplexität als notwendig erweist. Planungsbezogene **Aufgaben** der prozessbezogenen Führung sind:

- Die **Grundsatzplanung**, die zu den Aufgaben des Top Management zählt. Mit ihrer Hilfe soll z. B. eine Unternehmensidentität geschaffen werden, was nur langfristig geschehen kann. Die Grundsatzplanung bezieht sich auf:
  - Unternehmensphilosophie
  - Corporate Identity
  - Unternehmenskultur
  - Unternehmensethik.
- Die **strategische Planung**, die ebenfalls vom Top Management vorgenommen wird und einen Zeitraum von mehr als vier oder fünf Jahren umfasst. Sie hat eine hohe Bedeutung für den zukünftigen Markterfolg. Bei ihr geht es um:
  - strategische Planungskonzepte
  - strategische Analysen
  - Strategien
  - Portfoliotechniken.
- Die **taktische Planung**, die dem Middle Management obliegt und aus der strategischen Planung abgeleitet wird.
- Die **operative Planung**, mit der die Inhalte der strategischen und taktischen Pläne grundsätzlich durch das Lower Management konkretisiert werden.

Die strategische, taktische und operative Planung wird im Rahmen der prozessbezogenen Führung notwendigerweise durch die strategische, taktische und operative **Kontrolle** ergänzt.

2.1.2.2 Strukturbezogene Führung

Die strukturbezogene Führung bezieht sich auf die Strukturierung der **Organisation** des Unternehmens, die als dauerhaft gültiges Ordnen bzw. Strukturieren eines zielorientierten soziotechnischen Systems verstanden wird. Sie kann als **Tätigkeit** des organisatorischen Gestaltens gesehen werden oder aber als **Zustand** der Organisation im Sinne einer dauerhaft gültigen Ordnung bzw. Struktur.

Von der Organisation abzugrenzen sind im Unternehmen:

- Die **Improvisation** als vorläufig gültiges Ordnen bzw. Strukturieren zielorientierter soziotechnischer Systeme. Sie strebt fallweise und provisorische Regelungen an. Ihre **Gründe** können sein:
  - fehlende Erkenntnisse oder Erfahrungen
  - zeitliche Engpässe, z. B. hoher Zeitdruck des Organisierens
  - sachliche Engpässe, z. B. fehlende Sachmittel für organisatorische Regelungen.
- Die **Disposition**, die sich auf das einmalig gültige Ordnen bzw. Strukturieren zielorientierter soziotechnischer Systeme bezieht. Sie ist möglich:
  - innerhalb organisatorischer Regelungen
  - bei fehlenden organisatorischen Regelungen
  - wenn eine Organisation nicht erfolgen kann bzw. soll.

Zwischen Organisation und Disposition als Extremausprägungen des Ordnens bzw. Strukturierens besteht ein **Spannungsverhältnis**. Denn mit zunehmendem Organisationsgrad steigt die Stabilität soziotechnischer Systeme, wobei sich gleichzeitig die Elastizität in Bezug auf Änderungsprozesse verringert. Deshalb sollte im Unternehmen ein ausgewogenes Verhältnis zwischen Organisation, Improvisation und Disposition angestrebt werden.

Die strukturbezogene Führung umfasst folgende **Aufgaben** – siehe ausführlich Kapitel C.:

- Die **Aufbaustrukturierung**, mit der die Aufbauorganisation des Unternehmens gestaltet wird. Sie enthält:

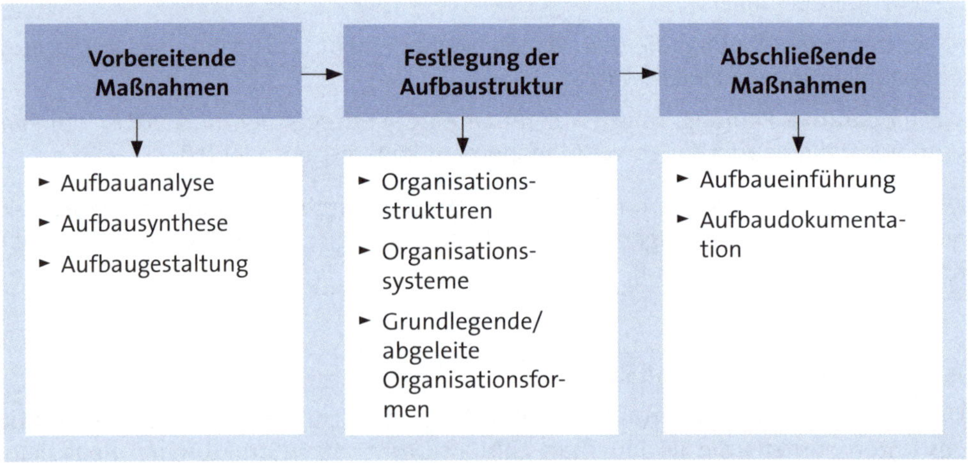

- Die **Prozessstrukturierung**, die dazu dient, die Prozessorganisation des Unternehmens zu gestalten. Sie besteht aus:

- Die **Projektstrukturierung**, die sich auf Projekte als einmalige und zeitlich begrenzte Vorhaben des Unternehmens bezieht. Sie umfasst:

Des Weiteren erfolgt im Rahmen der strukturbezogenen Führung die Entwicklung des Unternehmens. Hiermit befasst sich die **Organisationsentwicklung**, die einen längerfristigen Prozess der Unternehmen und der in ihnen tätigen Menschen im Rahmen des geplanten Wandels darstellt (*French/Bell, Thom, Olfert*).

In ihrem Rahmen wurde eine Vielzahl von **Konzepten** entwickelt, zu denen zählen – siehe ebenfalls Kapitel C.:

Wertschöpfende Konzepte	► Outsourcing	► Insourcing
Lean-Konzepte	► Lean-Aufbaukonzept ► TQM-Management	► Just-in-time-Konzept
Team-konzepte	► Teamarbeit ► Qualitätszirkel	► Teilautonome Arbeitsteams
Kooperative Konzepte	► Strategische Allianzen	► Joint Ventures

2.2 Personenbezogene Führung

Die personenbezogene Führung erfolgt im Rahmen der **Personalführung**. Mit ihr werden die Ziele und grundlegenden Strategien bzw. Entscheidungen des Unternehmens auf den einzelnen hierarchischen Ebenen durch Vorgesetzte personenbezogen umgesetzt. Im Kapitel D. werden ausführlich behandelt:

- **Führungsbeteiligte**
- **Führungsinstrumente**
- **Führungserfolg**.

2.2.1 Führungsbeteiligte

Als Beteiligte am personenbezogenen Führungsprozess sind zu unterscheiden:

- **Vorgesetzte** als Führungskräfte, die im Rahmen der institutionalen Unternehmensführung tätig werden. Im Hinblick auf sie wird grundsätzlich eingegangen auf:
  - Merkmale von Vorgesetzten
  - Typen von Vorgesetzten.
- **Mitarbeiter**, denen die Vorgesetzten entsprechende Aufgaben übertragen. Dabei kann es sich um einzelne Mitarbeiter oder um Gruppenmitglieder handeln. Wie schon bei den Führungskräften sind auszuführen:
  - Merkmale von Mitarbeitern
  - Typen von Mitarbeitern.

2.2.2 Führungsinstrumente

Vorgesetzte setzen personenbezogene Führungsinstrumente ein, um den angestrebten Führungserfolg herbeizuführen. Zu unterscheiden sind:

- **Führungsmittel**, die von Führungskräften unmittelbar genutzt werden, also offen legen, *womit* geführt wird, z. B.:
  - Ziele
  - Pläne
  - Kontrolle
  - Information
  - Kommunikation
  - Kooperation
  - Delegation
  - Partizipation
  - Kritik
  - Status
  - Personalbeurteilung
  - Personalentlohnung
  - Personalentwicklung.
- **Führungstechniken**, die Aufschluss darüber geben, *wie* geführt wird, also grundsätzliche Verhaltens- und Verfahrensweisen beschreiben, die bei der Bewältigung der Führungsaufgaben anwendbar sind, z. B.:
  - Management by Objectives
  - Management by Delegation
  - Management by Exception.
- **Führungsstile**, welche die Art und Weise als Verhaltensmuster darstellen, in der Vorgesetzte die ihnen unterstellten Mitarbeiter führen, z. B.:
  - autoritärer Führungsstil
  - kooperativer Führungsstil.

Wichtig ist, dass die Führungsinstrumente im Rahmen der Personalführung aufeinander abgestimmt sind.

2.2.3 Führungserfolg

Der Führungserfolg ist das Ergebnis, das Führungskräfte in Erfüllung ihrer Führungsaufgabe erzielen. Er soll positiv, kann aber auch negativ sein.

Hinweise auf die Effizienz der Führung von Führungskräften können die jeweiligen Ausprägungen folgender Tatbestände sein:

- Arbeitszufriedenheit
- Betriebsklima
- Konflikte
- Mobbing
- Fehlzeiten
- Fluktuation
- innere Kündigung.

Hieraus kann sich die Zufriedenheit der Mitarbeiter im Hinblick auf die Führung durch ihre Vorgesetzten erkennen lassen.

3. Ausrichtungen der Unternehmensführung

In den letzten Jahren hat sich der Wandlungsprozess in den Unternehmen wie auch in der Umwelt erheblich beschleunigt. Die Unternehmen haben hierauf mit neuen Führungskonzepten reagiert. Im Wesentlichen sind diesbezüglich drei Ausrichtungen zu unterscheiden:

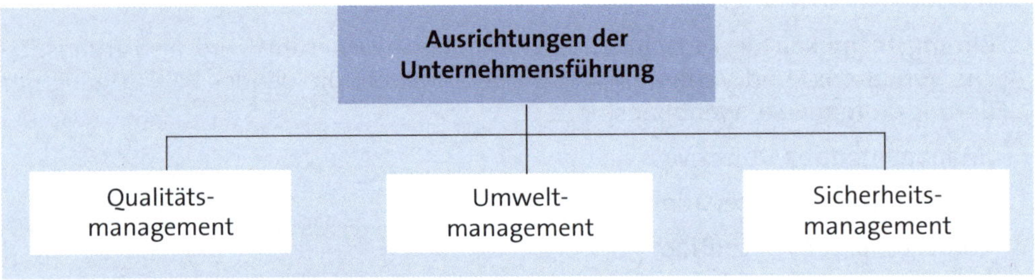

3.1 Qualitätsmanagement

Die **Qualität** ist im engeren Sinne die Güte eines Produktes. Nach der *Deutschen Gesellschaft für Qualität (DGQ)* stellt sie die Beschaffenheit dar, die eine Ware oder Dienstleistung zur Erfüllung vorgegebener Forderungen geeignet erscheinen lassen.

Im weiteren Sinne kann die Qualität auch als Summe aller Aktivitäten angesehen werden, die innerhalb eines Unternehmens sowie seiner Beziehungen zu Marktpartnern, z. B. Lieferanten und Kunden, darauf abzielen, den an das Unternehmen gestellten Erwartungen gerecht zu werden – siehe ausführlich *Carl/Kiesel, Hopfenbeck, Macharzina/Wolf, Oeldorf/Olfert*.

Als Qualitätsmanagement werden diejenigen Aktivitäten bezeichnet, die darauf abzielen, Arbeitsabläufe und Geschäftsprozesse zu optimieren. Es kann auf Produkte bzw. Dienstleistungen ausgerichtet sein und eine Erhöhung der Kundenzufriedenheit bewirken. Seine **Entwicklungsstufen** sind:

Klassische Qualitätskontrolle	► Bis in die 1960er-Jahre vorherrschend ► Durchführung einer strengen Endkontrolle der Beschaffenheit eines Erzeugnisses bzw. einer Dienstleistung ► Stark produktorientierte Qualitätsaktivitäten
Umfassende Qualitätssicherung	► In den 1960er- und 1970er-Jahren vorherrschend ► Integration der klassischen Qualitätskontrolle mit dem Entwicklungs- und Fertigungsprozess ► Erreichung einer Qualitätsverbesserung durch Einsatz von vorbeugenden Maßnahmen ► Beginnende Prozessorientierung ► Qualitätssicherung vor allem in technischen Bereichen ► Qualitätssicherung durch Spezialisten
Integriertes Qualitätsmanagement	► Ab den 1980er-Jahren vorherrschend ► Qualitätsmanagement als Teil der strategischen Unternehmensführung ► Einbeziehen aller Mitarbeiter und Förderung ihrer Motivation ► Ausrichtung auf alle Geschäftsprozesse über den gesamten Produktzyklus ► Konsequente Ausrichtung an den Kundenbedürfnissen

Die Produktqualität steht heute im Zuge des wachsenden Wettbewerbsdruckes im Mittelpunkt der Kaufentscheidung der Kunden. Sie ist in ihrer Bedeutung insgesamt sogar höher als der Kaufpreis einzustufen. Umfragen zu den Kundenbedürfnissen zeigen, dass die Qualität von Produkten für den immer anspruchsvoller werdenden Verbraucher künftig das bedeutendste Kaufargument darstellen wird.

Durch qualitätsbezogene Aktivitäten besteht für ein Unternehmen die Chance, **Wettbewerbsvorteile** zu erzielen. Es können unterschieden werden:

- **Extern wirksame Wettbewerbsvorteile**, die aus vertrauensbildenden Aktivitäten zwischen Lieferanten und Kunden resultieren. Damit lassen sich langfristige Beziehungen aufbauen.
- **Intern wirksame Wettbewerbsvorteile**, die eine Kostenreduzierung durch Vermeidung von Verschwendung im Unternehmen ermöglichen.

Aufgabe 9 > Seite 231

Es ist darauf zu achten, dass die qualitätsorientierten Anstrengungen eines Unternehmens nicht einen einmaligen Vorgang darstellen, der mit der Erfüllung bestimmter Qualitätsvorstellungen abgeschlossen wird. Sie sollten einen **kontinuierlichen Verbesserungsprozess (KVP)** innerhalb des Unternehmens bewirken.

Im Rahmen des Qualitätsmanagements sind zu unterscheiden:

- Das **Total Quality Management (TQM)**, das die ganzheitliche und umfassende Betrachtung der Qualität in einem Unternehmen ist. Es stellt einen strategischen Führungsansatz dar, der langfristig alle Unternehmensaktivitäten am Qualitätsziel ausrichtet – siehe ausführlich Kapitel C. Seine **Instrumente** sind:
  - **Qualitätszirkel**, die dazu dienen, Mitglieder eines Arbeitsteams zu mehr Kreativität und Innovation zu motivieren – siehe Kapitel C.
  - **Qualitätsaudits**, die das Ergebnis unabhängiger systematischer Analysen sind. Es wird geprüft, inwieweit die Planvorgaben an die Qualität den tatsächlichen Gegebenheiten im Unternehmen bzw. dessen Qualitätszielen entsprechen. Insofern stellt ein Qualitätsaudit gewissermaßen eine Revision des Qualitätsmanagement-Systems dar.
- **Kaizen** als Prinzip, das aus der japanischen Fertigungstechnik stammt und nach permanenten Verbesserungen in allen Unternehmensbereichen sucht. Damit soll ein konsequentes Innovationsmanagement vor allem in Bezug auf Qualität, Kosteneinsparung und Erhöhung der Arbeitssicherheit in allen betrieblichen Prozessen betrieben werden. **Bestandteile** von Kaizen sind z. B.:
  - Kundenorientierung
  - umfassende Qualitätskontrolle
  - betriebliches Vorschlagswesen
  - Arbeitsdisziplin
  - Kanban
  - Null-Fehler-Konzept
  - Kleingruppenarbeit.

Ein umfassendes Qualitätsmanagement-System umfasst als **Elemente**:

- **Qualitätsnormen**
- **Zertifizierung**
- **Dokumentation**.

3.1.1 Qualitätsnormen

Lange Zeit fehlte eine international anerkannte Beurteilungsgrundlage für die Leistungsfähigkeit von Unternehmen. Deshalb wurden **Qualitätsnormen** von der *„Internationalen Organisation für Standardisierung" (ISO)* geschaffen, die allgemeine Anforderungen an ein Qualitätssicherungs-System definieren.

Die Normenreihe setzt sich aus vier **Einzelnormen** zusammen, die den Umfang der Prüfnorm regeln und im Wesentlichen folgende **Inhalte** haben:

ISO 9000	Qualitätsmanagementsysteme, Grundlagen und Begriffe
ISO 9001	Qualitätsmanagementsysteme, Anforderungen
ISO 9004	Qualitätsmanagementsysteme, Leitfaden zur Leistungsverbesserung
ISO 19011	Leitfaden für das Auditieren von Qualitätsmanagement- und/ oder Umweltmanagementsystemen

Das Einhalten von Qualitätsnormen trägt dazu bei, dass das Top Management die Verantwortung für die Qualitätspolitik des Unternehmens übernimmt, eine Verbesserung der Qualität bei Produkten bzw. Dienstleistungen bewirkt wird, Schwächen in der Prozessorganisation aufgezeigt werden, Fehler vermieden werden sowie der interne Informationsfluss verbessert wird.

Oftmals sind Qualitätsnormen die **Voraussetzung** für Großaufträge oder neue Geschäftsbeziehungen. Nachteilig erweist sich deren statischer Charakter, der teilweise erhebliche Zeit- und Kostenaufwand wie auch mögliche Einschränkungen des Handlungsspielraumes für die Mitarbeiter.

3.1.2 Zertifizierung

Die Erfüllung der Anforderungen einer Qualitätsnorm kann in Unternehmen durch unabhängige Zertifizierungsgesellschaften bestätigt werden. Den Unternehmen ist es damit möglich, eine bestimmte qualitative Leistungsfähigkeit mit einem Zertifikat bzw. Qualitätsaudit nachzuweisen.

Als **Gründe** für eine Zertifizierung nach der Normenreihe ISO 9000:2005 lassen sich für ein Unternehmen nennen:

- Die Notwendigkeit von **vergleichbaren Qualitätsstandards**, insbesondere wenn zahlreiche internationale Systemlieferanten durch Outsourcing in die Wertschöpfungskette einbezogen werden.
- Zunehmend verlangen Unternehmen, die über ein Qualitätszertifikat verfügen, auch von ihren Lieferanten einen solchen **freiwilligen Qualitätsnachweis**, obgleich keine Verpflichtung dazu besteht.
- Die zunehmende Verlagerung der Beweispflicht der Unbedenklichkeit im Rahmen der **Produkthaftpflicht** auf die Hersteller, die nach dem Produkthaftungsgesetz zur Lieferung fehlerfreier Produkte verpflichtet sind.
- Das Vorhandensein eines Qualitätssicherungs-Systems ist eine Chance für Unternehmen, **neue Märkte** zu erschließen und die **Wettbewerbsfähigkeit** zu verbessern.
- Bei **Großabnehmern** sowie **öffentlich ausschreibenden Organisationen** ist das Zertifikat inzwischen eine unerlässliche Voraussetzung, die von teilnehmenden Unternehmen verlangt wird.

- Die **vertrauensbildende Wirkung** auf Kunden, die damit auf eigene Überprüfungen der Qualitätsfähigkeit des Lieferanten verzichten können.

Objekte der Zertifizierung können die Analyse und ggf. Anpassung der gesamten **Aufbau- und Prozessorganisation** des Unternehmens sein, um die Qualitätsnormen zu erreichen. Dabei ist es wichtig, die Mitarbeiter aktiv einzubeziehen und sie entsprechend aus- bzw. weiterzubilden. Als **Stufen** der Zertifizierung gibt es:

Stufe 1	Selbsteinschätzung des zu zertifizierenden Unternehmens anhand eines Fragebogens, um die Zertifizierungsfähigkeit vorab zu bewerten. Alternativ ist auch ein **Voraudit** möglich. Die Zertifizierungsstelle bewertet mit einer Befragung und stichprobenweisen Sichtung der Unterlagen, ob die Voraussetzungen für das weitere Zertifizierungsverfahren gegeben sind.
↓	
Stufe 2	Durchsicht und Bewertung der Qualitätsmanagement-Unterlagen (Handbuch, Verfahrensanweisungen, Arbeitsanweisungen).
↓	
Stufe 3	Sofern die eingereichten Unterlagen den Anforderungen der Qualitätsnorm entsprechen, wird mit einem **Qualitätsaudit** die Anwendung und Wirksamkeit der in den Qualitätsmanagement-Unterlagen beschriebenen qualitätssichernden Maßnahmen beurteilt. Bei einem positiven Ergebnis wird auf die Dauer von drei Jahren das **Zertifikat** erteilt.
↓	
Stufe 4	Mit einem jährlichen **Überwachungsaudit** überzeugt sich die Zertifizierungsstelle davon, dass das Qualitätssicherungs-System praktiziert und weiterentwickelt wird. Nach drei Jahren wird mit einem **Wiederholungsaudit** das Qualitätssicherungs-System erneut überprüft und – im positiven Fall – die Gültigkeitsdauer des Zertifikats um weitere drei Jahre verlängert.

3.1.3 Dokumentation

Die Dokumentation nimmt einen hohen Stellenwert innerhalb eines Qualitätsmanagement-Systems ein. Ihre **Bestandteile** sind:

- Das **Qualitätsmanagement-Handbuch**, das den generellen Rahmen für die Dokumentation enthält. Es ist auf das Gesamtunternehmen ausgerichtet, dokumentiert die Unternehmenspolitik und gibt Hinweise auf begleitende Dokumente. Des Weiteren fungiert es innerbetrieblich als **Richtlinie**, im Einzelfall aber auch als Information für Kunden. Es umfasst:
  - Auflistung der unternehmensbezogenen **Qualitätsmanagement-Grundsätze**, welche die Grundlage für die Qualitätspolitik sind
  - Darstellung der **Aufbauorganisation** des Qualitätsmanagements, d. h. seiner jeweiligen Zuständigkeiten bzw. Verantwortlichkeiten

- Darstellung der **Prozessorganisation** des Qualitätsmanagements, z. B. der Auswahl der Lieferanten
- Regeln zur Pflege und Aktualisierung des **Qualitätsmanagement-Handbuches**.

- Die **Qualitätsmanagement-Verfahrensanweisungen**, die einzelne Teilbereiche oder Abteilungen dokumentieren, bereichsübergreifende Regelungen festlegen und den Umfang des Qualitätsaudits bestimmen. Sie haben qualitätsrelevante **Abläufe** zum Gegenstand, z. B. Arbeitsabläufe, Verantwortlichkeiten.
- Die **Qualitätsmanagement-Arbeitsanweisungen**, deren Inhalt die genaue Festlegung des Vorgehens etwa bei Fertigungs- und Prüfvorgängen ist.

Aufgabe 10 > Seite 232

3.2 Umweltmanagement

Seit einigen Jahren nehmen umweltpolitische Fragestellungen einen immer bedeutsamer werdenden Stellenwert ein, da natürliche Ressourcen nur noch in begrenztem Maße zur Verfügung stehen. Bedeutsame **Entwicklungen** sind:

- Die Unternehmen haben die Bedeutung der **Ökologie** erkannt und integrieren zunehmend umweltbezogene Ziele in ihre Unternehmensziele.
- Gleichzeitig ist auch das **Umweltbewusstsein** in der Bevölkerung im Verlaufe der letzten Jahre erheblich gestiegen.

Das Umweltmanagement befasst sich mit dem Umweltschutz. Deshalb wird es auch als **Umweltschutzmanagement** bezeichnet. Es kann institutionell oder als Tätigkeit gesehen werden. Seine Aufgabe besteht darin, das Prinzip der Umweltschonung bei allen betrieblichen Prozessen und Aktivitäten soweit wie möglich zu verwirklichen – siehe ausführlich *Oeldorf/Olfert*.

Konsequenzen des Umweltmanagements für die Unternehmen können sein:

- Berücksichtigung sicherheitsbezogener Anforderungen
- Schaffung umweltorientierter Organisationskonzepte
- Gewährleistung langfristiger Wettbewerbsfähigkeit von Unternehmen
- Neuausrichtung der bisherigen Produktpolitik.

Die **Öko-Audit-Verordnung**, die strukturell mit den Normentwürfen zum Qualitätsmanagement vergleichbar ist, stellt die Grundlage des Umweltmanagements dar. Ihr Ziel ist, einen integrierten Umweltschutz im Unternehmen einzuführen. Im Rahmen des Umweltmanagements sind zu unterscheiden:

- **Umweltschutzverhalten**
- **Umweltschutzinstitutionen**.

3.2.1 Umweltschutzverhalten

Die Umsetzung des Umweltschutzes im Unternehmen hängt vor allem von der Einstellung der Unternehmensleitung und der Mitarbeiter zum Umweltschutz ab. Grundlegende **Verhaltensweisen** des Managements können sein:

- **passives Umweltschutzverhalten**, bei dem die Verantwortlichen defensiv agieren, weil die grundsätzliche Bereitschaft zur Förderung des Umweltschutzes nicht gegeben ist
- **angepasstes Umweltschutzverhalten**, bei dem sich die Unternehmen den gegebenen und als solche akzeptierten umweltrechtlichen Vorschriften in notwendig erscheinendem Umfang anpassen
- **gestaltendes Umweltschutzverhalten**, bei dem die Verantwortlichen den Umweltschutz aktiv als Ziel des Unternehmens aufnehmen und anstreben, die Umweltschutzanforderungen des Marktes und des Staates möglichst früh und umfassend in die betrieblichen Prozesse zu integrieren.

Umweltschutzmaßnahmen können in allen betrieblichen Bereichen ergriffen werden, insbesondere im Zusammenwirken mit dem technischen Umweltschutz. Sie können sich z. B. beziehen auf:

Entwicklungsbereich	Produktmerkmale	langlebig, reparatur-/wartungsfreundlich, recycelbar
	Produktbestandteile	nicht toxisch, neben-/spätwirkungsfrei
	Produktverwendung	risikofrei, abfallarm, emissionsarm
	Produktentsorgung	abbaubar, entsorgungssicher, wiederverwendbar
Produktionsbereich	Ressourcen	energie-/rohstoffsparend (Wasser, Luft, Stoffe)
	Emissionen	emissionsarm (Wasser, Boden, Luft, Lärm)
	Rückstände	abfallarm, recycelbar, abbaubar
	Risiken	risikoarm (Gesundheit, Umwelt), sicher
Marketingbereich	Produktpolitik	umweltfreundliche Produkte/Bestandteile
	Preisgestaltung	Preise zu Gunsten ökologischer Produkte
	Verpackung	wenig aufwändig, wieder verwertbar, abbaubar
	Werbung	ökologischen Nutzen verdeutlichen
Materialbereich	Materialmerkmale	haltbar, sicher, abbaubar, recycelbar
	Materialinformation	Inhaltsstoffe/Herstellungsverfahren bekannt
	Materialtransport	Optimierte Routen, umweltfreundliche Transportmittel
	Materiallagerung	Minimierung riskanter Bestände
	Materialentsorgung	Recycling, Abfallvernichtung, -beseitigung

Aufgabe 11 > Seite 232

3.2.2 Umweltschutzinstitutionen

Grundsätzlich bestehen zwei Möglichkeiten der Einbindung des Umweltmanagements in das Unternehmen – siehe ausführlich *Hopfenbeck, Macharzina/Wolf, Oeldorf/Olfert, Stahlmann*. Das sind:

- Der **Umweltschutzbeauftragte**, dessen Aufgabe die **bereichsübergreifende Koordination** aller umweltbezogenen Aktivitäten ist. In größeren Unternehmen existieren häufig auch **Umweltfachstellen** bzw. **Umweltreferate**, die eng mit der mittleren und oberen Führungsebene zusammenarbeiten. Dadurch ergibt sich eine mehrstufige Verankerung der Umweltschutzfunktion.

  Aufgrund seiner hohen strategischen Bedeutung sollte der Umweltschutz grundsätzlich „Chefsache" sein, d.h. zu den primären Aufgaben des Top Managements zählen. Zu den **Aufgaben** des Umweltschutzbeauftragten zählen z.B.:

  - ökologieorientierte Unterstützung von betrieblichen Entscheidungsprozessen
  - Analyse von Umweltschwachstellen
  - Beratung bei Konzeption und Entwicklung umweltfreundlicher Produkte und Verfahren
  - Planung und Überwachung der technischen Maßnahmen zur Verbesserung des betrieblichen Umweltschutzes
  - Überwachung von Gefahrguttransporten
  - Einberufung und Moderation von Umweltausschüssen, „Umwelt-Qualitätszirkeln" und Projektgruppen
  - Überwachung der Einhaltung von Umweltgesetzen
  - Erfassung und Beurteilung der Kosten des Umweltschutzes
  - Anbieten von innerbetrieblichen Aus- und Weiterbildungsmaßnahmen zum Umweltschutz
  - Auswertung und Prämierung von umweltbezogenen Verbesserungsvorschlägen
  - Sicherstellung der Verwirklichung externer Auflagen
  - Planung und Begleitung von Umweltaudits.

Schwerpunkte der **funktionsbezogenen Betätigungsfelder** des Umweltschutzbeauftragten können z. B. sein:

Beschaffungsbereich	► Umweltbewusster Einkauf ► Ökologische Verbesserung der Inputstoffe ► Einkaufsverbote für umweltfeindliche Produkte ► Suche nach umweltverträglichen Einsatzstoffen
Fertigungsbereich	► Umweltfreundliche Verfahren ► Energiesparende Maschinen ► Einsatz umweltfreundlicher Transportsysteme ► Überprüfung von externem/internem Recycling
Marketingbereich	► Ökologiegerechte Strategien und Sachziele ► Ökologisches Marketing-Mix ► Umweltverträglichkeitsprüfung bei Planung neuer Produkte ► Aufbau von Redistributionskanälen

► Der **Umweltausschuss**, dessen Implementierung eine weitere Möglichkeit darstellt, um dem Umweltmanagement im Unternehmen einen hohen Stellenwert einzuräumen. Er fungiert primär als **Informations**- und **Beratungsgremium**.

Aus Effizienzgründen ist auf eine **interdisziplinäre Zusammensetzung** seiner Mitglieder zu achten. Grundsätzlich sollten außer den Fachvertretern der einzelnen Unternehmensbereiche auch der Umweltschutzbeauftragte sowie der Betriebsrat mit einbezogen sein.

Zu den **Aufgaben** des Umweltausschusses zählt es, insbesondere betriebsspezifische Probleme zu lösen, z. B.:

- Materialfragen
- Energieversorgung
- Wasserversorgung
- Abfallentsorgung
- Sondermüllentsorgung
- Umweltprobleme im Produktionsprozess
- Einhaltung gesetzlich vorgeschriebener Grenzwerte für Umweltbelastungen, Lärm, etc.

Die Unternehmen haben sich darauf einzustellen, dass die ökologischen Probleme von heute wichtige Wettbewerbsfelder von morgen werden. Diese Erkenntnis ist für sie Aufgabe und Chance zugleich.

Aufgabe 12 > Seite 232

3.3 Sicherheitsmanagement

Das Sicherheitsmanagement stellt auf die eingesetzten Materialien und die Fertigungsverfahren ab. Es ist auf den umfassenden Schutz von Menschen, z. B. von Arbeitnehmern und Kunden ausgerichtet – siehe ausführlich *Oeldorf/Olfert* – und kann beruhen auf:

- **Traditionellen Sicherheitskonzepten**, die sich vorrangig auf den **technischen Arbeitsschutz** beziehen, der umfasst:
  - die **Arbeitssicherheit**, deren Einhaltung zu den wesentlichen Aufgaben eines Arbeitsdirektors zählt
  - die **Unfallverhütung**, zu deren Zweck die Berufsverbände sog. Unfallverhütungsvorschriften erlassen haben, die zu beachten sind
  - den **Gesundheitsschutz**, der mithilfe von Betriebsvereinbarungen gefördert werden kann, z. B. in Bezug auf Maßnahmen zur Verhütung von Arbeitsunfällen.

  In den vergangenen Jahren lag der Schwerpunkt der sicherheitsbezogenen Aktivitäten eines Unternehmens insbesondere im Bereich der **Arbeitsverfahren** und **Arbeitsmethoden**, die auf die Bearbeitung bzw. Verarbeitung von Materialien ausgerichtet waren.

- **Modernen Sicherheitskonzepten**, die wesentlich umfassender sind. Ihr Spektrum reicht von der Beschaffung über die Fertigung und die Nutzung der Produkte durch den Verbraucher bis hin zur Außerbetriebnahme.

  Überwiegend sind die Unternehmen ständig mehr oder weniger großen Sicherheitsrisiken ausgesetzt, die unerwünschte Folgen aus Unfallereignissen sind, z. B. Ausfälle von Mitarbeitern durch Verletzungen oder von Fertigungsanlagen.

  Zahlreiche **gesetzliche Sicherheitsvorschriften** sind zu beachten, z. B.:
  - die **Produkthaftung**, aufgrund der ein Hersteller für die Schäden aus der Benutzung eines von ihm in den Verkehr gebrachten fehlerhaften Erzeugnisses eine verschuldensunabhängige Gefährdungshaftung für Personen- und Sachschäden übernimmt
  - die **Umwelthaftung**, die ein Unternehmen für den Fall übernehmen muss, dass Schäden durch Umwelteinwirkungen (z. B. Freisetzen von Dämpfen, Gasen) verursacht worden sind. In der Betriebshaftpflichtversicherung ist die Haftpflicht für Schäden, die sich aus Umwelteinwirkungen ergaben, ausgeschlossen.

Um der hohen Bedeutung des Sicherheitsmanagements gerecht zu werden, sollten Sicherheitsbeauftragte eingesetzt werden, z. B. als Beauftragte für die IT-Sicherheit oder die Arbeitssicherheit.

Aufgabe 13 > Seite 232

B. Prozessbezogene Führung

Die prozessbezogene Führung ist am Führungsprozess ausgerichtet – siehe grundlegend Kapitel A. Führungsbezogen sollen im Einzelnen vertieft werden:

Prozessbezogene Führung	Zielsetzung
	Planung
	Kontrolle

1. Zielsetzung

Ziele beschreiben erwünschte zukünftige Zustände, die das Unternehmen zu erreichen bestrebt ist. Sie **disziplinieren** damit das Leistungsverhalten der Mitarbeiter, **motivieren** diese aber auch zur Leistungserfüllung, sofern die Ziele vernünftig und erreichbar erscheinen. Zu unterscheiden sind:

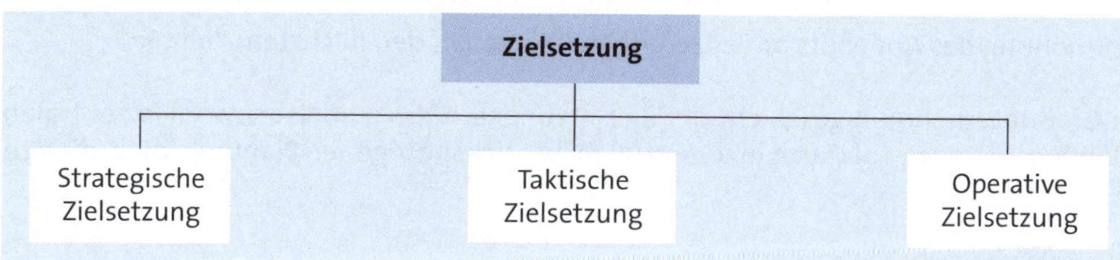

1.1 Strategische Zielsetzung

Strategische Ziele sind langfristig orientiert. Sie werden meist von zentralen Planungsinstanzen im Unternehmen unter der Verantwortung des **Top Managements** vereinbart bzw. festgeschrieben und dienen der Ausrichtung der Unternehmenspolitik sowie der strategischen Erfolgsfaktoren des Unternehmens.

Inhaltlich sind strategische Ziele auf die Gesamtheit der Unternehmensaktivitäten ausgerichtet. Dabei lassen sich nur globale Aussagen treffen, weil eine relativ große Unsicherheit hinsichtlich der Realisierbarkeit der Ziele besteht. **Strategische Ziele** sind z. B.:

- Verbesserung der Marktposition
- Sicherung der Marktführerschaft
- Erhaltung der Unabhängigkeit
- Schaffung/Erhaltung inländischer Arbeitsplätze
- Verbesserung des Kundenservice
- Erhöhung der Produktqualität
- Schaffen neuer Vertriebswege
- Verbesserung des Unternehmensimages.

Strategische Ziele werden im Wesentlichen von der **Grundsatzplanung** sowie der **strategischen Planung** beeinflusst, die noch beschrieben werden.

1.2 Taktische Zielsetzung

Die taktische Zielsetzung obliegt dem **Middle Management**. Sie wird aus der strategischen Zielsetzung abgeleitet, wobei dies in vielen Fällen im Zusammenwirken mit dem Top Management erfolgt. Die taktische Zielsetzung ist mittelfristig ausgerichtet und verbindet den strategischen mit dem operativen Planungsprozess.

Wegen des kürzeren Planungshorizontes ist die taktische Zielsetzung detaillierter möglich als die strategische Zielsetzung. Der Zielsetzungsprozess erstreckt sich auf alle Teilbereiche des Unternehmens. Er beinhaltet z. B. als **taktische Ziele**:

- Verbesserung der Produktqualität in den nächsten 2 Jahren
- Steigerung der Eigenkapitalquote in den kommenden 4 Jahren
- Erhöhung des Angebots an Teilzeitarbeitsplätzen in den nächsten 2 Jahren.

In Großunternehmen geschieht der Zielsetzungsprozess zumeist sowohl in zentralen Planungsinstanzen als auch in dezentralen, bereichsbezogenen Planungsinstitutionen (*Rahn*).

1.3 Operative Zielsetzung

Die operative Zielsetzung ist kurzfristig ausgelegt. Sie wird aus der taktischen Zielsetzung abgeleitet und fällt grundsätzlich in den Zuständigkeitsbereich des **Lower Managements**, kann im Einzelfall aber auch vom Middle Management wahrgenommen werden.

Operative Ziele legen Aufgaben der einzelnen Funktionsbereiche und deren Aufgabenträger fest, was durch den überschaubaren Zeitraum ermöglicht wird. Sie können z. B. sein:

- Senkung der Fluktuationsrate um 2 % im laufenden Jahr
- Verkürzung der Lieferzeiten auf durchschnittlich 2 Tage
- Kampagne zur Einführung eines neuen Produktes.

Die schnelllebigen Prozesse in den Unternehmen, die weiter voranschreitende Globalisierung der Wirtschaft und die vermehrte Delegation von Entscheidungsprozessen auf untere hierarchische Ebenen können teilweise eine direkte Vernetzung von strategischen und operativen Zielen zur Folge haben.

Es ist darauf hinzuweisen, dass die Begriffe „taktisch" und „operativ" vielfach nicht einheitlich verwendet werden. So kann unter taktischer Zielsetzung die oben als operative Zielsetzung beschriebene Zielsetzung verstanden werden und umgekehrt.

2. Planung

Die Planung ist die gegenwärtige gedankliche Vorwegnahme zukünftigen wirtschaftlichen Handelns unter Beachtung des Rationalprinzips. Sie basiert auf den **Zielen** des Unternehmens, die mit ihrer Hilfe realisiert werden sollen.

Das grundlegende **Problem** der Planung besteht in der Ungewissheit als mangelnder bzw. Vorhersehbarkeit der Ereignisse. Deshalb werden **Prognosen** erforderlich, welche die Komplexität und Dynamik der betrieblichen Prozesse sowie das Geschehen in der Umwelt des Unternehmens einbeziehen müssen.

In Zukunft wird deswegen die **computergestützte Planung** an Bedeutung zunehmen. Die Speicherung von Plandaten in einer Datenbank ermöglicht den effektiven Zugriff und verhindert gleichzeitig kosten- sowie zeitintensive Suchaktivitäten. Im Folgenden sollen behandelt werden:

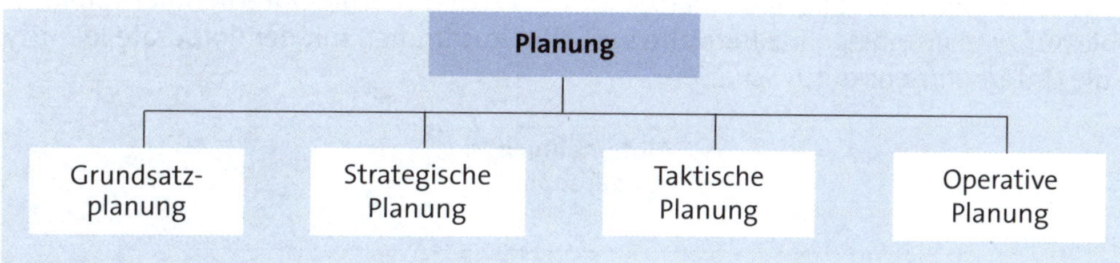

2.1 Grundsatzplanung

Ausgangspunkt des wirtschaftlichen Handelns ist die **Unternehmensphilosophie**. Aus ihr lässt sich eine **Unternehmensvision** ableiten, die aus der Gegenwart heraus versucht, ein mögliches „Zukunftsbild" des Unternehmens zu skizzieren. Dabei ergibt sich für die Unternehmensführung die Notwendigkeit, über die Gewinnziele hinaus ethische Gesichtspunkte stärker zu berücksichtigen.

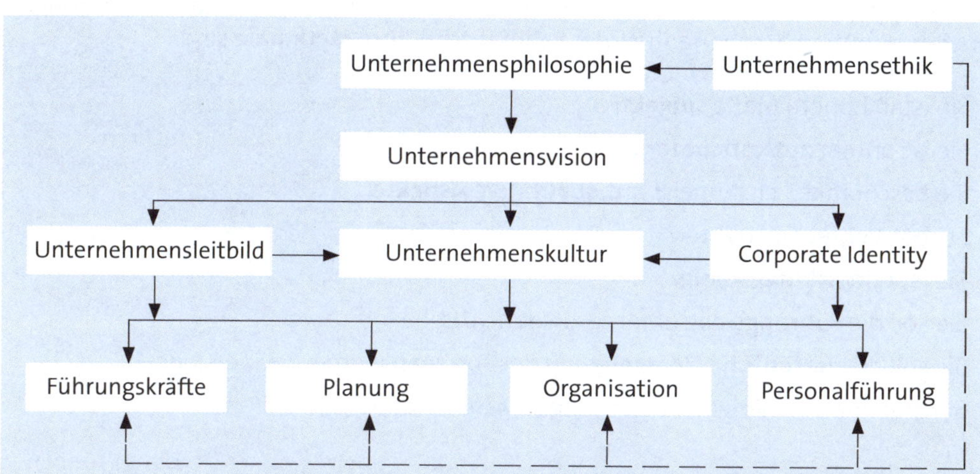

Die Unternehmensführung wird in einen grundlegenden unternehmenspolitischen Rahmen eingebettet, der als Grundsatzplanung umfasst:

- **Unternehmensphilosophie**
- **Corporate Identity**
- **Unternehmenskultur**
- **Unternehmensethik**.

2.1.1 Unternehmensphilosophie

Die Unternehmensphilosophie ist die „Weltanschauung" des Unternehmens, das mit ihr ganzheitlich betrachtet wird (*Ulrich/Fluri*). Sie dient der Positionierung in seinem wirtschaftlichen und gesellschaftlichen Umfeld sowie der Offenlegung seiner Zwecke, Werte bzw. Normen, Ziele und Potenziale. Primär wirkt sich die Unternehmensphilosophie auf zwei grundlegende **Bereiche** aus, die – zusammen mit der Corporate Identity – die Unternehmenskultur schaffen:

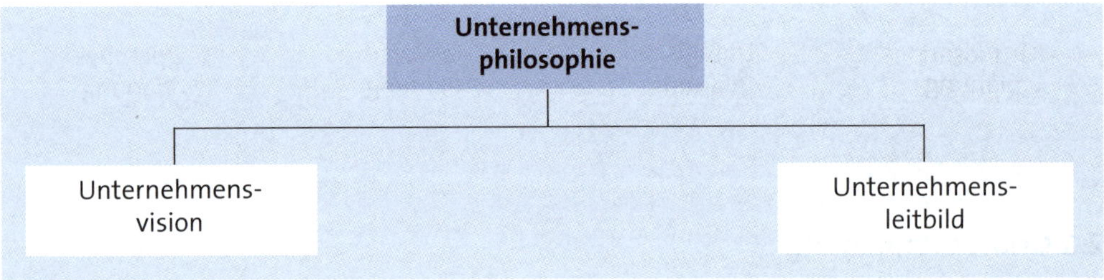

2.1.1.1 Unternehmensvision

Die Unternehmensvision ist ein mehr oder weniger konkretes **Zukunftsbild** eines Unternehmens. Sie prägt das Unternehmenskonzept maßgeblich, indem sie Aussagen über die künftige Beschaffenheit der Realität trifft. Ihre **Merkmale** sind:

- Sie ist in hohem Maße **subjektiv**.
- Sie ist primär **zukunftsbezogen**.
- Sie beschränkt sich zumeist auf **qualitative Aspekte**.
- Sie hat **Vorgabecharakter**.
- Sie ist **entwicklungsfähig**.
- Sie soll die Führungsinstrumente **zielgerichtet** beeinflussen.
- Sie soll die **persönliche Überzeugung** des Top Management widerspiegeln.
- Sie muss den bisherigen Zustand signifikant **verändern**.

Die Unternehmensvision steht in engem Zusammenhang mit der strategischen Ausrichtung des Unternehmens. Deshalb ist es notwendig, dass die in ihr formulierten Ziele anspruchsvoll, eindeutig und erreichbar sind.

Zahlreiche Beispiele aus der Praxis lassen das Vorhandensein von Unternehmensvisionen bei erfolgreichen Unternehmen erkennen, die damit ihre Ideenpotenziale bündeln und zielgerichtete Aktivitäten einleiten.

2.1.1.2 Unternehmensleitbild

Das Unternehmensleitbild dient dazu, die in der Unternehmensphilosophie verankerten Werte und Normvorstellungen des Top Managements in Form von **Unternehmensgrundsätzen** festzuschreiben. Es vermittelt damit den Handlungsrahmen und die Handlungsperspektive für die Entscheidungen auf allen Führungsebenen.

Das Unternehmensleitbild umfassende **Unternehmensgrundsätze** sind z. B.:

- Nach der **Ausrichtung** der Unternehmensgrundsätze

Extern ausgerichtete Unternehmensgrundsätze	Sie zielen primär auf eine emotionale Ansprache der Adressaten ab. Damit erhalten sie die Funktion von Public Relations, d. h. sie versuchen die breite Öffentlichkeit anzusprechen. **Beispiel**: „Wir begeistern Kunden für den Computer.“
Intern ausgerichtete Unternehmensgrundsätze	Sie sind zumeist rational und stellen den Ausgangspunkt für die strategische Planung dar. Mit ihnen kommt der betrieblichen Gesamtperspektive eine größere Bedeutung zu. **Beispiel**: „Wir wollen als kundenorientierter, innovativer und leistungsstarker Marktführer im europäischen Handel Waren und Dienstleistungen anbieten und damit die Lebensqualität der Menschen spürbar steigern.“

- Nach der **Zwecksetzung** der Unternehmensgrundsätze

Orientierungsfunktion	Mit ihrer Hilfe sollen das Selbstverständnis bzw. die Identität des Unternehmens nach innen und außen verdeutlicht werden.
Motivationsfunktion	Die verstärkte Identifikation der Mitarbeiter mit dem Unternehmen und eine realistische Zielvorstellung von der künftigen Ausrichtung steigern die Motivation auf allen Ebenen.

- Nach den **Inhalten** der Unternehmensgrundsätze

Allgemeine Inhalte	► Tätigkeitsgebiet ► Vision ► Selbstverständnis	► Leistungsprogramm ► Marktstellung ► Geografische Reichweite
Aufgaben-spezifische Inhalte	► Führungsprinzipien ► Finanzierungs-/Investitions-grundsätze ► Marktstrategie ► Wettbewerbsstrategie ► Organisationsmethodik	► Vertriebsgrundsätze (Kunde ist König, Servicebewusstsein) ► Personalpolitische ► Maximen (Führungskräfte aus den eigenen Reihen)
Adressaten-spezifische Inhalte	► Kapitaleigner ► Unternehmensleitung ► Arbeitnehmer ► Lieferanten	► Kapitalgeber ► Kunden ► Staat ► Gesellschaft

Um die mit dem Unternehmensleitbild beabsichtigten Ziele erreichen zu können, ist es hilfreich, die Mitarbeiter an ihrer Formulierung zu **beteiligen**. Damit wird die vom Unternehmen zu wünschende Identifikation der Mitarbeiter gefördert.

Aufgabe 14 > Seite 233

2.1.2 Corporate Identity

Die Corporate Identity repräsentiert die **Unternehmensidentität**, indem sie das Selbstverständnis eines Unternehmens darstellt. Ziel des Top Managements ist die Schaffung einer unverwechselbaren Corporate Identity, damit das Unternehmen von Mitarbeitern und Öffentlichkeit als Persönlichkeit wahrgenommen wird.

Die ausgeprägte Persönlichkeit eines Unternehmens trägt insbesondere in Märkten mit hoher Wettbewerbsintensität und nahezu austauschbaren Produkten dazu bei, dass sich ein Unternehmen von seinen Konkurrenten wirksam abhebt. Daraus ergibt sich ein **strategischer Wettbewerbsvorteil**, der das Unternehmen darin unterstützt, eine vertrauensvolle Beziehung zum Kunden aufzubauen.

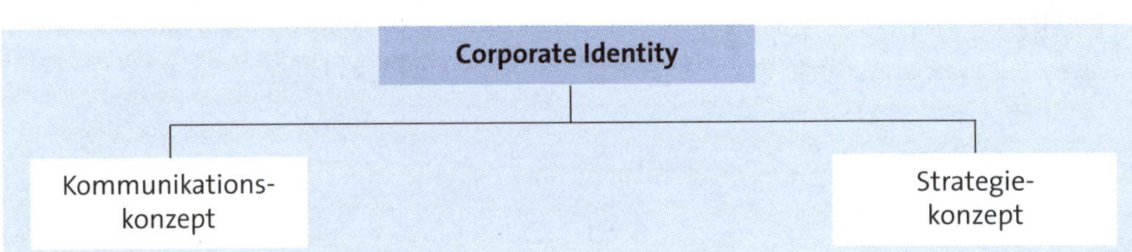

2.1.2.1 Kommunikationskonzept

Die Corporate Identity ist zunächst ein Kommunikationskonzept, das auf das Unternehmen selbst, d. h. auf seine Mitarbeiter und auf seine Umwelt ausgerichtet ist:

- Nach **innen** soll ein **„Wir-Gefühl"** bzw. ein **„Wir-Bewusstsein"** geschaffen werden, das die Entwicklung einer Unternehmenskultur fördert. Neben einer Identifizierung der Mitarbeiter mit „ihrem" Unternehmen soll sich die Corporate Identity auch positiv auf die Arbeitsleistung der Mitarbeiter auswirken. **Interne Adressaten** sind (*Ehrmann*):
  - Mitarbeiter
  - Führungskräfte
  - Betriebsrat
  - Sprecherausschuss.
- Nach **außen** wird mit der Corporate Identity das Ziel verfolgt, ein adressatengerechtes **Firmenimage** aufzubauen, z. B. durch die erfolgreiche Vermarktung von Sachgütern bzw. Dienstleistungen. **Externe Adressaten** können sein (*Ehrmann*):
  - Marktpartner (z. B. Kunden, Lieferanten, Kreditinstitute)
  - gesellschaftliche Gruppen (z. B. Gewerkschaften, Parteien, Umweltschützer)
  - Medien (z. B. Printmedien, Fernsehen)
  - sonstige Adressaten (z. B. Multiplikatoren)
  - potenzielle Mitarbeiter.

2.1.2.2 Strategiekonzept

Die Corporate Identity umfasst auch ein Konzept der strategischen Unternehmensführung und ist damit maßgeblicher Bestandteil des Führungsprozesses. Sie trägt dazu bei, dass strategische Zielsetzungen in taktische und operative Pläne und Maßnahmen umgesetzt werden. Das Strategiekonzept besteht aus:

- Dem **Unternehmensverhalten** als Corporate Behaviour. Es ist das bedeutsamste Instrument und kann nach innen (z. B. Mitarbeiter) und außen (z. B. Kunden, Öffentlichkeit) ausgerichtet sein. Als Verhaltensbereiche lassen sich unterscheiden:

Unternehmens-politischer Bereich	Beispiele: Führungsstil des Top Managements, Konditionenpolitik, Informationspolitik, Umweltpolitik
Personalbezogener Bereich	Beispiele: Verhalten der im Unternehmen tätigen Personen untereinander, Verhalten dieser Personen zu Außenstehenden
Medienbezogener Bereich	Beispiele: Alle Formen der Kommunikationspolitik, z. B. Stil der Öffentlichkeitsarbeit, Verhältnis zur Presse, Werbestil

- Dem **Unternehmenserscheinungsbild** als Corporate Design, dessen Gegenstand das visuelle Erscheinungsbild eines Unternehmens ist. Es soll das Unternehmen nach innen und außen als Einheit erscheinen lassen. Dies kann vor allem durch den zielgerichteten Einsatz von Gestaltungselementen geschehen, die sich z. B. beziehen können auf:

Grafische Gestaltung	Beispiele: Gestaltung des Firmenlogos, Typografie, Hausfarben, Druckerzeugnisse, Präsentationsunterlagen, Messestand
Produktgestaltung	Beispiele: Gestaltung von Produktverpackungen mit hohem Nutzwert oder ansprechende Werbeanzeigen
Architektonische Gestaltung	Beispiele: Zeitgemäße Außenarchitektur, arbeitsergonomische Erkenntnisse berücksichtigende Innenarchitektur

- Der **Unternehmenskommunikation** als Corporate Communication, die über eine ganzheitliche Kommunikationsstrategie und alle nach innen und außen gerichteten Aktivitäten ein klar strukturiertes Vorstellungsbild des Unternehmens in der Öffentlichkeit und bei den Mitarbeitern bewirken möchte.

Alle drei Elemente bzw. Instrumente wirken eng zusammen, um das Strategiekonzept zu ergeben.

2.1.3 Unternehmenskultur

Die Unternehmenskultur ist ein unternehmensbezogenes **Wertsystem** von Vorstellungen, Orientierungsmustern, Verhaltensnormen, Denk- und Handlungsweisen (*Carl/Kiesel*). Jedes neugegründete wie auch schon länger bestehende Unternehmen verfügt über eine spezifische Kultur mit jeweiligen Wertvorstellungen und Verhaltensweisen. Dabei ist es unerheblich, ob diese Kultur schriftlich fixiert ist.

Durch die Unternehmenskultur wird das **Verhalten** aller Führungskräfte und Mitarbeiter eines Unternehmens entscheidend geprägt. Sie kann auch dazu beitragen, dass sich ein Unternehmen deutlich von den Wettbewerbern abhebt. Die Unternehmenskultur lässt sich erkennen durch:

- Die **Hervorhebung unternehmenseinheitlicher Sprachregelungen**, z. B. des Begriffes „Mitarbeiter" anstelle „Untergebener". Dadurch soll eine höhere Wertschätzung der beschäftigten Personen gezeigt werden.
- Die **Betonung unternehmenstypischer Besonderheiten**, z. B. einer traditionsreichen Firmengeschichte, einer wirkungsvollen Personalentwicklung, eines umfangreichen Weiterbildungsprogrammes.
- Den **Hinweis auf besondere unternehmensstrategische Faktoren**, z. B. der Markt-, Kunden-, Service- bzw. Qualitätsorientierung des Unternehmens.

Die Entwicklung der Unternehmenskultur zählt zu den wichtigsten **Aufgaben** der Unternehmensleitung. Im Folgenden sollen betrachtet werden:

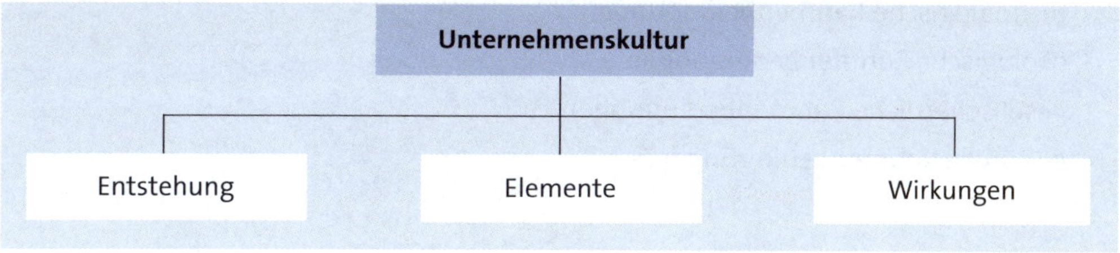

2.1.3.1 Entstehung

Die Unternehmenskultur entsteht, indem eine Vielzahl von Gegebenheiten auf das Unternehmen einwirkt. Herauszuheben sind (*Carl/Kiesel*):

- die **Umstände** der Unternehmensgründungen, z. B. die Gründung von Kreditgenossenschaften als „Hilfe zur Selbsthilfe" oder von Sparkassen, die der Förderung und Pflege des Sparens für jedermann dienen sollen
- die **Personen** der Unternehmensgründer, z. B. *Bill Gates* (Microsoft), *Gottlieb Daimler/ Carl Benz* (Daimler-Benz) bzw. *Dietmar Hopp* und *Hasso Plattner* (SAP)
- die **Entwicklung** der Unternehmen, die über Generationen hinweg bewahrend gewesen sein kann mit der Folge, dass Besitzstände verteidigt und Veränderungen widerstanden wurde.

Die Entstehung der Unternehmenskultur ist das Ergebnis von **Lernprozessen**, die sich über viele Jahre hinweg erstreckt haben können.

2.1.3.2 Elemente

Die Unternehmenskultur kann verschiedene Elemente umfassen. So gibt es:

- **globale Elemente**
  - Persönlichkeitsstrukturen der Führungskräfte (Lebensläufe, Werte, Mentalitäten)
  - Rituale/Symbole (räumliche und gestalterische Symbole, Verzicht auf Krawatte)
  - Kommunikation (nach innen/außen, Kommunikationsstil)
- **managementbezogene Elemente**
  - Strategien
  - Strategiedurchsetzung
  - Führungssysteme
  - Organisationsstrukturen
  - Organisationsprozesse
  - Umweltorientierung

- **umfeldbezogene Elemente** als unterschiedliche Rahmenbedingungen
  - wirtschaftliche Rahmenbedingungen
  - technologische Rahmenbedingungen
  - ökologische Rahmenbedingungen
  - gesellschaftliche Rahmenbedingungen
  - kulturelle Rahmenbedingungen.

2.1.3.3 Wirkungen

Von einer stark ausgeprägten Unternehmenskultur können unterschiedliche Wirkungen ausgehen (*Steinmann/Schreyögg*). **Positive Wirkungen** sind:

- Förderung des Leistungsvermögens des Unternehmens
- Verringerung der Komplexität zwischen Unternehmen und Umwelt
- effiziente Kommunikation durch einfache bzw. unmittelbare Abstimmungsprozesse
- schnelle Entscheidungs- und Problemlösungsprozesse durch gemeinsame „Sprache"
- zügiges Umsetzen von Entscheidungen
- geringer Kontrollaufwand durch Einbeziehung der Beteiligten
- hohe Motivation/Loyalität/Einsatzbereitschaft der Mitarbeiter.

Als **negative Wirkungen** einer starken Unternehmenskultur sind zu nennen:

- Tendenz zur Innenorientierung (Abkapselung des Unternehmens nach außen)
- Trägheitsmoment bzw. Verhinderung von Veränderungsprozessen
- Tendenz zur Inflexibilität durch (unsichtbare) Barrieren.

Den negativen Wirkungen kann durch geeignete Maßnahmen begegnet werden, ohne dass sie aber immer völlig abstellbar sind.

Aufgabe 15 > Seite 233

2.1.4 Unternehmensethik

Die Unternehmensethik ist die **Lehre von** denjenigen **idealen Werten**, die in der Marktwirtschaft zu einem friedenstiftenden Gebrauch der unternehmerischen Handlungsfreiheit anleiten sollen, also z. B. nicht vordergründig ausschließlich auf Gewinnerzielung ausgerichtet sind. Es ist unternehmensethisch, bestimmte Ziele bzw. Handlungsweisen anzustreben und andere auszuschließen:

Unternehmensethische Ziele	*Nicht* unternehmensethische Ziele
► Humanität	► Umweltverschmutzung
► Ökologie	► Lebensmittelskandale
► Verbraucherorientierung	► Unseriöse Vermarktungen
► Verantwortungsbewusstsein	► Gesundheitsschädliche Produkte

Die Unternehmensethik lässt sich insbesondere kennzeichnen durch (*Macharzina/ Wolf*):

- die **Begründbarkeit** des ethischen Handelns, das nicht aufgrund von Willkür oder Traditionen erfolgt, sondern durch die praktische Vernunft begründet ist
- die **Prämisse**, dass Handlungen nicht ausschließlich nach wirtschaftlichen Gesichtspunkten zu bewerten sind
- die **Interessen aller Bezugsgruppen** eines Unternehmens, die in angemessener Weise Berücksichtigung finden sollten
- die **Wirkung** des ethischen Handelns, die kurzfristig, mittelfristig und langfristig sein kann
- die **Selbstverpflichtung** des Unternehmens, die dadurch stärker zum Ausdruck kommt.

Das Unternehmen hat immer mehr auch eine gesellschaftliche Verpflichtung, der es nachkommen sollte, insbesondere indem es sich ethisch verhält.

2.2 Strategische Planung

Die strategische Planung ist eine **langfristige Planung**. Sie wird vom Top Management wahrgenommen und ist darauf gerichtet, strategische Pläne zu erarbeiten und Strategien zu formulieren.

Strategien sind Handlungsanweisungen zur Lösung grundlegender langfristiger Probleme des Unternehmens und seiner Funktionsbereiche. Mit ihnen soll den Herausforderungen begegnet werden, denen das Unternehmen in vielfältiger Weise ausgesetzt ist. Wie diese sind auch die Strategien immer wieder verschieden, d. h. keine Strategie ist mit einer anderen vergleichbar.

Strategische Entscheidungen können nur vom Top Management getroffen werden. Sie beziehen sich auf einzelne Produkte, die am Markt angeboten werden. Darüber hinaus liefern sie Aussagen über die Bereiche, die dazu langfristig Beiträge leisten sollen. Dabei basieren sie auf **externen** und **internen Analysen**.

Mithilfe der Strategien strebt das Unternehmen an, sich in seinem Umfeld zu positionieren. Dazu sind folgende **Grundfragen** zu klären (*Steinmann/Schreyögg*):

- *In welchen Geschäftsfeldern wollen wir tätig sein?*
- *Wie wollen wir den Wettbewerb in diesen Geschäftsfeldern bestreiten?*
- *Was ist unsere langfristige Erfolgsbasis bzw. Kernkompetenz?*

Bei der Suche nach der richtigen Strategie muss das Unternehmen sich darüber klar werden, worin die Ursachen für den Erfolg liegen. Sie werden als **strategische Erfolgsfaktoren** bezeichnet und nehmen eine zentrale Rolle innerhalb der strategischen Planung ein, z. B. als (*Grabner-Kräuter, Becker*):

- Schnelligkeit der Entscheidungen
- Ausmaß der Markt- und Kundennähe
- Konzentration auf Kernkompetenzen
- Qualität des Service
- Höhe der Kapazitätsauslastung
- Intensität der Forschung/Entwicklung
- Einhaltung der Lieferzeiten
- Anzahl der Innovationen
- Qualität der Produkte
- Qualität des Personals
- Bekanntheitsgrad des Unternehmens
- Höhe des Marktwachstums.

Die Wirkung einzelner Erfolgsgrößen darf bei der strategischen Planung nicht isoliert betrachtet werden. In der Praxis können strategische Erfolgspotenziale kombiniert auftreten und sich gegenseitig positiv wie auch negativ beeinflussen.

Die Erfolgsfaktoren unterliegen einem **Wandel** im Zeitablauf. Ursachen hierfür können ein verändertes betriebliches Umfeld oder neue Wettbewerber sein. Dies hat zur Konsequenz, dass heute wirksame strategische Erfolgsfaktoren in der Zukunft möglicherweise erfolglos sind und durch andere abgelöst werden müssen.

Als strategische Planung werden behandelt:

- strategische Planungskonzepte
- strategische Analysen
- Strategien
- Portfoliotechniken.

2.2.1 Strategische Planungskonzepte

Strategische Planungskonzepte bilden den Ausgangspunkt der Strategieformulierung, indem sie Strategien aus den Unternehmenszielen ableiten. Es gibt:

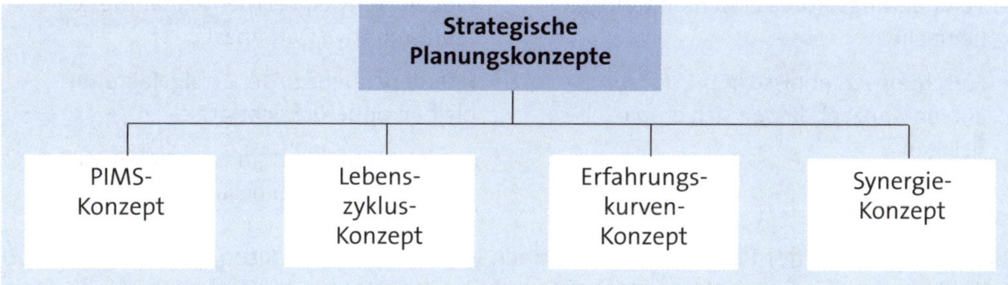

2.2.1.1 PIMS-Konzept

Das PIMS-Projekt stellt eine seit den 1960er-Jahren betriebene empirische Studie dar, die erfolgsbeeinflussende Faktoren eines Unternehmens untersucht als:

P	=	Profit (Gewinn)	**M**	=	Market (Markt)
I	=	Impact of (Einwirkung auf)	**S**	=	Strategies (Strategien)

An dem PIMS-Projekt waren zahlreiche amerikanische, europäische und asiatische Unternehmen beteiligt, die verschiedenen Branchen angehörten. Ziel des Projektes war es, allgemein gültige strategische Gesetzmäßigkeiten zu beschreiben und Strategien empirisch zu fundieren. Dabei wurden die für den strategischen Erfolg maßgeblichen Bestimmungsfaktoren aus den Daten vieler Geschäftsbereiche der untersuchten Unternehmen herausgefiltert.

Als wichtige **strategische Erfolgsfaktoren** wurden dabei ermittelt (*Roventa, Dunst, Hentze/Brose/Kammel*):

- die **Marktattraktivität**, z. B. Marktwachstum, Exportquote, Importquote
- die **Wettbewerbsposition**, z. B. relativer Marktanteil, relatives Gehaltsniveau, relative Produktqualität gegenüber dem Wettbewerb
- die **Investitionsattraktivität**, z. B. Investitionsintensität, Investitionshöhe
- die **Kostenattraktivität**, z. B. Marketingaufwand zu Umsatz, Forschungs- und Entwicklungsaufwand zu Umsatz
- **allgemeine Unternehmensmerkmale**, z. B. Unternehmensgröße, Diversifikationsgrad
- **Veränderungen** der vorgenannten Größen, z. B. Marktanteilsänderungen.

Die **Kernaussage** des PIMS-Konzeptes ist, dass ein Unternehmen mit hohem Marktanteil eine hohe Rentabilität erzielt, da es zumeist über eine hohe kumulierte Erfahrung verfügt, die realisierbare Kostendegressionseffekte bewirkt (*Ziegenbein*).

Vorteile	Nachteile
► Beteiligte Unternehmen liefern ständig Daten. ► Veränderungsprozesse werden transparent gemacht. ► Forschungsergebnisse (z. B. Erfahrungskurven-Konzept) lassen sich empirisch belegen.	► Herangezogene Bilanzdaten sind zeitpunktbezogen. ► Wegen Freiwilligkeit der Teilnahme keine repräsentative Datenbasis. ► Interdependenzen der Erfolgsfaktoren bleiben unberücksichtigt. ► Auch Unternehmen mit geringem Marktanteil können rentabel arbeiten.

Die Aussagen aus der PIMS-Studie sind nach wie vor für die strategische Planung von Bedeutung, weil in konkreten Entscheidungssituationen aus den Erfahrungen anderer Unternehmen in vergleichbaren Wettbewerbs- bzw. Marktsituationen entsprechende Lehren gezogen werden können.

2.2.1.2 Lebenszyklus-Konzept

Das Lebenszyklus-Konzept basiert auf der Annahme, dass ein Produkt nur eine begrenzte **Lebensdauer** hat und seine Absatzchancen im Zeitablauf einer zyklischen Entwicklung unterliegen. Es dient dazu, die Entwicklung von Produkten, Märkten, Technologien, Unternehmen und Branchen zu untersuchen.

Mit dem Lebenszyklus-Konzept werden die Entwicklung der **Kosten** sowie der idealtypische durch verschiedene Phasen gekennzeichnete Verlauf des **Umsatzvolumens** von Produkten oder Märkten beschrieben:

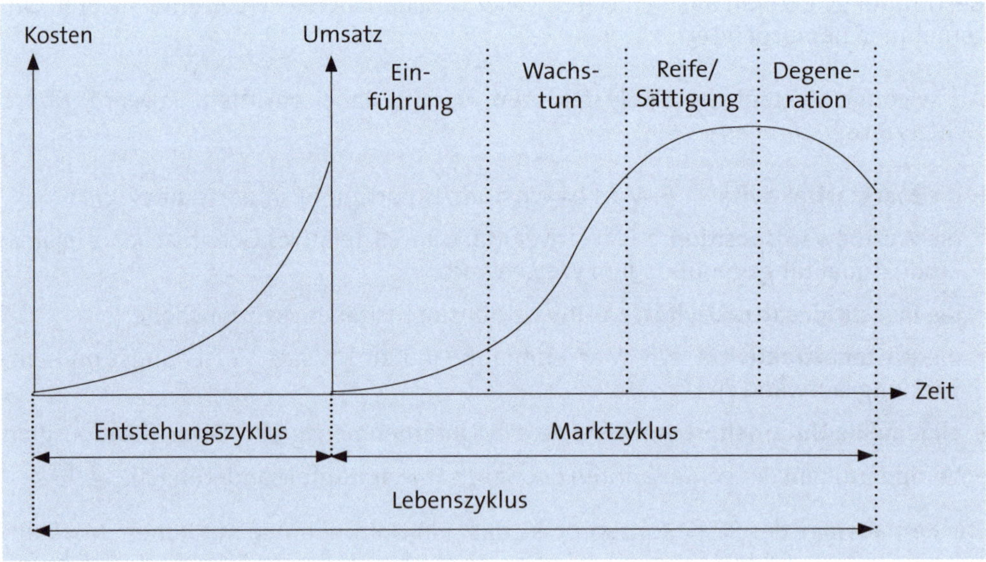

Der **Entstehungszyklus** ist dadurch gekennzeichnet, dass ausschließlich Kosten anfallen, z. B. für Unternehmens- und Umweltanalysen, Produktplanung, Produktentwicklung, Vorbereitung der Markteinführung.

Beim **Marktzyklus** werden Umsatzerlöse mit dem Erzeugnis erzielt, wobei die Umsatzkurve s-förmig verläuft. Die Produktlebensdauer umfasst mehrere **Phasen**, die jedes Produkt unterschiedlich durchläuft, je nach individueller Vermarktungsdauer und jeweiligem Marktvolumen (*Meffert*):

	Einführungsphase	**Wachstumsphase**	**Reife/Sättigungsphase**	**Degenerationsphase**
Anzahl der Wettbewerber	einer/sehr wenige	mehrere/viele, erreicht Höchstwert	rückläufig, Konsolidierungstendenzen	wenige
Marktanteil	sehr hoch	hoch, aber geringer	geringer	klein
Marktposition	Marktführer	Marktführer oder nachrangiger Anbieter	Nachrangiger Anbieter oder Grenzanbieter	Grenzanbieter
Umsatzentwicklung	langsames Wachstum	schnelles Wachstum	Stagnation auf hohem Niveau	Rückgang
Produktergebnis	Verlust	steigender Gewinn	sinkender Gewinn	Verlust
Preiselastizität[1]	niedrig	mittel	hoch	niedrig
Preis/Einheit	hoch	sinkend	Richtung Grenzkosten	stabil
Kunden	Innovatoren	Frühadopter	breite Mitte	Nachzügler
Wachstumsrate	unbestimmt	hoch	gering	null/negativ
Marktpotenzial	unklar	deutlicher	überschaubar bzw. transparent	unbekannt
Kundentreue	gering	höher	abnehmend	höher

Beachtenswert ist, dass die kostenintensive **Entstehungsphase** von Produkten in Zukunft immer länger wird, der umsatzwirksame **Marktzyklus** sich zunehmend verkürzt, was die große Bedeutung des Lebenszyklus-Konzeptes verdeutlicht. Die Unternehmen versuchen, die Lebenszyklen ihrer Produkte positiv zu beeinflussen, z. B. bei Automobilen durch Vorstellung von Sondermodellen mit Klimaanlage/Winterausrüstung oder besonderes Design in der Reifephase.

[1] Die Preiselastizität gibt an, um wie viel Prozent sich die Absatzmenge eines Produktes ändert, wenn der Preis für dieses Produkt um 1 % erhöht oder gesenkt wird.

Je nach Lebenszyklusphase können **strategische Maßnahmen** sein:

- in der **Einführungsphase**: Markt abschöpfen und durchdringen
- in der **Wachstumsphase**: Neue Segmente/Distributionskanäle erschließen
- in der **Reife-/Sättigungsphase**: Produkt und Markt modifizieren
- in der **Degenerationsphase**: Investieren, Abwarten, Selektieren, Ernten, Eliminieren.

Einsatzbereiche des Lebenszyklus-Konzepts sind z. B.:

- Prognose der Absatzmöglichkeiten eines Produktes
- Planung des Einsatzes der absatzpolitischen Instrumente
- Beurteilung der Erfolgsträchtigkeit eines Produktes
- Ableitung von Forschungs- und Entwicklungsaktivitäten
- Grundlage für die Planung von Strategien
- Instrument der strategischen Programmplanung im Produkt-Markt-Bereich.

Aufgabe 16 > Seite 234

2.2.1.3 Erfahrungskurven-Konzept

Das Konzept der Erfahrungskurve befasst sich mit Kostendegressionseffekten, die sich über längere Zeit hinweg in vielen Branchen einstellen, z. B. durch Erfindungen oder höhere Produktivität. Es besagt, dass sich die preisbereinigten **Stückkosten** um jeweils einen bestimmten Prozentsatz reduzieren lassen, wenn sich die kumulierte Produktionsmenge im Zeitablauf verdoppelt.

Dieser **Kostendegressionseffekt** wurde von der *Boston Consulting Group* in den 60er-Jahren in vielen Unternehmen derart nachgewiesen, dass typischerweise die Kosten bei einer Verdopplung der kumulierten Ausbringungsmenge um 20 % bis 30 % sanken. Eine solch hohe Kostensenkung dürfte heute vielfach nicht mehr vorzufinden sein. Es ist anzunehmen, dass sie sich inzwischen eher halbiert hat.

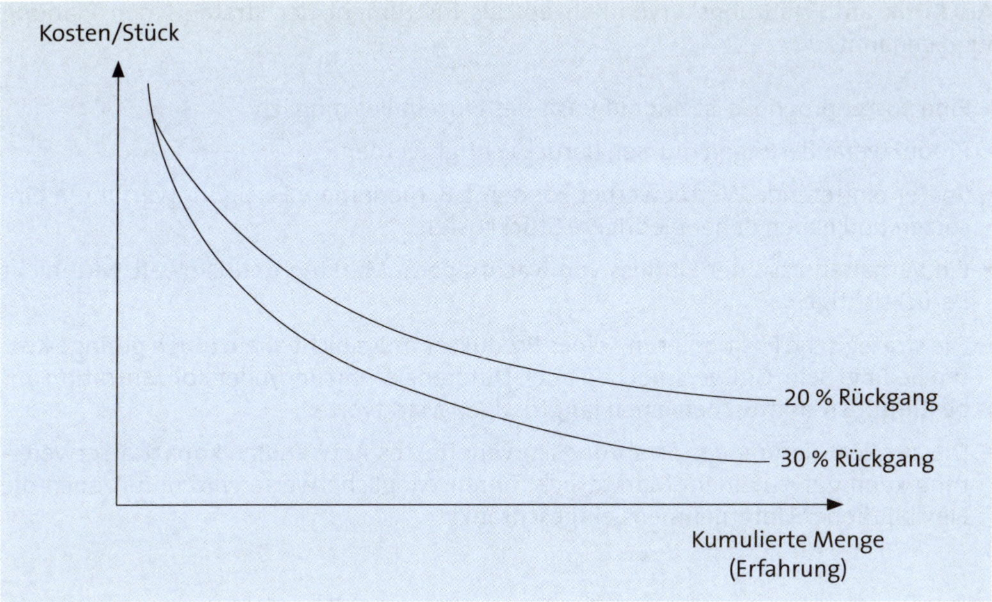

Das Erfahrungskurven-Konzept bezieht sich auf die Gesamtheit der Lernprozesse, d. h. auf alle Kostenelemente eines Unternehmens. **Ursachen** der Erfahrungskurve und der möglichen Kostenreduktion sind z. B.:

- Standortanpassungen
- neue Produktionsprozesse
- Kostensenkung durch Rationalisierung
- methodische Verbesserungen
- verbesserte Kapazitätsnutzung
- verbesserte Arbeitsorganisation
- verbesserte Führung
- verbesserte Ausbildung
- Lerneffekte
- Produktstandardisierung.

Nach dem Erfahrungskurven-Konzept bewirkt ein hoher Marktanteil ein hohes kumuliertes Produktions- und Absatzvolumen, wodurch die Stückkosten sinken und die Rentabilität ansteigt. Seine **Einsatzgebiete** liegen in der strategischen Planung sowie der Kosten-, Preis-, Wachstums- und Marktanteilspolitik.

Als **Kritik** am Erfahrungskurven-Konzept als Instrument der strategischen Planung wird genannt:

- Eine Kostenprognose ist nur auf Basis des Einzelfalles möglich.
- Produktveränderungen müssen berücksichtigt werden.
- Später eintretende Wettbewerber können z. B. modernere Fertigungsverfahren einsetzen und haben daher niedrigere Stückkosten.
- Ein Verhalten bzw. der Einfluss von Nachfragern, Märkten und Umwelt wird nicht berücksichtigt.
- Die strategische Positionierung eines Produktes muss nicht allein durch geringe Kosten bedingt sein. Ggf. versprechen auch Differenzierung und/oder Konzentration auf bestimmte Marktnischen einen langfristigen Marktvorteil.
- Die zur Realisierung des Erfahrungskurveneffektes notwendige Kapazitätserweiterung kann ggf. zu einem Marktdruck führen. Möglicherweise wird damit auch die Flexibilität des Unternehmens eingeschränkt.

2.2.1.4 Synergie-Konzept

Das Synergie-Konzept (*Ansoff*) beschreibt den **„2+2=5-Effekt“**, der besagt, dass das Gesamte zusammengefügt mehr sein kann als die Summe seiner Teile. Für ein Unternehmen lassen sich Leistungsverbesserungen und Wettbewerbsvorteile beschreiben, die es erlangt, wenn es sein bisheriges Know-how durch Kooperation mit Marktpartnern in neuen Produkt- und Marktbereichen nutzt.

Die konsequente **Ausnutzung von Synergieeffekten** wird für die Unternehmen immer wichtiger, z. B. aus folgenden Gründen:

- rückläufige Diversifikation
- Trend vom Wachstum zur Leistung
- technologischer Wandel
- Globalisierung der Märkte
- Trend zu Systemanbietern
- zunehmende Kostenorientierung.

Die Nutzung des Synergie-Konzeptes, die zumeist durch Kooperation geschieht, erstreckt sich vor allem auf (*Rahn*):

- den **Marketingbereich** (z. B. Nutzung gemeinsamer Distributionskanäle)
- den **Fertigungsbereich** (z. B. gemeinsame Fertigungsanlagen)
- den **Forschungs- und Entwicklungsbereich** (z. B. gemeinsame Grundlagenforschung).

Synergie-Überlegungen haben in jüngerer Zeit im Rahmen der strategischen Planung große Bedeutung erlangt. Beispiele sind auch **strategische Allianzen** und **Joint Ventures** – siehe Kapitel C.

Aufgabe 17 > Seite 234

2.2.2 Strategische Analysen

Strategische Analysen dienen der Bestimmung der strategischen Ausgangsposition eines Unternehmens. Sie sind der Kern eines jeden strategischen Planungsprozesses und eine notwendige Voraussetzung für die Strategieformulierung.

Da strategische Entscheidungen maßgeblichen Einfluss auf die Zukunft eines Unternehmens haben, ist es erforderlich, Veränderungen sowohl im unternehmensinternen Bereich als auch im Unternehmensumfeld möglichst frühzeitig zu erkennen, zu interpretieren und zielgerichtete Maßnahmen einzuleiten. Als strategische Analysen werden behandelt:

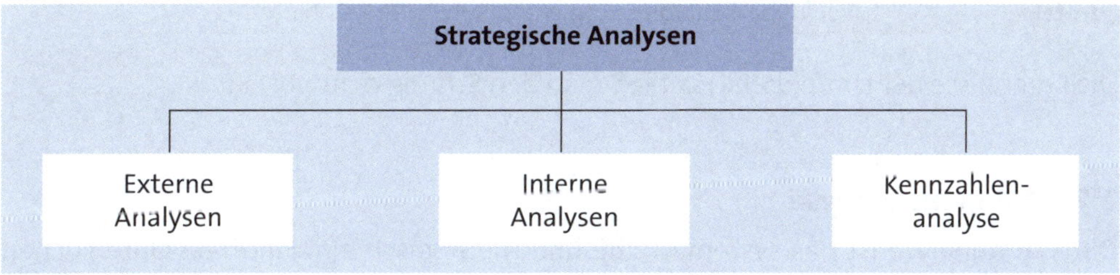

2.2.2.1 Externe Analysen

Mithilfe externer Analysen werden die Gegebenheiten untersucht, die außerhalb des Unternehmens vorzufinden sind. Es lassen sich unterscheiden:

- **Umfeldanalyse**
- **Marktanalyse**
- **Konkurrentenanalyse**
- **Branchenstrukturanalyse**.

2.2.2.1.1 Umfeldanalyse

Die Umfeldanalyse ist eine Untersuchung wesentlicher Faktoren und sich abzeichnender Trends, welche die Umwelt des Unternehmens betreffen. Sie wird auch **Umweltanalyse** im weiteren Sinne genannt und zielt darauf ab, Chancenpotenziale zu erkennen, die mit neuen Strategien realisierbar sind, sowie Gefahrenpotenziale festzustellen, die durch neue Strategien vermeidbar, umgehbar oder verminderbar sind.

In die Umfeldanalyse sind auch **Interessengruppen** einzubeziehen, die das Unternehmensgeschehen beeinflussen können, wie z. B. Kunden und Lieferanten, Aktionäre, Regierung, Parteien, Gewerkschaften, Verbraucherverbände. Sie kann sich beziehen auf:

Wirtschaftliches Umfeld	Sozialprodukt, Industrieproduktion, Preis- und Einkommensentwicklung, Kapitalmärkte, Beschäftigungssituation
Gesellschaftliches Umfeld	Arbeitszeit- und Freizeitänderungen, Arbeitsmentalität, kulturelle Normen, Bildungsniveau, Sparverhalten, Anspruchsniveau, regionale Verschiebungen, Modeströmungen, Wertewandel
Technologisches Umfeld	Stand der Technik, neue Materialien, neue Energien, Stand der Forschung und Entwicklung, Produktveränderungen, Produktinnovationen, Produktionstechnologie, Umwelttechnologie
Rechtliches Umfeld	Zu beachtende Gesetze, erwartete Gesetze bzw. Gesetzesänderungen, neue Verordnungen
Politisches Umfeld	Gegebene politische Lage, erwartete politische Veränderungen, internationale Entwicklungen
Ökologisches Umfeld	Geografische Bedingungen, klimatische Situation, Umweltschonung, Verfügbarkeit von Energie und Rohstoffen, Entsorgung

Die Ergebnisse der Umfeldanalyse fließen in den Strategieentwurf ein.

2.2.2.1.2 Marktanalyse

Die Marktanalyse ist das systematische und methodisch einwandfreie Untersuchen eines Marktes mit dem Ziel, marktbezogene **Informationen** zu erlangen. Sie wird einmalig oder fallweise zeitpunktbezogen durchgeführt und dient dem Vergleich von Strukturgrößen, z. B. Marktstruktur, Konkurrenzverhalten.

Die Marktanalyse kann folgende **Elemente** umfassen (*Gälweiler*):

- Marktpotenzial (Marktvolumen)
- Marktwachstum
- Marktanteile (eigene, fremde)
- Preisentwicklung
- Gestaltung der Marketingaktivitäten
- Beurteilung des Rentabilitätspotenzials.

Die Durchführung einer umfassenden Marktanalyse ist insbesondere für neu gegründete Unternehmen eine wichtige Voraussetzung für die strategische Planung.

Aufgabe 18 > Seite 235

2.2.2.1.3 Konkurrentenanalyse

Die Konkurrentenanalyse dient dazu, systematisch Informationen über die Mitbewerber zu sammeln und zu bewerten. Sie erstreckt sich meist nicht auf sämtliche Wettbewerber, sondern nur auf die zwei bis drei wichtigsten Konkurrenten.

Es sollte aber auch auf potenzielle Konkurrenten geachtet werden, die noch nicht in der Branche tätig sind, sowie kleinere Wettbewerber, die erfolgreich Marktnischen besetzt haben, da sie eine hohe Wachstumsdynamik aufweisen und aggressiv am Markt agieren.

Mithilfe der Konkurrentenanalyse versucht das Unternehmen, die voraussichtlichen strategischen Schritte der Wettbewerber zu erkennen und die Reaktionen der Wettbewerber auf Veränderungen in der Branche sowie auf eigene strategische Maßnahmen herauszufinden. Ihre **Informationsquellen** können sein (*Ehrmann*):

- Jahresabschlüsse
- Pressekonferenzen
- Verbandsmitteilungen
- Bankauskünfte
- Internetrecherchen
- gezielte Befragungen
- Unternehmenspublikationen in Fachzeitungen und -zeitschriften.

Die Konkurrentenanalyse umfasst nach *Porter* vier **Grundelemente**:

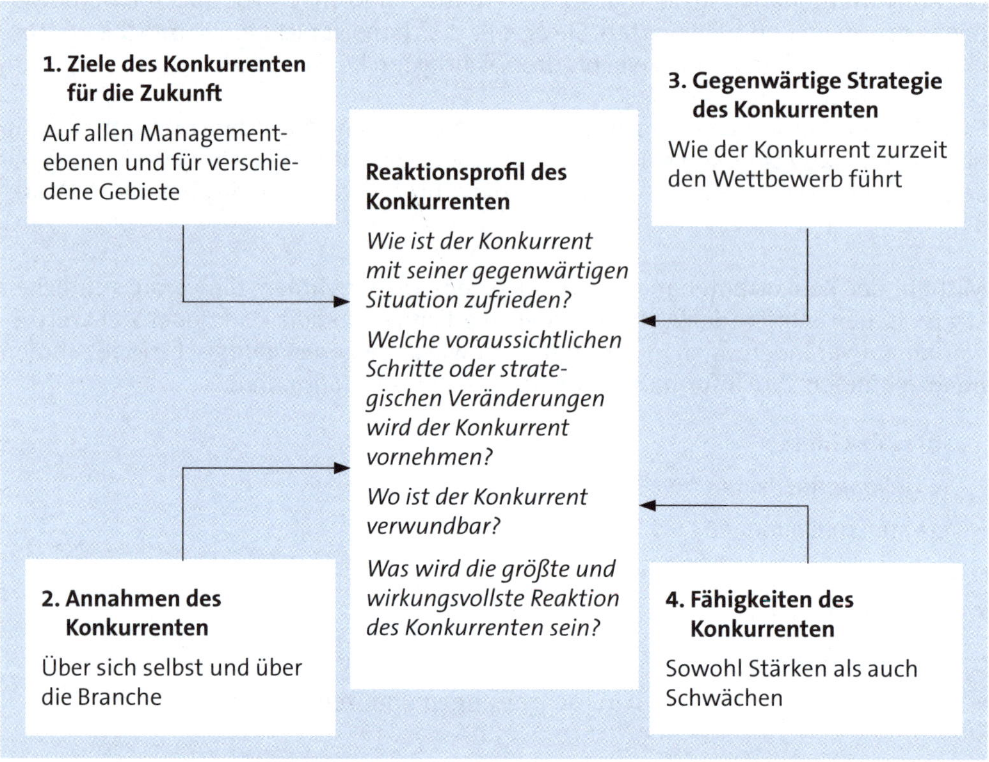

Die **Kenntnis der Ziele des Konkurrenten** für die Zukunft erlaubt eine Aussage darüber, ob dieser Wettbewerber mit seiner gegenwärtigen Position zufrieden ist oder nicht. Darüber hinaus sind Vorhersagen möglich, wie ein Wettbewerber auf Strategieänderungen der Konkurrenz reagieren wird und inwieweit er eigene bereits eingeleitete Maßnahmen ernsthaft verfolgt.

Die **Kenntnis der Annahmen des Konkurrenten** sind zu identifizieren. Sie lassen sich in Annahmen eines Wettbewerbers über sich selbst und Annahmen des Wettbewerbers über die Branche sowie die anderen Unternehmen innerhalb dieser Branche aufteilen.

Jedes Unternehmen arbeitet auf der Grundlage von Annahmen über seine eigene Situation. Sie lenken das Verhalten des Unternehmens und seine Reaktionen auf Ereignisse. Wird bei der Analyse festgestellt, dass die Annahmen eines Wettbewerbers über seine Situation nicht zutreffen, so steht ein gewichtiger „strategischer Hebel" zur Verfügung.

Die **Kenntnis der gegenwärtigen Strategie des Konkurrenten** bedingt, dass sämtliche Funktionsbereiche des Wettbewerbers analysiert werden.

Die **Kenntnis der Fähigkeiten des Konkurrenten** bewirkt eine Einschätzung des Reaktionsvermögens. Die Fähigkeiten eines Wettbewerbers werden mit einer Stärken-Schwächen-Analyse festgestellt. Sie kann sich beziehen auf:

- Produkte
- Händler/Vertrieb
- Marketing/Verkauf
- Verfahren
- Forschung/Technik
- Gesamtkosten
- finanzielle Stärke
- Organisation
- allgemeine Managementfähigkeit.

Verfeinert werden kann die Untersuchung durch Aussagen zu:

- Kernfähigkeiten
- Wachstumsmöglichkeiten
- Fähigkeit zur schnellen Reaktion
- Anpassungsfähigkeit
- Durchhaltevermögen
- Mitarbeiterpotenzial.

Aus den vier Grundelementen kann ein **Reaktionsprofil** des Konkurrenten erstellt werden.

2.2.2.1.4 Branchenstrukturanalyse

Die Formulierung einer Wettbewerbsstrategie wird insbesondere durch die Branche bestimmt, in der das Unternehmen tätig ist. Als **Branche** wird eine Gruppe von Unternehmen bezeichnet, die Produkte herstellen, die sich gegenseitig nahezu ersetzen können.

Nach *Porter* bestimmen fünf **Wettbewerbskräfte** die Wettbewerbsintensität und die Rentabilität einer Branche, wobei die stärkste Wettbewerbskraft ausschlaggebend ist:

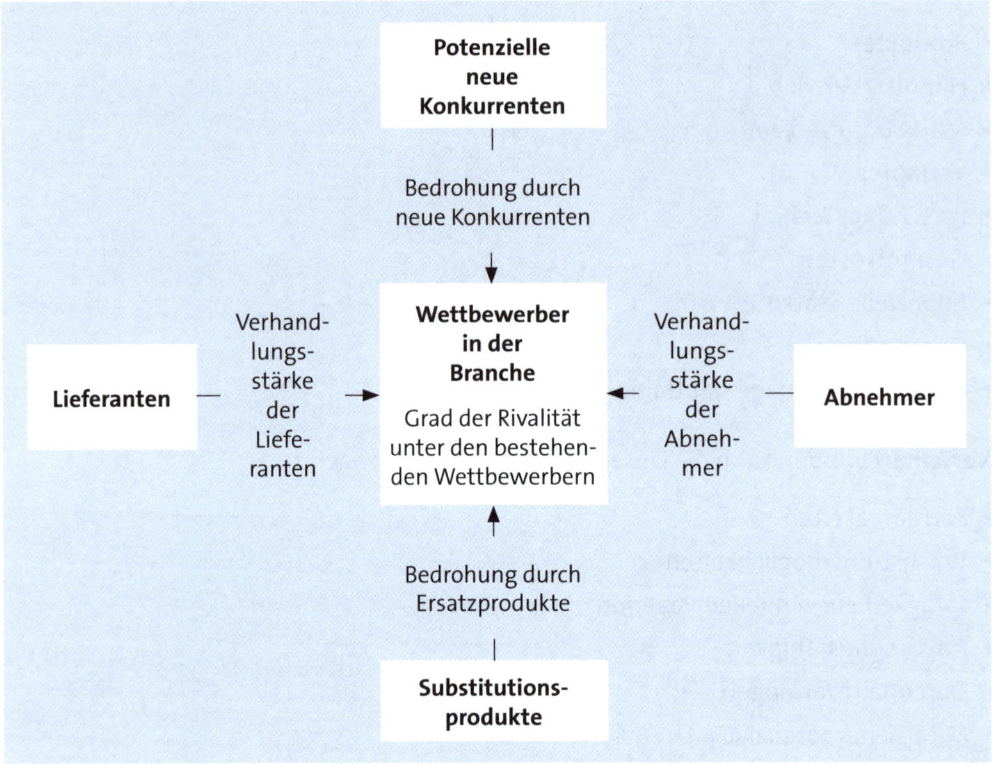

Die **Gefahr des Markteintrittes neuer Konkurrenten** hängt von der Höhe der existierenden Markteintrittsbarrieren und den erwarteten Reaktionen ab. **Markteintrittsbarrieren** können sein:

Betriebsgrößenersparnisse	Sie liegen vor, wenn die Stückkosten bei steigender absoluter Menge pro Zeiteinheit sinken. Neuanbieter haben deshalb wegen der Größenvorteile der etablierten Wettbewerber nur die Option, entweder zu hohen Kosten oder mit hohem Produktionsvolumen in den Markt einzusteigen.
Größenunabhängige Kostenvorteile	Etablierte Unternehmen können über Kostenvorteile verfügen, die für neue Konkurrenten unerreichbar sind, z. B. durch den Besitz von speziellen Produkttechnologien, spezialisiertem Know-how, günstigem Zugang zu Rohstoffen, Standortvorteilen.
Produktdifferenzierung	Etablierte Unternehmen verfügen oft über bekannte Marken, die eine stark ausgeprägte Käuferloyalität bewirken können. Das erschwert es neuen Anbietern, in den Markt einzudringen.

Kapitalbedarf	Ein Markteintritt ist teilweise mit einem hohen Kapitalbedarf (z. B. für Beschaffung von Anlagevermögen, Einführungswerbung) und möglicherweise mit unwiederbringlichen Investitionen (z. B. für Forschung und Entwicklung) verbunden.
Umstellungskosten	Das sind einmalige Kosten, die für einen Abnehmer anfallen, wenn er vom Produkt eines Lieferanten zu dem eines anderen wechselt. Zu ihnen zählen z. B. Kosten für Zusatzgeräte, Umschulungskosten der Mitarbeiter.
Zugang zu Vertriebskanälen	Es können Restriktionen im Zugang zu Vertriebskanälen bestehen, z. B. in Form langfristiger vertraglicher Bindungen ohne Kündigungsmöglichkeit zu bestimmten Absatzmittlern.
Staatliche Politik	Der Staat kann den Markteintritt neuer Unternehmen begrenzen bzw. verhindern, z. B. durch Lizenzzwang, Umweltschutzvorschriften oder Begrenzung des Zugangs zu den Rohstoffen.

Bei den **erwarteten Reaktionen** handelt es sich um mögliche Vergeltungsmaßnahmen der etablierten Wettbewerber. Anzeichen für eine hohe Vergeltungswahrscheinlichkeit sind:

- Erfahrungswerte über harte Vergeltungsmaßnahmen in der Vergangenheit
- umfangreiche Möglichkeiten der etablierten Unternehmen zur Vergeltung, z. B. überschüssige Liquidität, starke Position gegenüber den Vertriebskanälen
- langsames Branchenwachstum und begrenzte Möglichkeiten, Neuanbieter aufzunehmen, ohne die Rentabilität etablierter Unternehmen zu verringern
- Höhe der Austrittsbarrieren, z. B. stark spezialisierte Fertigungsanlagen, hohe Fixkosten des Austritts/bestehende Leasingverpflichtungen.

Der **Druck durch Substitutionsprodukte** besteht, da alle Unternehmen einer Branche mit Wettbewerbern konkurrieren, die Ersatzprodukte mit gleichen bzw. ähnlichen Funktionen herstellen. Diese Produkte begrenzen prinzipiell das Gewinnpotenzial einer Branche, da sie eine Preisobergrenze bewirken.

Ersatzprodukte von Wettbewerbern sind besonders dann zu beobachten, wenn sich deren Preis-Leistungs-Verhältnis tendenziell verbessert und die Umstellungskosten zu ihnen niedrig sind. Auch erhöht sich der Druck durch Substitutionsprodukte, wenn deren Hersteller damit hohe Gewinne erzielen.

Die **Verhandlungsstärke der Abnehmer** ist eine weitere Wettbewerbskraft, denn die Abnehmer konkurrieren mit der Branche, indem sie die Preise drücken, höhere Qualität oder bessere Leistung fordern und Wettbewerber gegeneinander ausspielen. Dies geschieht i. d. R. auf Kosten der Rentabilität der Branche.

Die Stärke der wichtigsten Abnehmergruppen hängt jedoch von ihrer individuellen Situation als Abnehmer und dem Anteil ihrer Käufe an den gesamten Umsätzen der Branche ab. Merkmale für eine **hohe Marktmacht** der Abnehmer sind z. B.:

Konzentrationsgrad der Abnehmergruppe	Die Abnehmer sind bedeutende Unternehmen, die als Großabnehmer über eine erhebliche Einkaufsmacht verfügen. Sie werden mit einem erheblichen Prozentsatz des Absatzes der Branche beliefert, z. B. Hersteller in der Automobilbranche, die erheblichen Druck auf die Preise der Zulieferunternehmen ausüben, oder Discounter im Lebensmittelhandel.
Standardisierung/ fehlende Produktdifferenzierung	Die Produkte der Lieferanten einer Branche sind aufgrund hoher Standardisierung fast beliebig austauschbar. Bei Verhandlungen können die Lieferanten gegeneinander ausgespielt werden.
Niedrige Umstellungskosten	Falls die Abnehmer nur schwach an bestimmte Lieferanten gebunden sind, können sie flexibel ihre Lieferanten wechseln.
Niedrige Gewinne	Niedrige Gewinne bewirken, dass die Abnehmer ihre Beschaffungskosten senken wollen.
Drohung mit Rückwärtsintegration	Wenn Abnehmer glaubwürdig damit drohen, die Herstellung von Vorprodukten aufzunehmen, die bisher von Zulieferern gefertigt wurden, können sie oft Zugeständnisse aushandeln.

Die Macht der Abnehmer erhöht sich z. B. mit steigender Konzentration auf der Käuferseite. Deshalb ist eine vorausschauende Abnehmerauswahl notwendig.

Die **Verhandlungsstärke der Lieferanten** verhält sich spiegelbildlich zur Verhandlungsstärke der Abnehmer. Merkmale für eine hohe Verhandlungsstärke von Lieferanten sind z. B.:

Konzentrationsgrad der Lieferanten	Liegt ein hoher Konzentrationsgrad der Lieferanten vor, können diese bei ihren Abnehmern Einfluss auf Preis, Qualität, Lieferbedingungen und Zahlungsmodalitäten nehmen.
Konkurrenz von Ersatzprodukten	Lieferanten verfügen über eine günstige Wettbewerbsposition, wenn keine Ersatzprodukte vorhanden sind.
Auftragsvolumen für Lieferanten	Lieferanten, die ihre Produkte an mehrere Branchen verkaufen, können ihre Machtposition ausspielen.
Bedeutsamkeit des Produkts	Es besteht eine hohe Lieferantenmacht, wenn die Produkte der Lieferanten für ihre Abnehmer von großer Bedeutung sind.
Möglichkeiten zur Vorwärtsintegration	Wenn Lieferanten glaubwürdig mit Vorwärtsintegration drohen, d. h. sie weiten ihre Aktivitäten auf nachgelagerte Produktions- oder Handelsstufen aus, verschlechtern sich damit die Einkaufskonditionen der Abnehmer.

Der **Grad der Rivalität unter den bestehenden Wettbewerbern** in der Branche äußert sich in Positionskämpfen. Sie können über Preiswettbewerb, Werbeschlachten, Produktinnovationen, Verbesserung von Zusatzleistungen, bzw. Service- oder Garantieleistungen ausgetragen werden. Anzeichen für einen hohen Rivalitätsgrad in einer Branche sind z. B.:

Zahlreiche oder gleich ausgestattete Wettbewerber	Die Branche weist einen geringen Konzentrationsgrad auf. Die Wahrscheinlichkeit ist dabei groß, dass einige Wettbewerber Maßnahmen gegenüber Neueinsteigern einleiten.
Langsames Branchenwachstum	Expansionswillige Unternehmen müssen versuchen, ihren Marktanteil deutlich zu erhöhen, sie sollten z. B. eine aggressive Preispolitik betreiben.
Hohe Fix- oder Lagerkosten	Sie zwingen zu einer hohen Kapazitätsauslastung, insbesondere vor dem Hintergrund eines hohen Kapitaldienstes (Zins- und Tilgungszahlungen für Fremdkapital).
Fehlende Differenzierung/niedrige Umstellungskosten	Der Wettbewerb wird hauptsächlich über Preis und Service ausgetragen, da die Wettbewerber eine nahezu gleichartige Produktpalette anbieten.
Große Kapazitätserweiterungen	Sie können Überkapazitäten und Preissenkungen in der Branche bewirken, da aufgrund von Kostenremanenzen eine kurzfristige Reduzierung von Fixkosten nicht immer möglich ist.
Heterogene Wettbewerber	Die Wettbewerber unterscheiden sich stark voneinander und sorgen durch ihre Strategien und Beziehungen für ständige Unruhe am Markt.
Hohe strategische Einsätze	Der Erfolg auf dem spezifischen Markt ist für das Unternehmen z. B. aus Imagegesichtspunkten besonders wichtig.
Hohe Austrittsbarrieren	Sie zwingen zum Verbleib in einem Markt und zu immer neuen Versuchen, dort erfolgreich zu sein. Hierzu zählen u. a. stark spezialisierte Fertigungsanlagen, hohe Fixkosten des Austritts, strategische Wechselbeziehungen, emotionale Barrieren sowie administrative und soziale Restriktionen.

Porter sieht in der Rivalität unter den bestehenden Wettbewerbern die zentrale Triebkraft einer Branche. Sie ergibt sich aus den Ausprägungen der anderen vier Wettbewerbskräfte.

Aufgabe 19 > Seite 235

2.2.2.2 Interne Analysen

Mithilfe interner Analysen erfolgt die Untersuchung der Gegebenheiten, die sich unmittelbar auf das Unternehmen beziehen. Sie werden auch als **Unternehmensanalysen** bezeichnet und stehen in enger Verbindung zu externen Analysen. Die für die internen Analysen notwendigen Informationen lassen sich zum großen Teil unmittelbar aus dem Datenbestand des Unternehmens entnehmen. Es gibt:

- **Potenzialanalyse**
- **Lückenanalyse**
- **Stärken-Schwächen-Analyse**
- **Wertketten-Analyse**.

2.2.2.2.1 Potenzialanalyse

Die Potenzialanalyse ist ein weit verbreitetes Instrument zur Analyse der verfügbaren Stärken bzw. Ressourcen eines Unternehmens. Sie wird auch **Ressourcenanalyse** genannt und dient dazu, den Ist-Zustand der Erfolgspotenziale festzustellen. Auf dieser Grundlage kann dann die zukünftige Entwicklung der verfügbaren Potenziale strategisch geplant werden.

Nur das frühe Erkennen und die zielgerechte Nutzung vorhandener Potenziale ermöglicht eine Strategie, die sich auf die Erfolgschancen bzw. Stärken im Unternehmen konzentriert und die Schwächen der Mitbewerber ausnützt. Die Erkenntnisse aus der Konkurrentenanalyse sollten in die Potenzialanalyse einfließen.

Die Potenzialanalyse erstreckt sich auf sämtliche **Unternehmensbereiche**. Dabei kann sie z. B. erfassen (*Ehrmann, Kreikebaum, Ebling/Kreuzer*):

Fertigungsbereich	► Struktur der Anlagen ► Ausstattung der Anlagen ► Modernisierungsgrad der Anlagen ► Kapazitätsumfang der Anlagen ► Elastizität der Anlagen ► Qualität der Fertigungsplanung und Fertigungssteuerung ► Qualifikation des Fertigungspersonals	
Marketingbereich	► Sortiment ► Werbekonzept ► Effizienz des Vertriebes ► Produktzweck in Hinblick auf die Lösung von Kundenproblemen ► Altersstruktur der Produkte ► Öffentlichkeitsarbeit ► Kundenservice ► Akquisitorische Wirkung des Leistungsprogramms	
Forschungs- und Entwicklungsbereich	► Intensität und Wirksamkeit der FuE-Tätigkeit ► Innovationsmöglichkeit/-bereitschaft ► Kooperationsmöglichkeit/-bereitschaft ► Personal-/Finanzausstattung	
Finanzbereich	► Eigenkapitalquote ► Kapitalstruktur ► Liquiditätsgrad	► Verschuldungsgrad ► Kapitalbeschaffungsmöglichkeiten
Personalbereich	► Altersstruktur ► Qualifikationsprofil ► Motivation	► Betriebsklima ► Weiterbildungsmöglichkeiten ► Akademikerquote

Der **Ablauf** der Potenzialanalyse erfolgt in mehreren Schritten (*Mann*):

Informationssammlung mithilfe eines Ad-hoc-Brainstorming	► Sammlung von vergangenen Erfolgen und Misserfolgen ► Ursachenanalyse der Erfolge/Misserfolge ► Sammlung zukünftiger Stärken und Schwächen ► Feststellung zukünftiger Chancen und Bedrohungen ► Auswertung der gesammelten Informationen
Identifikation der wichtigsten Schlüsselfaktoren	► Auflistung/Bewertung der Schlüsselfaktoren nach Wichtigkeit ► Herausfiltern der fünf bis zehn wichtigsten Schlüsselfaktoren ► Überprüfung der Schlüsselfaktoren durch Diskussion
Visualisierung der Schlüsselfaktoren	► Darstellung der eigenen Schlüsselfaktoren bzw. Stärken in Relation zum stärksten Mitbewerber in einem Formblatt ► Verwendung eines Schemas mit Ausprägungen von -3 bis +3, wobei der Mitbewerber die neutrale Position 0 einnimmt ► Relative Bewertung der Stärken bzw. Schlüsselfaktoren gegen-über diesem Mitbewerber
Ermittlung der noch nutzbaren Potenziale	► Bestimmung der grundsätzlich nutzbaren Potenziale ► Annahme des unbegrenzten Vorhandenseins der für die Verstärkung der Schlüsselfaktoren erforderlichen Mittel

Das Ergebnis der Potenzialanalyse lässt sich **grafisch** vorteilhaft darstellen:

	Beurteilung						
	besser		gleich			schlechter	
Kriterien	**+3**	**+2**	**+1**	**0**	**-1**	**-2**	**-3**
Markenstärke			●				
Werbepräsenz		●					
Distribution im Handel					●		
Produkt-Aufmachung	●						
Produktion						●	
Lieferfähigkeit			●				
Innovationsfähigkeit					●		
Entscheidungsfähigkeit	●						
Produktqualität					●		
Außendienst				●			

● Eigene Position im Vergleich zum (stärksten) Wettbewerber

Die Potenzialanalyse kann aufgrund der Identifizierung von vorhandenen oder zukünftigen Erfolgspotenzialen des Unternehmens eine wichtige Voraussetzung für die **Lückenanalyse** sein.

2.2.2.2.2 Lückenanalyse

Die Lückenanalyse dient der frühzeitigen Identifikation einer Lücke zwischen der gegenwärtigen Entwicklung und der strategischen Zielsetzung eines Unternehmens. Sie wird auch **GAP-Analyse** genannt. Zu unterscheiden sind:

- Die **einfache Lückenanalyse**, die das Ergebnis des Vergleiches der Entwicklungslinie als einer von der Unternehmensleitung formulierten Soll-Vorgabe, z. B. als Zielkurve des erwünschten Umsatzes, mit einer zweiten Kurve ist, die den erwarteten Umsatzverlauf des Basisgeschäfts darstellt:

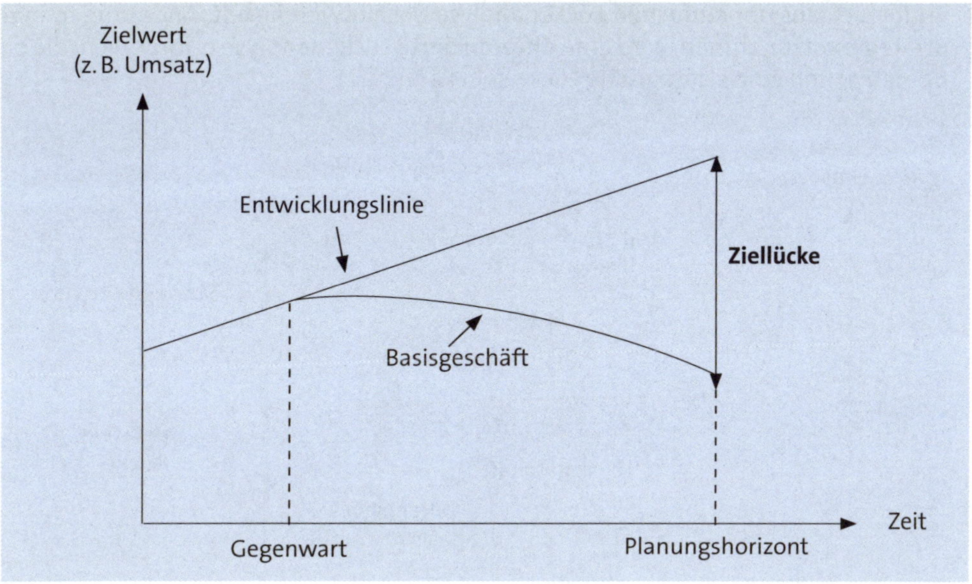

Die Werte der gewünschten **Entwicklungslinie** ergeben sich aus den Vorstellungen der Unternehmensleitung über die in der Zukunft erforderlichen Umsätze unter fiktiver Nutzung aller Potenziale des Marktes.

Die Entwicklungslinie zeigt an, ob alle Potenziale des Unternehmens genutzt werden, um zukünftige Chancen wahrzunehmen und Gefahren zu umgehen. Auch können zukünftig zu erwartende Veränderungen innerhalb der Potenziale des Unternehmens miteinbezogen werden.

Beim erwarteten **Basisgeschäft** wird unterstellt, dass der Umsatzverlauf bei bestehenden Produkten auf den gegenwärtigen Märkten durch einen Produktlebenszyklus beschreibbar ist und das unternehmerische Konzept weitgehend unverändert bleibt. Das Basisgeschäft stellt die Extrapolation von Vergangenheitswerten bei gegebenen Erfolgspotenzialen und Beibehaltung der bisherigen Unternehmenspolitik dar.

Werden beide Kurven bis zum Planungshorizont verfolgt, ist eine **Ziellücke** als Abstand zwischen beiden Linien erkennbar. Sie bildet den Ansatzpunkt für die Lückenanalyse, mit der die Ursachen der Lücke identifiziert werden.

- Ergibt sich aus der einfachen Lückenanalyse die Notwendigkeit, Änderungen in der Strategie vorzunehmen, wird eine **differenzierte Lückenanalyse** erforderlich, die eine operative und eine strategische Lücke sein kann:

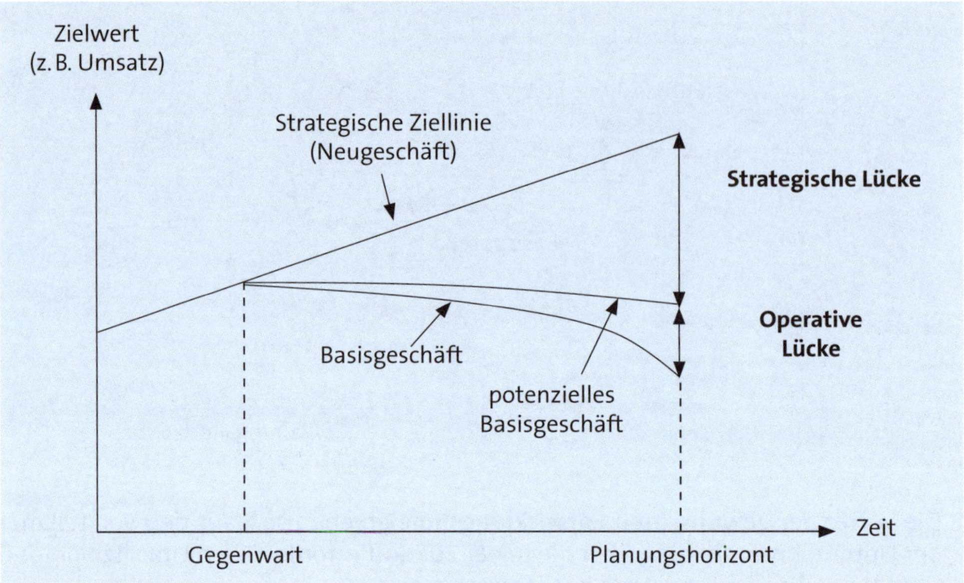

Die **operative Lücke** kann durch unterstützende Maßnahmen geschlossen werden, um die alten Produkte auf den bisherigen Märkten besser zu positionieren, z. B. durch Rationalisierungsmaßnahmen, Kapazitätsanpassung, Investitionsprojekte, Motivation, Ausweitung absatzpolitischer Instrumente.

Zur Schließung der **strategischen Lücke** sind zusätzliche strategische Maßnahmen zu initiieren. Sie werden auch Hauptstoßrichtungen genannt und sind Bestandteile des Strategieentwurfes. Je weiter die Linien voneinander entfernt sind, umso notwendiger ist eine Strategieänderung, z. B. ein Angriff auf Konkurrenzunternehmen durch eine deutliche Preissenkung.

Aufgabe 20 > Seite 235

2.2.2.2.3 Stärken-Schwächen-Analyse

Die Stärken-Schwächen-Analyse vergleicht vergangenheits- und gegenwartsbezogen die positiven und negativen Merkmale eines Unternehmens mit denen der bedeutendsten Konkurrenten. Damit ist sie eine wichtige Ergänzung der Potenzialanalyse, die auf den gegenwärtigen Stand der Erfolgspotenziale des Unternehmens abstellt.

Zur Analyse der Stärken und Schwächen eines Unternehmens sollte ein Führungskräfte-Team gebildet werden, deren Mitglieder unterschiedlichen Unternehmensbereichen angehören. **Elemente** der Stärken-Schwächen-Analyse können z. B. sein (*Carl/Kiesel)*:

Marktleistung	Sortimentsumfang, Produktqualität, Servicegrad
Preis	Preis-Leistungs-Verhältnis, Zahlungsbedingungen
Marketing	Vertriebsorganisation, Zugang zu Vertriebskanälen, Liefertermine, Lagerbestände, Werbung, Außendienst, Verkaufsförderung, Öffentlichkeitsarbeit
Fertigung	Fertigungsverfahren, Fertigungstiefe, Produktivität und Flexibilität der Anlagen
Forschung und Entwicklung	Produktinnovation, Innovationsgeschwindigkeit, Prozessinnovation, Patent- und Lizenzwesen
Finanzen	Eigenkapitalquote, Liquidität, Kapitalstruktur, Rentabilität
Kosten	Gemeinkostenanteile, Beschaffungspreise
Personal	Qualität, Motivation, Fluktuation

Um auch künftige Umweltentwicklungen in die Analyse einzubeziehen, sind die Chancen- und Risikopotenziale des Unternehmens früh zu analysieren. Sie können sich beziehen auf:

Chancen (potenziale)	Risiken (potenziale)
► Diversifikation ► Eintritt in neue Märkte/Branchen ► Steigerung der Kaufkraft ► Erhöhung des Marktwachstums ► Passives oder defensives Verhalten der Mitbewerber ► Kostensenkung durch Outsourcing ► Verlagerung an kostengünstigere Standorte ► Just-in-time-Belieferung durch Lieferanten ► Strategische Allianzen in Vertrieb, Produktion und Beschaffung	► Auftreten neuer Billiganbieter aus dem Ausland ► Umsatzeinbrüche bei eigenen Produkten durch erfolgreiche Substitutionsprodukte der Konkurrenten ► Konjunkturrückgang ► Zunehmende Einkaufsmacht der Kunden ► Lieferantenkonzentration ► Protektionismus ► Veränderte Marktbedürfnisse ► Wertewandel der Verbraucher

Das **Stärken-Schwächen-Profil** eines Unternehmens ergibt sich aus den Bewertungsergebnissen und kann grafisch dargestellt werden:

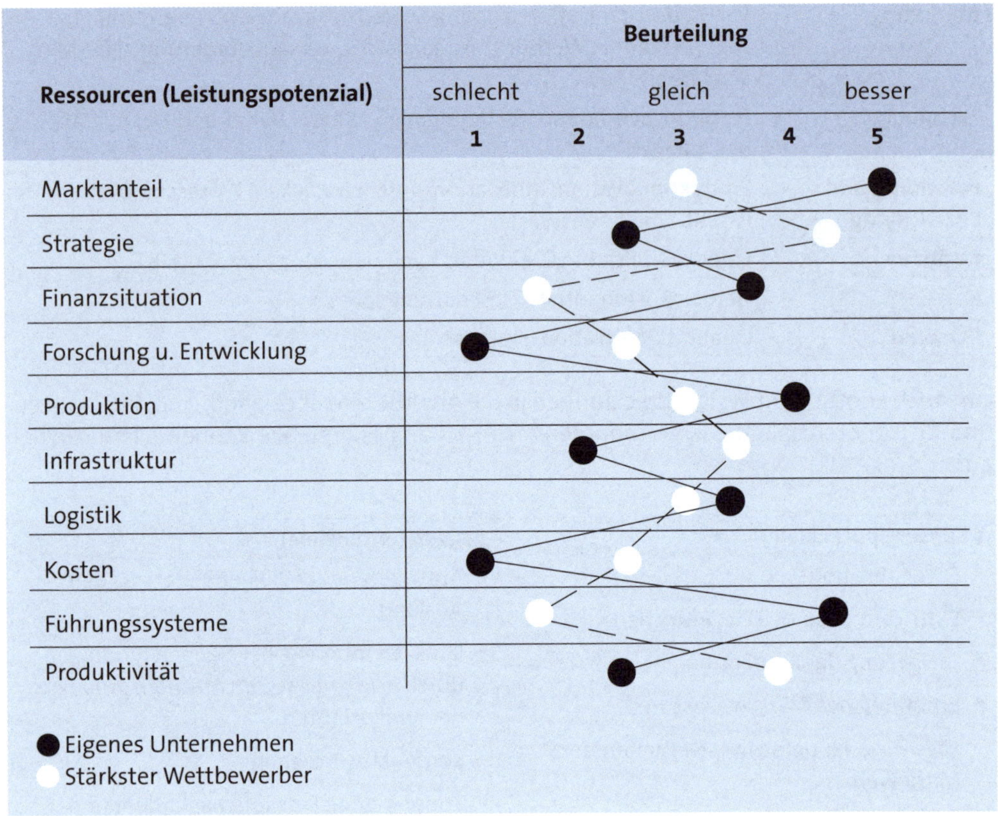

Eine Stärken-Schwächen-Analyse sollte nicht nur von Großunternehmen durchgeführt werden. Auch kleine und mittelständische Unternehmen können aus ihr wertvolle Hinweise erlangen.

2.2.2.2.4 Wertketten-Analyse

Die von *Porter* entwickelte Wertketten-Analyse ist ein Instrument, um mögliche Ansatzpunkte zur Verbesserung der Wettbewerbsposition eines Unternehmens zu erkennen. Sie wird auch als **Wertschöpfungsketten-Analyse** bezeichnet.

Die Wertketten-Analyse beschränkt sich nicht auf eine Untersuchung unternehmensinterner Abläufe. Sie umfasst auch eine markt- bzw. branchenbezogene Analyse möglicher Wettbewerbsvorteile, denn erfolgreiche Unternehmen müssen in der Lage sein, das für den Kunden wichtige Ergebnis des Leistungserstellungsprozesses preisgünstiger oder qualitativ besser als die Konkurrenten anzubieten.

Bei der Wertketten-Analyse wird ein Unternehmen in strategisch relevante Funktionsbereiche bzw. Aktivitäten gegliedert, die Kosten- und Differenzierungsvorteile gegenüber Wettbewerbern bewirken können.

Der **Wert** ist dabei derjenige Preis, den die Kunden für eine bestimmte Problemlösung eines Unternehmens zu zahlen bereit sind. Um Wettbewerbsvorteile zu realisieren, muss er höher sein als die Kosten der Wertschöpfung.

Der **Gesamtwert der betrieblichen Leistungserstellung** ergibt sich aus:

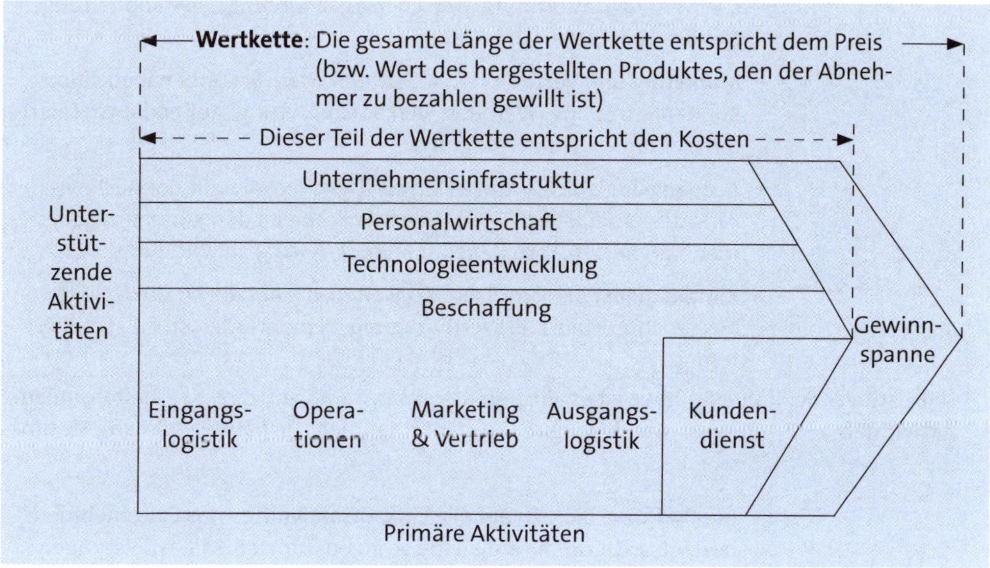

- Den Wertaktivitäten, die sich unterteilen lassen in:

Primäre Aktivitäten	Sie sind unmittelbar mit der Herstellung und dem Vertrieb des Produktes verbunden und setzen sich zusammen aus: ► **Eingangslogistik** als sämtliche Abwicklungstätigkeiten, die mit der Bereitstellung von Betriebsmitteln und Werkstoffen verbunden sind, z. B. Beschaffung von Roh-, Hilfs- und Betriebsstoffen, Eingangskontrolle, Teilebereitstellung ► **Operationen** als alle Tätigkeiten, die den Fertigungsprozess umfassen, z. B. Materialumformung, Zwischenlager, Montage, Instandhaltung, Qualitätskontrolle, Verpackung ► **Marketing** und **Vertrieb** mit Aktivitäten wie z. B. Kundenakquisition, Kundenbetreuung, Werbung, Verkaufsförderung, Außendienst, Distributionskanäle, Preisfestlegung ► **Ausgangslogistik** als Abwicklungstätigkeiten, die mit der Auslieferung des Produktes bzw. der Dienstleistung an den Kunden zusammenhängen, z. B. Fertiglager, Transport, Auftragsabwicklung ► **Kundendienst** als sämtliche Tätigkeiten, die auf die Produktpflege ausgerichtet sind, z. B. Werterhaltung, Reparaturdienst, Ersatzteillieferung.
Unterstützende Aktivitäten	Ihre Aufgabe ist es, die primären Aktivitäten aufrecht zu erhalten, indem die gesamte Versorgung des Unternehmens gewährleistet wird. Sie umfassen: ► **Beschaffung**, die sich auf alle Einkaufsaktivitäten des Unternehmens bezieht, z. B. Computerdienstleistungen, Transportdienstleistungen ► **Technologieentwicklung**, wozu z. B. Forschung und Entwicklung, Bürokommunikation, Marktforschung, Informationssysteme zählen ► **Personalwirtschaft**, die alle personenbezogenen Aktivitäten betrifft, z. B. Personalbeschaffung, Personaleinstellung, Personaleinsatz, Personalfortbildung, Personalentwicklung, Personalentlassung ► **Unternehmensinfrastruktur**, die als Aktivitäten z. B. Unternehmensführung, Rechnungswesen, Finanzwirtschaft, Rechtsfragen, Außenkontakte betreffen.

- Der **Gewinnspanne**, die sich als Differenz zwischen dem Gesamtwert und der Summe der Kosten des Erzeugnisses bzw. der Dienstleistung ergibt, welche durch die Ausführung der Wertaktivitäten entstanden sind.

  Die Wertkette des einzelnen Unternehmens ist in ein System vor- und nachgelagerter Wertketten seiner Kunden und Lieferanten eingebettet. Daraus ergibt sich das **Wertschöpfungssystem** einer Branche.

Aufgabe 21 > Seite 235

2.2.2.3 Kennzahlenanalyse

Kennzahlen beziehen sich auf wichtige betriebliche Tatbestände, Gegebenheiten, Abläufe bzw. Zusammenhänge und stellen diese in konzentrierter Form dar. Sie können für inner-, zwischenbetriebliche oder zeitliche **Vergleiche** ermittelt werden und geben der Unternehmensleitung schnell einen Überblick über die Leistungsfähigkeit des Unternehmens.

Die im Rahmen der Kennzahlenanalyse gewonnenen Kennzahlen stellen auch **Ausgangspunkte** für die strategische Ausrichtung des Unternehmens dar, die vom Top Management vorgenommen wird. Es lassen sich unterscheiden:

- **absolute Kennzahlen** (Einzelzahlen, Summen, Differenzen)
- **relative Kennzahlen** (Beziehung von zwei Größen zueinander)
- **Unternehmenskennzahlen** (auf das Gesamtunternehmen ausgerichtet)
- **Funktionskennzahlen** (beziehen sich auf Funktionsbereiche).

Die ausschließlich isolierte Betrachtung von Kennzahlen ist zumeist ohne großen Informationswert. Ein Aussagewert ergibt sich häufig erst, indem ein zeitlicher bzw. sachlicher Zusammenhang zwischen den Kennzahlen hergestellt wird.

Unternehmen bedienen sich oftmals nicht lediglich mehrerer unabhängig voneinander stehender Kennzahlen, sondern sie verwenden **Kennzahlensysteme**. Mit ihrer Hilfe ist es möglich, betriebswirtschaftliche Zusammenhänge in ihren Wechselwirkungen offen zu legen. Sie gehen dabei jeweils von einer bestimmten Ausgangs-Kennzahl aus, die das Untersuchungsziel bestimmt und sich baumförmig weiterentwickelt.

Ein weit verbreitetes Kennzahlensystem ist das **Du Pont-System**. Es stellt die Kennzahl „Return on Investment" als Ertrag aus investiertem Kapital in den Mittelpunkt der Betrachtung und zeigt auf, wie die geplanten Einsatz-, Ertrags- und Erfolgsgrößen in einen sinnvollen Zusammenhang gebracht werden können. Damit werden Ursache-Wirkung-Zusammenhänge deutlich gemacht.

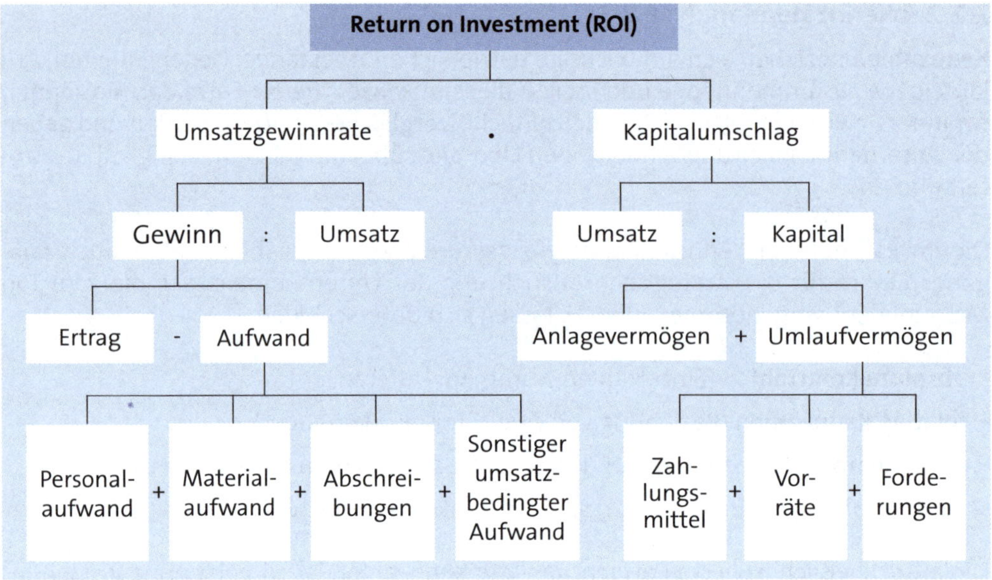

Kennzahlen ermöglichen einen hohen Informationsstand und dienen der Übersichtlichkeit betrieblicher Prozesse. Damit können Ziele gut formuliert und ihre Erfüllung einfach kontrolliert werden. Sie berücksichtigen aber keine qualitativen Daten und auch nicht bzw. kaum Zielkonflikte.

Aufgabe 22 > Seite 236

2.2.3 Strategien

Strategien basieren auf externen und internen Analysen. Die Unternehmensleitung hat eine bestimmte **„Marschrichtung"** zur Lösung grundlegender Probleme verbindlich festzulegen, die für einen relativ langen Zeitraum gilt. Es ergibt sich folgender **Ablauf**:

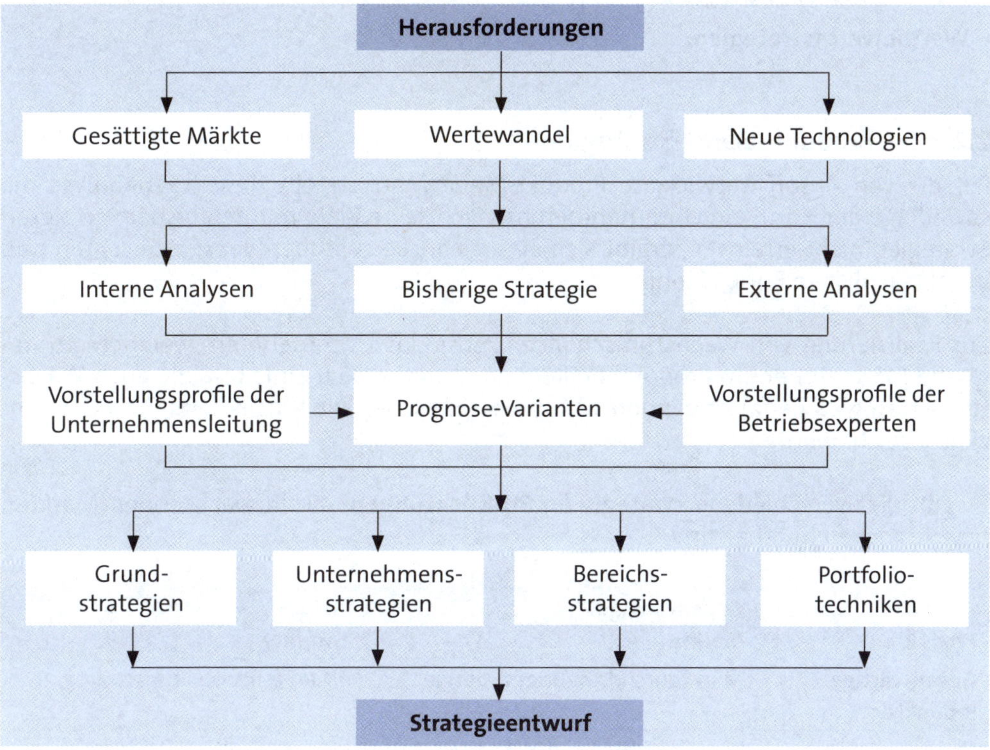

Dabei sind die Herausforderungen des Marktes anzunehmen und die aus internen und externen Analysen erkannten Chancen zu nutzen, Positionen auszubauen, Risiken zu vermeiden, Schwächen zu mindern, Stärken zu erhalten und Nachteile zu beseitigen.

Die zur Realisierung einer Strategie erforderlichen Mittel und Verfahren werden im **Strategieentwurf** konkretisiert, der eine oder mehrere Strategiearten umfassen kann. Als Strategien lassen sich unterscheiden:

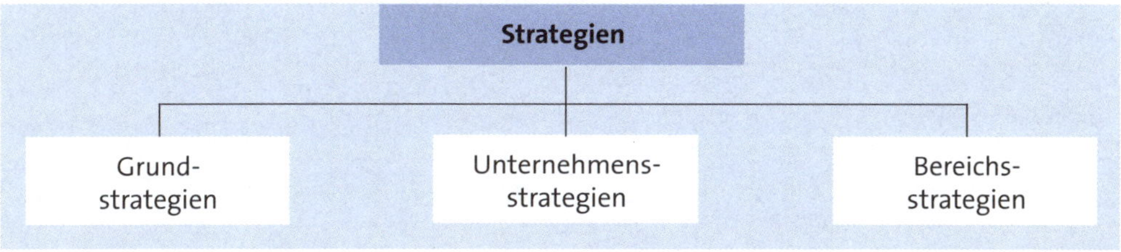

2.2.3.1 Grundstrategien

Jedes Unternehmen kann prinzipiell verschiedene Grundstrategien einsetzen, die eine grundlegende Marktpositionierung zur Folge haben. Im Wesentlichen sind das:

- **Produkt-Markt-Strategien**
- **Wettbewerbsstrategien**.

2.2.3.1.1 Produkt-Markt-Strategien

Für die von *Ansoff* entwickelte Produkt-Markt-Matrix stellt die **Lückenanalyse** die Grundlage dar. Kann ein Unternehmen nämlich seine Ziele mit den bisher verfolgten Strategien nicht erreichen, ergibt sich eine Ziellücke zwischen der gewünschten und der tatsächlichen Entwicklung.

Zur Realisierung von Wachstumschancen muss das Unternehmen geeignete strategische Maßnahmen im Produktbereich und Marktbereich einleiten, die auch **Wachstumsstrategien** genannt werden. Mit ihrer Hilfe sollen die Wachstums- und Gewinnziele erreicht werden.

Es gibt vier verschiedene **strategische Stoßrichtungen**, die in wachsenden Märkten bzw. Branchen nutzbar sind:

Märkte / Produkte	Gegenwärtige Märkte	Neue Märkte
Gegenwärtige Produkte	Marktdurchdringungsstrategie	Marktentwicklungsstrategie
Neue Produkte	Produktentwicklungsstrategie	Diversifikationsstrategie

Da sich der Schwierigkeitsgrad der Realisierung dieser Grundstrategien in der Praxis recht unterschiedlich darstellt, ist deren Umsetzung in strategische Maßnahmen oftmals daran gebunden, dass das Unternehmen vom gegenwärtigen Betätigungsfeld ausgeht (gegenwärtige Produkte in gegenwärtigen Märkten = **Marktdurchdringung**) und versucht, in neue Dimensionen vorzudringen (neue Produkte in neuen Märkten = **Diversifikation**).

Diese **Abfolge**, der noch die Marktentwicklung und Produktentwicklung zwischengeschaltet sind, lässt sich grafisch darstellen:

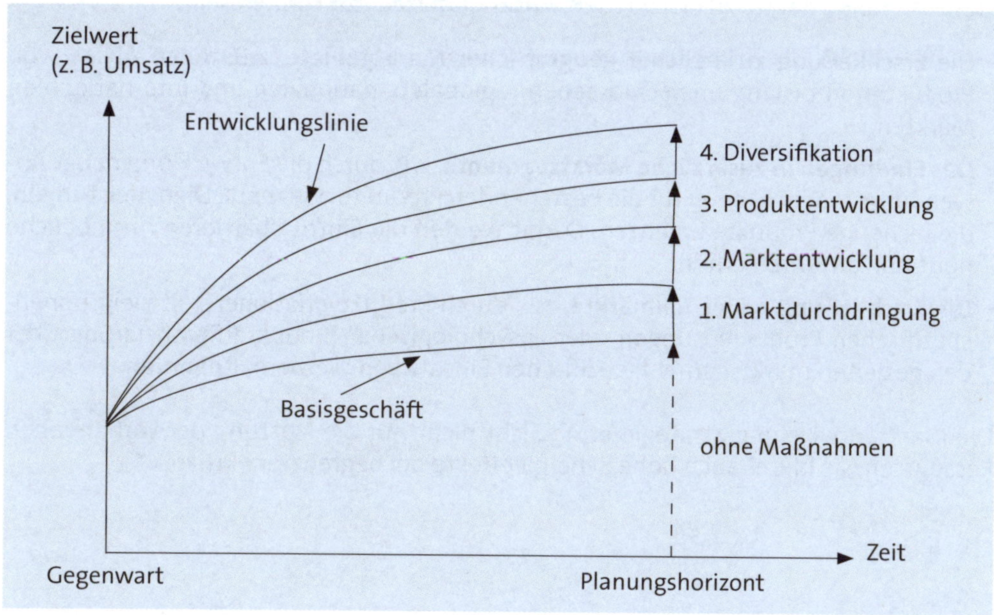

Im Folgenden sollen die Produkt-Markt-Strategien näher behandelt werden:

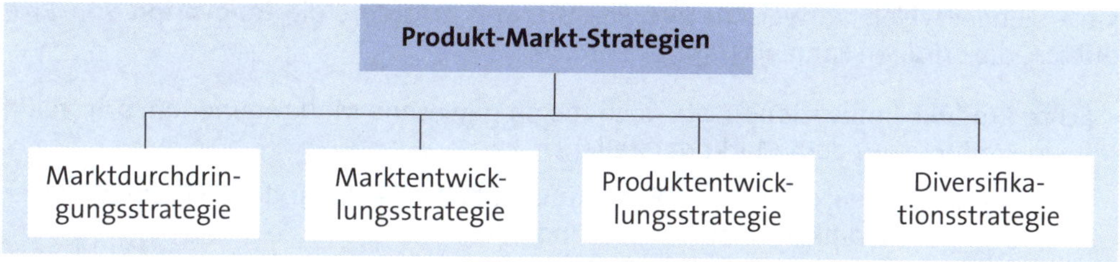

2.2.3.1.1.1 Marktdurchdringungsstrategie

Die Marktdurchdringungsstrategie dient der Ausschöpfung des Marktpotenzials von existierenden Produkten in bestehenden Märkten durch eine Intensivierung der Marketinganstrengungen mit dem Ziel, das Marktvolumen und den eigenen Marktanteil zu vergrößern. Sie wird auch **Marktintensivierungsstrategie** oder **Marktpenetrationsstrategie** genannt.

Aus der Marktdurchdringungsstrategie ergeben sich die übrigen Grundstrategien. Mit ihr ist ein hohes **Synergiepotenzial** verbunden. Die mit dieser Strategie einhergehenden Risiken stellen sich als gering dar.

2.2.3.1.1.2 Marktentwicklungsstrategie

Die Marktentwicklungsstrategie zielt darauf ab, für die gegenwärtig existierenden Produkte neue Märkte zu erschließen. **Ansatzpunkte** dazu können sein:

- Die **Erschließung zusätzlicher geografischer Marktgebiete**, z.B. durch Absatz von Produkten in bislang unerschlossenen regionalen, nationalen und internationalen Märkten.
- Das **Eindringen in zusätzliche Marktsegmente**, z.B. durch die Entwicklung neuer Anwendungsmöglichkeiten für die bestehenden Produkte oder neue Dienstleistungen, die bisherige Produkte ergänzen. Damit werden die Eintrittsbarrieren für mögliche neue Konkurrenten erhöht.
- Die **Erschließung neuer Teilmärkte**, z.B. durch Produktvariationen mit zielgruppenspezifischen Problemlösungen oder „psychologische" Produktdifferenzierung über den gezielten marktsegmentspezifischen Einsatz von Werbemaßnahmen.

Die Marktentwicklungsstrategie ermöglicht nicht nur die Nutzung der vorhandenen Ressourcen, sie bietet auch hohe Synergieeffekte bei begrenztem Risiko.

Aufgabe 23 > Seite 236

2.2.3.1.1.3 Produktentwicklungsstrategie

Die Produktentwicklungsstrategie dient dazu, neue Produkte für bestehende Märkte zu entwickeln. Sie wird insbesondere von Unternehmen praktiziert, deren Produkte kurze Lebenszyklen aufweisen. Ihre Realisierung erfordert die **Innovation** von Produkten, die erfolgen kann als (*Jung*):

- **Echte Produkt-Innovationen**, die noch nie da gewesene Marktneuheiten, d.h. völlig neue Produkte auf dem Markt darstellen.
- **Quasi-Innovationen**, die in enger Beziehung mit bereits vorhandenen Produkten stehen bzw. eine Modifikation bisheriger Produkte sind.
- **Me-too-Produkte**, die Imitations-Produkte sind, welche einem Original-Produkt in vielen Eigenschaften und Fähigkeiten gleichen. Sie sind nur Innovationen innerhalb des Unternehmens und werden ohne bestimmte Vorteile gegenüber einem bereits bestehenden, meist erfolgreichen Produkt eines anderen Anbieters auf den Markt gebracht.

Bei der Innovation neuer Produkte wird vielfach auf Bekanntes zurückgegriffen. **Bezugspunkte** können sein:

- vorhandene Produkte
- bereits eingesetzte Rohstoffe
- bekannte Technologien

- verwandte Problemstellungen
- bisherige Kunden
- bisherige Zulieferer.

Langfristiges **Ziel** eines Unternehmens sollte es sein, eine systematische Innovationspolitik zu betreiben. Dabei ist zu berücksichtigen, dass mit echten Innovationen im Allgemeinen höhere Gewinnchancen verbunden sind als mit Me-too-Produkten, allerdings aber auch ein höherer Zeit- und Kostenbedarf sowie höhere Risiken.

2.2.3.1.1.4 Diversifikationsstrategie

Bei der Diversifikationsstrategie verlässt das Unternehmen seine bisherigen Betätigungsfelder, um neue Produkte in neuen Märkten zu platzieren. Sie ist die anspruchsvollste Strategie, bei der verschiedene **Arten der Diversifikation** unterschieden werden können:

- Die **horizontale Diversifikation**, bei der Produkte auf der gleichen Leistungsstufe wie die bisherigen Erzeugnisse aufgenommen werden, d. h. sie stehen im engen sachlichen Zusammenhang mit dem bisherigen Produktionsprogramm. Dabei werden z. B. gleiche Werkstoffe, verwandte Technologien oder das bestehende Vertriebssystem genutzt.
- Die **vertikale Diversifikation**, bei der Produkte in das Leistungsprogramm integriert werden, die zu einer dem Unternehmen vor- und/oder nachgelagerten Wirtschaftsstufe gehören. Sie kann erfolgen als:

Rückwärtsintegration	Dabei wird die Herstellung von **Vorprodukten** aufgenommen, die bisher von einem Zulieferer gefertigt wurden.
Vorwärtsintegration	Das Unternehmen weitet seine Aktivitäten auf **nachgelagerte Stufen** der Produktion oder des Handels aus.

- Die **laterale Diversifikation**, bei der sich das Unternehmen in völlig neuen Produkten und Märkten engagiert, d. h. es besteht keinerlei Zusammenhang zwischen den bereits vorhandenen und den neuen Produkten.

Formen der Diversifikationsstrategie sind (*Steinmann/Schreyögg*):

- Die **Akquisition von Unternehmen**, die am häufigsten vorkommt, da sie recht einfach und schnell zu vollziehen ist, indem das notwendige Know-how, die Produktionsanlagen sowie der Kundenkreis zugekauft werden. Im Verlaufe des Akquisitionsprozesses und der Einbindung des gekauften Unternehmens in die eigene Organisationsstruktur ergeben sich aber oftmals Probleme, sodass die Akquisition nicht den gewünschten Erfolg bringt.
- Die **Errichtung eines eigenen Unternehmens** erfolgt selten. Wichtige Gründe liegen in unzureichendem Know-how und insgesamt zu hohem Risiko. Allerdings verspricht dieser Schritt im Falle der Realisierung gute Erfolgschancen.

- Die **Kooperation mit anderen Unternehmen** geschieht häufig, z. B. über Lizenznahmen oder Joint Ventures. Dabei vermindert sich die Unabhängigkeit des Unternehmens. Erfolgschancen bestehen vor allem, wenn getrennt entwickeltes Know-how gemeinsam vermarktet wird.

Aufgabe 24 > Seite 236

2.2.3.1.2. Wettbewerbsstrategien

Wettbewerbsstrategien beziehen sich auf offensive oder defensive Maßnahmen mit dem Ziel, für das Unternehmen eine gefestigte Wettbewerbsposition zu schaffen. Sie basiert auf strategischen Wettbewerbsvorteilen gegenüber der Konkurrenz, z. B. Produkte mit höchster Qualität, Produkte mit niedrigstem Preis, bester Service, freundlichstes Personal. Wichtig ist, dass die Abnehmer sie erkennen.

Porter unterscheidet drei grundlegende **Wettbewerbsstrategien**, um sich bezüglich der Wettbewerbskräfte erfolgreich zu positionieren bzw. die bisherige Wettbewerbsposition zu verbessern. Sie unterscheiden sich vor allem im:

- strategischen Vorteil (Kostenvorsprung/Einzigartigkeit des Produktes)
- strategischen Zielobjekt (Gesamtmarkt/Teilmarkt bzw. „Marktnische").

Strategisches Zielobjekt	Strategischer Vorteil: Einzigartigkeit aus Sicht des Käufers	Strategischer Vorteil: Kostenvorsprung
Branchenweit	**Differenzierungsstrategie**	**Strategie der umfassenden Kostenführerschaft**
Beschränkung auf ein Segment	**Strategie der Konzentration auf Schwerpunkte**	

2.2.3.1.2.1 Differenzierungsstrategie

Mit der Differenzierungsstrategie werden eigene Leistungen bzw. Produkte angestrebt, die als einzigartig für die Branche angesehen werden. Sie wird auch **Präferenzstrategie** genannt, da sie sich darum bemüht, dem Verbraucher einen besonderen Nutzenvorteil zu vermitteln.

Die **erfolgreiche Differenzierung** eines Produktes gegenüber dem Wettbewerb kann z. B. erfolgen über:

- herausragende Produkteigenschaften, die Kunden einen Zusatznutzen gewähren
- gute Marketingfähigkeiten, z. B. zielgruppengerechte Werbekampagnen
- perfekten Service, der z. B. durch ein umfassendes Vertriebsnetz gewährleistet wird
- deutlich über dem Niveau der Konkurrenz befindliche Qualität des Produktes
- hohe Investitionen im Bereich von Forschung und Entwicklung
- gutes Betriebsklima, das für die Motivation/Kreativität der Mitarbeiter förderlich ist.

Bei der Differenzierungsstrategie ist die Höhe des Produktpreises nicht das kaufentscheidende Argument für die Kunden. Die spezifischen Besonderheiten der Produkte führen dazu, dass die Verbraucher bereit sind, höhere Preise zu bezahlen.

Hieraus ergibt sich ein Wettbewerbsvorteil für das Unternehmen, der aber nicht zwangsläufig mit einem hohen Marktanteil verbunden sein muss. Im Gegenteil, er wird bei einem höheren Marktpreis eher niedriger sein. Diese Strategie könnte ebenso als **„Klein-aber-Fein-Strategie“** bezeichnet werden.

Wegen der Einzigartigkeit des Produktes ist eine hohe Kundenloyalität möglich, die das Unternehmen vor anderen Wettbewerbskräften schützt.

2.2.3.1.2.2 Strategie der umfassenden Kostenführerschaft

Die Strategie der umfassenden Kostenführerschaft besteht darin, durch eine breite Marktpräsenz große Stückzahlen zu erzielen, woraus niedrigere Kosten im Verhältnis zur Konkurrenz resultieren. Sie wird auch **(Niedrig-)Preisstrategie, Mengenstrategie, Preis-Mengen-Strategie** genannt.

In ihren Grundzügen basiert die Strategie auf dem **Erfahrungskurven-Konzept**. Sie zeichnet sich insbesondere durch einen umfassenden Kostenvorsprung eines Anbieters gegenüber seinen Konkurrenten innerhalb einer Branche aus, wobei die Produkte bzw. Dienstleistungen zumeist nur von durchschnittlicher Qualität sind.

Ein **Kostenvorsprung** ist durch eine Reihe von Maßnahmen erreichbar, z. B.:

- aggressiver Aufbau von Produktionsanlagen effizienter Größe
- energisches Ausnutzen erfahrungsbedingter Kostensenkungspotenziale
- strenge Kostenkontrollen (Gemeinkosten-Wertanalyse)
- ständige Durchführung von Rationalisierungsprozessen
- hohe Standardisierung und Vereinfachung der Produkte
- stark ausgeprägte Arbeitsteilung
- weitgehende Konzentration zu Lasten von Kleinabnehmern
- Minimierung der Kosten in Bereichen wie Vertrieb, Service, Werbung.

Kernelement der Kostenführerschaftsstrategie sind die **niedrigsten Kosten** im Vergleich zu den Mitbewerbern. So kann ein Unternehmen noch Erträge erwirtschaften, wenn die Konkurrenz bereits mit Verlust arbeitet. Die Kostenführerschaftsstrategie gewährt Schutz gegen mächtige Abnehmer, welche die Preise nur bis zum Niveau des zweitgünstigsten Konkurrenten drücken können.

Die **Anwendung** der Strategie der umfassenden Kostenführerschaft empfiehlt sich insbesondere in folgenden Fällen (*Carl/Kiesel*):

- Das Produkt ist hochstandardisiert und weitgehend automatisiert zu fertigen.
- Abnehmer bevorzugen ein besonders günstiges Preis-Leistungs-Verhältnis.
- Sie legen wenig Wert auf Qualität, Exklusivität, Design, Verpackung, Image.
- Sie sind relativ stark konzentriert und haben eine hohe Einkaufsmacht.
- Abnehmer können ohne große Umstellungskosten ihre Lieferanten wechseln.
- Bei einem Standardprodukt ist der Preis der kaufentscheidende Faktor.
- Das Produkt wird häufig und zahlreich nachgefragt, wodurch große Fertigungsmengen realisierbar sind.

2.2.3.1.2.3 Strategie der Konzentration auf Schwerpunkte

Während die bisher beschriebenen Wettbewerbsstrategien auf den Gesamtmarkt abzielen, ist die Strategie der Konzentration auf Schwerpunkte darauf gerichtet, **einzelne Marktsegmente** zu bearbeiten, z.B. bestimmte Abnehmergruppen, Teile des Produktprogrammes, geografisch abgegrenzte Märkte.

Als **Nischenstrategie** versucht das Unternehmen durch Einengung seiner Zielgruppe besser auf die Bedürfnisse seiner Kunden eingehen zu können als die Konkurrenz. Wenn dies gelingt, können sich Wettbewerbsvorteile ergeben.

Die Strategie der Konzentration auf Schwerpunkte zielt auf eine marktsegmentspezifische Erhöhung des Kundennutzens ab. Sie kann entweder in Form einer Differenzierung oder einer Kostenführerschaft ausgestaltet sein.

Aufgabe 25 > Seite 237

2.2.3.2 Unternehmensstrategien

Mithilfe der Unternehmensstrategien soll die zukünftige globale Ausrichtung des Unternehmens festgelegt werden. Das geschieht durch das Top Management. Mit den Unternehmensstrategien werden die **Hauptstoßrichtungen** des Unternehmens bestimmt, die im Marktverhalten und in der Entwicklung des Unternehmens zum Ausdruck kommen. Es lassen sich unterscheiden:

- **Verhaltensstrategien**
- **Entwicklungsstrategien**.

2.2.3.2.1. Verhaltensstrategien

Verhaltensstrategien orientieren sich an den Aktivitäten der Konkurrenz. Dementsprechend sind sie überwiegend **gegenwartsbezogen**, im Gegensatz zu den Entwicklungsstrategien, die eher zukunftsorientiert sind. Das Unternehmen setzt sich aktiv mit den Verhaltensweisen der Wettbewerber auseinander, indem es vielfältige offensive bzw. defensive **Maßnahmen** ergreift als:

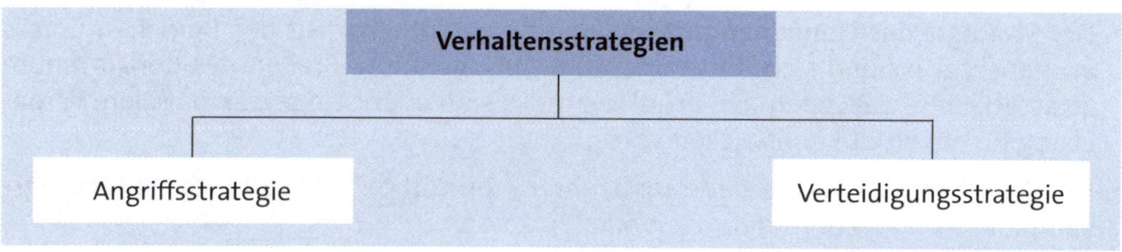

Zu den Verhaltensstrategien zählen auch (*Ehrmann*):

- Die **Status Quo-Strategie**, bei der das Unternehmen seinen bisherigen „Kurs“ beibehält. Hier soll z. B. nach Erreichung der angestrebten Marktposition das Eindringen von Wettbewerbern verhindert werden.
- Die **Konfliktvermeidungsstrategie**, die dadurch gekennzeichnet ist, dass sich das Unternehmen in einer eher passiven Rolle befindet und z. B. versucht, vor der Konkurrenz auszuweichen oder Marktnischen zu besetzen.

Diese Strategien sollen nicht näher behandelt werden, da sie keine aktiven Strategien des Unternehmens, sondern eher Strategievermeidungs-Konzepte darstellen.

2.2.3.2.1.1 Angriffsstrategie

Die Angriffsstrategie ist auf Konkurrenten im Allgemeinen und auf den Marktführer im Besonderen ausgerichtet. Als **Offensivstrategie** ist es ihr Ziel, dem Branchenführer mit aggressiven Maßnahmen und ggf. unter bewusster Inkaufnahme von Konflikten Marktanteile abzunehmen. Um erfolgreich zu sein, sollte der Angreifer verfügen über:

- Einen **dauerhaften Wettbewerbsvorteil**, der in einem erkennbaren und langfristigen Kosten- oder Differenzierungsvorteil gegenüber dem Branchenführer bestehen könnte.
- **Ähnliche Wettbewerbsaktivitäten** wie der Marktführer. Da der Marktführer zumeist auch Branchenvorteile besitzt, ist zu versuchen, diese weitestgehend auszugleichen.
- Einen **hohen Schutz vor Vergeltungsmaßnahmen** des Branchenführers.

In Abhängigkeit von der spezifischen Markt- bzw. Branchensituation kann die Unternehmensleitung grundsätzlich unter verschiedenen **Formen** von Angriffsstrategien auswählen (*Becker*):

- Der **Strategie des Direktangriffes**, die auf die Hauptprodukte des Wettbewerbers abzielt. Wirksame Maßnahmen sind z. B. Preissenkungen oder die Markteinführung von neuen Produkten, welche die Konkurrenzerzeugnisse substituieren können.
- Der **Umzingelungsstrategie**, mit der versucht wird, den Wettbewerber von verschiedenen Seiten anzugreifen, z. B. durch die gleichzeitige Einführung eines Hochpreis-Produktes von hohem Qualitätsniveau und eines Niedrigpreis-Produktes von nur durchschnittlicher Qualität.
- Der **Strategie des Flankenangriffes**, die auf die Verletzbarkeit des Branchenführers ausgerichtet ist und sich darum bemüht, ungeschützte Stellen des Konkurrenten zu attackieren, z. B. indem ein attraktiveres Design oder eine zweckmäßigere Verpackung für ein Produkt entwickelt wird.
- Der **Guerillastrategie**, die den Marktführer „zermürben" soll, z. B. als Abnutzungskampf in Form von Abmahnungen oder Prozessen.

2.2.3.2.1.2 Verteidigungsstrategie

Die Verteidigungsstrategie versucht, die Wahrscheinlichkeit von Angriffen durch Konkurrenten zu verringern. Sie ist eine **Defensivstrategie**, mit der das Unternehmen bestrebt ist, seine Wettbewerbsvorteile auf Dauer abzusichern. Durch wirksame Abschreckung und geeignete Gegenmaßnahmen soll ein Herausforderer zur Auffassung gebracht werden, dass ein möglicher Angriff nur wenig attraktiv ist.

Maßnahmen der Verteidigung können sein:

- Die **Erhöhung der strukturbedingten Barrieren**, die z. B. durch folgende defensive Aktivitäten erfolgen kann:
  - Schließung von Produkt- oder Positionslücken
  - Abriegelung des Zugangs zu Vertriebs- und Zulieferkanälen
  - Erhöhung der Umstellungskosten der Abnehmer, z. B. durch kostengünstige Schulung des Personals des Abnehmers, Produktentwicklung in Zusammenarbeit mit Abnehmern, Einsatz von EDV für direkte Bestellungen oder Anfragen
  - Steigerung größenbedingter Kostendegressionen, z. B. durch Erhöhung der Werbung, Ausdehnung des Investitionsvolumens zur Beschleunigung des technologischen Wandels, kürzere Produktlebenszyklen
  - Verhinderung des Einsatzes alternativer Technologien, z. B. durch Patentieren möglicher Alternativen, Beteiligung an alternativen Technologien
  - Schutz des unternehmenseigenen Know-hows
  - Bildung von Koalitionen, um Marktbarrieren zu errichten.
- Die **Steigerung der Vergeltungserwartung**, die durch Signale an den Konkurrenten bewirkt werden kann, aus denen die Entschlossenheit zur Verteidigung hervorgeht. Bei einem bereits begonnenen Angriff eines Konkurrenten bieten sich Abwehrmaßnahmen an, wie z. B.:

- Störung von Test- oder Einführungsmärkten
- schnelle Reaktion durch eigene Produkteinführung
- Führung von Rechtsstreitigkeiten, z. B. Patentprozesse oder kartellrechtliche Verfahren.

► Die **Schaffung geringer Angriffsreize**, die sich grundsätzlich auf den am Markt erzielbaren Gewinn beziehen. Er ist für einen Herausforderer der Anreiz, einen Angriff einzuleiten. Als defensive Maßnahme ist einem vom Angriff bedrohten Unternehmen zu empfehlen, seine Gewinnsituation nach außen hin möglichst zu verschleiern bzw. bekannte Gewinnziele zu relativieren.

2.2.3.2.2 Entwicklungsstrategien

Während die Verhaltensstrategien eher gegenwartsorientiert sind, zeichnen sich die Entwicklungsstrategien durch ihre **Zukunftsorientierung** aus. Mit ihnen ist die Wettbewerbsposition des Unternehmens auf Dauer zu verbessern, wozu dienen:

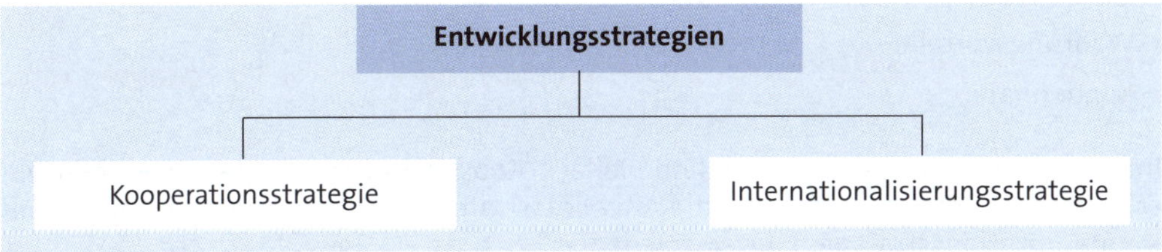

2.2.3.2.2.1 Kooperationsstrategie

Die Kooperationsstrategie ist jede Form der **Zusammenarbeit von Unternehmen** mit dem Ziel der gemeinsamen Erfüllung einer Aufgabe. Dabei bleiben die Kooperationspartner rechtlich selbstständig, geben jedoch einen Teil der wirtschaftlichen Selbstständigkeit auf, um die gemeinsame Wettbewerbsfähigkeit zu steigern sowie eine Kollision mit nationalen und internationalen Wettbewerbsregeln zu vermeiden.

Durch die zunehmende Komplexität der Umwelt und die steigende Wettbewerbsdynamik ergreifen immer mehr Unternehmen die Kooperationsstrategie, um die Herausforderungen des Marktes durch gemeinsames Vorgehen zu bewältigen, in jüngerer Zeit vor allem auch international z. B. in Form von strategischen Allianzen und Joint Ventures.

Eine Kooperation kann auch **unternehmensintern** vorteilhaft sein, d. h. zwischen den betrieblichen Funktionsbereichen. Mit Kooperationsstrategien sind vielfältige betriebswirtschaftliche sowie steuer-, gesellschafts- und kartellrechtliche Probleme verbunden.

2.2.3.2.2.2 Internationalisierungsstrategie

Die Internationalisierungsstrategie bezieht sich auf den systematischen Aufbau und die Entwicklung von Erfolgspotenzialen auf dem Weltmarkt. Sie dient als Basis zur strategischen Zielerreichung auf ausländischen Märkten. **Motive** hierfür und damit für eine verstärkte Präsenz eines Unternehmens im Ausland können vielfältiger Art sein, z. B. (*Ehrmann*):

- inländischer Konkurrenzdruck
- inländische Marktsättigung
- Risikostreuung
- Kapazitätsauslastung
- gesetzliche Vorschriften
- Rohstofforientierung
- Image
- Kostenvorteile
- Währungsvorteile
- Kundennähe.

Internationalisierungsstrategien sind vielfach **Kooperationsstrategien**, wie oben beschrieben. Außerdem werden häufig Angebotsstrategien, Distributionsstrategien und Kommunikationsstrategien unterschieden.

Eine große Zahl deutscher Unternehmen bedient sich zunehmend der Internationalisierungsstrategien.

Aufgabe 26 > Seite 237

2.2.3.3 Bereichsstrategien

Bereichsstrategien sind Strategien, die auf die funktionalen Teilbereiche des Unternehmens abstellen. Dementsprechend sind zu nennen:

- **Materialstrategie**
- **Fertigungsstrategie**
- **Marketingstrategie**
- **Personalstrategie**
- **Finanzstrategie**
- **Forschungs- und Entwicklungsstrategie**.

2.2.3.3.1 Materialstrategie

Die Materialstrategie bezieht sich auf die langfristig ausgerichtete Materialversorgung des Unternehmens. Sie kann beinhalten:

- das **Schließen von Materialversorgungslücken**, z. B. durch effiziente Beschaffung des Materials bzw. durch einen verbesserten Materialeinsatz
- die **Straffung der Lieferantenstruktur**, damit eine Kontinuität der Belieferung und die Nutzung von Kostensenkungspotenzialen möglich werden
- das **Verbessern der Logistik**, z. B. durch innovative Lagerhaltungsmöglichkeiten bzw. durch neue Transport- und Umschlagsmaßnahmen
- die **Förderung des Beschaffungsmarketing**, z. B. durch veränderte Konditionenpolitik, Kooperation mit Lieferanten, neue Beschaffungsorganisation
- das **Verbessern der Bereitstellungsmöglichkeiten**, z. B. durch Investitionen im Lager- und Transportbereich, um mehr Flexibilität zu erreichen
- das **Senken der Beschaffungskosten** für das Material, z. B. durch Reduktion der Einkaufspreise mit Lieferanten als Ergebnis von Verhandlungen
- das **Verwirklichen eines effizienten Materialeinsatzes**, z. B. durch ABC-Analyse, die ein Instrument zur wertmäßigen Klassifikation von Gütern ist.

Zur Verdeutlichung strategischer Positionen werden **Beschaffungs-Portfolios** aufgestellt, die z. B. die Lieferantenmacht und die Einkaufsmacht einander gegenüberstellen.

2.2.3.3.2 Fertigungsstrategie

Die Fertigungsstrategie dient der langfristigen Verwirklichung der Fertigungsziele des Unternehmens. Sie kann sich beziehen auf:

- das **Verbessern der Fertigungsdurchführung**, z. B. durch Einsatz flexibler Maschinen bzw. die Verringerung der Rüstzeiten, wodurch eine Senkung der Fertigungskosten bewirkt werden kann
- das **Nutzen der Erfolgspotenziale**, z. B. durch kundennahe, marktorientierte Fertigung bzw. durch Förderung der Produktqualität, was die Marktposition des Unternehmens verbessern kann
- das **Vermindern** bzw. **Vergrößern der Kapazität**, z. B. durch Erweiterungsinvestitionen bzw. Vermeidung von Kapazitätsüberlastungen, wodurch für eine ausgewogene Fertigung gesorgt werden kann
- das **Verbessern der Fertigungssteuerung**, z. B. durch computergestützte Steuerung (CAM) bzw. durch computerintegrierte Fertigung (CIM), was zu einer Optimierung des Fertigungsablaufes beitragen kann

- das Sichern der Produktqualität, z. B. durch Festlegung der Qualitätsmerkmale bzw. verstärkte Überwachung der Qualität, um den hohen Ansprüchen der Kunden entsprechen zu können
- das **Verkürzen der Durchlaufzeiten**, z. B. durch Vermeidung von Fertigungsstörungen bzw. Termineinhaltung, um die Fertigungskosten zu minimieren.

Zahlreiche Fertigungsstrategien entstammen nicht primär fertigungswirtschaftlichen Überlegungen, sondern sind das Ergebnis von Erwägungen des Marketingbereiches.

2.2.3.3.3 Marketingstrategie

Die Marketingstrategie umfasst langfristig ausgerichtete Handlungsweisen zur Verwirklichung der Marketingziele des Unternehmens. Da das Unternehmen vom Markt geführt wird, stellen die Marketingstrategien nicht nur **Funktionsstrategien** dar, sondern sie sind auch **Grundstrategien** und **Unternehmensstrategien** als:

- **Marktsegmentierungsstrategien**, worunter die differenzierte und undifferenzierte Marketingstrategie sowie die konzentrierte Marketingstrategie fallen
- **Entwicklungsrichtungsstrategien**, die Wachstumsstrategien, Stabilisierungsstrategien oder Schrumpfungsstrategien darstellen können
- **Verhaltensstrategien**, bei denen die Angriffsstrategie und die Verteidigungsstrategie unterschieden werden
- **Produkt-Markt-Strategien**, die Marktdurchdringungsstrategien, Marktentwicklungsstrategien, Produktentwicklungsstrategien oder Diversifikationsstrategien sein können
- **Wettbewerbsstrategien**, zu denen die Differenzierungsstrategie, Strategie der umfassenden Kostenführerschaft und Konzentrationsstrategie zählen.

Bei der Entwicklung einer Marketingstrategie ist es erforderlich, nicht nur die Gegebenheiten des Marktes zu berücksichtigen, sondern auch die Ressourcen des Unternehmens, die personell, finanziell oder technisch begrenzt sein können.

2.2.3.3.4 Personalstrategie

Die Personalstrategie bezweckt die Realisierung der langfristigen Personalziele. Sie kann gerichtet sein auf:

- das rechtzeitige **Beschaffen von Personal**, z. B. über ansprechende Stellenanzeigen zur externen Personalakquisition oder über die Anwendung des „Prinzips der internen Aufstiegsbesetzung“
- das **Einbringen von Sozialinnovationen**, z. B. über arbeitszeit-, sozialleistungs-, personaleinsatz-, führungs-, entwicklungsorientierte Innovationen, Prämiensysteme bzw. durch die Förderung des betrieblichen Vorschlagswesens

- das **Flexibilisieren der Arbeitszeit**, z. B. durch Freizeitausgleich, Freischichten, Einführung der Gleitzeit, Jobsharing als Aufteilung eines Arbeitsplatzes auf zwei oder mehrere Personen, Altersteilzeit
- das **Verbessern der Produktivität**, z. B. durch verstärkten Einsatz der Kommunikationstechnologie, mehr Gruppenarbeit und Verantwortung von Teams
- die **Erhöhung der qualitativen Mitarbeiterkapazität** durch Verbesserung der Leistungsfähigkeit und Leistungsbereitschaft einzelner Mitarbeiter bzw. deren Beziehungsgefüge, z. B. durch Kooperation zwischen Vorgesetzten und Mitarbeitern
- das **Senken der Personalkosten**, z. B. durch Personalanpassung, Rationalisierung, weniger Fluktuation und Fehlzeiten, bessere Personalplanung
- das **Verbessern der Entgeltstruktur**, z. B. durch neue Systeme der Arbeitsbewertung, Transparenz der Höhe und Zusammensetzung des Entgeltes.

2.2.3.3.5 Finanzstrategie

Die Finanzstrategie bezieht sich auf Handlungsweisen zur Verwirklichung langfristiger finanzwirtschaftlicher Ziele. Sie kann umfassen:

- das **Sichern der Liquidität**, z. B. durch Gegenüberstellung der flüssigen Mittel und der jeweiligen Zahlungsverpflichtungen
- eine **zweckentsprechende Innenfinanzierung**, z. B. durch sinnvolle Cashflow-Verwendung
- eine **vernünftige Außenfinanzierung**, z. B. durch Erhöhung der Rentabilität aufgrund des Leverage-Effekts bzw. durch Steigerung der Investitionsrenditen
- das **Stärken der Eigenkapitalbasis**, z. B. durch Nutzung staatlicher Mittel, Einschaltung von Kapitalbeteiligungsgesellschaften als „Venture Capital"-Gesellschaften, durch Verhaltensänderungen am Kapitalmarkt
- das **Verringern von Währungsrisiken**, z. B. durch Maßnahmen der Risikokompensation bzw. durch eine flexible Absicherungsstrategie
- die zweckentsprechende **Beschaffung finanzieller Mittel**, z. B. durch Erschließung von neuen Kapitalquellen.

Die Finanzstrategie soll zu einer günstigen Kapitalausstattung, zu einer angemessenen Kapitalstruktur sowie zur langfristigen Rentabilitäts- und Liquiditätssicherung beitragen.

2.2.3.3.6 Forschungs- und Entwicklungsstrategie

Die Forschungs- und Entwicklungsstrategie beinhaltet Maßnahmen, die der Erreichung der langfristigen Forschungs- und Entwicklungsziele dienen, z. B. als:

- das ständige **Fördern des technischen Fortschrittes**, z. B. durch Verfahrensinnovationen, Produktinnovationen und Ideenverwertung
- das verbesserte **Lösen von Kundenproblemen**, z. B. durch Nutzung verbesserter Technik und laufende Befragung der Abnehmer der Erzeugnisse
- das **Erhöhen der Forschungs- und Entwicklungsproduktivität**, z. B. durch verstärktes Engagement der Forscher und durch Förderung der Kreativität aller Beteiligten
- das **Erweitern der Ideensammlung**, z. B. durch Gespräche mit Erfindern und gezielte Beobachtung des Verhaltens der Konkurrenten
- das **Beschleunigen neuer Entwicklungsprojekte**, z. B. durch Nutzung von öffentlichen Förderungsmitteln und internationalen Ressourcen
- das **Verwerten von Schutzrechten**, z. B. durch Lizenzvergabe, Verkauf von Patenten, Eigennutzung und Fremdbezug von Lizenzen
- das **Verbessern der Produkthaftung**, z. B. durch längere Haftung für Konstruktions-, Fabrikations- und Instruktionsfehler.

Aufgabe 27 > Seite 237

2.2.4 Portfoliotechniken

Als **Portfolio** bzw. **Portefeuille** wurde ursprünglich ein Wertpapierdepot bezeichnet, dessen Zusammensetzung unter Berücksichtigung bestimmter Kriterien – z. B. Rentabilität, Liquidität, Sicherheit bzw. Risiko der Anlagen – optimiert werden sollte.

Der Grundgedanke der Portfoliotechnik wurde in den 70er-Jahren auf ganzheitliche Problemstellungen bei diversifizierten Unternehmen übertragen. Sie bestehen aus einer Vielzahl von Elementen, z. B. aus Produkten oder Produktlinien, die zu **strategischen Geschäftseinheiten (SGE)** zusammengefasst werden und durch einen eindeutigen Kreis von Wettbewerbern gekennzeichnet sind (*Nieschlag/Dichtl/Hörschgen*).

Die Unternehmensleitung hat dabei über die Verteilung der Ressourcen auf die strategischen Geschäftseinheiten sowie die Festlegung des Verhältnisses strategischer Geschäftseinheiten zueinander zu entscheiden.

Portfoliotechniken unterstützen das Top Management bei seiner komplexen strategischen Führungsaufgabe und umfassen vor allem (*Steinmann/Schreyögg*):

- die **Definition eines Maßstabes** zum Vergleich der unterschiedlichen Geschäfte
- das **Aufzeigen der Erfolgspotenziale** der einzelnen strategischen Geschäftseinheiten

- das **Beschreiben der strategischen Situation** einer jeden strategischen Geschäftseinheit
- die **Abgabe einer Strategieempfehlung** für einzelne strategische Geschäftseinheiten.

Der Portfolio-Ansatz betrachtet das **Gesamtunternehmen**, das aus einzelnen strategischen Geschäftseinheiten (SGE) besteht. Sie werden auch strategische Geschäftsfelder (SGF) oder strategische Geschäftsbereiche (SGB) genannt und sind ein isolierter Ausschnitt aus dem Markt eines Unternehmens.

Strategische Geschäftsfelder (SGF) lassen sich durch folgende Merkmale charakterisieren:

- Sie umfassen Tätigkeitsfelder des Unternehmens, die voneinander weitgehend unabhängig sind.
- Sie nehmen eigenständige, kundenbezogene Marktaufgaben gegenüber anderen strategischen Geschäftsfeldern wahr.
- Sie beinhalten klar abgrenzbare Produkte bzw. Produktgruppen, die sich von anderen strategischen Geschäftsfeldern unterscheiden.
- Sie weisen im Allgemeinen unterschiedliche Marktchancen und Risiken auf.
- Sie können eigene strategische Planungen vornehmen, um Erfolgspotenziale zu schaffen und zu erhalten.
- Sie ermöglichen eine produkt- und zielgruppenorientierte Marktbearbeitung bei raschem Erkennen und Berücksichtigen von Kostensenkungspotenzialen.

Strategische Geschäftseinheiten (SGE) sind betriebliche Organisationseinheiten, für die sich Strategien zur Schaffung bzw. zur Erhaltung von Erfolgspotenzialen realisieren lassen. Die Bildung von strategischen Geschäftseinheiten erfolgt dabei nicht auf Dauer. Sie kann im Planungsablauf einem Wandel unterliegen, wenn sich bestimmte Bedingungen verändern, z. B. die Ressourcen.

Standardisierte Portfoliokonzepte basieren zumeist auf einer zweidimensionalen Matrix, in der die strategischen Geschäftseinheiten (SGE) als **Kreise** dargestellt werden, wobei die jeweilige Größe der Kreise deren Bedeutung für das Unternehmen ausdrückt:

- Auf der **vertikalen Achse** findet sich eine vom Top Management nicht beeinflussbare Umweltkomponente, z. B. das Marktwachstum.
- Auf der **horizontalen Achse** ist eine dem Einfluss des Top Managements unterliegende Unternehmenskomponente ausgewiesen, z. B. der relative Marktanteil.

2.2.4.1 Arten

Als Portfoliotechniken werden nachfolgend behandelt:

- **Marktwachstums-Marktanteils-Portfolio**
- **Marktattraktivitäts-Wettbewerbsvorteils-Portfolio**
- **Lebenszyklus-Wettbewerbspositions-Portfolio**
- **Technologie-Portfolio**
- **Beschaffungs-Portfolio**
- **Personal-Portfolio**.

2.2.4.1.1 Marktwachstums-Marktanteils-Portfolio

Das Marktwachstums-Marktanteils-Portfolio wurde von der Unternehmensberatungsgesellschaft *Boston Consulting Group* entwickelt. Es wird auch als **Vier-Felder-Matrix** oder **BCG-Matrix** bezeichnet und berücksichtigt die Erkenntnisse der PIMS-Studie, der Lebenszyklus-Analyse sowie des Erfahrungskurven-Konzeptes.

Die Darstellung des Marktwachstums-Marktanteils-Portfolios erfolgt in Form eines **Vier-Felder-Koordinatensystems**. Die Achsen der Matrix beziehen sich auf die wichtigsten Erfolgsfaktoren einer strategischen Geschäftseinheit und sind:

- Das **Marktwachstum**, das die zukunftsbezogene Komponente repräsentiert, die das Unternehmen nicht beeinflussen kann. Es verkörpert alle umweltbedingten Chancen und Risiken bzw. die Marktattraktivität einer strategischen Geschäftseinheit.
- Der **relative Marktanteil**, der die internen Stärken und Schwächen des Unternehmens darstellt. Er drückt das Verhältnis des eigenen Marktanteils zum Marktanteil des größten Konkurrenten aus.

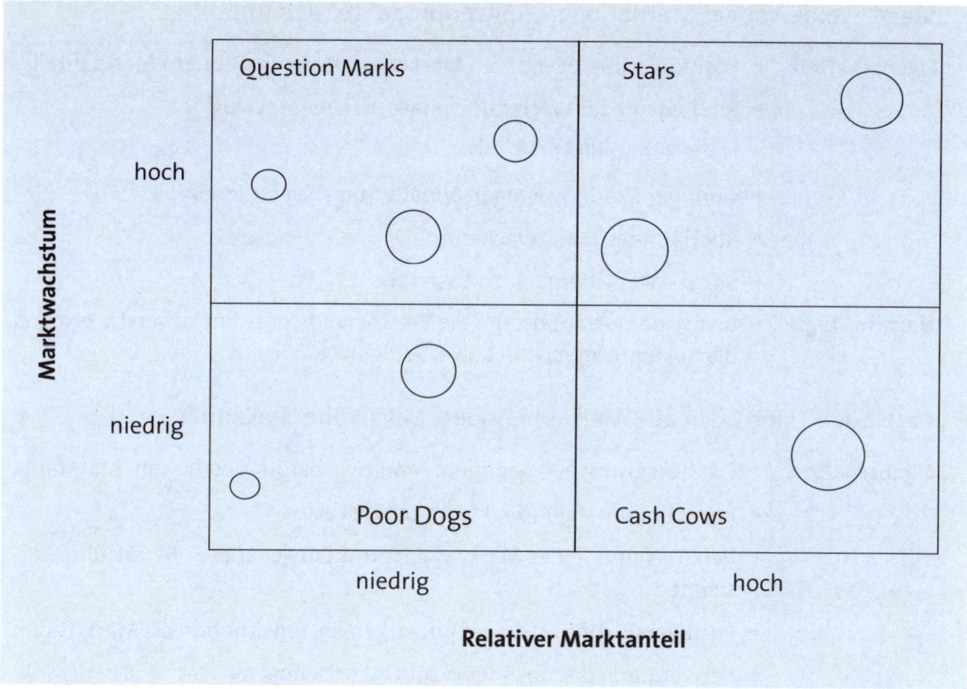

Die strategischen Geschäftseinheiten werden in die vier Felder der Matrix als Kreise eingetragen, wobei der Kreisumfang ihre relative Bedeutung für das Unternehmen in Form ihres Umsatzes, Deckungsbeitrages oder Cashflows darstellt. Sie lassen sich in vier **Grundtypen** einteilen, mit denen **Normstrategien** verbunden sind.

Die einzelnen Matrix-Felder weisen folgende **Eigenschaften** auf (*Ehrmann, Ziegenbein, Hopfenbeck*):

- **„Question Marks"** werden auch als „Fragezeichen", „Problemkinder", „Babies" oder „Nachwuchsprodukte" bezeichnet.

Eigen-schaften	► Positionierung bei hohem Marktwachstum und niedrigem Marktanteil ► Nachwuchsprodukte, welche die Einführungsphase noch nicht verlassen haben ► Geringe Rentabilität wegen hohem Investitionsvolumen ► Hoher Einführungsaufwand, z. B. für Marktforschung, Werbung ► Niedriger Deckungsbeitrag
Norm-strategie	► **Offensivstrategie** als Wachstumsstrategie bei guten Zukunftsaussichten und förderungswürdigen Produkten, um den Marktanteil zu erhöhen, erfahrungskurvenbedingte Kostenvorteile zu erzielen und ein ausgeglichenes Portfolio zu erreichen ► **Defensivstrategie** als Desinvestitionsstrategie bei schlechten Zukunftsaussichten und wenig erfolgsträchtigen Produkten

- **„Stars“** werden auch „Sterne“ oder „Spitzenprodukte“ genannt.

Eigenschaften	► Positionierung bei hohem Marktwachstum und hohem Marktanteil ► Produkte in der Wachstumsphase im Lebenszyklus ► Hohe Rentabilität ► Geringer Cashflow wegen Erweiterungsinvestitionen ► Rückläufiges Marktwachstum ► Sukzessiver Übergang zu Cash Cow
Normstrategie	► **Investitionsstrategie**, um die Wettbewerbsposition zu verstärken und die Kostenführerschaft zu verteidigen

- **„Cash Cows“** sind auch als „Melkkühe“ oder „Milchkühe“ bekannt.

Eigenschaften	► Positionierung bei niedrigem Marktwachstum und hohem Marktanteil ► Reifestadium der Produkte im Lebenszyklus ► Verlangsamung des Marktwachstums bei gegebener Marktführerschaft ► Positiver Cashflow aus der günstigen Kostensituation als Marktführer ► Verwendung des Cashflows zur Finanzierung von Nachwuchsprodukten ► Zumeist kein Investitionsbedarf, allenfalls Ersatzinvestitionen ► Ausnutzung des Erfahrungskurveneffektes durch großen Output
Normstrategie	► **Abschöpfungsstrategie**, um die Marktposition zu halten und möglichst lange zu festigen. Nur zwingend notwendige Investitionen durchführen, z. B. Ersatz einer defekten Anlage.

- **„Poor Dogs“** werden auch als „arme Hunde“, „Problemprodukte“, „Auslaufprodukte“ oder „lahme Enten“ bezeichnet.

Eigenschaften	► Positionierung bei niedrigem Marktwachstum und geringem Marktanteil ► Sättigungsphase der Produkte im Lebenszyklus ► Positiver Cashflow, da keine Investitionen mehr erfolgen ► Schlechte Positionierung in einem wenig attraktiven Markt ► Produkte sind potenzielle Liquidationskandidaten
Normstrategie	► Kurzfristig eine **Haltestrategie**, bei noch positiven Deckungsbeiträgen ► Mittelfristig eine **Desinvestitionstrategie**

Die einzelnen strategischen Geschäftseinheiten unterscheiden sich in der Praxis bezüglich ihrer Wettbewerbsbedingungen und Wachstumschancen.

Die Unternehmensleitung kann die Normstrategien des Marktwachstums-Marktanteils-Portfolios für ihre Entscheidung dazu heranziehen, welche strategischen Geschäftseinheiten längerfristig gefördert bzw. aus dem Markt genommen werden.

2.2.4.1.2 Marktattraktivitäts-Wettbewerbsvorteils-Portfolio

Das Marktattraktivitäts-Wettbewerbsvorteils-Portfolio wurde von der Unternehmensberatung *McKinsey* entwickelt, weshalb es auch als **McKinsey-Matrix** bezeichnet wird. Ihr **Ziel** ist, in die Bestimmung der Matrix-Achsen mehrere Faktoren einfließen zu lassen, um differenzierter strategische Geschäftseinheiten analysieren und Normstrategien ableiten zu können als beim Marktwachstums-Marktanteils-Portfolio.

Als **Beurteilungsfaktoren** verfügt das Marktattraktiväts-Wettbewerbsvorteils-Portfolio über (*Hinterhuber*):

- Die **Marktattraktivität**, die auch Branchenattraktivität genannt wird. Sie wird durch externe Kriterien bestimmt:

Marktgröße	Sie drückt das auf dem Markt erzielbare Absatz- bzw. Umsatzvolumen aus.
Marktwachstum	Es gibt an, in welchem Ausmaß das Absatz- bzw. Umsatzvolumen des Marktes zukünftig voraussichtlich steigen wird.
Marktqualität	Dazu zählen z. B.: ► Rentabilität der Branche ► Stellung im Marktlebenszyklus ► preispolitischer Spielraum ► technologisches Niveau ► Schutzfähigkeit von technischem Know-how ► Innovationspotenzial ► Wettbewerbsstruktur ► Ausmaß der Investitionstätigkeit ► Anzahl der Anbieter und Nachfrager ► Markteintrittsbarrieren ► Anforderungen an Distribution und Service ► Substitutionsrisiko durch andere Produkte.
Energie-/ Rohstoffversorgung	Einflussgrößen sind z. B.: ► Störanfälligkeit der Versorgung mit Energie und Rohstoffen ► Preisstabilität von Energieträgern und Rohstoffen ► Existenz von alternativen Rohstoffen und Energieträgern.
Umweltsituation	Für sie sind z. B. bedeutsam: ► Risiko staatlicher Eingriffe ► Umweltbelastung ► Inflationsauswirkungen ► Konjunkturabhängigkeit ► Gesetzgebung ► öffentliche Meinung.

- Die **relativen Wettbewerbsvorteile**, die auch „Wettbewerbsposition“ und „Wettbewerbsstärke“ genannt werden. Sie bezeichnen die internen, weitgehend unternehmensabhängigen Faktoren und bestehen aus:

Relativer Marktposition	Sie bezieht sich auf den **Vergleich zum stärksten Konkurrenten** und betrifft z. B. ► den Marktanteil und seine Veränderung ► Größe und Finanzkraft des Unternehmens ► Wachstumsrate ► Rentabilität ► Risiko (Ausmaß der Etabliertheit im Markt) ► Marketing-Potenzial (Image, Abnehmerbeziehungen, Preisvorteile, Qualität u. a.).
Relatives Produktionspotenzial	Ihm liegt der Vergleich von **erreichter und geplanter Marktposition** zu Grunde. Es ist auf Kostenvorteile gerichtet aufgrund von: ► Modernität und Kapazitätsauslastung der Produktionsanlagen ► Innovationsfähigkeit und technisches Know-how ► Lizenzbeziehungen ► Standortvorteile ► Steigerungspotenzial der Produktivität ► Umweltverträglichkeit des Produktionsprozesses ► Kundendienst ► Erhaltung gegenwärtiger Marktanteile und voraussichtlicher Versorgungsbedingungen ► Kostensituation bei Energie-/Rohstoffversorgung.
Relatives Forschungs- und Entwicklungspotenzial	Das FuE-Potenzial bezieht sich z. B. auf: ► den Stand der Grundlagen- und angewandten Forschung ► experimentelle und anwendungstechnische Entwicklung im Vergleich zur Marktposition des Unternehmens ► Innovationspotenzial und -kontinuität.
Relative Qualifikation des Personals	Führungskräfte und Mitarbeiter zeichnen sich z. B. aus durch: ► Professionalität und Urteilsfähigkeit ► Einsatz und Kultur des Personals ► Innovationsklima ► Qualität der Führungssysteme.

Aufgrund der zahlreichen Kriterien, die auch noch **gewichtet** werden können, ergibt sich eine insgesamt recht hohe Komplexität. Sie kann bewältigt werden, indem die einzelnen Matrix-Felder jeweils mit „niedrig“, „mittel“ und „hoch“ bezeichnet werden, woraus dann eine **Neun-Felder-Matrix** entsteht.

Die strategischen Geschäftseinheiten lassen sich in der Neun-Felder-Matrix als **Kreise** eintragen, wobei der Kreisumfang zumeist ihren relativen Umsatzanteil im Unternehmen darstellt.

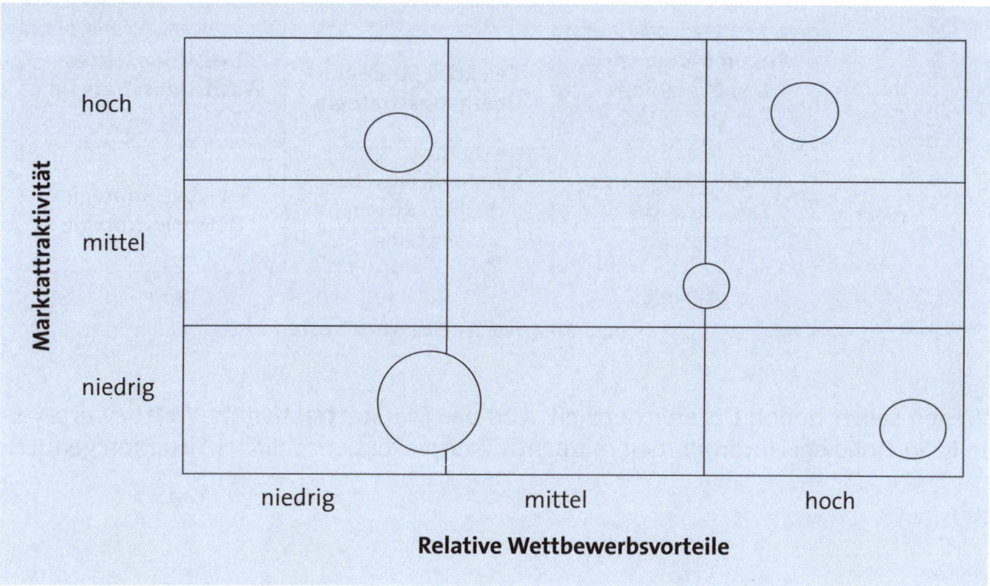

Je nach Matrix-Feld gibt es verschiedene Empfehlungen für **Normstrategien**. Es lassen sich unterscheiden (*Ziegenbein*):

- **Investitions- und Wachstumsstrategien**, die dem Aufbau und der Sicherung künftiger strategischer Erfolgspotenziale des Unternehmens sowie der Erschließung neuer Abnehmergruppen oder Verwendungsmöglichkeiten dienen.
- **Selektive Strategien**, die sein können:
  - Defensivstrategie zur Verteidigung der erreichten Position
  - Übergangsstrategie zur Konsolidierung
  - Offensivstrategie zur Expansion der erreichten Position.
- **Abschöpfungs- und Desinvestitionsstrategien**, bei denen bestehende Produkte auf bisherigen Märkten eliminiert werden, falls diese zukünftig keine Erfolgschancen bieten.

Marktattraktivität			
hoch	Selektive Strategie: **Offensivstrategie**	**Investitions- bzw. Wachstumsstrategie**	**Investitions- bzw. Wachstumsstrategie**
mittel	**Abschöpfungs- bzw. Desinvestitions-strategie**	Selektive Strategie: **Übergangsstrategie**	**Investitions- bzw. Wachstumsstrategie**
niedrig	**Abschöpfungs- bzw. Desinvestitions-strategie**	**Abschöpfungs- bzw. Desinvestitions-strategie**	Selektive Strategie: **Defensivstrategie**
	niedrig	mittel	hoch
	Relative Wettbewerbsvorteile		

Wegen seiner hohen Differenziertheit wird das Marktattraktivitäts-Wettbewerbsvorteils-Portfolio bei Unternehmen mit relativ komplexer betrieblicher Situation genutzt.

Aufgabe 28 > Seite 238

2.2.4.1.3 Lebenszyklus-Wettbewerbspositions-Portfolio

Das Lebenszyklus-Wettbewerbspositions-Portfolio wurde von der Unternehmensberatung *Arthur D. Little* entwickelt. Es ist stark absatzmarktorientiert und ermöglicht die Ableitung strategischer Handlungsempfehlungen unter besonderer Berücksichtigung des Lebenszyklus-Konzeptes. Aus ihm können als **Erkenntnisse** abgeleitet werden:

- Die jeweilige **Stellung** einer strategischen Geschäftseinheit bzw. eines Produktes **im Lebenszyklus** entscheidet über die Absatzchancen bzw. Marktbedeutung.
- Das Unternehmen sollte unter dem Gesichtspunkt der Risikostreuung versuchen, seine strategischen Geschäftseinheiten **möglichst ausgewogen** im Portfolio **zu positionieren**, was auch durch eine ausreichende Anzahl von Nachwuchsprodukten erreicht werden kann.

Das Lebenszyklus-Wettbewerbspositions-Portfolio betrachtet *(Hax/Mayluf)*:

- den **Lebenszyklus** einer strategischen Geschäftseinheit bzw. eines Produktes mit seinen Phasen „Einführung, Wachstum, Reife/Sättigung, Degeneration"
- die **Wettbewerbsposition** einer strategischen Geschäftseinheit bzw. eines Produktes gegenüber den Konkurrenten als zukünftige Marktstellung.

Für die Darstellung der Wettbewerbsposition gibt es die fünf Stufen „dominierend, stark, günstig, mäßig, schwach“:

Wettbewerbsposition	Phase des Produktlebenszyklus			
	Einführung	**Wachstum**	**Reife/Sättigung**	**Degeneration**
Dominierend	► Mit voller Kraft um Marktanteil kämpfen ► Position halten	► Position halten ► Marktanteil halten	► Position halten ► Mit der Branche wachsen	► Position halten
Stark	► Versuchen, Position zu verbessern ► Mit voller Kraft um Marktanteil kämpfen	► Versuchen, Position zu verbessern ► Um Marktanteil kämpfen	► Position halten ► Mit der Branche wachsen	► Position halten oder abschöpfen
Günstig	► Selektiv oder offensiv um Marktanteil kämpfen ► Selektiv um Positionsverbesserung kämpfen	► Versuchen, Position zu verbessern ► Selektiv um Marktanteil kämpfen	► Verwalten oder Halten ► Nische finden und verteidigen versuchen	► Abschöpfen oder schrittweiser Rückzug
Mäßig	► Selektiv um Positionen kämpfen	► Nische finden und verteidigen	► Nische finden und ausharren oder schrittweiser Rückzug	► Schrittweiser Rückzug oder Aufgabe
Schwach	► Verbessern oder Aussteigen	► Umschwung oder Aussteigen	► Umschwung oder schrittweiser Rückzug	► Aufgabe

Als **20-Felder-Matrix** vermittelt das Portfolio eine Vielzahl von Normstrategien.

2.2.4.1.4 Technologie-Portfolio

Das Technologie-Portfolio (*Pfeiffer/Metze/Schneider/Amler*) betrachtet die **Technologie als Schlüsselgröße** für die Zukunft eines Unternehmens. Es ist insbesondere für Unternehmen bedeutsam, die einen beträchtlichen Teil ihres Umsatzes im Forschungs- und Entwicklungsbereich investieren. Seine **Merkmale** sind:

- Im Gegensatz zu Produkt-Markt-Portfolios setzt es nicht am Erzeugnis bzw. an Erzeugnisgruppen an, sondern an **zu Grunde liegenden Technologien**.

- Während das Produkt-Markt-Portfolio sich ausschließlich auf den Marktzyklus eines Erzeugnisses beschränkt, greift das Technologie-Portfolio auf einen wesentlich **längeren Zeithorizont** zurück (Beobachtungs-, Entstehungs-, Markt- und Entsorgungszyklus).
- Das Technologie-Portfolio sensibilisiert das Unternehmen für **Rationalisierungsprozesse**.

Mithilfe des Technologie-Portfolios werden betrachtet:

- Die **Technologieattraktivität** als die vom Unternehmen weitgehend unbeeinflussbare Umweltsituation im Technologiebereich. Sie ist die Summe aller technisch-wirtschaftlichen Vorteile, die durch das Ausschöpfen der in einem Technologiegebiet steckenden strategischen Weiterentwicklungsmöglichkeiten noch gewonnen werden können.

  Die **Bestandteile** der Technologieattraktivität sind:
  - Weiterentwicklungspotenzial
  - Anwendungsbreite/Kompatibilität von Technologien (Chancen/Risiken einer Verbesserung der Technik).
- Die **Ressourcenstärke**, welche die technische und wirtschaftliche Stärke bzw. Schwäche der Technologie des Unternehmens in Relation zum wichtigsten Konkurrenten misst. Sie ist vom Unternehmen selbst steuerbar.

Das Technologie-Portfolio kann folgendes **Aussehen** haben:

Technologieattraktivivtät	niedrig	mittel	hoch
hoch	**Selektive Strategie**	**Investitions-strategie**	**Investitions-strategie**
mittel	**Desinvestitions-strategie**	**Selektive Strategie**	**Investitions-strategie**
niedrig	**Desinvestitions-strategie**	**Desinvestitions-strategie**	**Selektive Strategie**
	Ressourcenstärke		

Je nach Matrix-Feld gibt es verschiedene **Normstrategien**, insbesondere für den Bereich der Forschung und Entwicklung (*Ziegenbein*):

- **Investitionsstrategien**, wonach diejenigen Technologien am stärksten zu fördern sind, die sowohl eine hohe Technologieattraktivität als auch eine hohe Ressourcenstärke haben. Es muss konsequent in Nachwuchs- und Spitzentechnologien investiert und das Know-how in Wettbewerbsvorteile umgesetzt werden.

- **Selektive Strategien**, die bei Technologien mit einer hohen Technologieattraktivität und einer geringen Ressourcenstärke, einer geringen Technologieattraktivität und einer hohen Ressourcenstärke sowie einer durchschnittlichen Technologieattraktivität und einer durchschnittlichen Ressourcenstärke angebracht sind.

  Damit soll der technologische Vorsprung gehalten oder ausgebaut bzw. aus diesem Bereich ausgestiegen werden.
- **Desinvestitionsstrategien**, die bei Technologien angewandt werden, die eine geringe Technologieattraktivität und auch eine geringe Ressourcenstärke haben. Sie sind für das Unternehmen von nur geringem Wert, Forschungs- und Entwicklungsprojekte wenig Erfolg versprechend. Gegebenenfalls könnte ein Zukauf fremder Technologie oder der Verkauf von eigenem Know-how sinnvoll sein.

Die kombinierte Anwendung des Technologie-Portfolios und des Produkt-Markt-Portfolios führt zu einer Verbesserung des Erkenntniswertes, da sowohl Markt- als auch Technologiegesichtspunkte in die Strategieformulierung eingehen.

2.2.4.1.5 Beschaffungs-Portfolio

Mithilfe des Beschaffungs-Portfolios soll das Unternehmen in seinem Verhalten am Beschaffungsmarkt unterstützt werden, der durch die **Machtpositionen** sowohl des Einkäufers als auch des Lieferanten geprägt ist (*Ziegenbein*):

Einkäufermacht	Lieferantenmacht
► Kenntnis der Angebotsseite bezüglich Preis, Qualität und weltweiter Liefermöglichkeiten ► Einkaufsvolumen hat einen hohen Anteil am Lieferantenumsatz ► Kaufteile haben Vielfachverwendung ► Geringe Kosten bei Lieferantenwechsel ► Freie Kapazitäten und Kostensenkungspotenziale erlauben die Übernahme von Kaufteilen in die Eigenfertigung	► Keine Substitutionsmöglichkeit, da Alleinanbieter ► Wegen des geringen Einkaufsvolumens gilt das Unternehmen als C-Kunde ► Kaufteile sind wichtige Bestandteile des gefertigten Endproduktes ► Hohe Kosten (z. B. neue Werkzeuge oder Maschinen) bei Lieferantenwechsel ► Kapazitätsauslastung beim Lieferanten und/oder Kunden

Erzeugnisse, die mit einem hohen Beschaffungsrisiko und einer großen Auswirkung auf das Ergebnis verbunden sind, haben eine hohe strategische Bedeutung für das Unternehmen. Sie sind im **Beschaffungs-Portfolio** zu positionieren, das folgendes Aussehen hat:

Einkäufermacht / Lieferantenmacht	niedrig	mittel	hoch
hoch	**Abschöpfungs-strategie**	**Abschöpfungs-strategie**	**Strategisches Abwägen**
mittel	**Abschöpfungs-strategie**	**Strategisches Abwägen**	**Diversifizierungs-strategie**
niedrig	**Strategisches Abwägen**	**Diversifizierungs-strategie**	**Diversifizierungs-strategie**

Je nach Matrix-Feld gibt es verschiedene **Normstrategien**, insbesondere für den Beschaffungsbereich (*Ehrmann*):

- Die **Abschöpfungsstrategie** bewirkt ein aktives Vorgehen am Markt. Das einkaufende Unternehmen versucht seine Macht auszuspielen, z. B. über niedrige Preise oder gute Vertragskonditionen. Dabei sollte die starke Marktposition des Unternehmens nicht dazu führen, dass die Lieferantenbeziehungen gefährdet und/oder Gegenmaßnahmen ausgelöst werden.
- Die **Diversifizierungsstrategie** als Defensivstrategie, welche die Suche nach Alternativen beinhaltet. Der Lieferant hat eine besonders günstige Stellung auf dem Beschaffungsmarkt, die Macht des Einkäufers ist nur gering bis mittel. Der Einkäufer muss versuchen, seine Aktivitäten auf dem Beschaffungsmarkt zu intensivieren.
- Die **Strategie des Abwägens** stellt eine Strategie des Haltens dar. Sie ist bei Produkten ohne hohes Beschaffungsrisiko und ohne große Ergebnisauswirkung sinnvoll.

2.2.4.2 Beurteilung

Das Portfolio-Konzept zählt zu den am meisten angewandten und zu den bekanntesten Instrumenten der strategischen Planung. Es wird teilweise recht **kontrovers beurteilt**:

Stärken	Schwächen
► Es ist ein anschauliches und relativ einfach handhabbares Verfahren zur Analyse des Unternehmens und zur anschließenden Ableitung von Strategien. ► Es kann als „Denkraster" fungieren. ► Es ermöglicht die Berücksichtigung externer und interner Größen. ► Es stellt für die Unternehmensleitung ein leichtverständliches Hilfsmittel mit hoher Transparenz dar. ► Es eignet sich auch für kleinere und mittlere Unternehmen. ► Es ist ursachenorientiert angelegt und stellt auf die Erfolgspotenziale des Unternehmens ab.	► In der Regel zu starre Festlegung von Beurteilungskriterien. ► Die nicht immer ausreichende Berücksichtigung der Konkurrenz. ► Durch die Einfachheit der Portfolio-Technik und die hohe Informationsverdichtung lassen sich die in der Realität gegebenen komplexen Situationen nicht abbilden. ► Gefahr, dass die Normstrategie „unhinterfragt", quasi „als Rezept" für ein Matrixfeld durchgeführt wird, wodurch es zu Fehlentscheidungen kommen kann. ► Die teilweise Vernachlässigung von qualitativen Daten.

2.3 Taktische Planung

Die taktische Planung ist **mittelfristig** ausgerichtet. Sie wird aus der langfristig-orientierten strategischen Planung abgeleitet und stellt ein Bindeglied zur kurzfristig wirksamen operativen Planung dar.

Bei der taktischen Planung handelt es sich um eine **Bereichsplanung**, der nur teilweise eine zentrale Planungsautorität zu Grunde liegt:

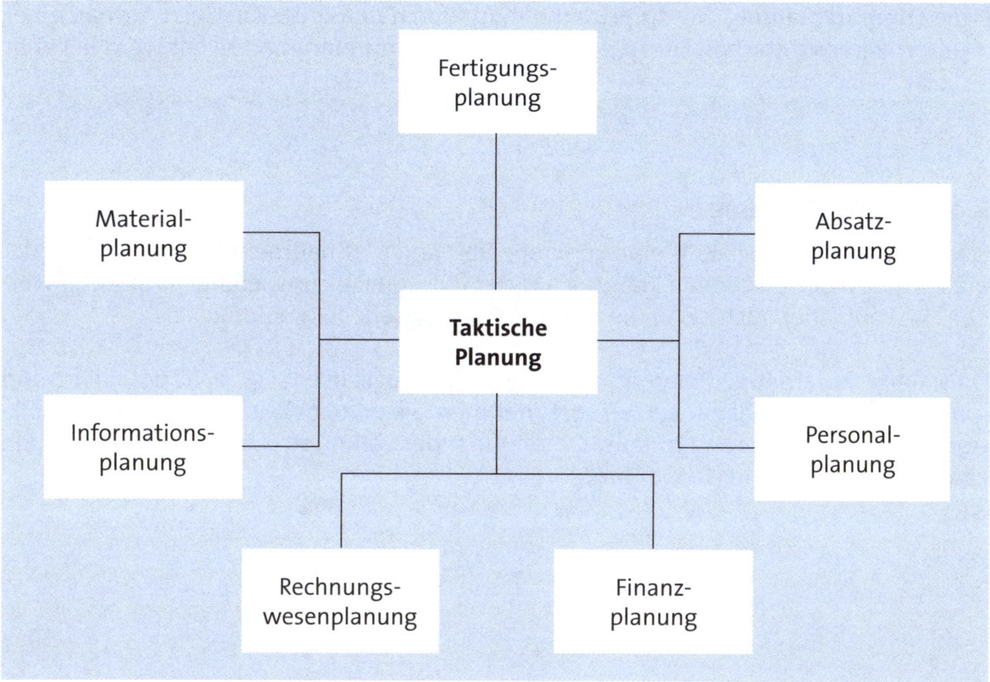

Üblicherweise wird bei der taktischen Planung vom Absatzplan ausgegangen, der zeigt, wie viele Produkte am Absatzmarkt in den nächsten Jahren voraussichtlich abgesetzt werden. Aus ihm können dann sukzessive die Pläne der übrigen betrieblichen Bereiche für den gleichen Zeitraum abgeleitet und ggf. entsprechende taktische **Budgets** erstellt werden.

Diese Vorgehensweise ist aber nicht ohne Schwierigkeiten möglich, wenn im Unternehmen **Engpässe** vorhanden sind, die es verhindern, die Möglichkeiten des Absatzmarktes auszuschöpfen, z. B. bei der Fertigungskapazität. In diesem Falle ist der betreffende Engpass der Ausgangspunkt der taktischen Planung, sofern er nicht behoben werden kann oder soll (*Olfert/Rahn*).

Beispiele

Beispiele für die taktische Planung sind:

- die **Personalplanung**, die als Personalbedarfsplanung die mittelfristig notwendigen Qualifikationen bzw. Fähigkeitsprofile von Führungskräften und Mitarbeitern ermittelt
- die **Beschaffungsplanung**, zu deren Aufgaben es zählt, über einen mittelfristigen Zeitraum z. B. Wartungsverträge abzuschließen, damit die Anlagen geplant erhalten werden können
- die **Vertriebsplanung**, die z. B. mittelfristig das Problem zu lösen hat, ob bislang durch freie Handelsvertreter vorgenommene Akquise in Zukunft durch einen neu geschaffenen Außendienst ersetzt werden soll
- die **Fuhrparkplanung**, die zu prüfen hat, ob durch den mittelfristigen Aufbau eines unternehmensinternen Fuhrparks eine Gesamt-Optimierung erreicht werden kann.

2.4 Operative Planung

Die operative Planung stellt eine konkrete Ziel- und Maßnahmenplanung dar, mit der die Vorgaben der taktischen Planung auf der unteren Führungsebene umgesetzt werden. Sie kann aber auch bis in die mittlere Führungsebene hineinreichen.

Da sie eine **kurzfristige Planung** ist, besteht die Möglichkeit, sie recht detailliert und mit relativ genauen Planansätzen vorzunehmen. Sie erstreckt sich auf sämtliche Funktionsbereiche des Unternehmens, die miteinander verknüpft sind. Als Jahresplanung kann sie z. B. umfassen (*Olfert/Rahn*):

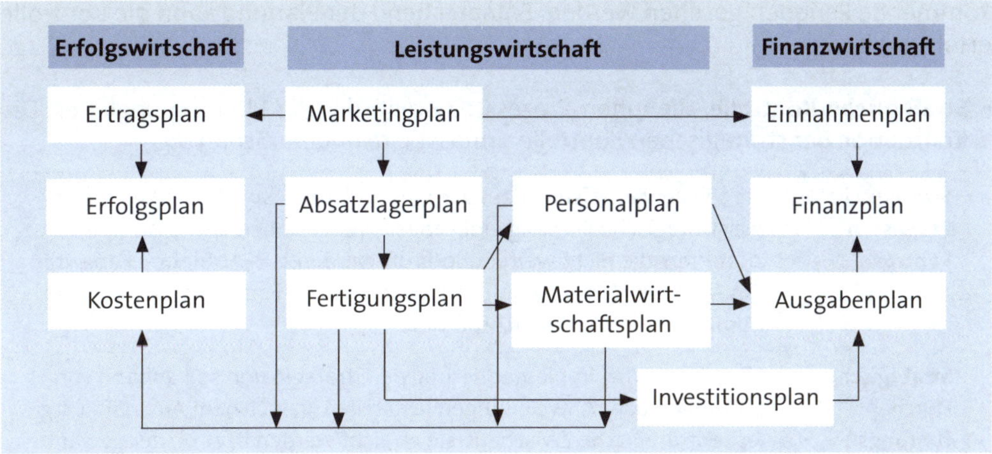

Auch hier ist vom Absatzplan auszugehen, sofern kein Engpass gegeben ist.

Die operative Planung bezieht sich aber auch auf deutlich kürzere Zeiträume als ein Jahr, z. B. als:

- Die **Materialplanung** als kurzfristig wirksame Entscheidung, welche Stoffe und Materialien für die Produktion benötigt werden, in welcher Qualität, in welcher Menge, zu welchen Kosten und zu welchen Konditionen. Dabei beschränken sich die Kosten nicht nur auf die Beschaffungspreise einzelner Materialien, sondern auch auf Lagerkosten sowie Zinskosten.
- Die **Fuhrparkplanung**, zu deren Aufgaben die Bereitstellung von Fahrzeugen, die Tourenplanung oder die Verwaltung von Leasingverträgen zählen.
- Die **Planung der Kundenansprache**, die sich z. B. auf erlösorientierte Vorgaben bzw. Durchsetzung bestimmter Preise in Verkaufsgesprächen, die Zulässigkeit von bestimmten Rabatthöhen, die zu erzielenden Verkaufsmengen, durchzuführende Kundenveranstaltungen, Direktwerbeaktionen oder Besuche beziehen kann.

3. Kontrolle

Die Kontrolle ist ein Vorgang der personen-, sach- und zeitbezogenen Gewinnung von Informationen, der sich der Durchführung des betrieblichen Geschehens anschließt. Sie umfasst, wie in Kapitel A. gezeigt (*Olfert/Rahn*):

- die eher vergangenheitsorientierte **Überwachung**
- die vergangenheits- bis zukunftsorientierte **Untersuchung**.

Ein betrieblicher Nutzen der Kontrolle ist dann zu erwarten, wenn die ermittelten Daten einen Informationswert haben, der für künftige Handlungen bedeutsam ist. Insofern kann die Kontrolle als Informationsgewinnungsprozess im Hinblick auf kommende Perioden gesehen werden. Entsprechend der Planung kann die Kontrolle erfolgen als:

- **Strategische Kontrolle**, die einen Prozess darstellt, der die Planung begleitet. Die **Konzeption** der strategischen Kontrolle umfasst (*Steinmann/Schreyögg*):

Strategische Prämissen-kontrolle	Sie soll gewährleisten, dass alle wesentlichen Aspekte der Realität in die strategische Planung einbezogen werden. Hierzu sind Annahmen zu treffen, die nicht weiter überprüft werden, z. B. Aufnahmekapazität des Marktes, Verfügbarkeit von Maschinen im Fertigungsprozess und Mitarbeiter im Zweischichtbetrieb.
Strategische Durch-führungs-kontrolle	Sie erfolgt nach Implementierung der Strategie und soll anhand von Störungen bzw. Abweichungen feststellen, in welchem Ausmaß festgelegte strategische Zwischenziele erreicht werden bzw. ob der gewählte strategische Kurs beibehalten werden kann. Dies geschieht durch die Formulierung und Festlegung von Meilensteinen.
Strategische Überwachung	Ihre Aufgabe besteht darin, während des gesamten Kontrollprozesses unternehmensinterne und -externe Rahmenbedingungen zu beobachten, ob unvorhergesehene Gegebenheiten die gewählte strategische Orientierung beeinträchtigen können.

- **Taktische Kontrolle**, die als Soll-Ist-Vergleich das Endergebnis einmalig nach der Ergebnisrealisation kontrolliert und zusätzlich eine Analyse der Abweichungsursachen vornimmt. Sie ist auf die einzelnen Unternehmensbereiche ausgerichtet und kontrolliert zumeist nur quantifizierbare Größen. Mit ihr lassen sich die Bereichsentwicklungen kritisch begleiten *(Bea/Haas)*.

- **Operative Kontrolle**, die darauf abzielt, Abweichungen vom kurzfristigen Planungsprozess festzustellen. Hierzu werden z. B. Plausibilitätsprüfungen durchgeführt und Gründe für Abweichungen ermittelt, die sein können:
  - Unwirtschaftlichkeiten (Ausschuss, Nacharbeit)
  - veränderte Preise
  - geänderte Konstruktionen
  - andere Sortimentszusammensetzung
  - andere Verkaufsmengen.

  Mithilfe der operativen Kontrolle lassen sich Abweichungen rasch und im Detail feststellen.

Wie ausführlich beschrieben, besteht die prozessbezogene Führung aus den Elementen Zielsetzung, Planung und Kontrolle.

Aufgabe 29 > Seite 238

C. Strukturbezogene Führung

Die strukturbezogene Führung eines Unternehmens erfolgt mithilfe der **Organisation**. Darunter kann verstanden werden (*Bühner, Hill/Fehlbaum*):

- das dauerhafte **Ordnen** bzw. **Strukturieren** eines Unternehmens bzw. soziotechnischen Systems als die Tätigkeit des Organisierens
- die **Ordnung bzw. Struktur**, bei der das Unternehmen eine Organisation als Ergebnis des Organisierens ist, die eine Vorgabe für ihre Mitglieder darstellt.

Damit die Organisation funktionsfähig wird, sind für alle Teilnehmer zweckdienliche **Regelungen** notwendig, die generell oder fallweise getroffen werden können. Nach ihrer **Entstehung** lassen sich unterscheiden (*Bea/Göbel, Olfert, Rahn*):

- die **formelle Organisation** als bewusst geschaffene und rational gestaltete Struktur zur Erfüllung unternehmerischer Zielsetzungen
- die **informelle Organisation** als soziale Struktur, die durch persönliche Wünsche, Ziele, Sympathien und Verhaltensweisen der Mitarbeiter bestimmt und spontan bzw. ungeplant gebildet wird.

Für die strukturbezogene Führung ist die formelle Organisation maßgeblich. Sie kann eine **Neuorganisation** im Sinne einer Erstorganisation oder eine **Reorganisation** sein, die eine tiefgreifende, umfassende Veränderung einer bestehenden Organisationsstruktur darstellt.

Im Hinblick auf den **Gegenstand** der Organisation gibt es (*Burghardt, Gaitanides, Olfert, Olfert/Rahn*):

- Die **Aufbauorganisation** als dauerhaft wirksame Gestaltung des statischen Beziehungszusammenhanges eines soziotechnischen Systems. Sie macht die Ordnung der gesamten Aufgaben, Kompetenzen und Verantwortung im Unternehmen sichtbar.
- Die **Prozessorganisation** als dauerhaft wirksame Gestaltung des dynamischen Beziehungszusammenhanges eines soziotechnischen Systems. Sie zeigt die Strukturierung des Prozesses der Aufgabenerfüllung durch zeitliche und räumliche Beziehungen.
- Die **Projektorganisation** als befristete Gestaltung projektbezogener Regelungen innerhalb eines soziotechnischen Systems. Mit ihr sind häufig ein hoher Schwierigkeitsgrad und eine erhebliche Risikobelastung verbunden.

Dementsprechend sollen als Arten der strukturbezogenen Führung die Strukturierung des Unternehmensaufbaues, der Unternehmensprozesse und der Projekte des Unternehmens verstanden werden.

Weil Unternehmen einem ständigen **Wandel** unterliegen, ist die Strukturierung kein einmalig vorzunehmender Prozess. Vielmehr bedarf es einer **Organisationsentwicklung** als längerfristig angelegtem Prozess von Veränderungen der Unternehmen und in der in ihnen tätigen Menschen (*French/Bell, Olfert, Thom*).

Strukturbezogene Führung	Arten strukturbezogener Führung
	Organisationsentwicklung

Die strukturbezogene Führung ist ein unabdingbares Erfordernis für die Funktionsfähigkeit eines Unternehmens.

1. Arten strukturbezogener Führung

Als Arten der strukturbezogenen Führung sind zu unterscheiden – siehe ausführlich *Olfert*:

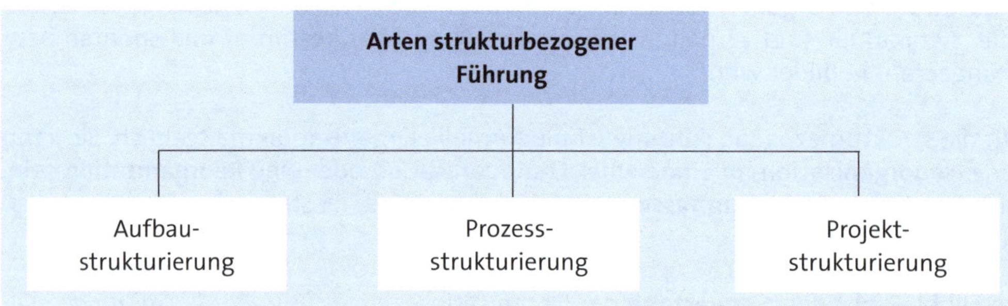

1.1 Aufbaustrukturierung

Die Strukturierung der Aufbauorganisation erfolgt in mehreren **Schritten** (*Olfert)*:

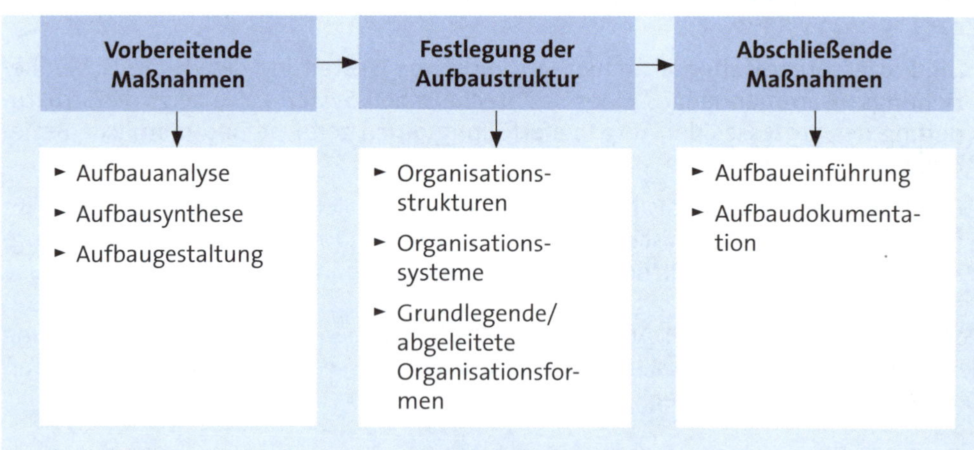

Damit wird die **Gestaltungsaufgabe** im Hinblick auf die Aufbauorganisation beschrieben. Ihr Ergebnis ist die **Unternehmensstruktur**, welche die Ordnung der Aufgaben, Kompetenzen und Verantwortungen im Unternehmen festlegt.

1.1.1 Vorbereitende Maßnahmen

Als vorbereitende Maßnahmen für die Aufbaustruktur eines Unternehmens sollen beschrieben werden:

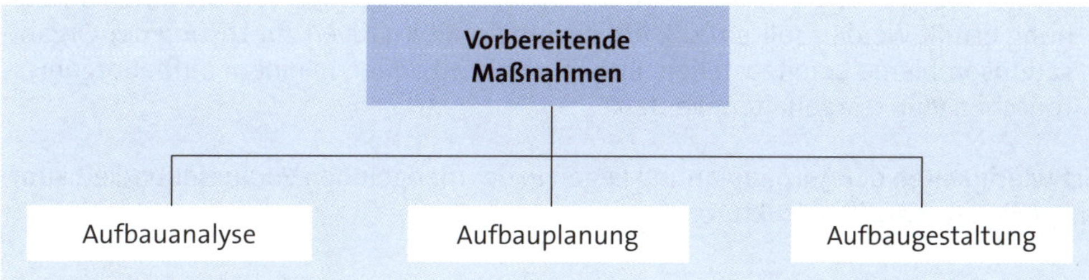

1.1.1.1 Aufbauanalyse

Die Aufbauanalyse ist die Erfassung und kritische Untersuchung der im Unternehmen bestehenden Bedingungen. Sie umfasst (*Olfert, Olfert/Rahn*):

- Die **Ist-Aufnahme**, die der Ermittlung des Ist-Zustandes der Aufbauorganisation dient. Sie besteht in der Sammlung, Ordnung und Untersuchung von Daten der bisherigen Struktur. Als **Aufnahmetechniken** bieten sich z. B. an:
    - Interview
    - Fragebogen
    - Beobachtung
    - Selbstaufschreibung
    - Dokumentenauswertung.
- Die **Ist-Kritik**, mit der nach Schwachstellen im bisherigen Organisationsaufbau und Möglichkeiten einer Verbesserung gesucht wird. Hierbei können **Checklisten** hilfreich sein. Die Kritik sollte mit einer möglichst treffenden Begründung verbunden werden.

Aufgabe 30 > Seite 239

Die Ergebnisse der Ist-Aufnahme und Ist-Kritik werden üblicherweise in einem **Bericht** dokumentiert.

1.1.1.2 Aufbauplanung

Die Aufbauplanung legt in der Gegenwart fest, welche Struktur der Aufbauorganisation bis zu einem bestimmten Planungszeitpunkt geschaffen werden soll. Sie besteht aus (*Olfert, Olfert/Rahn*):

- Der **Zielplanung**, der die Organisationsziele zu Grunde liegen, die ihrerseits von den Unternehmenszielen abzuleiten sind. Darüber hinaus sollten die Ziele der Mitarbeiter und der Kunden hinreichend Berücksichtigung finden.
- Die **Konzeptplanung**, mit der die Anforderungen definiert werden, die durch die Planung erfüllt werden sollten, z. B. um geeignete Alternativen zur Lösung der Organisationsprobleme bereitzustellen. Ihre Ergebnisse können in einem aufbauorganisatorischen **Plan** festgehalten werden.

Schwierigkeiten der Aufbauplanung liegen in der mangelnden Voraussehbarkeit künftig geeigneter Aufbaustrukturen.

1.1.1.3 Aufbaugestaltung

Um den organisatorischen Aufbau eines Unternehmens gestalten zu können, sind folgende **Maßnahmen** erforderlich (*Olfert, Olfert/Rahn*):

- **Stellenbildung**
- **Aufbauentscheidungen**
- **Bildung der Organisationsebenen**.

1.1.1.3.1 Stellenbildung

Die Gestaltung der Aufbauorganisation beginnt damit, alle zur Zielerreichung und Aufgabenerledigung des Unternehmens erforderlichen Stellen zu bilden. Sie umfasst (*Olfert, Olfert/Rahn*):

- Die **Aufgabenanalyse**, die dazu dient, eine komplexe Gesamtaufgabe schrittweise und systematisch in auf Handlungsträger übertragbare Teilaufgaben zu zerlegen bzw. aufzuspalten. Das Zerlegen der Gesamtaufgabe kann erfolgen unter Verwendung folgender Analysen (*Olfert, Schmidt, Schreyögg*):

Verrichtungsanalyse	Mit ihr wird festgestellt, welche Tätigkeiten anfallen, z. B. beschaffen, fertigen, absetzen.
Objektanalyse	Sie bezieht sich auf Objekte, z. B. Rohstoffe, Produkte, Lieferanten, Abnehmer.
Ranganalyse	Jeder Ausführung geht eine Entscheidung voraus. Deshalb gibt es **Entscheidungs**- und **Ausführungsaufgaben**.
Phasenanalyse	Eine Aufgabenerledigung erfolgt üblicherweise in drei Phasen: Planung – Durchführung – Kontrolle.
Zweckbeziehungs-analyse	Hier werden **Primäraufgaben**, die unmittelbar der Zielerreichung dienen und **Sekundäraufgaben** unterschieden, z. B. Verwaltungsaufgaben.

- Die **Aufgabensynthese**, die eine Zusammenfassung der durch die Aufgabenanalyse gewonnenen Teilaufgaben zu koordinierbaren Aufgabenkomplexen darstellt (*Kosiol*):

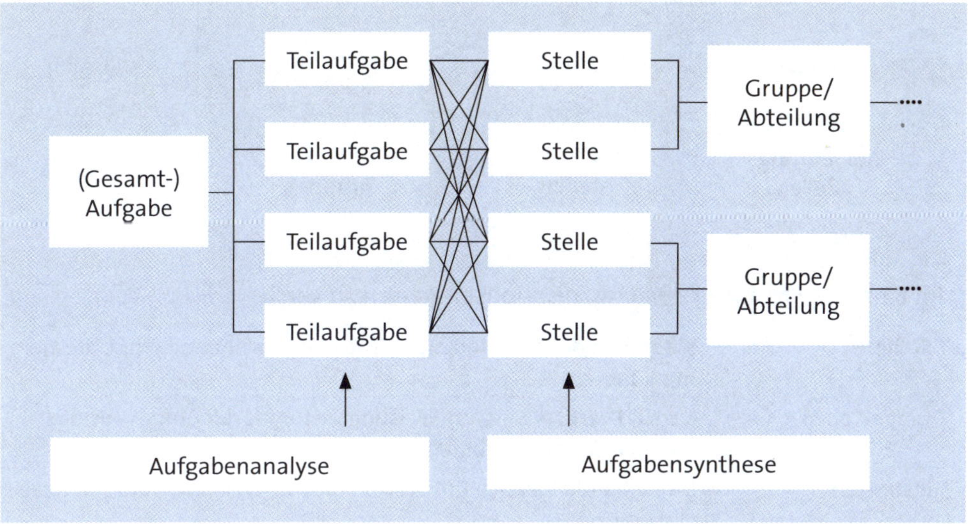

Die Stellenbildung mithilfe aller fünf aufgabenanalytischen Instrumente ist sehr aufwändig und wird deshalb in der Praxis begrenzt, z. B. indem für die Primäraufgaben sowie bedeutsame Sekundäraufgaben lediglich eine kombinierte **Verrichtungs**- und **Objektanalyse** erfolgt.

1.1.1.3.2 Aufbauentscheidungen

Bei den grundlegenden Entscheidungen, die den Stellenaufbau des Unternehmens betreffen, geht es vor allem um (*Olfert, Olfert/Rahn*):

- Die **Organisationseinheiten**, die zu bilden sind. Dabei sind zu unterscheiden:

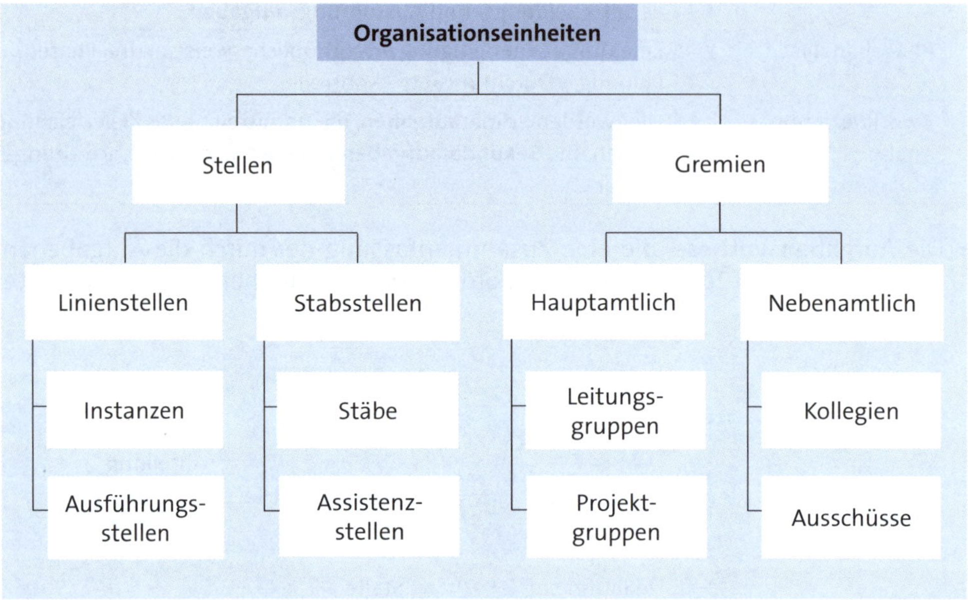

Im Einzelnen ist unter den Organisationseinheiten zu verstehen:

Stellen	Sie stellen die kleinsten organisatorischen Einheiten im Unternehmen dar.
Linienstellen	Sie sind vertikal und mit **Weisungsbefugnis** der Aufgabenträger hierarchisch eingebunden.
Instanzen	Dabei handelt es sich um Stellen, die mit **Weisungsbefugnis** ausgestattet sind.
Ausführungsstellen	Sie sind dadurch gekennzeichnet, dass sie **keine Leitungsbefugnisse** haben.
Stabsstellen	Stäbe sind **Leitungshilfsstellen**, die horizontal und ohne Weisungsbefugnis der Aufgabenträger hierarchisch eingeordnet sind.
Assistenzstellen	Sie sind **Leitungshilfsstellen**, die unmittelbar für Aufgabenträger einer Instanz arbeiten.
Gremien	Sie stellen Personenmehrheiten dar, die **haupt- oder nebenamtlich** zusammenarbeiten.
Leitungsgruppen	Sie sind i. d. R. auf Dauer **hauptamtlich** tätige Personenmehrheiten.
Projektgruppen	Sie stellen Personenmehrheiten dar, die gemeinsam und überwiegend **hauptamtlich** bzw. **vollzeitlich** Projekte durchführen.

Projektgruppen	Sie stellen Personenmehrheiten dar, die gemeinsam und überwiegend **hauptamtlich** bzw. **vollzeitlich** Projekte durchführen.
Kollegien	Sie erfüllen in zeitlich **befristeter** Tätigkeit nebenamtlich **Sonderaufgaben**.
Ausschüsse	Sie sind **unbefristet** eingerichtete Organisationseinheiten, deren Mitglieder nebenamtlich und teilzeitlich tätig sind, z. B. der Organisations- oder DV-Ausschuss.

- Die **Zentralisation** bzw. **Dezentralisation**, bei der entschieden wird, in welchem Maße die Stellen an ein Zentrum gebunden werden:

Zentralisation	Sie stellt die **Zusammenfassung gleichartiger Teilaufgaben** zu einem Zentrum als Mittelpunkt dar und kann sein: ► Verrichtungs-/Entscheidungszentralisation ► Phasen-/Verwaltungszentralisation.
Dezentralisation	Hier erfolgt eine **Verteilung gleichartiger Aufgaben** auf mehrere Abteilungen, die nicht zu einem Zentrum gehören als: ► Objekt-/Entscheidungsdezentralisation ► Phasen-/Verwaltungsdezentralisation.

- Die **Übertragung** von **Aufgaben**, **Kompetenzen** und **Verantwortung**, die jeweils gleiche Umfänge ausweisen sollten:

Aufgaben	Sie stellen dauerhaft wirksame **Aufforderungen** an Aufgabenträger dar, festgelegte Verrichtungen vorzunehmen.
Kompetenzen	Das sind **Befugnisse** einer Person, auf der Basis ihrer fachlichen Zuständigkeit geeignete Maßnahmen zur Erfüllung von Aufgaben zu ergreifen, für deren Bewältigung sie die **Verantwortung** übernimmt. Es gibt: ► **sachbezogene Kompetenzen** als fachliche Zuständigkeiten des Stelleninhabers ► **personenbezogene Kompetenzen** als persönliche Zuständigkeiten des Stelleninhabers.
Verantwortung	Sie ist das **persönliche Einstehen** für die Folgen von selbstständigen Handlungen und Entscheidungen.

- Weiterhin sind zu gestalten:

Zeitumfang der Tätigkeit	Es kann sich um eine **Vollzeittätigkeit** oder **Teilzeittätigkeit** handeln.
Art der Tätigkeit	Die Tätigkeit kann **hauptamtlich**, **nebenamtlich** oder **halbamtlich** sein.
Aufgabenträger	Hier geht es um die **Bezeichnung** der Aufgabenträger als Sachbezeichnung und deren erforderliche **Qualifikation**.
Informationswege	Sie verbinden die gestalteten Organisationseinheiten miteinander, z. B. als grundlegende Informationswege wie: ► **Längsinformationswege**, die Über- und Unterordnungsverhältnisse zeigen ► **Querinformationswege**, die Querkontakte auf gleicher Hierarchieebene darstellen. Zu weiteren Informationswegen siehe ausführlich *Olfert, Olfert/Rahn*.

Aufgabe 31 > Seite 239

1.1.1.3.3 Bildung von Organisationsebenen

Entsprechend der jeweiligen Hierarchieebene erfolgen als **Maßnahmen** (*Olfert, Olfert/Rahn*):

- Die **Gruppenbildung**, bei der einzelne Stellen auf unterer Führungsebene zu betrieblichen Gruppen zusammengefasst werden, die in unterschiedlicher Weise strukturiert werden können, z. B. als:
  - Materialwirtschaftsgruppen
  - Fertigungsgruppen
  - Marketinggruppen
  - Personalwesengruppen
  - Finanzwesengruppen
  - Rechnungswesengruppen
  - Informatikgruppen.

- Die **Bereichsbildung**, bei der plurale Organisationseinheiten auf mittlerer Führungsebene gebildet werden, vielfach als Abteilung oder Hauptabteilung, z. B.:
  - Materialbereich
  - Fertigungsbereich
  - Marketingbereich
  - Personalbereich
  - Finanzbereich
  - Informationsbereich
  - Rechnungswesenbereich.
- Die **Leitungsbildung**, die sich auf die Unternehmensspitze als obere Führungsebene bezieht. Zu unterscheiden sind:

Rechtsformmodelle	► **Eingremien-Modell** (z. B. nur Geschäftsführer) ► **Zweigremien-Modell** (z. B. Geschäftsführer/Gesellschafterversammlung) ► **Dreigremien-Modell** (z. B. Vorstand/Aufsichtsrat/Hauptversammlung)
Prinzipien-Modelle	► **Kollegialprinzip** (Gemeinsame Willensbildung aller Leiter) ► **Direktorialprinzip** (Willensbildung durch einzelnen Leiter)
Ressort-Modelle	Sie bauen auf der **Ressort-Kollegialität** auf, d. h. jeder Entscheidungsträger ist für sein Ressort eigenverantwortlich zuständig.

Aufgabe 32 > Seite 240

1.1.2 Festlegung der Aufbaustruktur

Aus den Elementen der Aufbaugestaltung wird die Aufbaustruktur des Unternehmens gebildet, d. h. es erfolgt die **horizontale** und **vertikale** bzw. hierarchische **Gliederung** des Unternehmens (*Bleicher*) als:

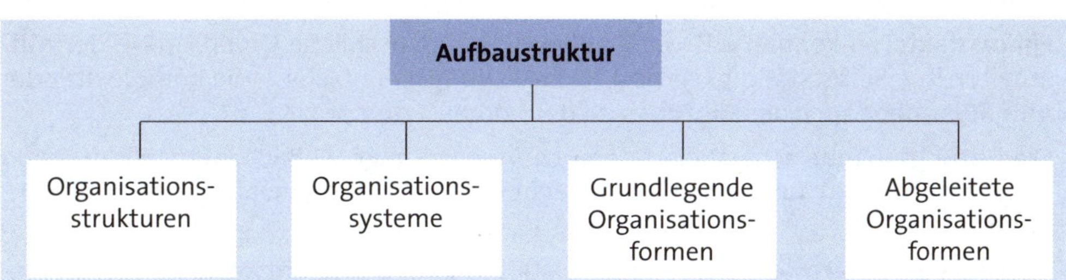

1.1.2.1 Organisationsstrukturen

Der Aufbau des gesamten Unternehmens zeigt sich in der zu gestaltenden Organisationsstruktur, die sich in zweifacher Weise darstellen lässt als (*Olfert, Olfert/Rahn*):

- **horizontale Organisationsstruktur**
- **vertikale Organisationsstruktur**.

1.1.2.1.1 Horizontale Organisationsstruktur

Die horizontale Organisationsstruktur ergibt sich aus den bereits dargestellten fünf **Schritten**:

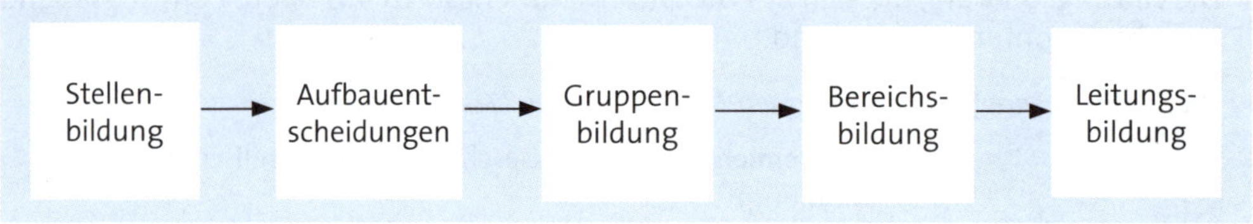

Grundsätzlich gilt für die horizontale Strukturierung, dass bei komplizierter Aufgabenstruktur deren Überschaubarkeit umso geringer und die Gefahr einer **Überorganisation** umso größer ist. Je kleiner andererseits die Gruppen gestaltet werden, umso größer wird die Gefahr einer **Unterorganisation**.

1.1.2.1.2 Vertikale Organisationsstruktur

Bei der vertikalen Organisationsstruktur geht es um zwei **Problemfelder**:

- die **Leitungsspanne**, welche die Anzahl der optimal betreubaren, einem Vorgesetzten direkt unterstellten Mitarbeiter bezeichnet. Sie wird auch **Kontrollspanne** oder **Subordinationsquote** genannt.

  Jeder Vorgesetzte kann nur eine begrenzte Zahl von unterstellten Mitarbeitern bestmöglich betreuen. Eine generelle **Festlegung** der Leitungsspanne auf eine bestimmte Zahl zu unterstellender Organisationseinheiten ist nicht möglich.

  Einflussfaktoren können z. B. die fachliche und menschliche Qualifikation der Mitarbeiter, ihre Selbstständigkeit und Unterstellungsbereitschaft, die Komplexität der Aufgaben, aber auch der Führungsstil des Vorgesetzten sein.

  Die Leitungsspanne schwankt Untersuchungen zufolge vielfach zwischen drei und sechs Mitarbeitern auf der oberen und acht bis 25 Mitarbeitern auf der unteren Führungsebene.

- die **Zahl der Hierarchieebenen**, deren Festlegung für die Verantwortlichen nicht einfach ist. Sie wird z. B. von der Unternehmensgröße, der Leitungsspanne und den Unternehmensaufgaben beeinflusst. Je größer die Zahl der Mitarbeiter und damit auch die Zahl der Stellen ist, umso mehr Unternehmensebenen sind erforderlich, was zu langen Instanzenwegen führen kann.

In der Praxis werden für die Organisationseinheiten der Hierarchieebenen keine einheitlichen Begriffe verwendet. Bei größeren Unternehmen gibt es z. B.:

- das **Leitungsorgan**, z. B. den Vorstand einer Aktiengesellschaft.
- den **Bereich** bzw. das **Ressort**, das aus mehreren Hauptabteilungen besteht.
- die **Hauptabteilung**, der mehrere Abteilungen zugeordnet sind.
- die **Abteilung**, die mehrere Stellen oder verschiedene Gruppen umfasst.
- die **Stelle** als die kleinste organisatorische Einheit innerhalb der Hierarchie.

Aufgabe 33 > Seite 240

1.1.2.2 Organisationssysteme

Das Organisationssystem ist eine Menge von Organisationseinheiten, die über Informationswege miteinander verbunden ist. Seine organisatorische Struktur kann unterschiedliche **Ausprägungen** aufweisen als (*Olfert, Olfert/Rahn*):

- **Liniensystem**
- **Funktionssystem**
- **Stabliniensystem**.

1.1.2.2.1 Liniensystem

Beim Liniensystem sind die Stellen und Abteilungen in einen einheitlichen Instanzenweg eingegliedert, der von der obersten Instanz bis zur untersten Stelle reicht. Damit wird das **„Prinzip der Einheit von Auftragserteilung und Auftragsempfang"** verwirklicht.

Das Liniensystem ist die **straffste Form** der organisatorischen Gliederung. Jeder Mitarbeiter ist dabei nur einem Vorgesetzten unterstellt. Weisungen und Informationen gehen jeweils an die unmittelbar unterstellten Stelleninhaber, z. B. von der Leitung über die Fertigung zur Montage:

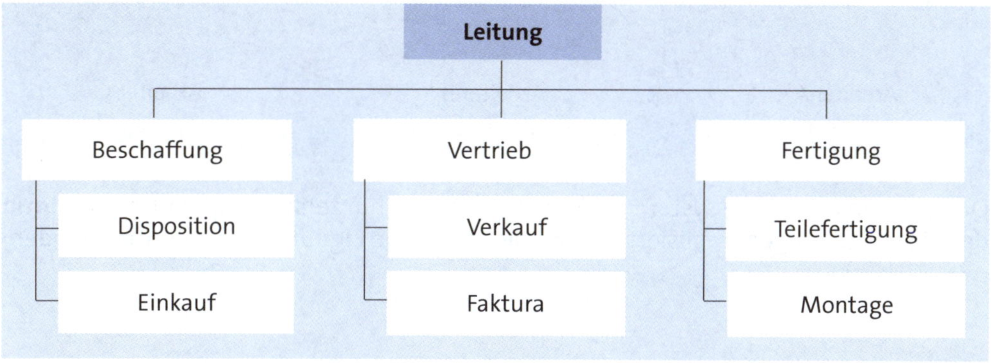

Vielfach wird das Liniensystem auch als **Einliniensystem** oder **Linienorganisation** bezeichnet. Es weist sowohl Vorteile als auch Nachteile auf:

Vorteile	Nachteile
► Klare, eindeutige Unterstellungen, Kompetenzen, Verantwortungen	► Starke Beanspruchung übergeordneter Einheiten mit Koordinationsaufgaben
► Überschaubare, transparente Struktur	► Überlastung der Führungskräfte durch Routinetätigkeiten
► Keine Eingriffe Dritter	► Erschwerung der Zusammenarbeit
► Eindeutige Kommunikationswege	► Lange Weisungswege möglich
► Vorgesetztenorientierter Entscheidungsprozess	► Abhängigkeiten der Mitarbeiter
► Einfache Betreubarkeit der Mitarbeiter	► Unflexible Entscheidungsfindung
► Ordnung durch straffe Disziplin	► Problem der Informationsfilterung
► Einheitlichkeit der Auftragserteilung	► Fehlende Dynamik des Systems

Das Liniensystem lässt sich durch **Querverbindungen** ergänzen. Dadurch kann eine Beschleunigung des Informationsflusses bewirkt werden.

1.1.2.2.2 Funktionssystem

Beim Funktionssystem erfolgt der Informationsfluss nicht durch einen einzigen Instanzenweg, sondern jeder Mitarbeiter ist funktionsbedingt mehreren Vorgesetzten unterstellt, von denen er Aufträge erhält. Es wird auch als **Mehrliniensystem** oder **Mehrlinienorganisation** bezeichnet.

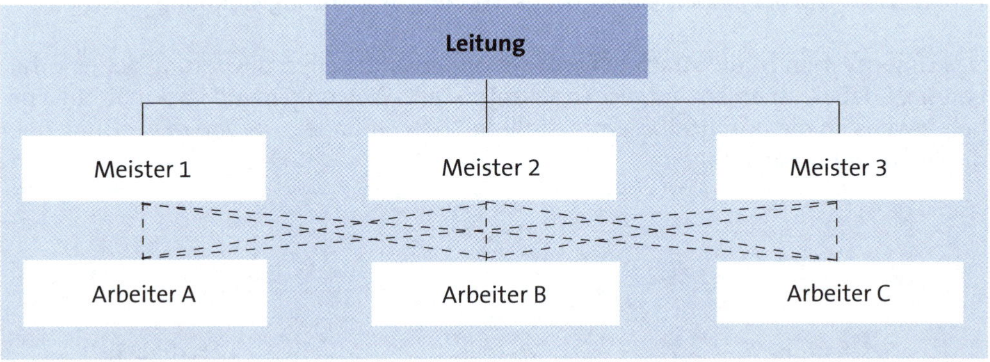

Durch die im Funktionssystem praktizierte Mehrfachunterstellung wird das **„Prinzip des kürzesten Weges"** realisiert. Im Hinblick auf seine Eignung sind zu unterscheiden:

Vorteile	Nachteile
► Spezialisierung ► Direkte Weisungs-/Informationswege ► Betonung der Fachautorität ► Produktivität sachlicher Konflikte ► Relativ schnelle Ausführung ► Kontrolle durch mehrere Vorgesetzte ► Kein schwerfälliger Instanzenweg ► Größere Dynamik der Führungskräfte	► Abgrenzungsprobleme bei Zuständigkeiten und Verantwortlichkeiten ► Schwierige Fehlerzurechnung ► Konflikte zwischen den Vorgesetzten ► Schwierigkeit der einheitlichen Umsetzung der Unternehmensziele ► Konfliktpotenzial und mangelnde Arbeitsdisziplin

1.1.2.2.3 Stabliniensystem

Beim Stabliniensystem wird das **Liniensystem** mit dem **Stabsprinzip** verbunden. Um den Nachteil der Überlastung von Führungskräften beim reinen Liniensystem zu mindern, werden Stäbe den höheren Instanzen zugeordnet, die grundsätzlich kein unmittelbares Weisungsrecht gegenüber anderen Stellen haben.

Das Stabliniensystem kann z. B. mit zwei Stäben folgende **Struktur** haben:

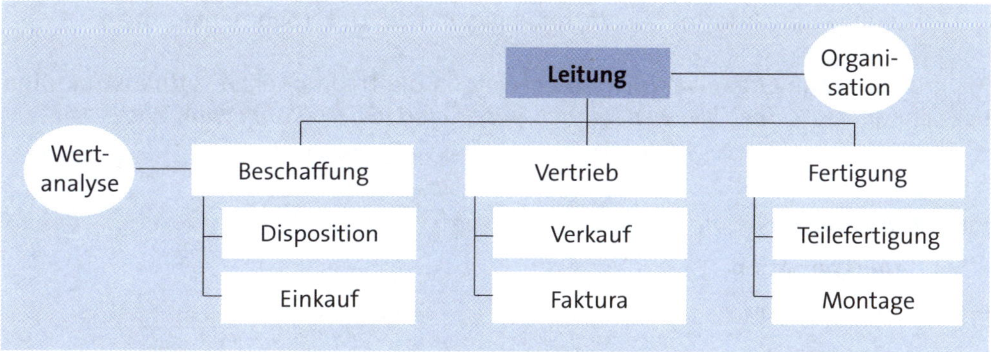

In großen Unternehmen ist das Stabliniensystem umfassender ausgeprägt als in kleineren Unternehmen. Es weist auf:

Vorteile	Nachteile
► Übersichtliche Struktur ► Einheitlicher Instanzenweg ► Klare Zuständigkeiten ► Nutzung von Größenvorteilen ► Nutzung von Spezialisierungsvorteilen ► Beratungsvorteile durch Stäbe ► Entlastung der Führungskräfte ► Verbesserung der Entscheidungsqualität	► Trennung von Entscheidungsvorbereitung und Entscheidung ► Ggf. Blockierung von Stabsvorschlägen ► Gefahr von Stab-Linien-Konflikten ► Demotivation des Stabes ► Kompetenzüberschreitung des Stabes ► Überdimensionierung der Stabsstellen ► Informelle Macht von Stäben

Aufgabe 34 > Seite 240

1.1.2.3 Grundlegende Organisationsformen

Organisationsformen sind Ausdruck der Strukturierung des Unternehmensaufbaus. Sie hängen in ihrer Ausprägung vom Leistungsprogramm, der Unternehmensgröße, der Fertigungs- und Informationstechnologie und der Unternehmensform ab.

Als grundlegende Organisationsformen werden die traditionellen Aufbaustrukturen bezeichnet (*Bea/Göbel, Bleicher, Bühner, Frese, Olfert, Olfert/Rahn, Vahs, Wittlage*):

- **Sektoralorganisation**
- **Funktionalorganisation**
- **Spartenorganisation**
- **Matrixorganisation**
- **Tensororganisation**.

1.1.2.3.1 Sektoralorganisation

Die Sektoralorganisation hat eine **zentrale Organisationsstruktur** und ist durch eine Zweiteilung auf der zweiten Hierarchieebene in einen technischen und einen kaufmännischen Sektor geprägt. Die Leitung des Unternehmens erfolgt nach dem **Liniensystem**, wobei die beiden Sektoren der Unternehmensleitung verantwortlich unterstellt sind:

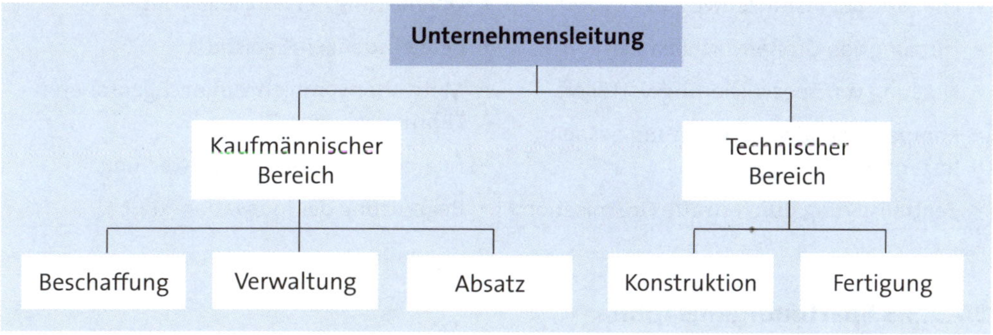

Der **Einsatz** der Sektoralorganisation bietet sich bei einer geringen Unternehmensgröße, relativ stabiler Umwelt und verhältnismäßig homogenem Leistungsprogramm an.

Vorteile	Nachteile
► Große Übersichtlichkeit	► Schwerfälligkeit/Starrheit
► Einheitlicher Instanzenweg	► Überlastung der Führungskräfte
► Vorzüge der Zentralisation	► Begrenzte Flexibilität
► Spezialisierungsvorteile	► Geringe Bereitschaft zur Delegation

1.1.2.3.2 Funktionalorganisation

Die Funktionalorganisation ist auf der zweiten Hierarchieebene nach **Verrichtungen** gegliedert. Sie knüpft dabei i. d. R. an den güterwirtschaftlichen Prozess des Unternehmens an. Die Leitung erfolgt nach dem **Liniensystem**. Dabei sind die einzelnen Funktionen der Unternehmensleitung verantwortlich unterstellt:

Beispiel

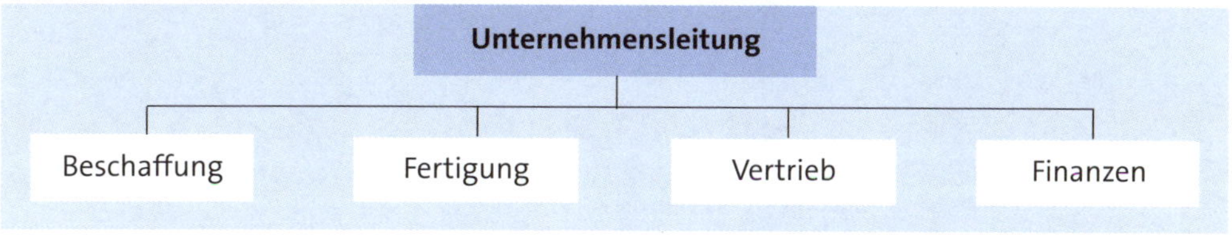

Der **Einsatz** der Funktionalorganisation ist bei kleinen bis mittleren Unternehmen, relativ stabiler Umwelt und verhältnismäßig homogenem Leistungsprogramm möglich.

Vorteile	Nachteile
► Sehr übersichtlich ► Einheitlicher Instanzenweg ► Nutzung von Größenvorteilen ► Nutzung von Spezialisierungsvorteilen ► Kompetenz und Verantwortung bei den Instanzen ► Zentralisierung durch straffe Organisation	► Schwerfälliger Informationsfluss ► Überlastung der Führungskräfte ► Bereichsdenken/Egoismus ► Motivationsprobleme in nachgeordneten Führungsebenen ► Mangelnde Produktverantwortung ► Begrenzung der Innovationskraft

1.1.2.3.3 Spartenorganisation

Die Spartenorganisation stellt eine Organisationsform dar, die hauptsächlich durch die Dezentralisierung geprägt ist. Die zweite Hierarchieebene des Unternehmens ist nach **Objekten** gegliedert. Die wesentlichen Elemente dieser Organisationsform sind die Zentralabteilungen, die für die leistungsprozessbezogenen Sparten vielfältige Dienstleistungen erbringen, z. B. als Organisationsabteilung, Personalabteilung, Rechtsabteilung.

Die **Zentralabteilungen** übernehmen häufig auch Koordinationsaufgaben, um ein „Eigenleben" von Sparten zu begrenzen, das sich von den Unternehmenszielen entfernt, z. B. durch eine zentrale Personalabteilung.

Die Spartenorganisation ist durch das **Stabliniensystem** geprägt. Sie wird auch als **Divisionalorganisation** bezeichnet und kann sein:

- Eine **Produktorganisation**, die auf der zweiten Unternehmensebene nach **Erzeugnissen** bzw. **Erzeugnisgruppen** gegliedert ist. Dabei handelt sich um autonome Sparten.

Beispiel

Beispiel eines Industrieunternehmens:

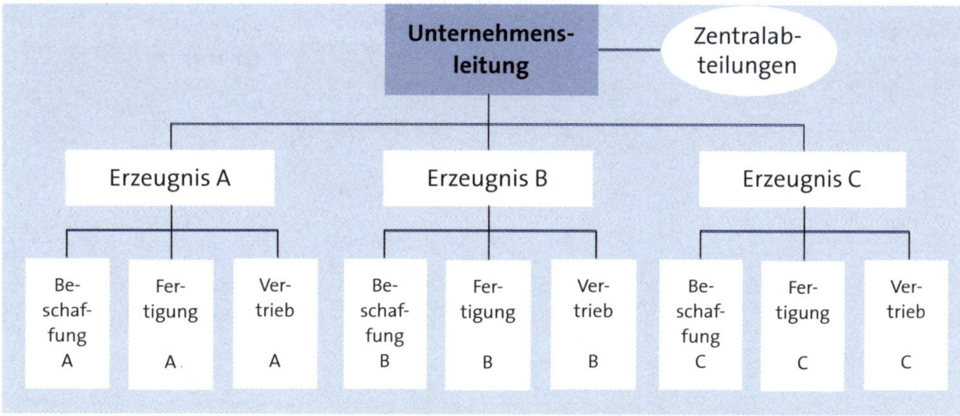

Die Produktorganisation kann sich für ein Unternehmen anbieten, wenn die Entscheidungsprozesse nach Erzeugnisarten dezentralisiert ablaufen sollen.

Vorteile	Nachteile
► Einheitlicher Instanzenweg	► Gefahr des Eigenlebens der Sparten
► Klare Zuständigkeiten	► Tendenz zum Spartenegoismus
► Entlastung der Unternehmensleitung von Routineentscheidungen	► Anstreben von Divisionszielen anstelle der Unternehmensziele
► Nutzung von Entscheidungsfreiräumen	► Kompetenzprobleme zwischen Zentralabteilungen und Sparten
► Flexibilität/Reaktionsfähigkeit	► Kämpfe um knappe Ressourcen
► Fehlbesetzungen treffen nur die Sparte	► Doppelarbeit bei ähnlichen Problemen
► Übersichtlichkeit/Transparenz	► Größerer Bedarf an Führungskräften
► Sparten mit Gewinnverantwortung	► Verfolgung kurzfristiger Ziele
► Motivation durch Spartenautonomie	

- Die **Regionalorganisation**, die durch geografisch abgegrenzte Aufgabenbereiche gekennzeichnet ist. Die zweite Hierarchieebene ist durch **Regionen** oder **Gebiete** geprägt.

Beispiel

Beispiel eines Handelsunternehmens:

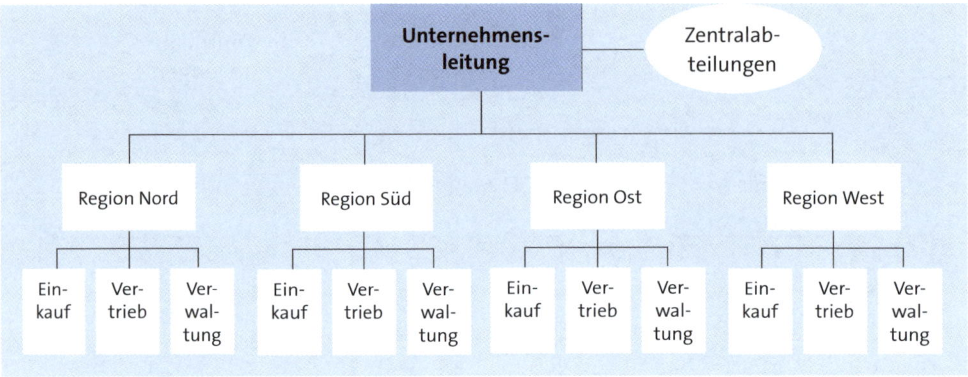

Die **Regionalorganisation** ist eine geeignete Organisationsform, wenn die Entscheidungsprozesse dezentralisiert sind und vorrangig auf regionalen Gesichtspunkten basieren.

Vorteile	Nachteile
► Regionale Differenzierung ► Klare Zuständigkeiten ► Einheitlicher Instanzenweg ► Entlastung der Unternehmensleitung ► Regionale Flexibilität ► Übersichtlichkeit	► Tendenz zum Eigenleben der Regionaleinheiten ► Regionale Aspekte werden u. U. überbetont ► Überzogene Verteilungskämpfe bei knappen Mitteln

► Die **Kundenorganisation**, die auf der zweiten Hierarchieebene nach **Kunden** oder **Kundengruppen** gegliedert ist. Sie enthält ebenfalls dezentrale Elemente und spaltet das Unternehmen in marktbezogene und anpassungsfähige Teilsysteme auf.

Beispiel

Beispiel eines Versicherungsunternehmens:

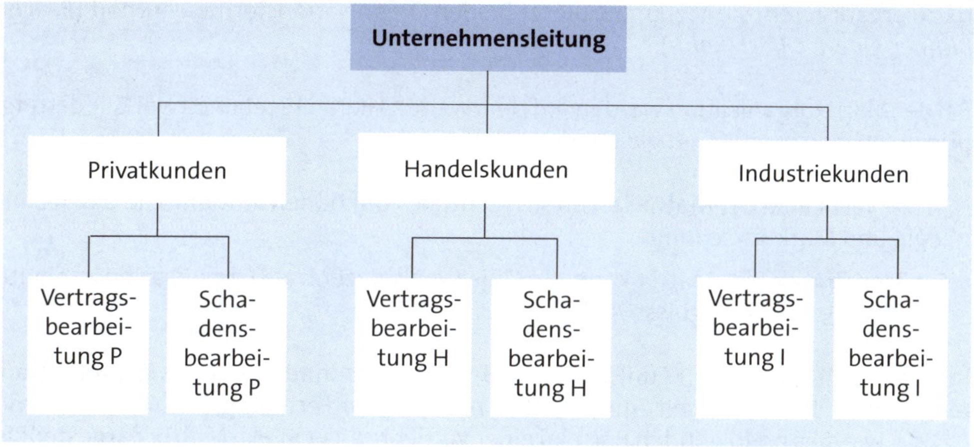

Insgesamt ist die Spartenorganisation zu beurteilen:

Vorteile	Nachteile
► Differenzierung nach Kunden ► Einheitlicher Instanzenweg ► Eindeutige Zuständigkeiten ► Flexibilität bei der Anpassung an Kundenwünsche ► Übersichtliches System ► Entlastung der Unternehmensleitung	► Überbetonte Kundenorientierung ► Tendenz zum Spartenegoismus ► Divisionsziele ggfs. zu sehr im Vordergrund ► Bei knappen Ressourcen Verteilungskämpfe ► Doppelarbeiten möglich

Der **Einsatz** der Spartenorganisation bietet sich an, wenn die Entscheidungsprozesse dezentralisiert sind und vor allem produkt-, regional- bzw. kundenbezogenen Aspekten entsprochen werden soll.

Aus der Spartenorganisation wurden verschiedene Organisationsformen als Center-Organisation, Holding-Organisation und SGE-Organisation **abgeleitet**.

1.1.2.3.4 Matrixorganisation

Bei großen Unternehmen können die Nachteile der Funktionalorganisation und der Spartenorganisation besonders hervortreten. Deshalb kann es sinnvoll sein, eine Matrix zu organisieren, die Merkmale dieser beiden Organisationsformen enthält (*Bleicher, Bühner, Olfert, Olfert/Rahn*).

Bei der Matrixorganisation werden auf der zweiten Hierarchieebene zwei Gliederungsprinzipien gleichzeitig und gleichberechtigt verfolgt:

- In der **Vertikalen** der Matrix lassen sich zentrale Funktionen aufnehmen, z. B. Technologie und Marktforschung.
- Die **Horizontale** der Matrix kann die Objekte als dezentrale Organisationseinheiten ausweisen, z. B. Erzeugnisse A, B, C.

In den Schnittstellen von Funktionen und Objekten befinden sich als **Organisationseinheiten**, z. B. die doppelt unterstellten Abteilungen Fertigung (A,B,C) und Vertrieb (A,B,C), wie dies im folgenden Beispiel einer Verrichtungs-Objekt-Matrix dargestellt ist.

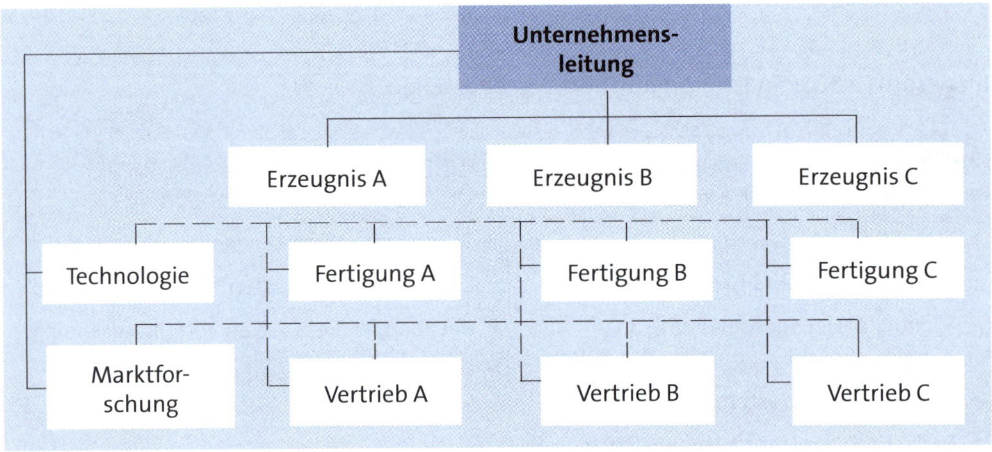

Die Matrixorganisation ist nach dem **Funktionsprinzip** gestaltet.

Ihr **Einsatz** kann sich bei relativ instabiler Umwelt und heterogenem Leistungsprogramm anbieten. **Konflikte** zwischen den Abteilungen sind systemimmanent, weil viele Personen am Entscheidungsprozess beteiligt sind.

Vorteile	Nachteile
► Sehr flexibles System ► Intensive Kommunikation ► Verbesserung der Entscheidungsqualität ► Ausschaltung der spezifischen Stab-Linien-Konflikte möglich ► Motivation durch Beteiligung am Entscheidungsprozess ► Gute Eignung bei heterogenem Produktionsprogramm/Umweltbedingungen ► Anpassungsfähigkeit an die Umweltdynamik ► Direkte Verbindungswege ► Entlastung des Top Managements durch Entscheidungsdelegation ► Umfassende Betrachtungsweise der Aufgaben ► Förderung von kreativen/qualitativ hochwertigen Problemlösungen	► Konfliktgefahr durch Doppelunterstellung ► Kompetenzüberschneidungen zwischen den Entscheidungsträgern ► Kontraproduktive Tendenzen (z. B. Machtkämpfe, Entscheidungsverzögerung) ► Überforderung der Matrix-Stelleninhaber ► Hohe Koordinations-, Kommunikations- und Informationskosten ► Unklare Unterstellungsverhältnisse in den Schnittstellen der Matrix ► Kompetenzkämpfe um knappe Mittel ► Kein klarer Instanzenweg ► Geringe Übersichtlichkeit ► Hohe persönliche Belastung durch ausgeprägtes Konfliktpotenzial ► Zeitaufwändiger Zwang zum Konsens

Aus der dargestellten Matrixorganisation wurden als weitere **matrixorientierte Organisationsformen** das Produktmanagement, Prozessmanagement, Kundenmanagement und Projektmanagement **abgeleitet**.

1.1.2.3.5 Tensororganisation

Die Tensororganisation ist eine Organisationsform, bei der **drei Dimensionen** des Unternehmens berücksichtigt werden. Sie umfasst z. B.:

- **Zentralbereiche**, z. B. Technologie und Marktforschung
- **Regionalbereiche**, z. B. USA und Asien
- **Unternehmensbereiche**, z. B. Erzeugnisse A, B, C.

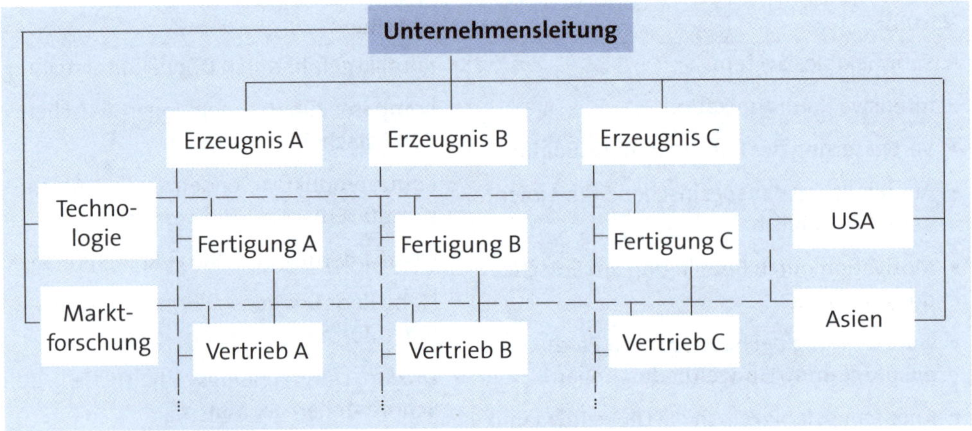

Die Tensororganisation wird vielfach von **multinationalen Großunternehmen** genutzt, die auf unterschiedlichen Märkten bei relativ instabilen Umwelten tätig sind. Sie stellt hohe Anforderungen an die Kooperationsfähigkeit der Stelleninhaber.

Vorteile	Nachteile
► Sehr hohe Flexibilität	► Konflikte im Wirkzusammenhang
► Ausgesprochene Marktorientierung	► Hoher Koordinationsbedarf
► Intensive Kommunikation	► Kein klarer Instanzenweg
► Spezialisierungsvorteile	► Überforderte Aufgabenträger
► Entscheidungsfreiräume	► Geringe Übersichtlichkeit

1.1.2.4 Abgeleitete Organisationsformen

Abgeleitete Organisationsformen sind der **Lösung spezieller Aufgaben** förderlich. Sie wurden aus den grundlegenden Organisationsformen entwickelt als – siehe ausführlich *Olfert*:

- **Center-Organisation**
- **Holding-Organisation**
- **SGE-Management**
- **Produktmanagement**
- **Prozessmanagement**
- **Kundenmanagement**
- **Projektmanagement**.

Die **Aufgaben** der abgeleiteten Organisationsformen bestehen in der schnittstellenübergreifenden Bearbeitung von innovativen oder selten auftretenden Spezialaufgaben, die hierarchieergänzend bzw. hierarchieübergreifend wirken.

1.1.2.4.1 Center-Organisation

Die Bildung von Organisationseinheiten nach dem Objektprinzip, wie es bei der **Spartenorganisation** gezeigt wurde, stellt die Grundlage für die Entwicklung von Center-Konzepten dar (*Bea/Göbel, Olfert, Olfert/Rahn, Vahs*). Es gibt:

- Das **Profit-Center**, bei dem z. B. für eine Produktgruppe eine Erfolgszurechnung vorgenommen wird und die Verantwortlichkeit der Aufgabenträger am Erfolg orientiert ist. Es umfasst zumindest die Bereiche Fertigung und Marketing.
- Das **Cost-Center**, bei dem der Leiter im Rahmen des Kostenbudgets entscheidet. Es ist entweder einzuhalten oder die Kosten müssen bei vorgegebenem Leistungsvolumen minimiert werden. Das Cost-Center eignet sich für Zentralbereiche und Fertigungsstätten ohne direkten Zugang zum Absatzmarkt.
- Das **Revenue-Center**, bei dem der Leiter insbesondere die Höhe des Umsatzerlöses zu verantworten hat. Voraussetzung für diese Organisationsform ist die Bestimmung des Leistungsprogramms nach Art, Quantität und Qualität. Es wird auch als **Leistungscenter** bezeichnet.
- Das **Investment-Center**, bei dem der Leiter auch die Kompetenz der Gewinnverwendung im Rahmen reinvestiver Maßnahmen hat. Hier ist der Grad der Autonomie besonders stark ausgeprägt. Es ist davon auszugehen, dass die Unternehmensleitung sich aber ein Mitspracherecht vorbehält.

Die Leiter aller Center-Organisationen können **relativ autonom** entscheiden.

Vorteile	Nachteile
► Steigerung der Motivation von Managern durch erfolgsabhängige Entlohnung ► Nutzung von Entscheidungsfreiräumen ► Reaktionsfähigkeit ► Flexibilität ► Zusätzliche Kontrolle durch den Markt	► Zurechnung von Erlösen und Kosten bei internem Leistungsaustausch problematisch ► Probleme zwischen den Zentralen und den Center-Instanzen ► Gefahr eines Eigenlebens der Center

1.1.2.4.2 Holding-Organisation

Die Holding ist eine aus der Spartenorganisation abgeleitete Organisationsform, die eine nicht selbst am Markt auftretende **Dachgesellschaft** sowie Beteiligungen an mehreren, rechtlich selbstständigen Unternehmen als Beteiligungsgesellschaften umfasst. **Formen** der Holdingorganisation sind (*Bea/Göbel*):

- Die **Management-Holding**, bei der die Dachgesellschaft die Leitung und Koordination der gesamten Holding-Organisation einschließlich der strategischen Aufgaben übernimmt, z. B. die Metro AG für die Bereiche Cash & Carry, Lebensmittel-Einzelhandel, Nonfood-Fachmärkte, Warenhäuser.

- Die **Finanz-Holding**, bei der die Dachgesellschaft keine strategischen Führungsaufgaben übernimmt. Die Beteiligungsgesellschaften sind dafür selbst zuständig. Die Dachgesellschaft hält die Anteile der Holdinggesellschaften und besitzt eine gesamtunternehmerische Finanzperspektive.

Die Holding-Organisation ist zu beurteilen:

Vorteile	Nachteile
► Hohe Flexibilität durch Marktnähe ► Schnelle Reaktionen auf veränderte Umfeldbedingungen ► Synergieeffekte durch gemeinsame Forschung und Entwicklung ► Hohe Finanzkraft durch Verfügbarkeit eines „internen" Kapitalmarktes ► Eindeutige Erfolgszurechnung auf die einzelnen Beteiligungsgesellschaften	► Gefahr der Unübersichtlichkeit ► Problem der Kompetenzabgrenzung zwischen Holding- und Tochtergesellschaft ► Motivationsprobleme von Geschäftsbereichs-Managern bei einer „Quersubventionierung" von Tochtergesellschaften ► Große Distanz zwischen der Holding und den Geschäftsbereichs-Managern ► Kosten z. B. durch Doppelarbeit

Aufgabe 35 > Seite 241

1.1.2.4.3 SGE-Management

Das SGE-Management besteht aus **strategischen Geschäftseinheiten** (SGE), die sich auf strategische Geschäftsfelder (SGF) beziehen (*Bea/Göbel*). Sie sind Ausdruck von Produkt-Markt-Kombinationen, die in einzelne, voneinander unterscheidbare Organisationseinheiten zerlegt und von der Spartenorganisation abgeleitet werden.

Die strategischen Geschäftseinheiten sollen ihre Aufgaben effizient und eigenverantwortlich erledigen. Es empfiehlt sich, ihre Anzahl überschaubar und handhabbar zu halten. Sie befinden sich in Konkurrenz zu anderen Anbietern und richten sich an eine klar abgrenzbare Kundengruppe (*Bühner, Hinterhuber, Wittlage*).

Vorteile	Nachteile
► Entlastung der Unternehmensleitung bei strategischen Fragestellungen ► Motivation durch Delegation von Produkt-Markt-Entscheidungen an SGE-Manager ► Sicherstellung umfassender Strategieplanung durch verbesserte Zusammenarbeit von Zentralstab und SGE ► Eigenständige Aufgaben der strategischen Geschäftseinheiten	► Die SGE und die primären Organisationseinheiten sind nicht identisch ► Es können dadurch Probleme bei der operativen Umsetzung der Geschäftsfeldstrategien auftreten ► Vernachlässigung interner Beziehungen zwischen den einzelnen Segmenten ► Dominanz des Marketingbereichs bei der Formulierung von SGE-Strategien

1.1.2.4.4 Produktmanagement

Das Produktmanagement ist eine abgeleitete Organisationsform, durch welche die Anpassungsfähigkeit der Organisation an sich ändernde Märkte verbessert und somit die Wettbewerbsposition des Unternehmens gesichert werden soll (*Vahs*). Sein tragendes Element ist der Produktmanager, der Produktspezialist und Funktionsgeneralist in einer Person ist. **Formen** des Produktmanagements sind:

- Das **Stabs-Produktmanagement**, bei dem der Produktmanager der Unternehmensleitung als Stab zugeordnet ist. Er wird als Produktkoordinator tätig und hat keine Weisungsbefugnisse gegenüber Fachabteilungen.
- Das **Linien-Produktmanagement**, bei dem der Produktmanager als Linienstelle innerhalb des Marketingbereiches eingeordnet ist. Seine aufbauorganisatorische Stellung kann hier leiden, wenn der Marketingleiter einen starken Einfluss hat.
- Das **Matrix-Produktmanagement**, bei dem über eine vertikale, funktionale Gliederung eine horizontale, produktorientierte Organisationsstruktur gelegt wird. In den Schnittstellen der Matrix ergeben sich daraus Doppelunterstellungen. Dem Produktmanager obliegen die Planung, Entscheidung und Koordination eines seinem Verantwortungsbereich übertragenen Erzeugnisses.

Vorteile	Nachteile
► Besondere Betreuung von Produkten ► Nutzung von Synergiepotenzialen ► Kombination der Fachkompetenz von Funktionsmanagern mit der Gesamtperspektive des Produktmanagers ► Markt- und Erzeugnismarktausrichtung ► Flexibilität und Reaktionsfähigkeit ► Koordination aller produktbezogenen Aktivitäten ► Spezialisierungsvorteile	► Konfliktgefahr durch Mehrfachunterstellung ► Prioritätsprobleme und Rivalitäten beim Einsatz mehrerer Produktmanager ► Lange Entscheidungsdauer durch zahlreiche Abstimmungsprozesse ► Schwierige Festlegung von Aufgaben, Befugnissen und Verantwortung zwischen Produktmanagern und Funktionsvorgesetzten

Aufgabe 36 > Seite 241

1.1.2.4.5 Prozessmanagement

Das Prozessmanagement stellt eine abgeleitete Organisationsform dar, bei der **Prozessmanager** tätig werden, die für den effizienten Ablauf der jeweiligen Prozesse im Unternehmen zuständig und verantwortlich sind.

Im Rahmen des **Business Reengineering** als fundamentalem Überdenken und radikalem Redesign von Unternehmen wurde die hohe Bedeutung der Geschäftsprozesse für den Erfolg des Unternehmens erkannt (*Hammer/Champy*). Daraus entstand die

Überlegung, die Organisation der Geschäftsprozesse durch Prozessmanager wirksam verfolgen zu lassen.

Prozessmanager werden unabhängig von der bestehenden Aufbauorganisation für wesentliche Geschäftsprozesse mit der aufgabenentsprechenden Zuständigkeit und Verantwortung eingesetzt, z.B. im Hinblick auf Auftragsabwicklungsprozesse, Rechnungswesenprozesse, Logistikprozesse.

Beim Prozessmanagement gibt es drei **Formen**, wobei zu unterscheiden sind:

- Der **Prozessmanager mit voller Weisungsbefugnis**, also mit Längsverbindungen zu den zugeordneten Stellen. Sein Machtpotenzial ist umfassend. Er hat ein Alleinentscheidungsrecht, die Bereichsmanager ein Mitspracherecht.
- Der **Prozessmanager ohne Weisungsbefugnis**, der damit nur Querverbindungen zu den zugeordneten Stellen aufweist. Sein Machtpotenzial ist sehr begrenzt, weil die Bereichsmanager das Alleinentscheidungsrecht besitzen.
- Der **Prozessmanager mit begrenzter Weisungsbefugnis** und damit Diagonalverbindungen zu den zugeordneten Stellen. Das Machtpotenzial ist zwischen ihm und dem Bereichsmanager aufgeteilt.

Vorteile	Nachteile
► Besondere Betreuung der Prozesse als radikales Redesign ► Einsatz von Spezialisten ► Nutzung von Synergiepotenzialen ► Kombination der Fachkompetenz des Prozessmanagers mit den Generalisten der Bereiche ► Flexibilität und Reaktionsfähigkeit ► Koordination der prozessbezogenen Aktivitäten	► Probleme durch Auftreten von Doppelunterstellungen ► Rivalitäten beim Einsatz mehrerer Prozessmanager ► Schwierigkeiten bei der Kompetenzabgrenzung zwischen den Prozessmanagern und den Bereichsmanagern ► Entscheidungskonflikte zwischen den Bereichsmanagern und den Prozessmanagern

1.1.2.4.6 Kundenmanagement

Das Kundenmanagement ist eine abgeleitete Organisationsform, bei welcher Kundenmanager die Nähe zum Kunden suchen, um ihm eine bestmögliche Zufriedenheit zu vermitteln. Insbesondere wird das Ziel verfolgt, den Bedarf des Kunden möglichst schnell, preiswert und flexibel zu befriedigen. Seine **Formen** sind:

- Das **Stabs-Kundenmanagement**, bei dem der Kundenmanager der Unternehmensleitung bzw. dem Marketingleiter in Stabsfunktion zugeordnet ist. Durch die fehlende Entscheidungs- bzw. Weisungsbefugnis wird der Kundenmanager von den Kunden möglicherweise aber nicht als vollwertiger Verhandlungspartner akzeptiert.

- Das **Linien-Kundenmanagement**, bei dem der Kundenmanager direkt in den Marketingbereich eingeordnet wird. Wenn er selbstständig entscheiden und autonom Abschlüsse tätigen kann, erscheint diese Lösung sinnvoll. Seine Identifikation leidet jedoch bei starkem Einfluss des Marketingleiters.
- Das **Matrix-Kundenmanagement**, bei dem der Kundenmanager begrenzte Weisungsbefugnisse hat, z. B. gegenüber dem Außendienst, um die Wünsche der Kunden besser befriedigen zu können. Er hat darauf zu achten, dass das kundenbezogene Marketingkonzept in allen Bereichen wirksam umgesetzt wird.

Vorteile	Nachteile
► Intensiver Kontakt zu abgegrenzten Kundengruppen ► Effizientes Agieren der Kundenmanager ► Autonomie der Kundenmanager ► Umsetzung des kundenbezogenen Marketingkonzeptes	► Probleme mit der Abgrenzbarkeit der Befugnisse ► Gefahr des „Eigenlebens" der Kundenmanager ► Konfliktgefahr durch Doppelunterstellungen

1.1.2.4.7 Projektmanagement

Das Projektmanagement ist eine abgeleitete Organisationsform, bei der Projektmanager anspruchsvolle Projekte übertragen bekommen. Es wird im Rahmen der Projektstrukturierung – Abschnitt 1.3 – näher behandelt als:

- Linien-Projektorganisation
- Reine Projektorganisation
- Stabs-Projektorganisation
- Matrix-Projektorganisation.

1.1.3 Abschließende Maßnahmen

Maßnahmen, welche die Aufbaustrukturierung abschließen, sind:

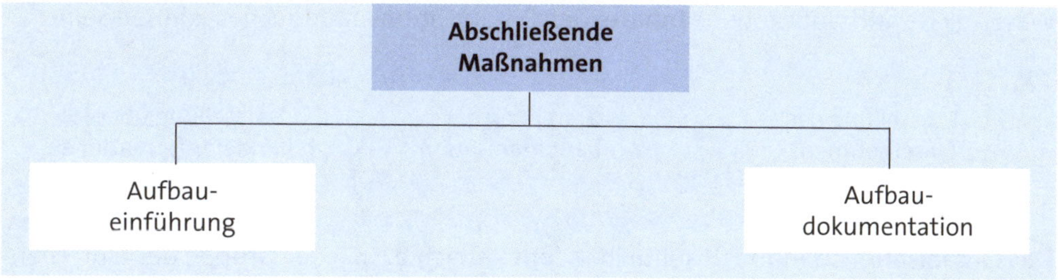

1.1.3.1 Aufbaueinführung

Nachdem die Gestaltung der neuen Aufbauorganisation abgeschlossen ist, muss für die Unternehmensleitung ein **Abschlussbericht** erstellt werden. Er sollte sich durch eine einleuchtende Kritik an der bisherigen Aufbauorganisation und eine überzeugende Darstellung der neuen Aufbauorganisation auszeichnen.

Die Inhalte des Abschlussberichtes sind der Unternehmensleitung zu präsentieren. Entscheidet sie positiv über die neue Aufbauorganisation, erfolgt ihre **Realisierung** und **Durchsetzung**. Im Rahmen der **Aufbaukontrolle** wird schließlich geprüft, ob die Vorgaben des Organisationsauftrages praktisch erreicht werden.

1.1.3.2 Aufbaudokumentation

Die Dokumentation der Aufbauorganisation ist die schriftliche Ordnung von Daten, welche die Aufbauorganisation betreffen. Sie soll eindeutig, verständlich und aktuell sein. Die Organisationsstruktur des Unternehmens wird z. B. mithilfe folgender Dokumentationen dargestellt (*Olfert, Olfert/Rahn*):

- **Organisationshandbuch**
- **Organisationsplan**
- **Stellenbeschreibung**
- **Stellenbesetzungsplan**.

Weitere Möglichkeiten der Aufbaudokumentation sind z. B. das Funktionendiagramm und die Arbeitsplatzbeschreibung – siehe ausführlich *Olfert*.

1.1.3.2.1 Organisationshandbuch

Das Organisationshandbuch stellt eine gegliederte Zusammenfassung aller wesentlichen Organisationsregelungen eines Unternehmens dar (*Frese, Olfert, Olfert/Rahn, Schmidt*). Seine Daten sollen den Mitarbeitern die organisatorischen Gegebenheiten zugänglich machen.

Wesentliche aufbaubezogene **Inhalte** des Organisationshandbuches können sein:

Darstellung des Unternehmens	Darstellung der Aufbauorganisation	Darstellung übergreifender Informationen

Das Organisationshandbuch sollte in jedem Bereich bzw. jeder Gruppe des Unternehmens verfügbar sein. Es wird zweckmäßigerweise als **Loseblattsammlung** gestaltet, die ständig zu aktualisieren ist.

1.1.3.2.2 Organisationsplan

Der Organisationsplan bildet die Aufbauorganisation ab, also die Bereiche, Hauptabteilungen, Abteilungen, Gruppen und Stellen. Seine wesentlichen **Inhalte**, die allen Mitarbeitern zugänglich sein sollten, sind:

- die hierarchische Ordnung der betrieblichen Organisationseinheiten
- die Informationswege zwischen den Organisationseinheiten
- das Organisationssystem des Unternehmens bzw. der Bereiche
- die Organisationsform als Ausdruck der Organisationsstruktur.

Der Organisationsplan wird auch als **Strukturbild**, **Organigramm** oder **Organisationsschaubild** bezeichnet.

Vorteile	Nachteile
► Hilfsmittel zur grafischen Darstellung des Soll- und Ist-Zustandes ► Möglichkeit zur Veranschaulichung der Aufgabengliederung ► Möglichkeit zur Visualisierung der Kommunikationsbeziehungen zwischen den Organisationseinheiten	► Teilweise hoher Änderungsaufwand ► Förderung des „Besitzstanddenkens" der Mitarbeiter ► Tendenz zur Inflexibilität durch Festschreibung von Gegebenheiten ► Behinderung organisatorischer Weiterentwicklungen

1.1.3.2.3 Stellenbeschreibung

Die Stellenbeschreibung ist eine Aufbaudokumentation, in der alle wesentlichen Merkmale einer Stelle formularmäßig ausgewiesen werden (*Olfert*, *Knebel/Schneider*). Sie umfasst:

Stellenbezeichnung	Zusätzlich zu dem Namen der Stelle kann eine systematisch zugeteilte Nummer verwendet werden, aus der bereits die Zuordnung der Stelle (Bereiche, Ebene, usw.) erkennbar ist.
Stelleneinordnung	Es sind die vorgesetzte Instanz, die untergebenen Stellen und die Abteilungszugehörigkeit zu ersehen.
Stellenaufgaben	Hier sind die einzelnen Sachaufgaben detailliert auszuweisen, soweit es sich um Daueraufgaben handelt.
Stellenbefugnisse	Das sind Kompetenzen des Stelleninhabers sowie z. B. Unterschriftsbefugnisse bzw. Befugnisse hinsichtlich der Arbeitsordnung.
Stellenverantwortung	Es ist auf die aufgabenbezogene Verantwortung des Stelleninhabers hinzuweisen, die sich mit den Befugnissen decken soll.
Stellenziele	Sie sind qualitativ und soweit wie möglich quantitativ festgelegt, um ihre Erreichung messen zu können.

Stellvertretungen	Es kann ausgewiesen werden, von welcher Stelle eine Vertretung erfolgt und welche Stelle vertreten wird.
Stellenanforderungen	Hier können die Einzelanforderungen an den Stelleninhaber definiert werden, z. B. Kenntnisse und Fertigkeiten, Erfahrungen.

Die Stellenbeschreibung wird auch als **Tätigkeitsbeschreibung** oder **Job Description** bezeichnet.

Vorteile	Nachteile
► Transparente Unternehmensstruktur ► Mitarbeiter kennen Aufgaben, Befugnisse und Verantwortung ► Leichtere Personalplanung ► Einfachere Mitarbeiterbeurteilung ► Unterstellungsverhältnisse erkennbar ► Lohn- und Gehaltsstruktur objektivierbar	► Erhebliche Gestaltungskosten und aufwändiger Änderungsdienst ► Gefahr, dass Stellenbeschreibung und Ist-Zustand differieren ► Der Inhalt der Stellenbeschreibung wird als „Besitzstand" gesehen ► Verlust an Flexibilität durch Überorganisation

Aufgabe 37 > Seite 241

1.1.3.2.4 Stellenbesetzungsplan

Der Stellenbesetzungsplan ist ein Mittel der Aufbaudokumentation, mit dem die Stellenbesetzung ausgewiesen wird (*Jung, Olfert*). Er lässt sich manuell oder durch EDV-Ausdruck der Stellen bzw. der Arbeitsplatzstammdatei erstellen und kann erfolgen:

- in **einfacher Form**, indem er die Bezeichnungen der Stellen und die Namen der Stelleninhaber enthält
- in **erweiterter Form**, bei der zusätzliche Daten hinzukommen können, z. B. Namen der Stellvertreter, Eintrittsdatum bzw. Dienstalter des Stelleninhabers:

Stufe	Stellenbezeichnung	Unterstellte		Stellen-inhaber	Stell-vertreter
		direkt	indirekt		
3	Leitung Organisation	6	72	Schneider	Schulze
4	Leitung Allgemeine Organisation	4	12	Schulze	Schmidt
4	Leitung Datenverarbeitung	5	54	Schnabel	Müller

Wichtig ist, dass der Stellenbesetzungsplan aktuell ist, was einen entsprechenden Änderungsdienst notwendig macht.

1.2 Prozessstrukturierung

Die Strukturierung der Prozessorganisation erfolgt in mehreren **Schritten** (*Olfert*):

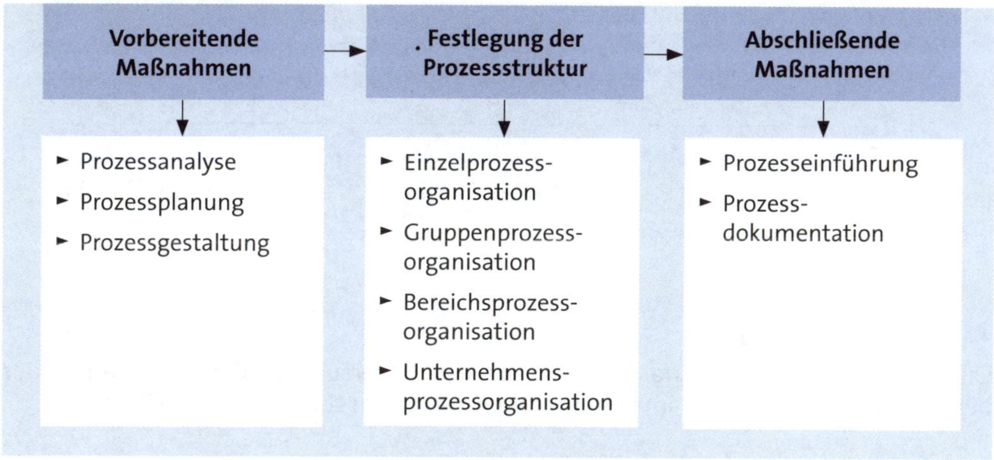

Der **Prozess** ist eine Kette zwangsläufig aufeinander aufbauender Vorgänge mit einem definierten Anfang und Ende. Er weist folgende **Struktur** auf:

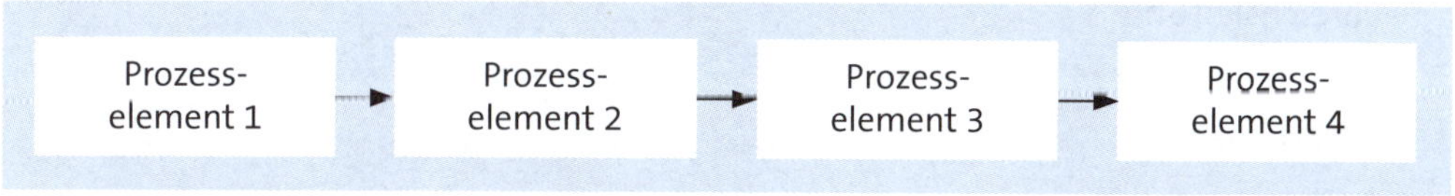

Die auf das Unternehmen bezogenen Prozesse werden auch als **Geschäftsprozesse** bezeichnet. Sie können sein (*Rahn*):

- **Kernprozesse**, die auf die Kernkompetenzen des Unternehmens gerichtet sind. Beim industriellen Unternehmen z. B. sind das die leistungswirtschaftlichen Prozesse der Leistungserstellung und Leistungsverwertung.
- **Unterstützungsprozesse**, welche die Kernprozesse ermöglichen. Dabei handelt es sich z. B. um finanzwirtschaftliche, informationswirtschaftliche und Verwaltungsprozesse.

Während sich bei der **Neuorganisation** die Prozessstrukturierung vielfach der Aufbaustrukturierung anschließt, bietet es sich bei der **Reorganisation** an, zunächst die Prozessstrukturierung vorzunehmen, um daraufhin die Aufbaustruktur zu bewirken.

Erfolgt die Gestaltung der Aufbauorganisation nach den Kriterien **Verrichtung** und **Objekt**, kommen bei der Gestaltung der Prozessorganisation noch die Merkmale **Raum** und **Zeit** dazu.

1.2.1 Vorbereitende Maßnahmen

Als die Prozessstrukturierung vorbereitende Maßnahmen werden behandelt:

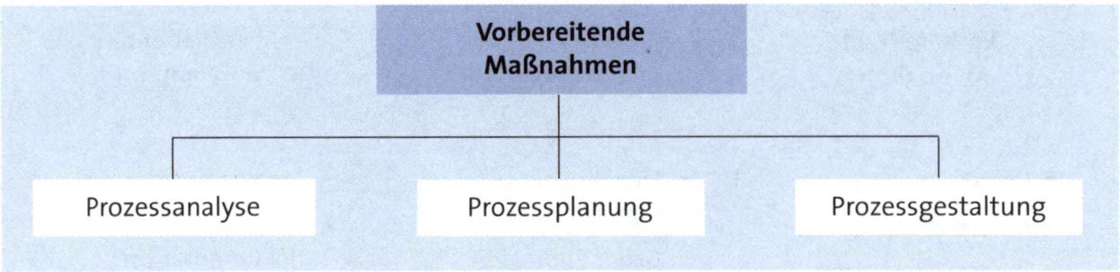

1.2.1.1 Prozessanalyse

Die Prozessanalyse ist die Erfassung und kritische **Untersuchung des Ist-Zustandes** der bestehenden Bedingungen im Unternehmen. Sie umfasst (*Olfert, Olfert/Rahn*):

- Die **Ist-Aufnahme**, die der Ermittlung des Ist-Zustandes der Prozessorganisation dient. Informationsquellen sind z. B.:
  - Unternehmensleitung
  - Bereichsleitung
  - Gruppenleitung
  - Mitarbeiter
  - Aufbaudarstellungen
  - Prozessdarstellungen
  - Vorgaben
  - frühere Daten.

  Als **Aufnahmetechniken** sind z. B. nutzbar – siehe ausführlich *Olfert*:
  - Interview
  - Fragebogen
  - Beobachtung
  - Selbstaufschreibung
  - Dokumentationsauswertung.

Inhalte von prozessorganisatorischen Ist-Aufnahmen sind:

Prozess	► Arten/Aufgaben der Arbeitsgänge ► Reihenfolge der Arbeitsgänge ► Arbeitsplätze/Arbeitsträger je Arbeitsgang	► Dateneingabe ► Datenverarbeitung ► Datenspeicherung ► Datenausgabe
Mengen	► Aktuelle Mengen	► Zukünftige Mengen
Zeiten	► Arbeitszeit ► Durchlaufzeit (Endtermin – Starttermin) ► Zeitpunkte der Arbeitsdurchführung ► Häufigkeit der Arbeitsdurchführung	
Sachmittel	► Prozessspezifische Sachmittel ► Formulare (Formularverzeichnis, - sammlung, - flussplan)	
Personal	► Verfügbare Personalkapazität (quantitativ und qualitativ) ► Benötigte Personalqualität (quantitativ und qualitativ)	
Kosten	► Personalkosten ► Materialkosten ► Sachmittelkosten	► Fremdleistungskosten ► Sonstige Kosten
Anforderungen	► Zu berücksichtigende Forderungen ► Vom Personal vorgeschlagene Verbesserungen ► Forderungen von Systembeteiligten	

- Die **Ist-Kritik**, mit der nach Schwachstellen im bisherigen Organisationsprozess und Möglichkeiten einer Verbesserung gesucht wird. Die Kritik sollte mit einer möglichst treffenden **Begründung** verbunden werden.

Als **Organisationstechniken** bieten sich z. B. an – siehe ausführlich *Olfert*:

Checklistentechnik	Checklisten sind **Zusammenstellungen von Fragen**, mit denen Problemfelder des Ist-Zustandes erkannt werden. Sie können selbst erstellt, von Experten erworben oder als Veröffentlichungen gekauft werden. Wichtig ist, dass sie hinreichend problemspezifisch sind.
Bench-marking	Es ist die Problemermittlung durch den **Vergleich von relevanten Kennzahlen** des eigenen Unternehmens und eines Unternehmens, das Spitzenleistungen erbringt. Dabei wird in folgenden **Schritten** vorgegangen: Ermittlung der Kennzahlen des Spitzenunternehmens → Feststellung der Kennzahlen des eigenen Unternehmens → Gegenüberstellung und Analyse der Zahlen
Schwachstellen-analyse	Sie ist die Untersuchung organisatorischer **Unzulänglichkeiten** durch Problemherleitung aus dem Auftreten von Mängeln. Ihre **Schritte** sind: Ermittlung der Mängel → Quantifizierung der Mängel → Ermittlung der Problemursachen
Wirtschaftlich-keitsanalyse	Bei ihr werden die angefallenen Ist-Werte mit den **Werten** möglicher **anderer Lösungen** verglichen. Sie kann sich dabei auf einzelne Leistungseinheiten oder Gesamteinheiten beziehen.
ABC-Analyse	Sie ist ein Instrument zur wertmäßigen **Klassifikation von Gütern** und dient dem Erkennen von Schwerpunkten. Es ergeben sich: ► A-Positionen (15 % Mengenanteil, 80 % Wertanteil) ► B-Positionen (35 % Mengenanteil, 15 % Wertanteil) ► C-Positionen (50 % Mengenanteil, 5 % Wertanteil). Die ABC-Analyse erfolgt in folgenden **Schritten**: Wertermittlung → Sortierung der Positionen → Auswertung

1.2.1.2 Prozessplanung

Die Prozessplanung legt in der Gegenwart fest, welche Struktur der Prozessorganisation bis zu einem bestimmten Planungshorizont entwickelt werden soll. Sie besteht aus (*Olfert, Olfert/Rahn*):

- der **Zielplanung**, der die Organisationsziele zugrunde liegen, die ihrerseits von den Unternehmenszielen abzuleiten sind. Darüber hinaus sollten die Ziele der Mitarbeiter und der Kunden entsprechende Berücksichtigung finden.
- die **Konzeptplanung**, mit der die Anforderungen definiert werden, die mit der Planung erfüllt werden sollten, z. B. um geeignete Alternativen zur Lösung der Organisationsprobleme bereitzustellen. Ihre Ergebnisse können in einem prozessorganisatorischen **Plan** festgehalten werden.

Aufgabe 38 > Seite 241

1.2.1.3 Prozessgestaltung

Die Prozessgestaltung zielt darauf ab, die Durchführung der Prozessorganisation möglichst kostengünstig und nutzbringend zu vollziehen. Sie wird auch als **Business Reengineering** bezeichnet, das als fundamentales Überdenken und radikales Redesign von Kernprozessen verstanden wird (*Hammer/Champy*). Die Prozessgestaltung erfolgt als:

- **Groborganisation**
- **Detailorganisation**.

1.2.1.3.1 Groborganisation

Die Groborganisation ist die grundlegende bzw. rahmenmäßige Gestaltung der Prozessorganisation, bei der alle neu zu gestaltenden Prozessalternativen zu ermitteln sind, aus denen dann ein Lösungsvorschlag ausgewählt wird. Sie kann in folgenden **Phasen** vorgenommen werden:

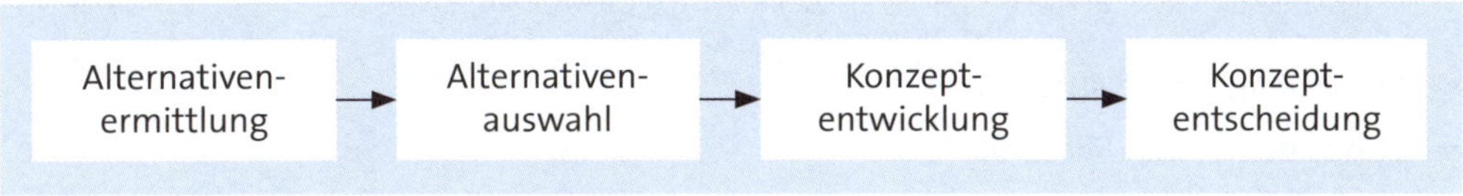

1.2.1.3.1.1 Alternativenermittlung

Um zu einer bestmöglichen Prozessorganisation für eine vorgegebene Aufgabe zu gelangen, ist es zunächst erforderlich, alle möglichen Prozessalternativen zu ermitteln. Sie können sich insbesondere durch die Systemart (konventionelle/arbeitsteilige Datenverarbeitung/Dialog-/automatische Datenverarbeitung), den Arbeitsablauf und den Sachmitteleinsatz unterscheiden.

Als **Verfahren** zur Ermittlung von Alternativen bieten sich an und werden oft in Kombination genutzt:

- Die **Analyseauswertung**, welche die Ergebnisse der Prozessanalyse verwertet.
- Die **Entwicklung der Groborganisation**, die methodisch zwei **Phasen** umfasst:

Arbeitsanalyse	Bei ihr werden alle wesentlichen Arbeitsaufgaben ermittelt. Sie geht tiefer als die Aufgabenanalyse der Aufbauorganisation.

↓

Arbeitssynthese	Durch sie werden die einzelnen Arbeitselemente des Prozesses in geeigneter Form zusammengefasst, um die Arbeitsdurchführung zu organisieren.

- Die **Auswertung der Quellen**, die Hinweise über die geplante oder realisierte Prozesslösungen geben können, z. B. als schriftliche Systembeschreibungen, persönliche Informationen, Schulungsinformationen.
- Die **Kreativitätstechniken**, die i. d. R. in Gruppen angewandt werden, z. B. als Brainstorming, Methode 635, morphologischer Kasten – siehe ausführlich *Olfert*.

1.2.1.3.1.2 Alternativenauswahl

Die Auswahl der Prozessalternativen bedeutet eine Einengung der Vielzahl vorhandener Alternativen auf wenige Lösungen, meist aber auf eine einzige Alternative.

Entscheidungskriterien dabei sind vor allem die Leistungsanforderungen, die Soll- oder Muss-Anforderungen darstellen können, und die Zielvorgaben für die Prozessorganisation.

1.2.1.3.1.3 Konzeptentwicklung

Die Entwicklung eines Soll-Vorschlages beinhaltet die Konkretisierung der Prozesskonzepte, sodass eine fundierte Entscheidung darüber getroffen werden kann, welcher Prozess detailliert organisiert und eingeführt werden soll. Dabei sind festzulegen:

- Planung des Arbeitsprozesses
- Art des genutzten Systems
- Art der Datenorganisation
- Datenausgaben
- Sachmitteleinsatz.

Der Entwurf stellt das **Ergebnis der Groborganisation** dar. Er ist den Entscheidungsträgern in geeigneter Weise vorzulegen, die über den Soll-Vorschlag befinden. **Grundlage** ihrer Entscheidung sind insbesondere die vorgelegten Wirtschaftlichkeits- und Durchführungsdaten sowie die Konsequenzen, die sich aus dem Vorschlag ergeben.

1.2.1.3.1.4 Konzeptentscheidung

Die Entscheidung über das Konzept kann uneingeschränkt positiv oder grundsätzlich positiv mit Verbesserungsmöglichkeiten erfolgen. Es ist auch eine negative Reaktion möglich, die absolut ablehnend oder zunächst ablehnend mit der Auflage einer gründlichen Überarbeitung sein kann.

1.2.1.3.2 Detailorganisation

Die Detailorganisation schließt sich der Groborganisation an und umfasst notwendigerweise:

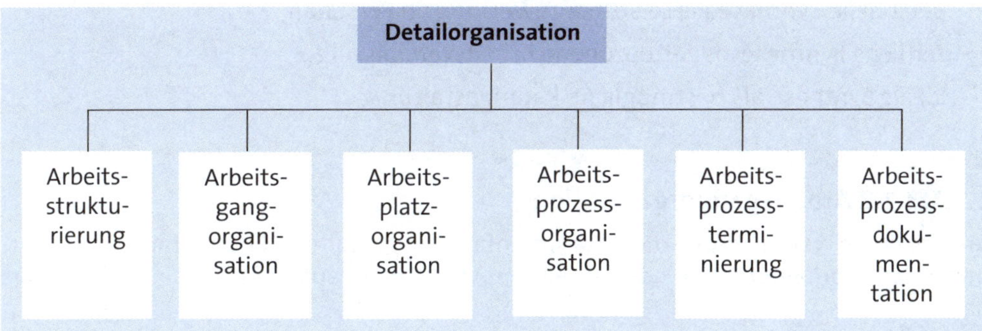

Weitere Festlegungen können sich in Einzelfällen noch als notwendig erweisen, z. B. – siehe ausführlich *Olfert*:

- Formularanalyse, Formulargestaltung, Formularverwaltung
- Nummerung als Kennzeichnung ohne Namensbenutzung
- Analyse und Einsatz spezieller Sachmittel
- Systemsicherung durch Prüfziffern, Kontrollsummen usw.
- Vorgaben durch Organisationsrichtlinien/Organisationshandbuch.

1.2.1.3.2.1 Arbeitsstrukturierung

Die Arbeitsstrukturierung umfasst die Arbeitsanalyse und Arbeitssynthese:

- Die **Arbeitsanalyse** der Detailorganisation entspricht in ihrer Technik der Aufgabenanalyse der Aufbauorganisation. Inhaltlich beginnt sie üblicherweise dort, wo die Aufgabenanalyse endet, die sich mit der Ermittlung der Teilaufgaben begnügt.

  Mit der Arbeitsanalyse müssen aus den Teilaufgaben die **Elementaraufgaben** abgeleitet werden, d. h. sie stellt die erfüllungsbezogene Untergliederung der durch die Analyse der Gesamtaufgabe gewonnenen Teilaufgaben dar (*Schwarz*).

Bei der Organisation von Prozessen werden insbesondere die Verrichtungsanalyse und die Objektanalyse angewandt. Als **Ergebnis** muss die Arbeitsanalyse aufweisen:

- alle Elementaraufgaben
- die Reihenfolge, soweit es eine Zwangsfolge gibt
- Elementaraufgaben, die parallel erfolgen können.

Strukturierungsmittel können Gliederungspläne, Gliederungstabellen oder Dezimalklassifikationen sein.

► Die **Arbeitssynthese** verbindet sich mit der Aufgabensynthese der Aufbauorganisation und ist:

  - personelle Synthese als Leistungszuweisung an Personen
  - zeitliche Synthese als zeitbezogene Arbeitsvereinigung
  - lokale Synthese als bestmögliche Raumgestaltung.

1.2.1.3.2.2 Arbeitsgangorganisation

Arbeitsgänge werden durch die Zusammenfassung geeigneter Elementaraufgaben ermittelt, die von einer Stelle oder an einem Arbeitsplatz auszuführen sind. Sie erfolgt nach:

► Zentralisierung bzw. Dezentralisierung

► Art, Umfang, Angemessenheit des Sachmitteleinsatzes

► erforderlichem Datenzugriff bei einzelnen Aufgaben

► Qualifikationsniveau des Arbeitsträgers.

Jeder Arbeitsgang ist nach dem **EVA-Prinzip** zu gestalten:

Eingabe → **V**erarbeitung → **A**usgabe

Schließlich müssen für jedes Arbeitselement eines Arbeitsganges die **Arbeitsverfahren** und **Sachmittel** vorgegeben werden.

1.2.1.3.2.3 Arbeitsplatzorganisation

Arbeitsplätze werden zur Ausführung von Arbeitsgängen benötigt. Deswegen sind folgende **Maßnahmen** erforderlich:

► Die **Ermittlung des Kapazitätsbedarfes**, der sich aus den Angaben von Arbeitszeit und Mengen je Arbeitsgang ergibt, die miteinander multipliziert werden. Dabei sind der Leistungsgrad, die Erholungszeiten und die Verteilzeiten der Mitarbeiter zu berücksichtigen.

- Die **Ermittlung des Arbeitsplatzbedarfes**, die unter Normalkapazität geschieht. Sie ergibt sich aus dem Kapazitätsbedarf.
- Die **Gestaltung des Arbeitsplatzes**, wobei zu unterscheiden sind:
  - vorhandene Arbeitsplätze, die *ohne* Änderung für die Arbeit einsetzbar sind
  - vorhandene Arbeitsplätze, die *nach* Änderung für die Arbeit nutzbar sind
  - vorhandene Arbeitsplätze, für die *kein* Kapazitätsbedarf mehr vorhanden ist
  - neu zu schaffende Arbeitsplätze.

  Als **Festlegungen** sind zu treffen:
  - Arbeitsplatzaufgaben
  - Arbeitsplatzziele
  - Arbeitsplatzbefugnisse
  - Arbeitsplatzverantwortung
  - Mitarbeiterqualifikation
  - Sachmittelausstattung
  - Versorgungseinrichtungen
  - Dokumentation.

1.2.1.3.2.4 Arbeitsprozessorganisation

Bei der Abwicklung der Arbeitsprozesse ist zu berücksichtigen, dass vielfach keine vollkommene **Gestaltungsfreiheit** besteht. Entsprechend sind zu unterscheiden:

- die **zwingende Folge** von Arbeitsgängen
- die **empfehlende Folge** von Arbeitsgängen
- die **gestaltbare Folge** von Arbeitsgängen.

Zur **Ausarbeitung** und **Dokumentation** des Arbeitsablaufes können verschiedene Techniken genutzt werden – siehe ausführlich *Olfert*.

1.2.1.3.2.5 Arbeitsprozessterminierung

Die Aufgabenträger können die Arbeitsgänge an einem Arbeitsplatz im Unternehmen in unterschiedlicher **Frequenz** bearbeiten:

- in **kontinuierlicher Bearbeitung**, wenn an dem Arbeitsplatz nur die Bearbeitung eines einzigen Arbeitsganges durch den Aufgabenträger erfolgt
- in **diskontinuierlicher Bearbeitung**, wenn an dem Arbeitsplatz zwei oder mehrere verschiedene Arbeitsgänge durchgeführt werden.

Die Zeitdauer des Arbeitsprozesses ist die **Durchlaufzeit**. Sie umfasst:

Die **Minimierung** der Durchlaufzeiten sämtlicher Prozesse sollte angestrebt werden.

1.2.1.3.2.6 Arbeitsprozessdokumentation

Für die Ausarbeitung und Dokumentation der Prozesslogik gibt es mehrere **Techniken** – siehe ausführlich *Olfert*:

- Strukturablaufdiagramm
- Programmablaufplan
- Ablaufplan
- Struktogramm
- Datenflussplan
- Prozessdiagramm.

Auf sie kann im Rahmen der vorliegenden Ausführungen nicht näher eingegangen werden.

1.2.2 Festlegung der Prozessstruktur

Die Ergebnisse der Prozessgestaltung lassen sich in der Prozessstruktur darstellen. Sie umfasst:

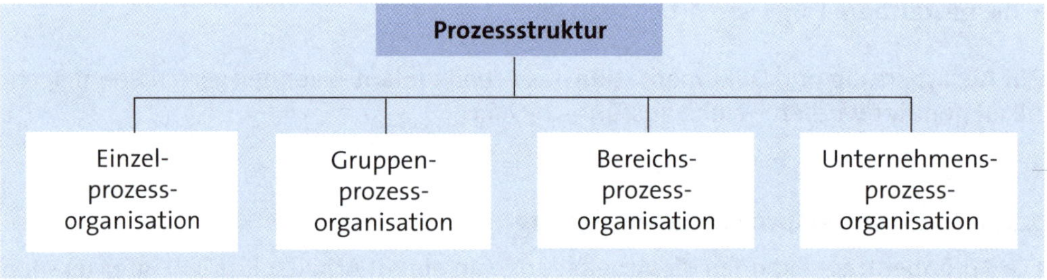

1.2.2.1 Einzelprozessorganisation

Die Einzelprozessorganisation bezieht sich auf einzelne Arbeitsvorgänge und Arbeitsfestlegungen. Sie stellt eine Kette aufeinander aufbauender Schritte mit definiertem Anfang und Ende dar und umfasst:

- die **Einzelprozessstrukturierung** – wie beschrieben – als Arbeitsanalyse und Arbeitssynthese
- den **Einzelarbeitsprozess**, der einzelne Arbeiten bzw. Arbeitsgänge in sinnvoller Reihenfolge aneinanderreiht:

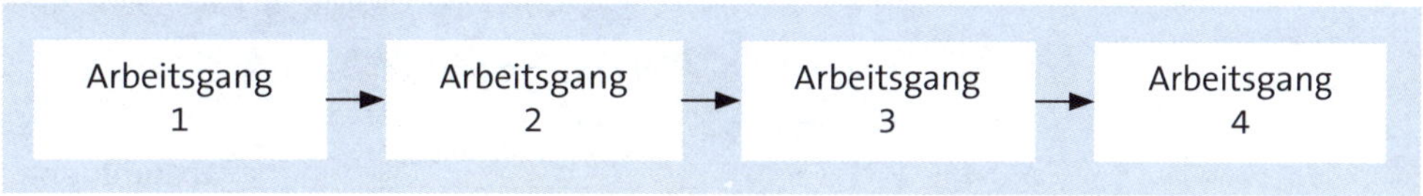

Auf den Einzelarbeitsprozessen baut die Gruppenprozessorganisation auf.

1.2.2.2 Gruppenprozessorganisation

Der Gruppenprozess ist eine Kette aufeinander folgender Schritte, die sich auf **Arbeitsgruppen** beziehen. Der Bedarf an gruppenbezogener Koordination steigt mit wachsender Differenzierung einer Organisation (*Wiswede*). Es gibt:

- **soziale Gruppenprozesse** als Vorgänge in Gruppen, bei denen die Mitglieder nach gemeinsamer Diskussion und Abstimmung Gruppenentscheidungen treffen
- **wirtschaftliche Gruppenprozesse** als ökonomisch bedeutsame Vorgänge, bei denen z. B. in der Fertigung verschiedene Mitarbeiter und Betriebsmittel zu Funktionsgruppen, Montageinseln und Fertigungsinseln zusammengefasst werden.

Durch die Zusammenfassung wirtschaftlicher Prozesse können **teilautonome Arbeitsgruppen** bzw. **Arbeitsteams** entstehen, die sich durch eine erweiterte Entscheidungsfreiheit der Mitarbeiter auszeichnen – siehe Seite 203 f.

1.2.2.3 Bereichsprozessorganisation

Die Bereichsprozessorganisation ist auf Abläufe in Abteilungen ausgerichtet. Bereichsprozesse stellen diejenigen Vorgänge dar, die in den funktionalen Bereichen des Unternehmens vorkommen als:

- Marketingbereichsprozess
- Fertigungsbereichsprozess
- Materialbereichsprozess
- Personalbereichsprozess
- Finanzbereichsprozess
- Rechnungswesenprozess
- Informationsbereichsprozess.

Beispiel

Am Beispiel des Fertigungsbereiches soll die Bereichsprozessorganisation verdeutlicht werden:

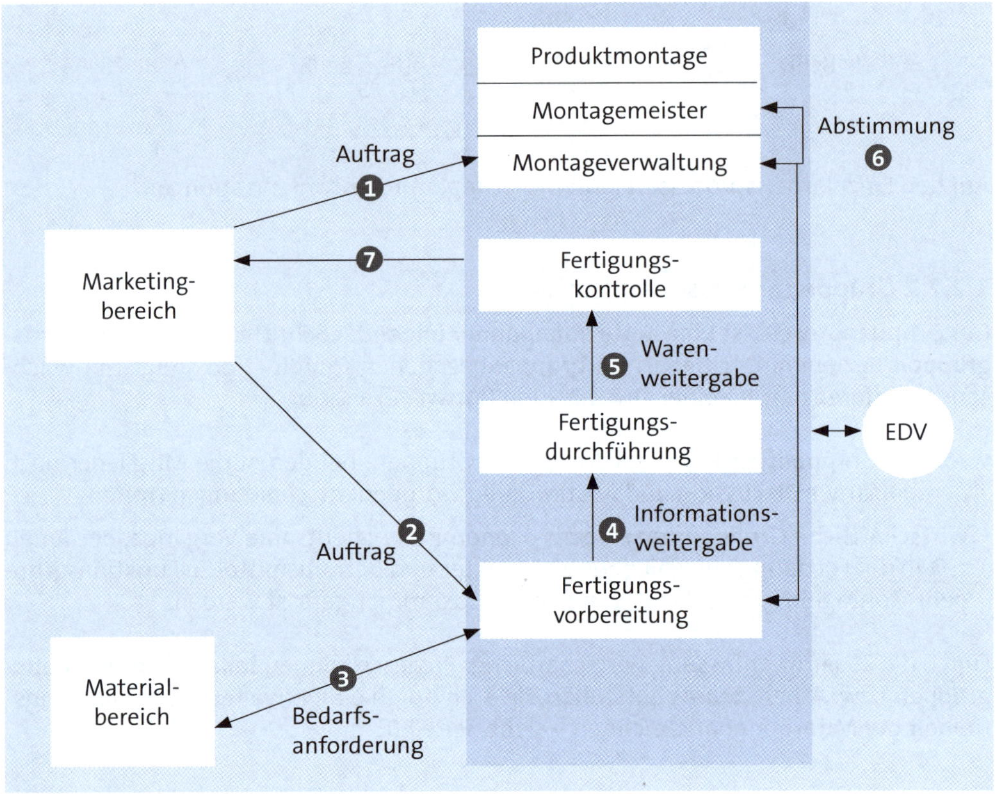

❶ Die Montageverwaltung im Fertigungsbereich erhält Montageauftrag vom Marketing.
❷ Die Fertigungsvorbereitung bekommt vom Marketingbereich den Fertigungsauftrag.
❸ Die Fertigungsvorbereitung gibt eine Bedarfsanforderung an den Materialbereich.
❹ Die Fertigungsvorbereitung reicht die nötigen Informationen an die Fertigung.
❺ Die Fertigung wird durchgeführt und kontrolliert.
❻ Der Fertigungsbereich stimmt sich mit dem Montagesektor ab.
❼ Die Fertigungskontrolle gibt die Produkte an den Marketingbereich weiter.

1.2.2.4 Unternehmensprozessorganisation

Auf der Basis der Organisation der Einzelprozesse, Gruppenprozesse und Bereichsprozesse ist es möglich, den gesamten Prozess des Unternehmens zu strukturieren. Es sind zu unterscheiden:

- **Teilprozesse**, die aus Elementen des Gesamtprozesses bestehen und sich auf Güter, Zahlungsströme sowie Informationen beziehen können. Es lassen sich güterwirtschaftliche, finanzwirtschaftliche und informationelle Prozesse unterscheiden.
- der **Gesamtprozess**, der sich aus diesen Prozessen ergibt. Als Unternehmensprozess ist er aufgrund seiner Komplexität nicht einfach zu organisieren (*Rahn*).

1.2.3 Abschließende Maßnahmen

Die Prozessstrukturierung abschließende Maßnahmen sind:

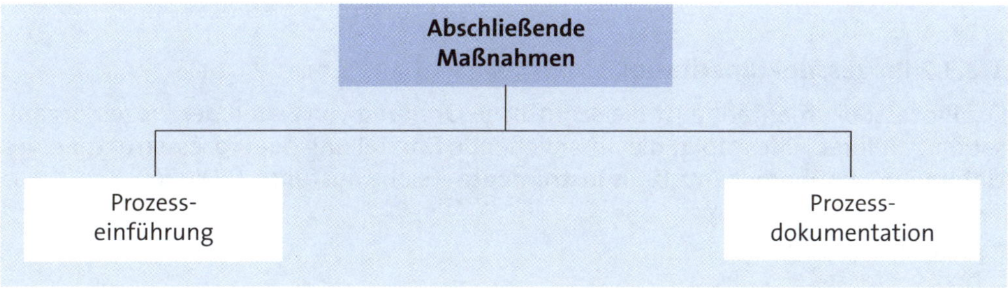

1.2.3.1 Prozesseinführung

Die Prozesseinführung umfasst vier **Phasen** (*Olfert, Olfert/Rahn*):

- Die **Prozessvorbereitung**, die alle Aufgaben zwischen der Fertigstellung des Prozessentwurfes und dem Beginn des Prozessanlaufes umfasst. Sie schließt insbesondere ein:

Einführungs-methoden	► Bei der **Direkteinführung** wird schlagartig vom alten zum neuen Prozesssystem übergegangen. ► Bei der **Paralleleinführung** laufen alte und neue Prozessorganisation zeitlich begrenzt nebeneinander. ► Bei der **Probeeinführung** wird das neue Prozesssystem zunächst in einem begrenzten Bereich eingesetzt. ► Bei der **Stufeneinführung** werden einzelne modulare Teile der Prozess-organisation schrittweise realisiert.
Einführungs-planung	Sie umfasst: ► Aufgabenplanung ► Terminplanung ► Personalplanung ► Kosten-/Ausgabenplanung.

- Die **Prozesspräsentation**, bei der es auf die einleuchtende Kritik an der bisherigen Prozessorganisation und die überzeugende Darstellung der neuen Prozessorganisation ankommt.

- Die **Prozessrealisierung**, die sich bezieht auf:
  - Bereitstellung der erforderlichen Sachmittel
  - Schulung der davon betroffenen Mitarbeiter
  - Information der betroffenen Führungskräfte/Mitarbeiter
  - Absicherung der Einführung der Prozessorganisation
  - Anlauf des neuen Prozesses.
- Die **Prozesskontrolle**, mit der geprüft wird, ob bzw. inwieweit die Vorgaben des Organisationsauftrages praktisch erreicht werden.

1.2.3.2 Prozessdokumentation

Die Prozessdokumentation ist die schriftliche Ordnung von Daten der Prozessorganisation. Mit ihrer Hilfe erfolgt die abschließende Darstellung der Prozessstruktur eines Unternehmens. Ihr dienen z. B. als **Instrumente** – siehe ausführlich *Olfert*:

- Entscheidungstabelle
- Liste
- Prozessdiagramm
- Blockschaltbild
- Datenflussplan.

Auf sie soll im Rahmen der vorliegenden Ausführungen nicht näher eingegangen werden.

1.3 Projektstrukturierung

Ein Projekt ist ein komplexes Vorhaben, das im Wesentlichen durch die Einmaligkeit der Bedingungen in ihrer Gesamtheit gekennzeichnet ist. Seine Dauer ist begrenzt und sein Umfang geht vielfach über einen einzelnen Unternehmensbereich hinaus.

Die **Komplexität** eines Projektes wird grundsätzlich als eher hoch angesehen, ebenso das damit verbundene Risiko des Erfolgseintrittes. Es gibt nach ihren **Aufgaben**:

- **Revolutionsprojekte**, mit denen völlig neue Problemlösungen angestrebt werden, weshalb sie ein hohes Kreativitätspotenzial erfordern
- **Evolutionsprojekte**, mit denen bestehende Gegebenheiten weiterentwickelt bzw. verbessert werden sollen
- **Expansionsprojekte**, die dazu dienen, neue Unternehmensbereiche zu erschließen, sich also nicht auf bereits bestehende Probleme beziehen.

Projekte lassen sich von einem oder (meist) mehreren Mitarbeitern in Vollzeit oder Teilzeit durchführen. Die Mitarbeiter können aus dem Unternehmen oder von externen Auftragnehmern stammen. Möglich ist auch, dass in Projekten sowohl interne als auch externe Mitarbeiter tätig werden.

Die **Zahl** und der **Umfang** von Organisationsprojekten haben in den vergangenen Jahren beträchtlich zugenommen. Als Ursachen dafür gelten die zunehmende Komplexität von Wirtschaft und Technik, die Internationalisierung und Globalisierung der Aufgabenstellungen sowie der immer schnellere Wandel in vielen Bereichen der Wirtschaft.

Die **Projektorganisation** stellt eine eigenständige Form der Unternehmensorganisation dar. Sie ist einerseits die Struktur von Projekten als Zustand und andererseits die strukturelle Gestaltung von Arbeitssystemen. Als solche sind zu behandeln (*Olfert*):

1.3.1 Vorbereitende Maßnahmen

Die Projektvorbereitung dient dazu, die wesentlichen Ausprägungen eines Problems zu erkennen. Als vorbereitende Maßnahmen für eine Projektstrukturierung sollen behandelt werden (*Olfert*):

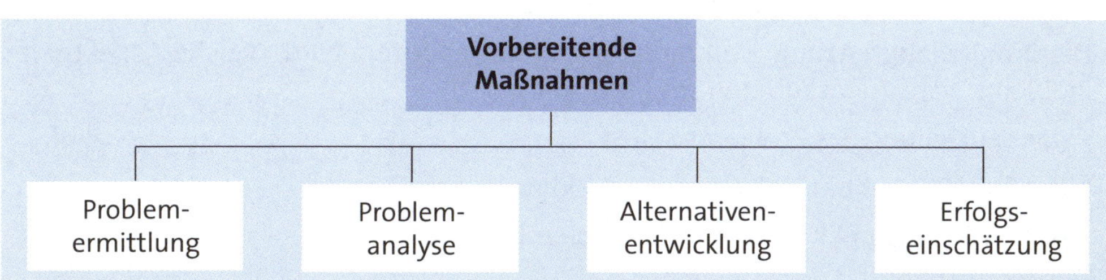

1.3.1.1 Problemermittlung

Als Problem kann die erhebliche Abweichung zwischen einem Ist-Zustand und einem erwünschten Soll-Zustand bezeichnet werden. Seine Ermittlung ist auf unterschiedliche Weise möglich als:

- **Ursachenermittlung**, mit der die Gründe für Soll-Ist-Abweichungen herausgefunden werden. Sowohl interne Aufgabenträger als auch Kunden, Lieferanten sowie Berater können dazu beitragen, indem sie hinweisen z. B. auf:
  - schlechte Lösungen
  - Änderungen von Grundlagen
  - Neuerungen
  - Einzelursachen.
- **Fehlerermittlung**, wozu mehrere Analysemethoden eingesetzt werden können, um Probleme und Schwachstellen systematisch zu ermitteln, z. B. mithilfe:
  - Benchmarking
  - Schwachstellenanalyse
  - Checklistentechnik.
- **Zukunftsermittlung**, bei der sich das Problem dadurch ergibt, dass ein bisheriger Zustand durch einen neuen Zustand ersetzt wird, was bedingt sein kann durch:
  - neue technische Hilfsmittel
  - neue Einsatzgebiete
  - neue Organisationsverfahren.

1.3.1.2 Problemanalyse

Die Problemanalyse stellt die objektive Ermittlung der wesentlichen Ausprägungen eines Problems dar. Sie gliedert sich in mehrere **Aufgaben**:

- Die **Problemdefinition**, mit der das zu analysierende Problem begrifflich eindeutig und zutreffend zu bezeichnen ist. Dabei sind festzulegen:
  - Anforderungskatalog als Aufgabenstellung
  - Pflichtenheft als Vereinbarungsgrundlage
  - Leistungsbeschreibung als Detailregelung.
- Die **Problemabgrenzung**, durch die begründet erläutert wird, welche Aspekte des Problems nicht zu diskutieren sind. Sie dient:
  - der Beurteilung des Problems selbst
  - der Ermittlung des Umfangs der Projektplanung
  - der Schätzung der Kosten für die Problembeseitigung.

- Die **Problemlösung**, die zwar über die Problemanalyse hinausgeht, aber in deren Rahmen schon gefördert werden kann, indem bereits jetzt erkannte Möglichkeiten der Problemlösung vermerkt werden.

1.3.1.3 Alternativenentwicklung

Um über die Gestaltung des Projektes entscheiden zu können, müssen die in Betracht kommenden Alternativen bekannt sein. Zunächst werden bestehende oder beschaffbare **Quellen** ausgewertet, sodann ggf. interne oder externe **Fachkräfte** einbezogen. Es können auch Kreativitätstechniken eingesetzt werden.

1.3.1.4 Erfolgseinschätzung

Ohne eine positive Einschätzung des Projekterfolges sollte keine Entscheidung über ein Projekt getroffen werden. Deshalb empfiehlt es sich, die folgenden **Analysen** vorzunehmen (*Olfert*):

- Eine **Machbarkeitsanalyse** als Untersuchung, die der Feststellung der Realisierbarkeit einer Problemlösung dient. Ihre Ergebnisse sind:
  - die Erlangung eines Machbarkeitsnachweises
  - die Ermittlung von notwendigen Voraussetzungen
  - die Feststellung von Hauptschwierigkeiten.
- Eine **Risikoanalyse**, mit welcher die einem Projekt drohenden Gefahren ermittelt und eingeschätzt werden:
  - Ermittlung der Risikoquellen
  - Ermittlung der Risikofaktoren
  - Ermittlung der Risikoeinschätzung.

Mit dem Abschluss der vorbereitenden Maßnahmen ist es möglich, eine **Projektierungsentscheidung** zu treffen. Das ist die Festlegung, ob eine Gestaltung der Projektstruktur erfolgen soll oder nicht. Trotz positiver Einschätzung stellt sie aber noch keine endgültige (positive) **Projektentscheidung** dar.

1.3.2 Festlegung der Projektstruktur

Die Festlegung der strukturellen Merkmale eines Projektes wird auch als **Projektdesign** bezeichnet. Sie umfasst folgende Gestaltungsaufgaben (*Olfert, Olfert/Rahn*):

- **Projektleiter**
- **Projektgruppe**
- **Projektinstitutionen**
- **Projektexperten**
- **Projekteinbindung**.

1.3.2.1 Projektleiter

Der Projektleiter bestimmt wesentlich den Erfolg eines Projektes, ist darin aber auch vom **Design** seines Tätigkeitsfeldes abhängig, das sich bezieht auf (*Litke/Kunow, Olfert)*:

- Die **Aufgaben** des Projektleiters, die vor allem in der Projektplanung, der laufenden Projektarbeit und der Projektkontrolle liegen. Sie sollten im Projektauftrag oder einer Stellenbeschreibung festgehalten sein.
- Die **Ziele** des Projektleiters, die sich aus der Problemdefinition ergeben und im Projektplan festgelegt sind. Sie sollten mit seinen persönlichen Zielen übereinstimmen.
- Die **Befugnisse** des Projektleiters als Berechtigung, über etwas zu entscheiden oder etwas tun zu dürfen. Seine **Kompetenzen** können sich beziehen auf:
  - die Auswahl des Projektpersonals (Entscheidungs-/Mitentscheidungsrecht)
  - die von ihm treffbaren Entscheidungen
  - die disziplinarischen und fachlichen Weisungen
  - die Verfügung über Sachmittel, Hilfsmittel und Rechte
  - Informationen über projektrelevante Daten.
- Die **Verantwortung** des Projektleiters für die Folgen von persönlichen Entscheidungen, Handlungen und Unterlassungen. Sie ist vor allem gerichtet auf:
  - Ergebnis
  - Personal
  - Termine
  - Sachmittel
  - Budget.
- Die **Anforderungen** an den Projektleiter, die vor allem sein können:
  - persönliche Qualifikation
  - Projektqualifikation
  - Fachqualifikation
  - Führungsqualifikation.

Aufgabe 39 > Seite 241

1.3.2.2 Projektgruppe

Die Projektgruppe ist eine Personenmehrheit, die gemeinsam und überwiegend hauptamtlich bzw. vollzeitlich ein Projekt durchführt. Da ein Projekt zeitlich befristet ist, arbeitet auch die Projektgruppe zeitlich befristet. Es sollen betrachtet werden (*Olfert, Olfert/Rahn*):

- Die **Gruppenstruktur** als personelle Zusammensetzung der Projektgruppe. Ihre Mitglieder können sein:

Gruppenleiter	Er ist Vorgesetzter der Projektmitarbeiter mit allen nötigen Befugnissen und Verantwortungen.
Gruppensprecher	Er ist „normaler" Projektmitarbeiter, vertritt die Projektgruppe aber nach außen.
Gruppenkoordinator	Er ist Gruppensprecher, stimmt die Gruppenarbeit aber auch ab, steuert und überwacht sie.
Gruppenmitglieder	Sie sind unterschiedliche Menschentypen mit unterschiedlichen Fähigkeiten, Zielen, Erwartungen.

- Die **Gruppenarbeit**, die eine Arbeitsform ist, durch die ein höheres Leistungsniveau bzw. eine Steigerung der Arbeitsproduktivität erreicht werden soll.
- Die **Gruppenarten**, zu denen zählen:

Projektgruppe	Mit ihr werden Verbesserungen in großem Stil angestrebt. Ein Projektleiter führt hauptamtlich bzw. vollzeitlich tätige Mitarbeiter.
Verbesserungsgruppe	Sie dient einzelnen Verbesserungen. Die Leitung obliegt einem Moderator. Die Mitarbeiter sind nebenamtlich bzw. teilzeitlich tätig.
Task Force	Hier werden Mitarbeiter aus den Fachabteilungen zur Projektarbeit abgestellt.
Project Organization	In Bereichen mit häufigen Projekten wird ein Mitarbeiterpool für Projekte der jeweiligen Fachabteilung eingerichtet.

- Die **Gruppenqualifikation** als personenbezogene Eigenschaften der Gruppenmitglieder. Sie umfassen von allem (*Jossé, Olfert*):

Qualifikationen	► Fachqualifikation ► Projektqualifikation ► Teamqualifikation
Erfahrungen	Sie sollten angemessen, müssen üblicherweise aber nicht vieljährig sein.

1.3.2.3 Projektinstitutionen

Vielfach wird zusätzlich zu dem Projektleiter und der Projektgruppe eine Projektinstitution aktiv, die für ein oder mehrere Projekte zuständig ist. Sie kann sein (*Berger/Schubert, Litke/Kunow, Jossé, Olfert*):

- Ein **Lenkungsausschuss**, der nur für die Dauer eines Projektes eingesetzt wird. Er bildet die Schnittstelle zwischen Projektleiter und Projektgruppe sowie der Unternehmensleitung bzw. externen Beratern. Ihm gehören Führungskräfte der Unternehmensbereiche sowie Vertreter der Arbeitnehmer an, z. B. der Betriebsrat.
- Ein **Lenkungskollegium**, das sich aus Mitgliedern der Unternehmensleitung, den Bereichsleitern der betroffenen Abteilungen, dem Projektleiter und dem Leiter der EDV-Abteilung bzw. der Organisationsabteilung zusammensetzt und besonders bedeutsame projektbezogene Leitungsentscheidungen trifft.

- Ein **Fachausschuss**, der aus den Abteilungsleitern und geeigneten Mitarbeitern der Fachabteilungen sowie dem Projektleiter bestehen kann. Er soll sicherstellen, dass sämtliche fachlichen Anforderungen aus allen zuständigen Bereichen berücksichtigt werden (*Burghardt*).

  Oft werden Fachausschüsse auch als **Benutzerausschüsse** oder **Beraterausschüsse** in die Organisation eingegliedert.

1.3.2.4 Projektexperten

Projektexperten sind innerhalb und außerhalb des Unternehmens zu finden:

- **Interne Experten** kommen aus dem Unternehmen. Sie verfügen über innerbetriebliche Erfahrungen und können durch ihre Einbindung in Mitverantwortung genommen werden. Zu ihnen zählen:
  - Projektleiter
  - Gruppenleiter
  - Gruppensprecher
  - Gruppenkoordinator
  - Gruppenmitglieder
  - Mitarbeiter betroffener Fachabteilungen.
- **Externe Experten** bringen außerbetriebliche Erfahrungen in das Unternehmen ein. Sie haben keine arbeitsvertraglichen Bindungen zum Unternehmen und sind in ihren Entscheidungen unabhängiger, ggf. auch objektiver und können deshalb ihre Vorstellungen mitunter besser durchsetzen, z. B. als:
  - Unternehmensberater
  - Personalberater
  - Herstellerorganisatoren
  - freiberufliche DV-Experten
  - Verbandsorganisatoren
  - freiberufliche Organisatoren.

Aufgabe 40 > Seite 242

1.3.2.5 Projekteinbindung

Die Entscheidungen zur Projekteinbindung beziehen sich auf die Einordnung des Projektleiters und der Projektgruppe in die gesamte **Aufbauorganisation** des Unternehmens. Es gibt folgende Gestaltungsformen der Projektorganisation (*Bär, Burghardt, Heeg, Kessler/Winkelhofer, Olfert, Olfert/Rahn*):

- **reine Projektorganisation**
- **Stabs-Projektorganisation**
- **Matrix-Projektorganisation**
- **Linien-Projektorganisation**.

1.3.2.5.1 Reine Projektorganisation

Bei der reinen Projektorganisation werden die Mitglieder der Projektgruppe für die Projektdauer vollständig aus den Fachabteilungen herausgelöst und zeitlich befristet in die Aufbauorganisation integriert. Dies geschieht vor allem bei **Großprojekten**, die sehr umfangreich und zeitintensiv sowie strategisch bedeutend sind.

Der **Projektleiter** hat die vollen Kompetenzen, d.h. die gesamte Weisungs- und Entscheidungsbefugnis, und die Projektmitarbeiter sind ihm disziplinarisch und fachlich unterstellt:

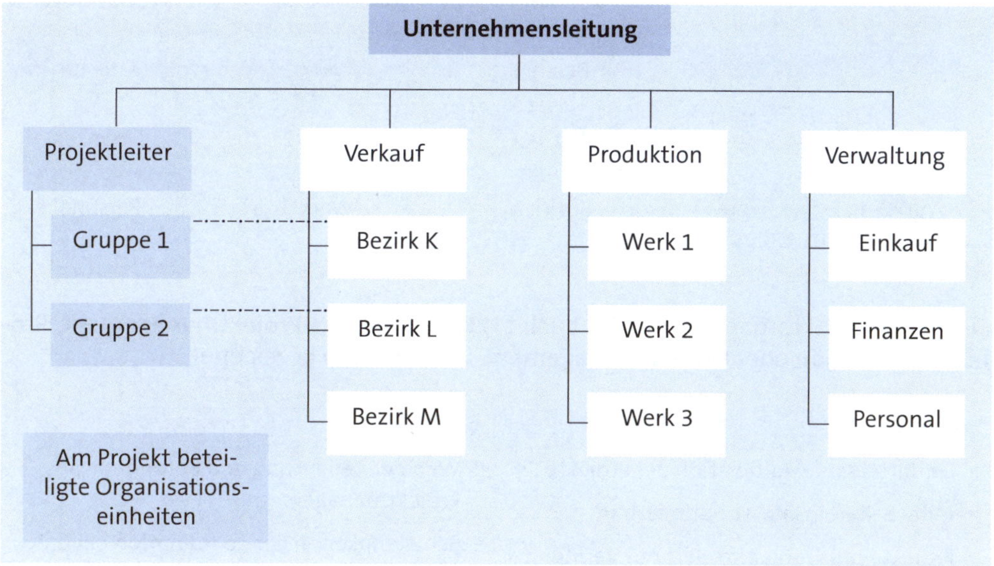

Aufgrund der völligen Unterstellung der Mitarbeiter gibt es kaum Probleme der Kompetenzabgrenzung.

Vorteile	Nachteile
► Straffe Projektarbeitsform ► Direktzugang zur Unternehmensleitung ► Volle Kompetenz des Projektleiters ► Schnelles Reagieren auf Störungen ► Identifikation der Gruppe mit Projekt	► Probleme des Einsatzes von Projektmitarbeitern nach dem Projektende ► Dauerhafte Projektetablierung ► Projektgruppe in Konkurrenz zur Linie ► Kompetenzüberschreitung durch Leiter

1.3.2.5.2 Stabs-Projektorganisation

Bei der Stabs-Projektorganisation ist der Einfluss des Projektleiters relativ gering. Er hat als Inhaber einer Stabsstelle oder Leiter einer Stabsgruppe bzw. Stabsabteilung nur die Aufgabe der Koordination. Deshalb kann eher von einem **Projektkoordinator** gesprochen werden.

Die **Kompetenzen** sind bei der Stabs-Projektorganisation den Fachabteilungen zugeordnet, deren Leiter auf die Arbeit der Projektgruppe hohen Einfluss ausüben.

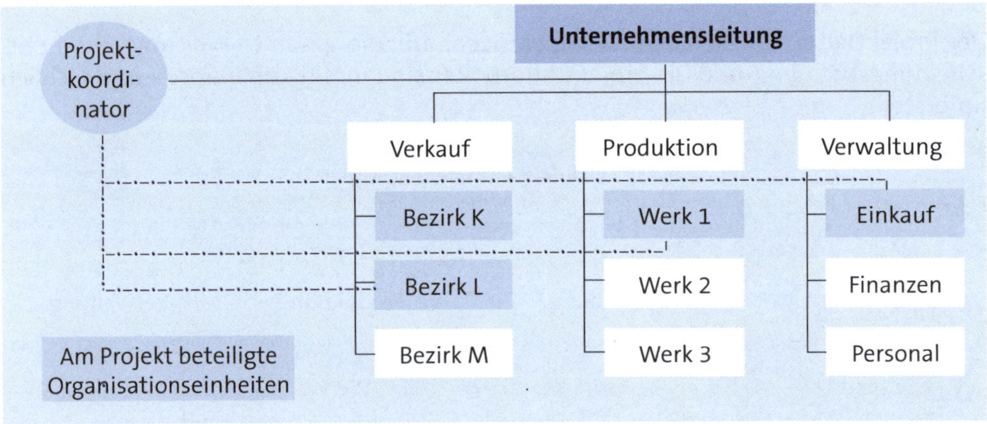

Die Stabs-Projektorganisation wird auch als **Koordinations-Projektmanagement**, **Projektkoordination** oder **Einflussmanagement-Organisation** bezeichnet.

Vorteile	Nachteile
► Unmittelbare Koordination der Projekte ► Mitarbeitereinsatz ist optimierbar ► Projekteinführung erfordert nur geringe organisatorische Änderungen	► Weniger Bedeutung und Befugnisse des Projektmanagers ► Schwierigkeiten der Koordination bei unterschiedlichen Projekten

1.3.1.2.5.3 Matrix-Projektorganisation

Bei der Matrix-Projektorganisation unterstehen die Mitglieder der Projektgruppe, die für die Dauer des Projektes aus den Fachabteilungen zu einem Teil herausgelöst werden, in disziplinarischen Fragen der **Fachabteilung** und in Projektfragen dem **Projektleiter**. Beide arbeiten gleichberechtigt zusammen und tragen die Projektverantwortung.

Die Einheitlichkeit der Auftragserteilung wird in der Fachabteilung zu Gunsten des jeweils kürzesten Informationsweges aufgegeben. Die Matrix-Projektorganisation wird in der Praxis vorzugsweise bei abteilungsübergreifenden Projekten eingesetzt.

Durch Doppelunterstellungen können **Kompetenzprobleme** auftreten, vor allem wenn die Befugnisse zwischen Fachabteilung und Projektleiter nicht genau abgegrenzt sind.

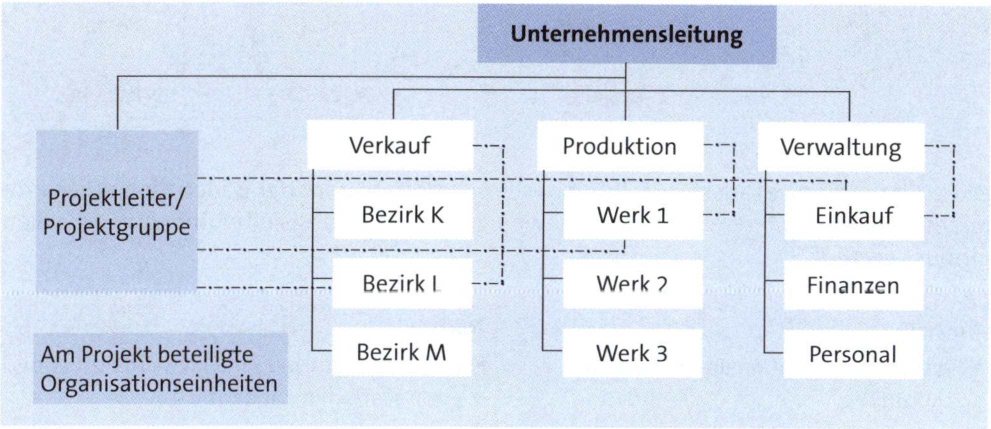

Die Matrix-Projektorganisation wird auch als **begrenzte Projektorganisation** bezeichnet.

Vorteile	Nachteile
► Flexibler Personaleinsatz für Fachabteilung und Projektleiter ► Fachabteilung und Projektleiter haben in ihrem Fachgebiet Einfluss auf die Gruppe ► Synergieeffekte sind hier eher möglich	► Hoher Aufwand für die Kompetenzabgrenzungen ► Konfliktpotenzial zwischen Fachabteilung und Projektleiter ► Schwierige Abstimmung der Ergebnisse

1.3.2.5.4 Linien-Projektorganisation

Die Lösung von Projektaufgaben erfordert nicht grundsätzlich die Einrichtung einer eigenständigen Projektorganisation, sondern kann in Form von Einzelprojekten **in** die gegebene **Aufbauorganisation integriert** werden (*Burghardt*). Dies gilt vor allem für funktional ausgerichtete Projekte, wie z. B. Markteinführungsprojekte und Entwicklungsprojekte.

Die Linien-Projektorganisation ist eine Form der Projekteinbindung, bei welcher der jeweilige Projektleiter z. B. als Gruppenleiter, dem Leiter der Fachabteilung direkt unterstellt wird.

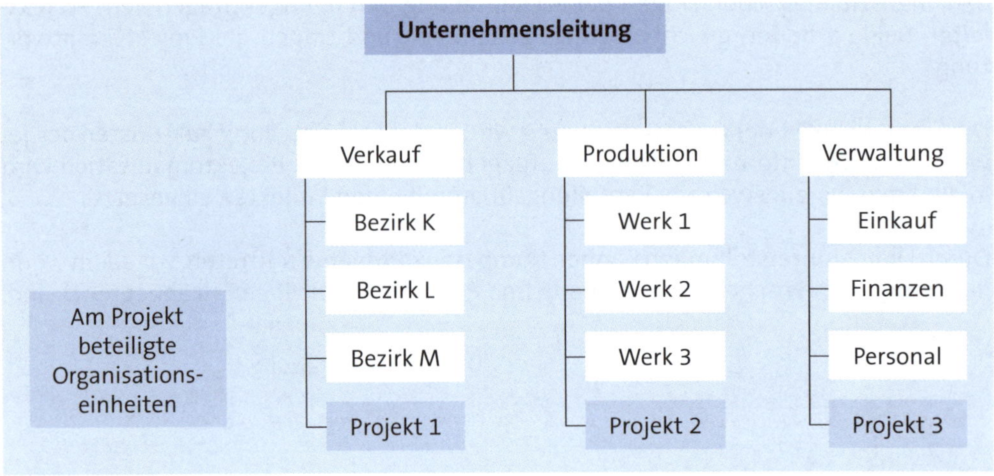

Die aufbauorganisatorische Stellung des Projektleiters wird der Bedeutung eines Projektes vielfach nicht gerecht, weil der jeweilige Fachabteilungsleiter über einen starken Einfluss verfügt.

Vorteile	Nachteile
► Bessere Koordination durch fachliche Zuordnung ► Fähige Mitarbeiter müssen nicht an andere Fachabteilungen abgegeben werden ► Bereichsressourcen stehen unmittelbar dem Projekt zur Verfügung	► Die Bedeutung der Projekte wird aufbauorganisatorisch nicht deutlich ► Die Stellung des Projektleiters ist von den Intentionen der Fachabteilungsleiter abhängig ► Geringere Identifikation der Unternehmensleitung mit dem Projekt

Aufgabe 41 > Seite 242

1.3.3 Projektplanung

Die Projektplanung ist die vorausschauende Festlegung der Durchführung von Projekten. Während die Projektvorbereitung die strukturellen Eigenschaften eines Projektes klärt, hat die Projektplanung die Aufgabe, die **prozessualen Merkmale** eines Projektes festzulegen (*Aggteleki, Burghardt, Fiedler, Koreimann, Olfert, Wildförster/Wingen*).

Probleme bei der Projektplanung liegen vor allem in der mangelnden Voraussehbarkeit der Projektgegebenheiten. Sie umfasst:

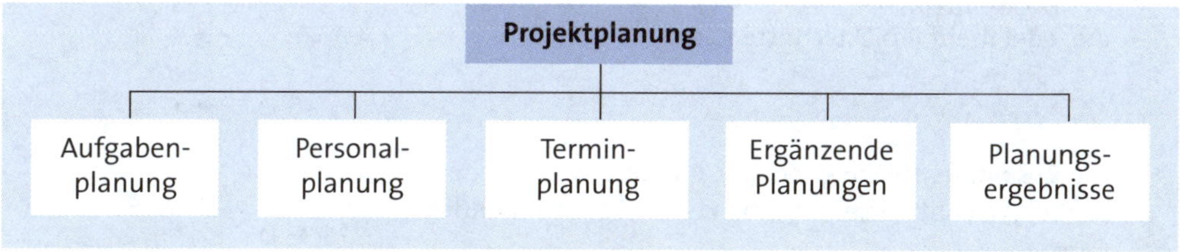

Das **Ergebnis** der Projektplanung bildet die wesentliche Grundlage für die spätere Projektentscheidung.

1.3.3.1 Aufgabenplanung

Die Aufgabenplanung ist die vorausschauende Festlegung der durchzuführenden Aufgaben und des Ablaufes der Aufgabenausführung zur Erarbeitung der Projektergebnisse. Sie umfasst:

- Die **Projektstrukturplanung**, die mithilfe der hierarchischen Strukturierung erfolgt. Ihr Ergebnis ist der **Projektstrukturplan**, der ein Projekt in einzelne Teilaufgaben oder Arbeitsschritte unterteilt:

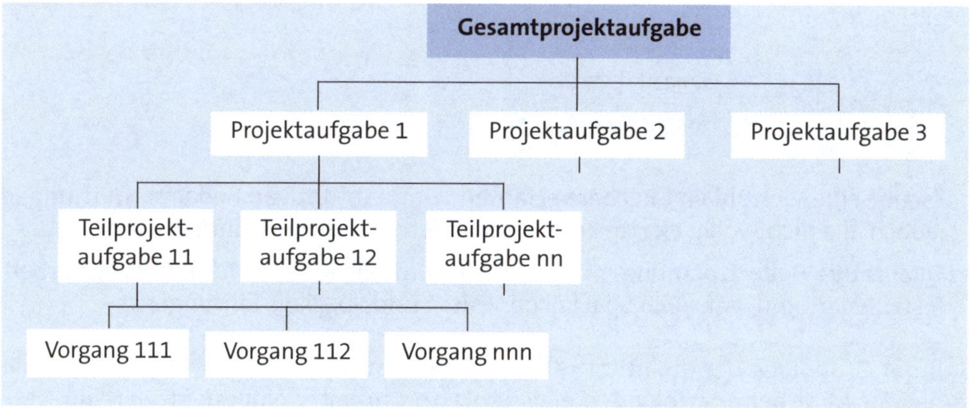

- Die **Projektprozessplanung**, mit der die einzelnen Projektschritte in ihrer Reihenfolge geplant werden. Dabei ist zu beachten:

  - Die **Folge**, wobei jeder Projektschritt einen Vorgänger und einen Nachfolger hat.

  - Die **Parallele**, bei der zwei oder mehr Folgen nebeneinander existieren, ohne dass sie miteinander verknüpft sind.

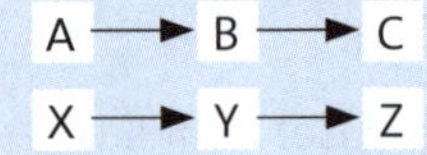

  - Die **Verzweigung**, bei der auf einen Projektschritt zwei, drei oder mehr Projektschritte folgen.

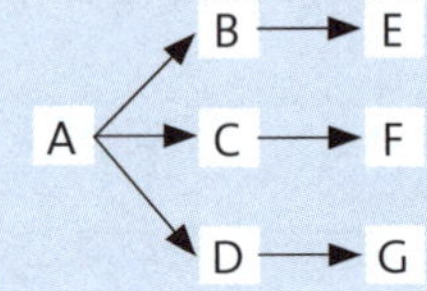

  - Die **Zusammenführung**, bei der mehrere vorausgehende Projektschritte in einen Projektschritt zusammenfließen.

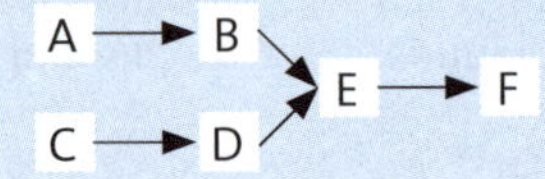

Das Ergebnis der Aufgabenplanung ist der **Projektaufgabenplan**, der als übersichtliches Schema und/oder als Liste erstellt werden kann und alle Verrichtungen mit den zugehörigen Projektdaten aufzeigt.

1.3.3.2 Personalplanung

Mithilfe der Personalplanung wird der Bedarf an Projektmitarbeitern ermittelt. Dies geschieht als:

- **Quantitative Bedarfsplanung**, die dazu dient, den mengenmäßigen Personalbedarf festzustellen und die Vorgangsdauer eines jeden Projektschrittes zu bestimmen, die für die **Terminplanung** benötigt wird. Für vollzeitlich im Projekt tätige Mitarbeiter gilt:

$$\text{Vorgangsdauer} = \frac{\text{Kapazitätsbedarf}}{\text{Mitarbeiterzahl}}$$

  Es gibt eine Vielzahl von **Rechenverfahren** zur quantitativen Bedarfsermittlung, die jedoch alle nicht völlig exakte Ergebnisse liefern – siehe ausführlich *Olfert*.

- **Qualitative Bedarfsplanung**, mit der die erforderlichen Qualitäten der Mitarbeiter festzulegen sind, ggf. auch Spezialkenntnisse und Spezialerfahrungen.

Auf der Grundlage der quantitativen und qualitativen Bedarfsplanung kann die Planung der Mitarbeiter erfolgen, die als Projektmitarbeiter eingesetzt werden. Neben deren Qualifikation sind auch ihre **Verfügbarkeit** und ihre **Zustimmung** zur Mitarbeit im Projekt von Bedeutung.

1.3.3.3 Terminplanung

Die Terminplanung ist die zeitliche Planung eines Projektes. Sie erfolgt auf der Grundlage der Aufgabenplanung und der Personalplanung. Um die Terminplanung durchzuführen, müssen verfügbar sein:

- die **Projektarbeitsgänge** als Vorgänge nach *DIN 69900*
- der **Projektablaufplan**, z. B. als Balkendiagramm oder Netzplan
- die **Vorgangsdauer**, die bereits auf Seite 190 dargestellt wurde.

Aufgaben der Terminplanung sind:

- Die **Feststellung der Projekttermine** als Anfangstermine bzw. Endtermine für jeden Vorgang.
- Die **Feststellung der Pufferzeiten** als Zeitspannen für jeden Vorgang. Diese geben Auskunft darüber, welcher Vorgang seine Lage oder Dauer ohne Auswirkung auf die gesamte Projektdauer verändern kann.
- Die **Festlegung des kritischen Pfades** als Verbindung aller Vorgänge, die keine Pufferzeit besitzen.

Werden bei der Terminplanung nur Gruppen von Vorgängen betrachtet, handelt es sich um eine **Meilensteinplanung**. Als Meilensteine werden solche Projektereignisse bezeichnet, denen eine besondere Bedeutung zukommt. Das Ergebnis der Meilensteinplanung ist der **Meilensteinplan**, der die logische und terminliche Folge der Meilensteine eines Projektes ausweist (*Bokranz/Kasten, Kessler/Winkelhofer, Köhler, Litke/Kunow*).

Als **Verfahren** für die Terminplanung von Projekten stehen zur Verfügung – siehe ausführlich *Olfert*:

- Die **Listungstechnik**, bei der die gesamte Terminplanung mithilfe von Listen durchgeführt wird, vor allem bei Projekten mit wenigen Vorgängen.
- Die **Balkendiagrammtechnik**, bei der die Vorgänge des Projektes über einer Zeitachse in Form von Balken nach ihrer zeitlichen Dauer dargestellt werden.
- Die **Netzplantechnik**, die der Planung und Steuerung von Abläufen dient (*Bär, Litke/Kunow, Reichert, Schwarze*). Sie umfasst nach *DIN 69 900* alle Verfahren zur Analyse, Beschreibung, Planung, Steuerung von Prozessen auf der Grundlage der Grafentheorie, wobei Zeit, Kosten, Einsatzmittel und weitere Einflussgrößen berücksichtigt werden können.

  Neben den **Vorgängen** als zeiterforderndes Geschehen mit definiertem Anfang und Ende sind bei der Netzplantechnik auch **Ereignisse** bedeutsam, die das Eintreten eines definierten Zustandes im Ablauf darstellen. Die Netzplantechnik dient der Terminplanung von Großprojekten.

1.3.3.4 Ergänzende Planungen

Die Aufgabenplanung, Personalplanung und Terminplanung stellen die Basis der Projektplanung dar. Sie reichen aber noch nicht aus, um Projekte wirkungsvoll zu planen. Vielmehr sind ergänzend weitere Planungen vorzunehmen (*Olfert*):

- Die **Sachmittelplanung**, damit die terminliche Verfügbarkeit der für das Projekt benötigten Mittel gemäß dem Projektterminplan gesichert ist. Das Ergebnis kann eine **Projektmittelliste** sein.
- Die **Kostenplanung**, mit deren Hilfe die Projektdaten ermittelt werden als:
  - Personalkosten
  - Kapitalkosten
  - Materialkosten
  - Fremdleistungskosten
  - Computerkosten.
- Die **Dokumentationsplanung**, die sich bezieht auf:
  - die Dokumentation als **Prozess** der Erstellung und Verwaltung von Projektunterlagen
  - die Dokumentation als **Ergebnis** dieses Prozesses.

  Der Inhalt, die Art und die Systematik der Dokumentation sind dabei festzulegen. Die Projektdokumentation kann in einem **Projekthandbuch** erfasst werden.
- Die **Qualitätsplanung**, die sich auf die Qualität der Projektlösung bezieht. Hier sind Qualitätsvorgaben und Verfahrensvorgaben möglich. Ihr Ergebnis stellt der **Qualitätssicherungsplan** dar.
- Die **Berichtsplanung**, die sich auf die projektinterne und projektexterne Berichterstattung bezieht. Nach den **Berichtsterminen** sollten regelmäßig erstellt werden:

Berichtsart	Berichtsempfänger	Berichtstermine
Projektbericht	Unternehmensleitung	Monatlich/Vierteljährlich
Projektreview	Unternehmensleitung	Vierteljährlich/Halbjährlich
Projektaudit	Unternehmensleitung	Vierteljährlich/Halbjährlich
Fortschrittsmeldung	Projektcontrolling	Wöchentlich/Dekadisch/Monatlich
Meilensteinbericht	Projektcontrolling	Meilensteinerreichung
Projektinformation	Projektberührte	Monatlich/Vierteljährlich

1.3.3.5 Planungsergebnisse

Am Ende der Projektplanung stehen die Ergebnisse der Planung. Sie werden für verschiedene **Zwecke** benötigt, die häufig sein können (*Olfert*):

- Der **Projektplan**, in dem die Planungsergebnisse als Zusammenstellung aller Teilbeiträge eines Projektes unmittelbar und ohne Ausrichtung auf einen bestimmten

Zweck ausgewiesen werden. Bevor er endgültig für verbindlich erklärt werden kann, sind seine **finanziellen Auswirkungen** zu durchdenken.

- Der **Projektplanungsbericht**, der dazu dient, grundlegende Aussagen über die Ergebnisse der Projektplanung in formloser Weise zu vermitteln. Seine **Schwerpunkte** sind:
  - wesentliche **Ergebnisse der Planung** wie Dauer und Kosten des Projektes
  - Darlegung erwartbarer **Probleme** und **Schwierigkeiten** der Projektdurchführung
  - wesentliche **Empfehlungen** für die Verantwortlichen zur Projektentscheidung.
- Der **Projektantrag**, der vielfach in einem entsprechenden **Formular** standardisiert ist, wodurch die wesentlichen Projektmerkmale vergleichbar gemacht werden, um die Projektentscheidung durch den Vergleich mehrerer Projekte zu erleichtern.
- Der **Projektauftrag**, der grundsätzlich bei positiver Entscheidung über das Projekt formularmäßig ausgearbeitet wird. Dies geschieht als Entwurf, solange die Zustimmung durch die Verantwortlichen noch nicht erfolgt ist.
- Der **Projektvergabe**, wenn das Projekt außerhalb des Unternehmens durchgeführt werden soll. Sie erfolgt auf der Grundlage eines **Pflichtenheftes** als einem Katalog über die bei einem Projekt zu erbringenden Leistungen, das im Übrigen auch für unternehmensinterne Projekte hilfreich ist.
- Der **Projektförderungsantrag**, wenn es die Möglichkeit gibt, staatliche oder andere Fördermittel zu erhalten. Dazu ist es notwendig, umfangreiche und detaillierte Förderungsanträge auszuarbeiten und einzureichen.

1.3.4 Projektdurchführung

Die Durchführung des Projektes als **Projektrealisation** kann erfolgen, wenn die Projektplanung abgeschlossen ist. Dabei werden die geplanten Inhalte umgesetzt (*Schmidt*).

Die allgemeinen Aufgaben der Projektdurchführung obliegen in erster Linie den Projektmitarbeitern. Der Projektleiter, der die Elemente des Projektes koordiniert, ist häufig auch selbst daran beteiligt. Zur Gestaltung des Projektes zählen:

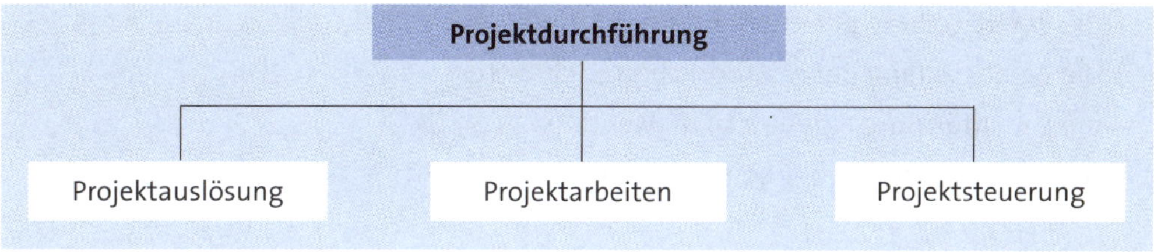

1.3.4.1 Projektauslösung

Die Projektauslösung bildet den Ausgangspunkt der Projektgestaltung. Erfolgt bei einem Projekt keine Fremdvergabe, verbleiben die Aktivitäten im Unternehmen, also beim Projektleiter und seinen Mitarbeitern. Bei einer **Fremdvergabe** müssen geeignete Auftragnehmer gefunden, umfassend informiert und vertraglich gebunden werden.

Grundsätzlich erfolgen im Rahmen der Projektauslösung:

- Die **Projektentscheidung**, die einen Willensakt verkörpert, an den hohe Anforderungen zu stellen sind. Häufig wird sie von Gremien getroffen. Entscheidungsverfahren können z. B. sein – siehe ausführlich *Olfert*:
  - **Investitionsrechnungen** als Rechenverfahren, deren Zweck es ist festzustellen, ob ein Projekt der quantitativen Zielsetzung des Unternehmens entspricht, und welches von mehreren Projekten die Zielsetzung am besten erfüllt.
  - **Nutzwertrechnungen**, mit deren Hilfe der Nutzwert als zahlenmäßiger Ausdruck für den subjektiven Wert eines Projektes festgestellt wird. Er kann – im Gegensatz zu den Investitionsrechnungen – auch qualitativ sein.
  - Die **Kosten-Nutzen-Analyse**, welche die Gegenüberstellung der bisherigen und zukünftigen Kosten sowie des zusätzlichen Nutzens ist. Schließlich genügt ein Kostenvergleich zur Beurteilung der Vorteilhaftigkeit nicht, wenn außer einer Kostenminderung auch eine **Nutzensteigerung** angestrebt wird.
- Der **Projektauftrag**, der die wesentlichen Gegebenheiten beschreibt, welche die Durchführung des Projektes bewirken sollen. Sein **Inhalt** umfasst (*Olfert*):
  - Aufgabenstellung, Ziele, Konzeption des Projektes
  - Auftragsgründe, Auftragsmotive, Auftragsanlass
  - Verfügbare Mitarbeiter, Sachmittel, Budget
  - einzuhaltende Projekttermine
  - zwingende bzw. empfehlenswerte Bedingungen.
- Die **Projektbegründung**, die notwendig ist, das Projekt überzeugend zu begründen und seine positiven Auswirkungen aufzuzeigen, um Vorbehalten, Vorurteilen und Widerständen der vom Projekt Betroffenen zu begegnen. Die Entwicklung einer **Unternehmensvision** hilft aufzuzeigen, wo der künftige Weg hingeht.
- Der **Projektstart**, der erfolgen kann, wenn die Projektentscheidung getroffen ist, der Projektauftrag vorliegt und die Projektgruppe verfügbar ist. Der Projektstart erfordert:
  - die Bereitstellung der notwendigen Unterlagen
  - die Bereitstellung der erforderlichen Sachmittel
  - die Durchführung eines Kick-Off-Meetings
  - die verzögerungsfreie Arbeitsaufnahme.

Aufgabe 42 > Seite 243

1.3.4.2 Projektarbeiten

Die Projektarbeiten bilden den Kern der Projektdurchführung. Sie erfolgen in **Teamarbeit**, die dadurch gekennzeichnet ist, dass die Projektgruppe als Ganzes die Ergebnisse herbeiführt, sie verantwortet und nach außen vertritt. Der Erfolg eines Projektes wird durch die Projektarbeiten erheblich beeinflusst (*Birker, Haynes, Heeg, Mehrmann/ Wirtz*).

Die Projektarbeiten umfassen – siehe ausführlich *Olfert*:

- das **Recherchieren** als das Nachforschen des Projektteams, um notwendige Informationen zu erlangen
- das **Lösen** als das Klären eines Problems durch Nachdenken
- das **Kommunizieren**, das für jede Projektarbeit unerlässlich ist, z. B. auch als Verhandeln, Präsentieren, Visualisieren
- das **Protokollieren**, mit dem projektbezogene Besprechungen inhaltlich schriftlich festgehalten werden sollten durch:
    - **Ablaufprotokolle** (Ausweis des Besprechungsablaufs)
    - **Ergebnisprotokolle** (Ausweis des Besprechungsergebnisses)
- das **Berichten**, dessen Ergebnisse sein können:
    - Zwischenberichte
    - Fortschrittsberichte
    - Projektstatus-Berichte
    - Informationsberichte
    - Projektabschlussberichte
- das **Dokumentieren**, wobei Besprechungsberichte und Protokolle vollständig dokumentiert werden müssen.

1.3.4.3 Projektsteuerung

Die Projektsteuerung soll Störgrößen des Projektes bekämpfen. Sie geschieht üblicherweise unter Verwendung von Projektformularen und umfasst:

- Die **Vorsteuerung**, mit der versucht wird, etwaigen Störgrößen als negative Einflüsse vor ihrem Eintritt **zukunftsbezogen** unter Beachtung der Projektziele inputorientiert entgegenzuwirken. Ihre **Schwierigkeiten** liegen in der mangelnden Voraussehbarkeit des Eintritts von Projektstörungen.
- Die **Projektkontrolle**, die umfasst:
    - die **Erfassung der Ergebnisse** der Projektplanung und Projektdurchführung
    - den **Soll-Ist-Vergleich** zur Ermittlung von möglichen Abweichungen
    - die **Abweichungsanalyse** aufgrund des Soll-Ist-Vergleiches.
- Die **Nachsteuerung**, die sich auf Ergebnisse des Soll-Ist-Vergleiches bezieht, d. h. es wird **vergangenheitsbezogen** und outputorientiert gehandelt.

1.3.5 Abschließende Maßnahmen

Als abschließende Maßnahmen für eine Projektstrukturierung sind darzustellen:

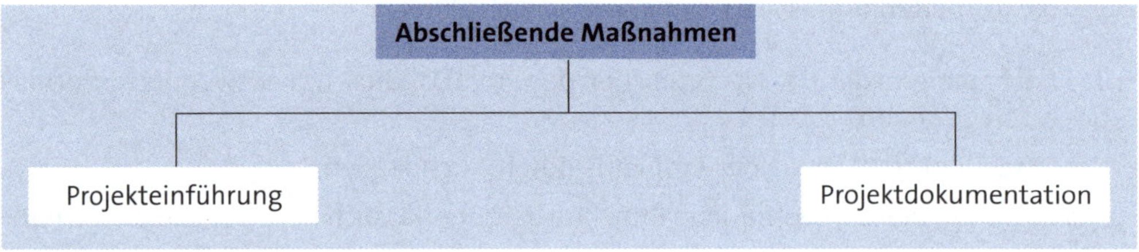

1.3.5.1 Projekteinführung

Die Projekteinführung bedarf einer **Einführungsentscheidung** durch die zuständige Projektinstanz. Sie ist möglich als:

- **Direkteinführung** zu einem Stichtag in vollem Umfang
- **Funktionseinführung** zunächst in einem Funktionsbereich
- **Probeeinführung** zunächst in einem Unternehmensteil.

Im Rahmen der Projekteinführung sind die Aufgaben, Termine und Kosten sowie das Personal in geeigneter Weise zu steuern. Für ein Misslingen der Projektlösung sollten Vorkehrungen getroffen werden. Grundlage hierfür ist ein **Ausfallplan**.

Es kann sich auch als erforderlich erweisen, **Mitarbeiterschulung** zu betreiben, wenn sich Methoden, Techniken, Arbeitsplätze und/oder Arbeitsaufgaben verändern.

Mit der Projekteinführung endet das Projekt. Das bedeutet seine **Auflösung**, die entsprechend auch die Projektgruppe betrifft.

1.3.5.2 Projektdokumentation

Mit dem Abschluss des Projektes verbundene schriftliche **Nachweise** sind üblicherweise (*Birker, Madauss, Olfert, Schwarze*):

- Das **Abnahmeprotokoll**, das dazu dient, die Abnahme der Projektlösung durch den Auftraggeber bzw. die zuständige Fachabteilung zu dokumentieren. Es kann auch Mängel und erforderliche Nachbesserungen ausweisen.
- Der **Abschlussbericht**, der für den Auftraggeber sowie als Beleg für den Projektleiter und die Projektmitarbeiter erstellt wird. In ihm lassen sich die positiven Ergebnisse des Projektes herausstellen.

Weitere Nachweise zum Projektabschluss können im Projektauftrag gefordert sein. So wird bei manchen Projekten eine darüber hinausgehende ausführliche Projektdokumentation erwartet.

2. Organisationsentwickung

Die Organisationsentwicklung ist ein längerfristig angelegter Prozess von Veränderungen der Unternehmen – aber auch anderer Organisationen – und der in ihnen tätigen Menschen. Zu unterscheiden sind (*Bea/Göbel, Vahs*):

- Der **ungeplante Wandel**, der nicht beabsichtigt ist, zufällig erfolgt und über längere Zeit mehr oder weniger unbemerkt bleiben kann.
- Der **geplante Wandel**, der alle absichtlichen Anstrengungen zur zielgerichteten Organisationsgestaltung umfasst. Seine **Ziele** sind:
  - Die **Steuerung der Effizienz**, die sich im Grad der wirtschaftlichen Erfüllung der Unternehmensaufgaben zeigt. Darauf ausgerichtete **Maßnahmen** sind:
    - ein **evolutionäres Vorgehen**, das kontinuierlich in kleinen bzw. überschaubaren Schritten geschieht
    - ein **revolutionäres Vorgehen**, bei dem ein völliges Abwenden von bisherigen Lösungen in kurzer Zeit erfolgt.
  - Die **Humanisierung der Arbeitswelt**, welche alle Maßnahmen umfasst, die auf die Verbesserung des Arbeitsinhaltes und der Arbeitsbedingungen für den Menschen ausgerichtet sind.

Ursachen für die Notwendigkeit von Organisationsentwicklungen sind Veränderungen z.B. in Bezug auf:

- Unternehmensstrategien
- Organisationsziele
- Technologien
- Betriebsgröße
- Unternehmenserfolg
- Führungskultur
- Kundenorientierung
- Globalisierung
- Wettbewerb
- Marktveränderungen.

Aufgabe 43 > Seite 243

Bei der **Gestaltung** der Organisationsentwicklung hat es sich als sinnvoll erwiesen, **Experten** einzuschalten, welche sein können:

- **Unternehmensberater**, die externe, qualifizierte Experten sind, welche oft weitreichende Erfahrungen mitbringen und mit ihren Empfehlungen und Lösungsvorschlägen die Unternehmensleitung unterstützen (*Becker/Langosch*).

- **Organisationsberater** als Experten, die ausschließlich mit Problemstellungen der Organisation beschäftigt sind. Anders als zuvor ist es ihre Aufgabe, dem Unternehmen zu helfen, seine Probleme eigenständig zu lösen (*Becker/Langosch*).
- **Entwicklungsteams**, die das Veränderungsmanagement verantwortungsvoll tragen. Dabei ist es möglich, dass sie mit einem Unternehmens- bzw. Organisationsberater zusammenarbeiten.

Um die Entwicklung eines Unternehmens erfolgreich zu bewirken, gibt es verschiedene **Vorgehensweisen** und Möglichkeiten der **Intervention**, auf die im Rahmen der vorliegenden Ausführungen nicht näher eingegangen werden kann – siehe ausführlich *Olfert*:

Vorgehensweisen	**Interventionen**
► **Prozessbezogene Vorgehensweisen** Drei-Phasen-Prozess Vier-Phasen-Prozess Sechs-Phasen-Prozess ► **Richtungsbezogene Vorgehensweisen** Abwärtsstrategie Aufwärtsstrategie Keilstrategie Fleckenstrategie	► Transaktionsanalyse ► Lebens- und Karriereplanung ► Coaching ► Prozessberatung ► Sensivitätstraining ► Teamentwicklung ► Konfrontationstreffen ► Datenerhebungsverfahren ► Grid-Organisationsentwicklung ► NPI-Modell

In den letzten Jahrzehnten waren die Unternehmen vielfältigen Veränderungen ihrer Umwelt ausgesetzt, denen sie begegnen mussten, wenn sie erfolgreich sein bzw. bleiben wollten. Um die Organisation der Unternehmen unter diesen Bedingungen wettbewerbsfähig zu halten, wurden **Konzepte** entwickelt, die organisatorische Veränderungen mit sich brachten. Von besonderer Bedeutung waren dabei:

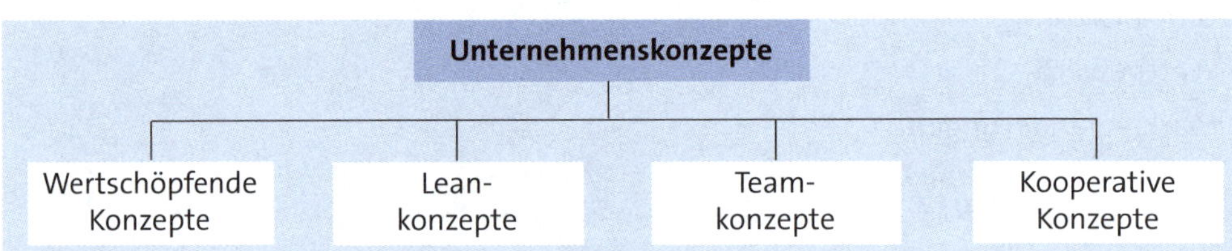

2.1 Wertschöpfende Konzepte

Die **Wertschöpfung** umfasst die von einem Unternehmen erbrachten Eigenleistungen als Mehrwert. Sie ist dementsprechend die Differenz zwischen dem Verkaufswert des Outputs und dem Wert für extern bezogene Güter bzw. Dienstleistungen.

Mithilfe des **Wertschöpfungsmanagements** ist das Unternehmen bestrebt, für eine möglichst günstige Beurteilung der Vorleistungen zu sorgen sowie höchst mögliche Erträge am Markt zu erzielen. Dabei ist u. a. zu entscheiden, ob die zur Leistungserstellung notwendigen Tätigkeiten vom eigenen Unternehmen oder ganz bzw. teilweise von anderen Unternehmen erbracht werden sollen.

Diese **Make-or-Buy-Frage** ist für die Unternehmensführung sehr bedeutsam, da die Entscheidung, wie zu verfahren ist, grundlegenden Einfluss auf die Organisation hat. Wertschöpfende Konzepte lassen sich unterscheiden in:

- **Outsourcing**
- **Insourcing**.

2.1.1 Outsourcing

Als Outsourcing wird das **Ausgliedern** einzelner Aufgaben bis hin zu ganzen Funktionsbereichen aus der eigenen Unternehmenskompetenz bezeichnet (*Brändli, Bühner, Koppelmann, Niebling*). Die Verlagerung betrieblicher Aktivitäten auf Fremdfirmen bewirkt eine unternehmensbezogene **Abnahme der Wertschöpfung**, weil damit eine Verringerung der betrieblichen Eigenleistungen verbunden ist.

Ziel des Outsourcing ist, durch Verlagerung bisher selbst erstellter betrieblicher Leistungen auf spezialisierte und kostengünstigere Fremdfirmen strategische Erfolgspositionen aufzubauen. Dies kann auch im Rahmen einer „Zellteilung" eines Konzernes erfolgen, z. B. durch Ausgliederung bisher wahrgenommener Aufgaben an rechtlich selbstständige Gesellschaften, deren Haftung i. d. R. beschränkt ist.

Als **Motive** für Outsourcing können die Verringerung der Produktionskosten, der Abbau von Fertigungskapazitäten, die Steigerung der Produktqualität, die Verkürzung der Leistungstiefe sowie die Verminderung des Unternehmerrisikos genannt werden.

Beim Outsourcing ist zu beachten, dass das für die Leistungserstellung ausgewählte Unternehmen möglichst besser oder zumindest in gleicher Weise qualifiziert ist wie die Organisationseinheit, welche bisher die Leistung erbracht hat.

Vorteile	Nachteile
► Verringerung der Wertschöpfungskette ► Sicherung des Technologieeinsatzes ► Reduzierung von Investitionskosten ► Senkung der Fixkosten ► Nutzung von externem Know-how ► Relativ schnelle Erledigung ► Steigerung der organisatorischen Transparenz	► Widerstände von Mitarbeitern ► Qualitative Risiken der Ausgliederung ► Abhängigkeit vom Zulieferer ► Verlust von Kernkompetenzen ► Kosten für Nachbesserungen ► Krisen bei ausgelagerten Firmen ► Bei Vertragskündigung können wichtige Informationen zu Mitbewerbern gelangen

Aufgabe 44 > Seite 243

2.1.2 Insourcing

Das Insourcing ist ein dem Outsourcing gegenläufiger Prozess (*Freiling*). Nach einer Phase des Outsourcing hat das Wertschöpfungsmanagement bei einer Reihe von Unternehmen in jüngerer Zeit eine **Re-Integration** ihrer outgesourcten Aktivitäten vorgenommen, z. B. bei *Volkswagen*.

Gründe für Insourcing liegen z. B. darin, dass in Verbindung mit Produktionsverlagerungen auf ausländische Fremdfirmen nach ersten positiven Einschätzungen verschiedendlich erhebliche Schwierigkeiten aufgetreten sind.

Beim Insourcing werden Outsourcingverträge gekündigt, und es erfolgt gleichzeitig eine Wiedereingliederung bzw. der Neuaufbau von Leistungen, Wissen und Fähigkeiten im eigenen Unternehmen. Diese Vorgehensweise bewirkt eine unternehmensbezogene **Zunahme der Wertschöpfung**, weil damit eine Erweiterung der betrieblichen Eigenleistungen verbunden ist.

Vorteile	Nachteile
► Entfallen von Beschaffungsrisiken ► Unabhängigkeit vom Zulieferer ► Wahrung der eigenen Kompetenz ► Prioritäten intern besser verschiebbar ► Imagegewinn u. U. möglich ► Flexible Reaktion auf Marktbewegungen ► Unmittelbarer Zugriff auf das Wissen der Mitarbeiter	► Durch steigende Fertigungstiefe mehr Abhängigkeit von den internen Leistungsträgern ► Investitions-, Auslastungs- und Geschäftsrisiken tragen ► Erhöhte Fixkosten u. U. möglich ► Risiko von Leerkosten ► Gefährdete Wettbewerbsfähigkeit

Die Unternehmensleitung sollte frühestmöglich über organisatorische Verbesserungen nachdenken bzw. die notwendigen Maßnahmen einleiten, wenn sich Probleme zeigen.

2.2 Lean-Konzepte

Die Lean Organisation ist eine **schlanke Organisation**, die der Verbesserung der Produktivität und Wirtschaftlichkeit des Unternehmens dienen soll. Sie wird weithin auch als **Lean Management** bezeichnet und vielfach mit der **Lean Production** gleichgesetzt (*Jung, Macharzina/Wolf, Pfeiffer/Weiß, Wittlage*).

Anfang der 1970er-Jahre wurde die Lean Organisation vom japanischen Automobilkonzern *Toyota* entwickelt und Ende der 70er-Jahre in der deutschen Automobilindustrie (*BMW, Opel, Porsche*) sowie der Elektroindustrie (*Siemens*) eingeführt, was danach auch in anderen industriellen Bereichen geschah.

Die **Ursachen** dieser Entwicklung können vor allem im zunehmenden Wettbewerb und im steigenden Kostendruck gesehen werden. Durch die Konzentration auf wesentliche Kernkompetenzen soll durch die Lean Organisation eine signifikant bessere Qualitäts- und Kostenposition erreicht werden, z. B. unter Berücksichtigung von Marktnähe, Produktivitätserhöhung, Wertschöpfung, Kundennähe, Qualitätsverbesserung. Zu unterscheiden sind:

- **Lean-Aufbaukonzept**
- **TQM-Konzept**
- **Just-in-time-Konzept**.

2.2.1 Lean-Aufbaukonzept

Im Verlaufe der 50er- bis 70er-Jahre wurden mit **steigenden Umsätzen** der Aufbauorganisation großer Unternehmen immer mehr Organisationseinheiten angefügt, sodass die Organisationspläne sowohl horizontal als auch vertikal umfangreicher und die Prozesse komplizierter und unüberschaubarer wurden.

In Zeiten **rückläufiger Unternehmenserfolge** entwickelte sich ein Rationalisierungsdruck, weshalb sich die Unternehmensleitungen zur Einführung neuer organisatorischer Aufbaukonzepte gezwungen sahen, die weniger Kosten verursachten. Das führte u. a. dazu, dass die Hierarchien flacher gestaltet wurden.

Bei vielen Unternehmen wurde in den vergangenen Jahren das Bestreben um eine schlanke Aufbauorganisation zur Verbesserung der Produktivität und Wirtschaftlichkeit deutlich, wodurch die Unternehmensentwicklungen positiv beeinflusst wurden.

2.2.2 TQM-Konzept

Das Total-Quality-Management-Konzept strebt eine absolute **Fehlerfreiheit** der Produkte auf der Basis einer verstärkten Mitarbeiterschulung und Mitarbeitermotivation an. Als ganzheitlicher Qualitätsansatz kennzeichnet es eine Denk- und Handlungsweise, bei welcher der Kundennutzen vorrangig ist (*Seghezzi, Töpfer/Mehdorn, Vahs*).

Die **Ziele** sind über eine kompromisslose Qualitätsstrategie (*Ebel*) und konsequente Prozessorientierung zu erreichen. Die Verantwortlichen legen beim Total-Quality-Management besonderen Wert auf Selbstkontrolle anstelle von Fremdkontrolle, verstärkte Gruppenarbeit in der Fertigung und die Anwendung eines kooperativen Führungsstils.

Mit dem Total-Quality-Management werden flexible Organisationsstrukturen erforderlich, die es ermöglichen, auf Kundenwünsche und Marktentwicklungen schnell und zuverlässig zu reagieren. Das Qualitätsbewusstsein soll alle Bereiche und Aktivitäten eines Unternehmens erfassen und führen zum:

- **Kontinuierlichen Verbesserungsprozess (KVP)**, der die Markt- und Wettbewerbsfähigkeit positiv beeinflusst.
- **Kaizen-Prinzip**, das in allen Unternehmensbereichen permanente Veränderungen durch systematische Lernprozesse anstrebt. Dabei steht „Kai" für Wandel und „zen" für das Gute.

Für das TQM-Konzept gilt als Kernaussage, dass jeder Mitarbeiter des Unternehmens für die Qualität seiner Arbeit selbst verantwortlich ist.

2.2.3 Just-in-time-Konzept

Das Just-in-time-Konzept ist auf produktionssynchrone und kostengünstige Materialbeschaffung bzw. einen schnellen Fertigungsfluss ausgerichtet. Dabei wird die Planung des kurzfristigen Materialbedarfs den Kapazitäten der aktuellen Fertigungssituation angepasst (*Oeldorf/Olfert, Wildemann*).

In der produktionssynchronen Beschaffung wird ein Zwischenprodukt nicht auf Lager vorgefertigt, sondern erst dann eingesteuert, wenn es tatsächlich benötigt wird. Die Prozesse der Fertigung werden von einem Bring-System auf ein **Hol-System** umgestellt (*Ebel*).

Die Fertigung erfolgt in allen Stufen **auf Abruf**. Der Prozess endet mit der raschen Ablieferung der fertigen Produkte beim Kunden. Als Maßeinheit für die Periodenlänge in den einzelnen Fertigungsstufen gilt z. B. ein Tag. Es wird „heute produziert, was morgen benötigt wird".

Ziele des Just-in-time-Konzeptes liegen z. B. in der Reduzierung der Lagerbestände, Verkürzung der Durchlaufzeiten, Fehlerreduzierung in der Fertigung, schnellen Kundenbelieferung.

Im Rahmen des Just-in-time-Konzeptes ist der **Kanban** ein bedeutendes Steuerungsinstrument. Er ist eine Karte, eine Tafel oder ein markierter Bereich, der jeweils ein optisches Signal dafür setzt, dass die in der Fertigung vorgelagerte Organisationseinheit diese Teile wieder nachproduziert. Die nachfolgende Fertigungseinheit holt sich die benötigten Teile aus der vorgelagerten Fertigungseinheit und hinterlässt oder markiert einen solchen Kanban.

Das Kanban-Prinzip stellt eine am Mindestbestand orientierte Fertigungsdisposition dar, indem eine Fertigungsstufe immer dann neue Aufträge auslöst, wenn der zugeordnete Lagerbestand einen Mindestbestand unterschreitet. Es werden vorher bestimmte Fertigungsmengen produziert, die sich an der Kapazität von Transportbehältern orientieren können, die als **Kanban-Behälter** bezeichnet werden.

Durch den Einsatz von Kanban lassen sich die Bestände senken und die Fertigungsabläufe beschleunigen. Eine höhere **Produktivität** wird dadurch erzielt, dass Lagerbestände bis auf einen minimal notwendigen Lagerbestand reduziert werden.

Zusammenfassend können die Lean-Konzepte wie folgt beurteilt werden:

Vorteile	Nachteile
► Bessere Produktqualität	► Vorwand für Kostensenkungsprogramme
► Mehr Gruppenarbeit	► Beträchtliche Investitionen
► Kaum Lagerbestände	► Motivation der Mitarbeiter kann leiden
► Kürzere Lieferzyklen	► Überhöhter Leistungs- und Zeitdruck
► Niedrigere Fertigungskosten	► Lieferschwierigkeiten bei fehlenden Lagerbeständen
► Wettbewerbsvorteile	► Selbstkontrolle funktioniert nicht
► Flachere Hierarchien	

2.3 Team-Konzepte

Die Teamorganisation ist dadurch gekennzeichnet, dass Entscheidungsbefugnisse einem Team als einer Gruppe von Personen übertragen werden, die einen bestimmten Aufgabenbereich gemeinsam und weitgehend autonom bearbeitet (*Birker/Birker, Kress/v. Studnitz, Macharzina/Wolf, Rahn, Staehle*).

Die Organisationsentwicklung vollzieht sich in der Weise, dass sich im Unternehmen Gruppen zu Teams entwickeln, die Innovationen bzw. Erfolg anstreben und durch einen hohen Zusammenhalt geprägt sind. Die **Ursachen** dieser Entwicklung können in einem veränderten Führungsstil liegen, der kooperativ ist bzw. über Delegationsmaßnahmen den Gruppenmitgliedern mehr Eigenverantwortlichkeit gibt.

Die **Teamfähigkeit** seiner Mitglieder ist eine wichtige Voraussetzung für das Gelingen der Aufgabenerfüllung eines Teams. Sie bedarf der aktiven Mitarbeit aller Teammitglieder, welche die gemeinsame Aufgabenstellung über die eigenen Interessen stellen.

Die Teamorganisation wird meistens bei der Bearbeitung von komplexen Projekten eingesetzt. Als **moderne Formen** der Teamorganisation sollen dargestellt werden:

- **Teamarbeit**
- **teilautonome Arbeitsteams**
- **Qualitätszirkel**.

2.3.1 Teamarbeit

Die Teamarbeit ist ein Konzept, mit dem im Unternehmen ein höheres Leistungsniveau bzw. eine Steigerung der Arbeitsproduktivität angestrebt wird. Das Zusammenwirken der Teammitglieder soll die Summe der isolierten Einzelleistungen ihrer Mitglieder bei Wahrung von erhöhter Solidarität übertreffen.

Ihre Akzeptanz ist in den Unternehmen beträchtlich. So stieg die Zahl der Teamarbeiter in deutschen Unternehmen erheblich an. Es gibt aber auch **skeptische Stimmen**, die sowohl die produktiven als auch die humanitären Potenziale dieser Teamarbeit infrage stellen (*Pekruhl/Nordhause-Janz*).

Eine genaue **Beurteilung** der Teamarbeit ist im Einzelfall von einer detaillierten Betrachtung abhängig, die sich darauf bezieht, wie und unter welchen Bedingungen die Teamarbeit im Unternehmen erfolgt.

Vorteile	Nachteile
► Soziale Interaktionen gefordert ► Erhöhte Kommunikation ► Betriebsklima verbessert sich ► Teilnehmer helfen sich gegenseitig ► Identifizierung mit der Aufgabe ► Weniger Monotonie ► Erwerb zusätzlicher Kompetenzen	► Erhöhter Gruppendruck ► Einzelne stören das Team ► Erhöhte Personalkosten durch Training sozialer Lernprozesse ► Psychische Belastungen der Teammitglieder ► u. U. weniger Leistungsbereitschaft

2.3.2 Teilautonome Arbeitsteams

Die Forderungen nach verstärkter innerbetrieblicher Demokratie und mehr Humanisierung am Arbeitsplatz haben zu einer verstärkten Einführung von teilautonomen Arbeitsteams geführt. Ihre **Ziele** bestehen darin, die Fluktuationsquote sowie die Abwesenheitsquote durch eine interessantere Arbeitsgestaltung und mehr Selbstbestimmung am Arbeitsplatz zu senken (*Antoni*), aber auch in höherer Produktivität, Qualitätssteigerungen, größerer Flexibilität.

Dieses Organisationskonzept ist insbesondere im **Fertigungsbereich** von Unternehmen bedeutsam. Dort werden teilautonome Arbeitsteams auch als selbststeuernde Arbeitsgruppen bezeichnet, deren **Merkmale** sind:

- Ein Team besteht aus vier bis zehn Mitarbeitern.
- Es wählt aus seinen Reihen den Teamleiter.
- Die Autonomie des Teams bezieht sich auf die interne Aufgabenverteilung.
- Das Team reguliert, bestimmt und verwaltet sich selbst.
- Die Mitgliedschaft ist zeitlich unbefristet.
- Die Kontrolle der Teamergebnisse erfolgt autonom.

Innerhalb des Teams soll es den Mitarbeitern möglich sein, zwischen verschiedenen Arbeitsplätzen zu wechseln und so unterschiedliche Aufgaben wahrzunehmen. Dabei können sie Erfahrungen in den jeweiligen Arbeitsbereichen sammeln.

Vorteile	Nachteile
► Kompetenzen bei Planung und Steuerung	► Kosten für die Qualifizierung
► Abrufen von Kreativitätspotenzial	► Hoher Einführungsaufwand
► Verbesserung der Kommunikation	► Ausnutzung der Freiheiten
► Wettbewerb zwischen den Teilnehmern	► Aggressionen beim Sozialverhalten
► Erhöhung der Flexibilität	► Konformitätsdruck
► Bereitschaft zur Verantwortungsübernahme	► Druck auf Leistungsschwächere
► Förderung von Eigeninitiative	► Entscheidungen benötigen mehr Zeit

2.3.3 Qualitätszirkel

Der Qualitätszirkel ist ein Team-Konzept, das die Mitglieder eines Teams zu mehr Kreativität und Innovationen anregen soll. Hier treffen sich die Mitarbeiter eines Arbeitsbereichs – besonders in der Fertigung – „vor Ort" selbstständig und freiwillig, um Probleme im Zusammenhang mit der Arbeit zu lösen und Verbesserungsvorschläge zu erarbeiten (*Bea/Göbel, Hentze/Kammel, Jung*).

Die **Moderation** der Sitzungen erfolgt durch einen Leiter des Qualitätszirkels, der häufig vom Team gewählt wird. Er kann aber auch durch den Leiter der Fertigung berufen werden. Qualitätszirkel können folgende **Merkmale** aufweisen:

- Kleine Teams vielfach von sechs bis neun Personen.
- Teilnehmer sind Meister, Vorarbeiter und Arbeiter.
- Die Sitzungen finden während der Arbeitszeit statt.
- Die Dauer liegt bei etwa 90 Minuten.

Vorteile	Nachteile
► Weniger Fehlzeiten/Fluktuation	► Kosten der Einführung
► Verbesserte Zusammenarbeit	► Zeitaufwändige Entscheidungen
► Intensivere Kommunikation	► Verstecken hinter Anderen
► Höhere Flexibilität	► Abschweifende Lösungen
► Problemlösung „vor Ort"	► Frustration bei Teilnehmern
► Bessere und mehr Vorschläge	► Produktivitätsdruck
► Mehr Verantwortungsübernahme	► Angst vor Arbeitsplatzverlust
► Förderung der Selbstständigkeit	► Doppelbelastung
► Entwicklung unternehmerischen Denkens	► Skepsis gegenüber Neuerungen

Auch **Werkstattzirkel** sind zu den Qualitätszirkeln zu zählen. Sie werden jedoch inhaltlich stärker vorstrukturiert und mit vorgegebener Aufgabenstellung durchgeführt.

2.4 Kooperative Konzepte

Kooperative Organisationskonzepte sind dadurch gekennzeichnet, dass ein Unternehmen mit anderen Unternehmen zusammenarbeitet. Dabei wird die **wirtschaftliche Selbstständigkeit** der beteiligten Unternehmen in den von der Kooperation betroffenen Bereichen eingeschränkt. Ihre rechtliche Selbstständigkeit bleibt aber voll erhalten.

Die **Zunahme** von Kooperationen im Rahmen der Organisationsentwicklung hat insbesondere folgende **Ursachen**:

- Ausweitung der Märkte
- Erschließung neuer Märkte
- Notwendigkeit hoher Flexibilität
- Zwang zur Kostenreduzierung
- kürzere Produktlebenszyklen.

Als kooperative Konzepte sind zu unterscheiden:

- **strategische Allianzen**
- **Joint Ventures**.

2.4.1 Strategische Allianzen

Strategische Allianzen sind Verbindungen zwischen Unternehmen, um auf bestimmten Gebieten zusammenzuarbeiten. Sie können sich z. B. in lockeren Kooperationsabsprachen, gegenseitigen Lizenzierungen, gemeinsamen Vertriebsanstrengungen zeigen.

Ziele strategischer Allianzen sind vorrangig die Nutzung externer Synergieeffekte durch die Verknüpfung der Potenziale mehrerer selbstständiger Unternehmen, aber z. B. auch die Verbesserung der Marktposition, Konzentration auf Kernkompetenzen, Ausdehnung der Produktpalette, Verbesserung des Images, Zugang zu Technologien.

Strategische Allianzen beabsichtigen, einen zukunftsträchtigen **Wettbewerbsvorteil** nachhaltig zu verteidigen und zu generieren. Als Kernpunkte erfolgreicher Zusammenarbeit gelten gegenseitiges Vertrauen, stimmige Unternehmenskultur und fairer Umgang der Partnerunternehmen.

Vorteile	Nachteile
► Erzielung externer Synergieeffekte	► Einschränkung des Handlungsspielraums
► Stärkung der Marktpositionen	► Beteiligte Partner als „Trittbrettfahrer“
► Erweiterung der Wettbewerbspositionen	► Mangelhafte Kontrolle der Partner
► Konkurrenzabwehr	► Risiken durch Know-how-Transfer
► Konzentration auf Stärken	► Mehr Koordinationsaufwand
► Größenvorteile	► Erhebliche Kosten für Partnersuche
► Zeitvorteile	► Mehrkosten für Vertragsverhandlungen
► Kostenvorteile	► Höhere Kosten für Kontrolle der Partner

Aufgabe 45 > Seite 244

2.4.2 Joint Ventures

Joint Ventures sind eine weit verbreitete Form der Kooperation von Unternehmen mit ausländischen Partnern – siehe ausführlich *Hopfenbeck, Olfert, Ziegenbein*. Dabei werden neue, rechtlich selbstständige Unternehmen durch eine **Kapitalbeteiligung** von mindestens je einem in- und ausländischen Partner gegründet oder erworben, um gemeinsame Aktivitäten durchzuführen.

Die sich beteiligenden Unternehmen, die auch **Partnerunternehmen** genannt werden, führen das Joint Venture-Unternehmen gemeinsam, sie bleiben in ihrer Beziehung zueinander aber rechtlich unabhängig. **Formen** von Joint Ventures sind:

- **Infrastrukturkooperationen**, bei denen sich internationale Zusammenschlüsse von Unternehmen auf die Bewältigung von Teilaufgaben beziehen
- **Simultaneous-Engineerings**, die internationale Zusammenschlüsse von Lieferanten und Kunden zur gemeinsamen Entwicklung und Konstruktion von Erzeugnissen und Komponenten darstellen
- **Kernprozesskooperationen** als internationale Zusammenschlüsse, die sich auf Prozesse von fundamentaler betrieblicher Bedeutung beziehen.

Kooperative Organisationskonzepte dienen der Erhaltung und dem Ausbau von Wettbewerbspositionen. Mithilfe dieser Konzepte werden die Organisationen der kooperierenden Unternehmen weiter entwickelt.

Vorteile	Nachteile
► Teilung und Reduzierung von Risiken ► Verringerung von Markteintrittsbarrieren ► Zugang zu lokalen Kapitalmärkten ► Mehr Marktkenntnisse und Erfahrungen ► Zugang zu Ressourcen des Partners ► Kombination eigener und fremder Stärken ► Erfolgspotenzial durch ähnliche Kultur ► Erschließung neuer Auslandsmärkte	► Erschwerte Kontrollen und Abstimmungen ► Konfliktpotenzial bei Strategieumsetzung ► Unterschiedliches Verhalten des Personals bei kulturell fremden Partnern ► Abwicklungsprobleme mit Partnern in politisch wenig gefestigten Staaten ► Probleme mit unterschiedlichen Unternehmenskulturen

Aufgabe 46 > Seite 244

D. Personenbezogene Führung

Mithilfe der personenbezogenen Führung werden die Ziele und grundlegenden Strategien bzw. Entscheidungen des Unternehmens auf den einzelnen hierarchischen Ebenen durch Vorgesetzte personenbezogen umgesetzt. Sie wird üblicherweise als **Personalführung** bezeichnet. Zu unterscheiden sind:

Personenbezogene Führung	Führungsbeteiligte
	Führungsmittel
	Führungstechniken
	Führungsstile
	Führungserfolg

1. Führungsbeteiligte

Als Beteiligte an der Personalführung sind zu unterscheiden – siehe ausführlich *Olfert*:

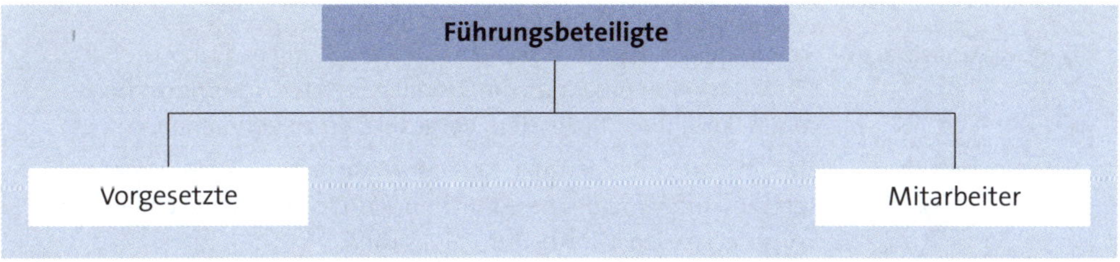

1.1 Vorgesetzte

Die Vorgesetzten sind Führungskräfte, die für die Erreichung der betrieblichen Ziele bzw. Aufgaben sowie die Motivation und den Gruppenerhalt der Mitarbeiter zu sorgen haben. Sie selbst können ebenfalls Mitarbeiter sein, nämlich der ihnen überstellten Vorgesetzten. Es sollen behandelt werden:

- **Merkmale**
- **Typen**.

1.1.1 Merkmale

Führungsbezogen weist ein Vorgesetzter mehrere **Merkmale** auf, die seinen Führungserfolg beeinflussen können. Das sind:

- Die **Kompetenz** des Vorgesetzten, die in seiner vor und während der Berufstätigkeit erworbenen Qualifikation zum Ausdruck kommt. Um hinreichend handlungsfähig zu sein, bedarf es verschiedener Teilkompetenzen, die in ihrer Gesamtheit die **Handlungskompetenz** darstellen. Zu unterscheiden sind – siehe Kapitel A.:

- Fachkompetenz
- Methodenkompetenz
- Sozialkompetenz
- Führungskompetenz
- Selbstkompetenz.

► Die **Autorität** des Vorgesetzten als durch Macht, Wissen und Können erworbenes Ansehen bzw. soziale Einflussbeziehung, die sich als wechselseitiges Beziehungsverhältnis zwischen Personen zeigt. Sie kann sein – siehe Kapitel A.:

- formale Autorität
- personale Autorität
- funktionale Autorität.

► Die **Machtgrundlagen** des Vorgesetzten, aufgrund derer er führt. Sie beruhen erheblich auf seiner Autorität und sind:

Legitimationsmacht	Sie ergibt sich aus der hierarchischen Ordnung des Unternehmens. Die Mitarbeiter erkennen die formal gesetzte Ordnung an und sehen darin ihre Pflicht, dem Vorgesetzten zu gehorchen.
Referenzmacht	Sie führt zu einer Identifikation der Mitarbeiter mit dem Vorgesetzten. Aufgrund der persönlichen Wertschätzung erscheint der Vorgesetzte den Mitarbeitern als Vorbild.
Expertenmacht	Sie bezieht sich auf die fachliche Qualifikation des Vorgesetzten. Die Mitarbeiter erkennen einen Vorgesetzten an, von dem sie annehmen, dass er über Informationsvorteile verfügt.
Belohnungsmacht	Sie beruht darauf, dass der Vorgesetzte den Mitarbeitern Belohnungen – z. B. Gehaltserhöhungen – geben oder versagen kann.
Bestrafungsmacht	Sie ermöglicht es dem Vorgesetzten, Mitarbeiter mit Sanktionen zu versehen, die seine Anordnungen nicht befolgen.

► Die **Eigenschaften** des Vorgesetzten als seine Persönlichkeitsmerkmale. Sie können einen (gewissen) Einfluss auf den Führungserfolg des Vorgesetzten erkennen lassen, insbesondere z. B. als (*Klaus*):

- Intelligenz
- Willensstärke
- Fleiß
- Leistungsmotivation
- Selbstvertrauen
- soziale Aktivität.

Generell ist aber nicht davon auszugehen, dass bestimmte Eigenschaften eines Vorgesetzten in unmittelbarem Bezug zu einem bestimmten Führungserfolg stehen.

- Das **Menschenbild** des Vorgesetzten, das positiv sein sollte, um die Führungsaufgaben vorteilhaft bewältigen zu können. Ein negatives Menschenbild behindert i. d. R. die Erreichung eines Führungserfolges und setzt vielfach eine „Spirale negativer Entwicklungen und Handlungen" in Gang.
- Das **Verhalten** des Vorgesetzten, das seinen Führungserfolg wesentlich beeinflusst. Es kommt im praktizierten Führungsstil zum Ausdruck, der grundsätzlich autoritär bzw. aufgabenorientiert sein kann oder kooperativ bzw. personenorientiert, wenn die Führungssituation dies möglich macht.
- Die **Disposition** als Ausdruck der geistigen und seelischen Verfassung des Vorgesetzten sowie seine **Kondition**, die seine körperliche Verfassung beschreibt. Beide haben Einfluss darauf, inwieweit die erzielbare Leistung des Vorgesetzten zu seiner tatsächlichen Leistung wird.

Gleichgültig, ob Aufgaben „von oben nach unten" übertragen oder kooperativ gemeinsam vereinbart werden, arbeitsrechtlich gesehen handelt es sich bei ihnen um **Weisungen**. Sie müssen – von Notfällen abgesehen – innerhalb der durch den jeweiligen Arbeitsvertrag getroffenen Regelungen liegen. Außerdem haben sie billigem Ermessen zu entsprechen, d. h. sie dürfen nicht willkürlich erfolgen und haben die Interessen des Mitarbeiters angemessen zu berücksichtigen.

Weisungen von Vorgesetzten, die sich auf das **Verhalten** der Mitarbeiter im Unternehmen beziehen, sind teilweise nicht bzw. nur bedingt zulässig. Weisungen im Hinblick auf außerdienstliches Verhalten können – wenn überhaupt – nur leitenden Mitarbeitern erteilt werden.

1.1.2 Typen

Als **Typen** von Vorgesetzten lassen sich unterscheiden (*Olfert, Rahn*):

- **Strenge Führungskräfte**, die eine Neigung zu autoritärem Führungsverhalten haben. Sie erwarten, dass ihnen überall Respekt entgegengebracht wird.
- **Sachliche Führungskräfte**, die vorrangig mit Richtlinien, Rundschreiben, Dienstanweisungen und Vorschriften führen. Formalismus und Bürokratie sind nicht selten.
- **Muntere Führungskräfte**, die es verstehen, ihre Mitarbeiter anzuspornen und mitzureißen. Sie mögen kein übertriebenes Gleichmaß. Oft sind sie schlechte Zuhörer.
- **Kritische Führungskräfte**, die mit einem gewissen Misstrauen alle Vorgänge auf Verbesserungsmöglichkeiten prüfen. Anderen halten sie gern einen Spiegel vor, sind aber vielfach selbst kritikanfällig.
- **Ehrgeizige Führungskräfte**, welche die Anforderungen des Leistungssystems mehr als die des menschlichen Bereiches betonen. Fehler werden bestraft, Stress wird durch Dominanz und Machteinsatz bekämpft.

- **Humane Führungskräfte**, die Verständnis für ihre Mitarbeiter haben. Sie neigen zu kooperativem Führungsverhalten und verstehen es zu ermutigen. Auseinandersetzungen gehen sie jedoch aus dem Weg.
- **Hektische Führungskräfte**, die ständig unter Termindruck und Anspannungen stehen. Sie haben wenig Zeit für die Probleme ihrer Mitarbeiter, setzen sich aber voll für das Unternehmen ein.
- **Souveräne Führungskräfte**, die keine Probleme mit der Autorität haben. Sie besitzen die Fähigkeit zur präzisen Analyse, erkennen schnell das Machbare und haben viel Überzeugungskraft. Das geistige Potenzial der Mitarbeiter wird durch kooperatives Verhalten genutzt.

1.2 Mitarbeiter

Mitarbeiter sind Arbeitnehmer eines Unternehmens. Während in Zusammenhang mit arbeitsrechtlichen Betrachtungen vorrangig von Arbeitnehmern gesprochen wird, ist es weithin üblich, sie im Rahmen der Personalführung als Mitarbeiter zu bezeichnen, insbesondere auch, um den kooperativen Gedanken deutlich zu machen.

Es können Mitarbeiter als einzelne Personen oder als Personenmehrheiten in Form von Gruppen unterschieden werden:

- **Einzelne Mitarbeiter** haben individuelle Motive, Wünsche, Erwartungen und Ziele. Entsprechend gibt es diesen Mitarbeitern gegenüber kein einheitliches Führungsverhalten der Vorgesetzten. Sie müssen in der Führung vielmehr individuell auf jeden einzelnen Mitarbeiter eingehen.
- **Gruppenmitglieder** weisen gemeinsame Motive, Wünsche, Erwartungen und Ziele auf, die von ihren individuellen Motiven, Wünschen, Erwartungen und Zielen abweichen können. Unter einer **Gruppe** ist eine Reihe von Personen zu verstehen, die in einer bestimmten Zeitspanne häufig miteinander Umgang hat. Die Zahl der Gruppenmitglieder ist so gering, dass jede Person mit einer anderen Person in Verbindung treten kann (*Homans*). Es gibt:
  - **Formelle Gruppen**, die im Sinne der betrieblichen Zielerreichung geplant und bestimmt werden. Die betriebliche Aufgabenstellung steht im Vordergrund und die Rangordnung in der Gruppe wird von außen vorgegeben.
  - **Informelle Gruppen**, die sich aus menschlichen Gesichtspunkten heraus aufgrund von Sympathiebeziehungen bilden. Daraus ergibt sich die Rangordnung in der Gruppe. Die individuelle Befriedigung sozialer Bedürfnisse steht im Vordergrund.

Wie bei den Vorgesetzten lassen sich bezüglich der Mitarbeiter behandeln:

- **Merkmale**
- **Typen**.

1.2.1 Merkmale

Mitarbeiter werden von Führungskräften geführt. Sie weisen – wie die Vorgesetzten – mehrere **Merkmale** auf, welche die Persönlichkeiten der einzelnen Mitarbeiter näher charakterisieren. Dazu zählen (*Olfert, Rahn*):

- Die **Kompetenz** der Mitarbeiter, die in ihren vor und während der Berufstätigkeit erworbenen Qualifikationen zum Ausdruck kommt. Sie umfasst – siehe Kapitel A.:
  - Fachkompetenz
  - Methodenkompetenz
  - Sozialkompetenz
  - Selbstkompetenz.

  Wenn Mitarbeiter ihrerseits auch Vorgesetzte ihnen unterstellter Mitarbeiter sind, kommt noch die Führungskompetenz hinzu.
- Das **Temperament** der Mitarbeiter, das sehr unterschiedlich sein kann. So lassen sich **Menschentypen** charakterisieren als:
  - sachlich-selbstsicher
  - pflichtbewusst
  - unbekümmert
  - gutmütig
  - geltungsbedürftig
  - unzufrieden
  - pedantisch
  - schüchtern.

  Der Vorgesetzte kommt nicht umhin, die verschiedenen Temperamente bei der Personalführung zu berücksichtigen und jeweils geeignete Verhaltensmuster für sich zu entwickeln.
- Die **Eigenschaften** der Mitarbeiter, die recht unterschiedlich sein können. Sie erfordern eine entsprechend individuelle Führung, was voraussetzt, dass der Vorgesetzte sich ein zutreffendes Bild über jeden Mitarbeiter macht.
- Die **Einstellung** der Mitarbeiter zum Vorgesetzten. Sie kann mehr oder weniger positiv oder negativ sein und sich – daraus folgend – auch auf das Verhalten der Mitarbeiter dem Vorgesetzten gegenüber auswirken.
- Die **Disposition** und **Kondition** der Mitarbeiter, welche die Erfüllung der Arbeitsaufgaben beeinflussen, d.h. erbringbare Leistungen zu tatsächlich auch erbrachten Leistungen werden lassen.
- Die **Motive** der Mitarbeiter, die führungsbezogen von besonderer Bedeutung sind. Da sie bei den einzelnen Mitarbeitern bzw. Gruppenmitgliedern beträchtliche Unterschiede aufweisen können, sollten sie von Vorgesetzten erkannt und analysiert werden mit dem Ziel, sie im Umgang mit den Mitarbeitern zu berücksichtigen.

Geschieht dies, lassen sich Zufriedenheit und Motivation der Mitarbeiter herbeiführen, sichern oder steigern. **Arten** der Motive können sein:

Extrinsische Motive	Sie beziehen sich **nicht** auf die **Arbeitsaufgabe**, sondern auf Folgen von ihr sowie Umwelteinflüsse, z. B. der Wunsch nach Geld, Sicherheit, Geltung.
Intrinsische Motive	Sie sind auf die **Arbeit selbst** gerichtet und können z. B. eine abwechslungsreiche Arbeit und angemessener Handlungsspielraum sein.

Den intrinsischen Motiven wird eine größere Bedeutung unterstellt, was ihren Einfluss auf die Arbeitsleistung und das Arbeitsverhalten betrifft. Ihre Befriedigung hat deutlich anhaltendere Wirkung als die extrinsischen Motive, bei denen die Befriedigung relativ rasch wieder aktualisiert werden muss, z. B. in Form von (neuerlichen) Lohnerhöhungen.

Es gibt eine Vielzahl von **Motivationstheorien**, die herauszufinden versuchen, warum sich Mitarbeiter in betrieblichen Situationen in bestimmter Weise verhalten – siehe *Olfert, Rahn*.

1.2.2 Typen

Führungsbezogen gibt es verschiedene Typen von Mitarbeitern (*Olfert, Rahn*):

- Nach der **Struktur** der Belegschaft können sie sein:
  - jugendliche Mitarbeiter
  - ältere Mitarbeiter
  - weibliche Mitarbeiter
  - männliche Mitarbeiter
  - behinderte Mitarbeiter
  - ausländische Mitarbeiter.
- Außerdem lassen sich nach ihrem **Verhalten** unterscheiden:
  - schüchterne Mitarbeiter
  - problembeladene Mitarbeiter
  - ausgleichende Mitarbeiter
  - neue Mitarbeiter
  - Außenseiter
  - schwache Mitarbeiter
  - Drückeberger
  - leistungsstarke Mitarbeiter
  - Gruppenstars

- intrigante Mitarbeiter
- ehrgeizige Mitarbeiter
- freche Mitarbeiter.

Auf all diese Typen von Mitarbeitern müssen die Vorgesetzten ihre Maßnahmen der Personalführung individuell einstellen, um den angestrebten Führungserfolg zu erlangen.

2. Führungsmittel

Führungsmittel sind **Führungsinstrumente**, die von einer Führungskraft unmittelbar eingesetzt werden können, um den gewünschten Führungserfolg zu bewirken. Sie stellen Anreize dar, welche die Motivation der Mitarbeiter herbeiführen, sichern oder steigern sollen. Es gibt:

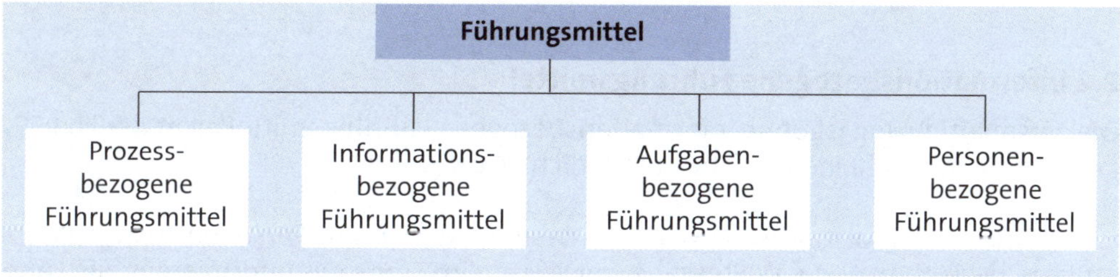

2.1 Prozessbezogene Führungsmittel

Dabei handelt es sich um Führungsinstrumente, die im Rahmen des Führungsprozesses eingesetzt werden, der sachbezogen bereits dargestellt wurde – siehe Kapitel A. Die prozessbezogenen Führungsmittel haben aber nicht nur den beschriebenen **sachbezogenen Aspekt**, indem Ziele und Pläne z. B. aufgrund von Marktforschungs-Erhebungen oder anderer Erkenntnissen festgelegt werden.

Hinzu kommt der **personenbezogene Aspekt**. Ziele und Pläne – aber auch die Art der Kontrolle – weisen Auswirkungen auf die Motivation der Mitarbeiter auf, die nicht außer Acht gelassen werden sollte. Deshalb gilt – siehe ausführlich *Olfert*:

- **Ziele** sind **eindeutig** nach Inhalt, Ausmaß und Zeit zu formulieren, damit die Mitarbeiter eine klare Orientierung dahingehend haben, welche Aktivitäten von ihnen erwartet werden. Des Weiteren sollten Ziele zur Leistung motivieren, indem sie von den Mitarbeitern als vernünftig und erreichbar angesehen werden können. Schließlich empfiehlt es sich, die Mitarbeiter an der **Zielformulierung** zu beteiligen.
- Für die **Pläne** gilt ebenfalls die Empfehlung, die Mitarbeiter an deren Erstellung zu beteiligen. Sie lassen sich in gleicher Weise festlegen, wie dies bei den Zielen beschrieben wurde. Die Erreichbarkeit der Planwerte ist sicherzustellen, um die Moti-

vation der Mitarbeiter zu unterstützen. Darüber hinaus sollte von den Mitarbeitern ohne weiteres festgestellt werden können, wo sie im Hinblick auf die Planerfüllung jeweils aktuell stehen, damit sie die Art und Intensität ihrer Anstrengungen selbst steuern bzw. anpassen können.

- Die **Kontrolle** darf kein Suchen nach Fehlern sein, sondern ein **Suchen nach positiven Leistungen**. Sie kann die Mitarbeiter motivieren und zu Leistungen anreizen, vermag aber auch Frustration bzw. Demotivation bewirken und die Mitarbeiter zu Bedenken oder gegen Ablehnung der Kontrolle veranlassen, z. B. wegen unvernünftiger Zielsetzung, mangelndem Vertrauen in die Objektivität, Furcht vor Konsequenzen oder Ablehnung der Kontrollperson.

  Leistungsschwache Mitarbeiter sollten häufiger kontrolliert werden als leistungsstarke Mitarbeiter. Um Fehler frühzeitig zu erkennen, bieten sich für sie Zwischenkontrollen an, deren Ergebnisse zu besprechen sind.

Aufgabe 47 > Seite 245

2.2 Informationsbezogene Führungsmittel

Die Personalführung ist ohne informationsbezogene Führungsmittel nicht denkbar. Es lassen sich unterscheiden – siehe ausführlich *Olfert*:

- Die **Information** als zweckbezogenes Wissen, das sich auf Personen bzw. Arbeitsplätze bezieht, bzw. die Weitergabe von Wissen im Sinne des Informierens. Sie kann auf vielen Wegen fließen, z. B. über das „Schwarze Brett", das Intranet, die Werkzeitschrift, Handbücher, Schreiben, Berichte, Aktennotizen. **Personalinformationen** können sein:

Informationen *über* Personal	Sie beziehen sich z. B. auf Kenntnisse und Fähigkeiten der Mitarbeiter. Die Informationen können verfügbaren Unterlagen entnommen oder speziell erhoben werden.
Informationen *an* Personal	Als formelle Informationen sind sie vom Vorgesetzten klar, rechtzeitig, eindeutig und vollständig zu geben. Die Informationen können aber auch informeller Art sein, z. B. von einem Vereinskameraden aus einer anderen Abteilung.
Informationen *von* Personal	Sie gelangen von Mitarbeitern zum Vorgesetzten und können ebenfalls formellen oder informellen Charakter haben.

- Die **Kommunikation** als wechselseitiger Austausch von Informationen zwischen Menschen und/oder Maschinen. Sie zählt als soziale Kommunikation, die zwischen Personen erfolgt, zu den wichtigsten Führungsmitteln überhaupt. Als solche kann sie eine **verbale Kommunikation** sein, die wechselseitige Informationen mithilfe von Worten vor allem auf der Inhaltsebene vermittelt.

Sie ist aber auch als **nicht-verbale Kommunikation** möglich, die auf der Beziehungsebene erfolgt, indem sie menschliche Beziehungen ohne Sprache steuert, insbesondere z. B. mithilfe von Gesten, Mienen, Sprechpausen, Schweigen, Kleidung.
Bei der verbalen Kommunikation sind von besonderer Bedeutung:

Gespräch	Es ist auf **zwei Personen** beschränkt, die Gedanken und Informationen austauschen. Mitarbeiterbezogene Gespräche sind z. B.: ► Mitarbeitergespräch ► Konfliktgespräch ► Beurteilungsgespräch ► Dienstgespräch ► Kritikgespräch ► Beratungsgespräch ► Vorgesetztengespräch ► Beförderungsgespräch.
Besprechung	An ihr nehmen **mehr als zwei Personen** teil, meist jedoch nicht mehr als 15 Personen. Sie kann z. B. erfolgen als: ► Mitarbeiterbesprechung ► Dienstbesprechung ► Expertenbesprechung.
Konferenz	Bei ihr treffen Personen zusammen, die selbst mehr oder weniger aktiv zu einer Zielerreichung beitragen. Sie wird vom Vorgesetzten als Vorsitzenden geleitet und kann von einem Protokollanten in ihrem Verlauf oder Ergebnis festgehalten werden. **Arten** der Konferenz sind z. B.: ► Problemlösungskonferenz ► Verhandlungskonferenz ► Motivationskonferenz ► Informationskonferenz.

2.3 Aufgabenbezogene Führungsmittel

Zu den Führungsmitteln, die unmittelbar mit der **Aufgabenstellung** in Zusammenhang stehen, zählen – siehe ausführlich *Olfert*:

- Die **Arbeitsbedingungen**, die mehr oder weniger mitarbeiterfreundlich gestaltet werden können. Dabei geht es insbesondere um:

Arbeitsinhalt	Er ist für jeden einzelnen Mitarbeiter zu strukturieren. Dies geschieht auf der Grundlage der **Arbeitsteilung**, die in der Vergangenheit zu einer starken Spezialisierung der Mitarbeiter führte, welche vielfach wenig motivierende, einseitig belastende und dadurch ermüdende Tätigkeiten ausübten. Die Nachteile einer solchen Arbeitsteilung haben zu Konzepten der **Humanisierung** geführt, z. B.: ► **Job Enlargement**, bei dem eine Erweiterung der Arbeitsaufgabe eines Mitarbeiters erfolgt, indem zusätzliche qualitativ gleich- oder ähnlichwertige Arbeitselemente den bestehenden Aufgaben hinzugefügt werden. ► **Job Enrichment**, womit eine Bereicherung der Arbeitsaufgabe des Mitarbeiters vorgenommen wird, indem qualitativ höherwertige Arbeitselemente zu den bestehenden Aufgaben hinzukommen. Insbesondere kann der Entscheidungsspielraum und/oder der Kontrollspielraum erhöht werden. ► **Job Rotation** als meist planmäßiger Arbeitsplatzwechsel, wobei dem Mitarbeiter neue andersartige, meist qualitativ gleich- oder ähnlichwertige Aufgaben übertragen werden. Damit sollen seine einseitige Belastung vermindert und seine Flexibilität erhöht werden. Weiterhin gibt es **teilautonome Gruppen** bzw. **Arbeitsteams**, bei denen die Mitarbeiter in einem abgegrenzten Rahmen selbst entscheiden können – siehe Kapitel C.
Arbeitsort	Er kann innerhalb des Unternehmens oder außerhalb liegen, z. B. bei Telearbeit. Auch ein Einsatz von Mitarbeitern im Ausland kann den Interessen von Mitarbeitern entgegenkommen.
Arbeitszeit	Sie ist traditionell bzw. relativ starr oder flexibel gestaltbar. Werden den Mitarbeitern angemessene Gestaltungsmöglichkeiten eingeräumt, hat dies motivierende Wirkung. Dementsprechend **flexible Formen** der Arbeitszeit sind z. B.: ► Die **Teilzeitarbeit**, die ermöglicht, weniger zu arbeiten als die betriebsübliche Arbeitszeit und damit persönliche Ziele oder Erfordernisse realisieren zu können. ► Die **gleitende Arbeitszeit**, die aus einer Kernzeit als fester Arbeitszeit sowie einer Ein- und Ausgleitzeit besteht, die flexibel gewählt werden können, z. B. 7 - 9 Uhr Eingleitzeit, 9 - 15 Uhr Kernzeit, 15 - 18 Uhr Ausgleitzeit. ► Die **Jahresarbeitszeit**, die für ein ganzes Jahr festgelegt wird. Die Arbeitszeit im Verlaufe des Jahres kann entsprechend schwanken, z. B. innerhalb/außerhalb der Saison. ► Die **Vertrauensarbeitszeit**, die auf eine Zeiterfassung und deren Auswertung verzichtet sowie den Mitarbeitern Gestaltungsmöglichkeiten in Bezug auf ihre Arbeitszeit einräumt.

- Die **Kooperation**, mit der in der Personalführung die Zusammenarbeit von zwei oder mehreren Personen bezeichnet wird, die gemeinschaftlich Aufgaben erfüllen. Sie dient dem möglichst störungsfreien Zusammenwirken von Vorgesetzten und Mitarbeitern sowie zwischen Mitarbeitern. Im Vordergrund steht das wechselseitige **Helfen** und **Unterstützen**.
- Die **Delegation** als die Übertragung von klar umrissenen Aufgaben, zugehörigen Kompetenzen und der damit verbundenen Verantwortung auf hierarchisch nachgeordnete Organisationseinheiten, d. h. im Rahmen der Personalführung von Vorgesetzten auf Mitarbeiter. Sie wurde bereits im Rahmen der strukturbezogenen Führung näher dargestellt – siehe Kapitel C.
- Die **Partizipation** als die Teilhabe der Mitarbeiter an Entscheidungen des Vorgesetzten. Sie ist ein wichtiges Führungsmittel, denn sie führt sowohl zu verbesserter Motivation der Mitarbeiter als auch zu sachgerechteren Entscheidungen. Die Partizipation kann erfolgen als:

„Alltägliche" Partizipation	Sie bezieht sich auf das freiwillige Beteiligen der Mitarbeiter am Führungsprozess im Rahmen kooperativer Führung dar.
Betriebliches Vorschlagswesen	Es vermittelt den Mitarbeitern einen Anreiz von Anerkennung und Prämien. Das Vorschlagswesen befasst sich mit der Bewertung und Belohnung von Verbesserungsvorschlägen der Mitarbeiter und verfolgt die **Ziele**, die Leistungen des Unternehmens ständig zu verbessern sowie die Mitarbeiter zum Mitdenken und verantwortlichen Handeln zu bringen.
Qualitätszirkel	Er besteht aus einer kleinen Gruppe von Mitarbeitern, vielfach von sechs bis neun Personen, die sich regelmäßig trifft und versucht, in ihrem Arbeitsbereich auftretende Probleme zu lösen – siehe Kapitel C.

Aufgabe 48 > Seite 245

2.4 Personenbezogene Führungsmittel

Die personenbezogenen Führungsmittel sind direkt auf die Mitarbeiter gerichtet als – siehe ausführlich *Olfert*:

- Die **Personalbeurteilung**, die alle Maßnahmen zur systematischen Einschätzung der im Unternehmen tätigen Personen umfasst. Sie ist u. a. möglich als:

Mitarbeiter-beurteilung	Aufgrund einer auf die Vergangenheit ausgerichteten **Leistungsbeurteilung** kann den Mitarbeitern gezeigt werden, wo sie leistungsmäßig stehen. Sie geschieht in den meisten Fällen durch den direkten Vorgesetzten, denn nur er hat die Möglichkeit, das Arbeitsverhalten und die Leistungsergebnisse seiner Mitarbeiter umfassend einzuschätzen. Es gibt aber auch (eher seltener): ► Die **Selbstbeurteilung**, bei welcher der einzelne Mitarbeiter sich selbst beurteilt. Sie ist zwar einfach durchführbar und erfordert keinen großen Arbeitsaufwand. In der Praxis wird sie aber eher skeptisch gesehen. ► Die **Kollegenbeurteilung**, bei welcher der Mitarbeiter von hierarchisch gleich gestellten Kollegen beurteilt wird, die ein ähnliches Aufgabengebiet haben. Sie wird auch **Gleichgestelltenbeurteilung** genannt. Vorteilhaft ist, dass die Kollegen den Mitarbeiter unmittelbar beobachten und damit einschätzen können. ► Die **360°-Beurteilung**, bei der neben der Selbstbeurteilung des Mitarbeiters auch eine Beurteilung durch Kollegen unterstellte Mitarbeiter, Vorgesetzte und interne bzw. externe Kunden erfolgt. Mit dieser in den USA häufig, in Deutschland jedoch nur sehr begrenzt praktizierten Methode soll die Beurteilung ehrlicher, objektiver und verlässlicher sein als das Urteil eines einzelnen Beurteilenden, was jedoch nicht als sicher gelten muss. Erfolgt die Leistungsbeurteilung regelmäßig, stellt sie einen Ansporn für ein bewertetes Leistungsverhalten dar. Im Übrigen dient sie dem sachgerechten Personaleinsatz, als Entwicklungsbasis für die Mitarbeiter sowie einer möglichst leistungsgerechten Entlohnung. Im Gegensatz zur Leistungsbeurteilung ist die **Potenzialbeurteilung** zukunftsbezogen und wird weder regelmäßig noch für alle Mitarbeiter durchgeführt. Bei ihr stehen die Eignung von Mitarbeitern für bestimmte Aufgaben und die Möglichkeiten zur weiteren beruflichen Entwicklung im Mittelpunkt. Insofern dient sie vor allem der individuellen Entwicklungsplanung für Mitarbeiter. Sie erfolgt häufig unter Verwendung von **Testverfahren**.
Vorgesetzten-beurteilung	Bei ihr beurteilen die Mitarbeiter ihre Vorgesetzten. Sie wird in der Praxis nur begrenzt eingesetzt und soll darin unterstützen, Führungsschwächen aufzudecken und zu beseitigen.

- Die **Personalentlohnung**, mit der nicht nur die Arbeitsleistung vergütet werden soll. Sie hat vielmehr auch die Aufgabe, den Mitarbeitern als Anreiz zu dienen. Wie hoch ihr motivierender Charakter ist, lässt sich nicht genau sagen. Auch wenn es als sicher gelten darf, dass dem Entgelt als Anreiz keine exklusive Bedeutung zukommt, so ist sein Stellenwert innerhalb des gesamten Potenzials an Führungsmitteln dennoch hoch anzusetzen (*Richter*).

  Für die Mitarbeiter ist die **Lohnhöhe** von Bedeutung, sowohl die absolute Lohnhöhe, welche das Lohnniveau im Vergleich zu anderen Unternehmen darstellt, als auch die relative Lohnhöhe, die sich aus der Differenzierung der Löhne im eigenen Unternehmen ergibt.

  Es stellt für sie einen Anreiz dar, wenn sie für mehr und/oder bessere Leistung ein höheres Entgelt erhalten. So können sie ihre Lohnhöhe – im Gegensatz zum Zeitlohn – beeinflussen beim:

Akkordlohn	Bei ihm wird die geleistete Arbeitsmenge entgolten. Er hat also unmittelbaren Leistungsbezug, indem z. B. für fünf gefertigte Stück 25 €, für sieben Stück hingegen 35 € vergütet werden.
Prämienlohn	Er weist einen zeitbezogenen und damit nicht leistungsabhängigen Grundlohn auf, der jedoch durch eine leistungsbezogene Prämie ergänzt wird, die sich (vielfach) auf die gefertigte Menge bezieht, aber z. B. auch auf die Qualität.

  Im Übrigen können weitere **Prämien** sowie **Zuschläge** und **Gratifikationen** als Belohnung für geleistete Dienste bzw. Ansporn für erwartete Leistungen gezahlt werden. Schließlich hat eine **Beteiligung** der Mitarbeiter **am Erfolg** des Unternehmens motivierenden Charakter.

- Die **Personalentwicklung**, die als Gesamtheit aller Maßnahmen zur Erhaltung und Verbesserung der Qualifikation der Mitarbeiter ein bedeutsames Führungsmittel darstellt. Sie umfasst:

Personalbildung	► Ausbildung ► Umschulung	► Fortbildung
Personalförderung	► Fördergespräch ► Coaching ► Mentoring	► Job enlargement ► Job enrichment ► Laufbahnförderung

  Für alle Mitarbeiter, die sich weiterentwickeln wollen, stellt die Personalentwicklung einen bedeutsamen Anreiz dar.

- Die **Kritik** als sachbezogene Auseinandersetzung des Vorgesetzten mit den Leistungen seiner Mitarbeiter. Sie kann sein:

Positive Kritik	Mit ihr werden **gute Leistungen** gewürdigt, und es erfolgt eine Ermunterung zu weiteren Anstrengungen. Möglich sind: ► **Lob** bei besonders gut erbrachten Leistungen ► **Anerkennung** als schwächere Form positiver Kritik.
Negative Kritik	Sie erfolgt bei **mangelhaften Leistungen** und soll verstärkte Anstrengungen bewirken als: ► **Kritik** i. e. S., die meist leistungsbezogen ist ► **Tadel**, der eher personenbezogen erfolgt.

- Der **Status** von Mitarbeitern, der sich zwar bereits aus ihrer organisatorischen Positionierung ergibt, den Betroffenen so aber vielfach nicht ausreicht. Zur darüber hinausgehenden Vermittlung eines Status stehen **Statussymbole** zur Verfügung, z. B. Firmentitel, speziell dimensionierte oder ausgestattete Büros, exklusive Nutzungsmöglichkeiten betrieblicher Einrichtungen.

3. Führungstechniken

Während die Führungsmittel zeigen, *womit* geführt wird, geben die Führungstechniken Aufschluss darüber, *wie* geführt wird, d. h. auf welche Weise die Führungsmittel angewendet bzw. eingesetzt werden. Sie beschreiben grundsätzliche Verhaltens- und Verfahrensweisen, die zur Bewältigung der Führungsaufgaben anzuwenden sind, und somit das **Führungssystem** eines Unternehmens, das für jeden im Unternehmen tätigen Mitarbeiter verbindlich ist.

In den vergangenen Jahren wurde eine Vielzahl von Führungstechniken als **Management-by-Techniken** entwickelt. Häufig genutzte Führungstechniken sind:

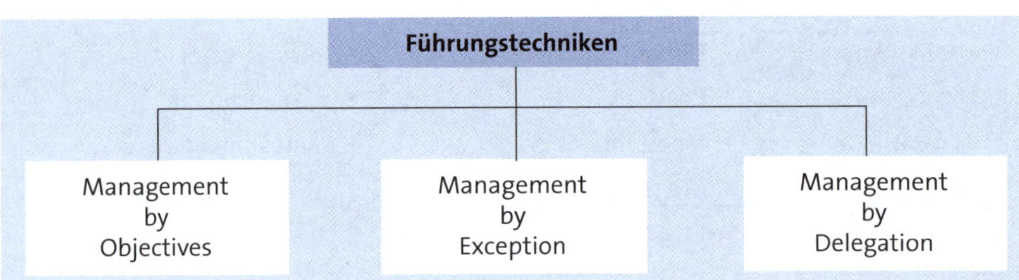

3.1 Management by Objectives

Das Management by Objectives ist eine Führungstechnik, die sich der Ziele als Führungsmittel bedient. Es basiert nach überwiegender Auffassung darauf, dass **Ziele** zwischen dem Vorgesetzten und den Mitarbeitern **vereinbart** werden, also keine (einseitige) Vorgabe der Ziele durch den Vorgesetzten erfolgt. Seine grundlegenden **Elemente** sind:

- das **Zielsystem**, das aus Ober- und Unterzielen besteht
- die **Organisation**, mit der die Verantwortungsbereiche klar fixiert sind
- das **Kontrollsystem** zur Ermittlung und Analyse von Soll-Ist-Abweichungen.

Der Vorgesetzte ist verpflichtet, seine Mitarbeiter in ihrer Zielerfüllung zu unterstützen. Dazu führt er mit ihnen Förder- und Beratungsgespräche.

Der **Prozess** des Management by Objectives hat folgende Grundstruktur:

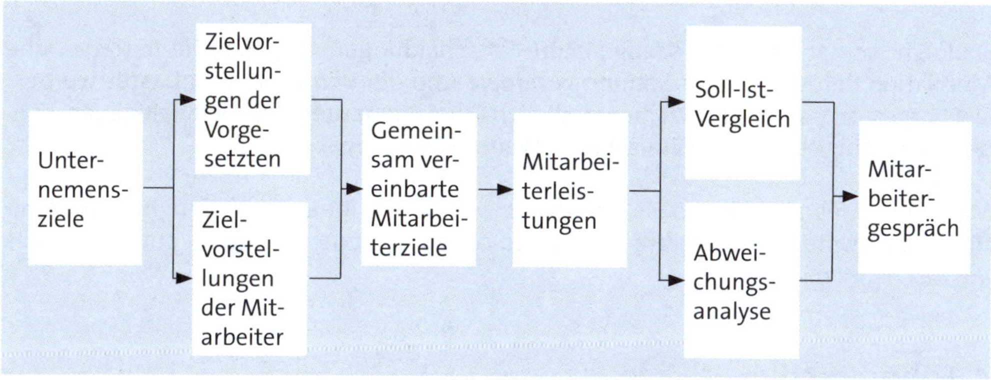

Die **Einsetzbarkeit** des Management by Objectives erfordert:

- die Delegation der **Aufgaben** an die Mitarbeiter
- die Delegation der **Kompetenz** an die Mitarbeiter
- die Delegation der **Handlungsverantwortung** an die Mitarbeiter.

Der Vorgesetzte wird durch die Führungstechnik entlastet, die Identifikation der Mitarbeiter mit den Unternehmenszielen verbessert sich. Die **Führungsverantwortung** verbleibt aber beim Vorgesetzten.

3.2 Management by Exception

Das Management by Exception ist eine Führungstechnik, bei der die Mitarbeiter innerhalb eines **vorgegebenen Rahmens** selbstständig entscheiden dürfen, der sich beziehen kann auf:

- die Wichtigkeit eines Vorganges
- die Unvorhersehbarkeit eines Vorganges
- eine bestimmte Norm.

Liegt ein Vorgang nicht innerhalb des vorgegebenen Rahmens, ist er als **Ausnahmefall** anzusehen, der dem Vorgesetzten zur Entscheidung vorzulegen ist.

Die Mitarbeiter werden durch die Möglichkeit, „normale" Vorgänge eigenständig bearbeiten zu dürfen, motiviert. Für die Vorgesetzten bedeutet das Management by Exception eine Entlastung, insbesondere von Routinearbeiten.

3.3 Management by Delegation

Das Management by Delegation ist eine Führungstechnik, bei der **Kompetenzen** und **Handlungsverantwortung** soweit wie möglich auf die Mitarbeiter übertragen werden. Die Führungsverantwortung verbleibt aber beim Vorgesetzten.

Dadurch werden schnelle, sachgerechte Entscheidungen möglich. Die Initiative und Motivation der Mitarbeiter können gefördert und der Vorgesetzte entlastet werden. Der Vorgesetzte sollte jedoch nicht lediglich uninteressante Aufgaben delegieren, sondern den Fähigkeiten der Mitarbeiter angemessene Aufgaben.

Mitunter ist festzustellen, dass Mitarbeiter versuchen, ihnen delegierte Aufgaben **zurück-** oder **weiterzudelegieren**, um sich so der Aufgabenerfüllung zu entziehen, was auszuschließen ist.

4. Führungsstile

Der Führungsstil ist die **Art und Weise**, in der ein Vorgesetzter die ihm unterstellten Mitarbeiter führt. Er basiert dabei auf bestimmten zweckdienlichen Führungsmitteln, mit deren Hilfe er führt, und auf den Führungstechniken, die das Führungssystem eines Unternehmens beschreiben.

Der Vorgesetzte hat in Bezug auf den von ihm praktizierten Führungsstil einen **Gestaltungsfreiraum**. Dies ist auch notwendig, weil es *den* geeigneten, generell anzuwendenden Führungsstil nicht gibt. Der Führungsstil kann sein:

- Ein **aufgabenorientierter Führungsstil**, bei dem die zu bewältigende Aufgabe im Mittelpunkt steht. Ausschließlich auf sie ist das Verhalten des Vorgesetzten gerichtet, z. B. indem er eine bestimmte Arbeitsmenge einfordert, mangelhafte Arbeit tadelt und höchstmögliche Anstrengungen der Mitarbeiter erwartet.
- Ein **personenorientierter Führungsstil**, bei dem die Mitarbeiter mit ihren Bedürfnissen und Erwartungen vorrangig sind, z. B. indem der Vorgesetzte auf ihr Wohlergehen achtet, ein gutes Verhältnis zu ihnen anstrebt, sie als Gleichberechtigte behandelt und unterstützt sowie sich für sie einsetzt.

Als Führungsstile sollen unterschieden werden:

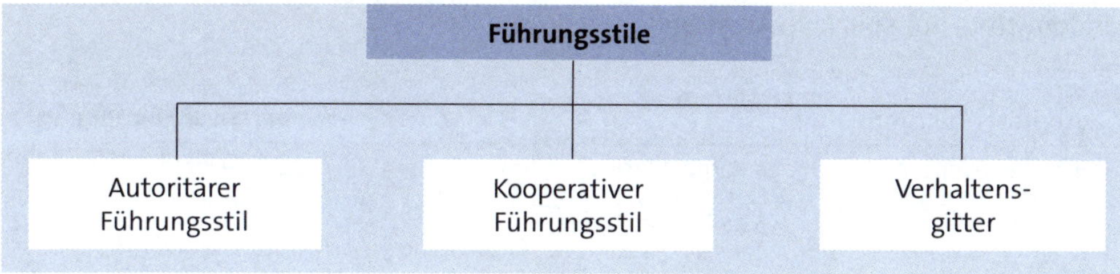

Außer diesen Führungsstilen gibt es mit **geringerer Bedeutung**:

- den **bürokratischen Führungsstil**, bei dem Mitarbeiter als Produktionsfaktoren angesehen werden und ihre Motivation durch – meist schriftliche – Anordnungen und Vorschriften bewirkt wird
- den **patriarchalischen Führungsstil**, bei dem Mitarbeiter als „Kinder" behandelt werden, die vom Patriarchen abhängig sind
- den **Laissez-Faire-Führungsstil**, bei dem die Mitarbeiter als freie, isolierte Individuen betrachtet werden, auf die kaum Einfluss genommen wird.

Aufgabe 49 > Seite 246

4.1 Autoritärer Führungsstil

Beim autoritären Führungsstil führt der Vorgesetzte kraft seiner **Legitimationsmacht**. Er beteiligt seine Untergebenen nicht am Führungsprozess und erwartet Gehorsam. Seine Entscheidungen haben den Charakter von Anordnungen.

Der **Vorgesetzte** hat ein distanziertes Verhältnis zu seinen Untergebenen, informiert sie ausschließlich über ihre Aufgaben und kontrolliert, ob und inwieweit seine Anordnungen befolgt wurden. Da er seine Mitarbeiter nicht in den Führungsprozess einbezieht, muss er selbst hohen **Anforderungen** gerecht werden, die sich beziehen auf:

- Selbstverantwortung
- Selbstkontrolle
- Voraussicht
- Durchsetzungskraft
- Entscheidungsfähigkeit.

Der autoritäre Führungsstil ermöglicht eine hohe Entscheidungsgeschwindigkeit und ist tendenziell bei Routinearbeiten erfolgreich. Er fördert die Motivation, Selbstständigkeit und Entwicklung der Untergebenen jedoch nicht und birgt die Gefahr von Fehlentscheidungen in sich.

Der Übergang zwischen dem autoritären und dem kooperativen Führungsstil ist fließend. Insofern gibt es auch *den* autoritären bzw. *den* kooperativen Führungsstil nicht, sondern stets nur spezielle Ausprägungen davon:

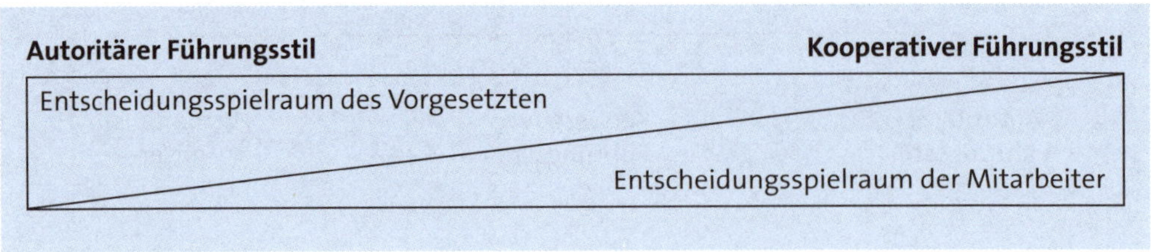

4.2 Kooperativer Führungsstil

Beim kooperativen Führungsstil wird der Führungsprozess im **Zusammenwirken** des Vorgesetzten und der Mitarbeiter gestaltet. Das Ausmaß des Zusammenwirkens kann jedoch – wie oben gezeigt – unterschiedlich ausgeprägt sein.

Der **Vorgesetzte** informiert z. B. umfassend und delegiert entsprechend den Fähigkeiten seiner Mitarbeiter so viel wie möglich. Die unvermeidliche Kontrolle nimmt er als Ergebniskontrolle vor, nicht als Verfahrenskontrolle. **Anforderungen** an ihn sind:

- Aufgeschlossenheit
- positives Menschenbild
- Delegationsfähigkeit
- Delegationswilligkeit
- Kooperationsbereitschaft.

Der kooperative Führungsstil ermöglicht sachgerechte Entscheidungen und fördert die Motivation, Selbstständigkeit und Entwicklung der Mitarbeiter. Es kommt zu einer Entlastung des Vorgesetzten, mitunter aber auch zu einer Verlangsamung bzw. Verzögerung des Entscheidungsprozesses.

4.3 Verhaltensgitter

Das Verhaltensgitter ist – im Gegensatz zum autoritären und kooperativen Führungsstil – ein zweidimensionaler Führungsstil. In der **Vertikalen** wird das personenorientierte Führungsverhalten, in der **Horizontalen** das aufgabenorientierte Führungsverhalten dargestellt:

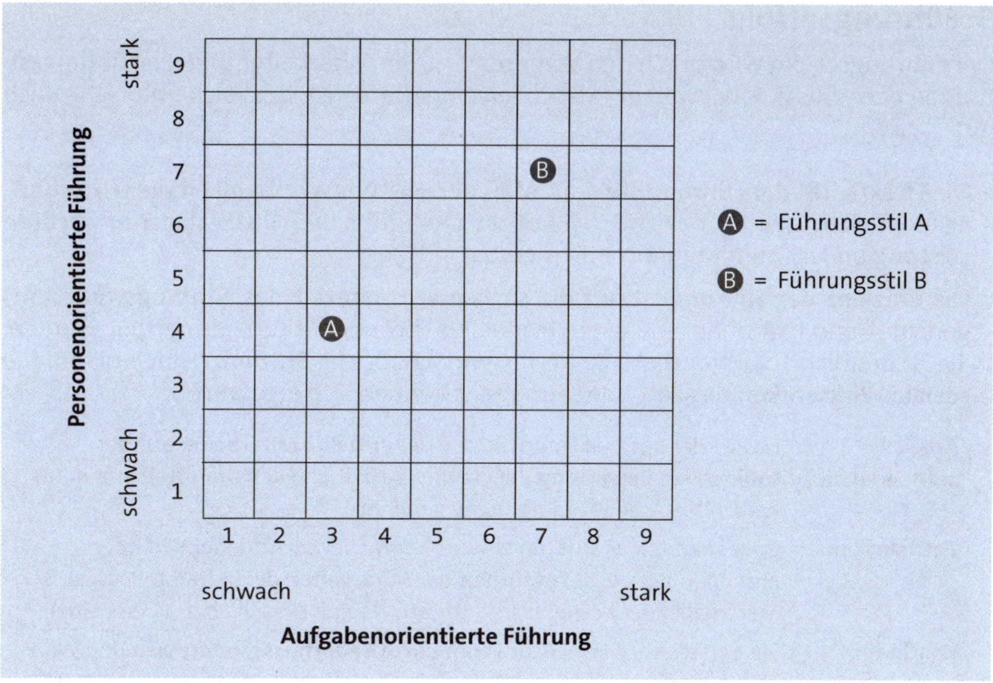

Typische Führungsstile, die aus dem Gitter abgeleitet werden können, sind:

- der **1.1-Führungsstil**, der weder auf hohe Arbeitsleistung noch auf die zwischenmenschlichen Beziehungen gerichtet ist
- der **1.9-Führungsstil**, der die zwischenmenschlichen Beziehungen, nicht aber die Arbeitsleistung als vorrangig einstuft
- der **5.5-Führungsstil**, der auf durchschnittliche Leistungen und durchschnittliche Zufriedenheit der Mitarbeiter gerichtet ist
- der **9.1-Führungsstil**, bei dem eine hohe Arbeitsleistung erwartet wird, ohne dass die zwischenmenschlichen Beziehungen gefördert werden
- der **9.9-Führungsstil** als der erstrebenswerte Führungsstil, der auf hohe Arbeitsleistung und hohe Zufriedenheit der Mitarbeiter gerichtet ist.

In der Praxis kann es sich als **schwierig** erweisen, den eigentlich anstrebenswerten **9.9-Führungsstil** zu realisieren. Die Gründe sind bei Führungskräften wie auch bei den Mitarbeitern zu finden, die diesen hohen Anforderungen nicht gerecht werden, z. B. weil ihre Fach- und/oder Führungsqualifikation zu gering ist oder weil es an Motivation und/oder Identifikation mangelt.

5. Führungserfolg

Der Führungserfolg wird durch den Vorgesetzten, die Mitarbeiter und die Führungssituation beeinflusst. Inwieweit er tatsächlich eingetreten ist, lässt sich unterschiedlich gut messen:

- Die **Effektivität der Führung** stellt als Maß der Leistungswirksamkeit die wirtschaftliche Effizienz dar. Sie bezieht sich auf die Quantität und Qualität der erbrachten Leistung und ist damit hinreichend messbar.
- Die **Effizienz der Führung** ist auf die soziale Wirksamkeit des Führungsverhaltens gerichtet und legt offen, wie die individuellen Ziele der Mitarbeiter erfüllt wurden. Sie ist deutlich schwerer messbar als die wirtschaftliche Effizienz. Hinweise auf die **soziale Wirksamkeit** des Führungsverhaltens können sich ergeben aus:

Arbeitszufriedenheit	Das ist der positive Eindruck, den der **einzelne Mitarbeiter** aus der **subjektiven Bewertung** der eigenen Arbeit und den unmittelbar auf ihn wirkenden Arbeitsbedingungen gewinnt.
Betriebsklima	Dabei handelt es sich um einen Zustand der Unzufriedenheit oder Zufriedenheit bei der **Mehrheit der Mitarbeiter**, der in feststellbaren Merkmalen der betrieblichen Situation seine Ursache hat (*v. Rosenstiel*).
Konflikte	Sie entstehen, wenn nicht **vereinbarte Bedürfnisse, Interessen** und **Werte** von Menschen widersprüchlich auftreten, ohne dass dies gewollt ist (*Rischer*). Konflikte sind im Unternehmen **nur begrenzt vermeidbar**.
Mobbing	Es ist eine **konfliktbelastete Kommunikation** am Arbeitsplatz unter Kollegen oder zwischen Vorgesetzten und Mitarbeitern. Die angegriffene Person ist unterlegen und wird systematisch diskriminierend angegriffen.
Fehlzeiten	Sie können auf Krankheit, Kur und Unfall beruhen. In Bezug auf Erkrankungen gibt es „echte" und motivationsbedingt **„vorgeschobene" Krankheiten.**
Innere Kündigung	Sie stellt ein **zeitlich relativ stabiles Verhaltensmuster** dar, das durch eine ablehnende bis hin zu einer resignativen Grundhaltung der Arbeitssituation gegenüber gekennzeichnet ist.
Fluktuation	Darunter sollen **Personalabgänge** verstanden werden, die auf **autonomen Entscheidungen von Mitarbeitern** beruhen, um in einem anderen Unternehmen tätig zu werden.

Der Vorgesetzte hat durch geeignete Maßnahmen der Führung sicherzustellen, dass sich sowohl die Effektivität als auch die Effizienz der Führung positiv darstellen.

Aufgabe 50 > Seite 246

Aufgabe 1:

Jedes marktwirtschaftlich geführte Unternehmen ist bestrebt, eine optimale Kombination der Produktionsfaktoren vorzunehmen.

(1) Ordnen Sie die folgenden Aktivitäten den einzelnen elementaren bzw. dispositiven Produktionsfaktoren zu:

- Aufrechterhaltung des Produktionsprozesses durch Aushilfskräfte während der Urlaubszeit
- Vorbereitung eines neuen Organisationskonzeptes durch den Vorstandsvorsitzenden
- Einsatz umweltentlastender Materialien im Produktionsprozess
- Installierung eines neuen Personal Computers
- Wartung (Instandhaltung) einer Fertigungsanlage
- Errichtung einer Lagerhalle
- Planung eines neuen Verwaltungsgebäudes
- Organisatorische Einbindung eines vor kurzem erworbenen Tochterunternehmens
- Einstellung eines Assistenten zur Unterstützung der Geschäftsleitung.

(2) Welcher „neue“ Produktionsfaktor ist in den letzten Jahren zunehmend bedeutsamer geworden und warum?

Lösung s. Seite 247

Aufgabe 2:

Frauen sind in Führungspositionen in der deutschen Wirtschaft immer noch unterrepräsentiert.

(1) Diskutieren Sie Gründe, die zu dieser Situation geführt haben!

(2) Welche Ansatzpunkte können dazu beitragen, um den Anteil der Frauen im Management zu erhöhen? Nennen Sie Beispiele!

Lösung s. Seite 248

Aufgabe 3:

(1) Die soziale Kompetenz nimmt in den Anforderungsprofilen der Personalabteilungen an Führungs- bzw. Führungsnachwuchskräften einen hohen Stellenwert ein. Zeigen Sie Möglichkeiten auf, um die soziale Kompetenz zu verbessern!

(2) Ein hohes Maß an fachlicher Kompetenz ist die Basis für den beruflichen Erfolg. Welche Wege können genutzt werden, damit eine Führungskraft ihre Fachkompetenz verbessern kann?

Lösung s. Seite 248 f.

Aufgabe 4:

In den letzten Jahren wurden zahlreiche Führungskräfte insbesondere auf der mittleren Hierarchieebene durch den Trend zur Verschlankung der Organisationsstrukturen freigesetzt.

(1) Welche Konsequenzen können solche Maßnahmen für die Unternehmen haben?

(2) Welche Auswirkungen sind dabei für die untere Führungsebene und die ausführenden Mitarbeiter möglich?

Lösung s. Seite 249

Aufgabe 5:

Im Zuge des Globalisierungsprozesses stehen die Unternehmen vor gravierenden Herausforderungen. Die Unternehmensleitungen haben dementsprechend in jüngerer Zeit vielfältige Entscheidungen zu treffen, um sich im Wettbewerb zu behaupten.

Nennen Sie Beispiele für typische strategische Entscheidungen der Unternehmensleitungen in diesem Zusammenhang!

Lösung s. Seite 250

Aufgabe 6:

Ziele sind für ein Unternehmen von grundlegender Bedeutung.

(1) Warum sind die Ziele der wichtigste Bestandteil des Führungsprozesses?

(2) Als Formalziel gilt für ein Unternehmen, im kommenden Jahr 100 Mio. € Umsatz zu erzielen. Wie könnte das Sachziel dazu formuliert sein?

(3) In der Praxis kommen Zielkonflikte häufig vor. Beschreiben Sie typische Zielkonflikte im Finanzbereich und im Marketingbereich!

(4) Verhandlungen zwischen Geschäftspartnern dienen in der Praxis auch dazu, Ziele durchzusetzen. Welche Ziele können Abnehmer und Lieferanten verfolgen?

Lösung s. Seite 250 f.

Aufgabe 7:

Zeigen Sie, wie die einzelnen Pläne miteinander verbunden sind. Ergänzen Sie dazu das Schaubild um die folgenden Pläne:

Ausgabenplan, Anlagenbeschaffungsplan, EDV-Plan, Einnahmenplan, Erlösplan, Erfolgsplan, Fertigungsplan, Forschungs- und Entwicklungsplan, Finanzplan, Kostenplan, Marketingplan, Materialbeschaffungsplan, Personalplan.

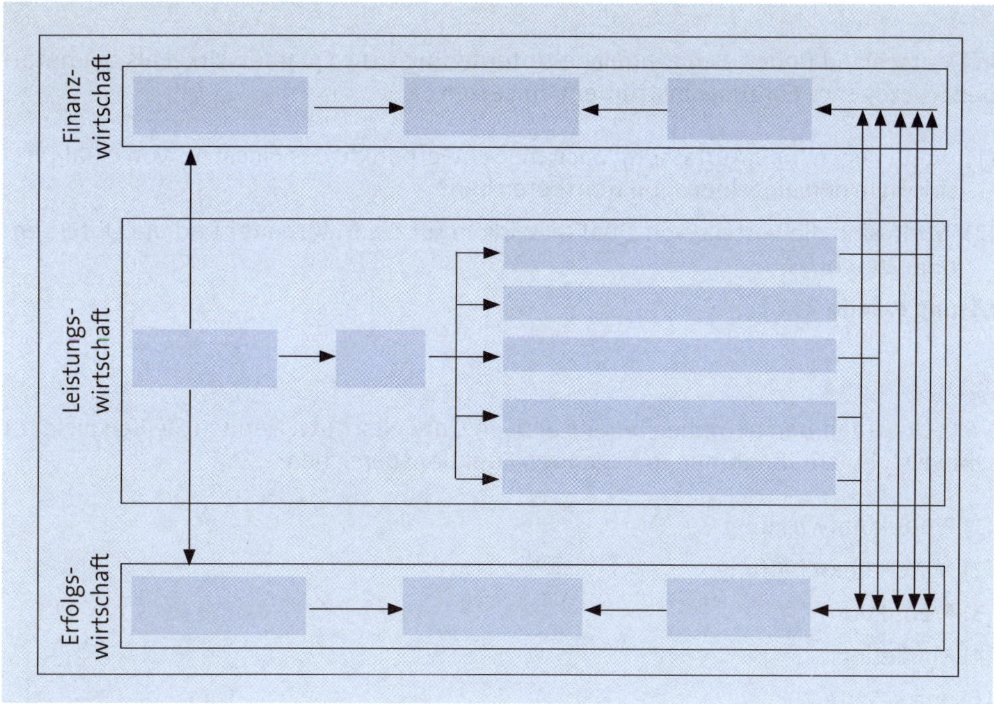

Lösung s. Seite 251

Aufgabe 8:

Ein mittelständisches, inhabergeführtes Unternehmen, in dem ein autoritärer Führungsstil praktiziert wird, steht erstmals vor der Aufgabe, ein Planungssystem zu installieren. Als Planungsprinzipien können Top-down-Prinzip, Bottom-up-Prinzip und Gegenstromverfahren gewählt werden.

(1) Welches Planungsprinzip wird hier zunächst Anwendung finden und warum?

(2) Geben Sie eine Empfehlung ab, welches Planungsprinzip mittelfristig angestrebt werden sollte!

Lösung s. Seite 252

Aufgabe 9:

In den letzten Jahren ist Qualität zu einem bedeutenden strategischen Wirtschafts- und Wettbewerbsfaktor geworden. Das Bemühen um Qualitätssicherung und Qualitätssteigerung ist dabei auf die gesamte Organisation des Unternehmens gerichtet.

(1) Verdeutlichen Sie die zunehmende Wichtigkeit der Qualität!

(2) Welche Gründe können Ihrer Ansicht nach ausschlaggebend für die Einführung eines Qualitätsmanagement sein?

Lösung s. Seite 252

Aufgabe 10:

In Deutschland finden sich zahlreiche Unternehmen, die Qualitätszirkel als ein mitarbeiterbezogenes Führungsinstrument einsetzen.

(1) Worin liegen Ihrer Auffassung nach die Schwerpunkte des Einsatzes von Qualitätszirkeln in den einzelnen Funktionsbereichen?

(2) Worin sind die Vorteile von Qualitätszirkeln für die Mitarbeiter und die Unternehmen zu sehen?

Lösung s. Seite 252 f.

Aufgabe 11:

Viele Unternehmen betreiben bereits aktiven Umweltschutz. Nennen Sie Beispiele für Umweltschutzmaßnahmen in folgenden Funktionsbereichen:

(1) Produktentwicklung

(2) Materialbeschaffung

(3) Produktion

(4) Marketing.

Lösung s. Seite 253

Aufgabe 12:

Die Ökologie nimmt auch im Wirtschaftsleben eine immer größere Bedeutung ein, auf die Unternehmen und Verbraucher reagieren.

(1) Zeigen Sie grundsätzliche Strategien eines Unternehmens zur Reduzierung von Umweltbelastungen auf. Nennen Sie Beispiele!

(2) Der kritische Verbraucher achtet beim Kauf zunehmend auch auf die Umweltverträglichkeit der Erzeugnisse. Welche Kriterien sind von ökologisch interessierten Unternehmen bei der Produktgestaltung zu beachten?

Lösung s. Seite 254

Aufgabe 13:

Erläutern Sie, was unter den folgenden Begriffen zu verstehen ist:

- Unternehmensführung
- institutionale Unternehmensführung
- Führungskraft
- Kompetenz
- Autorität
- Führungsebene
- Top Management
- Middle Management

- Lower Management
- Unternehmensleitung
- Bereichsleitung
- Gruppenleitung
- funktionale Unternehmensführung
- sachbezogene Führung
- Führungsprozess
- Ziel
- Zielarten
- Zielbildungsprozess
- Top-down-Prinzip
- Bottom-up-Prinzip
- Gegenstromverfahren
- Planung
- Planungsarten
- Planungsgrundsätze
- Planungsprozess
- Durchführung
- Kontrolle
- Kontrollarten
- Steuerung
- prozessbezogene Führung
- strukturbezogene Führung
- Aufbaustrukturierung
- Projektstrukturierung
- Organisationsentwicklung
- personenbezogene Führung
- personenbezogene Führungsinstrumente
- Qualität
- Qualitätsmanagement
- Total Quality Management
- Kaizen
- Qualitätsnorm
- Zertifizierung
- Umweltmanagement
- Sicherheitsmanagement.

Lösung s. MiniLex Seite 283 ff.

Aufgabe 14:

Zahlreiche Großunternehmen haben Unternehmensgrundsätze formuliert, die nach innen und außen kommuniziert werden. Sie sollen die „Werte" des Unternehmens zum Ausdruck bringen.

(1) Welche Elemente sollten Ihrer Ansicht nach Unternehmensgrundsätze beinhalten?

(2) Versuchen Sie ein Leitbild für eine Großbank, ein Computerunternehmen und eine Luftverkehrsgesellschaft zu erstellen.

Lösung s. Seite 254 f.

Aufgabe 15:

Ein Unternehmen der High-Tech-Branche steht vor dem Problem, sich gegenüber anderen Wettbewerbern besser zu positionieren. Ein Ansatzpunkt hierzu ist die Schaffung einer Corporate Identity.

(1) Welche Elemente kann/sollte ein wirkungsvolles Corporate-Identity-Mix umfassen?

(2) Worin besteht die Zielsetzung eines strategischen Corporate-Identity-Konzeptes?

(3) Welche konkreten Maßnahmen können dem Unternehmen zur Förderung einer Corporate Identity dienen?

Lösung s. Seite 255 f.

Aufgabe 16:

(1) Das PIMS-Konzept ist eine breit angelegte Studie zur Identifizierung strategischer Erfolgsfaktoren. Zeigen Sie, welche Aussagekraft das PIMS-Konzept für die strategische Planung in einem Unternehmen aufweist!

(2) Welche Faktoren können Ihrer Ansicht nach den Erfolg einer strategischen Geschäftseinheit maßgeblich beeinflussen?

(3) Das Mobiltelefon („Handy“) ist ein Produkt, das mittlerweile eine relativ große Marktdurchdringung erreicht hat. Zeigen Sie anhand des Lebenszyklus-Konzeptes seine bisherige und voraussichtliche Entwicklung in der Zukunft auf. Stellen Sie Maßnahmen dar, die einen erfolgreichen Marktauftritt unterstützen!

(4) Nennen Sie Beispiele für Produkte bzw. Branchen, die den folgenden Lebenszyklusphasen zugeordnet werden können:

- Einführungsphase
- Wachstums-/Reifephase
- Degenerationsphase.

(5) Führen Sie Kritikpunkte an, die gegen das Lebenszyklus-Konzept sprechen.

Lösung s. Seite 256 ff.

Aufgabe 17:

In der betriebswirtschaftlichen Ausbildung an den Hochschulen werden zunehmend computergestützte Unternehmensplanspiele eingesetzt, mit deren Hilfe komplexe Entscheidungsprozesse in einem leistungswirtschaftlichen Unternehmen simuliert werden können. Um einen möglichst hohen Realitätsbezug zu gewährleisten, wird in diesen Unternehmensplanspielen i. d. R. auch das Erfahrungskurven-Konzept im Bereich der Fertigungswirtschaft berücksichtigt.

(1) Welche Erkenntnisse liefert das Erfahrungskurven-Konzept für die strategische Planung?

(2) Welche Maßnahmen sind zu ergreifen, damit sich Erfahrungskurven-Effekte einstellen?

Lösung s. Seite 258

Aufgabe 18:

Die Umfeldanalyse soll Chancen und Risiken eines Unternehmens möglichst frühzeitig erkennbar machen. In der Bankwirtschaft vollziehen sich gegenwärtig gewaltige Veränderungsprozesse, welche die Kreditinstitute vor neue Herausforderungen stellen.

(1) Zeigen Sie charakteristische Megatrends bzw. Herausforderungen für die Kreditwirtschaft auf!

(2) In welcher Weise können die Kreditinstitute Ihrer Auffassung nach auf die veränderten Rahmenbedingungen reagieren?

Lösung s. Seite 259

Aufgabe 19:

Die Globalisierung des Wirtschaftsgeschehens bewirkt eine Verschärfung des Wettbewerbs der Unternehmen.

(1) Führen Sie Branchen an, in denen Ihrer Auffassung nach deshalb ein ausgesprochen harter Wettbewerb unter den Anbietern herrscht!

(2) Welche Faktoren können das Ausmaß der Wettbewerbsintensität beeinflussen?

(3) Porter unterscheidet fünf Wettbewerbskräfte, die innerhalb einer Branche wirken. Versuchen Sie eine Branchenstrukturanalyse bezüglich der einzelnen Wettbewerbskräfte für die deutsche Automobilindustrie durchzuführen!

Lösung s. Seite 259 f.

Aufgabe 20:

Eine seit mehreren Generationen im Familienbesitz befindliche Bäckerei in einem ländlichen Stadtteil einer deutschen Großstadt möchte ihre Unternehmenspolitik stärker an strategischen Gesichtspunkten ausrichten. Da sie mit Großbäckereien, die über weitverzweigte Filialnetze verfügen, in Konkurrenz steht, sind mittel- bis langfristig Umsatzeinbrüche und ein Rückgang der Rentabilität zu erwarten.

Zeigen Sie mögliche Maßnahmen auf, wie diese Bäckerei die operative und strategische Lücke schließen kann.

Lösung s. Seite 260 f.

Aufgabe 21:

Ein Immobilienmakler in der Rechtsform der GmbH, der zwanzig Mitarbeiter beschäftigt, ist bislang nur regional im Raum München vertreten. Der Geschäftsführer erwägt eine Expansion in die neuen Bundesländer und führt deshalb eine Stärken-Schwächen-Analyse durch.

(1) Welche Faktoren sollten grundsätzlich in die Prüfung einbezogen werden?

(2) Welche Informationsquellen könnte der Geschäftsführer heranziehen, um seine unmittelbare Konkurrenz einschätzen zu können?

Lösung s. Seite 261

Aufgabe 22:

Ein mittelständiges Handelsunternehmen steht vor der Aufgabe, erstmals ein umfassendes kennzahlenorientiertes Planungssystem einzuführen. Als Assistent der Geschäftsführung werden Sie beauftragt, für die nächste Sitzung der Geschäftsführung eine Tischvorlage zu erstellen, die eine kritische Bewertung eines auf Kennzahlen basierenden Planungssystemes beinhaltet.

Stellen Sie einen Katalog mit Vor- und Nachteilen zusammen, die ein kennzahlengestütztes Planungssystem aufweisen kann!

Lösung s. Seite 261

Aufgabe 23:

Ein Unternehmen der Konsumgüterindustrie ist in seiner Branche einem starken Konkurrenzdruck ausgesetzt. Deshalb hat der Vorstand in seiner letzten Sitzung beschlossen, das vorhandene Marktpotenzial besser auszuschöpfen. Hierzu soll eine Marktdurchdringungsstrategie dienen. Schlagen Sie zwei Ansatzpunkte hierfür vor und nennen Sie Beispiele für jeweils dazugehörige Aktivitäten!

Lösung s. Seite 262

Aufgabe 24:

Ein Unternehmen der Konsumgüterindustrie möchte die Produktentwicklungsstrategie einsetzen, um sich langfristig gegenüber recht aggressiv agierenden Konkurrenten durchsetzen zu können.

(1) Welche Handlungsmöglichkeiten kommen für deren Realisierung in Betracht?

(2) Führen Sie Beispiele für „Echte Produkt-Innovationen“, „Quasi-Innovationen“ und „Me-too-Produkte“ an!

Ein bekannter deutscher Automobilhersteller hat Mitte der 1980er-Jahre in erheblichem Umfang diversifiziert. Es wurden Geschäftsfelder in den Konzern integriert, die mit dem eigentlichen Kerngeschäft in keinem bzw. in nur einem geringen Zusammenhang standen.

(3) Welche Motive können ein Unternehmen grundsätzlich dazu bewegen, eine Diversifikationsstrategie einzuschlagen?

(4) Führen Sie Beipiele für die verschiedenen Arten der Diversifikation an!

(5) Welche Probleme kann Ihrer Ansicht nach eine Diversifikationsstrategie nach sich ziehen?

Lösung s. Seite 262 ff.

Aufgabe 25:

Der Möbelmarkt zählt zu den Branchen in Deutschland, in denen eine hohe Wettbewerbsintensität herrscht. Traditionelle exklusive Anbieter wie z. B. Hülsta, WK oder Rolf Benz setzen dabei gezielt die Differenzierungsstrategie ein.

(1) Worin bestehen die Hauptunterschiede der Unternehmensstrategie dieser Unternehmen beispielsweise gegenüber dem schwedischen Möbelhaus IKEA?

(2) Welchen Unternehmen würden Sie die Differenzierungsstrategie noch empfehlen? Begründen Sie Ihre Meinung!

Die Strategie der umfassenden Kostenführerschaft wird von zahlreichen Unternehmen betrieben, um strategische Wettbewerbsvorteile zu erzielen.

(3) Bei welchen Marktgegebenheiten ist die Strategie der umfassenden Kostenführerschaft grundsätzlich empfehlenswert?

(4) Beschreiben Sie die Strategie des Discounters „Aldi"!

(5) Welche Risiken können mit der Kostenführerschaftsstrategie verbunden sein?

Lösung s. Seite 265 f.

Aufgabe 26:

Zahlreiche deutsche Unternehmen versuchen im Zuge der Globalisierung der Wirtschaft, ihre Aktivitäten stärker international auszurichten.

(1) Führen Sie mindestens fünf Motive an, die für ein stärkeres Auslandsengagement sprechen!

(2) Nennen Sie Beispiele von Unternehmen, die eine Internationalisierungsstrategie betreiben bzw. dies beabsichtigen!

Lösung s. Seite 266 f.

Aufgabe 27:

Die Personalbeschaffung umfasst alle Maßnahmen, mit denen die für die Unternehmen erforderlichen Arbeitskräfte in qualitativer, quantitativer und zeitlicher Hinsicht bereitgestellt werden. Dabei ist insbesondere die Einstellung von akademisch ausgebildeten Fachkräften für die Unternehmen mitunter ein erhebliches Problem.

(1) Zeigen Sie, welche Wege sich für eine externe Personalbeschaffung anbieten könnten!

(2) Verdeutlichen Sie damit ggf. verbundene Probleme!

Lösung s. Seite 267

Aufgabe 28:

Ein mittelständisches Unternehmen steht vor der Alternative, entweder die Vier-Felder-Matrix (BCG-Matrix) oder die Neun-Felder-Matrix (McKinsey-Matrix) zur Ableitung von Unternehmensstrategien einzusetzen.

(1) Worin bestehen die grundsätzlichen Unterschiede zwischen diesen beiden Portfoliokonzepten?

(2) Wie könnte eine Gewichtung der Beurteilungsfaktoren „Marktattraktivität" und „Relative Wettbewerbsvorteile" bei der Neun-Felder-Matrix aussehen?

Lösung s. Seite 268

Aufgabe 29:

Erläutern Sie, was unter den folgenden Begriffen zu verstehen ist:

- prozessbezogene Führung
- Ziel(setzung)
- strategische Zielsetzung
- taktische Zielsetzung
- operative Zielsetzung
- Planung
- Grundsatzplanung
- Unternehmensphilosophie
- Unternehmensvision
- Unternehmensleitbild
- Corporate Identity
- Corporate Behaviour
- Corporate Design
- Corporate Communication
- Unternehmenskultur
- Unternehmensethik
- strategische Planung
- PIMS-Konzept
- Lebenszyklus-Konzept
- Erfahrungskurven-Konzept
- Synergie-Konzept
- Umfeldanalyse
- Marktanalyse
- Konkurrentenanalyse
- Branchenstrukturanalyse
- Potenzialanalyse
- Lückenanalyse
- Stärken-Schwächen-Analyse
- Wertketten-Analyse
- Kennzahlen-Analyse
- Strategie
- Grundstrategie
- Marktdurchdringungsstrategie
- Marktentwicklungsstrategie
- Produktentwicklungsstrategie
- Diversifikationsstrategie
- Differenzierungsstrategie
- Strategie der umfassenden Kostenführerschaft
- Strategie der Konzentration auf Schwerpunkte
- Unternehmensstrategie
- Verhaltensstrategie
- Angriffsstrategie

- Verteidigungsstrategie
- Entwicklungsstrategie
- Kooperationsstrategie
- Internationalisierungsstrategie
- Bereichsstrategie
- Portfoliotechnik
- Marktwachstums-Marktanteils-Portfolio
- Marktattraktivitäts-Wettbewerbsvorteils-Portfolio
- Technologie-Portfolio
- Beschaffungs-Portfolio
- taktische Planung
- operative Planung
- Kontrolle
- strategische Kontrolle
- taktische Kontrolle
- operative Kontrolle.

Lösung s. MiniLex Seite 283 ff.

Aufgabe 30:

Die Anfertigung eines Fragebogens zur Erhebung von organisatorischen Problemstellungen/Tatbeständen ist in der Praxis mitunter mit großen Schwierigkeiten verbunden.

(1) Die Art der Fragestellung hat dabei maßgebliche Bedeutung für die Responsequote bzw. die Bereitschaft, den Fragebogen auszufüllen. Welche Fragestellungen sind Ihrer Ansicht nach geeignet, um eine möglichst hohe Resonanz zu erreichen?

(2) Nennen Sie technische Gesichtspunkte, die bei der Gestaltung und Versendung von Fragebogen zu beachten sind!

Lösung s. Seite 269

Aufgabe 31:

Die Organisation befasst sich im Rahmen der aufbaubezogenen Gestaltung des Unternehmens mit der Stellenbildung.

(1) Durch welche Merkmale zeichnen sich Stellen aus?

(2) Wie sollte ein Organisator bei der Stellenbildung vorgehen?

(3) Nehmen Sie eine Aufgabenanalyse für das Schreiben eines Briefes vor.

(4) Führungskräfte und Mitarbeiter müssen Verantwortung für die ihnen übertragenen Aufgaben übernehmen und Entscheidungen treffen, ohne dabei ihre Kompetenzen zu überschreiten. Beschreiben Sie grundsätzliche Verantwortungsbereiche der Führungskräfte und Mitarbeiter!

Lösung s. Seite 269 f.

Aufgabe 32:

Ein frischgebackener Bachelor-Absolvent mit gutem Abschlusszeugnis steht unmittelbar vor dem Schritt ins Berufsleben. Er hat von ehemaligen Kommilitonen, die bereits in der Praxis tätig sind, viel über die verschiedenen grundsätzlichen Möglichkeiten des Berufseinstiegs gehört wie Traineeprogramm, Training-on-the-job (Direkteinstieg), Vorstands- bzw. Geschäftsleitungs-Assistent.

Nach mehreren Bewerbungen und Vorstellungsgesprächen liegt ihm ein interessantes Angebot der Position eines Vorstands-Assistenten in einem bekannten Unternehmen vor. Geben Sie ihm Hilfestellung, indem Sie aus Ihrer Sicht das mit einer solchen Funktion vielfach verbundene Aufgabenspektrum, Anforderungsprofil sowie die Zukunftsperspektiven beschreiben.

Lösung s. Seite 270 f.

Aufgabe 33:

Ein wichtiger Bestandteil von Assessment Centern, die zum Zweck der Personalauswahl und Personalentwicklung insbesondere bei Großunternehmen durchgeführt werden, ist die „Postkorbübung". Mit ihr soll u. a. das Führungspotenzial von Kandidaten festgestellt werden. Neben der Fähigkeit, Prioritäten hinsichtlich der anstehenden Aufgaben zu setzen und zeitliche Restriktionen zu beachten, ist vor allem die Delegationsfähigkeit eine sehr wichtige Managerqualifikation.

Zeigen Sie auf, welche Vor- und Nachteile mit der Delegation von Entscheidungsbefugnissen bzw. Aufgaben von Vorgesetzten auf Mitarbeiter verbunden sind!

Lösung s. Seite 271

Aufgabe 34:

Ein vor drei Jahren gegründetes Unternehmen aus der Computerbranche, das 25 Mitarbeiter beschäftigt, hat bislang noch keine Organisationsstruktur. Die Wachstumschancen des Unternehmens werden für die kommenden Jahre als recht günstig eingeschätzt, sodass mit deutlichem Personalzuwachs zu rechnen ist.

(1) Geben Sie eine Empfehlung für ein Organisationssystem ab. Begründen Sie Ihren Vorschlag!

(2) Welches Organisationssystem würden Sie dem Unternehmen empfehlen, wenn die äußerst positiven Wachstumsraten in einigen Jahren realisiert werden könnten und dann 500 Beschäftigte dort arbeiten würden?

Lösung s. Seite 271 f.

Aufgabe 35:

Ein seit zwei Generationen bestehendes Handelsunternehmen, das etwa 20.000 Mitarbeiter beschäftigt und in seiner Branche eine marktführende Position im Inland aufweist, möchte weiter expandieren. Für das kommende Geschäftsjahr wird der Gang an die Börse erwogen.

Welche Organisationsform ist diesem Unternehmen grundsätzlich zu empfehlen?

Lösung s. Seite 272

Aufgabe 36:

Ein Hochschulabsolvent mit Studienschwerpunkt Marketing strebt einen Berufseinstieg als Produktmanager bei einem namhaften Konsumgüterhersteller an.

(1) Skizzieren Sie das Aufgabenspektrum eines Produktmanagers!

(2) Welches Anforderungsprofil wird an einen Produktmanager gestellt?

Lösung s. Seite 273

Aufgabe 37:

Stellenbeschreibungen nehmen in der Organisationspraxis mitunter einen hohen Stellenwert ein. Sofern Stellenschreibungen vorliegen, haben sie zumeist einen großen Informationswert.

Erarbeiten Sie eine Stellenbeschreibung für einen Personalleiter!

Lösung s. Seite 273 f.

Aufgabe 38:

Um komplexere Aufgaben bewältigen zu können, haben vor allem Großunternehmen in der Vergangenheit zahlreiche Organisationseinheiten geschaffen, die einen hohen Koordinationsbedarf bewirken. Diese organisatorische Ausweitung, aber auch die zunehmende Globalisierung der Wirtschaft und die höhere interne Komplexität erfordern eine Optimierung der Geschäftsprozesse.

(1) Erläutern Sie die grundsätzliche phasenweise Vorgehensweise bei der Prozessorganisation.

(2) Führen Sie Beispiele dafür an, in welchen Bereichen die Prozessorganisation ansetzen kann!

Lösung s. Seite 274 f.

Aufgabe 39:

Zahlreiche Großprojekte, die eine strategische Bedeutung für das Unternehmen haben, werden vom Top Management in enger Kooperation mit Projektleitern durchgeführt.

Zeigen Sie auf, wie die Aufgabenverteilung bzw. Zuständigkeiten zwischen Top Management als Projektoberleitung und dem eigentlichen Projektleiter in den folgenden Phasen aussehen kann:

- Projektanstoß
- Projektdurchführung
- Projektplanung
- Projektabschluss.

Lösung s. Seite 276

Aufgabe 40:

Der externe Organisationsberater ist als Experte ausschließlich mit Problemstellungen der betrieblichen Organisation beschäftigt. Seine Hauptaufgabe besteht darin, dem Unternehmen zu helfen, seine Probleme eigenständig zu lösen.

(1) Im Rahmen der Gestaltung der Organisation haben das Unternehmen bzw. die Mitarbeiter und externe Organisationsberater nicht immer die gleichen Auffassungen. Stellen Sie die möglichen Ziele der an der Gestaltung der Organisation Beteiligten gegenüber!

(2) Zu den Aufgaben eines Organisationsberaters zählt nicht nur das Helfen bei der Lösung von Strukturierungs- bzw. Prozessproblemen sondern auch die Entwicklung von Teams. Erläutern Sie die Aufgaben, die sich ihm bei der Teamentwicklung stellen!

(3) Organisationsexperten können aus dem Unternehmen oder von außerhalb kommen. Worin können die Vorteile und Nachteile unternehmensinterner und unternehmensexterner Organisationsexperten gesehen werden?

Lösung s. Seite 277 f.

Aufgabe 41:

Im Rahmen der Einbindung von Projektgruppen in die Aufbauorganisation eines Unternehmens gibt es verschiedene Gestaltungsformen der Projektorganisation. Stellen Sie vier Formen der Projektorganisation in einer übersichtlichen Tabelle gegenüber und vergleichen Sie diese unter Verwendung der folgenden Kriterien miteinander:

- andere Begriffe für die Formen
- Kompetenzabgrenzung
- Weisungsabgrenzung
- Verantwortung.

Lösung s. Seite 278

Aufgabe 42:

Das Kick-off-Meeting ist ein Initiierungstreffen der Verantwortlichen zum Projektstart. Gehen Sie davon aus, dass an diesem Meeting der Projektauftraggeber, drei projektberührte Manager, der Projektleiter und vier Projektmitarbeiter teilnehmen.

Zeigen Sie zehn typische Mängel auf, die im Rahmen eines Kick-Off-Meetings auftreten können!

Lösung s. Seite 278 f.

Aufgabe 43:

Die Unternehmen unterliegen umfassenden Veränderungen, die hohe Anforderungen an die Unternehmensleitungen stellen. Sie können sehr unterschiedlich mit diesen Veränderungen umgehen.

Zeigen Sie, inwieweit das Verhalten von Unternehmensleitungen verschiedener Elektrounternehmen in den folgenden Fällen jeweils mit einem ungeplanten oder geplanten Wandel verbunden ist und gehen Sie auf mögliche Folgen des Verhaltens ein!

(1) Die Geschäftsleitung der Firma Elektro Göbel bevorzugt hinsichtlich der Konkurrenten ein reaktiv-handelndes Verhalten, um den Veränderungen am Elektro-Markt zu begegnen. Damit wird bezweckt, einen gestörten organisatorischen Gleichgewichtszustand wiederherzustellen.

(2) Die Unternehmensleitung der Elektro Wanger GmbH zeichnet sich durch ein vorsichtig-abwägendes Verhalten mit dem Ziel der Effizienzsteigerung aus. Da nach ihrer Auffassung zu starke und schnelle Einschnitte am Markt kaum akzeptiert werden, erfolgt der Prozess der Organisationsentwicklung über längere Zeit hinweg in kleinen Schritten.

(3) Die Geschäftsleitung der Elektro Kranz KG zeigt am Markt ein passiv-abwartendes Verhalten, bei dem die Leitung zwar den Markt intensiv beobachtet und auch eine gewisse Entschlossenheit zur Verteidigung demonstriert, aber selbst zunächst nicht aktiv in das Geschehen eingreift.

(4) Der Vorstand der Elektroservice ELO AG trennt sich relativ schnell von früheren Lösungen und entwickelt mit resolutem Verhalten und ohne Bewahrung bestehender Gegebenheiten völlig neue Verfahrensweisen und Strukturen. Es geht nicht um Modifizierungen gegebener Systeme, sondern um deren Neugestaltung.

Lösung s. Seite 279

Aufgabe 44:

Das Ausgliedern von Funktionsbereichen hat in den letzten Jahren an Bedeutung zugenommen und erhebliche Umstrukturierungen in den Unternehmen zur Folge.

(1) Verdeutlichen Sie, welche Funktionsbereiche typischerweise häufig ausgelagert werden!

(2) Zeigen Sie Vorteile und Nachteile des Outsourcing aus der Sicht der davon betroffenen Mitarbeiter auf!

Lösung s. Seite 279 f.

Aufgabe 45:

Die Wettbewerbsintensität hat sich in zahlreichen Wirtschaftszweigen während der letzten Jahre erheblich verschärft. Zahlreiche Unternehmen gehen strategische Allianzen ein, um die eigene Marktposition erfolgreich zu verteidigen bzw. auszubauen.

(1) Nennen Sie interne und externe Risiken von strategischen Allianzen!

(2) Geben Sie Beispiele von Branchen, in denen strategische Allianzen bedeutsam sind!

Lösung s. Seite 280

Aufgabe 46:

Erläutern Sie, was unter den folgenden Begriffen zu verstehen ist:

- Organisation
- Aufbauorganisation
- Prozessorganisation
- Projektorganisation
- Aufbaustrukturierung
- Aufbauanalyse
- Aufbauplanung
- Aufbaugestaltung
- Stellenbildung
- Aufbauentscheidungen
- Stelle
- Gremium
- Organisationsebene
- Organisationsstruktur
- Organisationssystem
- Organisationsform
- Sektoralorganisation
- Funktionalorganisation
- Spartenorganisation
- Matrixorganisation
- Tensororganisation
- Center-Organisation
- Holding-Organisation
- SGE-Management
- Produktmanagement
- Prozessmanagement
- Kundenmanagement
- Projektmanagement
- Aufbaudokumentation
- Organisationshandbuch
- Organisationsplan
- Stellenbeschreibung
- Stellenbesetzungsplan
- Prozessstrukturierung
- Prozessanalyse
- Prozessplanung
- Prozessgestaltung
- Einzelprozessorganisation
- Gruppenprozessorganisation
- Bereichsprozessorganisation

- Unternehmensprozessorganisation
- Prozesseinführung
- Prozessdokumentation
- Projektstrukturierung
- Projektvorbereitung
- Projektleiter
- Projektgruppe
- Projektinstitutionen
- reine Projektorganisation
- Stabs-Projektorganisation
- Matrix-Projektorganisation
- Linien-Projektorganisation
- Projektplanung
- Projektdurchführung
- Projekteinführung
- Projektdokumentation
- Organisationsentwicklung
- Outsourcing
- Insourcing
- Lean-Aufbaukonzept
- TQM-Konzept
- Just-in-time-Konzept
- Teamarbeit
- teilautonomes Arbeitsteam
- Qualitätszirkel
- strategische Allianz
- Joint Venture.

Lösung s. MiniLex Seite 283 ff.

Aufgabe 47:

(1) Der Abteilungsleiter eines regional tätigen Kreditinstitutes verlangt von seinen Vertriebs-Mitarbeitern, dass im nächsten Geschäftsjahr erhebliche Anstrengungen in Bezug auf die Neukundengewinnung und Kundenbindung erforderlich sind. Was halten Sie von dieser Zielformulierung?

(2) Zeigen Sie Vorteile auf, weshalb seine Vertriebsmitarbeiter am Zielbildungsprozess beteiligt werden sollten!

Lösung s. Seite 281

Aufgabe 48:

Namhafte deutsche Unternehmen – wie z. B. Siemens – verzichten insbesondere bei Führungskräften im außertariflichen Bereich auf eine traditionelle Form der Zeiterfassung und -auswertung. Aufgrund der bedeutsamer werdenden Ergebniswirkung und des weniger wichtiger werdenden Zeitbezuges der zu bearbeitenden Aufgaben bzw. Projekte wurde verschiedentlich die Vertrauensarbeitszeit eingeführt – getreu dem Motto: „Sie haben die Ihnen übertragenen Aufgaben in Ihrer freien Zeitdisposition zu bewältigen!“.

Sie sind Praktikant in einer Tochtergesellschaft eines Konzernes, der beabsichtigt, ein solches modernes Arbeitszeitsystem einzuführen. Auf der nächsten Sitzung des Führungsgremiums soll diese Thematik behandelt werden. Ihnen wurde die Aufgabe übertragen, eine Checkliste mit Vorteilen und Nachteilen der Vertrauensarbeitszeit als Tischvorlage zu erstellen.

Lösung s. Seite 281

Aufgabe 49:

Der bürokratische, patriarchalische sowie der Laissez-Faire-Führungsstil weisen signifikante Besonderheiten gegenüber dem, insbesondere in Großunternehmen weit verbreiteten kooperativen Führungsstil auf. Nehmen Sie eine Beurteilung dieser drei Führungsstile vor!

Lösung s. Seite 282

Aufgabe 50:

Erläutern Sie, was unter folgenden Begriffen zu verstehen ist:

- Personenbezogene Führung
- Vorgesetzter
- Mitarbeiter
- Führungsmittel
- Information
- Ziel
- Plan
- Kontrolle
- Information
- Kommunikation
- Arbeitsbedingungen
- Kooperation
- Delegation
- Partizipation
- Personalbeurteilung
- Personalentlohnung
- Kritik
- Status
- Führungstechniken
- Management by Objectives
- Management by Ecxeption
- Management by Delegation
- Führungsstil
- autoritärer Führungsstil
- Verhaltensgittter
- Führungserfolg.

Lösung s. MiniLex Seite 283 ff.

Lösung zu 1:

(1)

Aktivitäten	Elementare Produktionsfaktoren			Dispositive Produktionsfaktoren		
	Arbeit	Betriebsmittel	Werkstoffe	Planung	Organisation	Leitung
Aufrechterhaltung des Produktionsprozesses	X					
Vorbereitung eines neuen Organisationskonzeptes				X		
Einsatz umweltentlastender Materialien im Produktionsprozess			X			
Installierung eines neuen Personal Computers		X				
Wartung (Instandhaltung) einer Fertigungsanlage		X				
Bau/Errichtung einer neuen Lagerhalle		X				
Planung eines neuen Verwaltungsgebäudes				X		
Organisatorische Einbindung eines vor kurzem erworbenen Tochterunternehmens					X	
Einstellung eines Assistenten zur Unterstützung der Geschäftsleitung						X

(2) Innovative Entwicklungen im Bereich der Kommunikations- und Informationstechnologie haben dazu geführt, dass die **Information** in allen Sektoren der Wirtschaft mittlerweile eine hohe Bedeutung erlangt hat. Sie kann gewissermaßen als „moderner" Produktionsfaktor interpretiert werden.

Lösung zu 2:

(1) **Gründe** für die beschriebene Situation können sein:

- traditionelles Rollenverständnis/festgefahrene Denkmuster
- traditionelles Familienbild
- schwierige Vereinbarkeit von Familie und Karriere
- Bildungsnachteile in der Vergangenheit
- Angst von Männern vor Konkurrenz/Rollenverständnis von Männern
- unzureichende Kinderbetreuungsmöglichkeiten
- mangelndes Selbstbewusstsein/Selbstvertrauen
- Orientierung an weiblichen Vorbildern im Familien-, Freundes-/Bekanntenkreis
- gesellschaftliche Vorbehalte gegenüber arbeitenden Müttern
- weniger Karrieremotivation von Frauen
- geringerer Lohn für gleiche Arbeit
- Männer nach häufiger Meinung bessere Führungskräfte.

(2) **Ansatzpunkte** zur Erhöhung des Frauenanteils in Führungspositionen sind z. B.:

- verstärkter Einsatz von Heim-Arbeitsplätzen
- Schaffung von Teilzeitarbeitsplätzen
- Bereitstellung von zusätzlichen Kindergartenplätzen
- vermehrte Schaffung von Kinderbetreuungsmöglichkeiten in den Unternehmen
- stärkere Nutzung des „Job-Sharing"-Konzeptes
- stärkere Inanspruchnahme der Elternzeit durch Männer
- Verbesserung des Images von „Männerberufen"
- Möglichkeit zur Weiterqualifizierung von Frauen während der Elternzeit
- Einführung von Quoten-Regelungen
- Übernahme von Kosten(anteilen) für Haushaltshilfen durch den Arbeitgeber
- Schaffung der Möglichkeit zur stufenweisen Rückkehr in den Beruf.

Lösung zu 3:

(1) Die **Sozialkompetenz** kann durch Training-on-the-job verbessert werden, indem Sozialverhalten am Arbeitsplatz geübt wird. Dazu dienen außer der alltäglichen praktischen Tätigkeit z. B. auch:

- Übernahme von (begrenzter) Verantwortung
- Übernahme von Sonderaufgaben
- Projektarbeit
- Job Rotation.

Die Verbesserung der sozialen Kompetenz lässt sich zusätzlich durch ein Training-off-the-job bewirken, also durch Maßnahmen, die nicht am Arbeitsplatz erfolgen, insbesondere in Form von Weiterbildungsmaßnahmen, z. B. als:

- Verhaltenstraining
- Kommunikationstraining
- Transaktionsanalyse
- themenzentrierte Interaktion.

(2) Der Erwerb **fachlicher Qualifikationen** ist mithilfe von Training-on-the-job möglich, z. B. in Form folgender Maßnahmen:

- planmäßige Unterweisung
- Anleitung/Beratung durch Vorgesetzte
- Übernahme von Sonderaufgaben
- Projektarbeit
- Übernahme von (begrenzter) Verantwortung
- Job Rotation
- Traineeprogramm.

Als Training-off-the-job bieten sich z. B. an:

- Studium (Hochschule, Universität, Akademie), Selbststudium
- Fortbildungsveranstaltungen, z. B. Abendkurse, Fernkurse
- Besuch von Vorträgen, Kongressen, Messen.

Lösung zu 4:

(1) Mögliche **Konsequenzen** für die Unternehmen können z. B. sein:

- Verlust von Know-how (Fach-/Methodenwissen)
- Verlust von Erfahrungspotenzialen
- organisatorische Ungleichgewichte
- Einsparung von Personalkosten
- schnellere Entscheidungsprozesse durch Verkürzung des Dienstweges.

(2) Mögliche **Auswirkungen** für die untere Führungsebene und die ausführenden Mitarbeiter sind z. B.:

- größere Eigenverantwortung
- erhöhtes Fehlerrisiko
- hoher Einarbeitungsaufwand
- fachliche Überforderung
- Erhöhung des Leistungs- und Erfolgsdrucks
- Veränderung der Motivation.

Lösung zu 5:

- Anpassung des Leistungsprogrammes an **internationale Erfordernisse**
- Nutzung von **Synergieeffekten**, insbesondere durch:
  - Kooperationen
  - Fusionen
  - strategische Allianzen
  - Joint Ventures
- Anpassung der Organisation an **veränderte Bedingungen**, z. B.:
  - Dezentralisierung bzw. Ausgliederung von Aufgaben auf einen (externen) Call Center-Dienstleister
  - Verselbstständigung von Organisationseinheiten (z. B. als Profitcenter)
  - Flexibilisierung der Organisation (z. B. Arbeitsinhalte, Arbeitszeiten)
- Ausrichtung der Mitarbeiter auf **neue Herausforderungen**, z. B.:
  - Vermittlung von Visionen bzw. Leitbildern
  - Delegation von Kompetenzen und Verantwortung
  - zukunftsorientierte Personalentwicklung (Fortbildung, Förderung)
  - Abbau hierarchischer Barrieren (z. B. Prinzip der „offenen Tür", keine internen „Titel")

Lösung zu 6:

(1) **Ziele** sind der wichtigste Teil des Führungsprozesses, weil sie:

- als Ausgangspunkt den Führungsprozess erheblich beeinflussen
- in die Planung eingehen
- die Aktivitäten des Unternehmens steuern
- den Erfolg des Unternehmens kontrollierbar machen.

(2) Mithilfe des **Sachzieles** soll das Formalziel realisiert werden. Als sich unmittelbar auf den Leistungsprozess beziehendes Ziel könnte es z. B. lauten:

Umsatzausweitung bei der Produktgruppe A um 15 %, bei der Produktgruppe B um 10 % und bei der Produktgruppe C um 5 %.

(3) **Zielkonflikte** im Finanzbereich können z. B. sein:

- Zielkonflikt zwischen Rentabilität und Liquidität (geringe Rentabilität bei hohen Liquiditätsreserven)
- Zielkonflikt zwischen Rentabilität und Risiko (hohe Rentabilitätschancen bei hohem Risiko).

Als Zielkonflikte im Marketingbereich sind z. B. möglich:

- Zielkonflikt zwischen geringen Werbeaufwendungen und hohem Bekanntheitsgrad
- Zielkonflikt zwischen hohem Qualitätsniveau und niedrigem Verkaufspreis.

(4) **Ziele** von Abnehmern können z. B. sein:

- bedarfsgerechte Güterversorgung
- Produktqualität
- Service
- günstiges Preis-Leistungs-Verhältnis
- längere Lebensdauer
- längere Garantie- und Kulanzzeit.

Als Ziele von Lieferanten sind z. B. möglich:

- Fertigungsgerechter Absatz von Gütern und Dienstleistungen
- schnelle Zahlungen der Kunden
- langfristige Abnahmeverträge
- kurze Lieferzeiten.

Lösung zu 7:

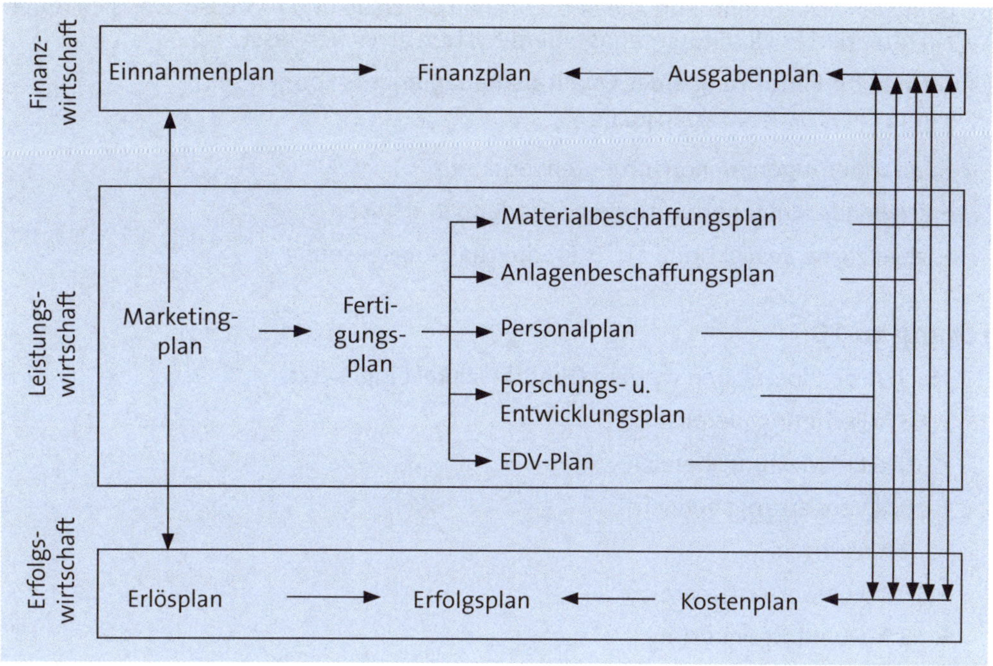

Lösung zu 8:

(1) Das **Top-down-Prinzip** wird hier wahrscheinlich Anwendung finden, da Gegebenheiten vorliegen, die zeitnah nicht ohne Weiteres verändert werden können und ggf. auch sollen:

- Inhaber als Top Management prägt/prägen Unternehmensziele
- autoritäre Führungsstruktur
- Mitsprache der Mitarbeiter nicht sehr erwünscht.

(2) Mittelfristig sollte auf das reine Top-down-Prinzip verzichtet und zumindest das **Gegenstromverfahren** angestrebt werden, das die Nachteile des Top-down-Prinzips zu vermeiden versucht. Es erfordert jedoch Veränderungen im Führungsverhalten des/der Eigentümer.

Lösung zu 9:

(1) In der Vergangenheit war Qualität zumeist auf die Kontrolle der Erzeugnisse ausgerichtet. Dies hat sich dahingehend gewandelt, dass immer mehr der Markt und der Verbraucher das Qualitätsniveau festlegen. Qualität umfasst neben dem Fertigungsbereich zunehmend alle betrieblichen Bereiche und Prozesse, was sich durch ein integriertes Qualitätsmanagement-System erreichen lässt.

(2) **Gründe für Einführung eines Qualitätsmanagements** können sein:

- Intensivierung des Wettbewerbs
- Veränderungen im Konsumentenverhalten
- steigende Nutzenerwartungen/Kundenbedürfnisse
- gesetzliche Restriktionen (z. B. Produkthaftungsgesetz).

Lösung zu 10:

(1) Nach Arbeitsbereichen werden **Qualitätszirkel** eingesetzt:

- 66 % Fertigungsbereich
- 10 % Entwicklungsbereich
- 9 % Verwaltungsbereich
- 2 % Vertrieb
- 10 % Entwicklungsbereich
- 2 % Qualitätssicherung
- 11 % Bereichsübergreifend und Sonstige.

(2) **Vorteile der Qualitätszirkel** sind z. B. für:

Mitarbeiter	Unternehmen
► Erweitertes Wissen über den Aufbau, die Funktion seines Produktes ► Persönliche Fähigkeiten und Erfahrungen stärker nutzen ► Verbesserte Zusammenarbeit auch mit Vorgesetzten ► Weniger Monotonie am Arbeitsplatz ► Mehr Selbstbewusstsein und Verantwortungsbewusstsein ► Erhöhtes qualitätsbewusstes Denken und Handeln ► Mehr Entscheidungsspielraum ► Erhöhte Arbeitszufriedenheit ► Mehr Anerkennung, auch durch Verbesserungsvorschläge	► Verbesserung des Zusammenwirkens zwischen den Dienststellen ► Verbesserte Kommunikation und kooperativer Führungsstil ► Verbesserte Arbeitsabläufe und Verminderung von Fehlerquellen ► Höhere Flexibilität und Innovation ► Verminderung von Reklamationen, verbessertes Betriebsklima ► Verbesserte Unterlagen ► Verkürzung von Durchlaufzeiten ► Reduzierung von Entwicklungs-, Herstellungs- und Produktkosten ► Mehr Zufriedenheit der Kunden ► Erhöhung der Wettbewerbsfähigkeit

Lösung zu 11:

Beispiele für **Umweltschutzmaßnahmen** sind:

Produktentwicklung	► Wasserlösliche statt lösungsmittelhaltige Farben und Lacke ► Schwermetallfreie Kunststoffe ► Joghurt und Milch im Recyclingglas ► Wieder aufladbare Batterien (Akkus) ► Schadstoffarme Fahrzeuge (z. B. Katalysator)
Materialbeschaffung	► Umweltschonende Reinigungsmittel ► Ersatzstoffe für PVC, FCKW, PCB, Asbest usw. ► Automaten mit Mehrwegflaschen ► Recyclingpapier
Produktion	► Einsatz von Thermostaten und Sensoren (z. B. Heizkörper) ► Isolation, Wärmerückgewinnung (z. B. bei Neubauten) ► Systematische Erfassung des Ressourcenverbrauchs, der Emission und der Rückstände (z. B. durch Kaminkehrer) ► Aufklärungsmaßnahmen betreffend Risikoschutz
Marketing	► Papierartikel aus Recyclingpapier ► FCKW-freie Sprays (z. B. Rasierschaum) ► Energiesparende Haushaltsgeräte und andere Gebrauchsgüter ► Getränke in Mehrwegverpackungen ► Zahnpasta ohne Verpackung ► Keine Verbundverpackungen ► Energiesparberatung für Kunden

Lösung zu 12:

(1) **Strategien zur Reduzierung von Umweltbelastungen** sind z. B.:

Strategie	Ziel	Beispiel
Vermeidungs-strategie	Belastende Auswirkungen auf die Umwelt sollen verhindert werden	Weglassen von Produktver-packungen
Verminde-rungs-strategie	Sparen oder Substitutionen sollen die umweltbelastenden Konse-quenzen reduzieren	Reduzierung der Dicke von Verpackungsmaterial
Verwertungs-strategie	Der Output soll wieder als Input dem Leistungsprozess des Unter-nehmens zugeführt werden	Recycling von Altmetallen, -glas, -papier, -kunststoffen, -reifen
Beseitigungs-strategie	Unvermeidbare Abfälle sollen auf möglichst ökologische Weise ent-sorgt werden	Verbrennung bzw. Deponie-rung von Restmüll

(2) **Kriterien ökologischer Produktgestaltung** sind z. B.:

- möglichst lange Lebensdauer des Produktes
- hohe Wertbeständigkeit des Produktes
- geringe Reparaturanfälligkeit
- leichte Zerlegbarkeit (Baukastenprinzip)
- Verwendung von möglichst zahlreichen recyclingfähigen Materialien

Lösung zu 13:

Siehe MiniLex Seite 283 ff.

Lösung zu 14:

(1) **Unternehmensgrundsätze** können z. B. umfassen:

- Tätigkeitsgebiet
- Vision
- Selbstverständnis
- Leistungsprogramm
- angestrebte Marktstellung
- geografische Reichweite
- Führungsprinzipien
- Finanzierungs-/Investitionsgrundsätze
- Marktstrategie
- Wettbewerbsstrategie
- Beschaffungs-/Vertriebsgrundsätze
- personalpolitische Maximen.

(2) **Unternehmensleitbilder** können z. B. folgende Inhalte aufweisen:

Großbank	► Eine bestimmte Gewinnwachstumsrate und damit verbunden eine bestimmte Eigenkapitalrendite auf ein weiterhin steigendes Eigenkapital. ► Sicherung des Dividendenerfordernisses bei ausreichender Dotierung der Rücklagen. ► Ein bestimmtes Wachstum des Geschäftsvolumens und des Dienstleistungsgeschäfts mit Blick auf eine Ausweitung der Marktanteile. ► Aufrechterhaltung des Universalbankcharakters der Bank. ► Eine möglichst vollständige räumliche Repräsentanz der Bank in nationaler Sicht und die Vertretung des Instituts an den wichtigsten internationalen Plätzen. ► Erhaltung und Ausbau der Stellung unter den deutschen Banken.
Computer-unternehmen	► Erzielung eines Gewinnes, der ausreicht, um das Wachstum des Unternehmens zu finanzieren und die Mittel bereitzustellen, die zur Verwirklichung unserer anderen Zielsetzungen benötigt werden. ► Produkte und Dienstleistungen sollen den hohen Ansprüchen der Kunden an Qualität und Nutzen voll gerecht werden, um das Vertrauen der Kunden zu gewinnen und zu erhalten.
Luftverkehrs-unternehmen	► Beförderung von Menschen und Gütern mit höchstmöglicher Sicherheit, Regelmäßigkeit und Pünktlichkeit. ► Ausrichtung des Angebotes auf die Bedürfnisse der deutschen Wirtschaft. ► Arbeiten nach wissenschaftlichen Gesichtspunkten. ► Zugehörigkeit zu den besten Airlines der Welt aufgrund fliegerischer Kompetenz, technischer Präzision und Dienstleistungsbereitschaft.

Lösung zu 15:

(1) Elemente eines **Corporate-Identity-Mix** können/sollten sein:

- Unternehmensverhalten (Corporate Behaviour)
- Unternehmenserscheinungsbild (Corporate Design)
- Unternehmenskommunikation (Corporate Communication).

(2) Die **Zielsetzung** eines strategischen Corporate-Identity-Konzeptes besteht darin, das Unternehmen als geschlossene Einheit in der Öffentlichkeit darzustellen, damit ein bestimmtes Bild oder Image vermittelt wird.

(3) **Konkrete Maßnahmen** zur Förderung einer Corporate Identity sind z. B. bei:

Unternehmensverhalten	► Regelmäßige Durchführung von Pressekonferenzen und Firmenpräsentationen ► Hochschulkontakte (Teilnahme an Firmenkontaktgesprächen usw.) ► Homepage im Internet (Unternehmensvorstellung, Produktpalette, Konditionen, Service, Ansprechpartner, Öffnungszeiten usw.) ► Kooperativer Führungsstil (Prinzip der „offenen Tür", Einführungsveranstaltung für neueingestellte Mitarbeiter, lockere Umgangsformen, „casual friday", Möglichkeit der Telearbeit von zu Hause, völlig flexible Arbeitszeiten)
Unternehmenserscheinungsbild	► Futuristisches Logo ► Weitgehender Verzicht auf papiergebundene interne/externe Kommunikation zu Gunsten von E-Mail ► Ansprechende Architektur des Firmengebäudes und moderne Gestaltung der Inneneinrichtung
Unternehmenskommunikation	► Firmenbroschüre (extern) ► Regelmäßige Mitarbeiterinformation (intern)

Lösung zu 16:

(1) Das **PIMS-Konzept** kann für die strategische Planung allgemein gültige Aussagen liefern, da Erkenntnisse aus den Erfahrungen anderer Unternehmen in vergleichbaren Wettbewerbs- bzw. Marktsituationen herangezogen werden können. Dennoch sollte die Aussagekraft nicht überbewertet werden, da:

- die verwendeten Bilanzdaten zeitpunktbezogen sind
- keine repräsentative Datenbasis vorliegt, weil die Unternehmen freiwillig an der Studie teilnehmen
- bestehende Interdependenzen der Erfolgsfaktoren nicht berücksichtigt werden
- Unternehmen mit geringem Marktanteil auch erfolgreich sein können, z. B. Nischenanbieter.

(2) Faktoren, die den **Erfolg einer strategischen Geschäftseinheit** beeinflussen, können sein:

- Preis-Leistungs-Verhältnis
- Mitarbeiter
- Produktqualität
- Einkaufspotenzial
- Technologie
- Produktionsprogramm

- Service
- Produktionspotenzial
- Forschung und Entwicklung
- Führungssystem
- Organisation
- finanzielles Potenzial
- Standort
- Kostensituation.

(3) Das Mobiltelefon wird nicht zuletzt wegen erheblicher Preissenkungen auch für den Privatkunden zunehmend attraktiver. Es befindet sich gegenwärtig in der **Reifephase**, die durch einen deutlichen Preisverfall bei der Hardware und bei den Verbindungspreisen gekennzeichnet ist. Aufgrund der hohen Marktdurchdringung von Funktelefonen dürfte dieser Markt in Deutschland nur ein begrenztes Wachstumspotenzial haben.

Maßnahmen, die einen erfolgreichen Marktauftritt unterstützen, können z. B. sein:

- Niedrigpreisangebote („Lockvogelangebote") bei Hardware durch Subventionierung der Hardware-Preise seitens der Netz-Betreiber
- Preisdifferenzierung (z. B. Einstiegstarife für junge Leute, Studierende, All-Inclusive-Tarife in Abhängigkeit von der Nutzungsdauer – z. B. Tarif für 60 Minuten Telefongespräche in alle Netze, Flatrates für endloses Telefonieren in das eigene Mobilfunknetz, deutsche Festnetz oder andere deutsche Mobilfunknetze)
- Anbieten von Handys von Handelsunternehmen (z. B. Aldi Talk)

(4) Als Beispiele können genannt werden, wobei die Zuordnung zur jeweiligen Phase nicht immer eindeutig möglich ist:

Einführungsphase	**Wachstums-/Reifephase**	**Degenerationsphase**
► Internetzugang über Glasfaserleitung ► Fahrzeuge mit Hybridmotor ► Datenspeicherung in der Cloud ► Flüssiggas-Tankstellen	► Tragbare Navigationssysteme für Kraftfahrzeuge ► Freisprechanlagen für Kraftfahrzeuge ► Digitale Fotokamera ► USB-Speichermedien ► DVD-Brenner ► VDSL-Internetzugang ► Elektronischer Organizer ► Flachbildschirme ► WLAN-Technologie ► Solartechnik	► VHS-Cassetten ► Disketten ► Analoge Fotokamera ► Schnurgebundenes Telefon ► Diaprojektor ► Analoger Telefonanschluss ► Schreibmaschine ► Schallplatte ► Kassettenrekorder

(5) **Kritikpunkte am Lebenszyklus-Konzept** sind:

- Die Länge des Lebenszyklus sowie die Dauer der einzelnen Phasen sind nicht durch Gesetzmäßigkeiten gekennzeichnet und daher nicht genau bestimmbar, da:
  - der Produktlebenszyklus durch das Unternehmen verkürzt oder verlängert werden kann, z.B. durch Produktdifferenzierung oder durch absatzpolitische Aktivitäten
  - der Produktlebenszyklus durch den Markt beeinflusst werden kann, z.B. durch neue Produkte, neue technologische Entwicklungen, gesellschaftliche Veränderungen, qualitative Veränderungen der Nachfrage.
- Teilweise bestehen Time-lags zwischen den Ursachen und Wirkungen.
- Das Verhalten der Nachfrager und Konkurrenten ist kaum voraussehbar.
- Synergieeffekte verwandter Produkte werden nicht berücksichtigt.
- Das Lebenszyklus-Modell ist empirisch nicht nachweisbar.

Lösung zu 17:

(1) Für die strategische Planung ist das **Erfahrungskurven-Konzept** insofern von großer Bedeutung, als es Rückschlüsse auf den prozentualen Rückgang der Produktionsstückkosten bei einer Verdoppelung der kumulierten Produktionsmenge zulässt. Insbesondere Industrieunternehmen können hieraus Anhaltspunkte für eine marktgerechte Preispolitik ableiten, da sie Produktionskostenvorteile an die Verbraucher in Form von geringeren Preisen weitergeben können.

(2) Das mit dem Erfahrungskurven-Konzept verbundene Kostensenkungspotenzial muss durch die Unternehmensleitung auch tatsächlich realisiert werden. **Maßnahmen zur Kostenreduzierung** sind z.B.:

- Änderung des Fertigungsverfahrens
- Einsatz flexibler Arbeitszeitmodelle
- Ausgliederung bisher selbst durchgeführter betrieblicher Leistungen auf spezialisierte und kostengünstigere Fremdfirmen (Outsourcing)
- Reduzierung von Werbekosten durch Nutzung des Internets als Vertriebsinstrument.

Lösung zu 18:

(1) **Megatrends** bzw. **Herausforderungen** sind:

Europäischer Markt	► Zunahme der Anbieter von Finanzdienstleistungen ► Aufweichung von Branchengrenzen ► Internationalisierung der Bankgeschäfte ► Neue Finanzdienstleistungsprodukte
Höhere Ansprüche der Bankkunden	► Steigende Geldvermögensbildung („Erbengeneration“) ► Abnehmende Bedeutung emotionaler Faktoren, wie Zugehörigkeit oder Gewohnheit ► Wachsendes Bedürfnis nach individuellen Problemlösungen ► Rationale Nutzenargumente stehen im Vordergrund
Trend zur Informationsgesellschaft	► Qualität der Bankdienstleistungen ändert sich ► Kunden akzeptieren und erwarten „24-Stunden-Banking“ mit umfassender Selbstbedienung ► Technologie und Information werden zu einem entscheidenden Wettbewerbsfaktor

(2) **Reaktionsmöglichkeiten der Kreditinstitute** können z. B. sein:

- bessere Produktangebote
- höhere Qualifikation der Mitarbeiter
- stärkere Betonung des Zielgruppengedankens
- mehr kundenspezifische Strategien
- gezielter Einsatz der Marketinginstrumente (Leistungs-, Preis-, Vertriebs- und Kommunikationspolitik)
- zunehmende Umwerbung des Kunden, auch unter Einsatz von Direktmarketing
- Intensivierung des Vermögensanlagebereiches
- stärkere Automatisierung des Bankgeschäftes
- Differenzierung der Vertriebsstrukturen (Filialbank, Direktbank).

Lösung zu 19:

(1) **Branchen mit hoher Wettbewerbsintensität** sind z. B.:

- Kommunikationsbranche
- Informationsbranche
- Automobilindustrie
- Versandhandel
- Möbelbranche
- Finanzdienstleistungssektor.

(2) **Einflussfaktoren für das Ausmaß der Wettbewerbsintensität** sind:

- Anzahl der Wettbewerber
- Fertigungskapazitäten der Wettbewerber
- Höhe der Marktanteile
- Ausmaß der Fähigkeiten der Wettbewerber
- Nachfrage nach einem Produkt
- Preispolitik
- Umstellungskosten der Kunden bei Produktwechsel.

(3) Die **Branchenstrukturanalyse** der deutschen Automobilindustrie könnte zu folgenden Erkenntnissen führen:

Gefahr des Markteintrittes neuer Konkurrenten	► Eventuell stärkeres Engagement ausländischer (europäischer, amerikanischer, asiatischer) Anbieter
Gefahr durch Ersatzprodukte	► Innerstädtischer Bereich: Ggf. attraktiver öffentlicher Nahverkehr, Fahrrad, Elektrofahrzeug, Solarmobil ► Außerstädtischer Bereich: Flugzeug, Bahn (ICE, Fernbuslinien)
Verhandlungsstärke von Kunden	► Entgegenkommen bei Großabnehmern (Fuhrparkmanagement) ► Bedrohung des eigenen Absatzes durch EU-Reimporte von Fahrzeugen, die für den Kunden Preisvorteile haben können
Verhandlungsstärke von Lieferanten	► Hohe Marktmacht von Systemlieferanten, die wichtige Teile zuliefern (ABS, Airbag, ESP) ► Es besteht kaum die Chance, auf andere Lieferanten auszuweichen
Rivalität unter den bestehenden Wettbewerbern	► Hohe Rivalität der Anbieter untereinander ► Mercedes (E-Klasse), Audi (A 6), BMW (5er Reihe) im Bereich der gehobenen Mittelklasse

Lösung zu 20:

- **Maßnahmen zur Schließung der operativen Lücke** können z. B. sein:
  - Kapazitätserweiterung
  - Ausdehnung der Öffnungszeiten
  - Mitarbeitertraining
  - Mitarbeitermotivation
  - intensiv(er)e Werbung
  - Sonderaktionen.

- Als **Maßnahmen zur Schließung der strategischen Lücke** kommen z. B. in Betracht:
  - Verbesserung des Produktprogrammes, z. B. durch Spezialitäten
  - Verbesserung der Distribution, z. B. durch Heimservice
  - Expansion, z. B. mithilfe von Verkaufsständen und neuen Verkaufsräumen.

Lösung zu 21:

(1) In die **Stärken-Schwächen-Analyse** sollten z. B. einbezogen werden:
- Produktpalette (Gewerbeimmobilien, Privatimmobilien)
- bisheriger Kundenstamm
- Serviceumfang
- Finanzierungsvermittlung
- Personalqualität.

(2) Nutzbare **Informationsquellen für eine Stärken-Schwächen-Analyse** können z. B. sein:
- Internetrecherchen
- Besuch von Immobilienmessen
- Besuch von Weiterbildungsveranstaltungen/Kongressen
- Auswertung von Zeitungsanzeigen
- Anforderung von Firmenunterlagen (Exposés)
- Bankkontakte.

Lösung zu 22:

Ein **kennzahlengestütztes Planungssystem** kann aufweisen:

Vorteile	**Nachteile**
► Hoher Informationsstand	► Keine/kaum Zielkonflikte berücksichtigt
► Ausrichtung an Unternehmenszielen	► Beschränkung auf quantitative Daten
► Zieldarstellung gut möglich	► Orientierung auf ein Oberziel
► Zielvorgaben/-vereinbarungen möglich	► Starrheit des Planungssystems
► Zielerreichung gut kontrollierbar	► Mitunter interpretierbare Ergebnisse/Aussagen

Lösung zu 23:

Die **Realisierung einer stärkeren Marktdurchdringung** ist z. B. möglich durch:

Ansatzpunkte	Aktivitäten
Erhöhung der Produktverwendung bei Stammkunden	► Beschleunigung des Ersatzbedarfs, künstliche Veralterung ► Verstärkter Einsatz des Kommunikationsmixes ► Intensivierung des persönlichen Verkaufs ► Ausbau des Vertriebsnetzes ► Verbesserung von Produktdesign, -verpackung und -qualität ► Größere Verpackungseinheiten ► Senkung der Preise ► Verbesserung des Kundendienstes ► Verbesserung der Großkundenbetreuung (Key Accounting) ► Verkürzung der Lieferzeiten ► Rücknahme und Entsorgung von Altgeräten ► Stärkerer Nachverkauf durch Verringerung der Reklamationsquoten
Gewinnung neuer Kunden	► Senkung der Preise ► Intensivierung der Verkaufsförderung ► Produktverbesserung ► Einschaltung von neuen Absatzkanälen ► Verteilung von (kostenlosen) Warenproben ► Stärkerer Einsatz von „Elektronischem Marketing" (z. B. Internet)

Lösung zu 24:

(1) **Handlungsmöglichkeiten** im Rahmen der Produktentwicklungsstrategie können z. B. sein:

- Weiterentwicklung bestehender Produkte
- Entwicklung von Nachfolgern für auslaufende Produkte
- Individualisierung des Leistungsprogramms
- Berücksichtigung von Umweltverträglichkeitsgesichtspunkten bei der Produktentwicklung
- Ergänzung bestehender Produkte durch neue Serviceleistungen
- Einrichtung von telefonischen Unterstützungsdiensten bzw. Hilfsdiensten (Hotlines).

(2) **Beispiele für Innovationen** sind:

Echte Produkt-Innovationen	Funktelefon, Lasertechnologie, Navigationssysteme für Kraftfahrzeuge, CD-RW-Brenner
Quasi-Innovationen	Tragbarer Computer (Notebook, Ultrabook, Tablet), flüssiges Waschmittel, Diätgetränke
Me-too-Produkte	Schokolade, Zahnpasta, Spülmittel, Reinigungsmittel

(3) **Motive für die Diversifikationsstrategie** können z. B. sein:

- Streben nach Wachstum
- Streben nach Unabhängigkeit (z. B. von Lieferanten)
- Streben nach Macht
- Senkung von Steuern
- Stagnation/Rückläufigkeit angestammter Märkte
- Reduktion von Risiken
- Ausgleich von Risiken (zusätzliches Standbein, Risikoteilung)
- Erhöhung der Rentabilität
- Verbesserung der Kostenstruktur
- Sicherung der Rohstoff- und Absatzbasis
- Erzielung von Synergieeffekten
- Steigerung der Wettbewerbsfähigkeit
- Stabilisierung der Absatzsituation.

(4) **Beispiele für Diversifikationsarten** können sein:

Horizontale Diversifikation	► Automobilhersteller produziert Motorräder. ► Schreibmaschinenhersteller fertigt Notebook.
Vertikale Diversifikation	► **Vorwärtsintegration:** - Zulieferer von Computerteilen stellt selbst Computer her. - Möbelproduzent vertreibt seine Erzeugnisse über eigene Möbelhäuser. - Stahlwerk gliedert einen Standhandel an. - Maschinenbauunternehmen erwirbt Transportunternehmen. ► **Rückwärtsintegration:** - Computerhandelskette kauft einen Chipproduzenten. - Versandhaus beteiligt sich an einem Druckereibetrieb (Sicherung von Druckkapazitäten). - Röhrenhersteller erwirbt ein Stahlwerk (Sicherung von kostengünstigem Rohmaterial).
Laterale Diversifikation	► Möbelunternehmen kauft ein Unternehmen, das Software herstellt. ► Versandhaus erwirbt die Kapitalmehrheit bei einer Brauerei. ► Automobilproduzent kauft Flugzeughersteller.

(5) **Probleme einer Diversifikationsstrategie** sind z.B.:

- Die Unternehmensleitung verfügt über keine oder nur geringe Erfahrungen.
- Das Zusammenwirken mit anderen Unternehmen erfordert umfangreiche Abstimmungsprozesse und einen hohen Verwaltungsaufwand (z.B. Vertragsentwicklung, Lizenzerwerb, Joint Venture).
- Zumeist sind hohe finanzielle Mittel aufzubringen.
- Nur geringe Synergieeffekte erzielbar.
- Es bestehen hohe, schwer kalkulierbare Risiken.

Lösung zu 25:

(1) Die **Differenzierungsstrategie** kann sich beziehen auf:

	IKEA	**Traditionelle exklusive Anbieter**
Fertigung/Einkauf	Große Serien: geringe Kosten	Kleine Lose: hohe Kosten
Montage	Geringe Kosten: übernimmt Kunde	Hohe Kosten: lohnintensiv
Transport	Kompaktverpackungen: geringe Kosten	Großvolumen: hohe Kosten
Ausstellungsort	Gewerbegebiet: geringe Kosten	Zentrale Lage: hohe Kosten
Lieferzeit	Kurz; großes Lager: hohe Kosten	Lang; kleines Lager: geringe Kosten
Preis	relativ niedrig	relativ hoch
Qualität	relativ niedrig	relativ hoch
Lieferung und Aufstellung	Keine Kosten: erledigt Kunde	Hohe Kosten: Fuhrpark, Schreiner

(2) Die **Differenzierungsstrategie** ist insbesondere für kleinere und mittlere Unternehmen zu empfehlen, da sie nicht die Finanzkraft aufbringen, um große Produktionskapazitäten aufzubauen, die für eine Kostenführerschaftsstrategie notwendig wären.

Durch besseren Service, individuelles Eingehen auf die Wünsche des Kunden, zielgerichtete Problemlösungsangebote, Einsatz von CAD-Programmen zur Verkaufsunterstützung, hochqualifiziertes Beratungs- bzw. Verkaufspersonal und eine attraktive erlebnisbetonte Kaufatmosphäre können bei einem bestimmten, weniger preissensiblen Kundensegment Präferenzen aufgebaut werden.

(3) Wenn am Markt sehr stark der Preis und weniger die Qualität des Produktes von Bedeutung ist, ist die **Kostenführerschaftsstrategie** zu erwägen. Dabei sollte das Unternehmen z. B. versuchen,

- einen Preisstandard am Markt zu setzen
- Erfahrungskurveneffekte zu realisieren
- einen relativ hohen Marktanteil zu erzielen
- seine Produkte weitestgehend zu standardisieren
- ein agressives, preisbetontes Marketing vorzunehmen
- ein effizientes Controlling zu betreiben.

Der Einsatz der **Kostenführerschaftsstrategie** eignet sich, wenn folgende Marktgegebenheiten vorliegen:

- Die Käufer sind in erster Linie sehr preissensibel und weniger qualitätsbewusst.
- Es existiert eine hohe Preiselastizität der Nachfrage.

(4) Charakteristika der **Strategie von „Aldi"** sind z. B.:

- stark gestraffte Produktpalette („Schnelldreher")
- hohe Einkaufsvolumina, daher hervorragende Konditionen für die Kunden
- durchschnittlicher Kundenservice
- geringe Personalausstattung
- einfachste Warenpräsentation
- Selbstbedienungsprinzip
- spartanische Ladenausstattung
- wöchentliche Werbeaktionen mit agressiv kalkulierten Sonderposten
- meist nur Standardprodukte, keine Spezialitäten.

(5) **Risiken**, die mit **einer Kostenführerschaftstrategie** verbunden sein können, sind z. B.:

- unzureichende Abdeckung des Gesamtmarktes, insbesondere gehobener Käuferschichten
- Gefahr mangelnder Kapazitätsauslastung bei Änderungen des Verbraucherverhaltens/Marktsituation
- Vernachlässigung qualitativer Aspekte bzw. von Forschung und Entwicklung
- Dominanz der Preishöhe aus Sicht des Kunden
- Zusatznutzen des Erzeugnisses für Kunden kaum wahrnehmbar.

Lösung zu 26:

(1) **Motive für Auslandsengagements** von Unternehmen können sein:

- steuerliche Vorteile
- geringere Umweltauflagen (bzw. Umgehung von Umweltauflagen im Inland)
- schnellere Genehmigungsverfahren (z. B. bei Bauvorhaben)
- schnelleres Wirtschaftswachstum (z. B. Ostasien)
- zunehmende Globalisierung der Wirtschaft verlangt auch eine Erhöhung der Betriebsgröße und eine Präsenz auf ausländischen Märkten
- Einsatz des Internets als Werbeinstrument, um eine weltweite Distribution zu ermöglichen
- Ausnutzen von im Ausland vorhandenem Fachwissen (z. B. gut ausgebildete Ingenieure in Indien können kostengünstig für die Programmierung von Computer-Software, vielfach z. B. von Multimedia-Anwendungen eingesetzt werden)
- keine/geringe Bedeutung von Gewerkschaften.

(2) Beispiele für Unternehmen, die eine **Internationalisierungsstrategie** betreiben:

- Siemens
- Daimler
- Deutsche Bank
- IBM
- BASF
- VW

Lösung zu 27:

(1) Wege für die **externe Beschaffung** akademisch ausgebildeter Fachkräfte können z. B. sein:

- öffentliche Arbeitsvermittlung
- private Arbeitsvermittlung
- Personalberater
- Stellenanzeigen im Internet
- Kontakte zu Hochschulen
- Firmenpräsentationen/Absolventenkongresse.

(2) Gegebenenfalls mit der Beschaffung von Akademikern verbundene **Probleme** sind z. B.:

- hohe Kosten der Auswahl
- hoher Zeitaufwand für die Auswahl
- begrenzte Aussagekraft der Auswahlverfahren.

Lösung zu 28:

(1) Der grundsätzliche **Unterschied** liegt im unterschiedlichen **Grad der Komprimierung der Einflussfaktoren** der jeweiligen Achsendimensionen, weiterhin:

Vier-Felder-Matrix (BCG-Matrix)	**Neun-Felder-Matrix (McKinsey-Matrix)**
► Beschränkung auf Marktwachstum (externe Größe) und relativen Marktanteil (interne Größe) ► Transparent und relativ einfach handhabbar, insbesondere auch für mittelständische Unternehmen zur Strategieformulierung ► Hohe Übersichtlichkeit aufgrund der Visualisierung ► Zwang der Unternehmensleitung zur Konzentration auf das Wesentliche	► Bündelung und Gewichtung von zahlreichen Faktoren, um die Achsendimensionen „Marktattraktivität" und „Relative Wettbewerbsvorteile" festzulegen ► Aufgrund der zahlreichen Faktoren, die berücksichtigt werden, ergibt sich eine insgesamt recht hohe Komplexität ► Für Klein- und Mittelbetriebe ist diese Portfolio-Matrix weniger zu empfehlen

2) Eine **Gewichtung der Beurteilungsfaktoren** bei der Neun-Felder-Matrix könnte gestaltet sein:

Marktattraktivität einer SGE

	niedrig – hoch	Gewichtung
- Marktwachstum	1 | 2 | 3 | 4 | 5	30 %
- Marktqualität	1 | 2 | 3 | 4 | 5	50 %
- Umweltsituation	1 | 2 | 3 | 4 | 5	20 %
Gesamt		100 %

Relative Wettbewerbsvorteile einer SGE

	niedrig – hoch	Gewichtung
- Rel. Marktposition	1 | 2 | 3 | 4 | 5	40 %
- Rel. Produktionspotenzial	1 | 2 | 3 | 4 | 5	30 %
- Rel. F&E-Potenzial	1 | 2 | 3 | 4 | 5	30 %
Gesamt		100 %

→ Stellung im Portfolio

Lösung zu 29:

Siehe MiniLex Seite 283 ff.

Lösung zu 30:

(1) Um eine möglichst hohe Antwortquote zu erreichen, sollte bei den **Fragestellungen** z. B. berücksichtigt werden:

- allgemeine Fragen zu Beginn zur Unterstützung der Auskunftsbereitschaft
- einleitende Fragen mit Beispielen/Hintergrundinformation
- kurze und prägnante Formulierungen
- Vermeidung redundanter Fragen
- offene statt geschlossene Fragen
- konkrete Fragen
- keine Suggestivfragen
- Beachtung der Reihenfolge der Fragen.

(2) Bei der **technischen Gestaltung** und **Versendung** von Fragebogen ist z. B. zu achten auf:

- ausreichend Platz bei offenen Fragen lassen
- Hinweis bei geschlossenen Fragen, was zu tun ist (ankreuzen, unterstreichen o. Ä.)
- klare optische Trennung der Fragen
- Erfordernisse einer maschinellen Auswertung der Daten berücksichtigen
- Rücksendeanschrift auf erster Seite anbringen
- angemessener Rücksendetermin festlegen.

Lösung zu 31:

(1) **Merkmale einer Stelle** in einem Unternehmen sind:

- Dauerhaftigkeit: Jede Stelle wird langfristig gebildet.
- Zweckorientierung: Die Stelle ist kein Selbstzweck, sondern dient betrieblichen Zwecken.
- Koordinierbarkeit: Die Stelle soll mit anderen Stellen verbindbar sein.
- Konkretisierung: Jeder Stelle müssen Aufgabenträger zuordenbar sein.

(2) Bei der **Stellenbildung** empfiehlt sich eine modulare Vorgehensweise:

- Zunächst erfolgt die Aufgabenanalyse, indem die Gesamtaufgabe in auf einzelne Stelleninhaber übertragbare Teilaufgaben zerlegt wird. Dies kann geschehen mithilfe der Verrichtungs-, Objekt-, Rang-, Phasen- und Zweckanalyse.
- Danach wird die Aufgabensynthese durchgeführt, deren Ziel es ist, die Teilaufgaben in einen Gesamtzusammenhang zu bringen und Gruppen oder Abteilungen zu bilden.

(3) Die Aufgabenanalyse für das Schreiben eines Briefes gestaltet sich wie folgt:

- **Verrichtungsanalyse**: Laden, formulieren, eintippen, ausdrucken, ablegen
- **Objektanalyse**: Computer, Papier, Drucker, Toner, Programm
- **Ranganalyse**: Entscheidung über Brief schreiben, Ausführen des Briefschreibens
- **Phasenanalyse**: Planung, Realisierung und Kontrolle des Briefes
- **Zweckanalyse**: Zweckaufgaben, Verwaltungsaufgabe.

(4) Die **Verantwortung** kann sich z. B. auf folgende Bereiche beziehen:

- Die **Erfolgs- bzw. Ergebnisverantwortung**, bei der eine Führungskraft oder ein Mitarbeiter die Verantwortung dafür trägt, dass ein Erfolg oder auch ein Misserfolg eintritt.
- Die **Budgetverantwortung**, bei der eine Führungskraft die Verantwortung dafür trägt, dass Kostenvorgaben eingehalten werden. Sie hat Budgetüberschreitungen zu begründen.
- Die **Personalverantwortung**, bei der eine Führungskraft die Verantwortung für den Personaleinsatz und dessen Effizienz trägt.
- Die **Sachmittelverantwortung**, bei der eine Führungskraft oder ein Mitarbeiter für den ordnungsgemäßen Einsatz am Arbeitsplatz benötigter Sachmittel verantwortlich ist.
- Die **Terminverantwortung**, bei der eine Führungskraft oder ein Mitarbeiter die Verantwortung dafür trägt, dass festgesetzte Termine eingehalten werden, z. B. Termine im Finanzbereich oder im Rechnungswesen.

Lösung zu 32:

Zum **Aufgabenspektrum** zählen z. B.:

- Vorbereitung von Entscheidungen durch Beschaffung, Auswertung und Interpretation von Informationen
- „Bindeglied“ zwischen Vorstand und operativen Bereichen
- zahlreiche Sonderaufgaben im Bereich Betriebswirtschaft sowie Presse- und Öffentlichkeitsarbeit
- Vorbereitung und Protokollführung von Vorstandssitzungen.

Ein **Anforderungsprofil** kann z. B. umfassen:

- Kontaktfähigkeit, Verhandlungsgeschick, Taktgefühl und Loyalität gegenüber dem Vorgesetzten und dem Unternehmen
- gute Fachkenntnisse
- Auslandserfahrungen
- gute Sprachkenntnisse.

Zukunftsperspektiven können z. B. sein:

- Nach zwei bis vier Jahren sollte ein Wechsel in eine verantwortungsvolle Linienaufgabe erfolgen, wobei normalerweise die Abteilungsleiter-Ebene angestrebt wird.
- Dabei muss der ehemalige Assistent beweisen, dass er Fachwissen und firmenspezifische Kenntnisse als Führungskraft in die Praxis umsetzen kann.
- Gelegentlich erweist sich die Position als „Sackgasse", wenn keine geeignete Anschlussposition gefunden wird oder der Vorgesetzte das Unternehmen verlässt.
- Die Leitung des Vorstandssekretariats ist für Assistenten, die keine Aufstiegschancen besitzen, oft die berufliche Endstation.
- Für jüngere Kandidaten bestehen derzeit gute Chancen, in die „Consulting Branche" zu wechseln.

Lösung zu 33:

Vorteile der Delegation	Nachteile der Delegation
► Entlastung des Vorgesetzten, da weniger Routinearbeit erfolgt ► Vertrauensbildung beim Mitarbeiter, weil er stärker einbezogen wird ► Positionsvorbereitung, wenn der Mitarbeiter geeignet ist ► Motivation des Mitarbeiters, wenn er herausgefordert wird ► Befriedigung des Bedürfnisses nach Persönlichkeitsentfaltung ► Freisetzung von kreativem Potenzial durch stärkere Identifikation	► Überforderung des Mitarbeiters ► Leistungsschwäche des Mitarbeiters ► Mangelndes Einverständnis des Mitarbeiters ► Fehlerhafte Information des Mitarbeiters ► Rückdelegation durch den Mitarbeiter ► Unzulässige Delegation an Mitarbeiter

Lösung zu 34:

(1) Dem Unternehmen ist das **Funktionssystem** zu empfehlen. Die Begründung hierfür liegt in den Vorteilen dieses Systems, die z. B. sind:

- Spezialisierung
- direkte Weisungswege
- direkte Informationswege
- Betonung der Fachautorität
- Produktivität sachlicher Konflikte
- relativ schnelle Ausführung
- erschwerte Informationsfilterung

- Mitarbeiterkontrolle durch mehrere Vorgesetzte
- kompetente Vorgesetzte
- kein schwerfälliger Instanzenweg
- größere Dynamik der Führungskräfte.

(2) Bei einem Unternehmen mit 500 Beschäftigten kann sich das **Stabliniensystem** anbieten, dessen Vorteile u. a. sind:

- übersichtliche Struktur
- einheitlicher Instanzenweg
- klare Zuständigkeiten
- Nutzung von Größenvorteilen
- Nutzung von Spezialisierungsvorteilen
- Beratungsvorteile durch Stäbe
- Entlastung der Führungkräfte
- Verbesserung der Entscheidungsqualität.

Lösung zu 35:

Dem Unternehmen ist die **Holdingorganisation** zu empfehlen, die u. a. folgende Vorteile hat:

- Expansionsmöglichkeiten (z. B. strategische Allianzen)
- hohe Flexibilität durch Marktnähe, Kundenorientierung, Ergebnisverantwortung, weitgehende Autonomie der Beteiligungsgesellschaften
- schnelle Reaktion auf veränderte Umfeldbedingungen
- geringe Anfälligkeit des Gesamtunternehmens für Probleme einzelner Beteiligungsgesellschaften
- einfache Eingliederung von Akquisitionen
- hohes Innovationspotenzial durch klare Kompetenzregelungen, Delegation von Entscheidungsbefugnissen, geringe Formalisierung des Tagesgeschäftes
- relativ einfache Durchführung von Kooperationen, ohne andere Unternehmensteile zu berühren
- hohe Finanzkraft durch Schaffung eines „internen" Kapitalmarktes für die Finanzierung von Großinvestitionen
- hohe Transparenz und eindeutige Erfolgszurechnung auf die einzelnen Beteiligungsgesellschaften
- Nutzung von Synergieeffekten zwischen den Tochtergesellschaften und auch innerhalb der gesamten Holding.

Lösung zu 36:

(1) Das **Aufgabenspektrum** eines Produktmanagers kann umfassen:

- Durchführung der Absatzplanung sowie Koordination der auf Markterschließung und notwendiger Markterweiterung bzw. -sicherung ausgerichteter Unternehmensziele
- Definition von Marketingzielen und Festlegung entsprechender Strategien; Vorbereitung von Konzeptionsentscheidungen; Durchführung und Kontrolle genehmigter Marketingkonzeptionen
- optimalen Einsatz des absatzpolitischen Instrumentariums (Marketing-Mix); Zusammenarbeit mit Entwicklung, Fertigung und Vertrieb; Gesprächs- und Verhandlungspartner von Werbeagenturen und Marktforschungsinstituten.

(2) Das **Anforderungsprofil** eines Produktmanagers kann sich z. B. beziehen auf:

- Gute betriebswirtschaftliche Kenntnisse (insbesondere Absatz, Marketing, Marktforschung, Deckungsbeitragsrechnung), empirische Sozialforschung, Auslandsstudium bzw. -praktika, mindestens zwei Fremdsprachen (Englisch ist obligatorisch). Kenntnisse in Controlling, Finanz- und Rechnungswesen, Vertragsrecht (z. B. für Franchising) sind von Vorteil.
- Initiative, Kreativität, Durchsetzungsvermögen, sicheres Auftreten, Fähigkeit zur Teamarbeit, Kontaktfähigkeit, Verhandlungsgeschick, Einfühlungsvermögen, Organisationstalent, EDV-Kenntnisse, Verkaufserfahrung, Mobilität, technische Grundkenntnisse der Investitionsgüterindustrie, Branchen-Know how.

Lösung zu 37:

Stellenbeschreibung	
Stellenbezeichnung	Personalleiter
Stelleneinordnung	Hauptabteilungsleiter
Unterstellung	Vorsitzender der Geschäftsleitung
Überstellung	Personalverwaltungsleiter Leiter der Entgeltabrechnung Ausbildungsleiter Leiter des Sozialwesens
Stellenaufgaben	Beratung der Geschäftsleitung in allen Personalfragen Entwurf der Personal-, Sozial-, Entgelt- und Führungspolitik Personalplanung Personalentwicklung Leitung des Bereiches Personalwesen Vertretung des Unternehmens in Personalangelegenheiten Direkter Gesprächspartner zum Betriebsrat Pflege der Kontakte zu Verbänden, Ämtern usw.

Stellenbeschreibung	
Stellenziele	Optimale Ausstattung und Einsatz des Unternehmens mit Mitarbeitern Wirtschaftlichkeit des Personaleinsatzes Motivation der Belegschaft Sicherung des Betriebsfriedens und eines guten Betriebsklimas
Stellenbefugnisse	Prokura Einstellungen, Versetzungen, tarifliche Ein- und Umgruppierungen, Entlassungen Entscheidung über Entgeltvorschüsse und Personaldarlehen
Stellvertretung **Vertritt** **Wird vertreten**	 Verwaltungsleiter Personalverwaltungsleiter
Stellen-anforderungen	Abgeschlossenes Jura- oder Betriebswirtschaftsstudium 2. Staatsexamen bei einem Jurastudium Fünf Jahre Erfahrung im Personalwesen Spezielle Kenntnisse: Arbeits- und Sozialrecht, Organisation, Betriebspsychologie, Elektronische Datenverarbeitung Ausgeprägte Kenntnisse: Einfühlungsvermögen, Menschenführung, Kontaktfähigkeit

Lösung zu 38:

(1) Die Prozessorganisation kann folgende **Phasen** umfassen:

Selektionsphase	Sie dient dazu, diejenigen Geschäftsprozesse zu identifizieren, die gleichermaßen einen hohen Ressourcenverbrauch und Kundennutzen aufweisen.
Analysephase	Mit deren Hilfe soll der Ist-Zustand von Geschäftsprozessen ermittelt werden. Dies geschieht insbesondere durch: ► Analyse der Prozessstruktur ► Einteilung der Geschäftsprozesse in Haupt- und Teilprozesse ► Feststellung von Prozessverantwortlichen, Ressourcenverbrauch und Prozessdauer in Bezug auf die einzelnen Teilprozesse.
Synthesephase	Ihr Gegenstand ist die Entwicklung der Soll-Prozessstruktur auf der Grundlage strategischer Zielsetzungen.

Implemen-tierungs-phase	Sie soll die Umsetzung der Soll-Prozessstruktur im Unternehmen bewirken. Ziele der Neugestaltung der Organisationsstruktur können sein: ► Beschränkung der Aktivitäten auf ein Kerngeschäftsfeld ► Abbau von Überkapazitäten ► Dezentralisierung von marktorientierten Aktivitäten. **Maßnahmen** hierfür können z. B. umfassen: ► Abbau von Hierarchieebenen ► Ausgliederung bzw. Outsourcing von Abteilungen ► Bildung von stärker marktorientierten Einheiten ► Einrichtung von Profitcentern ► Übertragung von Prozessverantwortung auf spezielle Instanzen.
Trans-formations-phase	Sie dient zur Überwachung der Ergebnisse. Es kann zweckmäßig sein, die implementierten Maßnahmen auf die veränderte Situation anzupassen. Auch sollte eine Übertragung der Vorgehensweise und der Ergebnisse auf andere Unternehmensbereiche erwogen werden.

(2) **Ansatzpunkte der Prozessorganisation** sind z. B.:

- Beschaffung: Bestellabwicklung, Warenannahme
- Vertrieb:
  - Annahme/Bearbeitung eines Kundenauftrages, d.h. vom Auftragseingang durch den Kunden bis hin zum Zahlungseingang
  - Kundendienst, d.h. von der Anfrage durch den Kunden bis hin zur Problemlösung durch den Techniker
- Forschung und Entwicklung: Neuproduktentwicklung.

Lösung zu 39:

Phase	Top Management als Projektoberleitung	Projektleitung
Projekt-anstoß	► Ableitung der Projektbedarfe aus der Unternehmensstrategie ► Einbindung der Schlüsselpersonen ► Abstimmung mit anderen Vorhaben ► Erteilung des Projektauftrages	
Projekt-planung	► Einbindung unternehmensexterner und -interner Gruppen ► Formulierung der Projektziele ► Festlegung der Restriktionen/Termine ► Zuweisung der Ressourcen ► Regelung der projektübergreifenden Koordination ► Bestimmung von Projektleiter/Projektmitarbeitern	► Festlegung der Phasenziele ► Festlegung der Systemstruktur ► Ableitung von Aufgaben ► Ablaufplanung/Zeitschätzung ► Ermittlung von Sach- und Personal-bedarf ► Ermittlung der finanziellen Mittel ► Regelung der Projektinformation/ ► Projektdokumentation ► Einweisung/Schulung der Mitarbei-ter
Projekt-durch-führung	► Phasenfreigabe ► Projektübergreifende Koordination ► Überwachung Projektfortschritt ► Eingriff im Ausnahmefall ► Zwischenentscheidungen ► Kontrolle der Qualität der Phasenergebnisse ► Überprüfung Projektorganisation	► Erarbeitung/Präsentation von Entscheidungsvorlagen ► Erteilung von Teilaufträgen ► Anleitung, Motivation, Abschirmung von Mitarbeitern ► Externe Koordination/Kommuni-kation ► Koordination und Steuerung von Teilprozessen und Beteiligten ► Phasenübergreifende Koordination ► Alternativenauswahl/-beurteilung ► Ergreifung von Maßnahmen bei Ziel-/Terminabweichungen
Projekt-ab-schluss	► Entscheidung über Einführung ► Beschluss über Verwendung der Projektmitarbeiter/-leiter ► Erfolgskontrolle/Belohnung	► Präsentation der Projektergebnisse ► Erstellung Abschlussdokumentation ► Information/Schulung der ► Benutzer

Lösung zu 40:

(1)

Ziele des Unternehmens	Ziele der Mitarbeiter	Ziele des externen Organisationsberaters
► Sicherung der Mitarbeiterqualifikation	► Sicherung der persönlichen Entwicklung	► Branchenerfahrungen weitergeben
► Anpassung der Qualifikation	► Steigerung der individuellen Mobilität	► Methodenkompetenz beweisen
► Laufbahnplanung für Führungskräfte	► Planung der persönlichen Karriere	► Persönlichen Einsatz zeigen
► Organisationsentwicklung voranbringen	► Persönliche Entwicklung weiterbringen	► Hilfe zur Selbsthilfe erwirken
► Nachwuchs aus den eigenen Reihen gewinnen	► Mehr Selbstverwirklichung	► Verpflichtung zum Handeln
► Umsätze steigern und Personalkosten senken	► Sicherung des eigenen Einkommens	► Möglichst viel Geld verdienen
► Unabhängigkeit vom externen Arbeitsmarkt	► Verantwortung tragen	► Entwicklung voranbringen

(2) **Aufgaben** des Organisationsberaters im Verlauf einer Teamentwicklung können sein:

- Er soll vertrauenswürdiger Beschützer der Teilnehmer, aber auch – wenn es erforderlich ist – unangenehmer Provokateur sein.
- Er soll den Teilnehmern verständnisvoller zuhören, aber auch aktiver Teamentwickler sein.
- Er soll den Mitgliedern hilfreiche Vorschläge zur persönlichen Entwicklung unterbreiten, aber als Person neutral sein.
- Er soll einerseits sachlich kommunizieren, den Teilnehmern aber auch Ratschläge für ihr persönliches Weiterkommen geben.

(3)

	Interner Organisationsexperte	Externer Organisationsexperte
Vorteile	► Er kennt das Unternehmen sehr gut.	► Er hat den Bonus des neutralen externen Experten.
	► Er identifiziert sich mit der Unternehmenskultur.	► Er liefert eigene Vorschläge zur Unternehmenskultur.
	► Er ist immer anwesend und somit verfügbar.	► Er unterstützt die Unternehmensleitung.
	► Er liefert relativ schnell betriebliche Informationen.	► Er bringt hohe Bereitschaft zum Risiko.

Nachteile	► Innerbetriebliche Routine behindert den Fortschritt	► Bereitschaft zum Risiko kann höhere Kosten verursachen
	► Fehlende Anerkennung im Unternehmen	► Mangelnde Kenntnisse bzw. Denken in Schablonen
	► Gewisse „Betriebsblindheit" möglich	► Abhängigkeit durch den Beratervertrag
	► Befangenheit durch Abhängigkeit	► Probleme durch längere Abwesenheit möglich

Lösung zu 41:

Formen / Kriterien	Reine Projekt-organisation	Stabs-Projekt-organisation	Matrix-Projekt-organisation	Linien-Projekt-Organisation
Andere Begriffe	► Task Force ► Totale Projekt-organisation	► Koordinations-Projektmanager ► Projektkoordination	► Begrenzte Projektorganisation	► Einliniensystem
Weisungs-abgrenzung	► Projektleiter ist Linienvorgesetzter und untersteht der Unternehmensleitung	► Projektkoordinator hat keine Weisungsbefugnis gegenüber Fachabteilung	► Projektgruppe untersteht disziplinarisch der Linie, fachlich dem Projektleiter	► Projektleiter der Fachabteilung ist an Weisungen gebunden
Kompetenz-abgrenzung	► Projektleiter hat volle Kompetenz	► Projektkoordinator hat Sachkompetenz, aber keine Weisungskompetenz (Stab)	► Kompetenzen sind geteilt	► Kompetenzen in der Linie
Verant-wortung	► Liegt beim Projektleiter	► Liegt in der Fachabteilung	► Verantwortung ist geteilt	► Liegt in der Fachabteilung

Lösung zu 42:

Als Mängel **können** z. B. auftreten:

- Unklarheiten schon bei der Erläuterung des Projektes (Anlass, Ziele, Nutzen)
- Konflikte zwischen den Beteiligten hinsichtlich der Zielsetzung
- Nichtberücksichtigung von Wünschen der Betroffenen
- außer Acht lassen vertraulicher Daten
- Negieren angesprochener Risiken
- geringe Offenheit bei der Unternehmensleitung

- Projektinhalte passen nicht zur Unternehmensethik
- Fragen zu den Kosten und Finanzen bleiben offen
- viele Visionen, aber wenig konkrete Daten
- Art der Erfolgsmessung des Projektes ist zweifelhaft.

Lösung zu 43:

Den verschiedenen Fällen der Organisationsentwicklung können folgende **Formen des Wandels** zugeordnet werden:

(1) **Ungeplanter Wandel**, denn das Verhalten besteht ausschließlich darin, auf die Aktivitäten der Konkurrenten zu reagieren. Es ist allerdings zu bezweifeln, dass die Maßnahmen ausreichen, um das organisatorische Gleichgewicht wiederherzustellen.

(2) **Geplanter Wandel** als Evolution, denn es werden in kleinen Schritten planvolle Reaktionen auf Veränderungen vorgenommen. Dieses Verhalten kann allerdings dazu führen, dass durch zu vorsichtiges Vorgehen wesentliche Organisationsentwicklungen verpasst bzw. verschleppt werden.

(3) **Ungeplanter Wandel**, denn das Verhalten der Unternehmensleitung ist passiv, d. h. es gibt bei diesem Unternehmen keine eigenen Pläne zur Organisationsentwicklung. Das kann zur Folge haben, dass das Unternehmen nicht mit der Entwicklung mithalten kann.

(4) **Geplanter Wandel** als Revolution, der im Ergebnis zwar eine radikale Neubestimmung der Erfolgspositionen bedeutet, bei zu resolutem und überhastetem Vorgehen aber zur Folge haben kann, dass Kunden bzw. Mitarbeiter frustriert sind.

Lösung zu 44:

(1) Für Outsourcing grundsätzlich geeignete **Funktionsbereiche** sind:

- EDV/Rechenzentrum
- Werkskantine/Casino
- Werkschutz
- Kundenservice/Call-Center
- Buchhaltung
- Reinigungsdienst
- Haustechnik
- Instandhaltung.

(2) Das Outsourcing ist aus Mitarbeitersicht zu beurteilen:

Vorteile	Nachteile
► Geringer ausgeprägte Hierarchie (dadurch bessere Kommunikation) ► Bessere Spezialisierungsmöglichkeiten ► Bessere Aufstiegsmöglichkeiten ► Größeren Einfluss auf das Betriebsgeschehen ► Höhere Motivation durch mehr Eigenständigkeit bei der Arbeit	► Ggf. höheres Kündigungsrisiko in neuem Unternehmen ► Ggf. schlechtere Rechtsstellung (z. B. kein Betriebsrat) ► Evtl. Gehaltseinbußen wegen „Haustarifvertrag" ► Ggf. höhere persönliche Haftung für Arbeitsergebnisse ► Evtl. höhere zeitliche Arbeitsbelastung ► Neues Umfeld/Einarbeitung ► Ggf. höherer Konkurrenzkampf unter den Kollegen („last-in-first-out")

Lösung zu 45:

(1) **Risikopotenziale von strategischen Allianzen** sind z. B.:

Intern	► Unklar formulierte Synergien ► Mangelnde Produktivität ► Unzureichendes Know-how des Partners ► Planungsdefizite ► Opportunistisches Verhalten des Partners
Extern	► Restriktionen in der rechtlichen und wirtschaftlichen ► Umwelt ► Unerwartete Marktreaktionen

(2) **Beispiele für strategische Allianzen** sind z. B.:

- Flugzeugindustrie
- Finanzdienstleistungsgewerbe
- Maschinenbauindustrie
- Automobilindustrie
- Kommunikationsindustrie.

Lösung zu 46:

Siehe MiniLex Seite 283 ff.

Lösung zu 47:

(1) Das **Ziel** der Neukundengewinnung und Kundenbindung ist nicht operational formuliert, d. h. nicht messbar. Sowohl der Abteilungsleiter als auch jeder Vertriebsmitarbeiter können unter „erheblichen Anstrengungen“ etwas anderes verstehen. Das Ausmaß der Zielerfüllung ist objektiv nicht feststellbar.

(2) Die Beteiligung der Vertriebsmitarbeiter am Zielbildungsprozess hat z. B. folgende **Vorteile**:

- Betroffene zu Beteiligten machen
- Einbringen eigener Erkenntnisse in den Planungsprozess
- größere Motivation der Mitarbeiter
- Möglichkeit realistischer Planungsgrößen
- Chance auf erfolgsbezogene Vergütung.

Lösung zu 48:

Die **Vertrauensarbeitszeit** lässt sich wie folgt beurteilen:

Vorteile	Nachteile
► Konzentration auf die Arbeitsaufgabe, nicht auf die Arbeitszeit ► Mehr Flexibilität für Arbeitnehmer und Arbeitgeber ► Abkehr von der aufwändigen und teuren elektronischen Zeiterfassung ► Höhere Motivation der Arbeitnehmer ► Eigenverantwortlichkeit der Mitarbeiter wird gefördert ► Demonstration von Vertrauen gegenüber den Arbeitnehmern ► Höhere Attraktivität des Unternehmens für (potenzielle) Mitarbeiter ► Arbeitszeitsteuerung und Arbeitszeitverantwortung liegen in einer Hand ► Geringerer Regelungs-, Verwaltungs- und Kommunikationsaufwand ► Keine „Zeitverbrauchskultur“ und „Minutenmentalität“	► Mögliche Leistungsverdichtung durch sozialen Druck der Kollegen ► Gefährdung von Arbeitnehmer-Schutzrechten (z. B. ArbZG) ► Verschlechterte Arbeitsbedingungen durch Zeitdruck oder falsche Zeitschätzungen bei Zielvorgaben ► Umgehung der Mitbestimmungsrechte des Betriebsrates ► Befürchtung, dass lediglich unbezahlte Mehrarbeit angestrebt wird ► Ausnutzen der Zeitsouveränität von Mitarbeitern ► Mitarbeiter werden möglicherweise in Überlast-Situationen allein gelassen ► Gefahr der „Arbeit ohne Ende“ für Mitarbeiter ► Durch die Aufzeichnungspflicht ist durch die Hintertür doch wieder eine Kontrolle möglich

Lösung zu 49:

Vorteile des bürokratischen Führungsstils	Nachteile des bürokratischen Führungsstils
► Klarer Instanzenweg (dadurch Zwang zur Einhaltung des „Dienstweges“) ► Gerechtigkeit (Informationen fließen auf formellen Wegen)	► Ineffiziente/Unökonomische Organisationsform ► Unzureichende Mitarbeitermotivation ► Starke Behinderung der Eigeninitiative der Mitarbeiter ► Keine leistungsgerechte Bezahlung ► Neigung zu Verschwendung (z. B. im Öffentlichen Dienst) ► Tendenzen zum Aufbau eines Wasserkopfes

Vorteile des patriarchalischen Führungsstils	Nachteile des patriarchalischen Führungsstils
► Schneller Entscheidungsprozess ► Einheitliche Willensbildung, klare Zielverfolgung	► Geringe Motivation der Mitarbeiter ► Wenig Selbständigkeit/Entwicklungsmöglichkeit der Mitarbeiter ► Gefahr von Fehlentscheidungen durch Überforderung des Patriarchen ► „Herr-im Hause-Standpunkt“ nicht mehr zeitgemäß

Vorteile des Laissez-Faire-Führungsstils	Nachteile des Laissez-Faire-Führungsstils
► Die Mitarbeiter erhalten umfangreiche Freiheiten	► Mangelhafte Leistungen der Mitarbeiter ► Ausnutzen der Situation durch unreife Mitarbeiter ► Verlangsamung der Entscheidungsgeschwindigkeit ► Unordnung und Durcheinander ► Gefahr mangelnder Disziplin ► Gefahr von Fehlentscheidungen durch überforderte Mitarbeiter

Lösung zu 50:

Siehe MiniLex Seite 283 ff.

Das MiniLex enthält die wichtigsten Begriffe, die in diesem Buch behandelt werden. Weitere Begriffe finden sich in: *Olfert/Rahn/Zschenderlein*, Lexikon der Betriebswirtschaftslehre, Kiehl

Ablauforganisation
Sie ist die dauerhaft wirksame Gestaltung des dynamischen Beziehungszusammenhanges eines sozio-technischen Systems. Mit ihrer Hilfe wird der **Arbeitsprozess** auf der Grundlage einer gegebenen oder zu verändernden Aufbauorganisation **strukturiert**.

Angriffsstrategie
Sie ist eine **Verhaltensstrategie** und auf Konkurrenten im Allgemeinen sowie den Marktführer im Besonderen gerichtet. Als Offensivstrategie scheut sie weder aggressive Maßnahmen noch Konflikte.

Arbeitsbedingungen
Sie können als Führungsmittel mehr oder weniger mitarbeiterfreundlich gestaltet werden. Dabei geht es insbesondere um die Gestaltung des **Arbeitsinhaltes**, der stark arbeitsteilig oder unter Erweiterung bzw. Bereicherung der Aufgaben festlegbar ist. Des Weiteren ist die Gestaltung des **Arbeitsortes** bzw. **Arbeitsplatzes** sowie der **Arbeitszeit** bedeutsam.

Arbeitsteam, teilautonomes
Es wird als Organisationskonzept insbesondere im Fertigungsbereich von Unternehmen eingesetzt und auch **selbststeuernde Arbeitsgruppe** genannt. Mit seiner Hilfe soll ein Beitrag zur Humanisierung der Arbeit geleistet werden, wodurch die Arbeitszufriedenheit der Mitarbeiter erhöht und die Fehlzeiten reduziert werden.

Aufbauanalyse
Sie ist die Erfassung und kritische Untersuchung des Zustandes der Aufbauorganisation als:

- Ist-Aufnahme (Ermittlung des Ist-Zustandes)
- Ist-Kritik (Suche nach Schwachstellen/Verbesserungen).

Aufbaudokumentation
Sie ist die schriftliche **Ordnung von Daten** der Aufbauorganisation. Mit ihr wird die Organisationsstruktur eines Unternehmens dargestellt. Dazu dienen als **Instrumente**:

- Organisationshandbuch
- Organisationsplan
- Stellenbeschreibung
- Stellenbesetzungsplan.

Aufbauentscheidungen
Zur Festlegung des Stellenaufbaues sind als Entscheidungen zu treffen:

- Organisationseinheiten (Stellen, Gremien)
- Zentralisierung/Dezentralisierung
- Übertragung von Aufgabe, Kompetenz, Verantwortung
- Art/Zeitumfang der Tätigkeit
- Merkmale des Aufgabenträgers
- Informationswege.

Aufbaugestaltung
Sie umfasst:

- Stellenbildung
- Aufbaufestlegungen
- Bildung der Organisationsebenen.

Aufbauorganisation
Sie ist die dauerhaft wirksame Gestaltung des statischen Beziehungszusammenhanges eines soziotechnischen Systems. Dabei macht sie die Ordnung der

gesamten Aufgaben, Kompetenzen und Verantwortung im Unternehmen sichtbar.

Aufbauplanung
Sie legt in der Gegenwart fest, welche Struktur die Aufbauorganisation zu einem Planungszeitpunkt aufweisen soll. Sie umfasst:

- **Zielplanung** auf der Grundlage der Organisations-, Unternehmens-, Mitarbeiter-, Kundenziele.
- **Konzeptplanung**, mit der die Anforderungen an die Aufbauplanung festgelegt werden.

Aufbaustrukturierung
Sie ist erforderlich, um ein Unternehmen zu organisieren. Zu unterscheiden sind:

Vorbereitende Maßnahmen
- Aufbauanalyse
- Aufbausynthese
- Aufbaugestaltung

↓

Festlegung der Aufbaustruktur
- Organisationsstruktur
- Organisationssysteme
- Grundlegende/abgeleitete Organisationsformen

↓

Abschließende Maßnahmen
- Aufbaueinführung
- Aufbaudokumentation

Autorität
Sie ist durch Macht, Wissen oder Können erworbenes Ansehen einer Führungskraft und beschreibt eine soziale Einflussbeziehung. Entsprechend gibt es:

- formale Autorität (kraft Amtes gegeben)
- personelle Autorität (basiert auf persönlichen Eigenschaften)
- funktionale Autorität (liegt in fachlicher Qualifikation).

Bereichsleitung
Sie hat die von der Unternehmensleitung vorgegebenen Führungsentscheidungen zu berücksichtigen und alle für ihren Bereich notwendigen Entscheidungen zu treffen.

Bereichsprozessorganisation
Sie ist auf Abläufe in Abteilungen ausgerichtet. Bereichsprozesse stellen diejenigen Vorgänge dar, die in den funktionalen Bereichen des Unternehmens vorkommen.

Bereichsstrategie
Sie ist eine Strategie, die auf funktionale Teilbereiche des Unternehmens abstellt, z. B. als Materialstrategie, Fertigungsstrategie, Marketingstrategie, Personalstrategie, Finanzstrategie.

Beschaffungs-Portfolio
Es soll das Unternehmen in seinem Verhalten am Beschaffungsmarkt unterstützen, der durch die Machtpositionen sowohl des Einkäufers als auch des Lieferanten geprägt ist.

Erzeugnisse, die mit einem hohen Beschaffungsrisiko und einer großen Auswirkung auf das Ergebnis verbunden sind, haben eine hohe strategische Bedeutung für das Unternehmen. Sie sind im Beschaffungs-Portfolio zu positionieren, deren **Achsen** sind:

- Einkäufermacht
- Lieferantenmacht.

Je nach Matrix-Feld gibt es verschiedene **Normstrategien**:

- Abschöpfungsstrategie
- Diversifizierungstrategie
- Strategie des Abwägens.

Bottom-up-Prinzip
Die Zielsetzung bzw. Planung wird **progressiv** vorgenommen, d.h. **von „unten nach oben"**. Hier steht die Realisierbarkeit der untergeordneten Teilpläne im Vordergrund.

Die unteren Führungsebenen entwickeln Ziel- und Maßnahmenpläne, die schrittweise auf jeweils übergeordneten Planungsebenen zu Teilplänen zusammengefasst werden.

Branchenstrukturanalyse
Sie ist erforderlich, da die Formulierung einer Wettbewerbsstrategie insbesondere durch die Branche bestimmt wird, in der das Unternehmen tätig ist.

Fünf **Wettbewerbskräfte** bestimmen die Wettbewerbsintensität und die Rentabilität einer Branche:

- Gefahr des Markteintritts neuer Konkurrenten
- Druck durch Substitutionsprodukte
- Verhandlungsstärke der Abnehmer
- Verhandlungsstärke der Lieferanten
- Grad der Rivalität unter bestehenden Wettbewerbern.

Center-Organisation
Bei ihr erfolgt die Bildung der Organisationseinheiten nach dem Objektprinzip. Sie ist möglich als:

- Cost-Center (Leiter entscheidet im Rahmen des Kostenbudgets)
- Profit-Center (Leiter ist für Erfolg verantwortlich)
- Revenue-Center (Leiter hat Umsatzerlöse zu verantworten)
- Investment-Center (Leiter steht Gewinnverwendung zu).

Corporate Behaviour
Es stellt das **Unternehmensverhalten** dar und ist das bedeutsamste Instrument der Corporate Identity. Seine Ausrichtung kann nach innen (z.B. Mitarbeiter) bzw. nach außen (z.B. Kunden, Öffentlichkeit) erfolgen.

Corporate Communication
Sie bezieht sich auf die **Unternehmenskommunikation**, die über eine ganzheitliche Kommunikationsstrategie und durch alle nach innen und außen gerichteten Aktivitäten ein klar strukturiertes Vorstellungsbild des Unternehmens bei den Mitarbeitern und in der Öffentlichkeit bewirken möchte.

Corporate Design
Es ist das **visuelle Erscheinungsbild** eines Unternehmens. Damit soll das Unternehmen nach innen und außen als Einheit erscheinen, was vor allem durch den zielgerichteten Einsatz von **Gestaltungselementen** geschehen kann, z.B. durch grafische, architektonische oder Produktgestaltung.

Corporate Identity
Sie repräsentiert die **Unternehmensidentität** als das Selbstverständnis eines Unternehmens. Damit soll das Unternehmen bei den Mitarbeitern und in der Öffentlichkeit als **unverwechselbare Persönlichkeit** wahrgenommen werden.

Delegation
Sie stellt die Übertragung von klar umrissenen Aufgaben, zugehörigen Kompetenzen und der damit verbundenen Verantwortung auf hierarchisch nachgeordnete Organisationseinheiten dar, d. h.

im Rahmen der personenbezogenen Führung von Vorgesetzten auf Mitarbeiter.

Differenzierungsstrategie
Sie ist eine grundlegende **Wettbewerbsstrategie**, die eigene als einzigartig für die Branche angesehene Leistungen bzw. Produkte anstrebt und wird auch **Präferenzstrategie** genannt. Sie bemüht sich darum, dem Verbraucher einen besonderen bzw. unverkennbaren Nutzenvorteil zu verschaffen.

Diversifikationsstrategie
Sie ist eine **Produkt-Markt-Strategie**, bei der das Unternehmen seine bisherigen Betätigungsfelder verlässt, um neue Produkte in neuen Märkten zu platzieren. Sie ist die anspruchsvollste der Strategien und umfasst folgende Ausprägungsformen:

- horizontale Diversifikation (gleiche Leistungsstufe)
- vertikale Diversifikation (vor-/nachgelagerte Leistungsstufe)
- laterale Diversifikation (völlig neue Produkte/Märkte).

Durchführung
Sie erfolgt auf allen Ebenen des Unternehmens und dient dazu, die geplanten Maßnahmen zu realisieren. Dabei kann es in einzelnen betrieblichen Bereichen und Führungsebenen zu **Störungen** kommen, die frühzeitig zu erkennen und in geeigneter Weise zu beheben sind.

Einzelprozessorganisation
Sie bezieht sich auf einzelne Arbeitsvorgänge und Arbeitsfestlegungen. Sie stellt eine Kette aufeinander aufbauender Schritte mit definiertem Anfang und Ende dar und umfasst:

- Einzelprozessstrukturierung
- Einzelarbeitsprozess.

Entwicklungsstrategie
Sie ist eine **Unternehmensstrategie**, die zukunftsbezogen ausgerichtet ist. Sie umfasst:

- Kooperationsstrategie
- Internationalisierungsstrategie.

Erfahrungskurven-Konzept
Es besagt, dass die preisbereinigten Stückkosten eines Produktes um einen konstanten zwischen 20 % bis 30 % liegenden Prozentsatz zurückgehen, wenn sich die kumulierte Produktionsmenge im Zeitablauf verdoppelt. Nach dem Erfahrungskurven-Konzept bewirkt ein hoher Marktanteil ein hohes kumuliertes Produktions- und Absatzvolumen. Dadurch sinken die Stückkosten und die Rentabilität steigt an.

Führung, personenbezogene
Sie erfolgt im Rahmen der **Personalführung**. Mit ihr werden die Ziele und grundlegenden Strategien bzw. Entscheidungen des Unternehmens auf den einzelnen hierarchischen Ebenen durch Vorgesetzte personenbezogen umgesetzt.

Führung, prozessbezogene
Sie ist am **Führungsprozess** ausgerichtet und umfasst:

- Zielsetzung (strategisch, taktisch, operativ)
- Planung (Grundsatzplanung, strategisch, taktisch, operativ)
- Kontrolle (strategisch, taktisch, operativ).

Führung, sachbezogene
Sie ist am Führungsprozess ausgerichtet und stellt damit eine **prozessorientierte Führung** dar. Außerdem ist ihr die **strukturbezogene Führung** zuzurechnen.

Führung, strukturbezogene
Sie bezieht sich auf die Strukturierung der **Organisation** des Unternehmens und umfasst:

- Aufbaustrukturierung
- Prozessstrukturierung
- Projektstrukturierung.

Außerdem schließt sie die Entwicklung des Unternehmens ein, womit sich die **Organisationsentwicklung** befasst.

Führungsebene
Sie ist ein Bestandteil der **Organisationsstruktur** eines Unternehmens und kann sein:

- Top Management
- Middle Management
- Lower Management.

Führungserfolg
Er wird durch den Vorgesetzten, die Mitarbeiter und die Führungssituation beeinflusst. Seine **Messung** ist möglich als:

- **Effektivität der Führung** (wirtschaftliche/Leistungswirksamkeit, gut messbar)
- **Effizienz der Führung** (soziale Wirksamkeit, schwerer messbar als ...)
  - Arbeitszufriedenheit
  - Betriebsklima
  - Konflikte
  - Mobbing
  - Fehlzeiten
  - innere Kündigung
  - Fluktuation.

Führungsinstrumente, personenbezogen
Vorgesetzte bedienen sich verschiedener Führungsinstrumente, um den angestrebten Führungserfolg herbeizuführen. Das sind:

- **Führungsmittel**, die von Führungskräften unmittelbar eingesetzt werden.
- **Führungstechniken**, die Aufschluss geben, wie geführt wird und auch als Management-by-Techniken bezeichnet werden.
- **Führungsstile**, welche die Art und Weise als Verhaltensmuster darstellen, in der Vorgesetzte führen.

Ziel ihres Einsatzes ist der **Führungserfolg**, der positiv sein soll, aber auch negativ sein kann.

Führungskraft
Im weiten Sinne ist das jede im Unternehmen tätige Person, die anderen Personen verpflichtende Weisungen erteilen kann, also jeder Vorgesetzte. Es gibt aber auch Führungskräfte, die keine Vorgesetzten sind, sondern als Experten komplexe Aufgaben bearbeiten.

Führungsmittel
Führungsmittel sind **Führungsinstrumente**, die von einer Führungskraft unmittelbar eingesetzt werden können, um den gewünschten Führungserfolg zu bewirken. Sie stellen Anreize dar, welche die Motivation der Mitarbeiter herbeiführen oder steigern sollen. Zu unterscheiden sind:

- prozessbezogene Führungsmittel
- aufgabenbezogene Führungsmittel
- informationsbezogene Führungsmittel
- personenbezogene Führungsmittel.

Führungsprozess
Er dient der zweckgerichteten Beeinflussung der Unternehmensaktivitäten und wird auch als **Managementprozess** bezeichnet. Seine **Phasen** sind:

- Zielsetzung
- Planung
- Durchführung
- Steuerung
- Kontrolle.

Führungsstil
Er ist die **Art und Weise**, in der ein Vorgesetzter die ihm unterstellten Mitarbeiter führt. Dabei basiert er auf bestimmten **Führungsmitteln**, mit deren Hilfe er führt, und auf **Führungstechniken**. Es gibt:

- aufgabenorientierten Führungsstil (Aufgabe im Mittelpunkt)
- personenorientierten Führungsstil (Mitarbeiter im Mittelpunkt)
- kooperativen/autoritären Führungsstil
- Verhaltensgitter.

Führungsstil, autoritärer
Bei ihm führt der Vorgesetzte kraft seiner **Legitimationsmacht**. Er beteiligt seine Untergebenen nicht am Führungsprozess und erwartet Gehorsam. Seine Entscheidungen haben den Charakter von Anordnungen.

Führungsstil, kooperativer
Bei ihm wird der Führungsprozess im **Zusammenwirken** des Vorgesetzten und der Mitarbeiter gestaltet. So informiert der Vorgesetzte umfassend und delegiert entsprechend den Fähigkeiten seiner Mitarbeiter möglichst viele Aufgaben.

Führungstechniken
Sie zeigen, *wie* geführt wird, d. h. auf welche Weise die Führungsmittel angewendet bzw. eingesetzt werden, indem sie grundsätzliche für jeden im Unternehmen tätigen Mitarbeiter verbindliche Verhaltens- und Verfahrensweisen beschreiben, die zur Bewältigung der Führungsaufgaben anzuwenden sind. Es gibt:

- Management by Objectives
- Management by Exception
- Management by Delegation.

Funktionalorganisation
Sie ist eine **Organisationsform**, die auf der zweiten Hierarchieebene nach **Verrichtungen** gegliedert ist, d. h. sie knüpft i. d. R. am güterwirtschaftlichen Prozess des Unternehmens an.

Gegenstromverfahren
Es stellt eine **Mischform** zwischen der **Top-down-Planung** und der **Bottom-up-Planung** dar und wird auch „down-up-Prinzip" genannt. Die Unternehmensleitung legt vorläufig gültige Rahmendaten vor. Aus ihnen werden auf den nachfolgenden Hierarchieebenen vorläufige Teilziele bzw. -pläne abgeleitet, zunehmend konkretisiert und detailliert.

Von der unteren Ebene ausgehend wird dann bis hin zur oberen Ebene eine Überprüfung bzw. Korrektur der Ziel- bzw. Planungsvorgaben durchgeführt.

Gremium
Es stellt eine **Personenmehrheit** dar und kann sein:

- Leitungsgruppe (hauptamtlich, unbefristet)
- Projektgruppe (hauptamtlich, befristet)
- Kollegium (nebenamtlich, befristet)
- Ausschuss (nebenamtlich, unbefristet).

Grundsatzplanung
Sie umfasst:

- Unternehmensphilosophie
- Corporate Identity
- Unternehmenskultur
- Unternehmensethik.

Grundstrategie
Als Grundstrategie werden zusammengefasst:

- **Produkt-Markt-Strategien**
  - Marktdurchdringungsstrategie
  - Marktentwicklungsstrategie
  - Produktentwicklungsstrategie
  - Diversifikationsstrategie
- **Wettbewerbsstrategien**
  - Differenzierungsstrategie
  - Strategie der umfassenden Kostenführerschaft
  - Strategie der Konzentration auf Schwerpunkte.

Gruppenleitung
Sie ist zumeist mit Aufgaben der Planung, Organisation, Steuerung und Führung betraut, um den Arbeitsfluss aufrecht zu erhalten und Störungen des Arbeitsablaufes zu beseitigen.

Gruppenprozessorganisation
Der Gruppenprozess stellt eine Kette aufeinander folgender Schritte dar, die sich auf **Arbeitsgruppen** beziehen. Es gibt:

- soziale Gruppenprozesse
- wirtschaftliche Gruppenprozesse.

Holding-Organisation
Sie besteht aus einer nicht selbst am Markt auftretenden Dachgesellschaft sowie Beteiligungen an mehreren rechtlich selbstständigen Unternehmen. Als von der Spartenorganisation abgeleitete Organisationsform gibt es:

- Management-Holding (Leitung/Koordination durch Dachgesellschaft)
- Finanz-Holding (keine strategischen Aufgaben durch Dachgesellschaft)

Information
Dabei handelt es sich um ein Führungsmittel, das **zweckbezogenes Wissen** darstellt, welches sich auf Personen bzw. Arbeitsplätze bezieht, bzw. die **Weitergabe von Wissen** im Sinne des Informierens ist.

Insourcing
Es ist ein dem Outsourcing gegenläufiger Prozess, bei dem Outsourcingverträge gekündigt werden und gleichzeitig eine **Wiedereingliederung** bzw. der **Neuaufbau** von Leistungen, Wissen und Fähigkeiten im eigenen Unternehmen vollzogen wird.

Internationalisierungsstrategie
Sie ist eine **Entwicklungsstrategie** und bezieht sich auf den systematischen Aufbau und die Entwicklung von Erfolgspotenzialen auf dem Weltmarkt.

Joint Venture
Es ist eine weit verbreitete Form der **Kooperation** eines Unternehmens **mit ausländischen Partnern**. Ein Joint Venture wird als ein grenzüberschreitendes, rechtlich selbstständiges Unternehmen durch eine Kapitalbeteiligung von mindestens je einem in- und ausländischen Partner gegründet oder erworben. Die Gesellschaftsunternehmen bzw. Partnerunternehmen bleiben rechtlich unabhängig. Es gibt:

- Infrastrukturkooperationen
- Kernprozesskooperationen
- Simultaneous-Engineerings.

Just-in-time-Konzept
In der produktionssynchronen Beschaffung wird ein Zwischenprodukt nicht auf Lager vorgefertigt, sondern erst dann eingesteuert, wenn es tatsächlich benötigt wird. Den Prozessen der Fertigung liegt ein **Hol-System** zu Grunde. Die Fertigung erfolgt in allen Stufen **auf Abruf**.

Der Prozess endet mit der raschen Ablieferung der fertigen Produkte beim Kunden. Im Rahmen des Just-in-time-Konzeptes ist der **Kanban** ein bedeutendes Steuerungsinstrument. Er ist eine Karte, eine Tafel oder ein markierter Bereich, der jeweils ein optisches Signal dafür setzt, dass die in der Fertigung vorgelagerte Organisationseinheit wieder diese Teile nachproduziert.

Kaizen
Ihm liegt das Streben nach permanenten Verbesserungen in allen Unternehmensbereichen zu Grunde. Damit soll ein konsequentes **Innovationsmanagement** insbesondere in Bezug auf Qualität, Kosteneinsparung und Erhöhung der Arbeitssicherheit in allen betrieblichen Prozessen betrieben werden.

Kennzahlenanalyse
Kennzahlen beziehen sich auf wichtige betriebliche Tatbestände, Gegebenheiten, Abläufe bzw. Zusammenhänge und stellen diese in konzentrierter Form dar. Sie werden im Rahmen der Kennzahlenanalyse gewonnen, geben der Unternehmensleitung einen Überblick über die Leistungsfähigkeit des Unternehmens und dienen der strategischen Ausrichtung.

Kommunikation
Bei ihr erfolgt ein wechselseitiger Austausch von Informationen zwischen Menschen und/oder Maschinen. Sie zählt als **soziale Kommunikation** zu den wichtigsten Führungsmitteln überhaupt. Als solche kann sie sein:

- **verbale Kommunikation** (Inhaltsebene)
  - Gespräche
  - Besprechung
  - Konferenz
- **nicht-verbale Kommunikation** (Beziehungsebene).

Kompetenz
Sie kann in zweifacher Weise interpretiert werden:

- Als **Persönlichkeitsmerkmal** einer Person stellt sie deren Fähigkeit dar, die sich auf verschiedene Ausprägungen beziehen kann. Dementsprechend gibt es:
  - Fachkompetenz (Fachwissen, Sachwissen)
  - Methodenkompetenz (Kenntnis von Verfahren/Techniken usw.)
  - Sozialkompetenz (Kommunikation, Kooperation usw.)
  - Führungskompetenz (Führungs-/Motivationsfähigkeit)
  - Selbstkompetenz (Fähigkeiten/Stärken kennen, einsetzen).

  Alle Kompetenzen zusammen ergeben die **Handlungskompetenz**.
- Als **Befugnis** einer Person, Maßnahmen zur Erfüllung von Aufgaben auf der Basis fachlicher Zuständigkeit zu ergreifen.

Konkurrentenanalyse
Sie dient dazu, systematisch Informationen über die Mitbewerber zu sammeln und zu bewerten. Dabei erstreckt sie sich meist nicht auf sämtliche Wettbewerber, sondern nur auf die zwei bis drei **wichtigsten Konkurrenten** sowie auf **potenzielle Konkurrenten**, die noch nicht in der Branche tätig sind bzw. **kleinere Wettbewerber**, die erfolgreich Marktnischen besetzt haben.

Mit diesem Instrument versucht das Unternehmen, die voraussichtlichen strategischen **Schritte** der Wettbewerber zu erkennen und die **Reaktionen** der Wettbewerber auf Veränderungen in der Branche sowie auf eigene strategische Maßnahmen herauszufinden.

Kontrollarten
Die Kontrolle kann sehr verschiedenartig sein. Sie lässt sich z. B. nach folgenden **Kriterien** unterscheiden:

- **Objekt:** Ergebniskontrolle, Verfahrenskontrolle
- **Träger:** Selbstkontrolle, Fremdkontrolle
- **Umfang:** Gesamtkontrolle, Stichprobenkontrolle
- **Ebene:** Strategische, taktische, operative Kontrolle.

Kontrolle
Sie ist ein Vorgang der personen-, sach- und zeitbezogenen Gewinnung von Informationen, der sich der Durchführung des betrieblichen Geschehens anschließt und erfolgt in zwei Phasen:

- **Überwachung**
(vergangenheitsbezogen, Ermittlung Soll-Istdaten)
- **Untersuchung**
(vergangenheits-/zukunftsbezogen, Abweichungsanalyse).

Kontrolle, operative
Sie zielt darauf ab, Abweichungen vom kurzfristigen Planungsprozess rasch und detailliert festzustellen. Dementsprechend bezieht sie sich auf einen Zeitraum von bis zu einem Jahr.

Kontrolle, strategische
Sie umfasst einen Zeitraum von mehr als vier oder fünf Jahren und kann sein:

- strategische Prämissenkontrolle
- strategische Durchführungskontrolle
- strategische Überwachung.

Kontrolle, taktische
Sie ist auf die einzelnen Unternehmensbereiche ausgerichtet und kontrolliert zumeist quantifizierbare Größen. Die taktische Kontrolle bezieht sich auf einen Zeitraum von mehr als einem Jahr bis zu vier oder fünf Jahren und dient der kritischen Begleitung von Bereichsentwicklungen.

Kooperation
Sie ist ein **Führungsmittel**, mit dem die Zusammenarbeit von zwei oder mehreren Personen bezeichnet wird, die gemeinschaftlich eine Aufgabe erfüllen und dient dem möglichst störungsfreien Zusammenwirken von Vorgesetzten und Mitarbeitern sowie zwischen Mitarbeitern.

Kooperationsstrategie
Sie ist eine **Entwicklungsstrategie**, mit deren Hilfe die Wettbewerbsposition des Unternehmens auf Dauer verbessert werden soll. Als Kooperationsstrategie gilt jede Form der Zusammenarbeit von Unternehmen mit dem Ziel der gemeinsamen Erfüllung einer Aufgabe. Die Kooperationspartner bleiben rechtlich selbstständig, geben jedoch einen Teil der wirtschaftlichen Selbstständigkeit auf.

Kritik
Als **Führungsmittel** ist sie die sachbezogene Auseinandersetzung des Vorgesetzten mit den Leistungen seiner Mitarbeiter. Sie kann sein:

- positive Kritik (Lob, Anerkennung)
- negative Kritik (Kritik i. e. S., Tadel).

Kundenmanagement
Es ist eine Organisationsform, bei welcher **Kundenmanager** die Nähe zum Kunden suchen, um ihm eine bestmögliche Zufriedenheit zu vermitteln. Zu unterscheiden sind:

- Stabs-Kundenmanagement (Kundenmanager als Stab)
- Linien-Kundenmanagement (Kundenmanager als Linienstelle)

- Matrix-Kundenmanagement (begrenzte Weisungsbefugnis).

Lean-Aufbaukonzept
Es zeichnet sich durch eine Reduzierung der Hierarchiestufen aus, um durch flachere Hierarchien weniger Kosten zu verursachen.

Lebenszyklus-Konzept
Ihm liegt die Annahme zu Grunde, dass ein Produkt nur eine begrenzte Lebensdauer hat und seine Absatzchancen im Zeitablauf einer zyklischen Entwicklung unterliegen. Es umfasst:

- Den **Entstehungszyklus**, in dem ausschließlich Kosten anfallen, z. B. für Produktplanung, Produktentwicklung, Vorbereitung der Markteinführung.
- Den **Marktzyklus**, in dem Umsatzerlöse erzielt werden, wobei die Umsatzkurve s-förmig verläuft. Die Produktlebensdauer lässt sich dabei in die Phasen Einführung, Wachstum, Reife/Sättigung und Degeneration unterteilen, die jedes Produkt in unterschiedlicher Weise durchläuft.

Lebenszyklus-Wettbewerbspositions-Portfolio
Es ist stark absatzmarktorientiert und ermöglicht die Ableitung strategischer Handlungsempfehlungen unter besonderer Berücksichtigung des Lebenszyklus-Konzeptes. Die **Achsen** der Matrix des Lebenszyklus-Wettbewerbspositions-Portfolios sind:

- die **Phase des Lebenszyklus** einer strategischen Geschäftseinheit bzw. eines Produktes
- die **Wettbewerbsposition** einer strategischen Geschäftseinheit bzw. eines Produktes gegenüber den Konkurrenten als zukünftige Marktstellung.

Als 20-Felder-Matrix vermittelt das Portfolio eine Vielzahl von **Normstrategien**.

Linien-Projektorganisation
Sie ist eine Form der Einbindung des Projektes in die gegebene Aufbauorganisation, bei welcher der jeweilige Projektleiter z. B. als Gruppenleiter, dem Leiter der Fachabteilung direkt unterstellt wird. Sie bietet sich vor allem für funktional ausgerichtete Projekte an.

Lower Management
Es hat als **Gruppenleitung** die Entscheidungen ihr übergelagerter Führungsebenen umzusetzen. Dabei beeinflusst es die Gruppe bzw. einzelne Gruppenmitglieder zielgerichtet unter Beachtung der jeweiligen Gruppensituation, um zu einem gemeinsamen Gruppenerfolg zu gelangen.

Lückenanalyse
Ihr Zweck ist es, frühzeitig eine Lücke zwischen der gegenwärtigen Entwicklung und der strategischen Zielsetzung eines Unternehmens zu erkennen. Die Lücken-Analyse wird auch **GAP-Analyse** genannt. Zu unterscheiden sind:

- einfache Lückenanalyse
- differenzierte Lückenanalyse.

Management by Delegation
Es stellt eine Führungstechnik dar, bei der **Kompetenzen** und **Handlungsverantwortung** soweit wie möglich auf die Mitarbeiter übertragen werden, wodurch schnelle, sachgerechte Entscheidungen möglich werden. Die Führungsverantwortung verbleibt beim Vorgesetzten.

Management by Exception
Es ist eine Führungstechnik, bei der die Mitarbeiter innerhalb eines **vorgegebenen Rahmens** selbstständig entscheiden dürfen, der sich auf die Wichtigkeit eines Vorganges, die Unvorhersehbarkeit eines Vorganges oder eine bestimmte Norm beziehen kann.

Management by Objectives
Es ist eine Führungstechnik, die sich der Ziele als Führungsmittel bedient. Nach überwiegender Auffassung basiert es darauf, dass **Ziele** zwischen dem Vorgesetzten und den Mitarbeitern **vereinbart** werden, also keine (einseitige) Vorgabe der Ziele durch den Vorgesetzten erfolgt.

Marktanalyse
Sie ist das systematische und methodisch einwandfreie **Untersuchen eines Marktes** mit dem Ziel, marktbezogene Informationen zu erlangen. Die Marktanalyse kann **einmalig** oder **fallweise** zeitpunktbezogen durchgeführt werden und dient dem Vergleich von Strukturgrößen.

Marktattraktivitäts-Wettbewerbsvorteils-Portfolio
Mit ihm wird ermöglicht, in die Bestimmung der Matrix-Achsen mehrere Faktoren einfließen zu lassen, um strategische Geschäftseinheiten differenzierter analysieren und Normstrategien ableiten zu können als beim Marktwachstums-Marktanteils-Portfolio.

Es wird auch als **McKinsey-Matrix** bzw. **Neun-Felder-Matrix** bezeichnet, deren Achsen sind:

- Marktattraktivität
- Relative Wettbewerbsvorteile.

Je nach Matrix-Feld gibt es Empfehlungen für **Normstrategien**:

- Investitions- und Wachstumsstrategien
- selektive Strategien (Defensiv-, Übergangs-, Offensivstrategie)
- Abschöpfungs- und Desinvestitionsstrategien.

Marktdurchdringungsstrategie
Sie ist eine **Produkt-Markt-Strategie**, die der Ausschöpfung des Marktpotenzials von existierenden Produkten in bestehenden Märkten dient. Dies kann insbesondere durch eine Intensivierung der Marketinganstrengungen geschehen mit dem Ziel, das Marktvolumen und den eigenen Marktanteil zu vergrößern. Sie wird als Marktintensivierungsstrategie oder Marktpenetrationsstrategie bezeichnet.

Marktentwicklungsstrategie
Sie ist eine **Produkt-Markt-Strategie** und zielt darauf ab, für die gegenwärtig existierenden Produkte neue Märkte zu erschließen. Dies kann geschehen durch Erschließung zusätzlicher geografischer Marktgebiete, Eindringen in zusätzliche Marktsegmente sowie Erschließung neuer Teilmärkte.

Marktwachstums-Marktanteils-Portfolio
Es erfolgt in Form eines Vier-Felder-Koordinatensystems und wird auch **Vier-Felder-Matrix** oder **BCG-Matrix** genannt. Die Achsen der Matrix beziehen sich auf die wichtigsten Erfolgsfaktoren einer strategischen Geschäftseinheit, die sind:

- das **Marktwachstum** als zukunftsbezogene, vom Unternehmen nicht beeinflussbare Komponente
- der **relative Marktanteil**, der interne Stärken und Schwächen des Unternehmens darstellt.

Die strategischen Geschäftseinheiten lassen sich vier Grundtypen zuordnen, mit denen **Normstrategien** verbunden sind:

- Question Marks (Offensiv-, Defensivstrategie)
- Stars (Investitionsstrategie)
- Cash Cows (Abschöpfungsstrategie)
- Poor Dogs (Halte-, Desinvestitionsstrategie).

Matrixorganisation
Sie ist eine Aufbauorganisation, bei der auf der zweiten Hierarchieebene zwei Gliederungsprinzipien gleichzeitig und gleichberechtigt verfolgt werden. In der **Vertikalen** der Matrix lassen sich zentrale Funktionen aufnehmen, die **Horizontalen** der Matrix kann die Objekte als dezentrale Organisationseinheiten ausweisen.

In den Schnittstellen von Funktionen und Objekten befinden sich Organisationseinheiten mit Doppelunterstellungen.

Matrix-Projektorganisation
Bei ihr unterstehen die Mitglieder der Projektgruppe, die für die Dauer des Projektes aus den Fachabteilungen zu einem Teil herausgelöst werden, in disziplinarischen Fragen der **Fachabteilung** und in Projektfragen dem **Projektleiter**. Beide arbeiten gleichberechtigt zusammen und tragen die Projektverantwortung.

Middle Management
Es stellt die **Bereichsleitung** dar und hat die Aufgabe, Entscheidungen des Top Managements umzusetzen sowie bereichsbezogene Entscheidungen zu treffen. **Bereichsverantwortliche** sind je nach Größe des Unternehmens:

- Bereichsleiter
- Hauptabteilungsleiter
- Abteilungsleiter.

Mitarbeiter
Er ist **Arbeitnehmer** eines Unternehmens. Während in Zusammenhang mit arbeitsrechtlichen Betrachtungen von Arbeitnehmern gesprochen wird, verwendet die Personalführung vorrangig den Begriff des Mitarbeiters. Der Mitarbeiter kann als einzelne Person oder als Gruppenmitglied in Erscheinung treten. Er weist als **Merkmale** auf:

- Kompetenz
- Temperament
- Eigenschaften
- Einstellung
- Disposition
- Kondition
- Motive (extrinsisch/intrinsisch).

Organisation
Sie kann sein:

- das **dauerhafte Ordnen** oder **Strukturieren** eines Unternehmens bzw. soziotechnischen Systems als Tätigkeit des Organisierens
- die **Ordnung** oder **Struktur**, bei der das Unternehmen das Ergebnis des Organisierens ist.

Neben dieser **formellen Organisation** im Sinne einer Aufbau-, Prozess- und Projektorganisation gibt es auch eine **informelle Organisation**, die spontan bzw. ungeplant gebildet wird.

Organisationsebene
Entsprechend der jeweiligen **Hierarchieebene** gibt es:

- Gruppe (auf unterer Führungsebene)
- Bereich (auf mittlerer Führungsebene)
- Leitung (auf oberer Führungsebene).

Organisationsentwicklung
Sie stellt einen längerfristigen Prozess der Unternehmen und der in ihnen tätigen Menschen im Rahmen des geplanten Wandels dar.

Organisationsform
Sie ist Ausdruck der Strukturierung des Unternehmensaufbaus. Es gibt:

- **grundlegende Organisationsformen** Sektoral-, Funktional-, Sparten-, Matrix-, Tensororganisation
- **abgeleitete Organisationsformen** Center-, Holding-Organisation, SGE-, Produkt-, Prozess-, Kunden-, Projektmanagement.

Organisationshandbuch
Es ist eine gegliederte Zusammenfassung aller wesentlichen **Organisationsregelungen** eines Unternehmens. Zweck des Organisationshandbuches ist es, die organisatorischen Gegebenheiten den Mitarbeitern zugänglich zu machen.

Organisationsplan
Er dokumentiert die **Aufbauorganisation** dadurch, indem er z.B. Bereiche, Hauptabteilungen, Abteilungen und Stellen ausweist. Der Organisationsplan wird auch **Organigramm** genannt.

Organisationsstruktur
Der Aufbau des Unternehmens zeigt sich in zweifacher Weise:

- Der **horizontalen Organisationsstruktur** als Ergebnis von Stellenbildung, Aufbaufestlegungen, Gruppen-, Bereichs-, Leitungsbildung.
- Der **vertikalen Organisationsstruktur**, die umfasst:
  - die **Leitungsspanne** als Anzahl der durch einen Vorgesetzten optimal betreubaren direkt unterstellten Mitarbeiter
  - die **Zahl der Hierarchieebenen**, die von verschiedenen Faktoren beeinflusst wird.

Organisationssystem
Es stellt eine Menge von Organisationseinheiten dar, die über Informationswege miteinander verbunden sind als:

- **Liniensystem**, bei dem die Stellen und Abteilungen in einen einheitlichen Instanzenweg eingegliedert sind, der von oben nach unten reicht. Jeder Mitarbeiter ist nur einem Vorgesetzten unterstellt.
- **Funktionssystem**, bei dem mehrere Instanzenwege bestehen, Mitarbeiter also mehreren Vorgesetzten unterstellt sind. Dadurch wird das „Prinzip des kürzesten Weges“ realisiert.
- **Stabliniensystem**, bei dem das Liniensystem mit dem Stabsprinzip verbunden wird (Stäbe für höhere Instanzen).

Outsourcing
Es ist die **Ausgliederung** einzelner Aufgaben bis hin zu ganzen Funktionsbereichen aus der eigenen Unternehmenskompetenz, die eine unternehmensbezogene Abnahme der Wertschöpfung bewirkt.

Partizipation
Sie stellt die **Teilhabe der Mitarbeiter** an Entscheidungen des Vorgesetzten dar und ist ein wichtiges Führungsmittel, denn sie führt sowohl zu verbesserter Motivation der Mitarbeiter als auch zu sachgerechteren Entscheidungen. Es gibt:

- alltägliche Partizipation
- betriebliches Vorschlagswesen
- Qualitätszirkel.

Personalbeurteilung
Als **Führungsmittel** umfasst sie alle Maßnahmen zur systematischen Einschätzung der im Unternehmen tätigen Personen. Im Rahmen der Mitarbeiterbeurteilung kann den Mitarbeitern aufgezeigt werden, wo sie leistungsmäßig stehen. Außerdem dient sie dem sachgerechten Personaleinsatz als Entwicklungsbasis für die Mitarbeiter sowie einer möglichst leistungsgerechten Entlohnung.

Personalentlohnung
Als Führungsmittel hat sie die Aufgabe, den Mitarbeitern als Anreiz zu dienen. Wie hoch ihr motivierender Charakter ist, lässt sich nicht genau sagen. Auch wenn es als sicher gelten darf, dass dem Entgelt als Anreiz keine exklusive Bedeutung zukommt, so ist sein Stellenwert innerhalb des gesamten Potenzials an Führungsmitteln dennoch hoch anzusetzen.

PIMS-Konzept
Es ist eine seit den 60er-Jahren betriebene empirische Studie, die **erfolgsbeeinflussende Faktoren** von Unternehmen untersucht. Mit seiner Hilfe sollen allgemein gültige **strategische Gesetzmäßigkeiten** beschrieben und Strategien empirisch fundiert werden.

Das PIMS-Konzept hat erkennen lassen, dass Unternehmen mit hohen Marktanteilen auch hohe Rentabilitäten erzielen, da sie zumeist über hohe kumulierte Erfahrungen verfügen, die realisierbare Kostendegressionseffekte bewirken.

Planung
Sie ist die Vorwegnahme des zukünftigen Geschehens im Unternehmen. Als **Führungsmittel** wird sie eingesetzt, um die Erreichung der gesetzten Ziele zu bewirken.

Planung, operative
Sie ist kurzfristig ausgelegt (bis zu einem Jahr), wird aus der taktischen Planung abgeleitet und stellt eine konkrete Ziel- und Maßnahmenplanung dar, die durch das Lower Management erfolgt, aber auch bis in das Middle Management hineinreichen kann.

Planung, strategische
Sie ist langfristig ausgerichtet (mehr als vier bzw. fünf Jahre), wird vom Top Management vorgenommen und dient dazu, strategische Pläne und Strategien zu erarbeiten.

Strategische Planungskonzepte sind:

- PIMS-Konzept
- Lebenszyklus-Konzept
- Erfahrungskurven-Konzept
- Synergie-Konzept.

Planung, taktische
Sie ist mittelfristig ausgerichtet (mehr als ein Jahr bis vier bzw. fünf Jahre), wird aus der strategischen Planung abgeleitet und stellt eine **Bereichsplanung** dar, die dem Middle Management obliegt.

Planungsarten
Die Pläne eines Unternehmens können sehr verschiedenartig sein. Sie lassen sich z.B. nach folgenden Kriterien unterscheiden:

- Umfang: Teilpläne, Gesamtpläne
- Verbindlichkeit: Pläne mit Prognose/Vorgabecharakter
- Sicherheit: Pläne unter Sicherheit/Unsicherheit
- Zeitbezug: Langfristige, mittelfristige, kurzfristige Pläne
- Ebene: Strategische, taktische, operative Pläne.

Planungsgrundsätze
Da die Planung in vielfältiger Weise erfolgen kann, müssen Regelungen geschaffen werden, die den betrieblichen Interessen entsprechen. Planungsgrundsätze können sich beziehen auf:

- Vollständigkeit
- Hierarchie
- Genauigkeit

- Elastizität
- Verbindlichkeit
- Wirtschaftlichkeit.

Planungsprozess

Anregungsphase

↓

Suchphase

↓

Entscheidungsphase

Portfoliotechnik
Sie unterstützt das Top Management bei seiner komplexen strategischen Führungsaufgabe. Der **Portfolio-Ansatz** betrachtet das Gesamtunternehmen, das aus einzelnen strategischen Geschäftseinheiten (SGE) besteht. Als Portfolio-Techniken gibt es:

- Marktwachstums-Marktanteils-Portfolio
- Marktattraktivitäts-Wettbewerbs-Portfolio
- Technologie-Portfolio
- Lebenszyklus-Wettbewerbs-Portfolio
- Beschaffungs-Portfolio
- Personal-Portfolio.

Potenzialanalyse
Sie soll die verfügbaren Stärken bzw. Ressourcen eines Unternehmens in sämtlichen Unternehmensbereichen analysieren, um den Ist-Zustand der Erfolgspotenziale festzustellen. Deswegen wird sie auch **Ressourcenanalyse** genannt.

Produktentwicklungsstrategie
Sie ist eine **Produkt-Markt-Strategie** und dient dazu, neue Produkte für bestehende Märkte zu entwickeln. Die Produktentwicklungsstrategie wird insbesondere von Unternehmen praktiziert, die kurze Produktlebenszyklen aufweisen. Ihre Realisierung erfordert die Innovation von Produkten.

Produktmanagement
Es ist eine Organisationsform, durch welche die Anpassungsfähigkeit an sich ändernde Märkte verbessert und die Wettbewerbsposition des Unternehmens gesichert werden soll. Sein tragendes Element ist der **Produktmanager**. Zu unterscheiden sind:

- Stabs-Produktmanagement (Produktmanager als Stab der Leitung)
- Linien-Produktmanagement (Produktmanager als Linienstelle)
- Matrix-Produktmanagement (Doppelunterstellungen).

Projektdokumentation
Mit dem Abschluss eines Projektes verbundene Dokumentationen sind üblicherweise:

- Abnahmeprotokoll
- Abschlussbericht.

Projektdurchführung
Sie kann erfolgen, wenn die Projektplanung abgeschlossen ist. Mit ihr werden die geplanten Inhalte umgesetzt. Zur Projektgestaltung zählen:

- **Projektauslösung**
  - Projektentscheidung
  - Projektbegründung
  - Projektauftrag
  - Projektstart
- **Projektarbeiten**
  - Recherchen
  - Protokollieren

- Lösen
- Berichten
- Kommunizieren
- Dokumentieren
- **Projektsteuerung**
  - Vorsteuerung
  - Projektkontrolle
  - Nachsteuerung.

Projekteinführung
Sie erfolgt aufgrund der Einführungsentscheidung durch die zuständige Projektinstanz und kann sein:

- Direkteinführung (voll an einem Stichtag)
- Funktionseinführung (zunächst in einem Funktionsbereich)
- Probeeinführung (zunächst in einem Unternehmensteil).

Projektgruppe
Sie besteht aus einer begrenzten Anzahl von Personen, die zumeist hauptamtlich und vollzeitlich eine Projektlösung erarbeitet. Da Projekte üblicherweise zeitlich begrenzt sind, arbeitet auch die Projektgruppe zeitlich befristet.

Projektinstitutionen
Sie werden zusätzlich zum Projektleiter und der Projektgruppe aktiv und sind für ein oder mehrere Projekte zuständig als:

- Lenkungsausschuss
- Fachausschuss
- Lenkungskollegium.

Projektleiter
Er ist eine **Führungskraft**, die für den Erfolg eines Projektes verantwortlich ist. An den Projektleiter werden hohe persönliche und fachliche Anforderungen gestellt. Seine Entscheidungs- und Weisungsbefugnisse sind von der jeweiligen Form der Projektorganisation abhängig.

Projektorganisation
Sie stellt die befristete Gestaltung projektbezogener Regelungen innerhalb eines Unternehmens dar. Sie wird vom **Projektmanagement** vorgenommen.

Projektplanung
Sie stellt die **vorausschauende Festlegung** der Durchführung von Projekten dar. Mit ihr werden die prozessualen Merkmale der Projekte festgelegt. Sie umfasst:

- Aufgabenplanung
- Personalplanung
- Terminplanung
- ergänzende Planungen.

Ergebnisse der Projektplanung sind:

- Projektplan
- Projektplanungsbericht
- Projektantrag
- Projektauftrag
- Projektvergabe
- Projektförderungsantrag.

Projektstrukturierung
Sie dient der Strukturierung von Projekten als Zustand und strukturellen Gestaltung von Arbeitssystemen. Sie umfasst:

Vorbereitende Maßnahmen
- Problemermittlung
- Problemanalyse
- Alternativenentwicklung
- Erfolgseinschätzung

↓

Festlegung der Projektstruktur
- Projektleiter
- Projektgruppe
- Projektinstitutionen
- Projektexperten
- Projekteinbindung

↓

Projektplanung
- Aufgabenplanung
- Personalplanung
- Terminplanung
- Ergänzende
- Planungen
- Ergebnisse

↓

Projektdurchführung
- Projektauslösung
- Projektarbeiten
- Projektsteuerung

↓

Abschließende Maßnahmen
- Projekteinführung
- Projektdokumentation

Projektvorbereitung
Sie dient dazu, die wesentlichen Ausprägungen eines Problems zu erkennen und umfasst:

- Problemermittlung
- Problemanalyse
- Alternativenentwicklung
- Erfolgseinschätzung.

Prozessanalyse
Sie ist die **Erfassung** und **kritische Untersuchung** des Zustandes der Prozessorganisation als:

- Ist-Aufnahme (Ermittlung des Ist-Zustandes)
- Ist-Kritik (Suche nach Schwachstellen/Verbesserungen).

Prozessdokumentation
Sie stellt die schriftliche Ordnung der Daten der Prozessorganisation dar. Mit ihr wird die Prozessstruktur abschließend dargestellt.

Prozesseinführung

Prozessvorbereitung

↓

Prozesspräsentation

↓

Prozessrealisierung

↓

Prozesskontrolle

Prozessgestaltung
Sie zielt darauf ab, die Durchführung der Prozessorganisation möglichst kostengünstig und nutzbringend zu vollziehen. Sie wird auch **Business Reengineering** genannt und umfasst:

- **Groborganisation**
  - Alternativenentwicklung
  - Konzeptentwicklung
  - Alternativenauswahl
  - Konzeptentscheidung
- **Detailorganisation**
  - Arbeitsstrukturierung
  - Arbeitsgangorganisation
  - Arbeitsplatzorganisation
  - Arbeitsprozessorganisation

- Arbeitsprozessterminierung
- Arbeitsprozessdokumentation.

Prozessmanagement
Es stellt eine Organisationsform dar, bei der **Prozessmanager** agieren, die für den effizienten Ablauf der jeweiligen Prozesse im Unternehmen zuständig und verantwortlich sind. Dabei können sie aufweisen:
- volle Weisungsbefugnis
- keine Weisungsbefugnis
- begrenzte Weisungsbefugnis.

Prozessorganisation
Sie zeigt als dauerhaft wirksame Gestaltung des dynamischen Beziehungszusammenhanges eines soziotechnischen Systems die **Strukturierung** des Prozesses der Aufgabenerfüllung durch zeitliche und räumliche Beziehungen.

Prozessplanung
Sie legt in der Gegenwart fest, welche Struktur die Prozessorganisation zu einem Planungszeitpunkt aufweisen soll. Sie umfasst:

- **Zielplanung** auf der Grundlage der Organisations-, Unternehmens-, Mitarbeiter-, Kundenziele.
- **Konzeptplanung**, mit der die Anforderungen an die Prozessplanung festgelegt werden.

Prozessstrukturierung
Sie hat Geschäftsprozesse zum Gegenstand und umfasst:

Vorbereitende Maßnahmen
- Prozessanalyse
- Prozessplanung
- Prozessgestaltung

↓

Festlegung der Projektstruktur
- Einzelprozessorganisation
- Gruppenprozessorganisation
- Bereichsprozessorganisation
- Unternehmensprozessorganisation

↓

Abschließende Maßnahmen
- Prozesseinführung
- Prozessdokumentation

Qualität
Sie ist i.e.S. die Güte eines Produktes, i.w.S. die Summe aller Aktivitäten, die innerhalb eines Unternehmens sowie seiner Beziehungen zu Marktpartnern darauf abzielen, den an das Unternehmen gestellten Erwartungen gerecht zu werden.

Qualitätsmanagement
Es bezeichnet diejenigen Aktivitäten, die darauf abzielen, Arbeitsabläufe und Geschäftsprozesse zu optimieren. Seine **Dokumentation** nimmt einen hohen Stellenwert ein und umfasst:

- Qualitätsmanagement-Handbuch
- Qualitätsmanagement-Verfahrensanweisungen
- Qualitätsmanagement-Arbeitsanweisungen.

Qualitätsnorm
Sie wird von der „Internationalen Organisation für Standardisierung" (ISO) erlassen. Qualitätsnormen stellen eine international anerkannte Beurteilungsgrundlage für die Qualitätsfähigkeit von Unternehmen dar, die gegenseitige Geschäftsbeziehungen aufnehmen wollen bzw. bereits unterhalten.

Die **Normenreihe** umfasst vier Hauptnormen, welche die allgemeinen Anforderungen an ein Qualitätssicherungs-System im Unternehmen definieren. Sie orientiert sich an den Unternehmensabläufen.

Qualitätszirkel
Er ist ein Team-Konzept, das die Mitglieder eines Teams zu mehr Kreativität und Innovationen anregen soll. Hier treffen sich vielfach sechs bis neun Mitarbeiter eines Arbeitsbereiches „vor Ort" selbstständig und freiwillig, um Probleme im Zusammenhang mit der Arbeit zu lösen und Verbesserungsvorschläge zu erarbeiten.

Die **Moderation** der Sitzungen erfolgt durch einen Leiter des Qualitätszirkels, der häufig vom Team gewählt wird, aber auch durch den Leiter der Fertigung berufen werden kann.

Reine Projektorganisation
Bei ihr werden die Mitglieder der Projektgruppe für die Projektdauer vollständig aus den Fachabteilungen herausgelöst und zeitlich befristet in die Aufbauorganisation integriert. Dies geschieht vor allem bei **Großprojekten**.

Sektoralorganisation
Sie ist eine Form der Aufbauorganisation, die eine **zentrale Organisationsstruktur** hat und durch eine Zweiteilung auf der zweiten Hierarchieebene in einen technischen und einen kaufmännischen Sektor geprägt ist.

SGE-Management
Es besteht aus **strategischen Geschäftseinheiten** (SGE), die sich auf strategische Geschäftsfelder (SGF) beziehen. Sie sind Ausdruck von Produkt-Markt-Kombinationen, die in einzelne, voneinander unterscheidbare Organisationseinheiten zerlegt und von der Spartenorganisation abgeleitet werden.

Sicherheitsmanagement
Es stellt auf die eingesetzten Materialien und die Fertigungsverfahren ab und ist auf den umfassenden Schutz von Menschen (z. B. Arbeitnehmer, Kunden) ausgerichtet. Bei ihm sind zu unterscheiden:

- traditionelle Konzepte (vorrangig technischer Arbeitsschutz)
- moderne Konzepte (von Produkterstellung bis Entsorgung).

Spartenorganisation
Sie stellt eine Organisationsform dar, die hauptsächlich durch die Dezentralisierung geprägt ist. Die zweite Hierarchieebene des Unternehmens ist nach **Objekten** gegliedert. Ihre wesentlichen Elemente sind die Zentralabteilungen, die für die leistungsprozessbezogenen Sparten vielfältige Dienstleistungen erbringen.

Die Spartenorganisation kann sein:

- Produktorganisation (Erzeugnisse als Sparten)
- Regionalorganisation (Regionen/Gebiete als Sparten)
- Kundenorganisation (Kunden als Sparten).

Stabs-Projektorganisation
Bei ihr ist der Einfluss des Projektleiters relativ gering. Er hat als Inhaber einer Stabsstelle oder Leiter einer Stabsgruppe bzw. Stabsabteilung nur die Aufgabe der Koordination. Deshalb kann eher von einem **Projektkoordinator** gesprochen werden.

Stärken-Schwächen-Analyse
Sie vergleicht vergangenheits- und gegenwartsbezogen die positiven und negativen Merkmale eines Unternehmens mit denen der bedeutendsten Konkurrenten. Damit ist sie eine wichtige Ergänzung der Potenzialanalyse.

Stelle
Sie ist die kleinste organisatorische Einheit im Unternehmen als:

- Linienstelle (mit Weisungsbefugnis vertikal eingebunden)
- Instanz (mit Weisungsbefugnis ausgestattet)
- Ausführungsstelle (ohne Leitungsbefugnis)
- Stabsstelle (ohne Weisungsbefugnis horizontal eingeordnet)
- Assistenz (unmittelbar für einen Aufgabenträger tätig).

Stellenbeschreibung
Sie ist ein **Mittel der Aufbaudokumentation**, mit dem alle wesentlichen Merkmale einer Stelle formularmäßig ausgewiesen werden, die sind:

- Stellenbezeichnung
- Stelleneinordnung
- Stellenaufgaben
- Stellenbefugnisse
- Stellenverantwortung
- Stellenziele
- Stellenvertretungen
- Stellenanforderungen.

Stellenbesetzungsplan
Er ist ein **Mittel der Aufbaudokumentation**, mit dem die Stellenbesetzung ausgewiesen wird:

- in einfacher Form (Stellen, Namen der Stelleninhaber)
- in erweiterter Form (zusätzlich z.B. Dienststellen, Stellvertreter).

Stellenbildung
Sie umfasst:

- die **Aufgabenanalyse**, mit der eine komplexe Gesamtaufgabe schrittweise und systematisch in auf Handlungsträger übertragbare Teilaufgaben zerlegt wird.
- die **Aufgabensynthese**, die der Zusammenfassung der gewonnenen Teilaufgaben zu koordinierbaren Aufgabenkomplexen dient, die von Organisationseinheiten zu bewältigen sind.

Steuerung
Sie dient der Erreichung betrieblicher Ziele oder Pläne und wird wirksam, wenn die Vorgaben der Ziele oder Pläne nicht realisiert wurden bzw. erkennbar wird, dass sie keine Realisierung erfahren werden. Zu unterscheiden sind:

- **Vorsteuerung**
  (inputbezogen, zukunftsorientiert, vor dem Eintritt der Störung)
- **Nachsteuerung**
  (outputbezogen, vergangenheitsorientiert, nach Eintritt der Störung).

Strategie
Sie ist eine bestimmte, verbindlich festgelegte **„Marschrichtung“** zur Lösung grundlegender Probleme, basiert auf externen und internen strategischen Analysen und gilt für einen relativ langen Zeitraum. Es gibt:

- Grundstrategien
- Bereichsstrategien
- Unternehmensstrategien.

Strategie der Konzentration auf Schwerpunkte
Sie ist eine grundlegende **Wettbewerbsstrategie**, die nicht auf den Gesamtmarkt abzielt, sondern lediglich einzelne **Marktsegmente** zu bearbeiten versucht. Die Strategie kann entweder in Form einer

Differenzierung oder einer **umfassenden Kostenführerschaft** ausgestaltet sein.

Als Nischenstrategie strebt das Unternehmen an, durch Einengung seiner Zielgruppe besser auf die Bedürfnisse der Kunden einzugehen als die Konkurrenz und damit eine marktsegmentspezifische Erhöhung des Kundennutzens zu erreichen.

Strategie der umfassenden Kostenführerschaft
Als grundlegende **Wettbewerbsstrategie** besteht ihre Besonderheit darin, durch eine breite Marktpräsenz große Stückzahlen zu erzielen, woraus niedrigere Kosten im Verhältnis zur Konkurrenz resultieren.

Sie nutzt den **Kostenvorsprung** eines Anbieters gegenüber seinen Konkurrenten innerhalb einer Branche aus, wobei die Produkte bzw. Dienstleistungen zumeist nur von durchschnittlicher Qualität sind. Sie wird auch **(Niedrig-) Preisstrategie**, **Mengenstrategie** oder **Preis-Mengen-Strategie** genannt.

Strategische Allianz
Sie beruht auf einer Vereinbarung zwischen Unternehmen, auf bestimmten Gebieten zusammenzuarbeiten, um einen zukunftsträchtigen Wettbewerbsvorteil nachhaltig zu verteidigen bzw. zu generieren. **Formen** sind:

- informelle Abkommen (ohne Bindungen)
- Kooperationsvereinbarungen (betriebliche Funktionalbereiche)
- Errichtung von Gemeinschaftsunternehmen.

Synergie-Konzept
Es beschreibt den **„2 + 2 = 5-Effekt“**, der besagt, dass das Gesamte zusammengefügt mehr sein kann als die Summe seiner Teile. Für ein Unternehmen können sich Leistungsverbesserungen und Wettbewerbsvorteile ergeben, wenn es sein bisheriges Know-how durch Kooperation mit Marktpartnern in neuen Produkt- und Marktbereichen nutzt.

Teamarbeit
Sie ist ein Konzept, durch das im Unternehmen ein höheres Leistungsniveau bzw. eine Steigerung der Arbeitsproduktivität erreicht werden soll. Das Zusammenwirken der Teammitglieder soll die Summe der isolierten Einzelleistungen ihrer Mitglieder bei Wahrung von erhöhter Solidarität übertreffen.

Technologie-Portfolio
Es betrachtet die Technologie als Schlüsselgröße für die Zukunft eines Unternehmens. Das Technologie-Portfolio ist insbesondere für Unternehmen bedeutsam, die einen beträchtlichen Teil ihres Umsatzes im Forschungs- und Entwicklungsbereich investieren. Die **Matrix-Achsen** des Technologie-Portfolios sind:

- die **Technologieattraktivität** als die vom Unternehmen weitgehend unbeeinflussbare Umweltsituation im Technologiebereich.
- die **Ressourcenstärke**, welche die technische und wirtschaftliche Stärke bzw. Schwäche der Technologie des Unternehmens in Relation zum wichtigsten Konkurrenten darstellt.

Je nach Matrix-Feld gibt es verschiedene **Normstrategien**, insbesondere für den Bereich der Forschung und Entwicklung:

- Investitionsstrategien
- selektive Strategien
- Desinvestitionsstrategien.

Tensororganisation
Sie ist eine **Organisationsform**, bei der drei Dimensionen des Unternehmens berücksichtigt werden, z. B. üblicherweise:

- Zentralbereiche
- Regionalbereiche
- Unternehmensbereiche.

Top-down-Prinzip
Die Zielsetzung bzw. Planung erfolgt **retrograd**, d. h. von **„oben nach unten"**. Es geht von einer auf der oberen Führungsebene vorgenommenen Zielformulierung aus. Die Unternehmensleitung informiert die nachgelagerten Instanzen über die für diese verbindlichen Maßnahmen.

Top Management
Es ist die Institution im Unternehmen, welche die **Unternehmensführung** ausübt. Das Top Management, das die Unternehmensleitung darstellt, kann hinsichtlich der **Willensbildung** basieren auf:

- Direktorialorganisation (ein Unternehmensleiter entscheidet)
- Kollegialorganisation (alle Unternehmensleiter entscheiden).

Total Quality Management
Es betrachtet die Qualität in einem Unternehmen ganzheitlich und umfassend. Das Total Quality Management ist ein strategischer **Führungsansatz**, der langfristig alle Unternehmensaktivitäten am Qualitätsziel ausrichtet.

TQM-Konzept
Es strebt eine absolute **Fehlerfreiheit** der Produkte auf der Basis einer verstärkten Mitarbeiterschulung und Mitarbeitermotivation an. Als ganzheitlicher Qualitätsansatz kennzeichnet es eine Denk- und Handlungsweise, bei welcher der Kundennutzen vorrangig ist.

Umfeldanalyse
Sie ist eine Untersuchung wesentlicher Faktoren und sich abzeichnender Trends, welche die Umwelt des Unternehmens betreffen. Deswegen wird sie auch **Umweltanalyse** genannt und dient dazu, Chancenpotenziale zu erkennen, die mit neuen Strategien ausnutzbar sind sowie Gefahrenpotenziale festzustellen, die durch neue Strategien vermeidbar, umgehbar oder verminderbar sind.

Umweltmanagement
Es ist darauf gerichtet, alle betrieblichen Prozesse auf deren Umweltverträglichkeit zu untersuchen, was wegen der Begrenzung natürlicher Ressourcen unerlässlich ist. Mit ihm werden die in der Gesellschaft diskutierten ökologischen Problemstellungen in die Unternehmen hineingetragen.

Es wird auch als **Umweltschutzmanagement** bezeichnet und umfasst Umweltschutzverhalten (Verhalten des Managements), Umweltschutzmaßnahmen (in allen Unternehmensbereichen), Umweltschutzinstitutionen (unterstützende Organe).

Umweltschutzinstitutionen
Möglichkeiten der Einbindung des Umwelt(schutz)managements in das Unternehmen sind:

- der **Umweltschutzbeauftragte**, dessen Aufgabe die bereichsübergreifende Koordination aller umweltbezogenen Aktivitäten ist
- der **Umweltausschuss**, der vor allem als Informations- und Beratungsgremium fungiert.

Unternehmensethik
Sie ist die **Lehre von** denjenigen **idealen Werten**, die zu einem Frieden stiftenden Gebrauch der unternehmerischen Hand-

lungsfreiheit anleiten sollen. Dabei darf nicht nur die Gewinnerzielung für ein Unternehmen im Vordergrund stehen, sondern auch Ziele wie Humanität, Ökologie, Verantwortungsbewusstsein.

Unternehmensführung
Sie ist zielorientierte Gestaltung, Steuerung und Entwicklung des Unternehmens, die vom Top Management ausgeht.

Unternehmensführung, funktionale
Sie umfasst die **sachbezogene Führung**, die ihrerseits wiederum eine prozessbezogene Führung oder eine strukturbezogene Führung sein kann, und die **personenbezogene Führung**.

Unternehmensführung, institutionale
Sie umfasst alle Führungskräfte, die auf den einzelnen Hierarchieebenen im Unternehmen tätig sind und dazu beitragen, dass das Unternehmen seine Ziele erreichen kann.

Unternehmenskultur
Sie ist ein **unternehmensbezogenes Wertsystem** von Vorstellungen, Orientierungsmustern, Verhaltensnormen, Denk- und Handlungsweisen eines Unternehmens.

Durch die Unternehmenskultur wird nicht nur das Verhalten aller Führungskräfte und Mitarbeiter eines Unternehmens entscheidend geprägt, sie kann auch dazu beitragen, dass sich ein Unternehmen deutlich von Wettbewerbern abhebt.

Unternehmensleitbild
Es dient dazu, die in der Unternehmensphilosophie verankerten Werte und Normvorstellungen des Top Managements in Form von **Unternehmensgrundsätzen** festzuschreiben. Das Unternehmensleitbild vermittelt den Handlungsrahmen und die Handlungsperspektive für die Entscheidungen auf allen Führungsebenen.

Unternehmensleitung
Sie besteht aus einer oder mehreren Personen und befasst sich vorrangig mit strategischen Aufgaben, formuliert unternehmenspolitische Ziele und Grundsätze. Schließlich trifft die Unternehmensleitung Führungsentscheidungen.

Unternehmensphilosophie
Sie ist Ausgangspunkt des wirtschaftlichen Handelns eines Unternehmens und kann als „**Weltanschauung**" des Unternehmens angesehen werden, das mit ihr ganzheitlich betrachtet wird.

Unternehmensprozessorganisation
Auf der Basis der Organisation der Einzelprozesse, Gruppenprozesse und Bereichsprozesse ist es möglich, den **gesamten Prozess** des Unternehmens zu strukturieren. Es sind zu unterscheiden:

- Teilprozesse (güter-, finanzwirtschaftlich, informationell)
- Gesamtprozess.

Unternehmensstrategie
Mit ihrer Hilfe soll die zukünftige globale Ausrichtung des Unternehmens als **Hauptstoßrichtung** durch das Top Management festgelegt werden.

Es gibt:

- **Verhaltensstrategien**
  - Angriffsstrategie
  - Verteidigungsstrategie
- **Entwicklungsstrategien**
  - Kooperationsstrategie
  - Internationalisierungsstrategie.

Unternehmensvision
Sie leitet sich aus der Unternehmensphilosophie ab und versucht, aus der Gegenwart heraus ein mögliches mehr oder weniger konkretes **„Zukunftsbild“** des Unternehmens zu skizzieren, durch welches das Unternehmenskonzept maßgeblich geprägt wird. Deshalb steht sie in engem Zusammenhang mit der strategischen Ausrichtung des Unternehmens.

Verhaltensgitter
Es ist ein zweidimensionales Führungsstil-Konzept. In der **Vertikalen** wird das personenorientierte Führungsverhalten, in der **Horizontalen** das aufgabenorientierte Führungsverhalten dargestellt. Aus dem Verhaltensgitter werden typische Führungsstile abgeleitet.

Verhaltensstrategie
Sie ist eine **Unternehmensstrategie**, die sich an den Aktivitäten der Konkurrenz orientiert und überwiegend gegenwartsbezogen ist. Sie kann sein:

- Angriffsstrategie
- Verteidigungsstrategie.

Verteidigungsstrategie
Sie ist eine **Verhaltensstrategie**, die bestrebt ist, die Wahrscheinlichkeit von Angriffen durch Konkurrenten zu verringern. Als Defensivstrategie will sie Wettbewerbsvorteile dauerhaft absichern.

Vorgesetzter
Er ist eine **Führungskraft**, die für die Erreichung der betrieblichen Ziele bzw. Aufgaben sowie die Motivation und den Gruppenerhalt der Mitarbeiter zu sorgen hat. Dabei weist er mehrere **Merkmale** auf:

- Kompetenz
- Autorität
- Macht
- Eigenschaften
- Menschenbild
- Verhalten
- Disposition
- Kondition.

Wertketten-Analyse
Mit ihr sollen mögliche Ansatzpunkte zur Verbesserung der Wettbewerbsposition eines Unternehmens erkannt werden. Sie wird auch **Wertschöpfungsketten-Analyse** genannt und umfasst nicht nur die Untersuchung unternehmensinterner Abläufe, sondern ist auch eine markt- bzw. branchenbezogene Analyse möglicher Wettbewerbsvorteile eines Unternehmens.

Zertifizierung
Sie ist die Bestätigung einer unabhängigen Zertifizierungsgesellschaft, dass die **Anforderungen einer Qualitätsnorm** in einem Unternehmen erfüllt sind. Dem Unternehmen ist es damit möglich, seine qualitative Leistungsfähigkeit mit einem Zertifikat bzw. Qualitätsaudit nachzuweisen.

Ziel
Es stellt den Ausgangspunkt des Führungsprozesses dar, indem es einen erwünschten **zukünftigen Zustand** beschreibt, den das Unternehmen erreichen möchte. Von besonderer Bedeutung für den Unternehmenserfolg ist, dass es eindeutig formuliert wird und damit als Dimensionen aufweist:

- Inhalt (z. B. Steigerung des Umsatzes ...)
- Ausmaß (z. B. ... um 10 % ...)
- Zeit (z. B. ... im 1. Halbjahr 2013).

Zielarten
Die von einem Unternehmen angestrebten Ziele können sehr verschiedenartig sein. Sie lassen sich z. B. nach folgenden **Kriterien** unterscheiden:

- Formalisierungsgrad: Sachziele, Formalziele
- Bedeutung: Hauptziele, Nebenziele
- hierarchische Beziehung: Oberziele, Unterziele
- Ausrichtung: monetäre, nicht-monetäre Ziele
- Fristigkeit: kurzfristige, mittelfristige, langfristige Ziele
- Zusammenhang: komplementäre, konkurrierende, indifferente Ziele
- Ebene: strategische, taktische, operative Ziele.

Zielbildungsprozess
Er bewirkt, dass die Ziele durch die Unternehmensleitung bzw. durch den jeweiligen Vorgesetzten vorgegeben oder unter Mitwirkung der Mitarbeiter vereinbart werden. **Phasen** des Zielbildungsprozesses sind:

- Zielsuche, z. B. mithilfe von Kreativitätstechniken
- Zielabstimmung, in der Zielbeziehungen festgelegt werden
- Zielentscheidung, in der die anzustrebenden Ziele bestimmt werden
- Zielformulierung, in der Ziele operationalisiert und festgehalten werden
- Zieldurchsetzung, die von der Unternehmensleitung ausgeht
- Zielkontrolle als Vergleich geplanter und realisierter Ziele.

Ziel(setzung), operative
Sie ist kurzfristig ausgelegt (bis zu einem Jahr,) wird aus der taktischen Zielsetzung abgeleitet und fällt dem Lower Management zu, kann vereinzelt aber auch vom Middle Management erfolgen.

Ziel(setzung), strategische
Strategische Ziele sind langfristig orientiert (mehr als vier bzw. fünf Jahre). Sie werden meist von zentralen Planungsinstanzen unter Verantwortung des Top Managements festgeschrieben und dienen der Ausrichtung der Unternehmenspolitik sowie der strategischen Erfolgsfaktoren.

Ziel(setzung), taktische
Sie ist mittelfristig ausgerichtet (mehr als ein Jahr bis vier bzw. fünf Jahre), wird aus der strategischen Zielsetzung abgeleitet und obliegt dem Middle Management, oft im Zusammenwirken mit dem Top Management.

A. Grundlagen

Amann, K., Unternehmensführung, Stuttgart 1995

Bea/Haas, Strategisches Management, 5. Auflage, Stuttgart 2009

Carl/Kiesel, Unternehmensführung, 2. Auflage, Landsberg/Lech 2000

Claessens, D., Autorität, in: HWFü, Hrsg. Kieser/Reber/Wunderer, 2. Auflage, Stuttgart 1995

Drucker, P. F., Die Praxis des Managements, Düsseldorf 1998

Ehrmann, H., Kompakt-Training Strategische Planung, Ludwigshafen/Rhein 2006

Ehrmann, H., Unternehmensplanung, 6. Auflage, Herne 2013

Faix/Laier, Soziale Kompetenz, 2. Auflage, Wiesbaden 1996

Fischer, H., Unternehmensplanung, München 1997

Gälweiler, A., Unternehmensplanung, 2. Auflage, Frankfurt/Main 1990

Hahn, O., Allgemeine Betriebswirtschaftslehre, 3. Auflage, München 1997

Hammer, R. M., Unternehmensplanung, 7. Auflage, München 1998

Hinterhuber, H. H., Strategische Unternehmensführung, Bd. 1, 8. Auflage, Berlin/New York 2011

Hinterhuber, H. H., Strategische Unternehmensführung, Bd. 2, 7. Auflage, Berlin/New York 2004

Hopfenbeck, W., Allgemeine Betriebswirtschafts- und Managementlehre, 14. Auflage, Landsberg/Lech 2002

Horváth, P., Controlling, 11. Auflage, München 2009

Hub, H., Unternehmensführung, 3. Auflage, Wiesbaden 1990

Jung/Bruck/Quarg, Allgemeine Managementlehre, 3. Auflage, Berlin 2008

Kreikebaum/Gilbert/Behnam., Strategische Unternehmensplanung, 7. Auflage, Stuttgart 2010

Krüger, W., Organisation der Unternehmung, 3. Auflage, Stuttgart 1994

Macharzina/Wolf, Unternehmensführung, 8. Auflage, Wiesbaden 2012

Mag, W., Unternehmensplanung, München 1995

Oeldorf/Olfert, Kompakt-Training Material-Logistik, 4. Auflage, Herne 2013

Oeldorf/Olfert, Material-Logistik, 13. Auflage, Herne 2013

Olfert, K., Kompakt-Training Personalwirtschaft, 8. Auflage, Herne 2013

Olfert, K., Personalwirtschaft, 15. Auflage, Herne 2012

Olfert/Pelz/Pischulti, Sozialkompetenz verstärken – Fachkompetenz allein reicht nicht mehr aus, um zukunftsorientierte Arbeitsplätze zu besetzen, in: Hochschule für Technik, Wirtschaft und Kultur Leipzig (Hrsg.), Beiträge zu Lehre und Forschung 1/95, S. 19 - 23

Olfert/Rahn, Einführung in die Betriebswirtschaftslehre, 11. Auflage, Herne 2013

Olfert/Rahn, Kompakt-Training Organisation, 6. Auflage, Herne 2012

Rahn, H.-J., Unternehmensführung, 8. Auflage, Herne 2012

Rosenstiel v., L., Grundlagen der Organisationspsychologie, 7. Auflage, Stuttgart 2011

Schierenbeck/Wöhle, Grundzüge der Betriebswirtschaftslehre, 18. Auflage, München 2012

Seidel/Redel, Führungsorganisation, 2. Auflage, München 1997

Sihn, W. (Hrsg.), Unternehmensmanagement im Wandel, München 1995, Sp. 123 - 128

Staehle, W. H., Management, 9. Auflage, München 2013

Stahlmann, V., Umweltorientierte Unternehmensführung, München 1994

Steinmann/Schreyögg, Management, 6. Auflage, Wiesbaden 2005

Ulrich/Fluri, Management, 7. Auflage, Bern/Stuttgart 1995

Voigt, K.I., Strategische Unternehmensplanung, Wiesbaden 1993

Ziegenbein, K., Controlling, 10. Auflage, Herne 2012

Ziegenbein, K., Kompakt-Training Controlling, 3. Auflage, Ludwigshafen/Rhein 2006

B. Prozessbezogene Führung

Achterhold, G., Corporate Identity, 2. Auflage, Wiesbaden 1997

Amann, K., Unternehmensführung, Stuttgart 1995

Ansoff, I. H., Management-Strategie, München 1966

Bea/Haas, Strategisches Management, 5. Auflage, Stuttgart 2009

Becker, J., Marketing-Konzeption, 9. Auflage, München 2009

Bergmann, G., Zukunftsfähige Unternehmensentwicklung, München 1996

Beyer/Fehr/Nutzinger, Unternehmenskultur und innerbetriebliche Kommunikation, Wiesbaden 1995

Birkigt/Stadler/Funck, Corporate Identity, 11. Auflage, Landsberg/Lech 2002

Brauchlin/Wehrli, Strategisches Management, 3. Auflage, München 2002

Braun, W., Unternehmenskultur, Wiesbaden 1994

Brewing, J., Kritik der Unternehmensethik, Bern 1995

Bromann/Piwinger, Gestaltung der Unternehmenskultur, Stuttgart 1992

Carl/Kiesel, Unternehmensführung, 2. Auflage, Landsberg/Lech 2000

Dunst, K. H., Portfolio Management, 2. Auflage, Berlin/New York 1983

Ebling/Kreuzer, Handbuch der strategischen Instrumente, Wien 1994

Ehrmann, H., Kompakt-Training Strategische Planung, Ludwigshafen/Rhein 2006

Ehrmann, H., Unternehmensplanung, 6. Auflage, Herne 2013

Eschenbach/Kunesch, Strategische Konzepte, 5. Auflage, Stuttgart 2008

French/Bell, Organisationsentwicklung, 4. Auflage, Bern/Stuttgart/Wien 1994

Gälweiler, A., Strategische Unternehmensführung, 3. Auflage, Frankfurt/Main 2005

Gälweiler, A., Unternehmensplanung, 2. Auflage, Frankfurt/Main 1990

Glöckler, T., Strategische Erfolgspotentiale durch Corporate Identity, Wiesbaden 1995

Göttgens, O., Erfolgsfaktoren in stagnierenden und schrumpfenden Märkten, Wiesbaden 1996

Grabner-Kräuter, S., Diskussionsansätze zur Erforschung von Erfolgsfaktoren, in: Journal für Betriebswirtschaft 1993, S. 278 - 300

Hahn/Taylor, Strategische Unternehmensplanung, 9. Auflage, Würzburg/Wien 2006

Hammer, R. M., Unternehmensplanung, 7. Auflage, München 1998

Hax/Mayluf, Strategische Unternehmensführung, Frankfurt/New York 1988

Heinen, E., Unternehmenskultur, 2. Auflage, München 1997

Hentze/Brose/Kammel, Unternehmensplanung, 2. Auflage, Bern/Stuttgart 1993

Hinterhuber, H. H., Strategische Unternehmensführung, Bd. 1, 8. Auflage, Berlin/New York 2011

Hinterhuber, H. H., Strategische Unternehmensführung, Bd. 2, 7. Auflage, Berlin/New York 2004

Hinterhuber, H. H., Wettbewerbsstrategie, 2. Auflage, Berlin/New York 1990

Hinterhuber/Al-Ani/Handlbauer (Hrsg), Das Neue Strategische Management, 2. Auflage, Wiesbaden 2000

Hopfenbeck, W., Allgemeine Betriebswirtschafts- und Managementlehre, 14. Auflage, Landsberg/Lech 2002

Kreikebaum, H., Grundlagen der Unternehmensethik, Stuttgart 1996

Kreikebaum/Gilbert/Behnam, Strategische Unternehmensplanung, 7. Auflage, Stuttgart 2010

Leisinger, K. M., Unternehmensethik, München 1997

Macharzina/Wolf, Unternehmensführung, 8. Auflage, Wiesbaden 2012

Mag, W., Unternehmensplanung, München 1995

Mann, R., Strategisches Controlling mit Checklists und Arbeitsformularen, 5. Auflage, Landsberg/Lech 1989

Meffert, H., Marketing, 11. Auflage, Wiesbaden 2011

Nieschlag/Dichtl/Hörschgen, Marketing, 19. Auflage, Berlin 2002

Olfert/Rahn, Einführung in die Betriebswirtschaftslehre, 11. Auflage, Herne 2013

Olins, W., Corporate Identity, 2. Auflage, Wiesbaden 1990

Pfeiffer/Metze/Schneider/Amler, Technologie-Portfolio zum Management strategischer Zukunftsgeschäftsfelder, 6. Auflage, Göttingen 1991

Pischulti, H., Direktbankgeschäft, Frankfurt/Main 1997

Porter, M. E. (Hrsg.), Globaler Wettbewerb, Wiesbaden 1999

Porter, M. E., Wettbewerbsvorteile, 6. Auflage, Frankfurt/Mai 2000

Porter, M. E., Wettbewerbsstrategie, 11. Auflage, Frankfurt/Main 2008

Rahn, H.-J., Unternehmensführung, 8. Auflage, Herne 2012

Regenthal, G., Ganzheitliche Corporate Identity, 2. Auflage, Wiesbaden 2009

Regenthal, G., Identität und Image, 3. Auflage, Köln 2003

Roventa, P., Portfolio-Analyse und Strategisches Management, München 1979

Schein, E. H., Unternehmenskultur, Frankfurt/Main 1995

Schierenbeck/Wöhle, Grundzüge der Betriebswirtschaftslehre, 18. Auflage, München 2012

Schreyögg, G., Grundlagen der Organisation, Berlin 2012

Simon, H., Herausforderung Unternehmenskultur, Stuttgart 2001

Steinmann/Schreyögg, Management, 6. Auflage, Wiesbaden 2005

Ulrich/Fluri, Management, 7. Auflage, Bern/Stuttgart 1995

Voigt, K. I., Unternehmenskultur und Strategie, Wiesbaden 1996

Weis, H. Chr., Marketing, 16. Auflage, Herne 2012

Zeuner, P., Geschäftsfeldplanung, Landsberg/Lech 1995

C. Strukturelle Führung

Albach, H., (Hrsg.), Wertschöpfungsmanagement als Kernkompetenz: Festschrift für Horst Wildemann, Wiesbaden 2002

Antoni, C. H., Teilautonome Arbeitsgruppen, Weinheim 1996

Argyris, Ch., Die lernende Organisation, 3. Auflage, Stuttgart 2006

Bea/Göbel, Organisation, 3. Auflage, Stuttgart 2006

Bea/Haas, Strategisches Management, 5. Auflage, Stuttgart 2009

Becker/Langosch, Produktivität und Menschlichkeit: Organisationsentwicklung und ihre Anwendung in der Praxis, 5. Auflage, Stuttgart 2002

Berger/Schubert, Projektmanagement: Mit System zum Erfolg, Wien 2002

Birker, K., Projektmanagement, 3. Auflage, Berlin 2003

Birker/Birker, Teamentwicklung und Konfliktmanagement, 2. Auflage, Berlin 2007

Bleicher, K., Das Konzept Integriertes Management, 7. Auflage, Frankfurt/New York 2004

Bleicher, K., Organisation – Strategien – Strukturen – Kulturen, 2. Auflage, Stuttgart 1992

Bokranz/Karsten, Organisations-Management in Dienstleistung und Verwaltung, 4. Auflage, Wiesbaden 2003

Boy/Dudek/Kuschel, Projektmanagement, 12. Auflage, Offenbach 2004

Brändli, Th., Outsourcing, Bern 2001

Bruce/Langdon, Projekt-Management, München 2001

Bühner, R., Betriebswirtschaftliche Organisationslehre, 10. Auflage, München /Wien 2004

Bullinger/Warnecke (Hrsg.), Neue Organisationsformen im Unternehmen, 2. Auflage, Berlin u. a. 2003

Burghardt, M., Einführung in Projektmanagement, 5. Auflage, Erlangen 2007

Burghardt, M., Projektmanagement, 7. Auflage, Köln 2006

Doppler/Lauterburg, Change Management, 12. Auflage, Frankfurt/New York 2008

Ebel, B., Kompakt-Training Produktionswirtschaft, 3. Auflage, Herne 2013

Ebel, B., Produktionswirtschaft, 9. Auflage, Ludwigshafen/Rhein 2009

Fiedler, R., Controlling von Projekten, 5. Auflage, Wiesbaden 2010

Fischermanns/Liebelt, Grundlagen der Prozessorganisation, 5. Auflage, Gießen 2000

Franz/Scholz, Prozessmanagement leicht gemacht, München/Wien 2005

French/Bell, Organisationsentwicklung, 4. Auflage, Bern/Stuttgart/Wien 1994

Frese E., Grundlagen der Organisation, 10. Auflage, Wiesbaden 2011

Frese, E. (Hrsg.), Organisationsmanagement, Neuorientierung der Organisationsarbeit, Stuttgart 2000

Gaitanides, M., Prozessorganisation – Entwicklung , Ansätze, Programme, 3. Auflage, München 2012

Hammer/Champy, Business Reengineering, 7. Auflage, Frankfurt/New York 2003

Hansel/Lomnitz, Projektleiter-Praxis, 4. Auflage, Berlin 2003

Haynes, M. E., Projektmanagement, 2. Auflage, Wien/Frankfurt 2003

Heeg, F. J., Projektmanagement, 2. Auflage, München 1993

Hentze/Kammel, Personalwirtschaftslehre 1, 7. Auflage, Bern/Stuttgart/Wien 2001

Hill/Fehlbaum/Ulrich, Organisationslehre, Bd. 1 u. 2, 5. Auflage, Bern/Stuttgart 1998

Hinterhuber, H. H., Strategische Unternehmensführung, Bd 1, 8. Auflage, Berlin/New York 2011

Hinterhuber, H.H., Strategische Unternehmensführung, Bd. 2, 6. Auflage, Berlin/New York 1997

Hopfenbeck, W., Allgemeine Betriebswirtschafts- und Managementlehre, 14. Auflage, Landsberg/Lech 2002

Jossé, G., Projektmanagement – aber locker! 2. Auflage, Hamburg 2001

Jung, H., Allgemeine Betriebswirtschaftslehre, 12. Auflage, München/Wien 2010

Jung, H., Personalwirtschaft, 8. Auflage, München/Wien 2008

Keßler/Winkelhofer, Projektmanagement, 4. Auflage, Berlin/Heidelberg/New York u. a. 2003

Kieser/Kubicek, Organisation, 5. Auflage, Berlin 2007

Kieser/Walgenbach, Organisation, 4. Auflage, Berlin 2003

Knebel/Schneider, Die Stellenbeschreibung, 9. Auflage, Heidelberg 2012

Köhler, Th. R., Internet – Projektmanagement, München 2002

Koppelmann, U., Outsourcing, Stuttgart 1996

Koreimann, D. S., Projektmanagement, Heidelberg 2002

Kosiol, E., Organisation der Unternehmung, 2. Auflage, Wiesbaden 1976

Kress/v. Studnitz, Teamführung: Gemeinsam zum Ziel, Reinbek bei Hamburg 2000

Laux/Liermann, Grundlagen der Organisation, 6. Auflage, Berlin u.a. 2005

Litke/Kunow/Schulz-Wimmer, Projektmanagement, 2. Auflage, Freiburg i. Br. 2012

Macharzina/Wolf, Unternehmensführung, 8. Auflage, Wiesbaden 2012

Madauss, B. J., Handbuch Projektmanagement, 6. Auflage, Stuttgart 2000

Mehrmann/Wirtz, Effizientes Projektmanagement, 5. Auflage, München 2002

Meyer/Stopp, Betriebliche Organisationslehre, 15. Auflage, Renningen 2004

Niebling, J., Outsourcing, 3. Auflage, Stuttgart 2006

Oeldorf/Olfert, Kompakt-Training Material-Logistik, 4. Auflage, Herne 2013

Oeldorf/Olfert, Material-Logistik, 13. Auflage, Herne 2013

Olfert, K., Investition, 12. Auflage, Herne 2012

Olfert, K.,Kompakt-Training Investition, 6. Auflage, Herne 2012

Olfert, K., Organisation, 16. Auflage, Herne 2012

Olfert, K., Kompakt-Training Kostenrechnung, 7. Auflage, Herne 2013

Olfert, K., Kostenrechnung, 17. Auflage, Herne 2013

Osterloh/Frost, Prozessmanagement als Kernkompetenz, 5. Auflage, Wiesbaden 2006

Olfert/Rahn, Einführung in die Betriebswirtschaftslehre, 11. Auflage, Herne 2013

Olfert/Rahn, Kompakt-Training Organisation, 6. Auflage, Herne 2012

Olfert/Rahn/Zschenderlein, Lexikon der Betriebswirtschaftslehre, 8. Auflage, Herne 2013

Pekruhl/Nordhause-Janz, Gruppenarbeit: Konzept und Realität, in: Personal, 52. Jg. 2000

Perlitz, M., Internationales Management, 5. Auflage, Stuttgart/Jena 2004

Pfeiffer/Weiß, Lean-Management, 2. Auflage, Berlin 1994

Pfetzing/Rohde, Ganzheitliches Projektmanagement, 3. Auflage, Zürich 2009

Rahn, H.-J., Führung von Gruppen, 5. Auflage, Heidelberg 2006

Rahn, H.-J., Unternehmensführung, 8. Auflage, Herne 2012

Schelle, H., Projekte zum Erfolg führen, 6. Auflage, München 2010

Schmidt, G., Grundlagen der Aufbauorganisation, 4. Auflage, Gießen 2000

Schmidt, G., Methode und Techniken der Organisation, 12. Auflage Gießen 2000

Schmidt, G., Organisatorische Grundbegriffe, 14. Auflage, Gießen 2011

Schmidt, G., Prozessmanagement, 2. Auflage, Berlin u. a. 2002

Schmoll, G. A., Kooperation, Joint Ventures, Allianzen, Köln 2001

Schreyögg, G., Grundlagen der Organisation, Berlin 2012

Schulte-Zurhausen, M., Organisation, 5. Auflage, München 2010

Seghezzi, H. D., Integriertes Qualitätsmanagement, 3. Auflage, München/Wien 2007

Staehle, W. H., Management, 9. Auflage, München 2013

Thom, N., Organisationsentwicklung, in: HWO, Hrsg. E. Frese, 3. Auflage, Stuttgart 1992, Sp. 1477 - 1491

Töpfer/Mehdorn, Total Quality Management, 5. Auflage, Berlin 2010

Vahs, D., Organisation, 7. Auflage, Stuttgart 2009

Wildemann, H., Das Just-in-Time-Konzept, 5. Auflage, München 2000

Wildförster/Wingen, Projektmanagement und Probleme, Heidelberg 2001

Wiswede, G., Gruppen und Gruppenstrukturen, in: HWO, Hrsg. E. Frese, 3. Auflage, Stuttgart 1992, Sp. 735 - 754

Wittlage, H., Unternehmensorganisation, 6. Auflage, Herne/Berlin 1998

Ziegenbein, K., Controlling, 10. Auflage, Herne 2012

Ziegenbein, K., Kompakt-Training Controlling, 3. Auflage, Ludwigshafen/Rhein 2006

D. Personenbezogene Führung

Adrian/Albert/Riedel, Die Mitarbeiterbeurteilung, 7. Auflage, Stuttgart/München 2002

Becker, F. G., Grundlagen betrieblicher Leistungsbeurteilung, 5. Auflage, Stuttgart 2009

Berkel/Herzog/Schmid, Die Mitarbeiterbeurteilung als Führungsinstrument, 3. Auflage, Wiesbaden 1991

Berthel, J., Personal-Management, 9. Auflage, Stuttgart 2010

Bisani, F., Personalwesen und Personalführung, 6. Auflage, Wiesbaden 2001

Bühner, R., Personalmanagement, 3. Auflage, München 2005

Curth/Lang, Management der Personalbeurteilung, 2. Auflage, München 1991

Frese, H., Mitarbeiterführung, 6. Auflage, Würzburg 1992

Gessau, P., Analyse des Organisationsklimas einer medizinisch-naturwissenschaftlichen Forschungseinrichtung, Aachen 1997

Hentze/Kammel, Personalwirtschaftslehre I, 7. Auflage, Bern/Stuttgart/Wien 2001

Jung, H., Personalwirtschaft, 9. Auflage, München 2010

Knebel, H., Taschenbuch für Personalbeurteilung, 10. Auflage, Heidelberg 1999

Korndörfer, W., Unternehmensführungslehre, 9. Auflage, Wiesbaden 1999

Leymann, H., Der neue Mobbing-Bericht, Hamburg 1995

Leymann, H., Mobbing: Psychoterror am Arbeitsplatz und wie man sich dagegen wehren kann, Hamburg 1999

Liebel/Oechsler, Personalbeurteilung, Wiesbaden 1992

Olfert, K., Kompakt-Training Personalwirtschaft, 8. Auflage, Herne 2012

Olfert, K., Personalwirtschaft, 15. Auflage, Herne 2012

Olfert/Rahn, Einführung in die Betriebswirtschaftslehre, 11. Auflage, Herne 2013

Olfert/Rahn/Zschenderlein, Lexikon der Betriebswirtschaftslehre, 8. Auflage, Herne 2013

Rahn, H.-J., Unternehmensführung, 8. Auflage, Herne 2012

Rahn, H.-J., Führung von Gruppen, 5. Auflage, Heidelberg 2006

Raschke, H., Taschenbuch für Personalbeurteilung, 5. Auflage, Heidelberg 1977

Richter, M., Personalführung, 4. Auflage, Stuttgart 1999

Rischer, K., Schwierige Mitarbeitergespräche erfolgreich führen, 2. Auflage, Landsberg am Lech 1986

Rosenstiel v., L., Betriebsklima in: Strutz, H. (Hrsg.), Handbuch Personalmarketing, 2. Auflage, Wiesbaden 1989

Rosenstiel v., L., Motivation im Betrieb, 11. Auflage, München 2010

Rosenstiel/Regnet/Domsch (Hrsg.), Führung von Mitarbeitern, 4. Auflage, Stuttgart 1999

Seifert, J. W., Visualisieren, Präsentieren, Moderieren, 26. Auflage, Bremen 2009

Selbach, R. (Hrsg.), Handbuch Mitarbeiterbeurteilung, Wiesbaden 1992

Staehle, W. H., Management, 9. Auflage, München 2013

Stopp, U., Betriebliche Personalwirtschaft, 28. Auflage, Ehningen 2012

D

E

F

G

H

I

J

K

L

P

Q

R

S

Z